空洞化と属国化

日本経済グローバル化の顚末

坂本雅子

新日本出版社

目次

序章　日本経済と産業空洞化

日本経済は長期に停滞している。失われた一〇年とか、二〇年などと言われ続け、国民の格差と貧困化もじわじわと拡大してきた。その真の原因は何なのか。政府やメディアは「デフレ経済」、「少子高齢化」、「社会福祉の重荷」等々と論じるが、経済停滞の本当の原因はこうしたことなのか。モノの価格が下がる「デフレ」が原因で不況になったのか、「少子高齢化」や「社会福祉」が根本原因で経済成長できないのか。

日本経済が停滞する一方で、中国を筆頭としたアジア諸国の経済成長が伝えられている。中国が日本のGDPの二倍以上に成長したとか、中国の自動車生産台数が米国すら抜いて世界一になった、あるいは中国の輸出額は日本の三倍以上だなどと聞くと、日本人は「いったいいつの間に」という思いと共に、中国へのおそれと不安を感じてしまう。そしてそれは「中国の軍事的脅威」という安全保障上の懸念へと安易に直結してしまいがちになる。

多くの人々は、日本経済の停滞・後退の根底には日本国内のものづくりの停滞があるのではないか、ものづくりの量だけでなく質の面でも、かつての競争力や強みが失われているのではないかという漠然とした不安も抱いている。日本経済を支えてきた巨大製造企業が外国企業に次々と買収されるのを見聞きすると、日本経済の大きな関門が崩壊しようとしているのではないかとすら感じてしまう。

テレビでは、日本の技術力の素晴らしさを強調し、日本の伝統の深さ、豊かさ、日本人のすぐれた感性等々といった「日本」そのものの優位性まで強調する番組が、最近とみに増えてきた。本当に技術力で世界のトップを走り続けているなら、なぜ日本経済は停滞を続け、なぜ日本の自己賛美ばかりが不気味に横行するのだろうという疑念もよぎる。

日本経済停滞の真の原因はどこにあるのか。日本企業の競争力や世界での位置はどうなっているのか。中国などの新興国が急成長する一方で、なぜ日本だけが停滞しているのか。日本の政治はこれらの問題をどう認識し、どう打開しようとしているのか。政府の対策は本当に日本の経済成長を促し、国民生活を守れるものなのか。こうしたことも含めて、日本のリアルな現実を丸ごと知りたいというのは多くの人々の思いだろう。

これらの問題は本書全体を貫くテーマでもあるが、まずは序章で日本経済の現状と、世界とりわけアジアの中の日本の経済と企業活動の全体像を俯瞰《ふかん》する。

本章第一節では、一九九〇年代から現在までの日本経済を総合的に把握し、日本経済停滞・衰退の最大要因が製造業の衰退にあること、それはこの二〇年の間に特に速度を速めた生産の海外移転に原因があることを明らかにする。

第二節では、アジアにおける日本の輸出入と生産を長期的に把握し、日本がもはや生産面でも輸出面でも、中国をはじめとしたアジア各国に劣後し、後退してしまったことを明らかにする。同時に、二〇〇〇年代に支配的であった議論、すなわち日本企業のアジア移転を極めて肯定的にとらえ、それが日本とアジア間の国際分業を進展させ、日本が中核となってアジアと共に経済成長する道であるという「東アジア生産ネットワーク」論も批判する。

第三節では、生産や輸出面での日本の衰退、中国の急成長といった国家の経済成長の差が、アジアを舞台にした米国も含めた多国籍企業の海外生産活動の結果であることを明らかにする。一見、国家ごとの経済成長の差に見えるものの本質が、多国籍企業の国境を越えた活動の結果でもあることを見る。

第四節では、多国籍企業の国境を越えた活動の結果、多国籍企業の母国が産業空洞化し、衰退していく現実を政府はどう捉え、どんな政策を行おうとしているかを探る。但し政策の詳しい内容やその検討は、第3〜第6章にゆずり、ここでは政策の位置付けを行うにとどめる。また米国でも起きている同様の事態へのオバマ政権の対応策にも触れつつ、生産の海外移転が引き起こすものについて考えたい。

以上のように、本章では日本経済の実態を生産の海外移転という企業活動と一体で明らかにする。

本書全体の構成について述べておくと、序章から第2章までは、日本経済の実態とその直面する問題を、この二、三〇年の歴史も踏まえつつ明らかにする。その際、日本経済停滞の最大の要因である生産の海外移転と国内産業空洞化に焦点をあてる。序章では、世界、とりわけアジアの中での日本経済の位置や生産のアジア移転を軸に、日本経済の現状を概観するとともに、空洞化問題全般についても考える。

第1章では、もっとも早くからアジアへの生産移転を加速させた電機産業で、生産の海外移転がどんな結末を引き起こしたかも含めて考える。生産の海外移転は、企業間競争には不可欠として当然視されてきたが、しかしそれが企業に勝利をもたらすとは限らず、電機産業では今、国内生産の壊滅にとどまらず、日本企業そのものの崩壊や外国企業による併合で、電機産業全体が日本から消滅する危機にすら瀕していることを明らかにする。第2章では、日本経済の最大の支柱である自動車産業においても、海外生産が猛烈な勢いで進行しており、自動車の国内生産も電機産業と同じ道をたどろうとしていること、また自動車業界で取り組まれている新たな生産体制そのものが、日本を底なしの空洞化に導くものであること等を明らかにする。

第3章から第6章までは政府の経済政策を検討する。産業空洞化が進行する日本経済に対して、政府はどのような成長戦略で日本経済を再生させようとしているのか、また空洞化にどう歯止めをかけるのか、あるいはどのように新たな成長分野を切り開こうとしているか等を明らかにする。これらの章では、日本経済を見る上でのもう一つの大問題に焦点を当てざるを得なかった。それは、いわば「属国化」ともいうべき問題である。企業のグローバル化、生産の海外移転は、日本企業だけのものではなく、先進各国の企業、特に米国の巨大企業が先行して推し進めてきたものであった。米国企業は、他国を生産基地や市場にするため、自国政府が後ろ楯《だて》となることを求めた。つまり、自国と他国のあらゆる分野への自由な参入や、各分野への参入障壁（規制）等を取り除く「規制撤廃」政策を他国に強制することを、米国政府に要求したのである。

そして米国と米国企業が真っ先に、かつ徹底してこうした要求を押し付けたのが日本であった。一九九〇年代に入って米国は、日本政府に膨大な項目からなる要望書を毎年突き付けて、日本の経済と制度のあらゆる面の改変を要求したが、この米国の要求実現の中で日本企業の競争力は大きく毀損《きそん》され、日本経済の強さの根源も破壊され、日本市場は「開放」されていった。それは米国を中心としたグローバル企業による日本の新たな「属国化」ともいうべきもので、敗戦後の米国による日本占領・属国化とは質の異なったものとして進行した。

つまり日本の場合、日本企業自身がグローバル化し、生産を海外移転することによって生じた日本経済の空洞化という問題だけでなく、もう一つの重大な問題、いわば米国による新「属国化」が、極めて

第序－１図　上位６カ国（2016 年時点）の GDP 推移

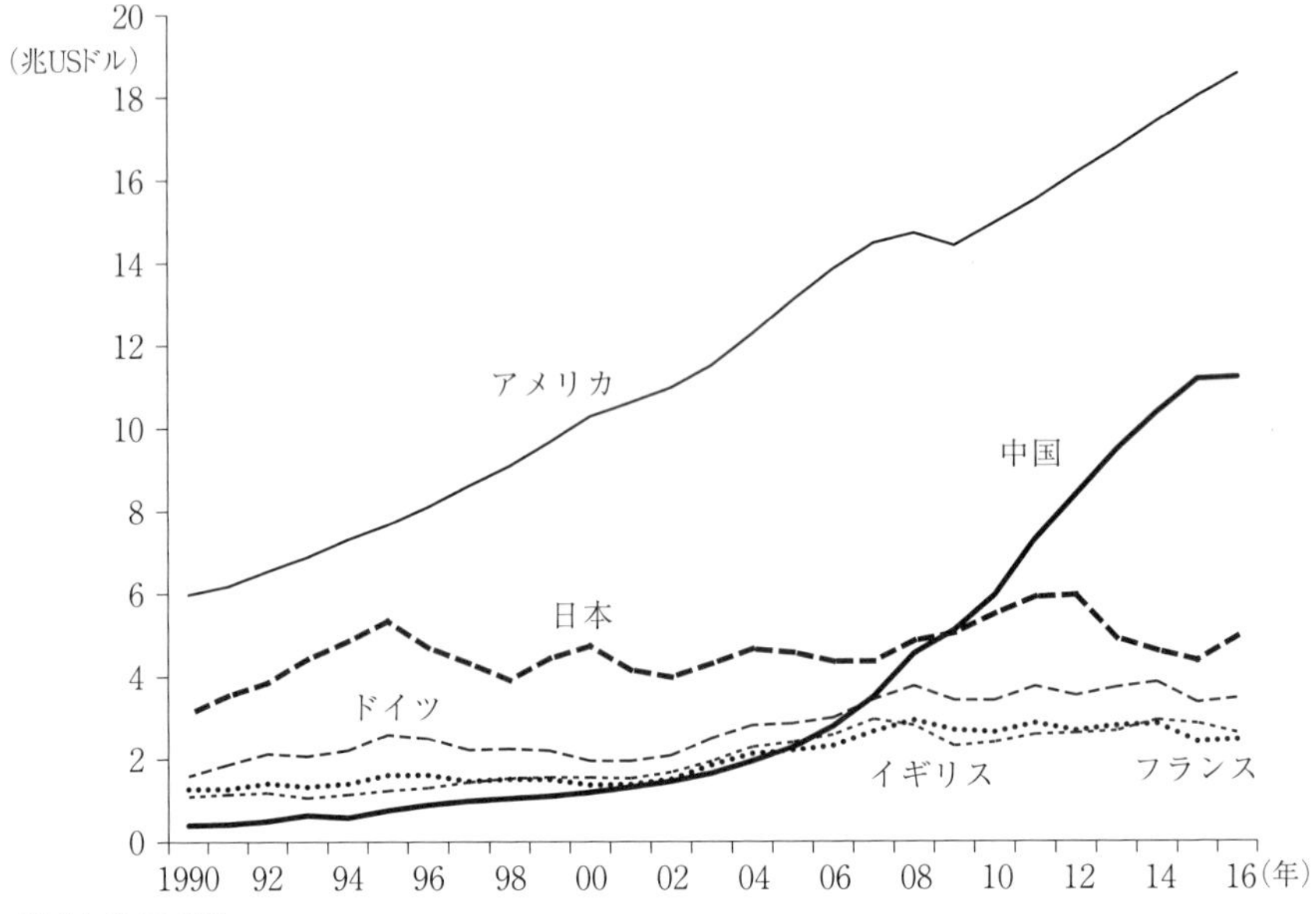

（出典）IMF 統計

大きな作用を日本経済に及ぼしているのだ。本書では第４章から第６章でこの問題を扱うが、特に第４章では安倍内閣の成長戦略のほとんどすべての項目が、米国の要求に基づいたものであることを明らかにする。第５章や第６章では、そうした新「属国化」の対日要求が、安全保障面でも日本の進路を大きく決定付け、日本のアジアへのインフラ輸出やＴＰＰという経済政策が、米国のアジア回帰戦略と一体で強行されたものであることを明らかにする。

昨今の米国やヨーロッパの政治動向を見る時、世界で今、何か大きな地殻変動が起き始めたのかもしれないと感じる人は多いだろう。この三〇年近くの間、世界を席巻《せっけん》してきた生産の海外移転やグローバル化といった企業行動が、母国経済と母国民に大きなダメージを与え続け、その結果、資本主義の根底がゆらぎ始めたかに見える。しかしその動きは、国家対国家の対立や、国民対国民の対立に容易に転化させられ、近未来が人間を破壊する方向になだれ込む危険性も孕《はら》んでいる。現代資本主義の軌道修正をして新たな時代を展望するための座標軸を、われわれは今、定め直さなければならない時期にきているのではないか。そのためには、まず、リアルな現状把握と問題の根源を明らかにすることが不可欠である。直近の事象だけでなく、グローバル化なるものが急速に進んだこの三〇年間を射程に入れ、企業と国家・国民の利害を弁別して経済と政治の実態を把握する必要がある。本書は、その一助になればと願う。

第一節　日本経済の現状と停滞の原因

まずは、日本経済のこの二〇～三〇年間の推移とともに現状をおおづかみに把握し、日本経済の実態と低迷の根本原因を探る。

(1) 国内生産の推移

GDPの停滞、世界での相対的後退とその原因　第序－1図は世界各国の名目GDP（国内総生産）の推移である。日本の名目GDPは、一九九〇年末には米国の半分以上（五二パーセント）、中国の七・

第序－２図　日本の国内総生産（GDP・名目・暦年）

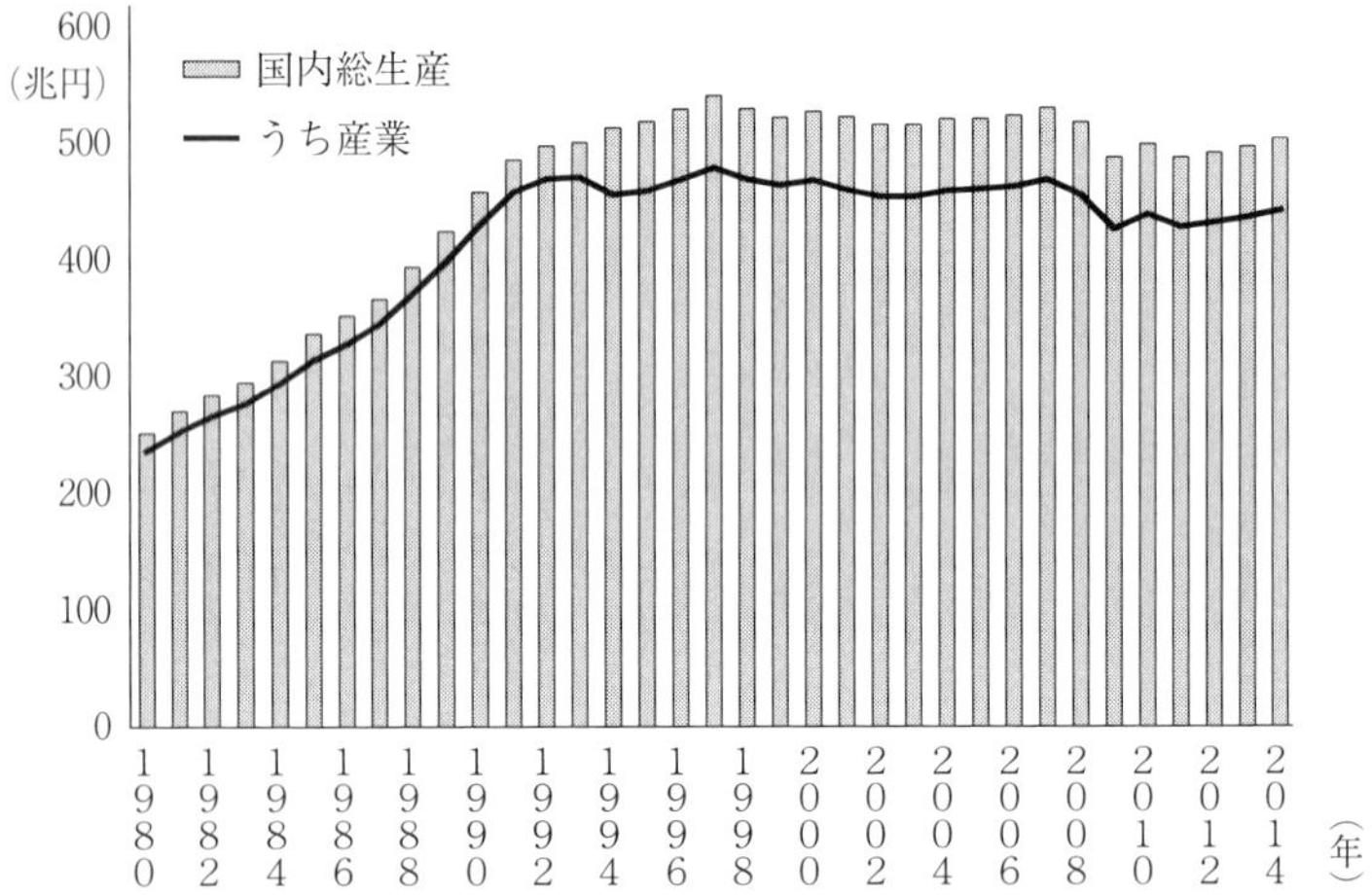

（出典）内閣府ウェブサイト「国民経済計算（GDP 統計）」・統計データ・統計表（国民経済計算確報）・「2014 年度国民経済計算」フロー編・主要系列表・経済活動別国内総生産・暦年、および「2009 年度国民経済計算」フロー編・主要系列表・経済活動別国内総生産・名目・暦年より作成

（注１）1993 年までは 2009 年国民経済計算（2000 年基準・93SNA）、1994 年以降は 2014 年度国民経済計算（2005 年基準・93SNA）

（注２）新しい基準による 2015 年以降も既に公表されているが、過去の公表数値がかなり大きく修正されていることや、1993 年以前の統計との結合の関係もあり、2014 年までの統計によった。

第序－３～６図も同じ。

七倍、ドイツの二倍あった。しかし二〇一五年末には、米国の四分の一以下（二三パーセント）にまで落ちてしまった。中国には二〇〇八年に追い抜かれ、二〇一五年になると中国は日本の二・七倍になった。ドイツは日本の八二パーセントになった。世界全体のＧＤＰに占める日本の比率も、一九九五年の一七・二パーセントから二〇一五年には五・六パーセントにまで落ちた。日本は「ひとり負け」の様相を呈している。

　同図はドル表示なので、二〇一〇～二〇一二年などの若干回復している時期もあるが、これは異常な円高の影響が大きい。第序－２図で、円表示の日本の名目ＧＤＰ（実数、暦年）の推移（棒グラフ）を見ると、一九九七年の五二三兆円を頂点としてその後は一度もこれを超えていない。二〇〇九～二〇一四年は四七〇兆～四八〇兆円台にとどまっている。日本が大きく経済成長したのは一九九〇年代に入るまでであり、二〇年ほどの間に日本のＧＤＰは、約四〇兆～五〇兆円減少しているのだ。[1]

名目ＧＤＰの減退は、「デフレ」によるものではないかという疑念も湧くが、たとえば消費者物価指数では、二〇一〇年を一〇〇とすると、第序－１表のようにこの二五年間の最低は一九九〇年の九四・五、最高は一九九八年の一〇三・七で、年々わずかな変動幅で上下するのみで、ほぼ横ばいである。前年比の増減率もほとんどの年が小数点以下の変動で、物価は安定している状態である。「デフレ」といわねばならないほどの物価下落はない。毎日のようにメディアが報じている「デフレ」とか「デフレからの脱却」なる言葉も、デフレの概念も含めて検討する必要があり、本節の最後で考えたい。

ＧＤＰで減少が著しい項目は製造業

なぜ日本のＧＤＰは停滞しているのか。ＧＤＰとは、国内で生産・提供された付加価値の総額であり、ＧＤＰは生産面と支出面の両側面から見ることができる。両面

第序－１表　消費者物価指数

	総合	前年比
1990	94.5	3.1
1991	97.6	3.3
1992	99.3	1.6
1993	100.6	1.3
1994	101.2	0.7
1995	101.1	-0.1
1996	101.2	0.1
1997	103.1	1.8
1998	103.7	0.6
1999	103.4	-0.3
2000	102.7	-0.7
2001	101.9	-0.7
2002	101.0	-0.9
2003	100.7	-0.3
2004	100.7	0
2005	100.4	-0.3
2006	100.7	0.3
2007	100.7	0
2008	102.1	1.4
2009	100.7	-1.4
2010	100.0	-0.7
2011	99.7	-0.3
2012	99.7	0
2013	100.0	0.4
2014	102.8	2.7
2015	103.6	0.8

（出典）政府統計の総合窓口（e-Stat）基準消費者物価指数　長期時系列データ

（注）2010 年基準　全国・中分類指数・総合　および中分類前年比より

第序－３図　国内総生産（生産側・名目）・「産業」内・分野別推移

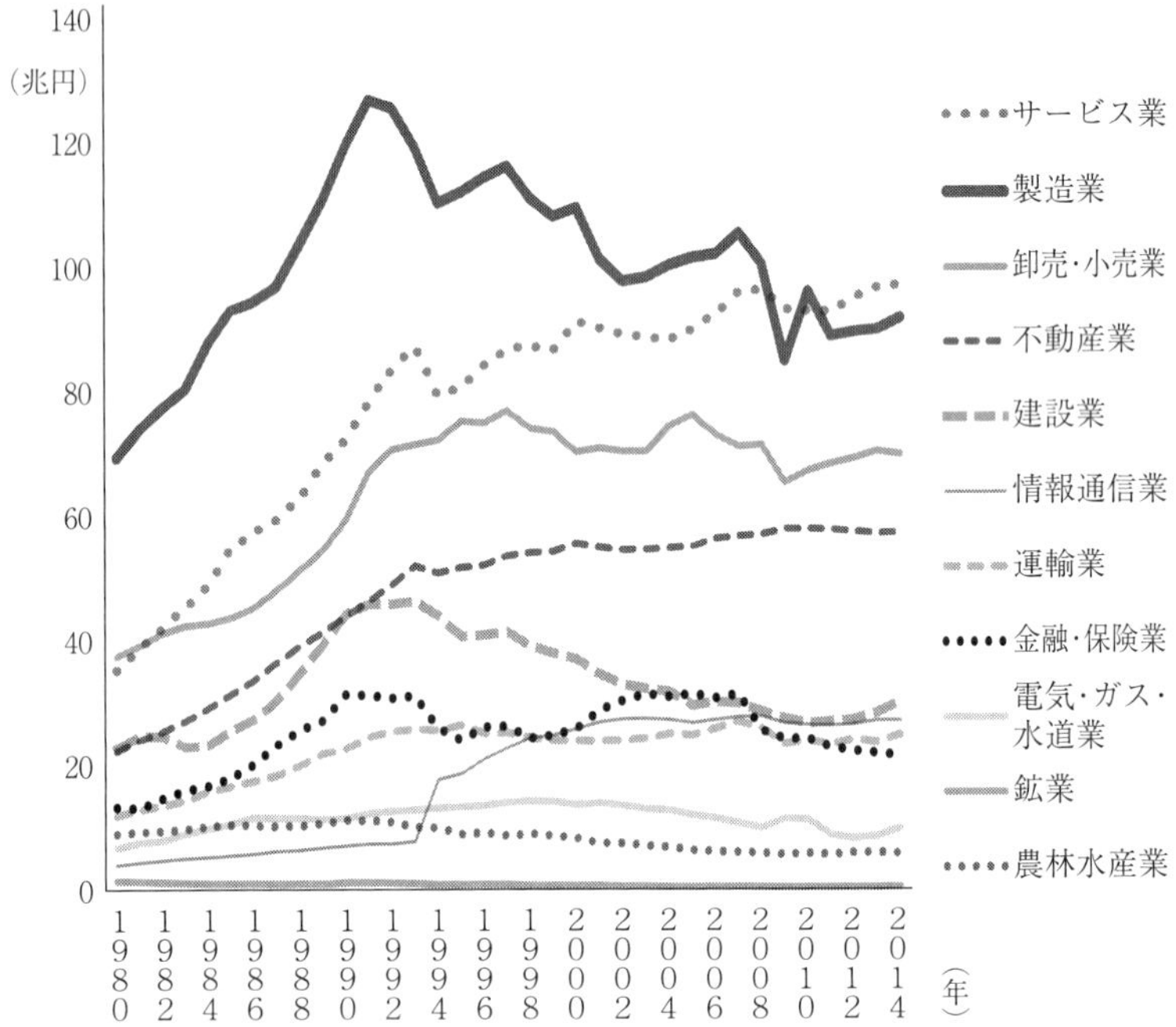

（出典）第序－２図に同じ

の額は同じである。ＧＤＰを生産面（内閣府統計では経済活動別国内総生産と表記されている）から見ると、「産業」が全体の約九割を占め（第序－２図・折れ線グラフ）、残りの一割前後が「政府サービス生産者」、「対家計民間非営利サービス生産者」、関税その他の合計である。九割を占める「産業」は、一九八〇年代には一〇年で二倍近く成長して一九九〇年に四一六兆円と四〇〇兆円を超えた。一九九〇年代は四四〇兆～四六〇兆円台で推移したが、それ以降は停滞・低下している。

　この「産業」をより詳しく分野別に分類し、その推移を見たものが第序－３図である。この図から「製造業」が著しく落ち込んでいることがわかる。一九九一年の一二五兆円から二〇一一年以降は八〇兆円台になり、この二〇年間で二五兆～二六兆円も減少した。「産業」全体に占める比重も三割程度から二割強にまで低下

第序－４図　国内総生産（生産側・名目）・「製造業」内・業種別産出額推移

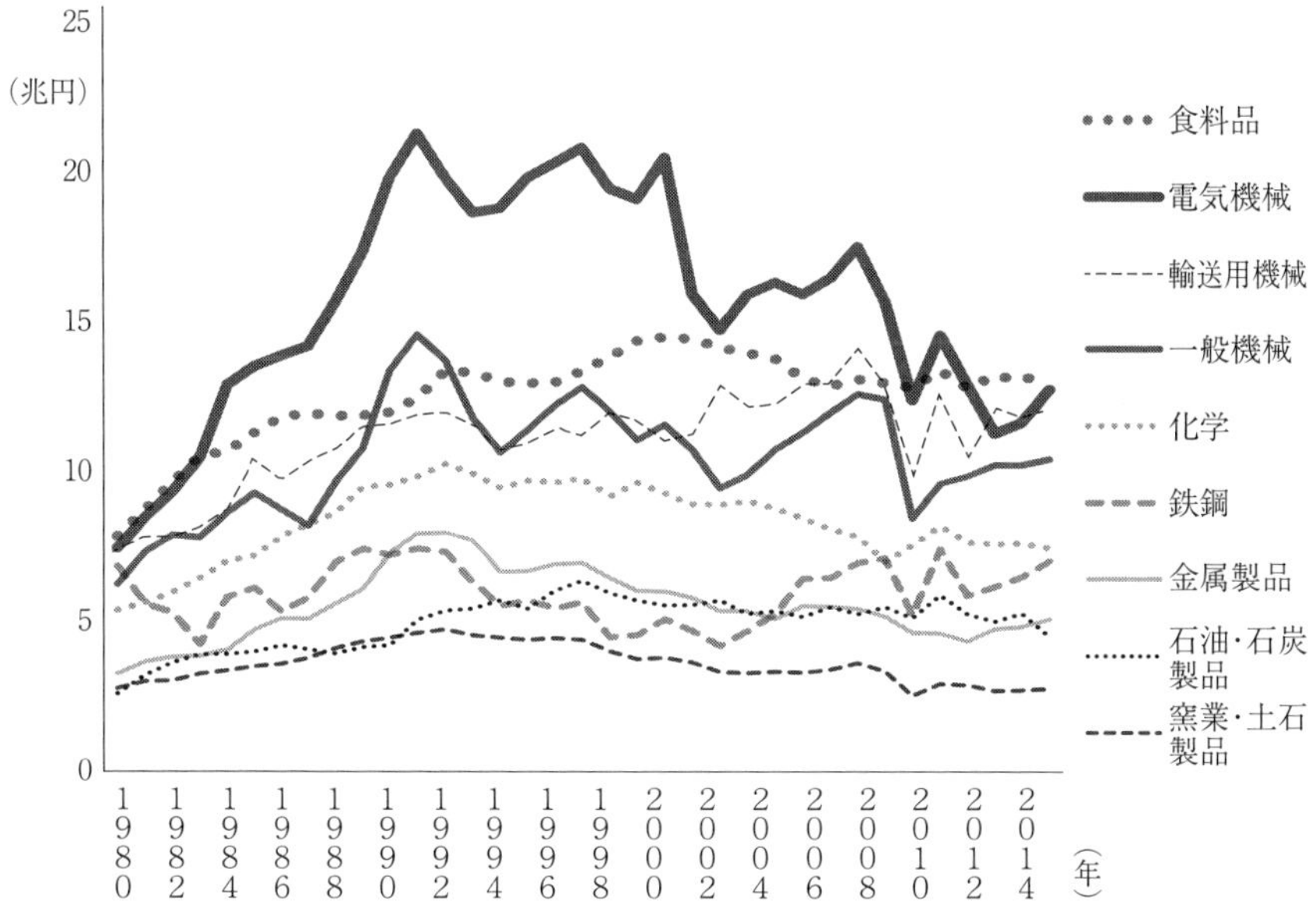

（出典）第序－２図に同じ

した。その他の部門では「建設業」部門の退潮が大きく、同じ時期に一〇兆円以上減少している。

激しく落ち込んだ「製造業」を、より細かく業種別に見たのが第序－４図である（上位九業種のみ、パルプ・紙、精密機械、繊維、その他は省略）。もっとも目立つのが電気機械の大きな変化で、一九九〇年代初頭は他業種を圧倒して二〇兆円内外の生産額であった。ところが二〇〇〇年代に入るや急減し、二〇一二年には一一兆円と半分になってしまった。輸送用機械（ほとんどが自動車）は、一九八五年に早くも一〇兆円を超えたが、その後は伸びず一〇兆～一二兆円を上下し、一三兆円を超したのは二〇〇七年の一年だけであった。一般機械は一九九四年に一四兆円を超えたのちは低迷し、最近は一〇兆円内外である。電気、輸送用、一般の機械三業種は、長らく日本の生産と輸出の中心であり、日本経済の成長を支え、リードしてきた業種であった。しかしその三業種で、この二〇年以上の間、衰退、停滞が著しいのだ。結局、生産があまり減らないという理由だけで、二〇一二年以降は食料品がトップの業種になった。日本は「ハイ・テク」製品ではなく、「ロー・テク」製品の生産でかろうじて支えられる国になった。

ＧＤＰの総額そのものは、サービス業や情報通信などが増加しているため劇的な減少は、まだ食い止められてはいる。しかし製造業がやせ細り、介護などの労働が計上されるサービス業だけが拡大している現実は、日本経済の停滞と危機の根源がどこにあるかを示している。日本は「ものづくり」により成長する国ではなく、国民同士がサービスを提供し合うことに依存する経済になりつつある。

第序－５図　国内総生産（支出側・名目）要素別推移

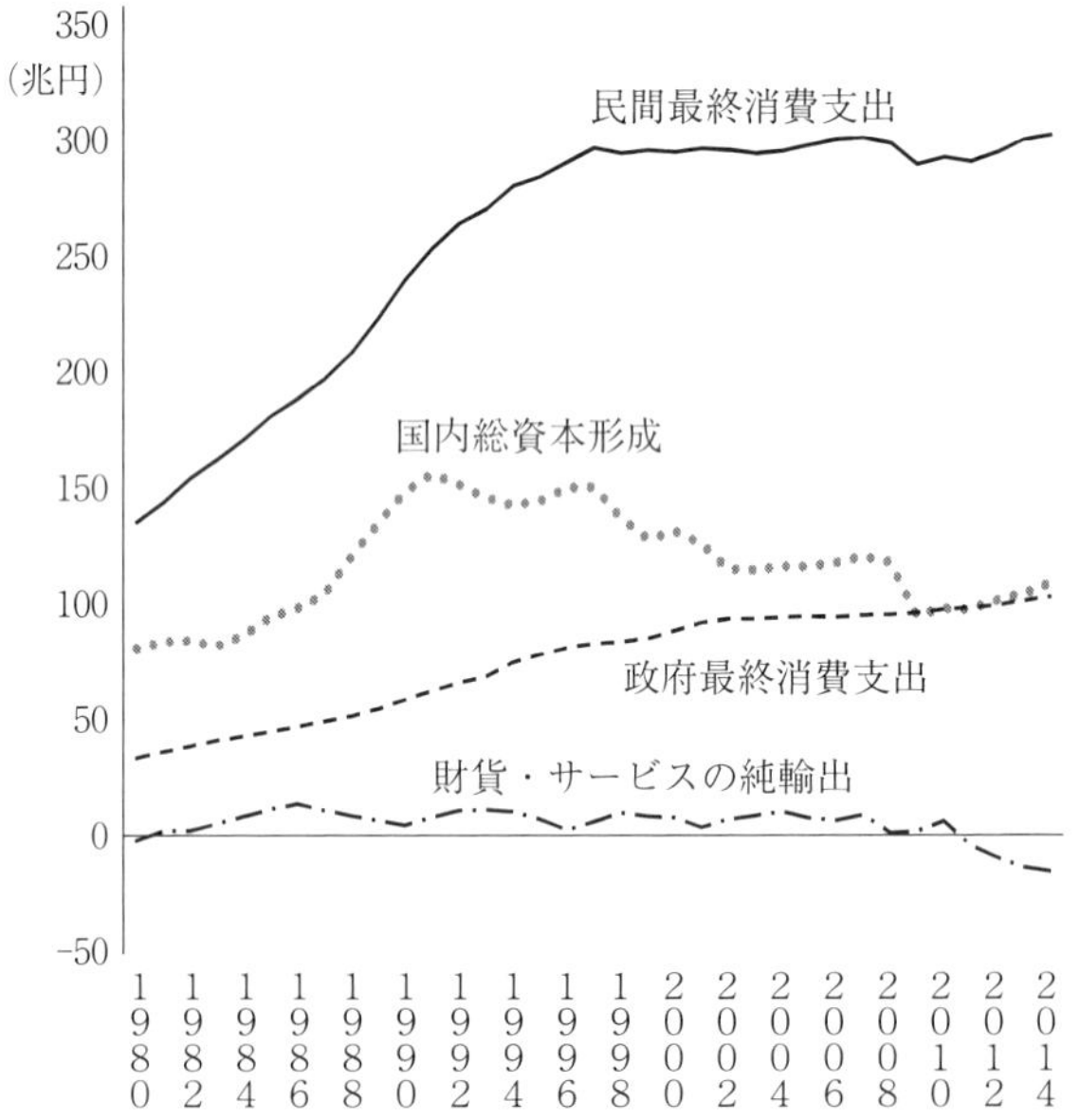

（出典）国内総生産（支出側、名目）（暦年）（第序－２図と同サイト内より作成）

次に第序－５図で、支出面のＧＤＰを見ると、支出面からのＧＤＰで最大の比重を占めるのは「民間最終消費支出」（その九八パーセント程度が家計最終消費支出）である。これは一九八〇年代に大きく伸びたのち、九〇年代半ば以降は二八〇兆円台から二九〇兆円台前半で多少の変動を伴いつつも、ほぼ横ばいで推移している。

政府最終消費支出（政府による消費財への支払いや公務員への給与支払いなど）も、二〇〇〇年代に入って伸びは抑制されたが、それでも少しずつ上昇している。

「財貨・サービスの純輸出」（「財貨・サービス」の輸出から輸入を引いた差額）は減少傾向で、特にこの数年は減少が著しいが、輸出入については後で詳しく述べる。


支出面の最大の変化は、「国内総資本形成」が大きく減っていることである。「国内総資本形成」は、一九九〇年に一四〇兆円を超えたが一九九八年以降は下がり続け、二〇〇九～二〇一二年は三分の二の九〇兆円台に落ちた。「国内総資本形成」のうち「国内総固定資本形成」（「国内総資本形成」の一〇〇パーセント近くが「国内総固定資本形成」）の内訳を第序－６図でみると、その六～七割を占める民間・企業設備は、一九九一年の約九四兆円を頂点として変動しながら低下し、二〇〇九年以降はほとんどの

第序－６図　国内総固定資本形成内訳

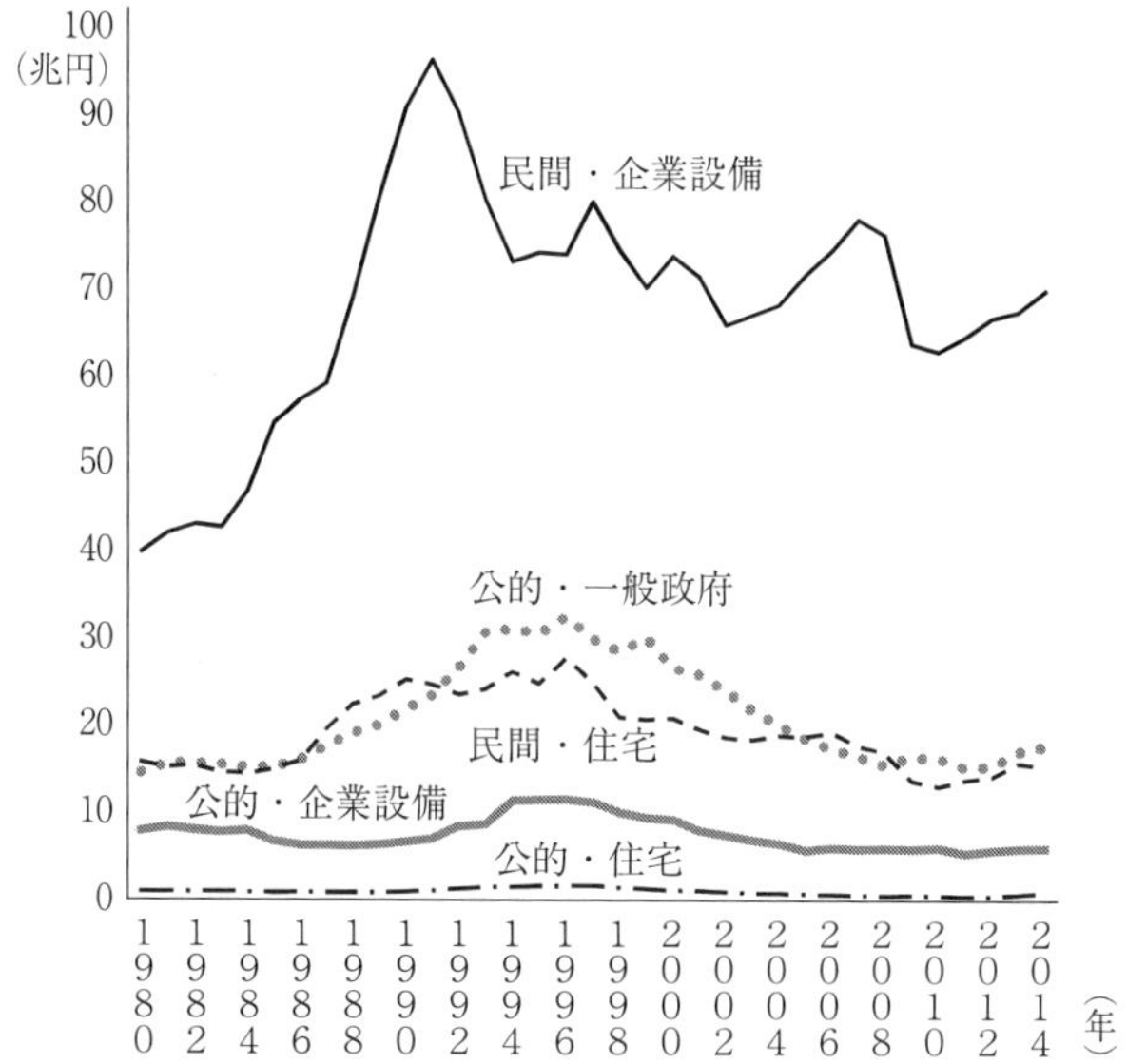

（出典）第序－５図に同じ

年で六〇兆円台前半と低迷している。公的・一般政府（公共事業、公共投資その他）も九六年の三二兆円を頂点に二〇〇四年以降は一〇兆円台になった。民間・住宅も一九九〇年代後半以降低下し続けている。つまり、「国内固定資本形成」の減少は、企業が国内設備投資を大きく減らしたことに主因があり、公共投資も二〇〇〇年代後半には減り、住宅建設やその価格が低迷したことによる。

以上のように、日本のＧＤＰの推移から明らかになることは、一九九〇年代以降の国際的にも顕著な停滞・衰微であり、その最大の原因が供給面での電気機械や輸送機械などの生産の衰退・停滞によるものであり、そしてそれと表裏一体になった支出面での企業による設備投資の減退であった。つまり、日本の生産を牽引《けんいん》し、日本経済の成長の中核であった分野で、国内生産が大きく減退し、国内への設備投資も行わなくなったことに、日本経済衰退の最大の原因がある。

出荷額からも明らかになる製造業の衰退

上記のようなＧＤＰの推移から明らかになる製造業の国内生産の減退は、製造業の「出荷額」からも顕著に裏付けられる。出荷額は付加価値額を示すＧＤＰとは異なる性質のもので、投入原材料等の金額も含むため、ＧＤＰの数倍になる。自動車のようにいくつもの下請け工場を経由して組み立てるような製品では出荷額はとくに大きくなるが、その生産活動が経済の諸分野に与える波及効果もまた大きい。

一九七五年に一二六兆円だった国内出荷額合計は、一九九一年には三四三兆円へと一六年間で約二・七倍になった。ところがその二〇年後の二〇一一年には二六五兆円になり、一九九一年の七七パーセントにまで減少し、二〇一三年も二九二兆円にとどまっている。おおざっぱに言えば二〇〇〇年代以降の出荷額は、ほとんどの年で一九八〇年代後半の水準に戻ってしまった。出荷額の上位五業種（二〇一三年時点、製造業二〇業種中[2]の推移を見たのが第序－7図である。出荷額第一位は、一九八〇年代半ばから二〇〇〇年代初めまでは電気機械（電気、電子、情報通信等の機械器具）、二〇〇三年以降は輸送用機械で、二〇〇〇年代を通して輸送用機械と電気機械の合計で出荷額全体の三分の一以上を占め、これに一般機械（汎用・生産用・業務用等の機械器具）を加えると、この三業種（輸送・電気・一般の各機械器具）だけで、日本の出荷額のほぼ四五パーセントを占めた。ただし電気機械は、二〇〇〇年代後半には一九八〇年代中頃の水準にまで落ち込んだため、現在は輸送用機械がかろうじて日本の製造業の全面後退を食い止めている状態である。

このように出荷額の動向は、先に見たGDPの動向と同じような動きを示しているが、GDPでは一位に躍り出た食品分野が、出荷額の場合は電気機械や輸送機械とは差がありすぎてとてもおよばない。電気や輸送機械が下請けその他を何段階も経由し波及効果が大きいのに対して、食品ではそうはいかない。日本の製造業での代替分野の

第序－7図　業種別出荷額推移

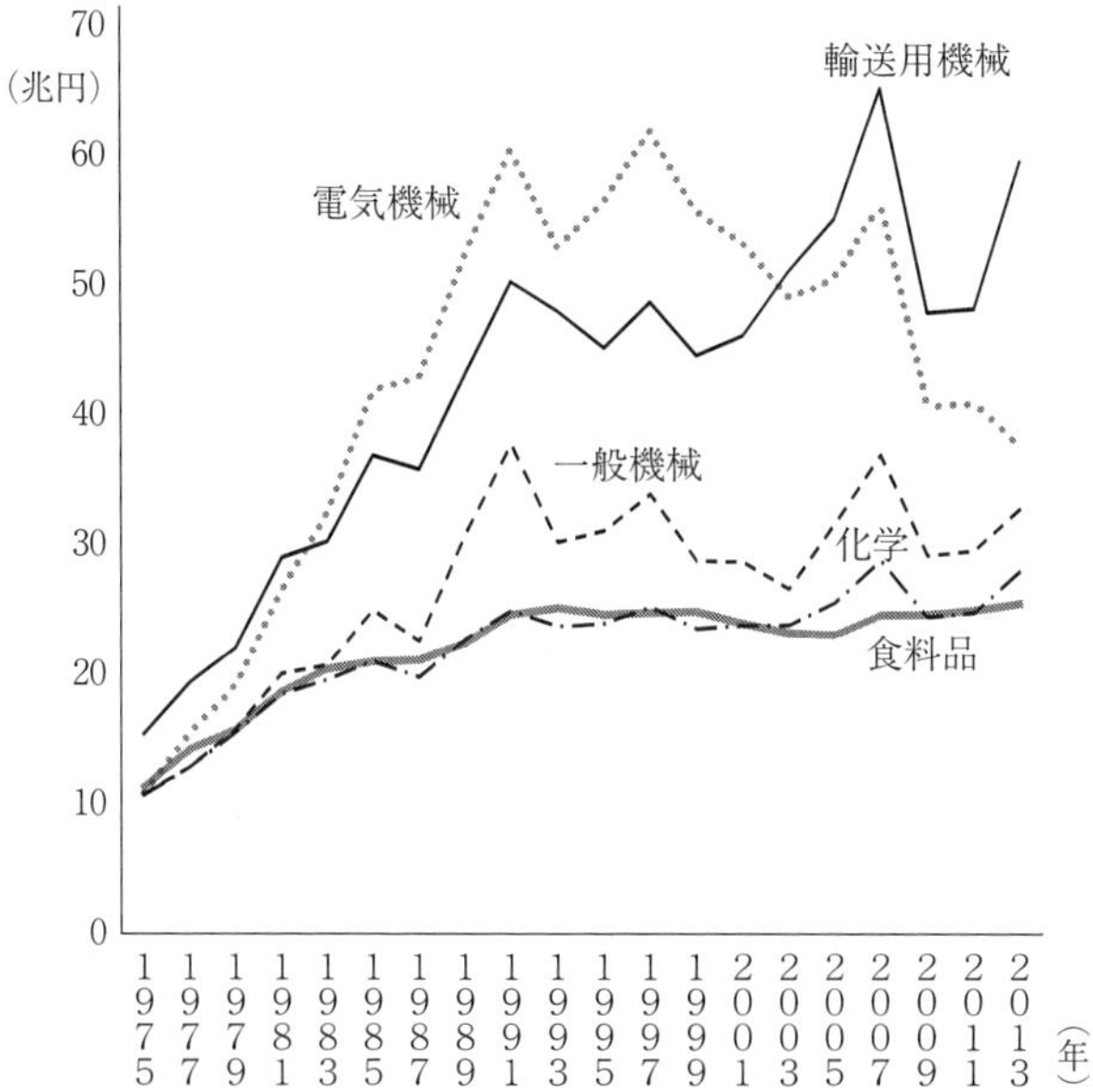

（出典）経済産業省『工業統計調査』・産業編・各年度・産業中分類・出荷額　4人以上工場（1980年までは全工場）

第序－８図　日本の地域別対外直接投資残高

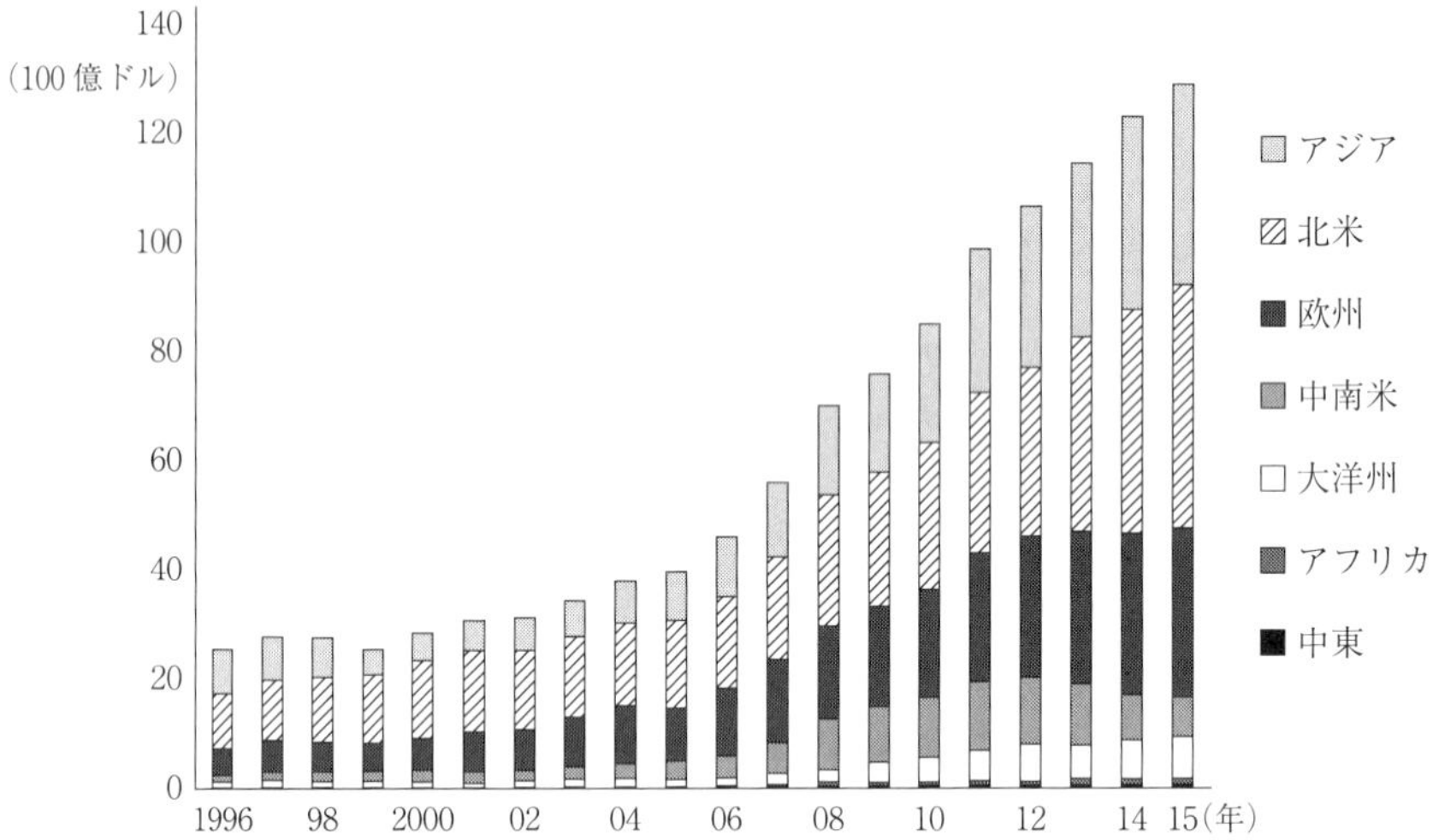

(出典) JETRO「日本の国・地域別対外直接投資残高」より作成

(原注)〔注１〕円建てで公表された数値を日銀インターバンク・期末レートによりドル換算

〔注２〕「本邦対外資産負債残高統計」(財務省、日本銀行)、「外国為替相場」(日本銀行) よりジェトロ作成

不在を見せつけている。

（２）海外生産の拡大

海外投資の拡大　国内の生産が衰退していく中で海外への投資と海外生産は伸びている。第序－８図は、対外直接投資残高（ストック、ドル表示）を地域別に分けて示したものであるが、残高は二〇〇〇年代後半から特に増加し、二〇〇六年の四四九七億ドルから二〇一四年の一兆二〇一五億ドルと、わずか八年間に約二・七倍に増加した。地域別では対アジア投資が一貫して伸び、とりわけ二〇〇〇年代なかば以降大きく増加した。北米向けは、本図には掲示していない早期の対外投資の大部分を担っていたが、一九九〇年代の減少・停滞を経て、二〇〇〇年代後半以降に顕著に増加した。二〇〇五年と二〇一四年の投資残高を比較すると北米は二・六

第序－9図　製造業業種別対外直接投資（国際収支ベース、フロー）推移

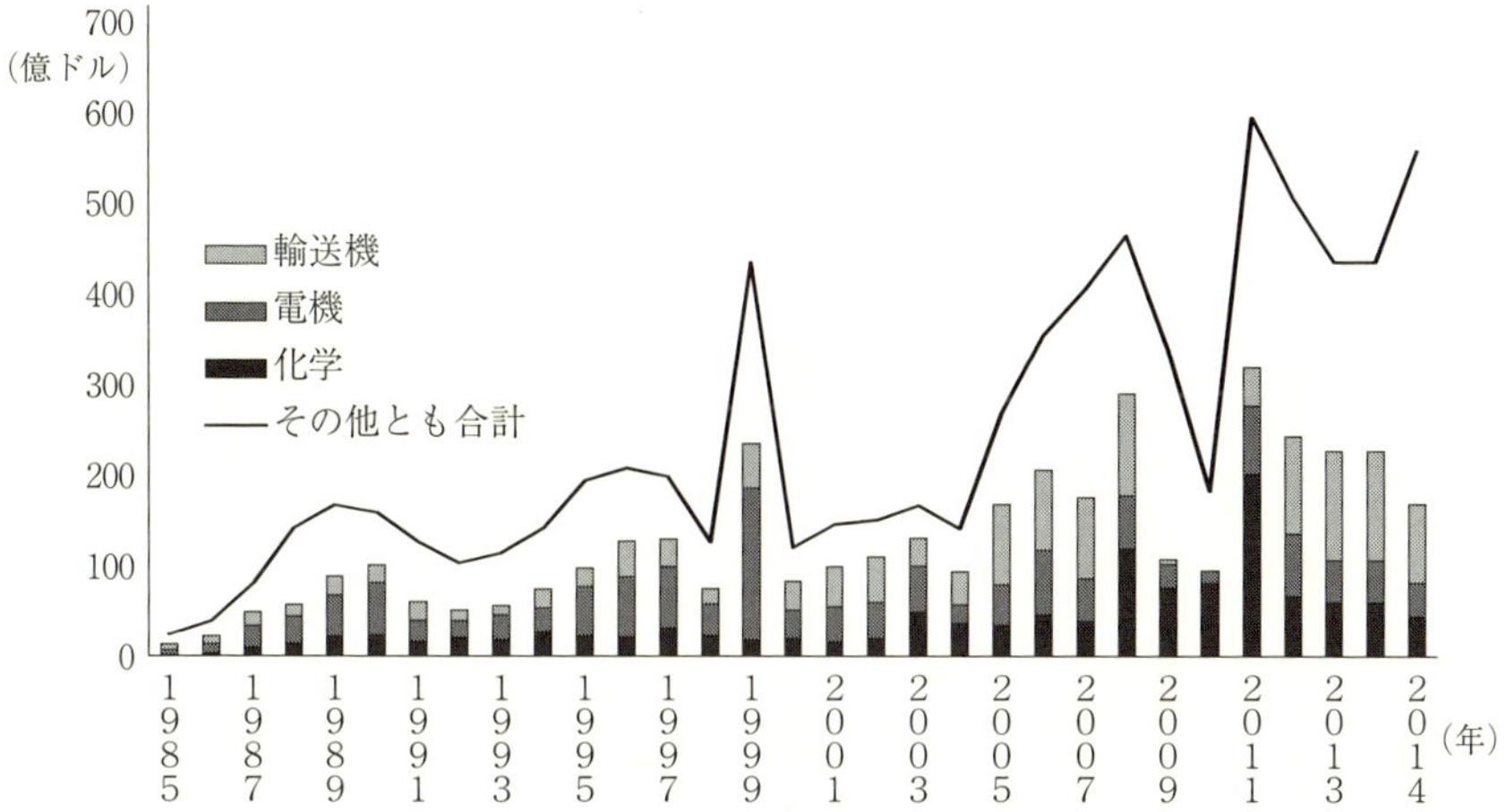

（出典）JETRO ウェブサイト・「日本の直接投資（国際収支ベース、ネット、フロー）業種別・対外」、および「参考：日本の直接投資（報告・届出ベース）2004 年度で更新終了・対外」より作成

（注１）円建てで公表された数値を日銀インターバンク・期中平均レートによりドル換算。2014 年は年次改訂値を年平均レートによりドル換算

（注２）国際収支統計の基準変更により、2013 年以前と 2014 年以降のデータに連続性はない

倍、アジアは三・九倍になった。なお、本図の数値は製造業、非製造業ともに含む。

第序－9図は年ごとの製造業の投資額（フロー、ドル表示）の動向を、業種別（電機機械、輸送機械、化学、その他）に分類したものである。本図のもとになった統計は、二〇〇四年までは投資引き上げを計上しておらず、それ以降との厳密な連続性がない。しかし長期の業種別の直接投資の統計が存在しないため、本図は連続性がないまま接合し、ごく大雑把な動向の把握に利用する。一九八五年以降、業種別の投資で圧倒的な比率を占めたのは電気機械である。とくに一九九〇年代後半はほとんどの年で全体の三割以上を占めた。二〇〇〇年代になると輸送用機械が最も多く投資を行うようになり、二〇〇〇年代後半になると化学が大きく伸び、「その他」の業種も投資を急増させた。二〇〇〇年代後半は日本のあらゆる業種で、恐ろしい勢いで

第序－10図　製造業業種別・対外直接投資残高
2005年、2013年比較

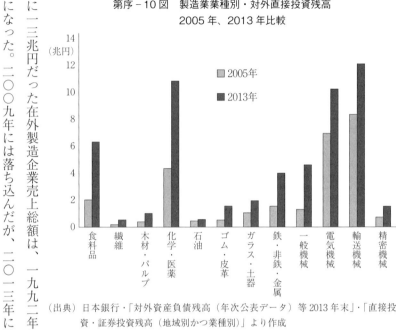

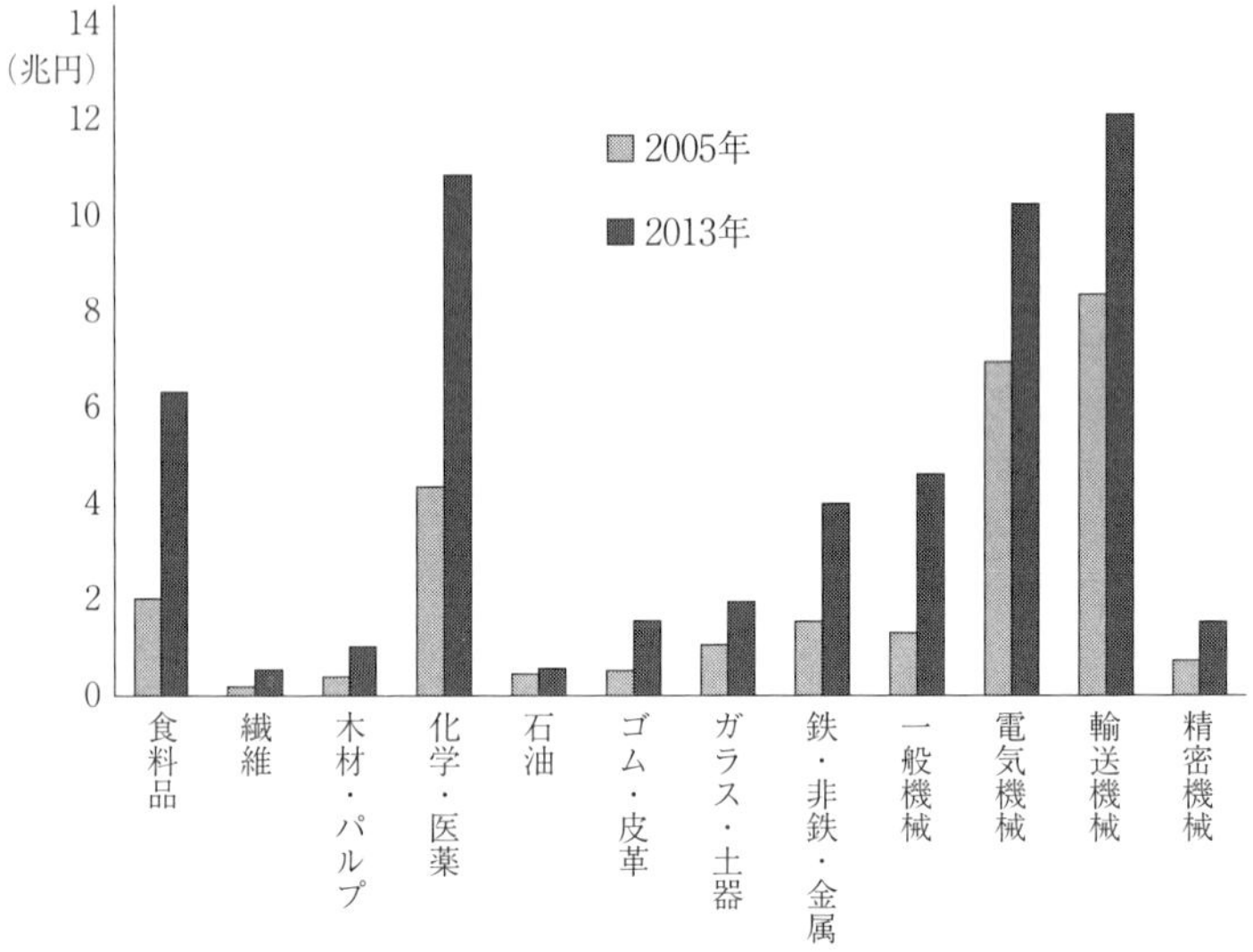

（出典）日本銀行・「対外資産負債残高（年次公表データ）等2013年末」・「直接投資・証券投資残高（地域別かつ業種別）」より作成

対外投資が急増したのであった。

第序－10図は、こうした毎年の投資の結果、業種別の投資残高がどう変化したかを、二〇〇五年と二〇一三年で比較したものである。なお同表は前表までとは異なって円で表示している。二〇〇五年にはまだ電気機械や輸送機械だけで突出していた対外投資が、二〇一三年は化学・医薬、食料品をはじめ様々な業種で投資が大きく伸びた。二〇〇〇年代後半以降のわずか八年の間で、多くの産業で対外投資が急増し、日本の生産があらゆる分野で海外に流出したことがわかる。

海外売上高の拡大　対外直接投資の結果、海外での製造業の売上高も大きく伸びた（第序－11図、折れ線グラフ・実線）。一九八七年に一三兆円だった在外製造企業売上総額は、一九九二年には二五兆円になり二〇〇七年には一一一兆円になった。二〇〇九年には落ち込んだが、二〇一三年には一一七兆円に回復した。第序－11図では、上位四業種(3)の売上高を棒グラフで示したが、電気機械と輸送機械だけで日本の製造業の海外売上高全体の

第序－11図　製造業業種別海外生産売上高

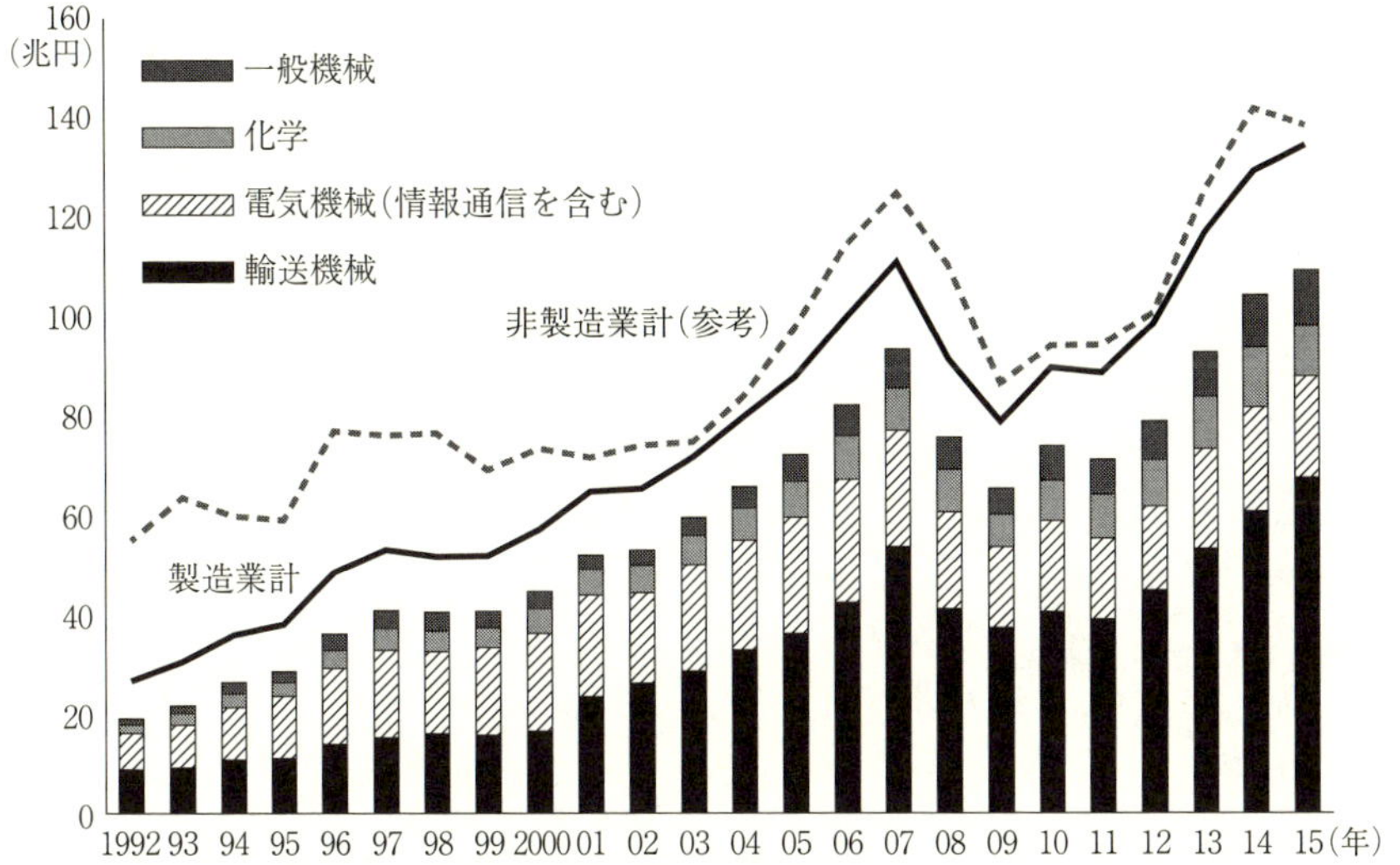

(出典) 経済産業省『海外事業活動基本調査』各年度より作成

(注) 一般機械は，2007年以降ははん用機械，生産用機械，業務用機械に三分割されたが，それを合計したもの

七割近くを占めているのだ。対外直接投資の拡大と海外売上高の拡大にはタイムラグがあり、長きにわたる両業種での海外投資拡大の年月が、海外での大量販売に帰結した。前掲第序－10図で二〇〇〇年代後半にあらゆる製造業で対外投資が急拡大したことを見たが、それは近い将来、多くの業種での海外生産が拡大し、国内生産と輸出へのダメージが避けられなくなる時期が来ることを予測させる。その上海外売上高も、電気機械では二〇〇〇年代の伸び悩みののち、二〇一〇年代は減少している。自動車も二〇〇〇年代前半に成長したが、二〇一〇年代は世界経済危機からの回復に時間を要し、二〇〇七年を越したのは、やっと二〇一四年になってからであった。海外投資の拡大が海外売上高の持続的な拡大につながる保証もない。

海外生産比率の上昇　こうした海外生産の増加の結果、海外生産比率は、第序－12図のよう

第序－12図　海外生産比率

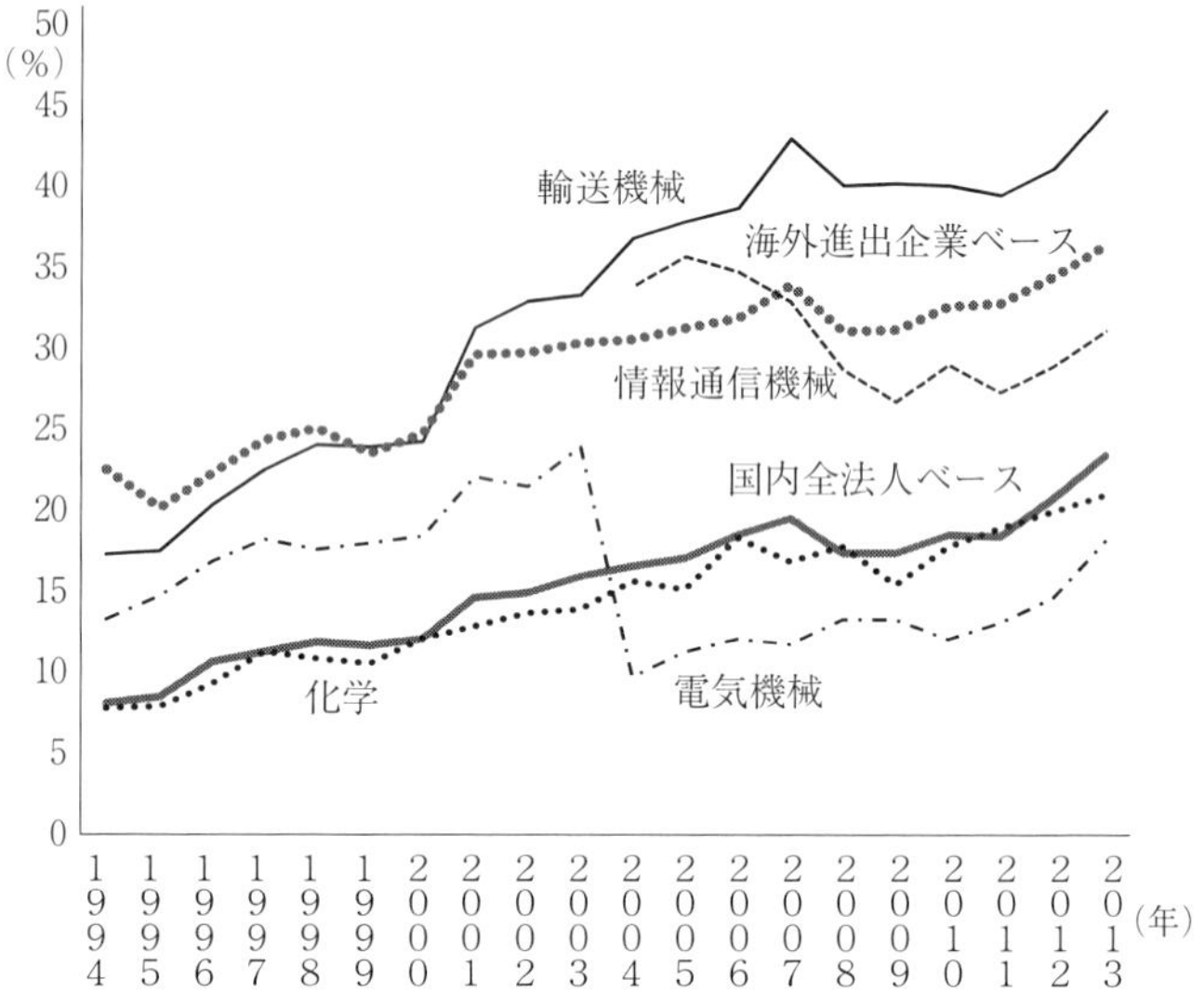

（出典）経済産業省『海外事業活動基本調査』各年版より作成
（注１）数値は製造業現地法人売上高／製造業現地法人売上高＋製造業国内法人売上高×100.0）
（注２）情報通信機械は、2003年までは電気機械と分離せず。データなし

に年々上昇し、二〇一四年では国内全企業の生産に対して二四・三パーセントに達した。少しでも海外進出を行っている企業をベースにした海外進出企業ベースでは、二〇〇五年以降三〇パーセントを超え、二〇一四年には三八・二パーセントになった。

海外生産比率のもっとも高い業種は輸送（用）機械であり、二〇一四年で四六・九パーセントに達した。海外生産比率が四六・九パーセントというのは、国内生産の四六・九パーセントにあたるものを海外で生産していると考えがちであるが、そうではない。四六・九パーセントの分母は国内生産額＋海外生産額で分子が海外生産額なので、国内生産量に近い額を海外で生産していることである。輸送用機械は自動車が中心ではあるが、自動車以外や部品も含んでいるため、自動車（完成車・四輪）の生産台数だけを取り出して見ると、海外生産の拡大はより顕著である。第序－13図のように海外生産台数（折れ線）はひたすら急上昇し、二〇一三、二〇一四年は海外生産台数が国内生産台数の一・七～一・八倍に達している。「海外生

第序－13図　日本自動車企業の国内外別生産台数推移

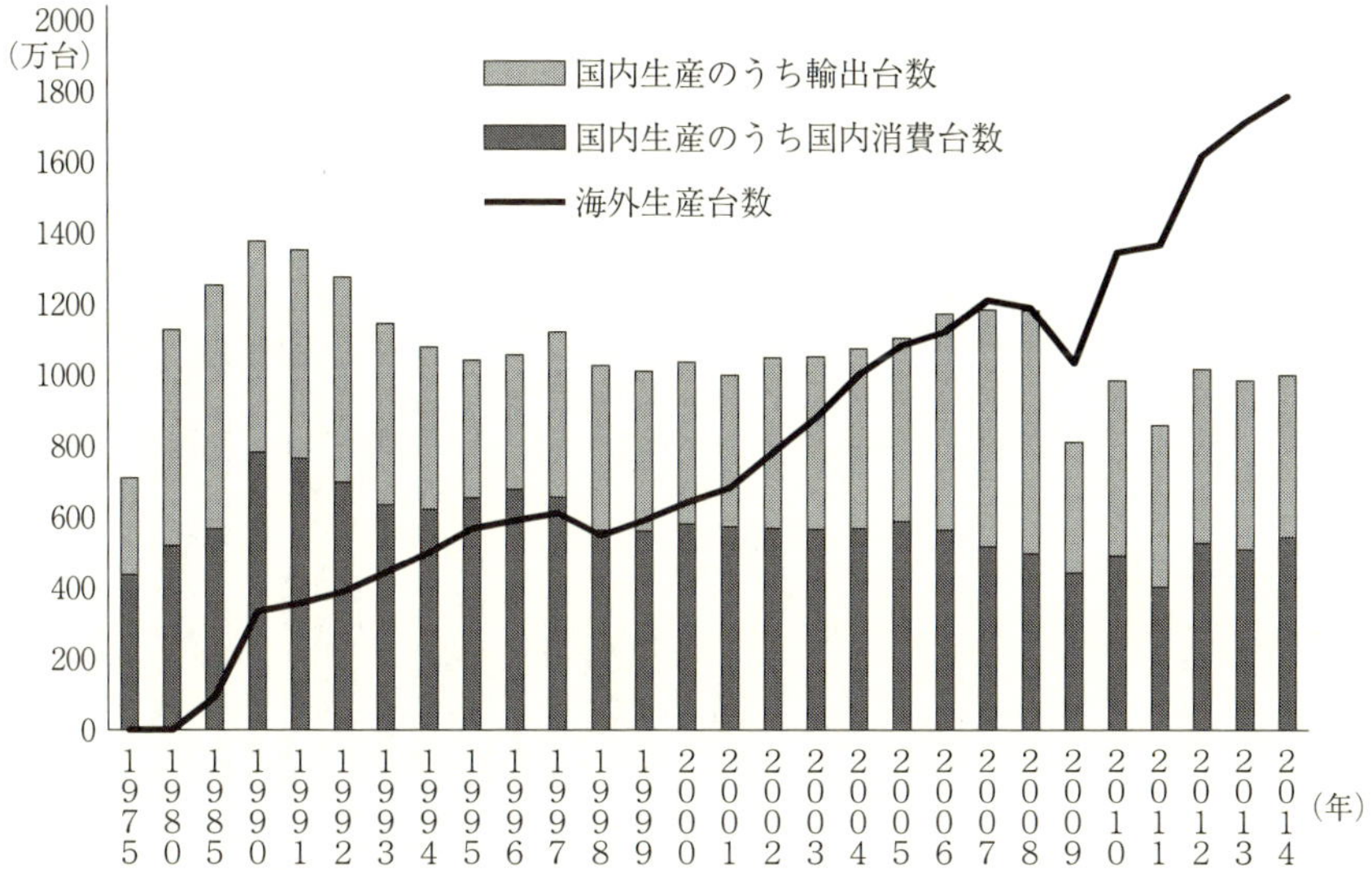

(出典) JAMA（日本自動車工業会）ウェブサイト・統計、日刊自動車新聞社他編『自動車年鑑』より作成

(注１) 棒グラフは国内生産高（輸出＋国内消費）、折れ線グラフは海外生産

(注２) 年度の目盛は 1975-1990 年までは５年毎、その後は毎年

産比率四六・九パーセント」とは、このような恐るべきものなのだ。

　電気機械の海外生産比率は、二〇〇四年以降は電機と情報通信に分けて計算されるようになった。二〇〇五年に情報通信機械が三五パーセントになった後はむしろ低下している。この背景には電気機械とくに情報通信機器の世界市場でシェアの低下や敗北・撤退、委託生産などの様々な要因があり、空洞化の末期症状というべき様相を呈しているためである。その実態や原因等については第1章で詳しく論じるが、電機産業の海外進出とその結末を見る時、海外進出が必ずしも当該産業の競争力強化やシェアの上昇、海外での生産拡大といった結果につながるわけではないことを教えてくれる。

　以上のように、産業全体では国内生産が

停滞する一方で、海外生産は増大し続けている。一九九〇年代以降の日本の製造業は、成長すべき部分が、そっくり海外へ流れ出してきたのだ。

日本の海外投資は長い間、グリーンフィールドと呼ばれる海外での新たな工場や企業を新設する新規投資が中心であった。とくに自動車や電機などの日本の経済成長の原動力となってきた分野で集中して海外直接投資がなされてきた。これが国内の製造業の停滞やＧＤＰの衰退に直結した。既存企業の国境を越えた買収（Ｍ＆Ａ）が中心の英米の国々とは違い、国内生産に与える打撃はみかけの投資額以上に大きい。日本の海外投資は、国内の生産を急速に海外生産におきかえる性質を持って進行し、その典型が電気機械だったといえよう。そして第序－10図で見た二〇〇〇年代末以降のあらゆる分野での海外投資の急激な拡大からは、一〇年先の日本で、あらゆる製造業で電気機械と同じことが起きる可能性が高いことが予測される。

第序－14図　海外現地法人常時従業者数推移

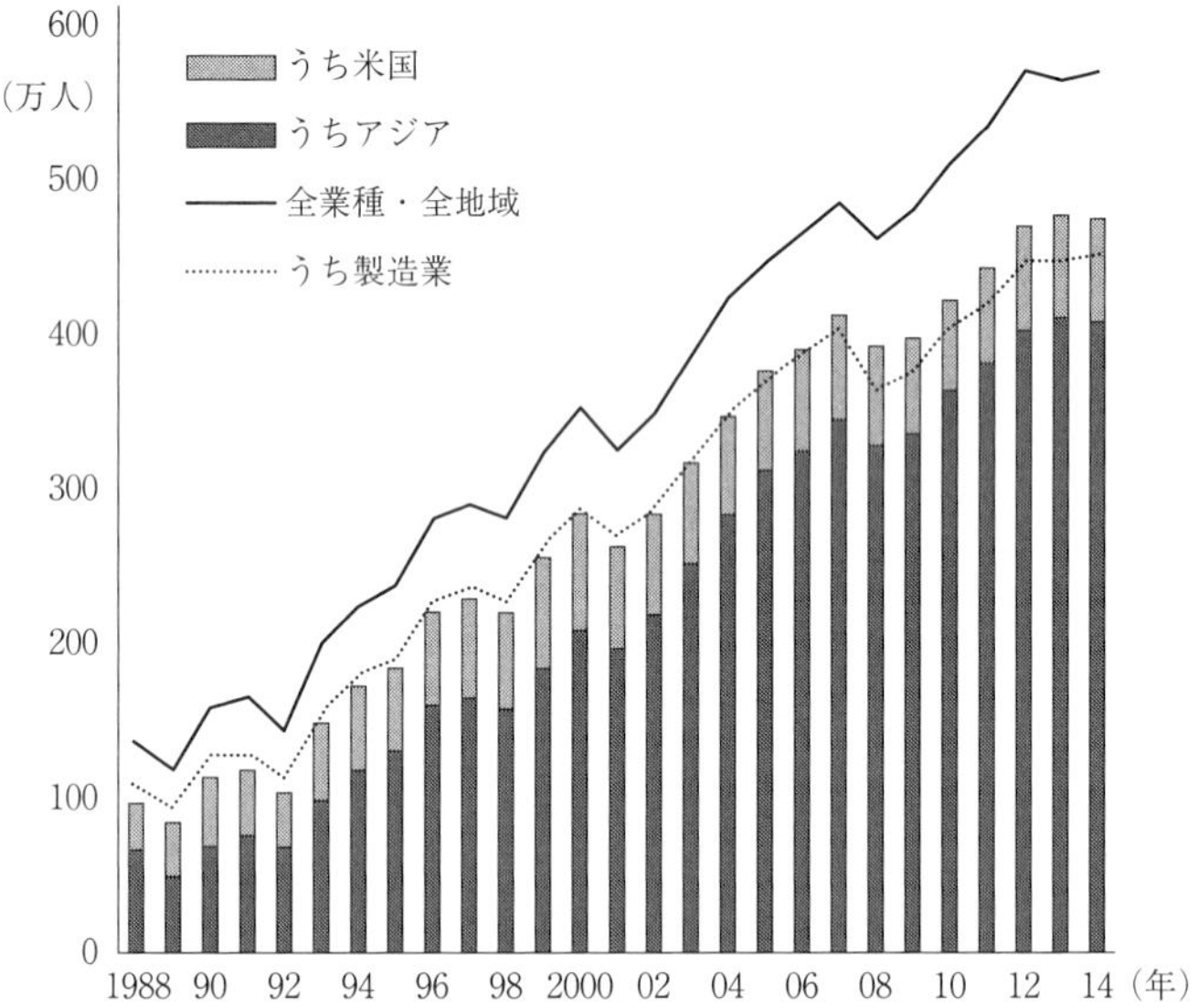

（出典）経済産業省『海外事業活動基本調査』各年版より作成

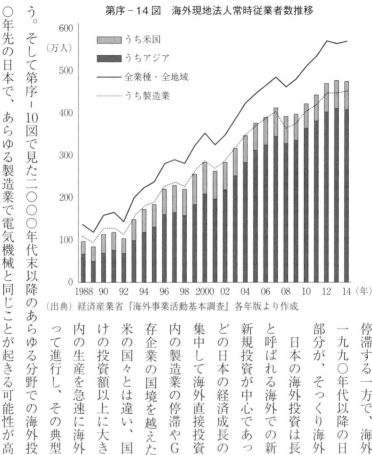

（3）雇用の海外流出

海外雇用に代替される製造業の雇用　製造業の海外生産の増大は、国内の生産だけでなく、雇用も大きく減らすことになった。第序－14図は、日系海外企業の従業員数の推移である。折れ線（実線）は全地域・全業種を合わせた合計数で、一九八八年には一三三万人であったが、二〇一三年には五五二万人と約四・二倍になった。そのうちの約八割が製造業に従事する従業員（折れ線・点線）である。地域別では、アジアと米国のみを棒グラフで示したが、海外従業員全体の七割がアジアに集中し、アジアでの増加が世界全体での増加につながっている。米国の従業員数は一九九〇年代前半までは増加したが、一九九〇年代後半からは五〇万～六〇万人台でほとんど変化なく推移し、二〇一三年では全体の一二パーセントを占めているに過ぎない。

　このように海外の従業員は、製造業、そしてアジアで急増したが、その一方で、日本国内の製造業の就業者数は第序－15図のように、一九九二年一〇月に一四一八万人のピ

第序－15図　製造業労働者数

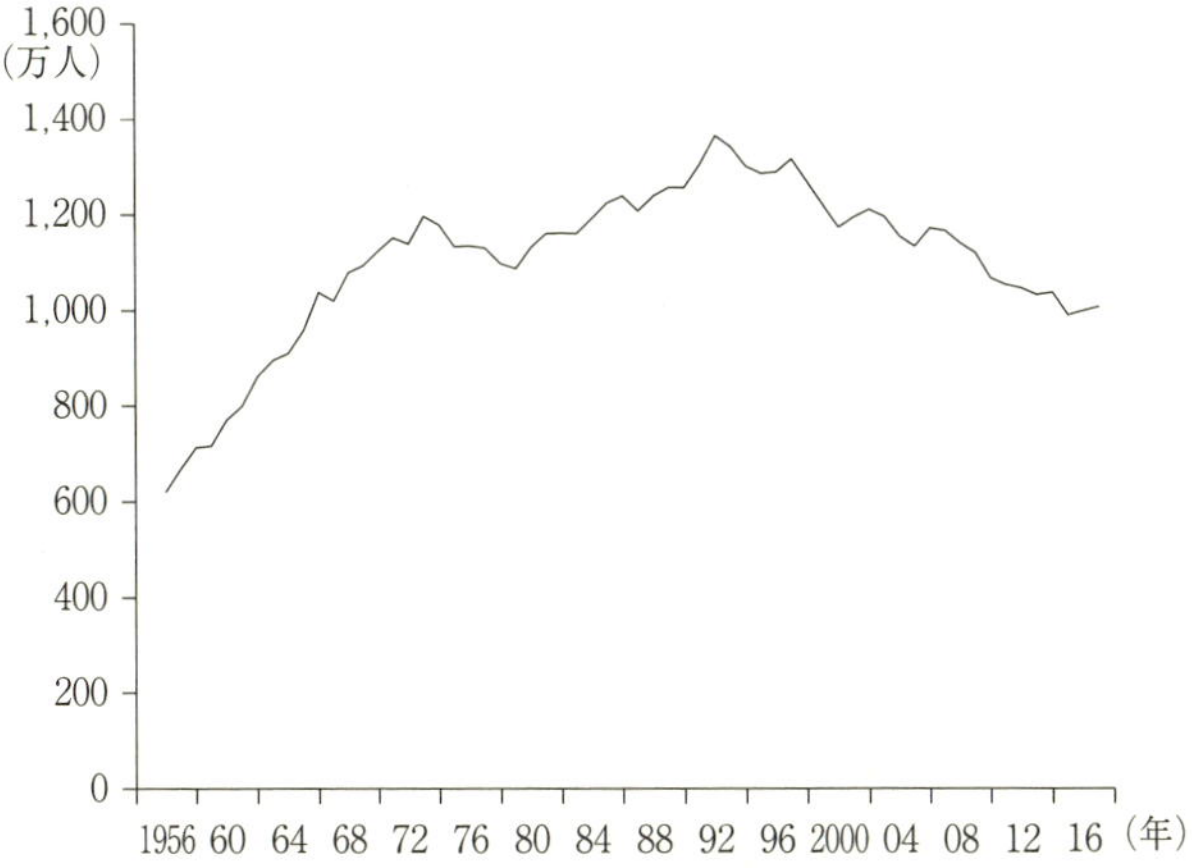

（出典）総務省「労働力調査」・「日本標準産業分類別雇用者」統計

第序－16図　日本の輸出入額および貿易収支推移

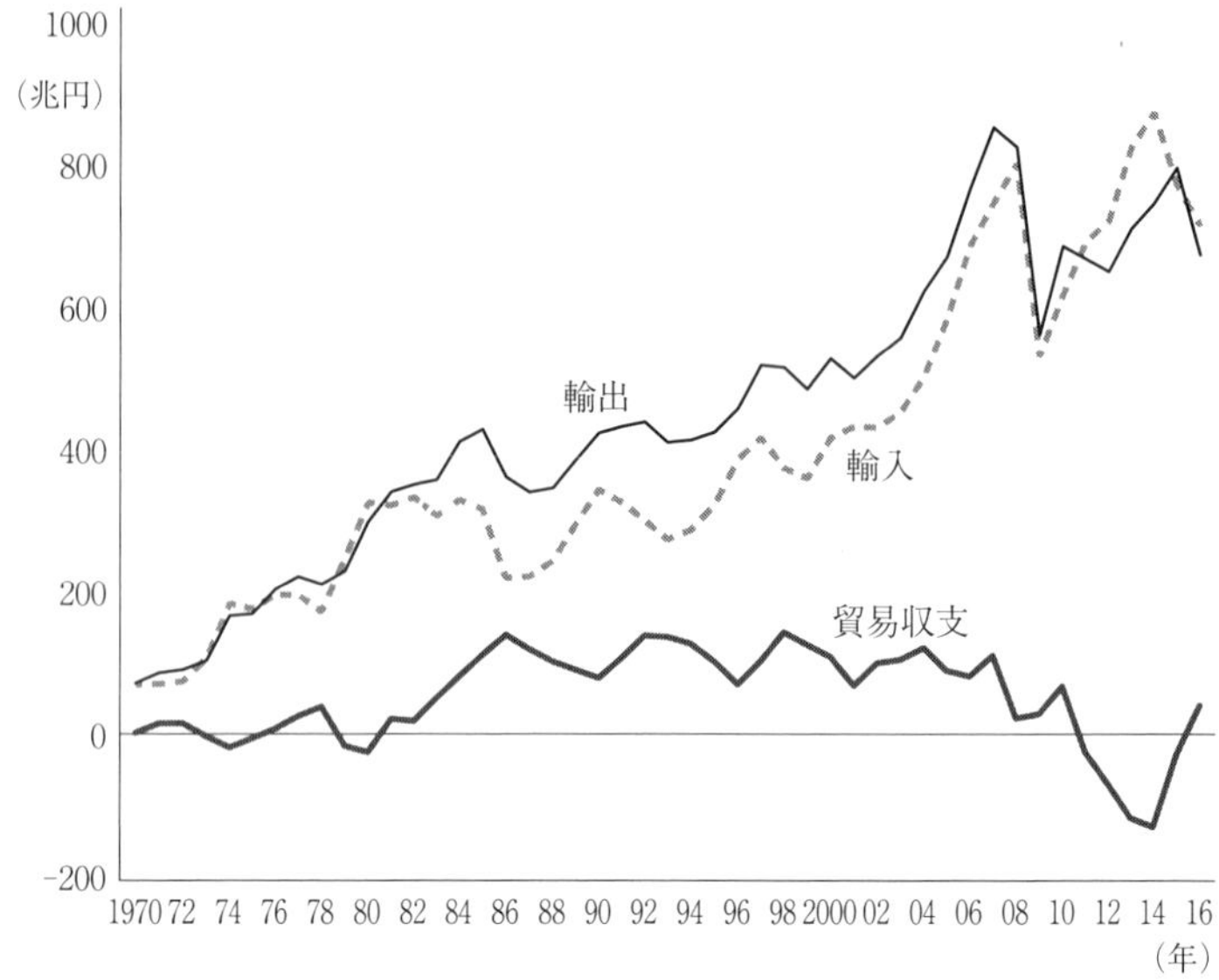

（出典）財務省貿易統計「年別輸出入総額（確定値）」より作成

ークを迎えた後に急減し続け、二〇一二年一二月には九五二万人と、一〇年前の六七パーセントになった。製造業従業員一〇〇〇万人割れは、一九六〇年代半ば以来のことであった。日本国内の製造業の従業員は一九七〇年代半ばまでは急増し続け、一九九二年にピークを迎えたが、翌年以後は急激に減少した。その一方で、同じ一九九二年から二〇一二年の二〇年間に、海外の従業員は全体で四一八万人、製造業だけでも三二五万人増えた。日本企業はこの二〇年間、日本国民の雇用を海外、特にアジア人に置き換えてきたといえる。それが国民の働く場を賃金が相対的に高い製造業から、相対的に低いサービス業へ移動させることにもつながったのであった。

第序－17図　主要品目別輸入額推移

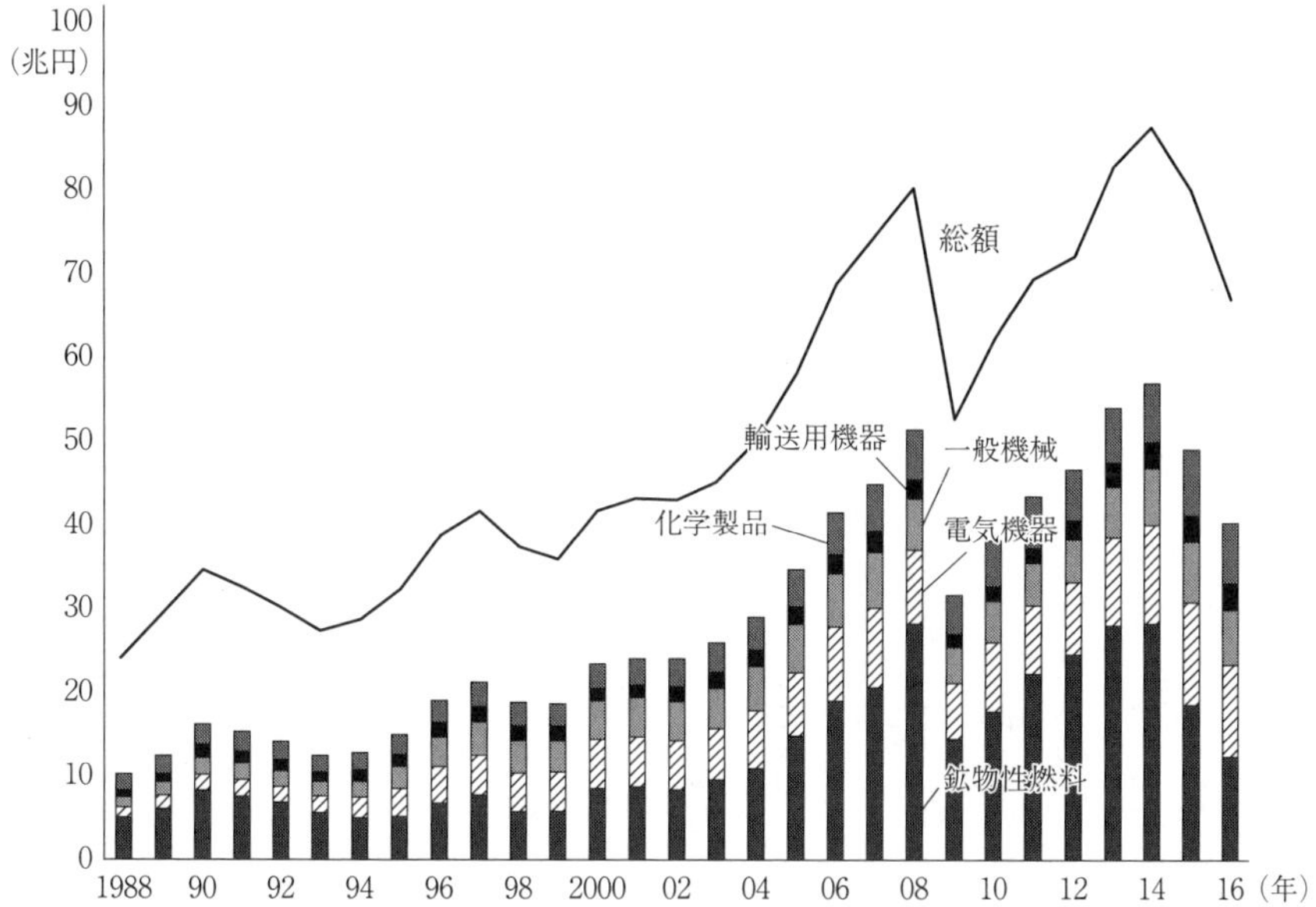

(出典) 財務省・貿易統計および日本関税協会『外国貿易概況』より作成

(4) 貿易

貿易収支の赤字化　日本が抱える大きな問題の一つは、貿易収支の赤字化である。第序－16図で貿易収支を見ると、一九八五年から二〇〇四年までの二〇年間は輸出が輸入を大幅に上回る貿易黒字であり、年間の貿易黒字額がほぼ一〇兆円か一〇兆円を大きく上回る年が一六年、つまり八割あった。しかし二〇〇五年から二〇一四年までの一〇年間では、黒字額が一〇兆円を越したのは二〇〇七年だけであり、二〇〇八、二〇〇九年の黒字額は二兆円台の少額で、二〇一一年以降はついに貿易赤字になり、その赤字額は二〇一三年には一一・六兆円、二〇一四年には一二・八兆円と、一〇兆円を超える巨額になった。日本は貿易赤字大国に転落しつつある。戦後の日本は、輸出主導で経済大国に成長した。しかしその構造は崩れてしまった。

貿易収支赤字化の原因　貿易収支の赤字化の原因として、輸入額の増大とともに輸入品目における質的な変化がある。第序－17図は、日本の主要な輸入品目である。日本の輸入品は、鉱物性燃料と電気機器がその最大項目である。

「鉱物性燃料」の輸入全体に占める比率は、二〇〇四年までは二〇パーセント内外（一九九〇年代後半のみは一〇パーセント台後半に低下）を維持していたが、二〇〇五年以降は二五パーセント以上に上昇し、二〇一二年には三四パーセントを占めるまでになった。この背景には原油価格の急騰がある。たとえば原油のＷＴＩ価格（米国南部で産出される原油のニューヨーク・マーカンタイル取引所での先物価格。世界の原油価格の最有力指標）は、二〇〇二年の年平均一バレル二六・一二ドルから二〇〇八年六月には平均で一三三・八八ドルまで跳ね上がった。新興国の経済成長に伴って需要が増大し、価格は長期的な趨《すう》勢《せい》として上昇してはいたが、これほど急騰したのは投機マネーが世界の商品市場に流れ込み価格を極端に吊り上げたからである。日本では、二〇一一年以後の原発の停止により原油や天然液化ガスの輸入量が増えたため、国際投機資本が極端に吊り上げた価格によってダメージがより拡大したのだ。

ただし原油価格は、二〇一四年半ば以降大きく下がり始め、二〇一五年一月には月平均で四七・六〇ドル[4]となり、それが日本の輸入額縮小の一因にもなって、貿易赤字は、二〇一四年の一二・八兆円から、二〇一五年は二・八兆円に縮小した。しかし、ここまで原油価格が下落してもやはり日本の貿易収支は赤字なのである。日本の輸出入に構造的な変化が起きており、それが貿易収支の赤字の根源にあるということなのだ。

本当の大問題は機械類の輸入増加　輸入の構造的変化とは、「機械」類の輸入増加である。これが日本経済にとっては、本質的な大問題である。原油価格高騰以前の一九九五年から二〇〇五年まで輸入額のトップは機械であった。日本の経済成長を支えてきたのは「機械」の輸出であったはずだが、一九九〇年代からは逆に、「機械」類の輸入が増え続けているのだ。「機械」をより具体的な細目で見ると、最も急増しているのは「電気機器」である。「電気機器」の中ではＩＣチップなどを中心とした「半導体等電子部品」、携帯電話等の「通信機」、テレビ、ＤＶＤレコーダー、ビデオカメラ等々の「音響映像機器（ＡＶ機器）」が増加しており、海外進出した日系工場からの逆輸入品や、アジア企業への生産委託品などが多い。

二番目に多い「一般機械」の具体的品目を詳しく見ると、パソコンやその周辺機器を指す「電算機類（含周辺機器）」と「電算機類の部分品」がその中心であり、一九九〇年代以降は「一般機械」の四～六割を占める。結局、輸入における「機械」のほとんどを占めるのが電気機器、情報・通信・ＡＶ機器等々とその部品ということである。(5) 一般的な分類では「電算機類（含周辺機器）」や「電算機類の部分品」は電気機器に分類される製品であるが、輸出入統計では「一般機械」に分類されているのだ。この電気機器と一般機械が輸入全体に占める比率は、一九九〇年代後半以降は二〇パーセントを超え二〇〇〇年代前半はほぼ二五パーセントにまでなった。二〇〇七年以降は原油価格の高騰もあって二〇パーセント程度に下がった。

ここに輸送機械の輸入を加えると、二〇〇〇年代前半は電気機器・一般機械・輸送機械で二八パーセント以上になる。三割近くが日本の最も得意とする分野での輸入なのだ。「輸送用機械」の輸入は、「自

（参考）第１－３図　電子工業品国内生産・輸出入額

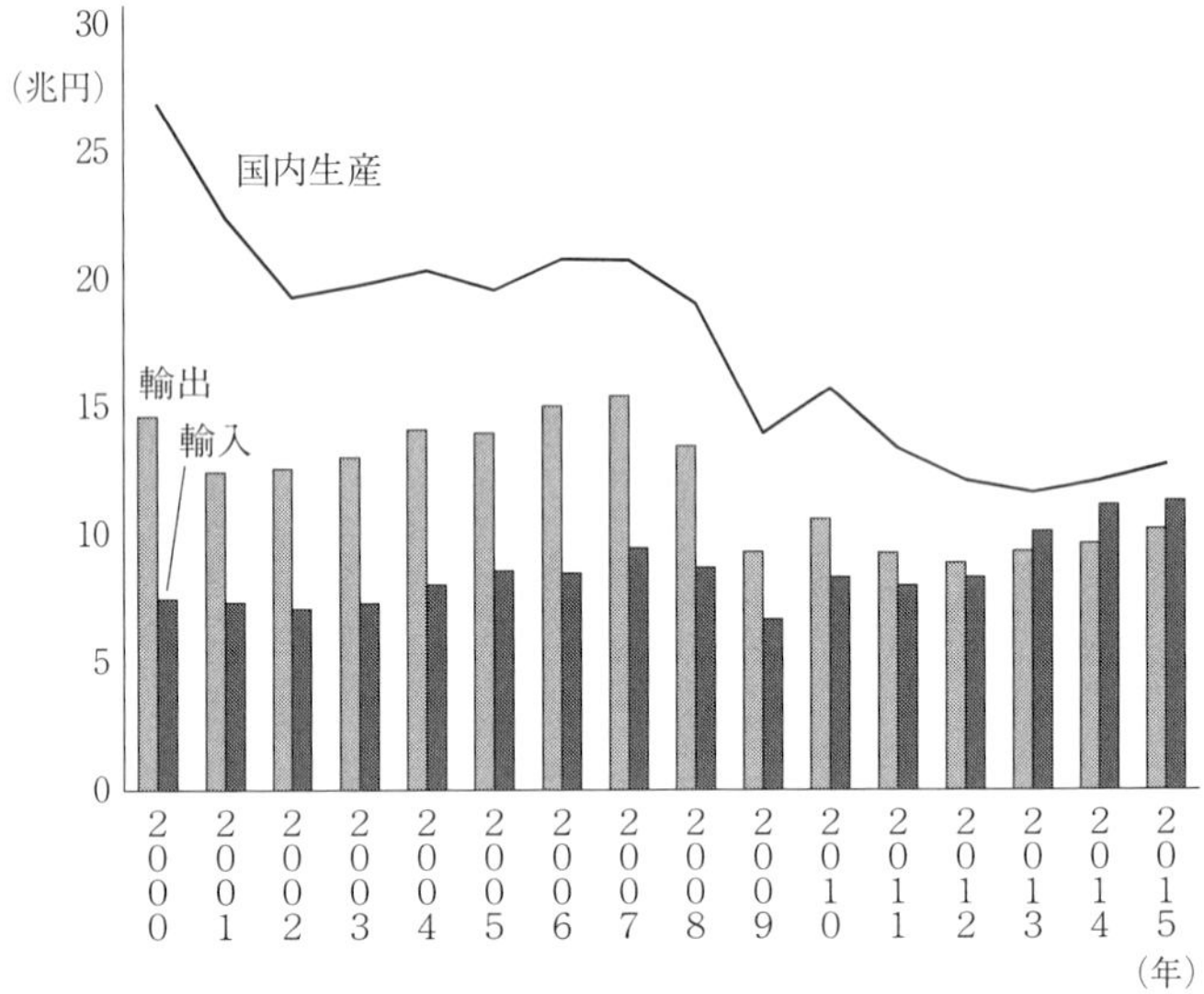

（出典）JEITA／統計資料より作成

動車」（完成車）と「航空機」、「自動車の部品」からなる。完成車の輸入額に大きな変化はないが、「自動車の部品」が二〇〇〇年前後から増加している。海外で生産された自動車部品の輸入がじわじわと増え、完成車の輸入額に次第に近づきつつあるのだ。自動車の場合、電気機器のような完成品（完成車）の輸入はまだ少なく、また輸入される完成車は外国メーカー車が中心であり、日系の海外進出工場で生産された「日本車」の逆輸入は少ない。しかし第2章で詳しく述べるようにそれはもう始まっている。アジアで生産された「日本車」の輸入が、二〇一〇年に開始され増加している。これが電気機械のように大量に輸入され、国内生産に置き換えられる時には、日本の製造業は間違いなく壊滅するだろう。

日本は、いつのまにか貿易赤字が定着する国になりつつある。しかもそれは、「電気機械」のように今まではその輸出によって日本の経済成長を支えてきた分野で輸入（その大きな部分が海外の日本企業からの逆輸入）が急増し、貿易収支の足を引っ張っているのだ。

第序－18図　主要品目別輸出額推移

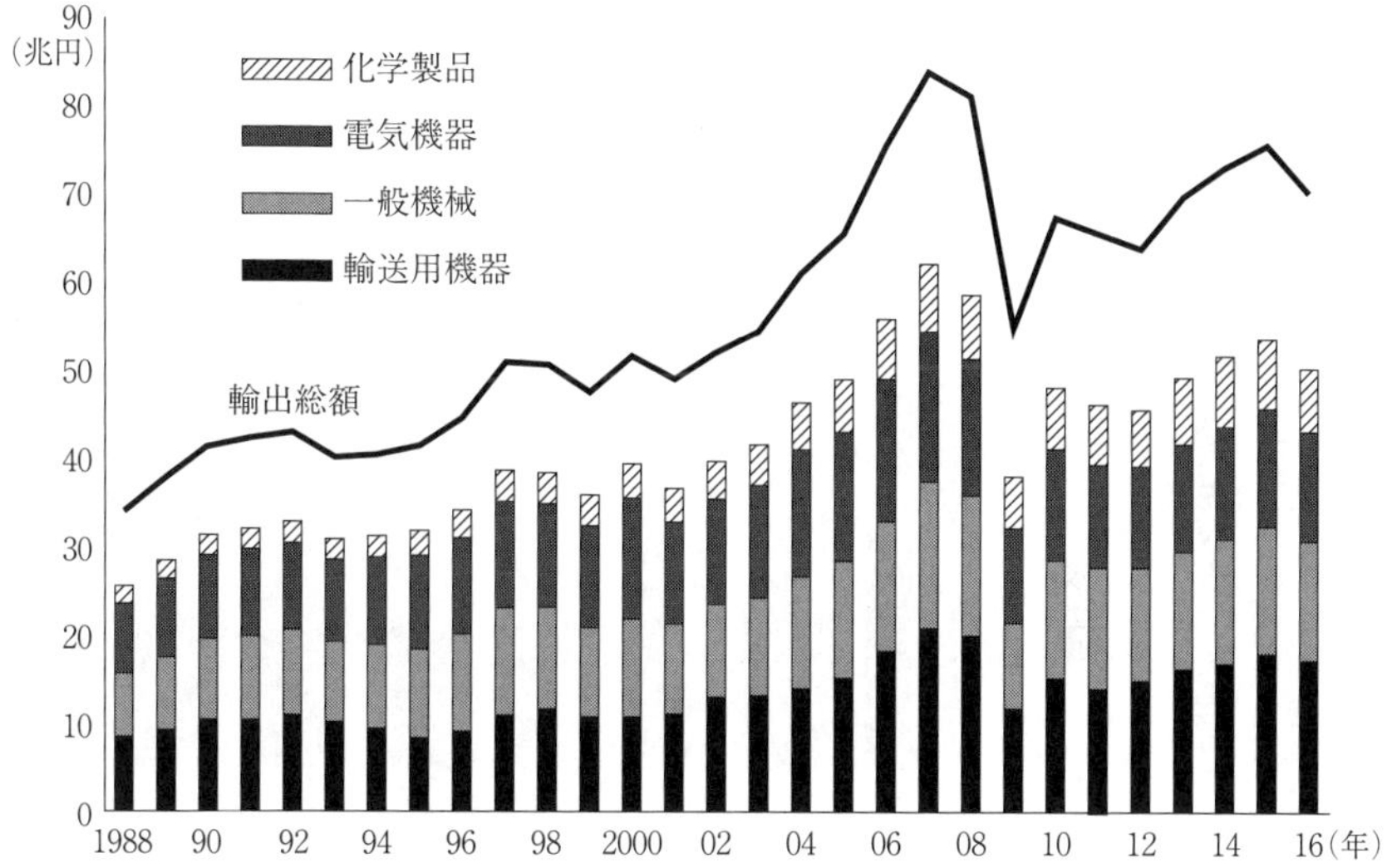

（出典）第序－17に同じ

この相関関係を象徴するのが電子機器（半導体・集積回路、コンピュータ、携帯電話、薄型テレビ等）の国内生産と輸出入を示した第1－3図（再掲、第1章一一二頁）である。二〇〇〇年以降わずか十数年の間に、電子機器の国内生産は二〇〇〇年の四割程度にまで激減した。二〇一三年には輸出を輸入が追い抜き、日本は「電子機器・部品」の純輸入国に転落した。生産の海外移転によって、日本企業が海外で生産したものを逆に日本に輸入することになり、それが国内生産を急速に縮小させ、国内経済全体へも大きなダメージを与える結果となっているのだ。この関係を見る時、海外生産が国内生産にもたらすダメージが一目でわかる。

輸出の不振　輸出では、第序－18図で輸出額上位四品目の推移を見ると、上位三品目（輸送用機械、電気機械、一般機械）だけで輸出総額の六～七割を占め、四位の化学を加えると七～八割近くになる。日本の輸出はこの四品目に支えられてきた。これら

第序－19図　地域・国別輸出額

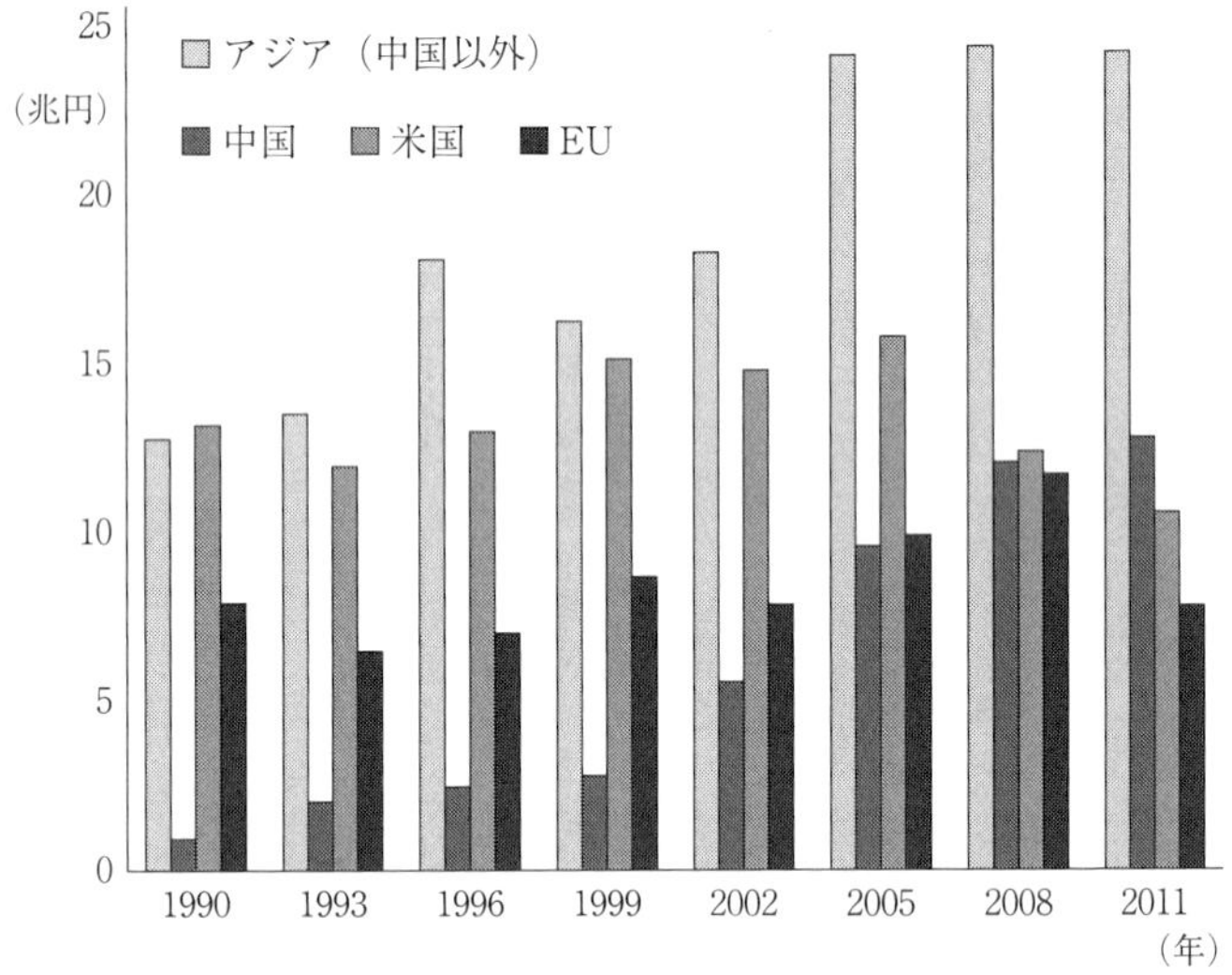

（出典）財務省貿易統計より作成

の品目は順調に輸出を増加させたが、リーマンショック後の世界不況で二〇〇九年以降は大きく落ち込んだ。電気機械はすでに一九九〇年代に入るや一〇兆円近い輸出額に成長したが、二〇〇七年の一六・九兆円を頂点に落ち込み、その後の回復は鈍い。輸送機械（主要な製品は自動車）は二〇〇七、二〇〇八年には二〇兆円を越したが、二〇〇九年に一一・九兆円にまで落ち込み、二〇一三、二〇一四年に一六兆円台を回復した。化学は落ち込みが少なく、二〇一四年に二〇〇七年の水準を回復したことが日本の輸出の大きな支えになっている。これらの従来輸出を担ってきた分野で海外生産が進行し、特に化学の海外投資も近年急増してきたことを考えると、日本の輸出は今後、大きな回復はもはや期待できず、じり貧に陥っていく可能性が高い。

対アジア貿易の拡大と貿易収支の赤字化

日本の貿易で一九九〇年代から二〇〇〇年代にかけて大きな変化が起きたが、それは輸出相手が米国からアジア、特に中国に移動したことである。日本の輸出を国・地域別に見ると対米、対アジア、対ＥＵで八〇～八五パーセントを占めるが、第序－19図のように一九九〇年代から二〇〇〇年代の間に対中国輸出が対米輸出に追いつき、そして追い越したことがもっとも大きな変化である。対米輸出は一九八〇年代後半には、日本の輸出全体の三分の一以上を占めていたが、二〇〇三年以降二〇パーセント台前半、そして二〇〇八年以降一〇パーセント台にまで低下した。一方、アジアへの輸出（中国を含む）は一九九一年に対米輸出を追い抜き、輸出全体に占める比率は、

第序－20図　日本の地域別貿易収支

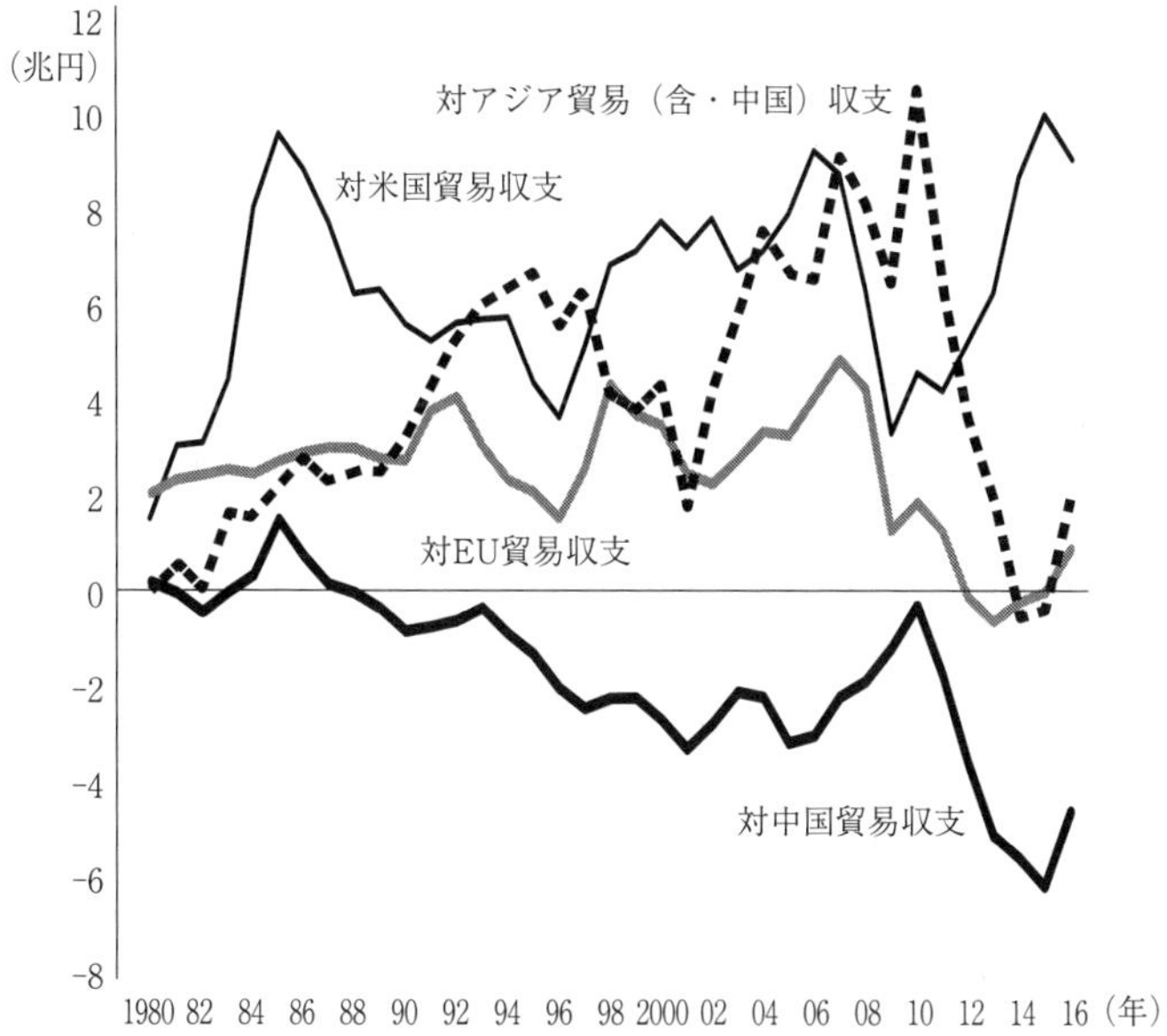

（出典）財務省「貿易統計」（暦年）より作成

二〇〇〇年代以降は四〇パーセントを、二〇〇八年以降は五〇パーセントを上回り、二〇一一年になると対アジア輸出は対米輸出の三・五倍にまで拡大した。とりわけ中国への輸出の伸びは著しく、一九九八年までは輸出全体の五パーセント以下であった中国への輸出は、二〇〇九年には対米輸出を上回って日本の最大の輸出相手国になり、二〇一〇年には日本の輸出全体の二〇パーセントになった。但し日中関係が険悪化した二〇一二年以降は低迷している。

　貿易におけるアジアの比重の増大は、先に見た貿易黒字の減少、あるいは貿易赤字に結果した。第序－20図で地域別の貿易収支を見ると、対米貿易はリーマンショックまでの二〇〇〇年

代は毎年七兆円前後、多い年で約九兆円の貿易黒字を稼ぎ出してきた。この時期の日本の貿易黒字総額が一〇兆円内外だったことを思えば、その意味は大きい。EUとの貿易も年間二兆~四兆円の黒字を常に出し続けた。しかし対米、対EUともにリーマンショックで大きく崩れ、その後EU貿易は赤字になった。

一方、対アジア貿易は対米貿易のような大幅な黒字は出せない。アジアとの貿易は、輸出だけでなく輸入も急増しているからだ。アジアの中でも特に対中国貿易はほぼ赤字が続き、しかも赤字は拡大の一途をたどり、二〇一三年の赤字額は五・八兆円にまで達した。対アジア貿易全体でも黒字幅は対米貿易には及ばず、しかも二〇一〇年以降は黒字幅が急減している。

二〇一三、一四年の日本全体の巨額の貿易赤字は、円安や原燃料高騰の影響もあるが、黒字の出にくい対アジア貿易が中心になってきたことによる。なぜ対アジア貿易は貿易黒字が出にくいのか。それは日本の対アジア直接投資と深くかかわっているのだが、詳しくは第二節で述べる。

(5) 日本はデフレなのか

「デフレ脱却」という名の無謀な金融政策　論じてきたようにこの二十数年間の日本経済停滞・後退の最大の要因は、製造業の海外移転であった。しかし現在、不況の最大の原因は「デフレ」だといわれている。現在は「デフレ不況」だから、最も必要な景気回復策は「デフレ脱却」、つまり通貨供給量を増やして「適正」なインフレを引き起こすしかないと政府は言うのだ。安倍政権はアベノミクス・「三本の矢」の第一に「デフレからの脱却」、「二パーセントのインフレ目標」を掲げた。日本はデフレなのか。前掲第序－１表で、二〇一〇年の物価を一〇〇とした物価の推移では、この二十数年間、ほとんど変化がなく、デフレとか、物価が下落しているとはとてもいえなかったことを見たが、もう少し詳しく金融政策に踏み込んで考えておこう。

「デフレ」の本来の意味は、通貨量を縮小させることによって引き起こされる物価水準の急激な下落を指すが、通貨縮小は同時に不況をともなう。通貨量が減少すると、金利が上昇して投資や消費が抑制され、企業活動が停滞して不況も起きるからだ。「金本位制」や固定相場制の下では、不況が起きることがわかっていても通貨量の収縮策、つまりデフレ政策を取らざるを得ない場合があった。通貨の発行量は、その裏付けとなる金や外貨準備高の制約を受けていたからである。しかし変動相場制に移行した後は、政府が通貨量を縮小させデフレを起こす必要もなくなったため、デフレはまれな現象になった。ところが「デフレ」という言葉は、いつのまにか「不況」という言葉の代替として使われるようになり、そして不況脱出をいつのまにか「デフレ脱却」と言い換えるようになった。通貨量の政府による人為的収縮が起点となって起きるデフレ（およびそれに伴う不況）と、他の別の原因で起きる不況とは全く別のものであるが、「デフレ脱却」という言葉は、不況の真因から目をそらせる便利な言葉になった。そして不況の克服・脱出策も、その真因が何であれ、政府はただ通貨量を増大したり金利を下げたりすることだけに集中するようになった。

では、この経済停滞が続いた二〇年以上の間、日本の通貨の流通量は縮小し続け、金利は上がり続けたのだろうか。そのために企業の設備投資が停滞・減少して、不況が続いたのか。前述したＧＤＰ減少

第序－21図　マネタリーベース平均残高

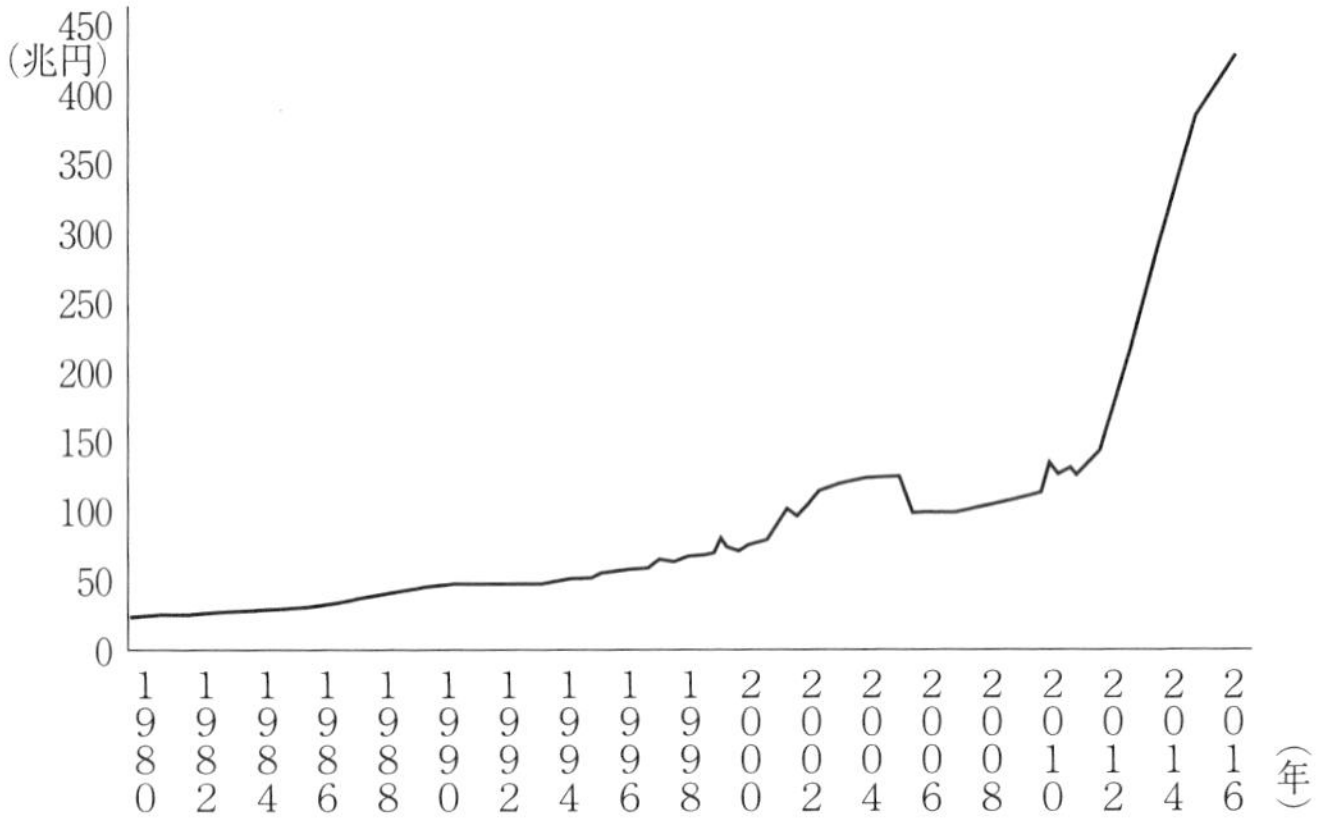

（出典）日本銀行「主要時系列統計データ表（月次）」（マネタリーベース平均残高 BJ'MABS1AN11）

の最大要因であった企業の設備投資の減少は、設備投資資金の減少によるものだったのか。

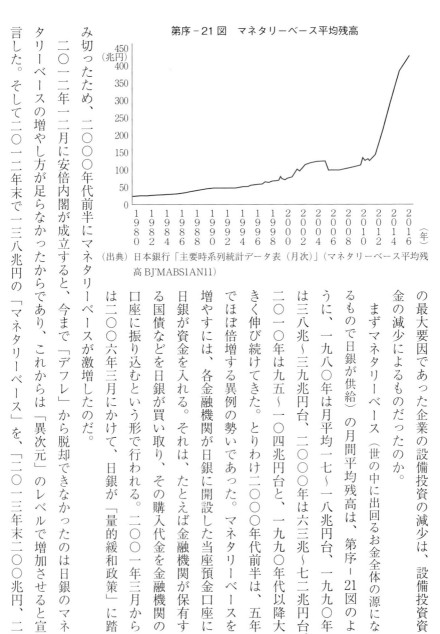

　まずマネタリーベース（世の中に出回るお金全体の源になるもので日銀が供給）の月間平均残高は、第序－21図のように、一九八〇年は月平均一七～一八兆円台、一九九〇年は三八兆～三九兆円台、二〇〇〇年は六三兆～七二兆円台、二〇一〇年は九五～一〇四兆円台と、一九九〇年代以降大きく伸び続けてきた。とりわけ二〇〇〇年代前半は、五年でほぼ倍増する異例の勢いであった。マネタリーベースを増やすには、各金融機関が日銀に開設した当座預金口座に日銀が資金を入れる。それは、たとえば金融機関が保有する国債などを日銀が買い取り、その購入代金を金融機関の口座に振り込むという形で行われる。二〇〇一年三月からは二〇〇六年三月にかけて、日銀が「量的緩和政策」に踏み切ったため、二〇〇〇年代前半にマネタリーベースが激増したのだ。

　二〇一二年一二月に安倍内閣が成立すると、今まで「デフレ」から脱却できなかったのは日銀のマネタリーベースの増やし方が足らなかったからであり、これからは「異次元」のレベルで増加させると宣言した。そして二〇一二年末で一三八兆円の「マネタリーベース」を、「二〇一三年末二〇〇兆円、二〇一四年末二七〇兆円」と二年間で倍増させると決めた。(6) 二〇一〇年に比べるとほぼ三倍になる。そして実際に第序－21図のように二〇一四年末にはほぼ二七〇兆円に、二〇一五年末には約三四〇兆円、二〇一六年末には四二六兆円というものすごい額に増加させ、グラフの目盛も「異次元」に跳ね上がり、グラフの厳密な意味さえ失わせるほどになった。

金利の水準も第序－22図「基準割引率および基準貸付利率」（旧「公定歩合」）の推移で見ても、一九九五年九月以降は、小数点以下のゼロに近い金利が、延々と保たれている。そして二〇一六年二月にはとうとうマイナス金利（金融機関が日本銀行に持つ当座預金のうちで任意で預けている額については日銀に手数料を取られる形になる）を導入した。

第序－22図　基準割引率および基準貸付利率

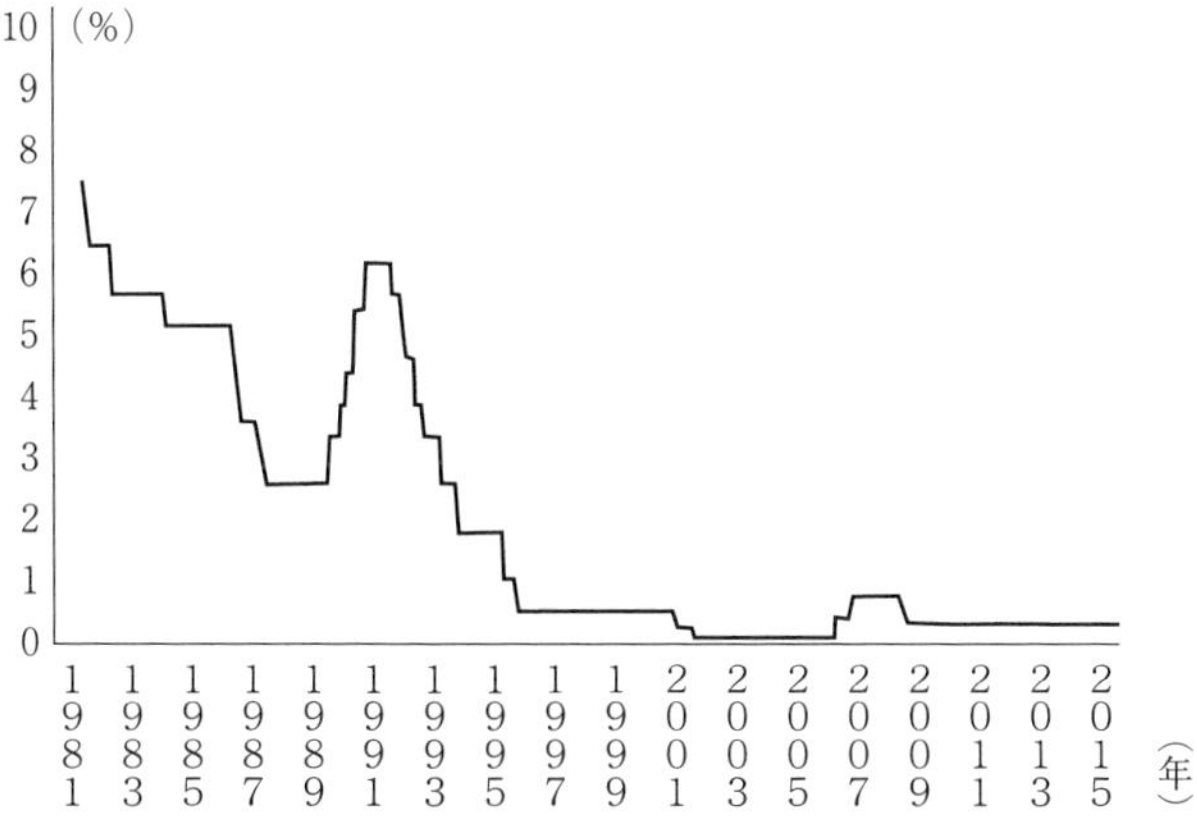

（出典）日本銀行「主要時系列統計データ表（月次）」BJ'MADR1M

また「無担保コール・オーバーナイト（翌日）物」の金利（金融自由化後、日銀はこの金利の誘導を中心に据えている）も、ゼロに近い水準を維持し、一九九九年二月から二〇〇〇年八月と二〇〇一年三月から二〇〇六年三月までは完全にゼロになった。いわゆるゼロ金利政策である。

要するに「デフレ」で不況だったと政府が言うこの二〇年以上の間は、政府・日銀が通貨供給量も金利もこれ以上は不可能というほどの金融緩和政策を採用してきたのであり、

第序－23図　マネーストック平均残高

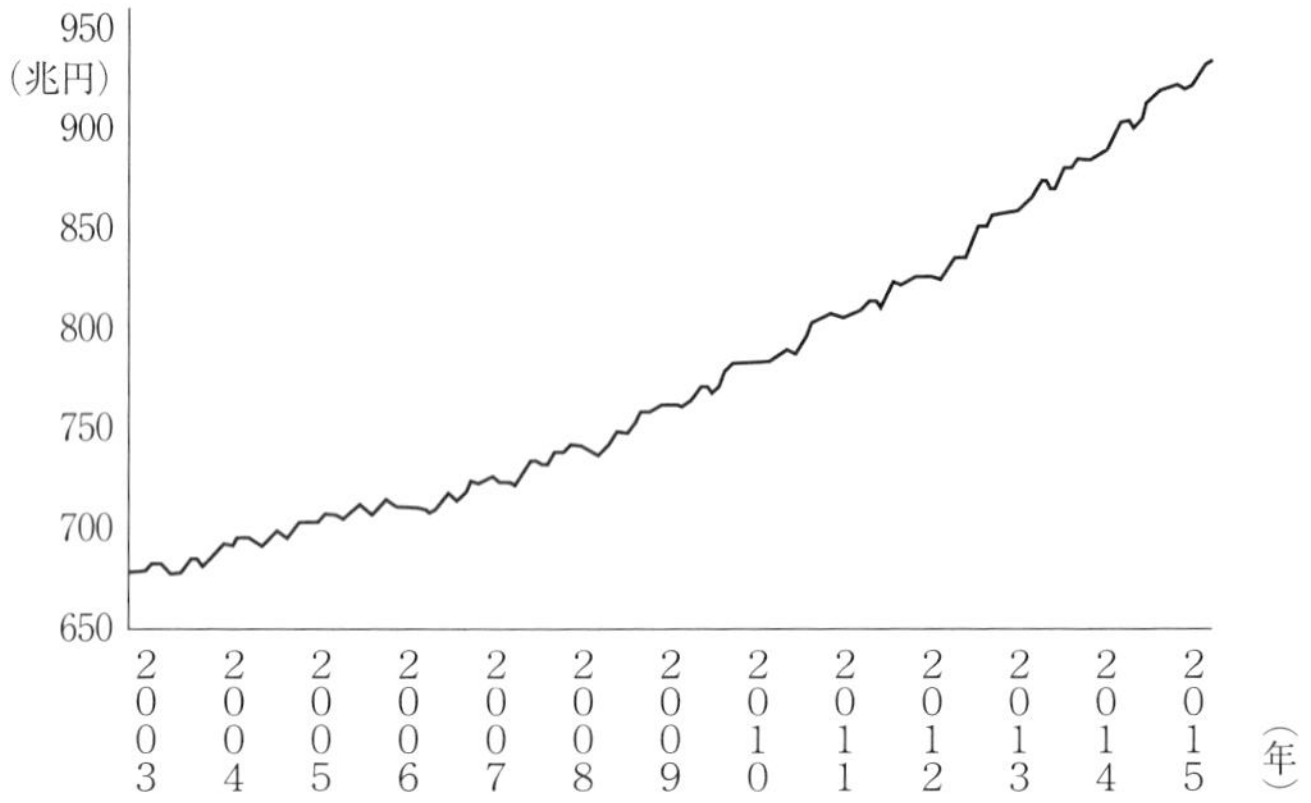

（出典）日本銀行「主要時系列統計データ表（月次）」（マネーストック平均残高 M2／平／マネーストック MA'MAM1NAM2M2MO）

（注）マネーストックは、M2の値を採用。日銀・「金融経済統計月報」では、1979年以前はマネーサプライ統計における M2、1980年以降2002年以前はマネーサプライ統計における M2＋CD の値が採用されていた

第序－24図　総貸出残高（銀行計）

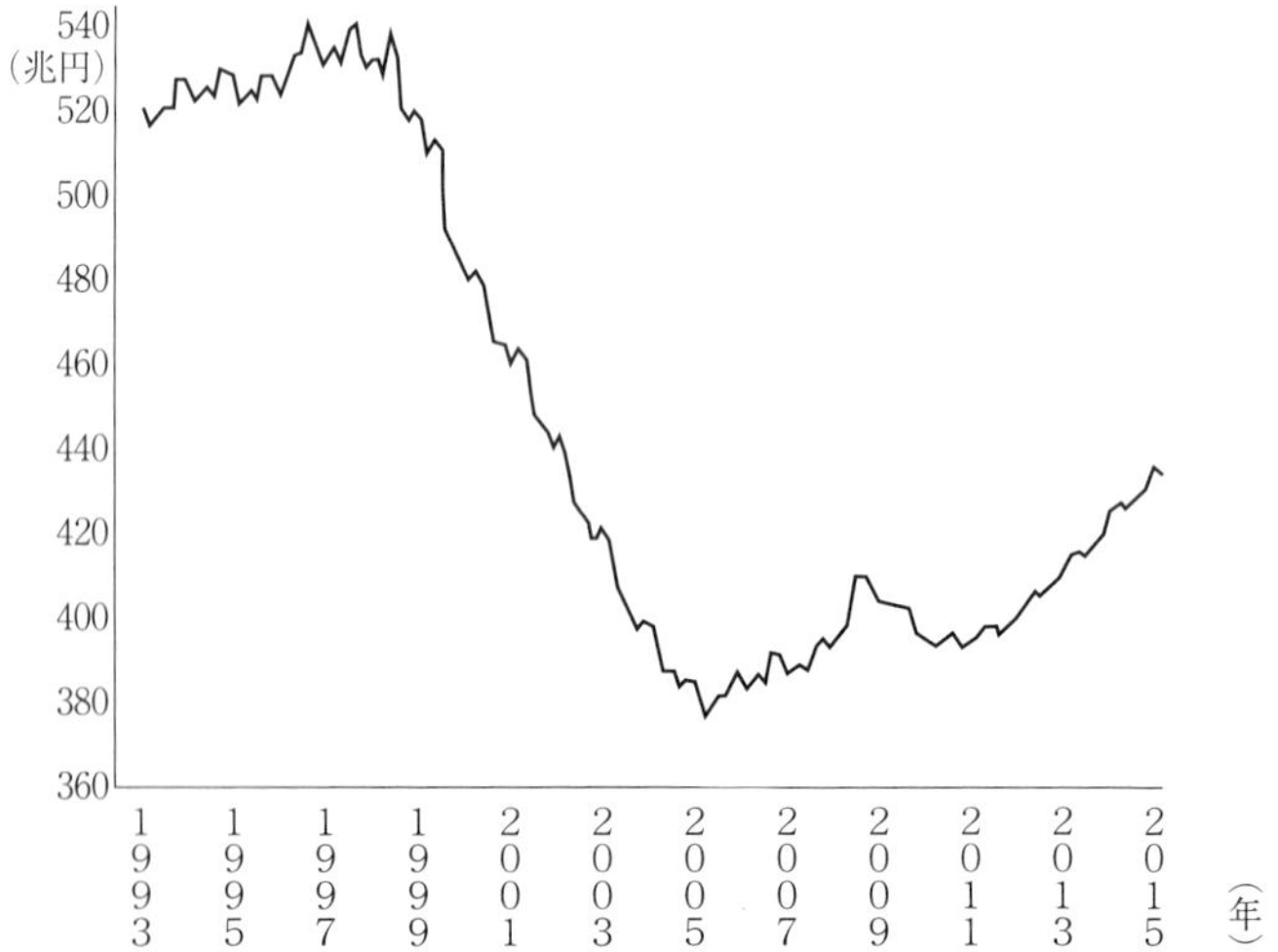

（出典）日本銀行「主要時系列統計データ表（月次）」（貸出・預金動向（速報）総貸出平残（銀行計）DL'FAAPOBAL1）

「デフレ」政策とはほど遠い極端な「インフレ」誘導政策をとってきたということである。

しかしこれほど日銀ががんばってマネタリーベースを増やしても、第序－23図で見るようにマネーストック（M2：金融機関から経済全体に供給されている通貨の総量で、一般の法人、個人、地方公共団体などが保有する通貨量残高。以前はマネーサプライといわれた）は、ただ緩やかに増え続けただけであった。

日銀がマネタリーベースを増やすのは、このマネーストックを増加させて企業や個人の資金を潤沢にし、金利も低下させて投資や消費を拡大させ、景気を良くするためである。しかしマネタリーベースとマネーストックは全く連動していないのだ。いくら日銀がマネタリーベースを「異次元」に拡大して、日銀にある市中銀行の口座に紙幣を振り込んでも、その資金は金融機関から先の法人や個人に流れていかなかったということなのだ。つまり景気回復策としてはマネタリーベースをいくら増やしてもまったく無意味だったということである。

設備投資資金の不足が不況の原因か　では、金融機関の資金はなぜ融資の形で法人や個人に流れていかなかったのか。第序‐24図は銀行全体の貸出残高の推移である。二〇〇〇年代中ごろまでは、銀行側がＢＩＳ規制（バーゼル合意）に対応するために自己資本比率を八パーセントまで引き上げる必要があったことや、不良債権処理などで貸出を減らし続けたことは大きな原因であった(7)。しかしそれだけでなく貸出を受ける企業側も金融機関から借り入れる必要が減少していたのだ。民間非金融法人の金融負債のうち借入は、一九八〇年に二〇〇兆円を超した後も増加し続け、一九八九年には四〇〇兆円を超した。その後の一九九八年までの一〇年間はほぼ五〇〇兆円程度であったが、一九九五年を境に借入は減少に転じ、二〇〇二年以降は三〇〇兆円台半ばで今日まで微減傾向で推移している。一九九〇年代以降は、企業の「資産」の側でも「現金・預金」が継続的に積みあがり、「株式・出資金」や「株式以外の証券」も大きく増え、二〇〇〇年代には多様な資産も増加した。要は企業（とりわけ大企業）には金が余っており、銀行から金を借りる必要があまりなくなっていたのだ。

法人企業の内部留保（利益剰余金）も積みあがっている。一九九八年の一三一・一兆円から二〇〇八年には二七九・八兆円、二〇一二年には三〇四・五兆円に積みあがった。企業に資金がなくて設備投資ができないわけではなく、カネは有り余っているのだ。(8)

カネがないから国内で設備投資ができず、それが原因で結局GDPも伸びなかったのではない。企業

第序－25図－a　製造業設備投資の海外、国内比較

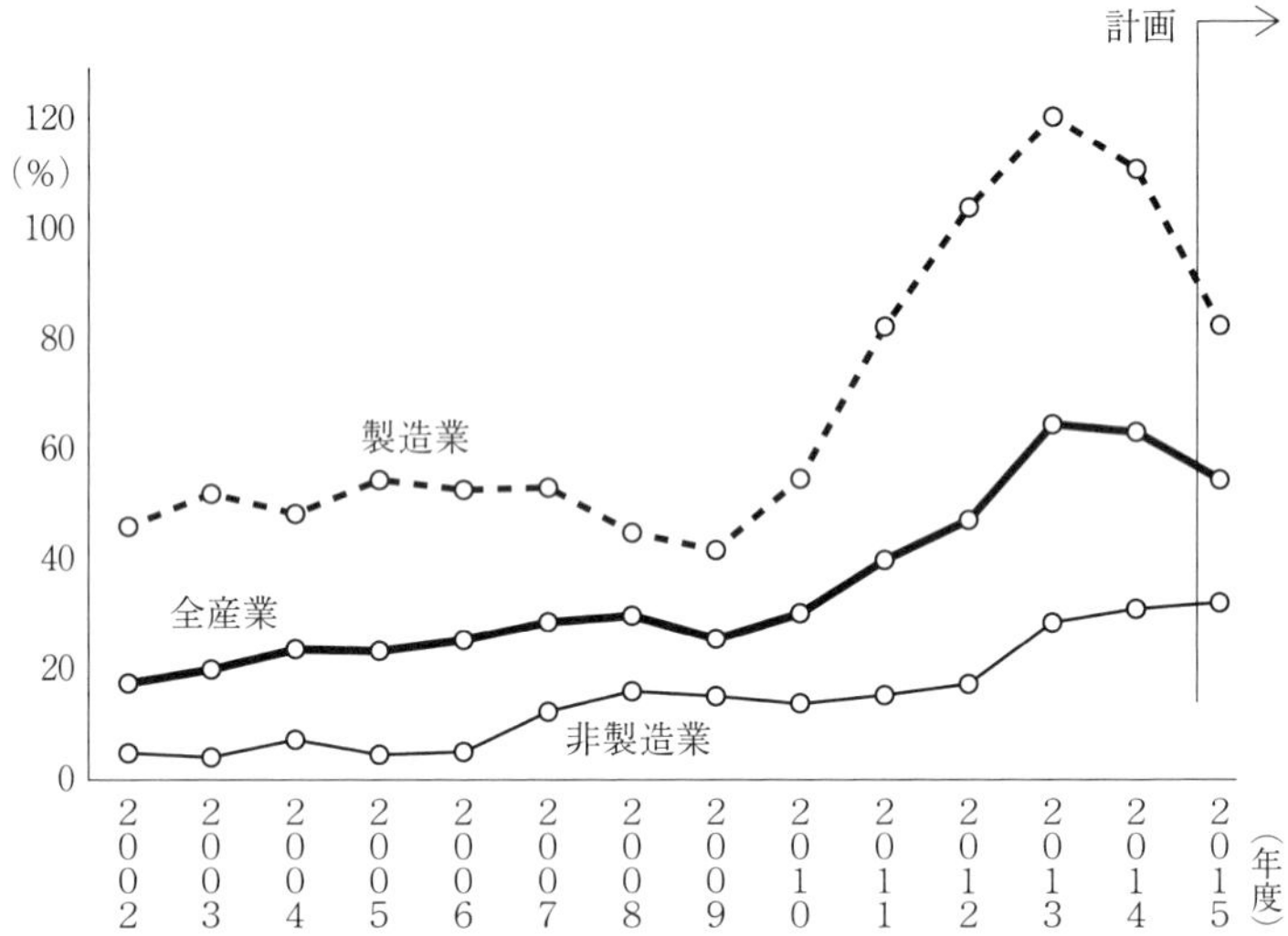

第序－25図－b　製造業設備投資の推移（2002年を100とした指数）

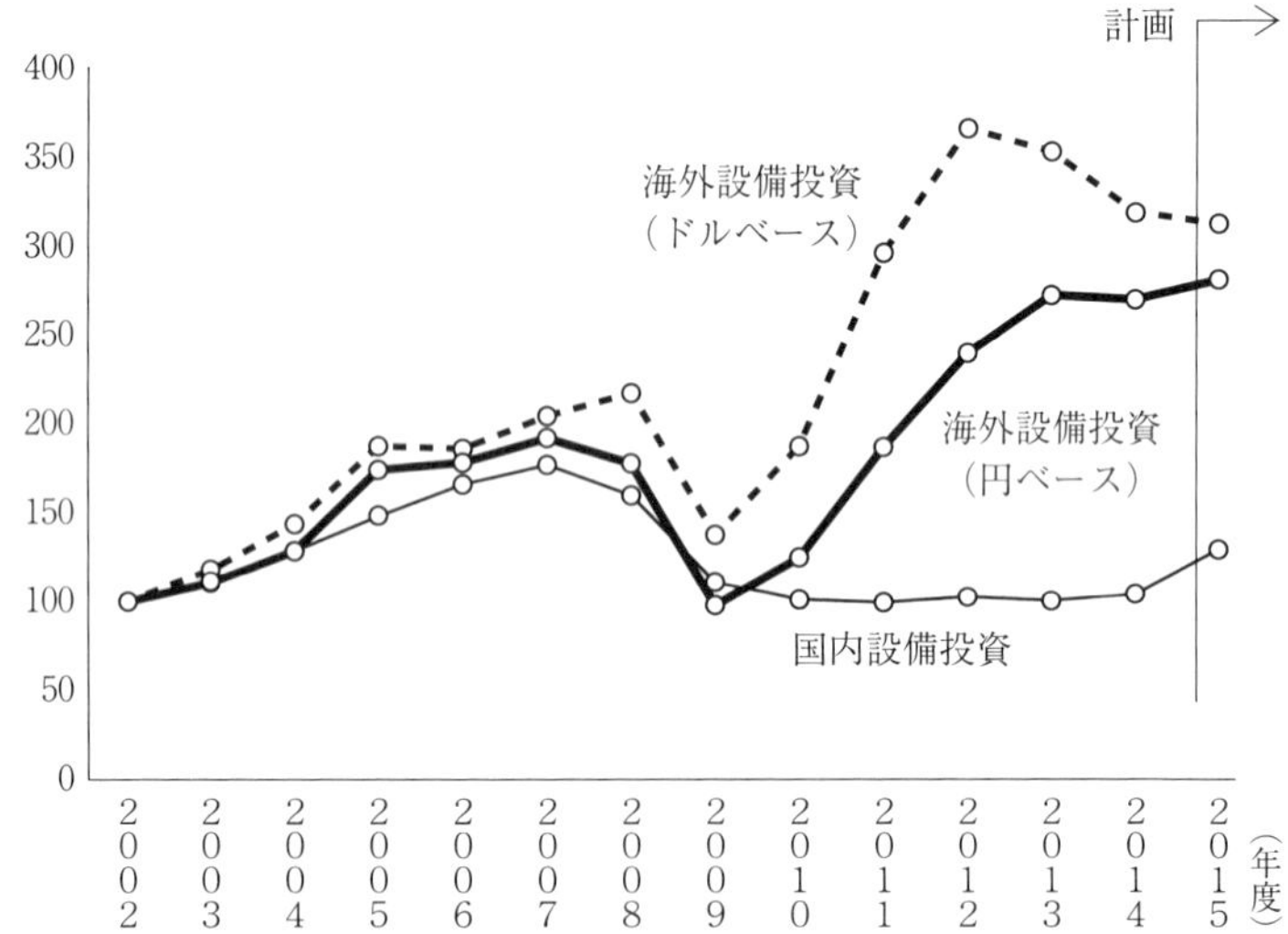

（原注）海外／国内比率＝連結海外設備投資額／単体国内設備投資額
（出典）日本政策投資銀行産業調査部「2015年度設備投資計画調査の概要」（2015年8月4日）25頁

はもっぱら国外への設備投資を伸ばし、国内への投資を減少させていたのだ。第序－25－a図は資本金一〇億円以上の製造業企業を対象に、その国内と国外への設備投資の割合を見たものである。国内設備投資を分母に、国外設備投資を分子にしている。二〇〇〇年代は五〇パーセント内外となっているが、二〇一〇年から急上昇し二〇一二年から二〇一四年までは一〇〇パーセントを超えた。つまり日本国内に投資するより国外に投資する方が多くなってしまったということである。

また第序－25－b図で二〇〇二年の製造業（資本金一〇億円以上の企業）の設備投資を一〇〇とした指数をみると、たとえば二〇一二年では国内設備投資はほぼ一〇〇とまったく変化がなかったのに対して、海外設備投資は二〇一二年以降は二五〇以上に大きく拡大した。これは製造業全体の動向であり、自動車とか電機とか特別の業種ではない。日本の製造業全体の設備投資が、ものすごい勢いで国外に流れ出す恐ろしい現象が起きているということなのだ。

こうした企業の投資行動に対して、政府はいまだに、ただひたすら金利をマイナスにまで低下させ、際限なく紙幣をばらまきさえすれば、「デフレ脱却」（＝不況脱却）、つまり国内設備投資や国内消費が増加して景気が良くなるかのように主張してマネタリーベースを破天荒なまでに増加させ続けている。

インフレターゲット策のまやかし

なぜこんなことをするのか。それは、不況を「デフレ」と言い換え、その原因が何であれ、紙幣の流通量を増やし物価を高騰させる「インフレ目標（ターゲット）」策こそ不況対策だとする現代の経済学の一派の学説に立脚しているからである。インフレターゲット政策は、もとは亢進《こうしん》するインフレ率を押さえ込むというものであったが、二〇年ほど前から「物価上昇の目標値」を定めて通貨量を増加させ、緩やかなインフレーションを起こすことで経済の成長を図るという、従来とは全く意味の異なる政策に転化した。先進各国のものづくりが衰退し、財政政策も限界になる中で、結局は「ミニ・バブル」を起こすことで、みせかけの「景気上昇」をつくり出そうというこの政策が、様々な国で採用されるようになっていったのだ。

こうした政策は現代経済学の多くの学派の人々によって主張されており、たとえばノーベル賞を受賞した経済学者ポール・クルーグマンは、『そして日本経済が世界の希望になる』というアベノミクスのインフレ策を絶賛した書物を出版した。その中で「日本人は、この国の経済はよくならない、デフレから脱却できない、という凝り固まった感情を抱くようになった」ために、「自らの国に対して十分な投資をしようという気になれなかった」（同書二三頁）と、国内投資の停滞を「気持ち」のせいにした。「金融緩和は、人びとの期待を変えないかぎり、効力を発揮しない」（五頁）、これからインフレが起きるだろうと投資家が「期待する」インフレ率が上がれば、「実質金利（名目金利－期待インフレ率）」は大きく下がる、そうすれば企業は投資しやすくなり、投資が拡大すれば景気は良くなると、「デフレ」脱却のための「適正な」インフレ率への誘導を主張している[9]（六頁）。

ジョセフ・E・スティグリッツは、インフレは亢進しても簡単に制御できること、またインフレ率が「適正な範囲内にあれば、それとわかるほどの負の効果はない」ことを強調する。「適正範囲内」のインフレ率とはどの程度かについて、スティグリッツは、「インフレ率が八～一〇パーセントを下回っていたら、重大な負の効果は生じないということでおおかたの意見は一致している」と言及している[10]。国民にとっては、八～一〇パーセントのインフレが起きる社会は、文字通り生死にかかわる社会であるが。

そもそも景気浮揚のためにインフレを引き起こすことは可能かという根本問題に疑義を呈する経済学

者は多い。たとえば伊東光晴氏の「金融政策はインフレ（を鎮静化させる――筆者）対策には有効であるが不況対策には無効である」、つまり「紐を引っ張ると同様に中央銀行の緊縮政策によって銀行貸し出し量を減らし、それによって貨幣供給量の増加を押しとどめ、貨幣供給量を減らすことはできる。しかし、紐を押して効果がないのと同様に、銀行貸出及び貨幣供給量を増やすことはできない。安倍・黒田氏は紐を押しているに過ぎない」という論に代表される。[11]

「不況」を「デフレ」という貨幣現象に置き換えるクルーグマンらの理論は、製造企業が低賃金国に生産を移転したため国内が産業空洞化している先進資本主義国の衰退の真の原因を覆い隠し、ただインフレを人為的に引き起こすことで矛盾を国民に転化しようという発想である。それ以外に「景気上昇」を演出できなくなった資本主義の荒廃を象徴するものでもある。

第二節　アジアの中の日本経済と産業空洞化

（1）二〇〇〇年代に横行した「アジア生産ネットワーク」論

二〇〇〇年代の産業空洞化否定論　第一節では日本経済を、国内総生産、海外生産、貿易、金融それぞれの側面から明らかにした。この二〇年以上にわたる日本経済停滞の背景には、製造業の停滞があった。一方で海外生産は年々増加しており、製造業の雇用も国内では大幅に減る一方で、海外でのみ増加した。製造業で最も生産を減らしたのは電機分野で一九九〇年代初頭から二〇年間で約一〇兆円減少した。それは貿易にも影響し輸出品の中核にあった半導体や電子機器で、逆に輸入が大きく増え続け、恒常的な貿易赤字の大きな要因となった。海外生産の拡大と、国内生産の衰退は、時期のずれを伴いつつも確実に連動し、最終的に国内経済全体に大きなダメージを与えていくのだ。すなわち製造業の海外移転と海外生産のみの拡大が日本経済の諸側面に大きなダメージを与えてきたのである。

これらの意味するところは、要するに日本で「産業空洞化」が進行しているということであろう。「産業空洞化」とは「直接投資を通じて生産部門が海外に移転し、国内の製造業部門が縮小、弱体化すること」であるが、それに加えて「生産拠点が海外に移転することによって起こる、貿易収支の悪化、雇用機会の減少、技術水準・イノベーションの停滞、低下」とか、「一国の生産拠点が海外へ移転する事（海外直接投資）によって（あるいは、それに伴う逆輸入の増加によって）、国内の雇用が減少したり、国内産業の技術水準が停滞し、さらに低下する現象[12]」といった貿易収支の悪化や雇用機会の減少、技術水準の低下といった指標を加える研究者が多い。こうした条件も、日本にすでにあてはまるのではないか。

しかし不思議なことに二〇〇〇年代初頭以降、産業空洞化問題はほとんど議論されなくなっていた。二〇〇〇年代のごく早い時期にはまだ産業空洞化とその危険性を強調する議論も見受けられたが、ほどなく鳴りをひそめ、産業空洞化問題が真正面から議論されることはまれになった。その危険性がもっとも大きく拡大した時期に、それに対峙《たいじ》すべき研究者・政府関係者たちはなぜ口をつぐんでいたのか。

それは二〇〇〇年代に拡大したある論理に依拠したことで、生産の海外移転の弊害や産業空洞化が否定され続けてきたからである。その論理とは、〝日本の製造業で海外生産が拡大していることは確かだが、それは日本に産業空洞化をもたらすものではない。それは工程間分業の国境を越えた進展であり、とくにアジアでは日本が中核となった「国際分業」、「生産ネットワーク」というべき体制が構築され拡大しているのだ。それは日本で高度技術の中枢部品を生産し、アジアの国で労働集約的な組み立てを行って完成品を生産し、その完成品を欧米はじめ世界に輸出する体制である。海外生産の拡大は、日本国内の中枢部品の生産拡大とも連動しており、日本とアジアのＷｉｎ—Ｗｉｎ（双方が利を得る）の経済関係が拡大しているのだ。これは日本の産業空洞化ではなく、高度化というべき現象である〟というものであった。

アジアからの輸入拡大さえ、アジア域内での「国際分業体制」の進展につれての増大であり、空洞化を憂慮する必要はないと主張されたのであった。たとえば、二〇〇二年の内閣府「年次経済財政報告」[13]では、「『産業空洞化』懸念をどう捉えるか」と問題を提起して、「最近、日本の『産業空洞化』への懸念がしばしば指摘され」ているが、しかしこれは「国際分業構造の変化」に起因する現象と見るべきであると主張している。たとえば中国からの輸入が「電気機械」でも増加しているが、それは「電気機械のなかでも労働集約的な財」たとえばパソコン本体といったものの「輸入が増加して」いるだけであり、逆に日本から中国に対して「電気機械のなかでも知識・技術集約的な財」（一六一～一六二頁）を輸出している。しかも電気機械では、中国からの「輸入が増加しているなかで（日本国内の）生産も増加している」ので、中国からの輸入増加によって日本国内の生産が駆逐される産業空洞化現象ではない（一六四頁)。それは「モジュール化」(製品を小さな単位＝モジュールに分解し、それぞれ独立的に設計・生産することと)を背景にした「工程間分業に基づく」もので、「中国からの輸入が増加するに伴って、我が国からの輸出も増加する関係にあ」り、また「中国から我が国に製品を輸出している企業」は、「我が国の企業が直接投資によって設立した現地法人や海外生産拠点」であることが多いので、中国からの輸入が増えても、それは「新しい国際分業関係への我が国の対応の結果」で、当事者双方に利益をもたらすものだと主張した(一七五頁)。

〝日本を中核としたアジアの多国間分業〟論の盛況

同様の論理は経済産業省『通商白書』においても、二〇〇二〜二〇〇三年以降、ほとんど毎年主張された。たとえば二〇〇四年版では、「東アジア分業ネットワーク」という言葉を使い、東アジアでは機械分野において「中国を『最終組立国』とし、他の東アジア諸国・地域を『部品供給国』とする分業形態が形成されている」(同一五二頁)といった記述が頻繁に登場した。二〇〇五年版でも、「東アジア域内では、日本、NIEs、中国、ASEANによる「生産面で補完的な経済圏」が形成されており、「『高度技術集約財』については」「日本が優位を維持している」。また「東アジアと欧米との間では、日本・NIEsが中間財を生産し、中国・ASEANが中間財を輸入して最終財に組立て最終消費地である欧米へ輸出する、『三角貿易構造』が産業横断的に成立」(一五六頁)し、こうした「東アジア域内で進展する産業内分業ネットワーク」が、「東アジアの高い経済成長を支える構造的基盤を形成している」(一五七頁)と説明している。二〇〇六年版でも「『アジア・ダイナミズム』と国際事業ネットワークの形成」という章を設け、東アジアにおける分業体制成立のおかげで、日本を含めたアジア全体の経済が急成長していると主張した。

内閣府や『通商白書』だけでなく、大多数の研究者もまた、日本の製造業の海外移転をアジアの国際分業体制の成立と日本の中核部品の輸出基地としての役割分担という考えを取り入れ、アジアと共に繁栄する日本という美しいイメージを共同して構築・拡散してきたのであった。

では、実際にアジアで進行した生産ネットワークなるものの実態と本質はどんなものだったのか。なぜそれは日本の製造業の衰退に結果したのか。前節では、生産の海外移転が日本の国内経済停滞・後退の最大の原因であることを見たが、本節では日本の生産の海外移転がアジア全体には何をもたらし、その結果、アジアでの日本の位置はどうなったかを明らかにする。

そして、「アジアでの生産ネットワーク」による日本の成長という議論が正鵠《せいこく》を射たものだったのかどうか、それとも「国際分業」とか「東アジア生産ネットワーク」なる概念は、日本企業の無規律な海外生産の拡大を美化し追認しただけのものであり、生産と技術のアジアへの無策な流出と国内生産縮小という事態から国民の目をそらせ、急速に進行する日本国内の産業空洞化を隠蔽《いんぺい》して幻想を与えるだけの論だったのか考えたい。

それは企業による生産の海外移転とその企業の母国経済との関係を考察するための基礎になるだろう。それはまた中国経済の急成長を直視した上で、日本国民が矮小《わいしょう》な日本賛美や偏狭なナショナリズムに傾くのではなく、現実を打開する英知を結集するための前提になるとも考える。

第序－26図　日本の財別輸出

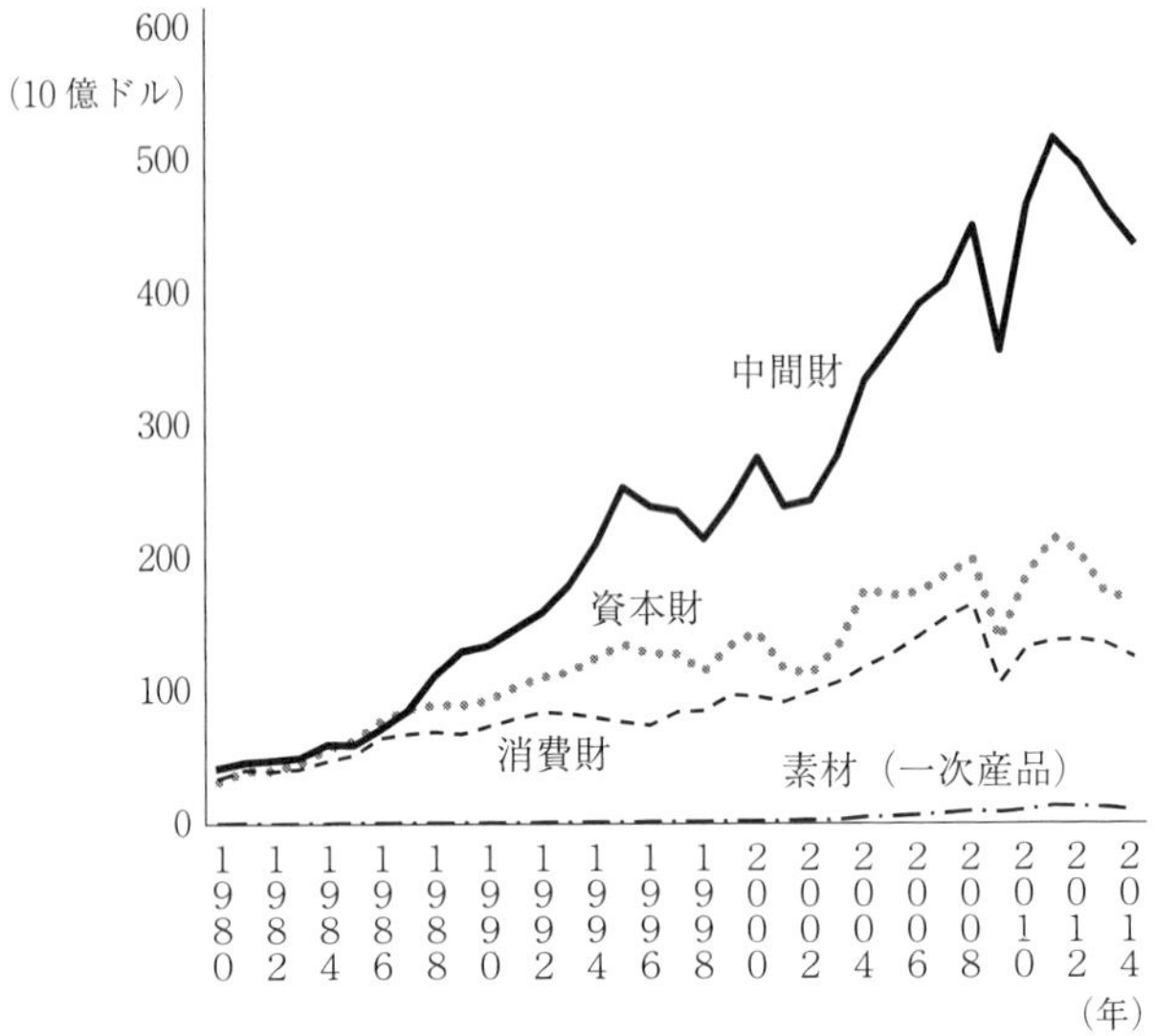

（出典）「RIETI-TID2014」より作成（本図以下、第序－34図まで出典同じ）

（2）日本と世界の「国際分業」の実態

日本における中間財輸出の増加　〝アジアでは国境をまたいだ工程間分業が形成されており、日本はその中核で中枢部品を生産しアジアとともに成長している〟という前項で述べた説は、半分だけは真実である。製品の製造工程が日本国内だけでは完結せず、アジアの国境を越えているという前段だけは。

それを端的に示すのは、日本の輸出における中間財の拡大である。輸出品を前節のような品目ではなく、中間財（部品や素材などの再び生産工程に投入されるもの）、資本財（機械等の生産手段）、消費財（食品・自動車等々の完成品）、一次産品（農・鉱産物等）という財別に分類してその推移をみると、第序－26図のように中間財の増加が際立っている（以下、本節ではＲＩＥＴＩ〔独立行政法人　経済産業研究所〕による財別分類のドル表示の統計・「ＲＩＥＴＩ－ＴＩＤ２０１４」[14]を利用する。図表を掲げていない場合でも論述内であげた数値は同統計から算出したものである）。二〇一四年では、中間財は消費財輸出の三・五倍になった。消費財輸出が伸び悩んでいるが、これは情報機器や自動車といった完成品の輸出の伸び悩みである。資本財（機械類）の輸出は一九八二年以降消費財を上回るようになった。中間財は、最終財（資本財＋消費財）全体と比べても伸びが著しく、一九八八年までは最終財輸出は中間財輸出の一・五倍から一・八倍もあったが、一九九四年になると中間財が最終財を上回り、二〇〇九年以降、最終財は中間財の六割強程度になった。日本の輸出は製品の部品や素材をもっぱら輸出するようになったのである。

中間財は再び生産工程に投入されるものなので、買い手は一般消費者ではなく企業である。輸出先の国に存在するあらゆる国籍の企業が対象ではあるが、とくに海外に進出した日系企業への輸出は大きい。つまり日本の輸出は、海外の消費者を対象としたものから、海外に存在する自国の企業への中間財の「移送」に重心を大きく移したということだ。

実際、日本の輸出全体において、海外に進出した日系製造業企業が日本から仕入れる比率は大きい。たとえば一九九五年では一七・七パーセントだったのが、二〇〇五年では三三・七パーセントになった[15]。つまり日本の総輸出額の三分の一が、海外日系企業に輸出されるものなのだ。海外の日系企業が日本から仕入れる約九割が、日本の「親会社」から仕入れるものだから、二〇〇五年の場合では日本の輸出の三分の一近くが日本国内の親会社から海外子会社への部品・素材その他の供給だということになる。それは愛知県にある自動車の本社工場から東北の工場へエンジンを輸送するのと同じことであり、もはやこれを「輸出」と呼べるかどうかも疑わしいのだ。

日本の輸出が中間財中心になったということは、日本企業の海外進出が大きく進んだことの結果であり、輸出が企業の国境を越えた生産の一部に転化し、企業内の物流に転化したということでもある。

第序－27図　世界の財別輸出

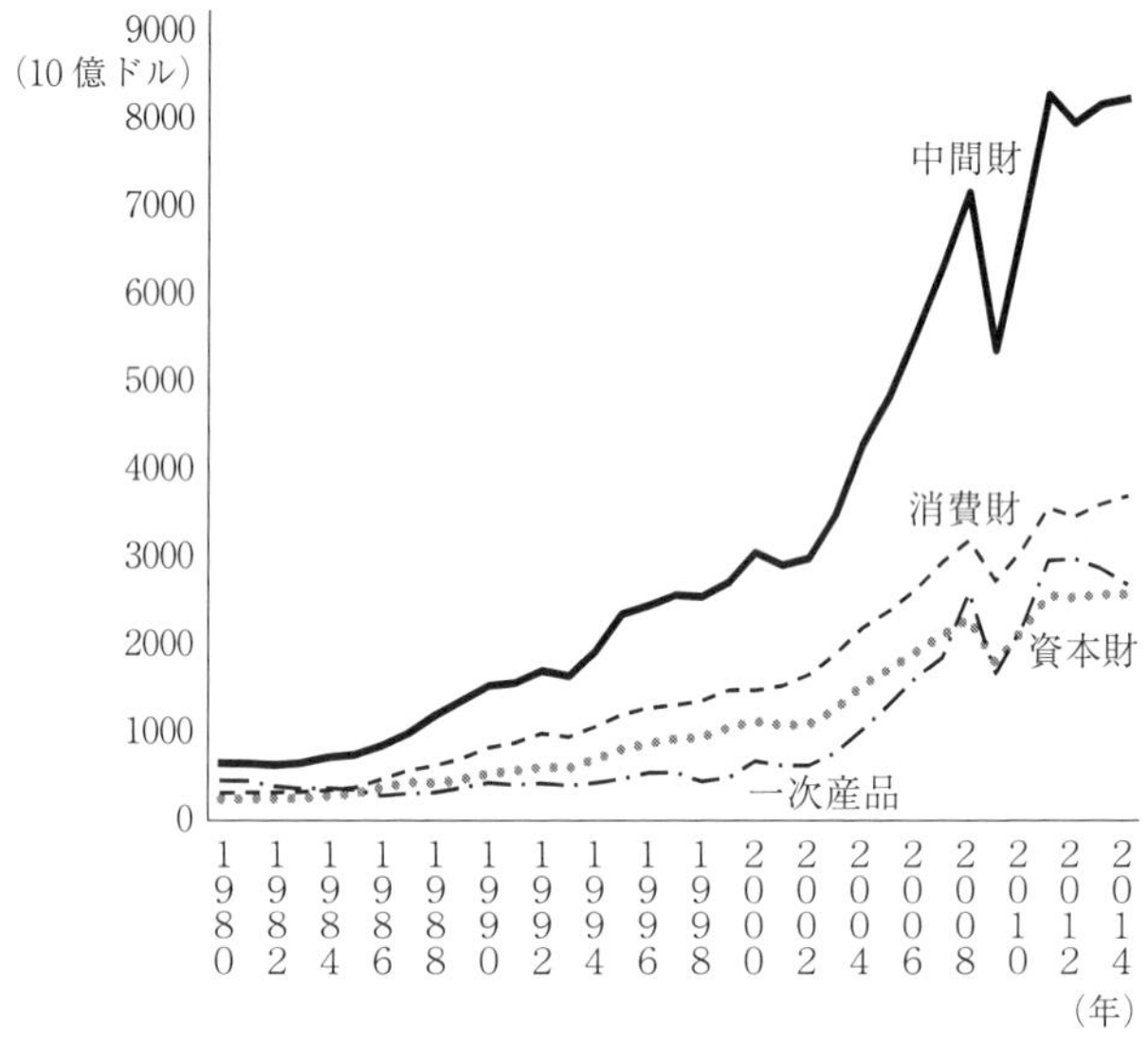

但しこの国境を越えた中間財輸出は拡大し続けるわけではない。海外進出企業は、進出先の現地や周辺国からの調達を高めていく。現地法人の調達額に占める日本からの調達比率は、たとえば二〇〇一年と二〇一〇年を比較すると、北米では四二・三パーセントから二九・一パーセントに、アジアでは三六・一パーセントから二八・五パーセントに低下した[16]。素材や中枢部品を生産する企業、下請け企業までがそっくり海外進出したので、現地で日本企業の部品や素材が手に入るようになったこともあるし、現地企業やコストのより安い周辺国からの調達にとってかわられることも多い。むろん中間財輸出は、日系の海外進出企業に送られるだけではないが、第2章で述べる自動車の例を見ても、総じて減退する趨勢にある。

世界でも中間財貿易の増加と多国籍企業の国境を越えた生産の進展　中間財輸出の増加は、日本の「輸出」の意味を大きく変えるものであったが、実はこれは日本だけでなく世界的な現象でもある。第序－27図で世界の輸出額を財別に分類すると、一九八〇年代後半以後、とりわけ二〇〇〇年代に入って中間財の伸びが著しく、世界の輸出増を牽引していることがわかる。世界でも企業の対外投資が進み、生産の工程が国境を越えたものとなっているのだ。

世界の中間財輸出は、東アジア（日・中・韓・ＡＳＥＡＮ）、ＥＵ（二七ヵ国・時期により加盟国数は変化）、ＮＡＦＴＡ（米・カナダ・メキシコ）の三地域から輸出されるもので約八割強を占める。とりわけ東アジアの中間財輸出は一九九〇年代以降急成長した。第序－28図のように一九八〇年ではＮＡＦＴＡより少なく、ＥＵの四分の一にすぎず、一九九〇年でもＥＵの四割前後であったが、二〇一〇年にはＥＵと並ぶ額にまで増加し、二〇年間で七・二倍に増加した。

第序－28図　三地域から世界への中間財輸出

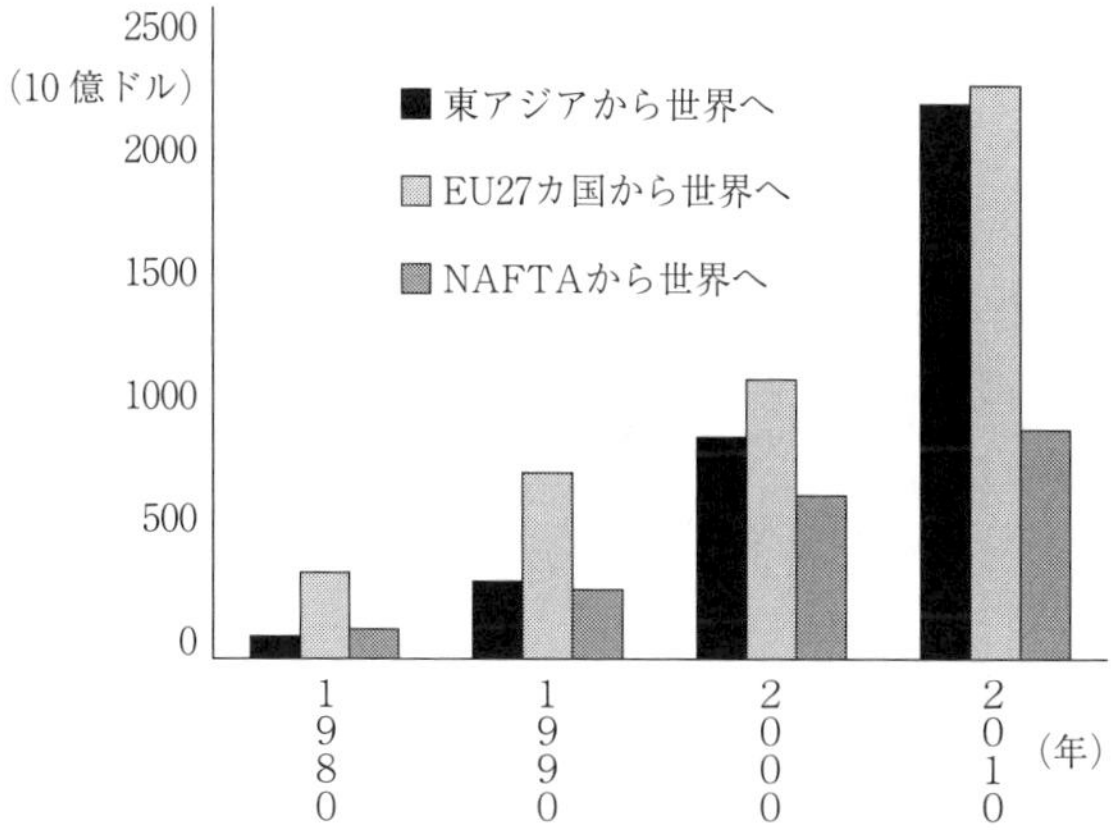

東アジアの中間財輸出のもう一つの特徴は、同じ東アジア域内に輸出する比率が一九九〇年代以降上昇したことである。一九八〇年には域内輸出の比率は四三パーセントだったが、二〇一〇年には六〇パーセントになった。ＥＵが中間財をＥＵ域内に輸出する比率は一貫して六〇～七〇パーセントで、九〇年代以降はむしろ若干低下する傾向にあるのとは対照的である。東アジアでは一九八〇年代後半から一九九〇年代にかけて多国籍企業の域内投資が増加し、いわば国境をまたいだ工程間の分業が成立し、中間財の貿易が拡大したのだ。一方ＥＵ各国では、比較的早くから政治・経済的統合が進み、域内への投資や工程間の分業も早くから進んでいた。ＮＡＦＴＡは、自由貿易地域として経済統合を完成したのは一九九四年であるが、早くから

メキシコのマキラドーラやカナダへの米国資本の投資が進んだ地域であった。

域内で主に取引される中間財はどんなものが中心か　では、東アジア、EU、NAFTAの域内では、それぞれどんな中間財が主に取引されているのか。つまり主にどんな業種が国境をまたいで生産されているのか。第序－29－a図はアジア各国から同じアジア内に輸出される中間財の域内輸出を、第序－29

第序－29－a図　東アジア域内中間財輸出（工業部門別）

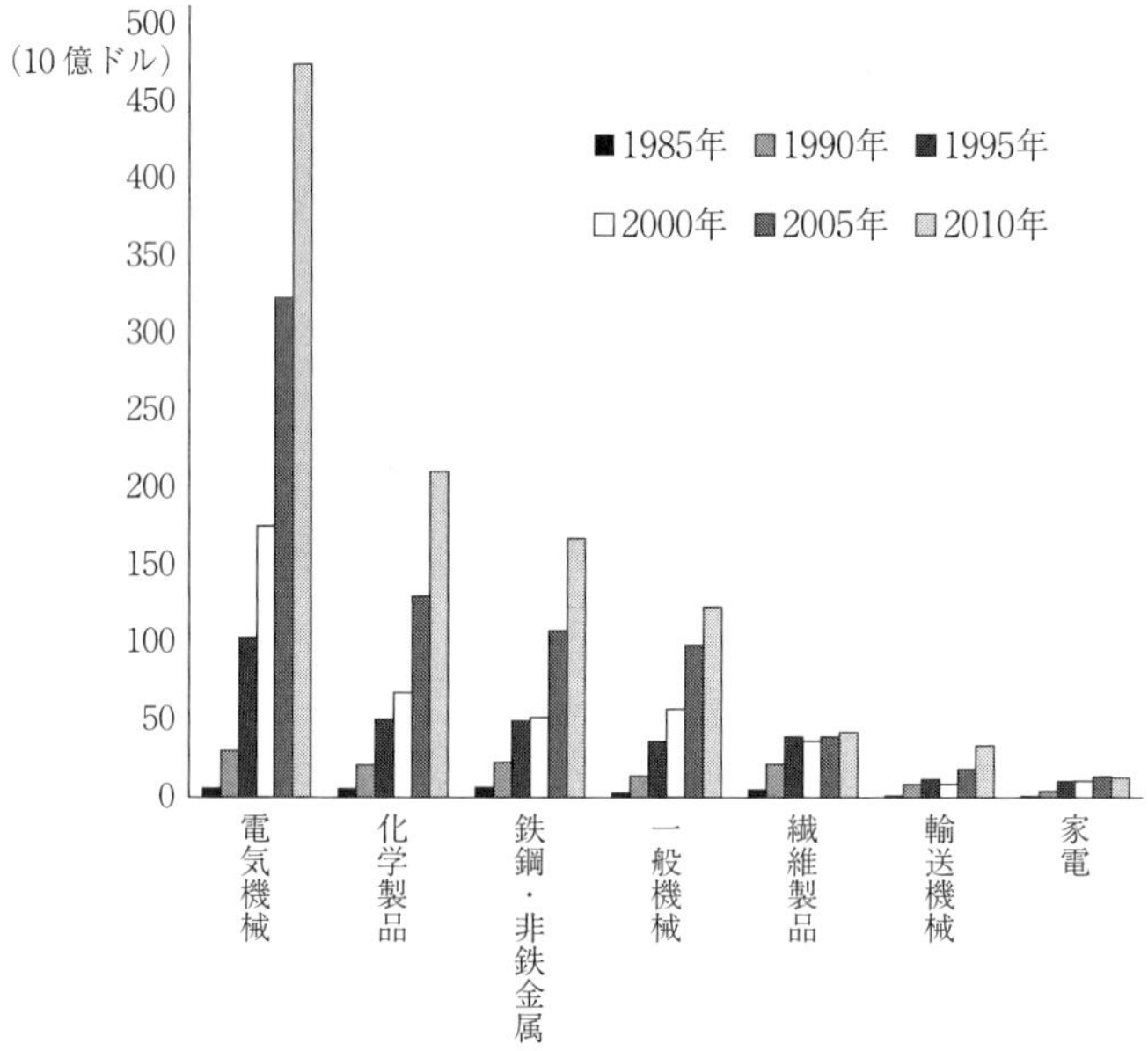

第序－29－b図　EU域内中間財輸（工業部門別）

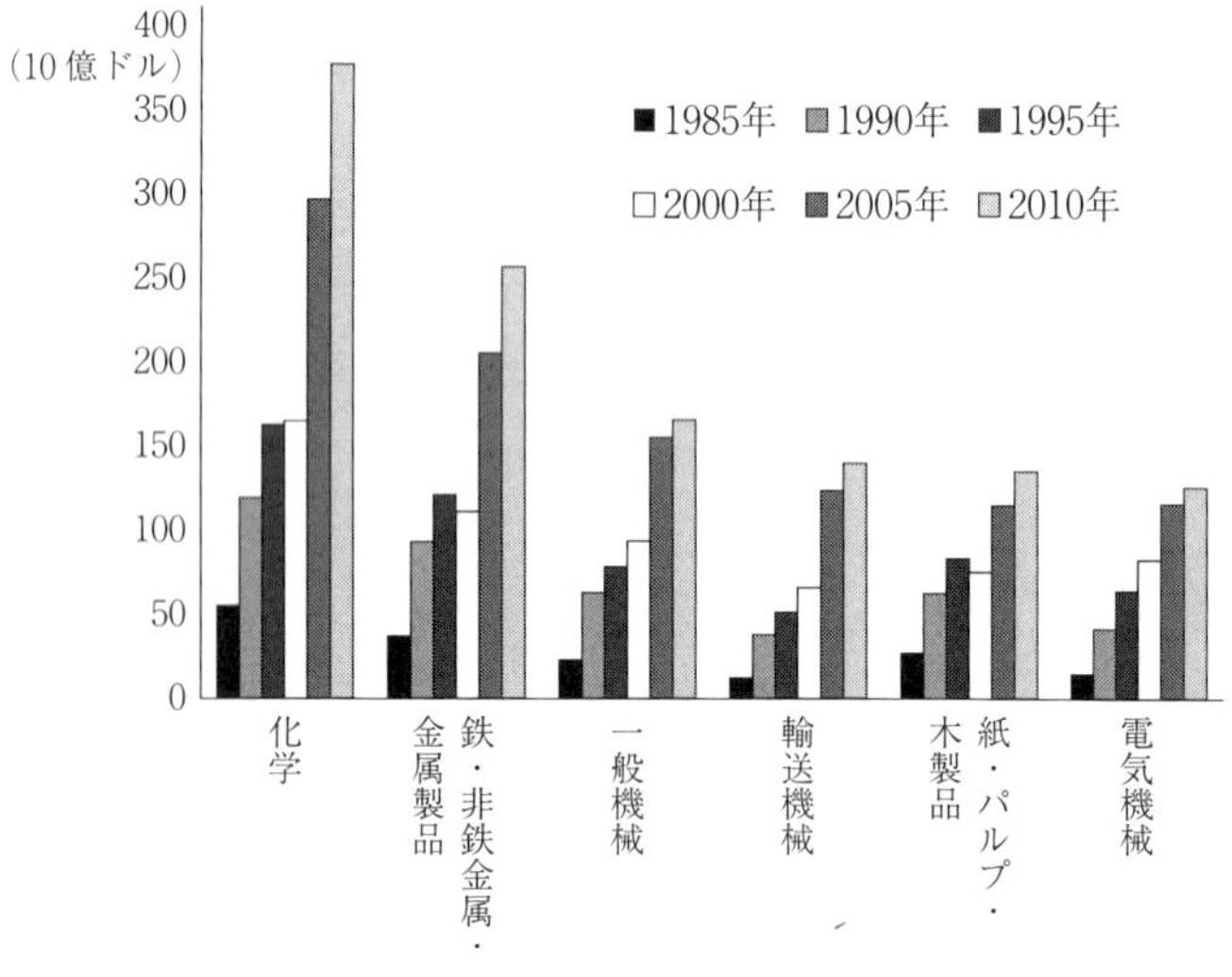

－bはEU、第序－29－cはNAFTAの域内中間財輸出を、一九八五年から二〇一〇年までの五年おきに工業分野別に比較したものである。アジアでは電気機械（半導体、パソコン、携帯電話等の情報機器等。本統計では白物家電は「家電」として別に分類）の中間財が突出し、圧倒的である。二五年間で電気機械中間財のアジア域内輸出は約九〇倍に激増した。輸送機械（自動車など）は意外なほど少ない。化学、鉄鋼・非鉄金属の中間財輸出も電機の半分以下ではあるが、二〇〇〇年代に入ると大きく伸びている。

第序－29－c図　NAFTA域内中間財輸出（工業部門別）

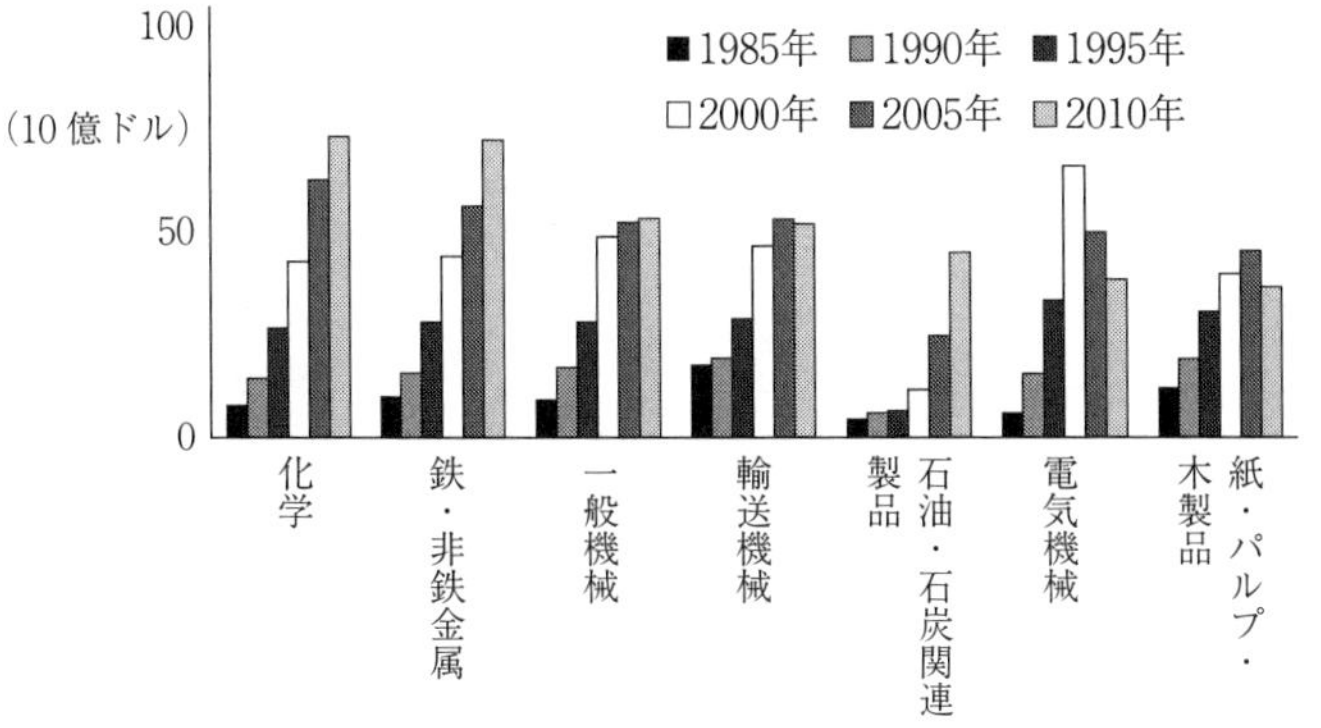

EUでは化学がトップであり鉄・非鉄金属・金属製品、一般機械がそれに続く。電気機械は少なく格別に伸びているわけでもない。NAFTAでは化学と鉄・非鉄金属がほぼ同じで一般機械・輸送機械がそれに次ぎ、電気機械は二〇〇〇年を頂点に減少している。NAFTAは金額自体も他の地域に比べて一桁少ない。

以上のように、どの分野の中間財域内輸出が伸びているかは、それぞれの地域に固有であり、それは域内に直接投資する多国籍企業の工業分野と、その多国籍企業が域内の分業をどう利用しているかによる。電気機械が突出し、しかもそれが激増し続ける国境を越えた分業は、アジア域内に固有の特徴ということになる。そしてその背景には、アジアでの電機分野の多国籍企業の生産様式があるのだ。

アジアの電気機械の生産と輸出の中心は、日本ではなく中国だっ

第序－30図　電気機械中間財・輸出国・地域別推移
（対・東アジア域内輸出）

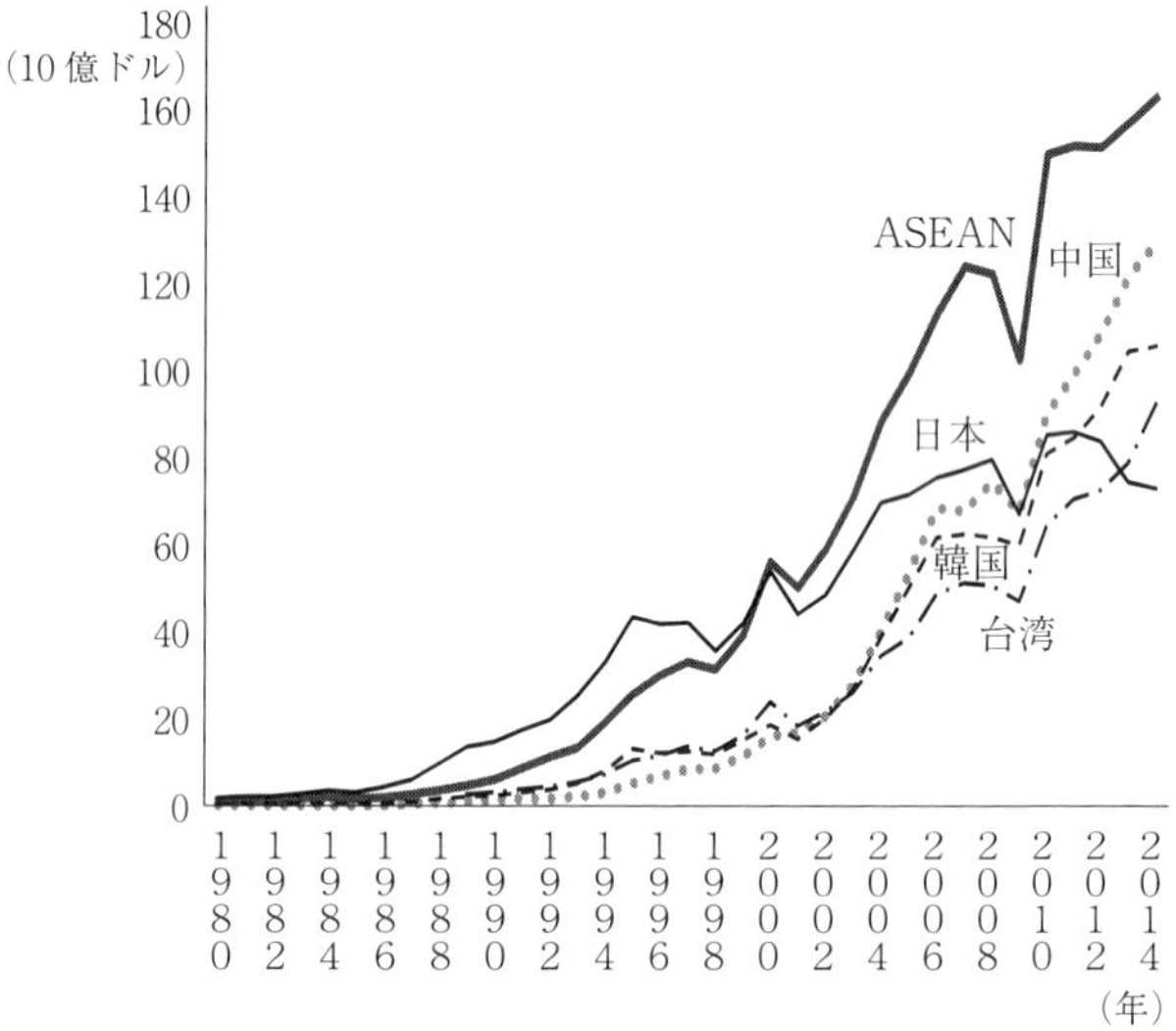

た

　アジアは電気機械中心の分業体制が成立している経済圏であることが明らかになったが、ではアジア域内で電気機械の中間財を輸出している国・地域、およびアジア内でその中間財を受け入れ、電気機械の完成品を世界に輸出している国・地域はどこか。まず第序－30図電気機械中間財を域内に輸出している国・地域を見ると、日本が辛うじてトップを走っていたのは一九九〇年代までで、二〇〇〇年にASEANに抜かれ、二〇〇九年には中国に、二〇一二年には韓国に、二〇一三年には台湾に抜かれて、とうとう最下位になった。こうなると「東アジアに中枢部品を輸出してアジアの生産ネットワークを牽引する日本」という説は、もはや「悪い冗談」としか言いようがなくなる。

　この電気機械の中間財をアジア域内から輸入している国・地域を、第序－31図でみると、長らくASEANがトップであったが、二〇〇〇年代に入って中国が急増し、二〇〇〇年代後半には毎年千数百億ドルを輸入しトップを走る。日本も二〇〇〇年代に入って中間財輸入が伸びたが、それはこの時期になると、中間財までもアジアから輸入するようになった状況をあらわしている。

次に第序－32図（六二頁）で電気機械の完成品（最終財）の世界への輸出を見ると、日本からの電気機械完成品の輸出は早くも一九八〇年代末から停滞した。二〇〇〇年代には中国が驚異の独走状態に入る。日本との比較はすでに意味をなさない。同図は対アジア輸出だけでなく世界全体に向けての輸出なので、中国は電機の中間財をアジア各国から輸入して（自らも中間財をアジア各国に輸出しつつ）、完成品を世界に大量に輸出している構図になる。

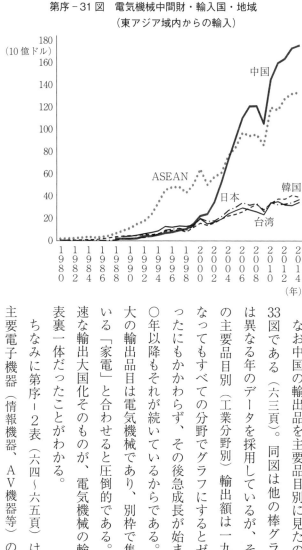

第序－31図　電気機械中間財・輸入国・地域
（東アジア域内からの輸入）

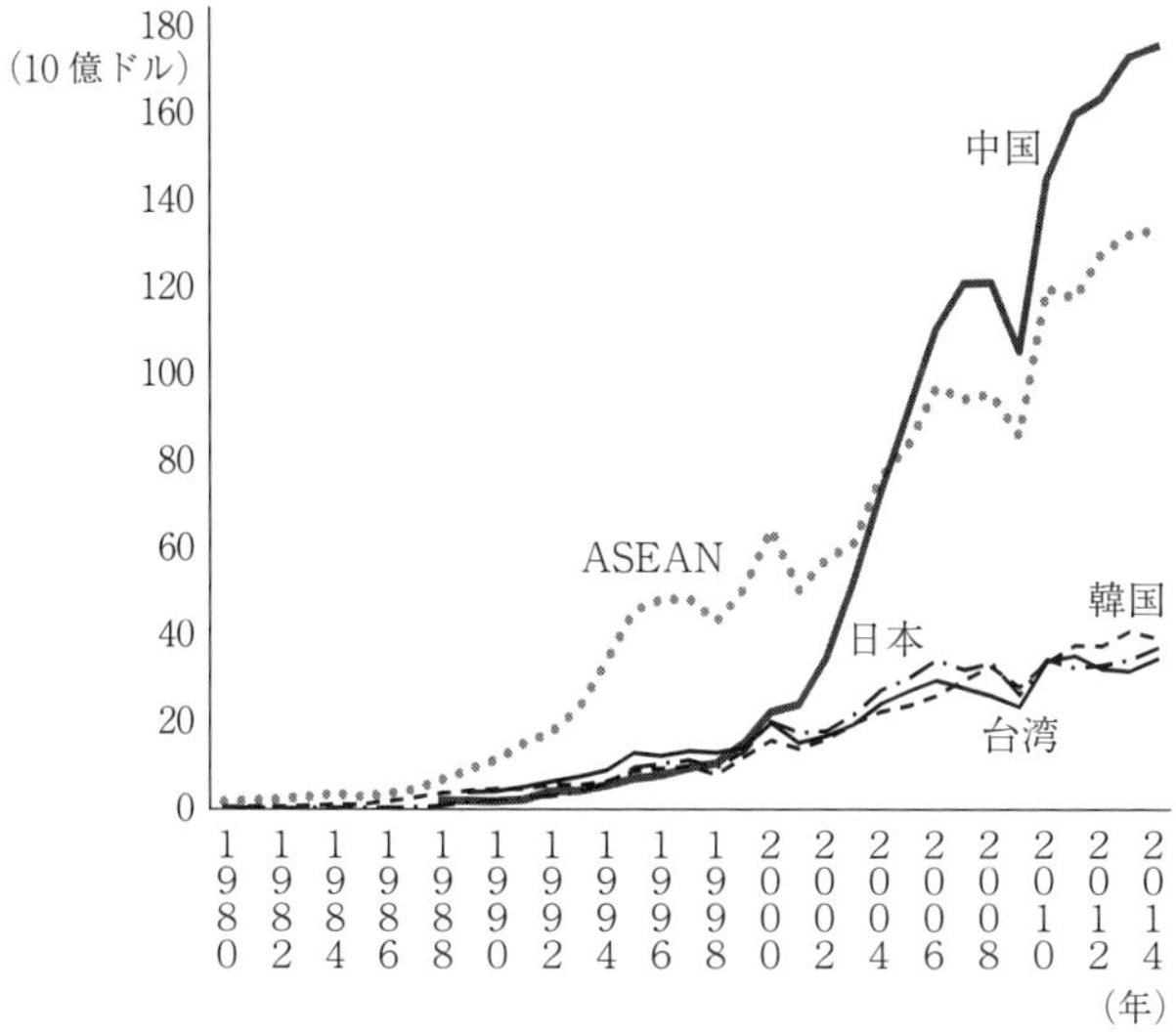

なお中国の輸出品を主要品目別に見たのが第序－33図である（六三頁）。同図は他の棒グラフの図とは異なる年のデータを採用しているが、それは中国の主要品目別（工業分野別）輸出額は一九九〇年になってもすべての分野でグラフにするとゼロに近かったにもかかわらず、その後急成長が始まり二〇一〇年以降もそれが続いているからである。中国の最大の輸出品目は電気機械であり、別枠で集計されている「家電」と合わせると圧倒的である。中国の急速な輸出大国化そのものが、電気機械の輸出拡大と表裏一体だったことがわかる。

　ちなみに第序－2表（六四～六五頁）は、世界の主要電子機器（情報機器、AV機器等）の二〇一〇

第序－32図　電気機械最終財国・地域別輸出
（対世界への輸出）

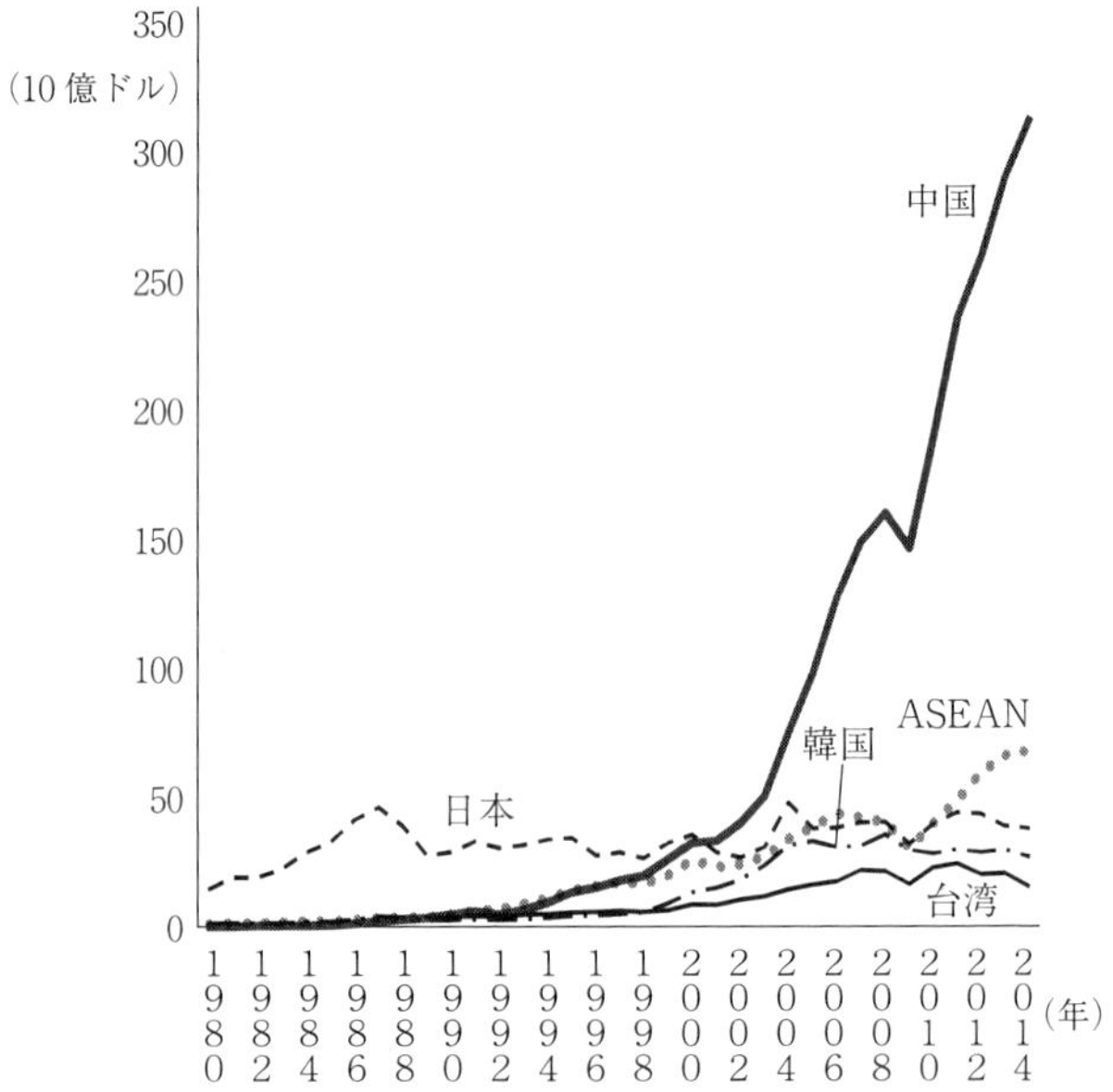

年度の世界生産の国・地域別シェアを示したものである。同年時点ですでに中国は、ノートブックパソコン、デスクトップパソコンではともに九七パーセント以上を生産するようになっており、スマートフォンを含む携帯電話も五四パーセント、デジタルカメラで六七パーセントと、そのシェアの高さは驚くべきものである。日本との比較はもはやほとんど意味がなく、日本以外の中国に次ぐ国・地域の生産も、ほとんどの製品で中国と大差がついており、電子機器生産で中国は「ぶっちぎり」の世界一位なのである。日本はカーナビだけは六一パーセントを占めてはいる。

以上のように、電気機械というアジアの中心的生産品の分野で、アジアから中間財を最も多く輸入し、そして最終財（完成品）を圧倒的な強さで世界に輸出している国は中国だった。日本は、中間財の輸出で他のアジアの国に追いつかれ追い越され、完成財輸出ではもはや中国の足元にも及ばなくなってしまった。

内閣府や経済産業省に代表される見解――日本は中枢部品や高度素材の生産を担い、それをアジアに

第序－33図　中国の主要輸出品別推移

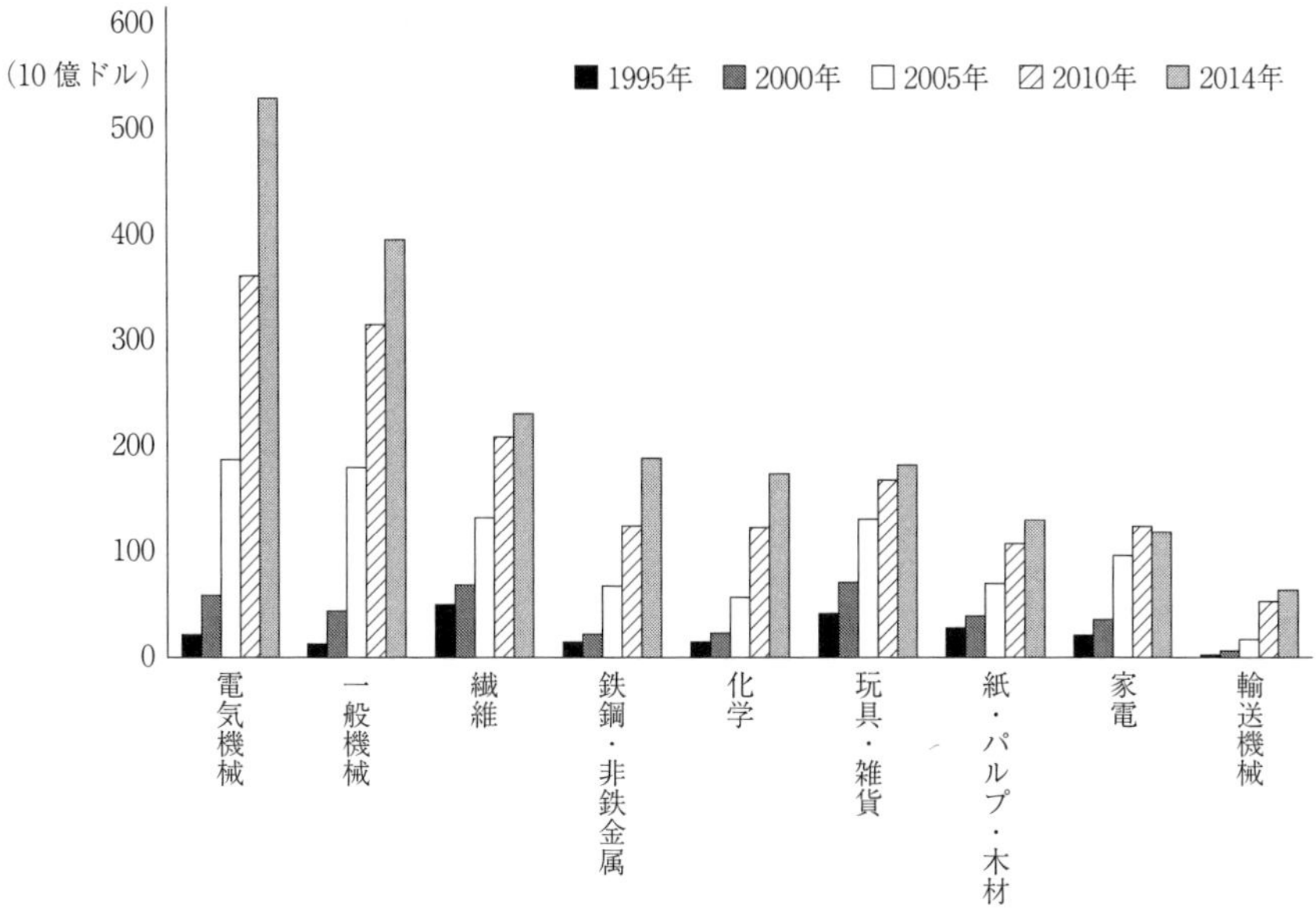

輸出してアジアでの工程間分業の中枢に位置し、アジアとＷｉｎ－Ｗｉｎで成長しているという議論は的外れであった。確かに日本は、アジア各国をまたぐ工程間分業を成立・拡大させた時期もあったが、完成品の輸出はもちろんのこと中間財の輸出でも、結局日本だけが伸び悩み、アジアの成長から取り残される現象が進行していたのだ。二〇〇〇年代に入ってすぐにこうした事態が顕著になりつつあったのに、大多数の研究者・政府関係者は国民をミスリードするイメージを振りまき続けた。

日本は、電気機械だけでなく輸出総額でも、アジアにおいても世界においても、その位置を低下させた。アジアでは、一九八五年にはアジアの輸出全体の五五パーセントを日本が占めていたが、一九九五年には三六パーセント、二〇〇五年には二三パーセント、二〇一四年には一五パーセントと急激に低下した。世界全体の中

世界生産の状況　2010 年度

（単位：千台）

日本	シェア	日中以外の２位又は３位		シェア	世界合計
5,360	1.6%	1,560	（韓国）	0.5%	326,002
4,070	2.1%	1,200	（韓国）	0.6%	197,787
23,710	1.9%	174,080	（インド）	13.7%	1,273,520
23,190	17.0%	8,690	（インドネシア）	6.4%	136,250
2,410	2.3%	11,805	（タイ）	11.2%	105,123
5,530	61.2%	2,100	（ヨーロッパ）	23.2%	9,040
14,809	7.3%	51,650	（ヨーロッパ）	25.3%	203,790

年」（2011 年３月）より作成

国・地域とその生産量

での位置でも、第序－34図のように一九八〇年代の日本の輸出額は米国やドイツに次いで世界第三位であるが、両国との差はあまりなく両国の七～八割の輸出額であった。しかし二〇一四年では世界で四位に落ち、しかも三位のドイツの輸出額の五割強しかなく、一位の中国の約三分の一しかない。中

第序－34 図　世界輸出上位７カ国（2014 年時点）輸出額推移

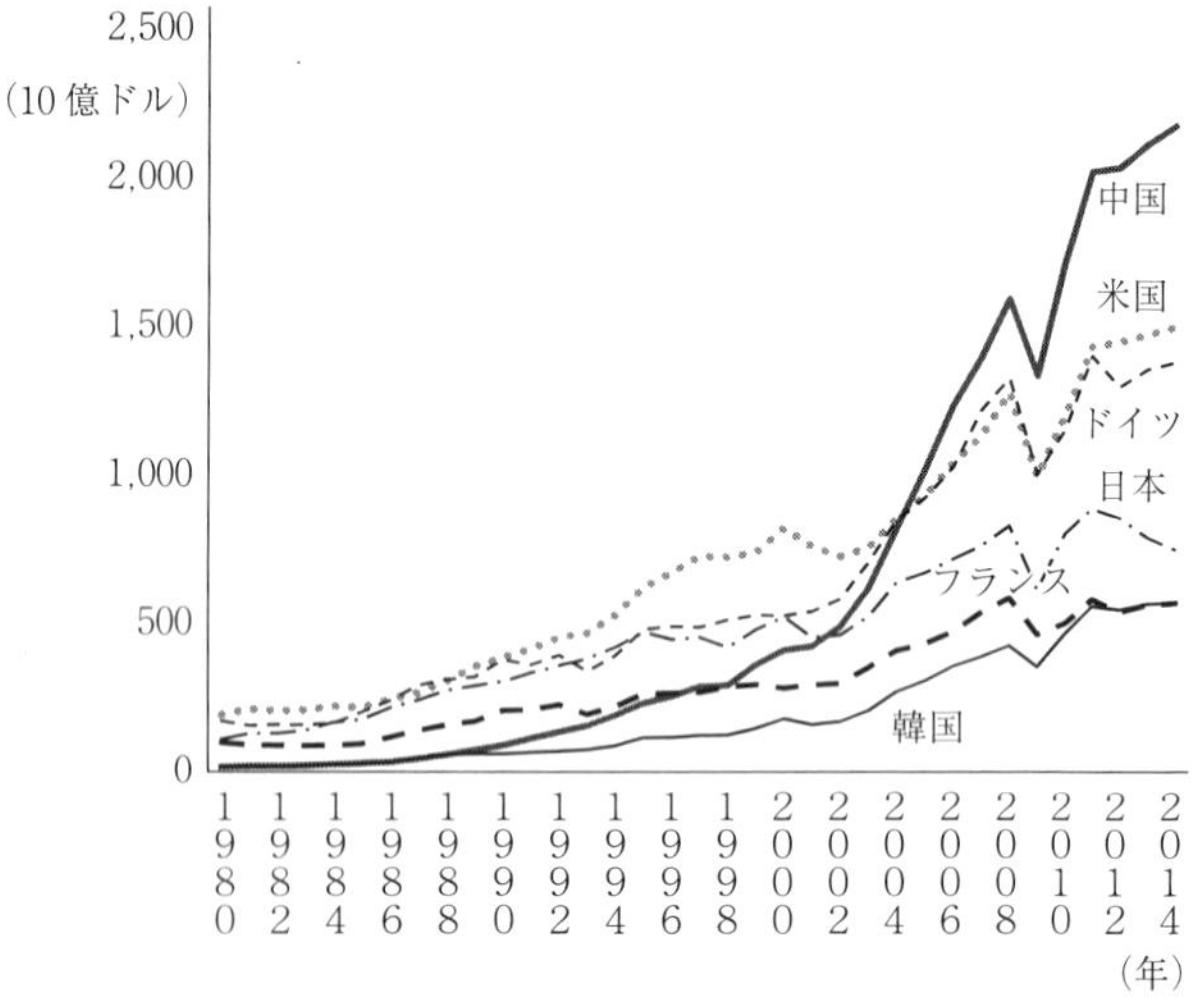

（注）UNCTAD 統計と RIETI での集計結果が異なる場合は、RIETI での上位国を採用

第序－2表　主要電子機器の

	中国	シェア
パーソナルコンピュータ	319,082	97.9%
うちノートブックパソコン	192,517	97.3%
携帯電話（スマートフォンを含む）	692,460	54.4%
デジタルカメラ	91,090	66.9%
ビデオレコーダー＆プレーヤー	61,810	57.8%
カーナビゲーション	720	8.0%
薄型テレビ	78,654	38.6%

（出典）電子情報技術産業協会「主要電子機器の世界生産状況　2009 年～ 2011

（注）「日中以外の２位又は３位」とは、日本、中国以外の国や地域で第一位の

国の一九九〇年の輸出額は日本のわずか三割弱しかなかった。中国だけでなく韓国の成長も著しく、一九九〇年に韓国は日本の一九パーセントの輸出額しかなかったが、二〇一四年には日本の七六パーセントにまで追い上げている。電気機械の輸出衰退は、日本のものづくりと輸出をここまで低下させた最大の要因ともなったのだ。

　ちなみに第序－33図で明らかなように中国からの輸送機械（自動車など）の輸出は驚くほど少ない。第2章で詳しく見るように、中国は世界一の自動車生産大国で、二〇一〇年には日本の自動車国内生産の二倍近くを生産するようになった。その背景には、世界の自動車メーカーが中国に投資し生産を急増させていることがある。今のところは、旺盛な中国内の需要に支えられてほぼ中国内で消費されるため輸出は少ない。しかし電気機械と同じく、いずれは中国から日本メーカーはじめ世界の自動車メーカーの製品が大量に輸出されることになるだろう。日本は中国に近く輸送費も安いため、それが始まると日本国内の生産はひとたまりもない。もし日本の自動車メーカーによる中国工場からの対日自動車輸出が本格化すれば、その時こそとてつもない産業空洞化が日本を襲う時になる。

第三節　多国籍企業が重層的関係で入り乱れるアジアの電機産業

前節では、アジア各国が成長する中で日本は、完成品はおろか中枢部品の輸出でも後退し、アジアでの製造業の中心は日本から中国に移ってしまったことを明らかにした。第一節で見た日本経済の停滞・後退の最大要因もここに起因していた。

本節では、こうした国家レベルで見た生産力変遷の背後にある多国籍企業の国境を越えた活動に視点を移す。多国籍企業が国境を越えて生産を行う時代には、多国籍企業がどこで生産するかで国家の生産力は大きく左右される。国家の生産力の浮沈やＧＤＰの増減は、企業がどこに生産を移転したか、そしてどの分野でどの企業が勝利、あるいは敗退したかということの結果でもある。現代では国民経済や国民の暮らしは多国籍企業の活動に翻弄されているのだ。

経済成長や輸出における国家間の勝利や敗北として現れる事象は、実は数十社程度の多国籍企業の行動が引き起こした結果である。本節では、国家の経済力の浮沈が多国籍企業の企業活動の結果であることを、日本とアジアの生産の中核にある電機産業を例にして明らかにする。見てきたように電機産業こそアジアで最も生産を拡大させ、アジアの急成長の核をなすとともに、日本でのものづくりや日本経済衰退の原因となった産業だからである。

（1）アジアでの電機産業生産ネットワークの基礎を築いた日本企業

日本の電機産業は、なぜアジアで、そして世界で敗北し、その上日本経済全体の後退の最大要因に転化してしまったのか。電機産業は、戦後日本の経済成長を牽引して日本を「経済大国」に導き、様々な製品を開発してきた。本節ではアジアの電機産業における日本や米国、そしてアジアの企業の投資と活動の動向を概観しておく。二〇〇〇年代以降の日本の電機産業のより具体的な問題は第1章であらためて論じる。

台湾、韓国へ進出し、電気・電子部品メーカーを育成　アジアに電機産業の種をまき、その基礎を築いたのは日本の電機企業であった。日本企業は、韓国や台湾において設置された「輸出加工区」とか「輸出自由貿易地域」などの特別の区域に早くから集中して投資した。これらの地域は投資を呼び込むために、関税や租税の減免などで外国企業を優遇したからである。どんな優遇措置が取られるかは各国、各区域で異なり、またその名称も様々である。

一九六五年に台湾で初めての「輸出加工区」が設置されると、日本の家電や電子部品の企業も積極的に進出を開始し、一九七〇年代になると台湾はテレビ受像機の世界的な生産基地となった[17]。韓国でも一九七〇年に馬山に設置された「輸出自由地域」に多くの日本企業が進出し、一九七三年一一月の調査では同地域における一一一工場のうち九五パーセントが日系企業（日本人企業主八六パーセント、在日韓国人企業主九パーセント）であった[18]。

こうした日本企業の投資によって、あるいは日本企業からの部品等の受注によって、台湾や韓国の電気・電子部品メーカーも次第に大きく育っていき、現在の電機や情報機器・部品の世界的巨大メーカーが生まれる最初の土台を築くことになった。一例をあげれば、後年に韓国最大の電気・電子機器メーカに成長したサムスン電子（一九六九年設立）も、創立と同年に日本の三洋電機との合弁企業・三星三洋電機を設立し、翌一九七〇年にはＮＥＣとの合弁企業・三星ＮＥＣを設立し、白物家電やＡＶ機器の生産を開始して技術を磨いた。

一九八九年時点で、台湾と韓国には約百三十余の日系電子部品企業があり、これらの地域では現地企業も「技術提携や資本提携などで日本企業と何らかの関係を持つ現地企業が生産の主流を占めて」いた。また台湾などでは「日系企業からスピンアウトした人材」が現地で同分野に参入する場合も多かったという[19]。

米国市場における日米企業の競争

このように、日本の電機企業が韓国や台湾に大挙して進出した背景には、米国市場での日・米企業の競争があった。日本の電気機器の国内生産は一九五五年から一九七五年までに二二六一億円から七兆四一一三億円へと約三三倍になったが、輸出は一七六億円から二兆二二一一億円へと一二六倍に急増した。日本の電機産業は、黎明期から輸出、特に対米輸出の拡大と一体となって成長したのである。日本の電機メーカーは一九六〇年代から七〇年代にかけてラジオ、テープレコーダー、ステレオ、白黒テレビ、カラーテレビなどを次々と対米輸出した。「（一九）七〇年の民生用電子機器については、米国内需要の三一パーセントが輸入品に依存していたが、そのうちの七七パーセントは低価格を武器とした日本製品で占められていた[20]」という。

日本による輸出品に対抗するために、米国の電気機器メーカーは一九六〇年代後半以降、生産をメキシコや香港、台湾などに移して、その製品を米国内に逆輸入した。これに押されて、米国輸入品市場での日本製品のシェアは、たとえば民生用機器では、七〇年の七七パーセントから七七年には六七・六パーセント、七九年五四・九パーセントと低下した。こうした事態に対抗するため日本企業もアジア進出を加速させた。日本の家電メーカーの海外拠点は、一九六九年までは世界各国に散在していたが、一九七〇年代に入ってアジア、特に台湾、韓国に集中し、多数の部品メーカーの工場も設立された。それまでの日本企業は、世界各地での「現地市場確保」のために海外投資を行ってきたのだが、この時期から「発展途上国の低賃金労働力を活用して」生産し、「これを先進国市場へ輸出」するための投資を展開したのであった[21]。

こうしてなされた投資が、上記の韓国や台湾などのアジア系電機企業を育てる礎となった。そして長い年月の後に、強力な競争者として日本企業の前に立ちはだかることになる。

ASEANや中国へも　日本の電機企業はＡＳＥＡＮ諸国へも進出した。シンガポールへは一九六〇年代末に先進国向け輸出用のカラーテレビなどの高度技術品での生産を開始して以降、積極的に進出した。ＡＳＥＡＮ諸国への投資がとりわけ活発になるのは一九八〇年代後半以降で、一九九〇年代半ばにシンガポールがコスト高になると日本メーカーは、他のＡＳＥＡＮ諸国、たとえばインドネシアにカラーテレビなど普及品の工場を移した。タイには洗濯機、冷蔵庫などの白物家電の輸出工場が集中し、エアコンの輸出基地にもなった[22]。

マレーシアへも、一九七〇年代初頭に最初の自由貿易地域がペナンに設けられるや、一九七三年に日立セミコンダクターが進出した[23]。

フィリピンへは一九九〇年代なかばに日立製作所、富士通、東芝などが相次いでＨＤＤ（ハードディスクドライブ：補助記憶装置）の生産を開始し、その量産基地とした[24]。

中国の華南地区にも低賃金目的の投資を集中させた。たとえば深圳《シンセン》経済特区には日本企業の複写機（きわめて労働集約的）の生産拠点が集中し、ここで生産された複写機のほとんどが、日本向けか第三国向けに輸出された。複写機は生産コストに占める人件費比率が高いため、まだ低賃金であった同地区に集中したのだ。

電機企業だけではないが、こうした、より低賃金国・地域を求めて、順次生産を移転していく多国籍企業に対して、「渡り鳥企業」との批判も高まった。

日本企業はこのように賃金水準はじめとした生産コスト、技術水準、部品供給の難易を勘案して、時代の推移と共に製品ごと、部品ごとの最適の生産拠点を選び、いわばアジアでの分業体制を築いていった[25]。一九九〇年代半ば頃の日本の電機企業は、たしかにアジア全域にまたがる生産体制を築き、日本はその中心に位置していたといえる。

（２）米国企業とアジア企業の重層的関係――委託生産

シンガポール、マレーシア、台湾での半導体・情報機器の委託生産　アジアに進出したのは日本企業ばかりではない。半導体や電子機器、情報機器ではむしろ米国企業が先行していた。たとえばマレーシアでペナン島に「自由貿易地域」が設置されると一九七〇年代の初頭から米国の半導体・集積回路生産を行う企業、たとえばナショナル・セミコンダクター、アドバンスド・マイクロ・デバイス等々が一斉に進出した。特にインテルは一九七三年に進出して以降、ペナンをＭＰＵ（マイクロプロセッサユニット）のアジア生産の拠点とした。デル、ヒューレット・パッカードなど主要なパソコンメーカーも重要な生産拠点にした。(26)

シンガポールでは一九六〇年代末から半導体や電子機器製造の日・米・欧企業の投資が集中し、米国のシーゲートやマクストアがＨＤＤなどの重要な生産拠点とした。シンガポールでの生産で多国籍企業、とりわけ米国企業がいかに大きな比重を占めていたかについては、たとえば一九九二年のシンガポールの電子産業生産の八一パーセントが輸出に向けられたが、その六五パーセントを米国系企業が占め、日系企業が一七パーセント、ヨーロッパ企業が一二パーセントを占めた。(27) 二〇〇一年でもシンガポールの電子産業における売上高上位三〇社では二六社が多国籍企業であり米系企業が上位に並んだ。(28) つまりアジアの国での生産や輸出の拡大は、当該国で生まれた企業が生産したものではなく、当該国に投資した多国籍企業による生産が大きな部分を占めていたということである。シンガポールの賃金が次第に高くなると、拠点を他国に移す多国籍企業が多くなった。

一九九〇年代以降はＥＭＳ（Electronics Manufacturing Service）企業が大きく成長し、多国籍企業の投資の構造は一層複雑なものとなる。ＥＭＳとは、電子機器メーカーから委託されて、機器の生産・設計を行う受託企業のことで、米国で確立されたビジネスモデルである。米国のフレクストロニクス（一九六五年設立）やソレクトロン（一九七七年設立）が有名であった。その他にもサンミナーＳＣＩやジェイビル・サーキッツなど米国のＥＭＳ企業は、マレーシアをはじめアジア諸国に進出し、米国企業等から生産を請け負った。

米国企業だけでなく、たとえばシンガポールでは民族資本のＥＭＳ企業が育成され、一九八一年に米国のＥＭＳ企業・フレクストロニクスを買収して基礎を築いた。フレクトロニクスは二〇〇七年になると米国・ソレクトロンも買収して巨大ＥＭＳ企業に成長した。買収されたソレクトロンは、二〇〇一年頃にはシンガポールのＥＭＳ企業ナットスティール・エレクトロニクス等々を買収したが、結局自らが買収されてしまった。ＥＭＳ業界は一九九〇年代末から二〇〇〇年代にかけて再編・買収合戦が続いたのであった[29]。

台湾でもＥＭＳの一形態であるＯＤＭ／ＯＥＭ企業が生まれた。ＯＤＭ（Original Design Manufacturing）とは委託企業のブランド名で、設計・生産するもので、ＯＥＭ（Original Equipment Manufacturing）は生産するが設計はしないという生産形態（または企業 Manufacturer）を指す。台湾の政権は一九八〇年に情報機器産業の経済特区・科学工業園区を設置して外資を呼び込んだので、一九八〇年代末には米国の中小パソコンメーカーによる台湾企業への委託生産が始まった。台湾の委託生産は、二〇〇〇年代に入って中国への投資と結びついて急拡大した。台湾では、政治的に対立する中国への投資は禁止されていたが、一九九〇年に「大陸間接投資管理法」で部分的に投資が解禁され、二〇〇一年以降はノート型パソコンや半導体や液晶などの先端分野で順次、対中投資が解禁されていったからである。中国の情報機器生産が二〇〇〇年代に急成長したのは、この台湾企業による中国内でのＯＤＭ／ＯＥＭ生産によるものであった。

（3）中国における多国籍企業

中国での巨大な経済特区と外資　多国籍企業がアジア各国へ投資する際に真っ先に進出し利用したのが、「輸出加工区」とか「自由貿易地域」と様々な名称で呼ばれた区域であったことはすでに述べたが、こうした区域を最も大規模に設置し、自国の経済成長とつなげたのは中国である。中国はとりわけ大規模・多様な特別の区域（以下特区と総称）を設立して、アジアの生産地図を根本から塗り替えた。中国の特区は一九七八年に設立が開始されたが、その名称は、経済特区、保税区、輸出加工区、沿海開放都市、内陸開放都市、経済技術開発区、ハイテク産業開発区等々のさまざまな名称で、第序－35図のように重層的に設置され拡大した。これらの特区内で外国企業はさまざまな特権を受けることができ、たとえば保税区は関税・増値税（物品の販売・加工・修理・輸入等々に適用される税金）が免除され、製造業には所得の優遇税制が適用されるといった具合である。

第序－35図　中国の経済特区

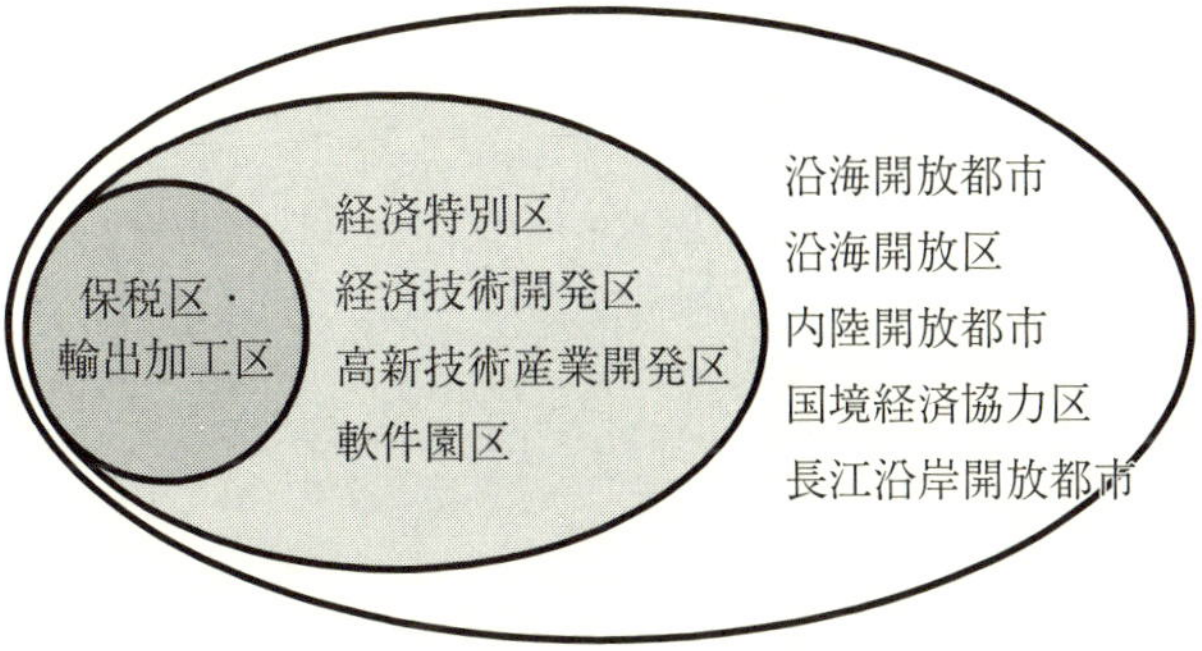

（出典）郵船ロジスティクス株式会社・ウェブサイト内・中華圏・各国情報・物流資料室・特殊経済地域より作成（2012年12月閲覧）

　中国のみならず多くの「開発途上国」は、二〇〇〇年代に入ってからも特区を拡大したため「開発途上国の輸出総額の五分の一」が特区で生産されたものであった。中でも中国は、その規模も生産額も群を抜いており、二〇〇六年のＩＬＯのデータによると、「一三〇ヶ国の三五〇〇の輸出加工区（特区全体を総称している――筆者）で六六〇〇万人が働いていた」が、そのうちの四〇〇〇万人が中国で働いていた[30]。

中国が「世界の工場」として急成長したのは、全土に諸種・多数の広大な多国籍企業の天国をつくり、そこに外資を導入したことが最大の要因であった。中国の輸出総額に占める外資系企業によるものの比率は、一九九六年の四〇・七パーセントから二〇〇〇年の四七・九パーセント、二〇〇五年には五八・三パーセントと増大した。二〇一〇年には五四・七パーセントと若干低下したが、二〇一二年でも五一パーセントを超えていた[31]。

対中国投資を行う外資の実態

外国企業による中国への直接投資額（各年実行額）は、一九九〇年には約三五億ドルだったが一九九〇年代にはいると増加し、二〇〇〇年には四〇七億ドルに、二〇一〇年には年間一一四七億ドルとなり、その後も年々一二〇〇億ドル以上の投資を受け入れた[32]（二〇一四年現在）。外国企業の投資分野は、製造業、中でも電子・通信設備がきわめて大きい。

どこの国が投資しているかは、一九九八〜二〇〇八年までの累計では、日本が四六七億ドルと最大の投資国で、以下、米国四二〇億ドル、韓国三二一億ドル、台湾二九二億ドルと続く[33]。しかしそれ以外に香港・マカオは二三三八億ドル、バージン諸島は八七〇億ドルと、香港・マカオとバージン諸島等のタックス・ヘイブンからの投資が対中国投資全体の五割を占めている。このうちタックス・ヘイブンを経由した投資の国別の内訳が二〇〇九年から開示されているので二〇〇九年から二〇一一年の三年間の投資額の合計をタックス・ヘイブン経由も含めて計算し直すと、日本は一四七億ドル（タックス・ヘイブン経由を含めない場合は一四五億ドル）だが、台湾からの投資は二〇〇億ドル（タックス・ヘイブン経由を含めない場合は六五・四億ドル）になる。[34]つまり台湾から中国への投資はタックス・ヘイブン経由を含めると三倍以上に膨れ上がり、香港以外では一躍第一位の投資地域になる。では台湾はなぜそんなに巨額の投資を中国に対して行うのだろうか。それは台湾のＯＥＭ／ＯＤＭ企業が、中国に集中的に投資して情報機器を生産していることが最大の要因である。

台湾企業の対中投資の激増と受託生産

台湾では二〇〇〇年代になると先端分野でも対中投資が次々と解禁され、これによって台湾の受託生産企業の対中投資は激増した。台湾企業が中国を含む海外で生産する比率は、たとえばノートブック型パソコンでは、一九九五年には〇パーセント、二〇〇〇年では六・四パーセントだったが、二〇〇四年には八〇・二パーセントになり、[35]二〇〇六年以降の中国での生産比率は一〇〇パーセント近くになった。[36]

こうしたパソコン等の情報機器を受託生産している台湾企業について、鴻海《ホンハイ》精密工業を例にその実態を見ておこう。たとえば二〇〇九年の同社の連結売上高は約六兆円と台湾ＥＭＳ企業のトップであり、受託主要製品はアップルからｉＰａｄやノートパソコンを、インテルからはマザーボードを、デル、ヒューレット・パッカードからはデスクトップパソコンを、ノキア、モトローラからは携帯電話を、ソニーや任天堂、マイクロソフトなどからはゲーム機端末をというように世界中のメーカーから幅広い電子機器の生産を請負い、相手先のブランド名で製造している。[37]同社は鴻海科技集団（富士康科技集団＝フォックスコン・テクノロジー・グループ）を形成し、同集団は中国では九つの都市に一三拠点の工場を構えていた（二〇一〇年現在）。二〇一四年の鴻海の連結売上高は約一四兆円になっていた。鴻海精密工業の工場の広大さは、たとえば深圳の工場では最大時で四〇万人が働き、工場の敷地内には従業員寮はむろん、ショッピングモール、病院、学校、競技場まであった[38]。

同社が二〇〇〇年代に入って、中国内でどれほど急成長したかは、たとえば二〇〇六年の中国における外資系企業売上高二〇社中の第一位は、鴻海科技集団の出資子会社だったという一事からもうかがえる。同社だけでなく、同じく受託生産を行う広達（ＱＵＡＮＴＡ）集団と英業達（ＩＮＶＥＮＴＥＣ）集団の子会社二社もそれぞれ八位と九位に入り、上位二〇社中四社が台湾企業であり、そのうちの三社が電子機器の受託製造企業であった[39]。

世界でのパソコン製造全体のシェアでも台湾企業による受託生産は、二〇〇七年以降は九十数パーセントになった。たとえば二〇一〇年度の世界のノートパソコン生産の九七パーセントが中国で生産されており、これは台湾の諸ＥＭＳ企業（クアンタ、鴻海、コンパルその他）が生産しているものなのだ。これらＥＭＳ企業に生産を委託しているパソコンメーカーは、たとえば二〇〇七年では、日本の東芝、富士通、ＮＥＣ、ソニーや米国のヒューレット・パッカード、デル、アップルだけでなく、中国のレノボ（聯想）や台湾のエイサー（宏碁）なども含まれていた[40]。

米国・インテルの支配

このように台湾企業が世界のほとんどのパソコンを受託製造できる背後には、インテル製のノートパソコン用プラットフォームの存在がある。パソコン用プラットフォームとは、パソコンの頭脳であるＣＰＵ（Central Processing Unit 中央演算処理を行うチップ、ＭＰＵ：Micro-Processing Unit と同じ）[41]と複数の半導体チップ（ＬＳＩ）からなるチップセットや無線ＬＡＮチップをセットにしたものであるが、台湾企業はインテルからこのプラットフォームの供給を受けることで、独自のパソコン製造の技術がなくてもノートパソコンが生産できるのだ。

インテルは、パソコン用CPUで世界の八〇パーセントを独占するようになり、[42]世界のほとんどのパソコンには、まさに「インテル入ってる（intel inside/intel core inside）」のである。二〇一二年時点でのインテルの製造・研究拠点は八ヵ国一七拠点あるが、インテルは完全な秘密主義をとっており、ファブ（工場）の広さやシリコンウェハーの生産能力といった規模なども公開せず、工場への立ち入りには厳戒態勢が敷かれている。むろんCPUの中身は完全にブラックボックス化され、中枢のマイクロプロセッサ製造の四分の三が米国内で行われているという。[43]インテルの徹底した知財の秘密保護によってCPU生産は次第に独占され、インテルは世界のパソコンを支配するようになった。

中国のパソコン生産は、米国企業のCPUを使い、中国に設立された台湾OEM／ODM企業の工場で、パソコンの各ブランドメーカー（デルやアップル、東芝や日立といった）の名前をつけて製品化されたものなのだ。

日本の電機メーカーは、独自にCPUを製造できる能力を早くから持っていたにもかかわらず、一九九〇年代中ごろから自社生産を放棄して、インテル製プラットホームを内蔵した自社ブランド名のパソコンを、台湾企業に生産委託する方法をとった。三菱電機、日立、キヤノンは一九九四～一九九五年頃から台湾企業への委託を開始し、東芝やNECも二〇〇二～二〇〇三年頃に台湾企業に生産委託するようになった。[44]日本のメーカーは、アジアと米国企業の重層的関係に組み込まれ、独自の技術と生産を次第に放棄した結果、アジアの電気機器生産全体からも結局はじき出されていった。

パソコン製造で日本企業がはじき出されていく過程は、アジアに電気・情報機器生産の芽と技術をばらまきつつも、アジアの生産ネットワークの片隅に追いやられてしまった日本の電機産業全体を象徴している。

米国企業もまた、自ら情報機器の技術を築き、早くから海外生産や委託生産をすすめ、日本に対しては国家の強権まで発動したが（第1章第二節（1）参照）、インテルとソフトウェア関連企業以外は勝者とは言い難い状況になっていった。

以上のように、「国境を越えた生産ネットワーク」なるものは、多国籍企業が入り乱れて覇権を争い、盛衰をくりかえす世界であった。それは同時に多国籍企業の多数が競争に敗れ、累々とした屍《しかばね》を築いていく過程でもあった。こうした電機企業を巡る多国籍企業間の競争の中で、アジアの電機産業の重層的関係とネットワークは形成され拡大し、外見は第二節で見たような国ごとの生産・輸出の増減としてあらわれた。しかしその本質は多国籍企業の生産移転地や生産方式の変更、あるいは企業間の勝敗そのものであった。

アジアでの電機産業の歴史を見る時、明らかになるもう一つのことは、海外生産はかならずしも企業のグローバル競争での勝利につながるものではないということである。多国籍企業が母国より低賃金の国を求め生産を移転することは、多国籍企業の母国経済にはかり知れない大きなダメージを与えることは第一節で見たが、多国籍企業の側から見ても、長期的に見ると海外移転が勝利の方程式とはかぎらないのだ。企業の競争力にとって、生産の海外移転そのものが本当に必要かつ不可欠な方策かどうかも、長い歴史的視点から検討しなおす必要がある。国家にせよ、企業にせよ、結局のところ実際の生産――ものづくりを手放さず、確保し続けたものだけが勝利していくことになるのだろう。

第四節　生産の海外移転は、必然かつ不可避で止められないのか

日本が産業空洞化しつつあり、日本経済がそのために低迷し不況になったというのが事実としても、先進資本主義国においては、利潤追求する企業が生産を海外に移転するのは不可避であり、それは企業の自由な権利であり、産業空洞化は抗いがたい必然性、止めようのない現実として座視するしかないのだろうか。

（1）政府・経済界が、突然、産業空洞化の危機とそれがもたらす打撃を主張

生産の海外移転と産業空洞化問題は、第二節で述べたように二〇〇〇年代には等閑視されていたが、二〇一一年に突然、「産業空洞化」という言葉がメディアでもしきりに取り上げられるようになった。産業空洞化問題がクローズアップされるのは戦後四度目だという（一九八六年頃、一九九五年前後、二〇〇一～二〇〇二年頃、二〇一一年）。[45] 二〇一一年の空洞化論が、過去三回の場合と違っていたのは、過去三回はどちらかといえば政府に批判的な研究者等が主張していたのに対して、二〇一一年は今まで空洞化を否定し続けていた経済界や政府が率先して産業空洞化を訴え始めたことである。確かに二〇一一年

は、前述したように急激な円高や企業の海外移転の加速、東日本大震災による国内の諸供給網の切断、原発停止による原油輸入の増大とその価格の高騰といった国内生産に対する様々な悪条件が重なった年ではあった。

日本経団連は、二〇一一年の「成長戦略」で「わが国はかつてないほど深刻な産業空洞化の危機に直面している[46]」と言い切り、「空洞化の阻止と経済成長の重要性」の項目をかかげた。

政府の産業構造審議会・産業競争力部会（二〇一〇年六月に民主党政権の成長戦略・『新成長戦略』と表裏一体の「産業構造ビジョン二〇一〇」を策定した政策立案の中枢部会）は、二〇一一年六月に「大震災後の我が国の産業競争力に関する課題と対応」という「中間取りまとめ」を出したが、その副題は「かつてない空洞化の危機を乗り越えるために」と付けられた。[47]「空洞化の危機」といった文言を政府の審議会が使うなど、「かつてない」ことであった。

産業競争力部会は同年六月に終了して、かわって「新産業構造部会」が新設され、同部会は二〇一二年六月に「経済社会ビジョン『成熟』と『多様性』を力に～価格競争から価値創造経済へ～」という報告書を出した。ここで我が国企業の対外直接投資残高が、二〇〇一年から二〇一〇年にかけて二・八倍に増加したことを指摘し、今後は円高等も加わって「根こそぎ空洞化」するおそれがあると警告し（一五頁）、空洞化すれば、「将来円安になっても、（生産は）容易に国内に戻ってこない」とも指摘した（二一頁）。

雇用面でも、「国内の自動車製産業の輸出が半減した空洞化ケース」について試算し、「輸出減少の影響はサービス業等の他産業にも波及し、約四八〇万人規模の雇用が失われ」ること、失業率も二〇二〇年には六・一パーセントになる可能性があると試算をした（二二頁）。

貿易黒字の減少についても、「素材部品産業の海外生産・海外調達」が進み、「中間財」の輸入が増加し、それが一因となって「今後、貿易赤字構造が定着」し、「二〇一〇年代後半には、経常収支も赤字に転落する恐れ」まであるとした[48]（二四頁）。また、公表された同ビジョンでは削除されたが、このビジョンの中間整理（「～「やせ我慢」から「価値創造」へ～」二〇一一年六月）の段階では、このように経常収支までが赤字化することで、「二〇二〇年頃に日本国債の国内消化が限界に達する」可能性があり、「国債消化への懸念がトリガーとなって、金利高、株安、過剰な円安といった急激な日本売りが発生」するおそれがあることまで指摘していたとした[49]。つまり、産業空洞化が根本原因となり、近い未来に日本国債の国内消化の限界も引き金になって、日本のギリシャ化ともいうべき破滅的な事態が起きることを予測していたのであった。

政府の審議会が、これまでの空洞化否定論から空洞化への最大の危機感の表明に転換し、それがもたらす日本の暗澹《あんたん》たる未来を予測したのであった。

『通商白書』でも主張された生産の海外移転に対する疑義　二〇一一年版の『通商白書』では、単に迫りくる空洞化への危機感にとどまらず、生産の海外移転が日本経済の成長構造と強みそのものを破壊する格別の危険を論じた。のみならず生産の海外移転という、企業にとっては「合理的」とされる選択そのものが、国家の利益と相反・対立を生み出していることを指摘し、企業の利害と国家の利害を明確に分けて生産の海外移転を論じたのである。

同白書では、日本経済は「フルセット型」＝「全ての産業分野を、一定レベルで一国内に抱え込んでいる経済構造」を成立させ、それによって戦後の高い経済成長を成し遂げてきたこと、おかげで一〇パーセント前後という先進国としては相対的に低い「輸出依存度（対GDP比）」でも、高成長を維持しつづけることができたと日本経済を位置付けた。しかし一九九〇年前後から「『フルセット型』の産業構造」を維持することが困難になり、生産の海外移転や、輸出における「中間財輸出への特化」といった、「国際分業型」への「構造転換が進」み（同白書一一六頁）、これが生産の波及効果、「『直接の効果』だけでなく『間接の効果』も加えた、『波及効果』全体」を減少させてしまったと主張した。たとえば輸出品が「最終財」から「中間財」中心になると、たとえ輸出額そのものは同じであっても、それが国内経済に及ぼす波及効果は大きく減じられるのだという。

自動車を例にとると、完成車を輸出する場合は、完成車メーカーは「部品」を下請けなどから購入する必要があり、部品を生産する下請け自身も素材メーカー等から「材料」を購入する必要があり、「『車』、『部品』、『材料』の三産業の生産活動の連鎖」で「波及効果」が大きくなる（一二七～一二八頁）。しかし部品ばかりが輸出されるようになると、材料やその他の産業への生産の「誘発が失われ」ると指摘した。のみならず国内生産を行わなくなった分野で「雇用されていた人たちによる消費」、「設備投資」や「支払われていた税収を財源とする政府支出」等々の「間接的な影響も生じる」と指摘した（一二八頁）。

輸出は、〝部品であれ、完成車であれ同じ額さえ輸出できれば国内生産に与える影響は同じ〟というわけではなく、「部品」輸出に特化すると国内生産に対する誘発効果が大きく減退するとともに、直接には関係がない「『金属』や『一般機械』への『波及効果』」も少なくなる（一三一頁）。そして諸要因を加味して計測した結果、一九九〇年段階の貿易を維持した場合に比べて、フルセット型が崩れた二〇〇五年では、「波及効果の収支」が大きく減少する(一四三頁)ことを推計した。

海外移転が国内生産に及ぼす影響は、単に海外現地法人の生産額分だけではなく、間接の波及効果も考慮する必要があること、フルセット型生産を崩壊させたことは、間接的にも国内生産に大きなマイナスの効果を及ぼすと主張したのであった。二〇〇〇年代の『通商白書』の主張――アジア生産ネットワークの形成と、その中枢にあって部品・素材を輸出して成長していく日本という主張を、『通商白書』みずからが否定したのであった。(50)

ただ同分析は、一九九〇年と二〇〇五年の比較であり、二〇一〇年代の電機産業で起きているような部品から完成品に至るまで、日本企業の海外生産品が日本に逆輸入され、国内生産が突然崩壊したり、国内に残った生産力(工場)が技術ともども外国企業に買収され機械や人材ごと持ち去られるといった海外移転の最終段階までを想定したものではないため、海外移転のダメージを十分に提示するには至っていない。また二〇一一年という「産業空洞化」の大合唱が起きたこの年限りの主張であり、翌年以降の同白書ではこうした視角は雲散霧消してしまった。しかし、波及効果の視点から生産の海外移転のもたらす打撃、フルセット型生産が崩壊することの日本経済にとっての大きな損失を指摘した点は高く評価されるべきだろう。

そして同白書は、生産の海外移転は企業にとってはやむを得ない、あるいは必然の選択だという論理についても、「合成の誤謬《ごびゅう》」という言葉を使って企業利益と日本経済全体の利益との相反が非常に大きくなっていることを主張した。すなわち企業が海外に生産を移転することは「ミクロ、つまり経営的な視点からすれば合理的な判断」であるが、しかしそれが「マクロレベル」では、日本経済の「『空洞化』をもたらし」、空洞化の進展そのものが「ますます、生産拠点と市場を海外に移すインセンティブ」を強める作用をして、空洞化を加速してしまっている、つまりこれは、ミクロ（一企業）レベルでは合理的な選択であっても、マクロ（全体）レベルでは大きな損失になる「合成の誤謬」を生じさせていると断じた[51]（一四七頁）。

多国籍企業にとって「必要」とされる海外生産が、企業全体、経済全体にとっては巨大な損失になっていること指摘し、多国籍企業と一国経済との利益の相反を主張したのである。現代が多国籍企業個別の利害とその母国経済の利害が相反する時代であることを明言したことは、企業と国家の関係がどうあるべきかを問う第一歩を踏み出したと筆者は捉える。

政府に産業空洞化対策はあるのか

残念ながらこうした産業空洞化の大合唱は、二〇一二年一二月に自民党政権に復帰し、円安が始まるとピタリと止んでしまった。もともと民主党政権に対する、あるいは同政権が極端な円高を「許してしまった」ことに対する攻撃が、空洞化大合唱の背景にはあった。しかし民主党政権であれ自民党政権であれ、円安であれ円高であれ、上記の産業構造審議会の部会等の文書で述べている産業空洞化の実態や危機的状況は事実である。空洞化が引き起こす日本の暗い近未来の予測も蓋然性《がいぜんせい》がきわめて高いものである。日本が取り返しのつかない空洞化の最終段階に入ろうとしていることは、政府自身も認める現実なのだ。

では政府は、この産業空洞化にどう立ち向かおうとしているのか。

たとえば先の産業構造審議会・新産業構造部会の中間整理（「『やせ我慢』から『価値創造』へ」では、

産業空洞化の対策も論じている。まず「空洞化対策」を「守り」と「攻め」の二種類の対策にわけ、「守り」の「急激な空洞化」を「防止」する政策としては、①「企業の公的負担の適正化」（法人実効税率の引き下げ、設備投資課税の軽減、企業の社会保険料の負担の軽減など）、②「高いレベルの経済連携の推進」（TPP参加やFTA締結など）、③「社会保障・財政の持続可能性」（社会保障は総花的ではなく重点的に給付する、財源としては消費税率の段階的引き上げ等）、④「エネルギー政策・地球温暖化対策の見直し」（電力の自由化や安全、安価、安定的なエネルギー構造の再構築、地球温暖化対策の再検討）の四項目を掲げた。

「攻めの空洞化対策」としては「新産業の創出」をあげ、その具体的内容として、①潜在的内需の掘り起し、②外需の取り込み（国境を越えた国際分業で高付加価値工程を担う海外展開、TPPその他の活用、インフラ・システム輸出の推進、海外の工業団地の整備、スマートコミュニティの海外展開、「クールジャパン」やコンテンツの海外展開等々）、③イノベーションの創出促進、④中小企業の海外展開支援等、⑤国民の金融資産の効果的な活用促進（年金基金等からのリスクマネー供給、海外M&Aの促進）、⑥産業構造転換を支える「人」づくり等（サービス分野への労働移動の促進、多様で柔軟な働き方――たとえば「多様な正社員」等の促進、社外取締役の導入の検討等々）[52]。

但し、二〇一二年六月に公表された「経済社会ビジョン『成熟』と『多様性』を力に」では、この中間整理で使われた「空洞化対策」という言葉は削除されてしまい、「経済産業政策」という言葉に置き換えられてしまった。そして同じ政策項目が、「経済産業政策」として列記された。

驚くべきことに、この「新産業構造部会」の「空洞化対策」とほとんど同じ項目を列挙したのが、第

4章で論じる第二次安倍内閣が二〇一三年六月に打ち出した「日本再興戦略」であった。同戦略の政策項目は、この「産業空洞化対策」なるものと完全に一致していた。むろん安倍内閣は、産業空洞化対策と銘打ったわけではなく、成長戦略として掲げたのだが。

では、これらの政策は産業空洞化を押しとどめる上で、何がしかの貢献をする有効な政策なのか。これらの政策の意味を検討することは第4章の「日本再興戦略」の分析にゆずるが、一つだけここで強調しておかねばならないことは、これらの政策の多くが、企業が国境を越えて自由かつ有利に活動できる体制を、国内と外国に築く政策だということである。これらの政策は、「規制撤廃」、「自由化」、「企業活動の負担軽減（税・賃金・エネルギー等で）」、「関税撤廃と投資の自由が保証された広域の自由経済圏形成」、「外国企業による買収や投資の一層の自由化」等々を目的とする政策であるが、その本質は、多国籍企業の国境を越えた活動の後ろ楯となる政策なのだ。

それは、とりわけ米国が中心となって世界に押し広げてきた政策である。第4章で論じるように、こうした「規制撤廃」、「自由化」、「自由経済圏形成」をはじめとした安倍内閣の『日本再興戦略』のすべての政策項目のルーツは、実は米国が日本に対して突き付けてきた要求にある。米国は一九九〇年代から二〇年以上にわたって、対日「規制撤廃要望書」（「年次改革要望書」と通称されることが多い）といった様々な名称で数十頁に及ぶ要求書を毎年突き付け、米国の要求書通りに日本の経済・社会の「改革」を行うよう日本政府に強要してきた。

米国が発信したこれらの政策の背後には、米国の多国籍企業の要求があった。多国籍企業は活動の重心を母国から海外に移し、海外生産のみを拡大させたため、母国では製造業が空洞化した。企業からの税収も停滞する中で母国政府には「小さな政府」を要求する一方で、外国に対しては市場を自由化し、規制を撤廃させ、資本の参入を自由化させるための「構造改革」を押し付けた。その米国多国籍企業の最大のターゲットが日本であった。

こうした諸政策は、日本を外国の多国籍企業に開放する体制を築くものであると同時に、日本の多国籍企業が海外に進出するための有利、便利な体制を築く側面も有するものでもあった。なぜ、そう言えるかについては、第4章で安倍内閣の『日本再興戦略』の政策項目を逐条的に分析して明らかにする。

つまり、これらの政策は、産業空洞化対策どころか、日本企業の海外移転をより一層進めるとともに、日本国内に残った企業や国内経済の諸分野まで、外国企業の蚕食にまかせるものであり、「産業空洞化」と国内経済崩壊を徹底的に進める政策なのである。産業空洞化対策とは、縁もゆかりもない政策なのだ。結局、現在の日本では産業空洞化対策は全く講じられていないし、まともに論じられたこともないということである。

（2）米国で見直される生産の国外移転

生産の国外移転に対する疑義と国内回帰策　製造業空洞化先進国である米国では、生産を海外から国内に回帰させるべき、産業空洞化に歯止めをかけるべきという認識が二〇〇〇年代末から浮上してきた。二〇〇〇年代末から「空洞化」への懸念が再燃したことがこの認識の背景にある。商務省の米系多国籍企業の海外事業活動等に関する統計によると、米国の海外生産比率は「一九八〇年代に急激に上昇した後一九九〇年代は二八％程度で上昇が中折れ」していたが、「二〇〇〇年代には再び上昇し二〇〇八年には三四％を超え」、「二〇〇〇年代には再び国内よりも海外拡大の基調が強まっ」たという。

米国は早くから海外生産が急速に進んだ国であるが、国内の製造業の衰退、すなわち「脱製造業」は先進資本主義国としては当然とみなされてきた。「スマイルカーブ」の考えがそれに拍車をかけた。スマイルカーブとは、縦軸に「付加価値」を、横軸に製品の開発・製造・販売の工程をとって図式化すると、両端が上がって人が笑った口のように見えることから名づけられたもので、台湾のＥＭＳ企業・エイサー（宏碁）創始者スタン・シーが最初に言い出したといわれている。米国のような国の企業は、「スマイルカーブ」の両端に位置する技術開発や販売・サービスなどの「高付加価値」部分に集中すべきとの主張がなされた。この「理論」が製造工程を軽んじ、国内での生産を軽んじてＥＭＳ企業に生産を丸投げする多国籍企業の経営行動を正当化することに拍車をかけた。

しかしこうした「常識」に対して二〇〇〇年代末から異論が表面化した。商務省製造業拡大パートナーシップ諮問委員会の報告書（二〇一〇年二月）では、イノベーション（技術革新）を生み出すには製造業が不可欠であり、これが衰退あるいは空洞化すれば、いずれイノベーション自体も生産拠点に近い海外に移っていく危険性が高いという考え方が示された。

競争力評議会（一九八六年に経済界、労働界、大学等の代表が結成）も、二〇一〇年に「米国製造業イニシアチブ」を立ち上げたが、そこでは「米国は技術革新では先行しても製品は海外で製造するケースが多くなっている。革新的技術の成果をフルに得るためには技術革新を高付加価値製造に結び付ける必要がある。これが実現できなければ技術革新の中心地もまた中国等の新興工業国に移ることになるだろう」と指摘した。またインテルの創業者グローブも「研究開発も大事だが、製品を実際に大量生産する局面は死活的に重要である」と主張した[53]。

つまり米国内でも、技術革新が実際の生産と不可分のものであり、製造工程をEMS企業に丸投げしたり、海外生産のみを拡大していれば、いずれ技術においても空洞化せざるを得ないという認識が拡大してきたということである。

こうした状況をうけてオバマ政権は、二〇一〇年一月の一般教書演説で、製造業の米国内への回帰、国内製造業重視、輸出増を一体として掲げ、「二〇一四年までに輸出を倍増させる目標を掲げた」ことを強調した[54]。二〇一二年の大統領選挙に向けた政策でも、米国内の製造業振興、海外生産の国内回帰、それによる雇用の国内回帰促進策を打ち出し、二〇一六年までに製造業で一〇〇万人の雇用を創出する目標も掲げた。

米国内の賃金・権利低下と一体　米国の製造業が、海外生産から米国内へ回帰し始めたことを強調する論も現れた。ボストン・コンサルティング・グループによる『メード・イン・アメリカ 再び　米国製造業が国内に回帰する理由』（二〇一一年八月）では、「米国の製造業界では過去一〇年間で約六〇〇万人が失業し、数万カ所の工場が閉鎖され、製造業の危機がたびたび警告されてきた」（傍点筆者）と米国製造業の衰退がどれほど進み、米国経済にダメージを与えてきたか論じた。しかし同時に、今や生産を米国へ回帰させる企業も出はじめたこと、その背景には二〇〇〇年代に積極的に進出した中国での賃金高騰があり、一方で米国内でのコスト低下があると論じた。そして「米国南部と中国揚子江デルタ地域の賃金を、生産性を加味した上で比較すると、二〇一〇年には中国揚子江デルタ地域の賃金は米国南部の四一％だったが、二〇一五年には六一％へ上昇すると予測」され、「北米市場向け製品のうち多くは、米国で生産した場合と中国で生産した場合とのコストの差が今後五年以内にほぼなくなる見込み」だと強調した(55)。

つまり、米国の製造企業の国内回帰は、中国などにおける賃金高騰とともに、米国内の賃金低下、労働条件の悪化と表裏一体のものなのである。具体的例をあげると、オバマ大統領は二〇一三年二月の一般教書演説で「米国を製造業と新たな雇用を引き付ける国にするのが最優先課題だ」と述べ、「キャタピラーは日本から（米国内に）回帰した」と強調したが、キャタピラー社の米国回帰の背景には、同社による強引な賃下げの強要があった。ウィスコンシン州にあるキャタピラーの二工場やジョリエット工場では、ストや交渉などで抵抗する労働者に昇給凍結や新入社員の賃下げを強引に飲ませた。キャタピラーは二〇一二年初めにも、労組がなく賃金も安い南部ジョージア州に新工場を建設する一方で、労働者側が昇給の凍結を拒んだカナダの工場を閉鎖した(56)。

米国の諸州で「労働権法」を可決する州議会が拡大したことも、米国製造業の国内回帰の後押しになった。「労働権法」というのは、「組合に加入しなくてもよい、組合加入を強制されないで働ける権利」、すなわち労働組合に「入らなくてもよい」ことを「保証される」権利である。日本でいうところの「勤労権」、つまり「働きたいのに職のない者が、就業の機会を国に対して要求する権利」とは全く異なるものである。「労働権」では「組合」が「敵」なのだ。「労働権法」の州ごとの可決は、米国の組合の組織率低下に拍車をかけるものとなった。そして組合の排除は賃金低下の促進とも一体であった。南部の州では「労働権法」がいち早く可決されており、アラバマ州ではキャンフィールド商務長官が「労働権があることが（アラバマ州の）強い利点」と訴えることで、航空機大手のエアバスの工場建設を誘致した。労働権の導入では先行した米南部では、ミシシッピ州でトヨタ自動車が工場を新設した。二〇一二年末に「労働権法」が可決されたミシガン州のフォード・モーターのルージュ工場は、かつての賃金の最大四分の一に下げられてしまったが、生産は活況を呈している。(57)

米国製造業の国内回帰も、それが今後どれ程拡大しどこまで続くものかは覚束ないが、より根本的な問題は製造業の国内回帰の事例の背後には、労働者に対する賃金と権利低下を強制するシステムが広がっていることである。それは米国の労働者・国民をあたかも「発展途上国」の「経済特区」の労働者の状態に、強制的に引き戻そうとする動きといえよう。

いったん製造業が国外移転し、空洞化してしまったら、それを国内に回帰させるのは至難の業《わざ》であり、かつ国民に多大の犠牲を強いるものであることを米国の事例は教えてくれる。それは当該国民の人権拡大の歴史の歯車を大きく逆回転させることにもなるのだ。それでもオバマ大統領が製造業国内回帰を掲げざるを得ないほど、産業空洞化は米国の国民生活を破壊している。

日本がこうした米国の状況から学ぶべきは、一つには空洞化してしまってから、製造業を国内回帰させるのは至難の業であり、その前に空洞化を止める政策を何としても立案する必要があるということである。

そして学ぶべきもう一点は、生産の現場を国内に持たずに技術革新力を維持するのは困難だという認識が、米国でも広がり始めているということである。技術革新は、生産現場と一体だという認識を、日本でも広範な人々が共有する必要がある。日本企業もいつまでも「スマイルカーブ」論なるものにしがみついて、生産の海外移転や受託生産企業への丸投げを正当化しているだけが能ではない。

*

製造業の際限ない海外移転と国内の産業空洞化が、この二十数年間の日本経済を破壊してきたことは見てきたとおりであった。国民の目を空洞化問題からそむけさせる議論が政府関係文書や研究者の間でも横行し続け、空洞化に抗する対策もなされてこなかった。

米国での「製造業の国内回帰」策も、結局、米国の労働者の賃金と権利を新興国・途上国の水準にまで下げることで米国内の競争条件を「整備」するという発想が基本である。

今、国家と企業のあらたな関係を再構築すべき時期にきているのではないか。国家が、少数の巨大企業の利益実現の道具であり続けるのではなく、国民と企業、多数の企業利害を調停する権能を取り戻すべき時期ではないか。多くの国民が日本の産業空洞化の実態とそれがもたらす恐ろしい未来をリアルに認識した上で、生産の海外移転を規制することを考えるべき時に来ているのではないのだろうか。具体的な規制の形は、国民的な合意の形成が必要だが、企業の生産の一定比率以上を海外に移転することへの規制や、特殊な技術の海外流出を制限することや、自国企業の海外生産品の逆輸入には特別の課税その他の負荷をかける等々も国民的に議論されるべきではないだろうか。

国家は、企業に好条件（労働者の賃金や権利の低下、法人税の安さ等々）を提示して、生産地として選んでもらうしかない無力な存在であってはならない。産業空洞化がどれほど一国の経済を衰退させようとも、企業に対しては一指も触れることはできない無力な存在であってはならない。企業規制の在り方を検討することは、これからの資本主義国家の在り方、資本主義発展の新しい在り方を考える基礎になろう。

注

（1）但し実質GDPでは、複雑な計算・加工が施されるため、一九九七年は四七七兆円、二〇一〇〜二〇一二年は五二〇兆円台と計算されており、緩やかながら成長していることになっている。

（2）工業統計の二〇一三年では二四業種に分類されている。但し二〇〇二年に「電気機械」製造業を三分割して、「電子部品・デバイス・電子回路製造業」、「電気機械器具製造業」、「情報通信機械器具製造業」に分けられた。また二〇〇八年に「一般機械製造業」が三分割され、「はん用機械器具製造業」、「生産用機械器具製造業」、「業務用機械器具製造業」に分けられた。本書では継続性を重視し、もとのまま「電気機械器具製造業」、「一般機械器具製造業」と一括した。このため二〇一三年の工業統計では二四業種に分類されているが、二〇業種とした。

（3）注（2）のように二〇〇二年以降、電気機械は電気機械と情報通信機械に分割されたが、統合したまま記載、一般機械も二〇〇七年以降は「はん用機械」、「生産用機械」、「業務用機械」に三分割されたが、統合した数値を記載。このため原表は一六業種に分かれているが、これを一三業種に分類した（二〇一三年時点）。

（4）三菱東京UFJ銀行「原油価格の見通し」二〇一五年一一月二七日、および二〇一五年八月二八日レポート、IMF-Primary Commodity Prices。

（5）財務省貿易統計・普通貿易統計・B．集計結果・輸出入額の推移（地域〔国〕別・主要商品別）・輸出入額の推移（主要商品別）・世界年別（輸入）・「《世界》・【年別】（輸入）」、「報道発表品目名・概況品名」分類表より計算。なお第序－17図も同じ表から、第序－18図は世界年別（輸出）・「《世界》・【年別】（輸出）」から作成。また第序－17図であげた品目に次いで多額なのは、「原料品」（木材等）、「原料別製品」（非金属鉱物製品等）等に分類される品目だが、これらは極めて雑多な製品を分類上寄せ集めているため額が大きくなったものである。

（6）日本銀行「『量的・質的金融緩和』の導入について」（二〇一三年四月四日）（「金融政策決定会合」・開催日および結果・二〇一三年四月三日・四日）日本銀行ウェブサイト。

（7）当時銀行は、「バブル経済」の後始末に追われるとともに自己資本比率を高めることを国際的に要求されており、貸出を増やすどころか「貸し渋り」、「貸しはがし」に奔走していた。国際的な要求とは、いわゆるＢＩＳ規制（バーゼル合意）のことで金融機関は貸出に対する自己資本比率を八パーセントまで引き上げることが求められるようになっていた。しかしバブル崩壊で、日本の銀行の保有有価証券の含み益は減少していたため、株価が一〇〇〇円下落すると、銀行では二〇兆円の貸出金回収が必要になると言われた。二〇〇一年四月に小泉内閣が成立すると、「不良債権処理」の大号令をかけたため、銀行は益々貸出を縮小した。

銀行はその一方で、国債の保有高をひたすら伸ばした。大量に流入した資金で安全な国債を買い入れたのだ。国債の金利は高くはないが、預金金利がほぼゼロに低下していたために、目をつぶっていても多額の「さや稼ぎ」ができる。かくして日銀から金融機関に注入された資金は、市中に出回らずマネーストックの増加にはつながらなかった。

（8）岩瀬忠篤・佐藤真樹「法人企業統計からみる日本企業の内部留保（利益剰余金）と利益配分」

(『ファイナンス』二〇一四年七月号)参照。数値は『法人企業統計年報』各年による。なお内部留保は利益剰余金のことであり、利益準備金、積立金、繰り越し利益剰余金の合計。

(9)ポール・クルーグマン『そして日本経済が世界の希望になる』(PHP研究所 二〇一三年一〇月)二三頁、五〜七頁。クルーグマンは、「デフレからの脱却において」、デフレから脱却するだろうという「『期待』をどのように持続させるか」こそが重要である(二六頁)、「金融緩和は、人びとの期待を変えないかぎり、効力を発揮しない」のだとする(五頁)。つまりは、これからインフレが起きるだろうと投資家が「期待する」インフレ率が上がれば、「実質金利(名目金利－期待インフレ率)」は大きく下がる、そうすれば企業は投資しやすくなり、投資が拡大すれば景気は良くなる。企業・投資家だけでなく国民も、「一パーセントでなく二パーセントのインフレが訪れる、と確信すれば手元の資産は目減りが予想されるので、さらにお金を使う理由が生まれる。同時にそのインフレによって日本の国家債務も減少し、国民負担も軽減する」(六〜七頁)のだと主張している。

(10)ジョセフ・E・スティグリッツ『フリーフォール』(徳間書店 二〇一〇年二月)三六八〜三六九頁。

(11)伊東光晴「安倍・黒田氏は何もしていない——第一の矢を折る」(『世界』二〇一三年八月号 一一九〜一二〇頁)。

(12)伊藤元重は「生産拠点の海外への移転により、国内の雇用が減少したり、国内の技術開発力が低下すること」(『国際経済入門』日本経済新聞社 一九八九年)とし、中村吉明・渋谷稔は「一国の生産拠点が海外へ移転する事(海外直接投資)によって(あるいは、それに伴う逆輸入の増加によって)、国内の雇用が減少したり、国内産業の技術水準が停滞し、さらに低下する現象」(『空洞化現象とは何か』中村吉明・渋谷稔 通商産業省通商政策研究所研究シリーズVol.23)とした。小林英夫は

「当該国で国際競争力を失って輸入激増、輸出激減の打撃を受けた産業や企業が消滅するか、もしくは海外移転を迫られ国内工場を放棄せざるをえなくなるだけでなく、それに代わる新産業の創出と産業高度化を生み出さないままに、産業構造に空白が生じる場合」(『産業空洞化の克服』中公新書　二〇〇三年　八頁)と定義した。なおこうした指標のうち技術開発力の停滞・低下や新産業創出などについては何をもってそう断定するかは難しい問題である。

(13) 内閣府「平成一四年度　年次経済財政報告(経済財政政策担当大臣報告)――改革なくして成長なしⅡ」(二〇〇二年一一月)第二章「第一節『産業空洞化』懸念をどう捉えるか」(内閣府ウェブサイト)。

(14) RIETI〔独立行政法人　経済産業研究所〕が分類したドル表示の統計であり、国連COMTRADEのSITCデータに依拠した分類とデータである。以下、本項の文中で使用するデータも同じである。RIETIの分類は、Primary goods、Intermediate goods、Final goodsという三分類か、Primary goodsはそのままで、Intermediate goodsは二分してProcessed goodsとParts and Componentsにわけ、Final goodsも二分してCapital goodsとConsumption goodsに分けた五分類の双方で集計・利用できる。本稿では、Intermediate goodsは、Processed goodsとParts and Componentsに二分せず一括のままIntermediate goods(中間財)として使用する。ただFinal goods(最終財)は、Capital goods(資本財)とConsumption goods(消費財)に二分して使用する場合もある。日本の輸出入の場合、最終財のうち機械等の資本財が輸出の占める比率が高いことから、これを区別する必要がある場合等である。なおPrimary goods(素材)は農産物や鉱産物等の一次産品である。

(15) 経済産業省「第三五回海外事業活動基本調査の概要」二〇〇四年版・第一四―二表、同二〇〇五

年版・第一四―二表。但し年毎の変動は大きく二〇〇一年は三七・五パーセントという高さであった。
(16)「第四一回海外事業活動基本調査の概要」二〇一〇年版・第七表。
(17)関満博編『台湾IT産業の中国長江デルタ集積』(新評論　二〇〇五年二月)二四～二八頁。
(18)姜先姫「韓国における日本の経済協力――馬山輸出自由貿易地域を巡る日韓経済協力」(『現代社会文化研究』№23　二〇〇二年三月)四六頁。
(19)板垣博編著『日本的経営・生産システムと東アジア』(ミネルヴァ書房　一九九七年二月)二一九～二二〇頁。
(20)池田正孝「第7章　民生用電子機器企業の海外進出と多国籍企業化」(藤井光男・丸山恵也他編『日本多国籍企業の史的展開(下)』大月書店　一九七九年六月)一八三～一八五頁。
(21)同上書一八六頁、一九二～一九三頁。なお白黒テレビなどでも、一九六五年には米国の輸入はすべて日本製であったが、一九七三年前半には、台湾製六二パーセント、メキシコ製九パーセントになり、日本製は二八パーセントになった(同一九三頁)。
(22)成田幸範「第一〇章　一九九〇年代日本企業のアジア展開」(藤井光男・丸山恵也編著『日本の主要産業と東アジア』八千代出版　二〇〇一年五月)一九三～一九六頁。
(23)熊谷聡「第三章　マレーシア・シンガポールの電子産業――多国籍企業主導の産業発展」(今井健一・川上桃子編『東アジア情報機器産業の発展プロセス』アジア経済研究所　二〇〇五年三月)一二八頁・表三。
(24)永盛明洋「第6章　IT製品をめぐる『競争』と『協調』」(木村福成・丸屋豊二郎・石川幸一編『東アジア国際分業と中国』ジェトロ　二〇〇二年八月)一二六頁。
(25)注(22)に同じ。

(26) 前掲『東アジア情報機器産業の発展プロセス』一二七～一二八頁、表三。
(27) 太田辰幸「東アジアにおける国際投資の新展開と国際分業の変化：電子産業のケース(PartⅡ)」(東洋大学『経営論集』第五三号二〇〇一年三月)五七頁。
(28) 熊谷聡「第五章　シンガポール・マレーシアのPC関連産業の盛衰」(今井健一・川上桃子編『東アジアのIT機器産業』日本貿易振興機構アジア経済研究所〔IDE―JETRO〕二〇〇六年一二月)一八五頁・表二。
(29) 岩上勝一「第7章　拡大するアウトソーシングとアジアの産業配置」(前掲『東アジア国際分業と中国』)一三五～一三七頁、一四三～一四四頁。
(30) ユベール・エスカット・猪俣哲史編著『東アジアの貿易構造と国際価値連鎖　モノの貿易から「価値」の貿易へ』(日本貿易振興機構アジア経済研究所〔IDE―JETRO〕二〇一一年一〇月)一九頁、および表一(同頁)。
(31) 一九九六年から二〇一〇年までの比率は経済産業省『通商白書二〇一二』第一―一―三―一四図(中国海関総署に依拠)。二〇一二年は「人民網日本語版」(二〇一二年一二月一〇日)。
(32) UNCTAD Statistics および『中国統計年鑑』。
(33) 陳建安「中国の海外直接投資受入の経済的効果とその政策調整」(『立命館経済学』第五八巻第五・六号)図表二。
(34) 萩原陽子「変わる対中直接投資の潮流と投資誘因」(三菱東京UFJ銀行『経済レビュー』二〇一二年六月二〇日No.2012―11)第一表より計算。
(35) 佐藤幸人『台湾ハイテク産業の生成と発展』(岩波書店　二〇〇七年三月)表七―一(一八九頁)。
(36) 川上桃子『圧縮された産業発展　台湾ノートパソコン企業の成長メカニズム』名古屋大学出版会

二〇一二年七月）図序―四（五頁）。

（37）金奉春「中国における台湾EMS企業の急成長の要因分析と将来予想」（『龍谷ビジネスレビュー』二〇一一年六月　No.12）一二頁、富士キメラ総研『二〇一〇　EMS in China』。

（38）「フォックスコン深圳工場を一周してみた」（『日経テクノロジーonline』二〇一二年一一月二六日）。

（39）経済産業省『通商白書二〇〇八』第一―三―五七表（七四頁）。

（40）前掲『圧縮された産業発展』表六―二（一六六頁）。

（41）マウス、キーボード、ハードディスク、メモリー、周辺機器などからデータを受け取り、計算・処理・制御・命令などを行う。歴史的には中央演算処理を行う半導体チップ群をCPUと呼んでいたが、MPUはそれを一チップに集積した部品として生まれた。現在はそれが当たり前になっているため、CPUもMPUも同義語として使われる。

（42）TREND SEARCHによると二〇一六年二月一五日からの一週間では八一・九三パーセント。残り一八・〇七パーセントは米国のAMD。AMDはインテルのセカンドソースメーカーとして出発した企業である。

（43）アメリカ株ドットコム（二〇一二年一一月）。

（44）前掲『圧縮された産業発展』八四頁。

（45）内閣府・マンスリー・トピックス「日本企業の海外生産シフトの雇用等への影響について」（二〇一二年九月一四日　No.011）図一。報道で産業空洞化がとりあげられた記事件数による。

（46）日本経済団体連合会「経団連成長戦略二〇一一」（二〇一一年九月一六日発表）「I.はじめに」の「1.日本経済の現状」、および「2.空洞化の阻止と経済成長の重要性」。

（47）「産業構造審議会・産業競争力部会　中間取りまとめ　大震災後の我が国の産業競争力に関する課題と対応――かつてない空洞化の危機を乗り越えるために」（二〇一一年六月　産業構造審議会・産業競争力部会事務局）。同部会は二〇一〇年六月に出された民主党政権の成長戦略「新成長戦略」作成に大きな役割を果し、「新成長戦略」と表裏一体で同時に出された「産業構造ビジョン二〇一〇」を策定した、産業構造審議会の中でも最も重要な部会であった。しかし、この中間とりまとめを出した二〇一一年六月以降は開催されず、その後の経済構造審議会の組織再編で消えてしまい、その後は一〇月に新設された「新産業構造部会」が、政策策定の中心になった。

（48）産業構造審議会　新産業構造部会　報告書「経済社会ビジョン『成熟』と『多様性』を力に～価格競争から価値創造経済へ～」（二〇一二年六月）（経済産業省ウェブサイト）。

（49）「産業構造審議会　新産業構造部会　中間整理　～『やせ我慢』から『価値創造』へ～」（二〇一一年一二月二八日・同部会配布資料）　資料（一）（二〇一一年一二月）。二〇、二一、二五、二六頁（経済産業省ウェブサイト）。同日の部会で配布された「資料（二）」も同名のタイトルがついているが、内容はごく短い上、「空洞化」という記述はなく、「当部会の議論の中で、『今起きていることは空洞化ではなく産業構造の転換』」だとの指摘がなされたという記述もあり、同部会では従来通りの空洞化否定論も多かったと推測される。

（50）経済産業省『通商白書二〇一二』一一六～一二〇頁、一二六～一四八頁。

（51）同前一四七頁。

（52）以上は前掲「産業構造審議会　新産業構造部会　中間整理――『やせ我慢』から『価値創造』へ」。

（53）以上は佐々木高成「米国で再燃する製造業基盤喪失とオフショアリングへの懸念」（『季刊　国際

貿易と投資』二〇一〇年冬季　No.82）二三二〜二四、二九、三一〜三三頁。

（54）「オバマ米大統領の二〇一一年一般教書演説原稿」（「ウォール・ストリート・ジャーナル」日本語版　二〇一一年一月二六日）。

（55）原題：*Made in America, again : Why Manufacturing Will Return to the U. S.*（ボストン・コンサルティング・グループ）日本語版四一頁（同社ウェブサイト）。なおボストン・コンサルティング・グループは米国の世界的コンサルティング会社。マッキンゼー・アンド・カンパニーと業界を二分。一九六三年にジェイムズ・アベグレンやブルース・ヘンダーソンによって設立された。

（56）「NY特急便『メードインUSA』復活の光と影」（日本経済新聞　二〇一三年六月一一日）。

（57）「米雇用回復、製造業回帰がカギ　ドル高が懸念材料」（日本経済新聞二〇一三年二月二日）。

※本書では日本経済新聞を使用しているが、記事は同紙「Web版」で検索した。同サイト内の「電子版」と「朝・夕刊」の双方の記事を利用した。両者は同じ記事でも見出しには若干の差がある。以下の章も同様。

第1章　日本電機産業の敗北——生産の海外移転が行きつくところ

日本の電機産業は、二〇一〇年代に生産全体の崩壊過程ともいうべき段階に入った。生産の海外移転の果てに、巨大電機メーカーの工場は閉鎖され、買収され、シャープのような大メーカーも台湾企業に丸ごと買収された。百数十年の歴史を持つ日本の名門企業・東芝も、中核部分を身売りすることになってしまい、存亡の危機に瀕している。

序章では、戦後日本の経済成長を牽引《けんいん》し続けた電機産業が、アジア進出を早くから行い、アジアに電機産業の種をまき、アジアの経済成長の核になりながらも、いつの間にか母国日本の国内生産は激減したこと、アジアの生産をリードして日本も発展するどころか、日本自身は逆に電機の生産小国になってしまい、それが日本経済全体の縮小につながっていたこと、輸入においても電機の部品・完成品が貿易赤字拡大の根本的原因になったことも見た。電気機器生産がアジア各国を成長させる一方で、母国の日本経済にとって停滞・衰退の最大要因になってしまったのだ。

世界のトップを走っていたはずの日本の電機産業で、いったい何が起きたのか。世界にその品質とシェアを誇った日本の電機産業は、なぜ後退を続けたのか。本章では日本の電機産業を、長期的な趨勢《すうせい》と電機企業の経営戦略の双方から捉え、実態と敗北の原因を明らかにする。

それは、生産の海外移転について考察するためでもある。電機産業は日本でもっとも早くから海外に生産を移転した分野であった。グローバルな競争で勝利するという名分のもとに、とめどなく生産を海外に移転させただけでなく、その過程で外国企業に技術を流出させ、次第に製造工程からも離脱してアジア企業への委託生産を拡大した。その果ての敗北であった。電機産業を見ることで、生産の海外移転や外国企業への生産委託が現代企業のグローバル競争での勝利のために不可欠の選択なのかどうか考えたい。また製造工程からの離脱が、技術流出や技術の停滞を不可避にし、企業をどのように追い込んでいくかも明らかにしたい。

上記の課題は、本章・第一節、第二節で取り上げるが、第三節では日本の電機メーカーが目指す成長戦略について、その戦略の問題点も含めて明らかにする。ものづくりを後退させる中で電機企業が二〇〇〇年代末からとった戦略は、「社会インフラ」に経営の重心を移すというものであった。その戦略は、第4章で述べる民主党政権の『新成長戦略』での「インフラ輸出」戦略として結実し、第5章の安倍内閣の『日本再興戦略』でも目玉戦略として引き継がれた。「インフラ輸出」戦略が日本国民にとって、どんな負担や危険をもたらすかは両章に譲るとして、電機企業自身にとっても、この戦略には様々な陥《かん》穽《せい》が潜んでいる。東芝の原発輸出戦略とそれが発端となって起きた不正会計事件はその一端を示す。本章では「インフラ輸出」が電機企業にもたらす問題にも触れたい。

日本の電機企業の歴史と今後の展開は、ものづくりを放棄する企業や国がどうなっていくかの未来を暗示するものにもなるだろう。

第一節　電機産業の概要と趨勢

本節は、日本の電機産業の全体像を、この二、三〇年間の国内生産・輸出入の推移、世界市場での位置付け等から概観する。序章では、日本経済全体における電機産業の位置付けを行ったが、本節では、電機産業を分類し、どの分野で何が変化したかを見ることで電機産業の問題を具体的に明らかにしたい。

電機産業とは　電機産業は、歴史が長く膨大・多種類の製品群を含み、分類方法も多様である。諸研究や論説でも様々な分類・名称が使用されているので、まずはその全体を確認しておこう。「電機」、「電気機械」と総称されるのは、大きく電子機器と電気機器に二分され、業界団体も二分されている。電子機器はＪＥＩＴＡ（電子情報技術産業協会）が、電気機器はＪＥＭＡ（日本電機工業会）が統括しているが、それぞれの団体では、電子機器は電子部品・デバイス、産業用電子機器、民生用電子機器に三分し、電気機器は産業用電気機器（重電機器）と民生用電気機器（家庭用電気機器：家電）に二分して統計等を出している。また経済産業省・「工業統計」、「生産動態統計」は、これらとは異なる分類を行っている。第１－１表は、電子機器三分野、電気機器二分野と「工業統計」分類の相関を示すとともに、それぞれの分野に属する具体的な製品の例を最右列に記した。本章では同表の⑴～⑹の分類名を使用する。

第１－１表　電機産業の分類

統括業界	JEITAおよびJEMAによる分類	工業統計・生産動態統計の産業分類			具体的製品例
		産業中分類番号	産業小分類番号	分類名	
JEITA	(1)電子部品・デバイス	28		電子部品・デバイス・電子回路	半導体素子／集積回路、電子部品、ディスプレイデバイス
			281	電子デバイス	
			282	電子部品	
			283	記録メディア	
			284	電子回路	
			285	ユニット部品	
			289	その他の電子部品・デバイス・電子回路	
	(2)産業用電子機器	30		情報通信機械器具	コンピュータ、情報端末、携帯電話ほか無線機器、有線機器
			301	通信機械器具・同関連機械器具	
			303	電子計算機・同附属装置	
		29	296	電子応用装置	X線、CT等医療用装置・機器等
			297	電気計測器	電圧・波形、IC等計測器・測定器
	(3)民生用電子機器	30	302	映像・音響機械器具	薄型テレビ、ビデオ、カーAVC
JEMA	(4)産業用電気機器	29		電気機械器具	重電機器
			291	発電用・送電用・配電用電気機械器具	
			292	産業用電気機械器具	
	(5)民生用電気機器	29	293	民生用電気機械器具（含・空調、住宅関連機器）	家電（エアコン、冷蔵庫、洗濯機、炊飯器等厨房機器等）
	(6)その他	29	294	電球・電気照明器具	
			295	電池	
			299	その他の電気機械器具	

（出典）

（注１）JAITA＝（社）電子情報技術産業協会、JEMA＝（社）日本電機工業会

（注２）［濃い網掛け］は工業統計中分類「28 情報通信機械器具」に属するもの、［薄い網掛け］は工業統計中分類「29 電気機械器具」に属するもの、［網掛け］は工業統計中分類「30 電子部品・デバイス・電子回路」に属するもの

第１－１図　電機産業分類別国内生産

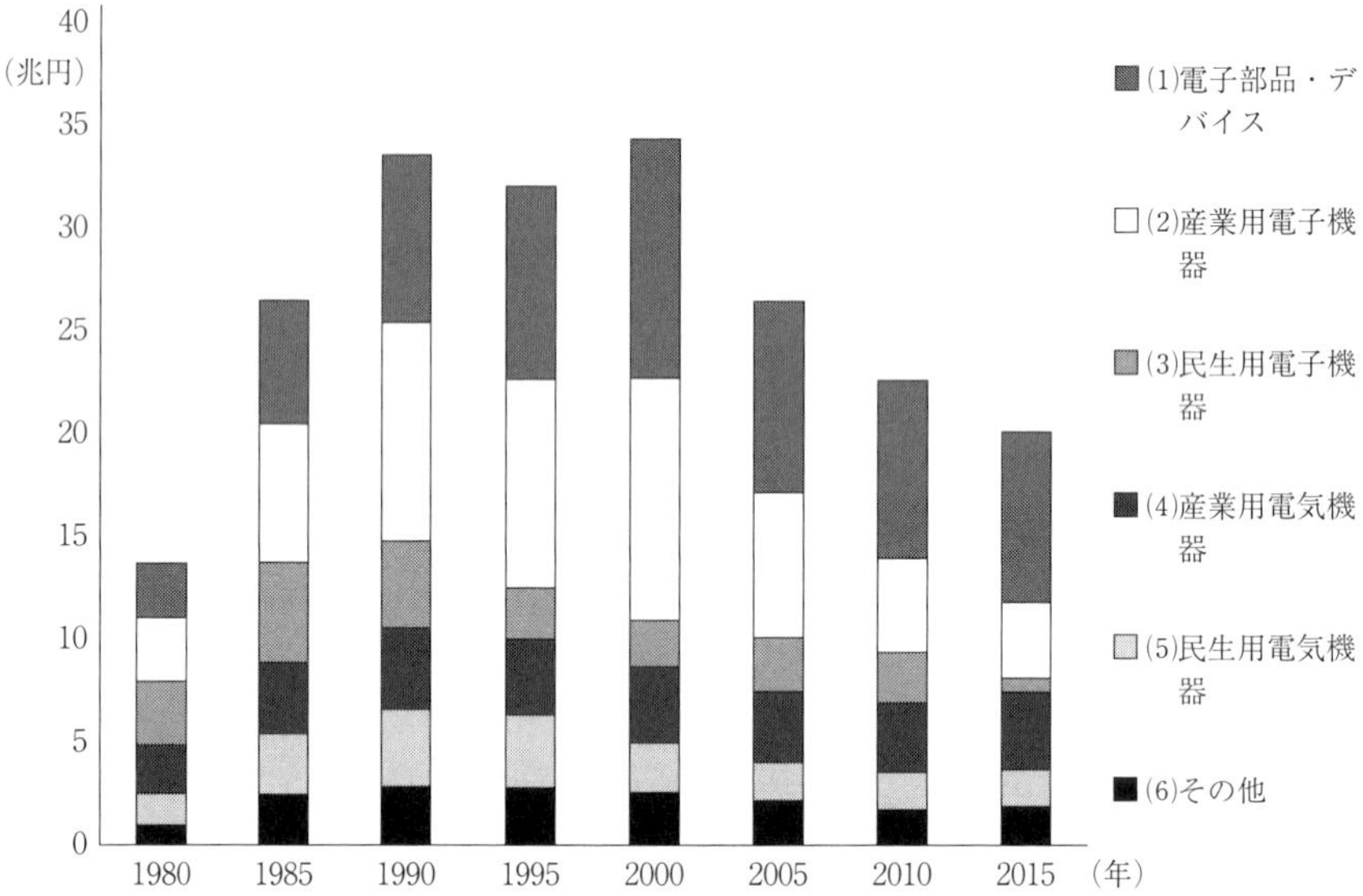

（出典）JEITA・統計（同ウェブサイト）、JEMA・統計（同ウェブサイト）、経済産業省「生産動態統計」より作成

国内生産　電機産業の国内生産を、第１－１表の(1)から(6)の分類に分けて長期的動向をみたのが第１－１図である。国内生産額は、一九八〇年からの一〇年間では一三・四兆円から三二・九兆円へと激増したが、一九九〇年代には成長が止まり、二〇〇〇年代に入ると急減して、二〇〇〇年代後半以降は一九八五年以前のレベルまで低下した。現在の日本の電機産業の国内生産額は、三〇年以上前の水準に逆戻りしてしまった。

　ここまで後退した原因は、一九八〇年代以降に急増し、電機産業の成長を牽引した「電子」三部門が、二〇〇〇年代になって大きく減少したからである。電子三部門の国内生産額は二〇〇〇年の約二五・一兆円から二〇一〇年には約一五・三兆円と一〇年間で六割に落ち、二〇一五年には一二・四兆円と五割を切った。

この国内生産の激減の最大の要因は、「⑵産業用電子機器」（パソコン、携帯電話等）の激減である。同分野の国内生産は、二〇〇〇年の一二・二兆円から、二〇一〇年には四・七兆円と四割以下になった。本図では各部門の細目までは表示していないが、この「⑵産業用電子機器」の中心細目が「電算機（コンピュータ）及び関連装置」や携帯電話等の「通信機器」で、これらがそれぞれ、五・六兆円から一・六兆円、四・三兆円から一・七兆円へと、二〇〇〇年以降の一〇年間で三分の一以下に激減したことが大きな原因である。[1]

「⑶民生用電子機器」（薄型テレビ・ビデオなどのＡＶ機器）は、八五年に四・八兆円にまで急成長していたが、一九九〇年代は減少して二〇〇一年には一・九兆円にまで落ちた。しかし「地デジ化」特需が後押しとなって二〇〇八年には二・八兆円にまで回復し、テレビの国内生産額も二〇〇二年の〇・三兆円から二〇〇七、二〇〇八年には一兆円を超えた。薄型テレビの国内出荷台数（国内生産品だけでなく、海外製品の逆輸入や委託生産品が極めて大量に含まれている）は、地デジ化を前に異常に膨らみ、二〇〇三年までは年間二〇〇万台以下であったが、二〇〇八年には約一〇〇〇万台、二〇一〇年には約二五〇〇万台を記録した。[2]しかし二〇一一年七月の地デジ化後には一転し、大型家電量販店の薄型テレビ販売高は、前年同月比九〇パーセント以上減少するありさまであった。[3]強制的につくり出された「地デジ化」特需や「エコポイント」特需の反動が壊滅的なものとして跳ね返ったのだ。おかげで「⑶民生用電子機器」全体も、二〇〇八年の二・八兆円から、二〇一〇年は二・四兆円、二〇一五年には〇・七兆円にまで減り、その後のシャープの危機にもつながることになる。

「⑴電子部品・デバイス」（集積回路、半導体、液晶ディスプレイ等）は、日本の電機生産全体の約三分の一以上を占め、電機産業の国内生産を支えてきた。この部門の中核製品である集積回路・半導体が、日本の製造業全体の技術力、性能も支えてきた。しかしここでも、二〇〇〇年の一一・四兆円から二〇一〇年には八・五兆円と落ちた。他の部門に比べてまだしも落ち込みがゆるやかなのは、半導体・集積回路（三・八兆円――二〇一〇年）と液晶デバイス（一・五兆円――同）の健闘によるものであったが、後述するように二〇一〇年代にはこの分野でも崩壊ともいうべき現象が起き始めた。

一方、電気機器分野では、「(5)民生用電気機器」（家電）で、最も早くから国内生産が減少した。一九九〇年の三・七兆円から二〇〇〇年には二・四兆円と三分の二になったが、その後の減少は緩やかで二〇一五年でも一・八兆円を生産している。但し国内で生産している家電は、エアコン等の限られた製品であり、この二十数年間で厨房機器、暖房機器関連のほとんどと、その他の数々の家電の国内生産は完全に終了してしまった[4]。

「(4)産業用電気機器」（発電用原動機や配電盤、分電盤、モーターなどのいわゆる重電機）は、一九八〇年代に大きく成長した後、停滞してはいるが急減はない。輸出が手堅く成長していることが大きい。

輸出・輸入と国内生産の相関　第1－2図は、一九八五年、二〇〇〇年、二〇一五年の三時点での輸出・入を(1)～(5)の分野別に見たものである。この三〇年間で最も大きな変化は輸入の急増と輸出の停滞である。一九八五年から二〇一五年の間に輸入は一一倍になったが、輸出は一・六倍にしかならず、輸入が輸出を上回るようになった。日本は電気機器の輸入大国になった。

たとえば二〇一五年では、「(1)電子部品・デバイス」と「(2)産業用電子機器」（パソコン、携帯電話等）の輸入だけで一〇兆円を超えた。序章で、日本が貿易赤字に転じたこと、二〇一三年は一一・四兆円、

第1－2図　1985年、2000年、2015年の分野別電機輸出入

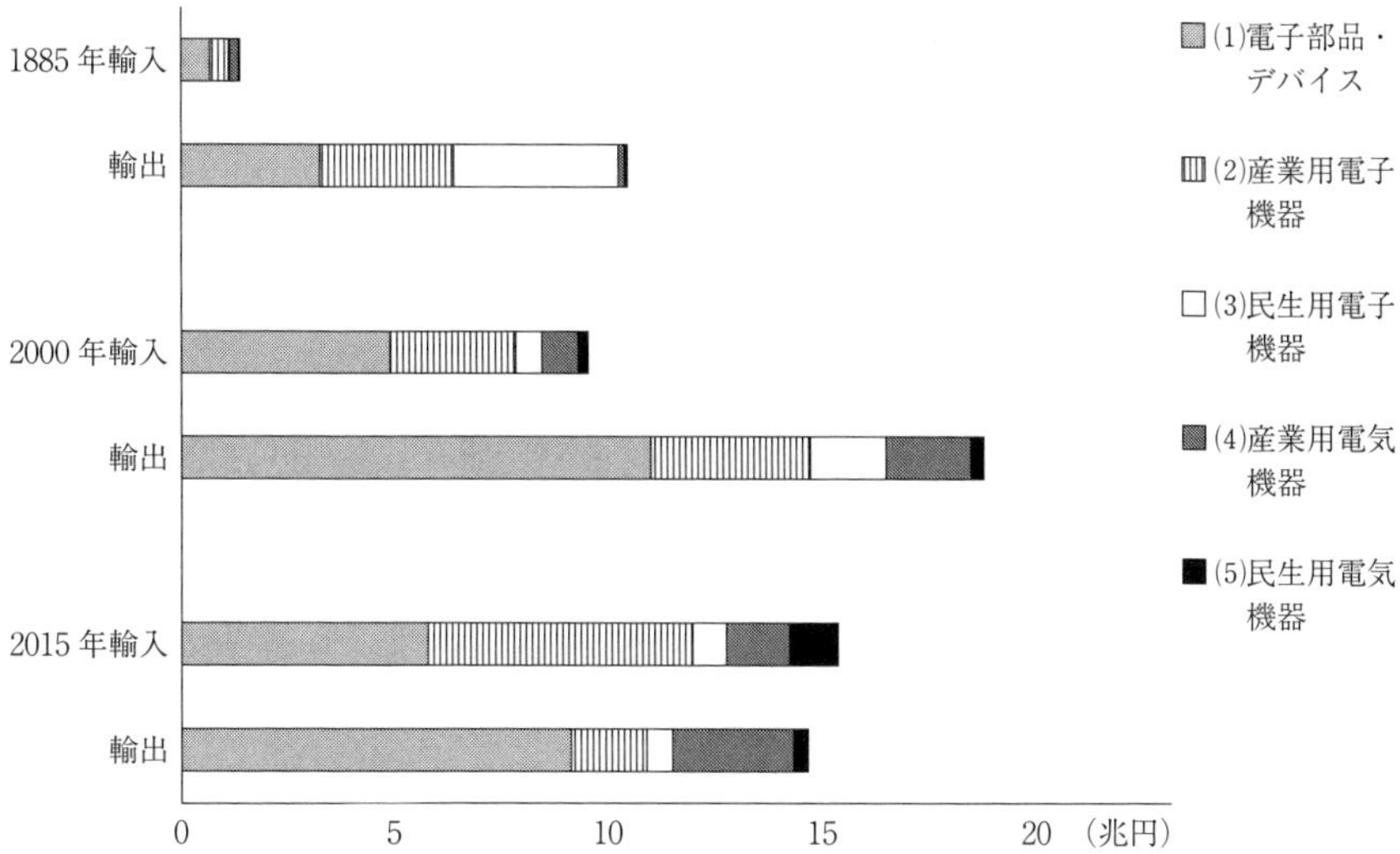

（出典）JEITA・統計（同ウェブサイト）、JEMA・統計（同ウェブサイト）、財務省「貿易統計」より作成

二〇一四年は一二・八兆円の巨額の貿易赤字を記録したことを述べたが、その貿易赤字額とほぼ同じ額の電子部品・デバイスと産業用電子機器を輸入しているのだ。日本が世界にその品質と競争力を誇っていたはずのこれらこそが膨大な貿易赤字の元凶になってしまった。

輸入が輸出を追い抜く現象は、個別の製品や分野では早くから起きており、「電子計算機」では二〇〇〇年に、テレビなどの「民生用電子機器」では二〇一〇年に輸入が輸出を上回った。

こうした輸出減、輸入増は、上述の国内生産減と密接に連動している。それを明瞭に表しているのが、二〇〇〇年代以降の電子三部門（「(1)電子部品・デバイス」、「(2)産業用電子機器」、「(3)民生用電子機器」）での相関である。第1－3図で、電子三部門の輸出入（棒グラフ）と国内生産（折れ線グラフ）を見ると、輸入と反比例するように国内生産が激減している。海外生産品が国内市場を

第1－3図　電子工業品国内生産・輸出入額

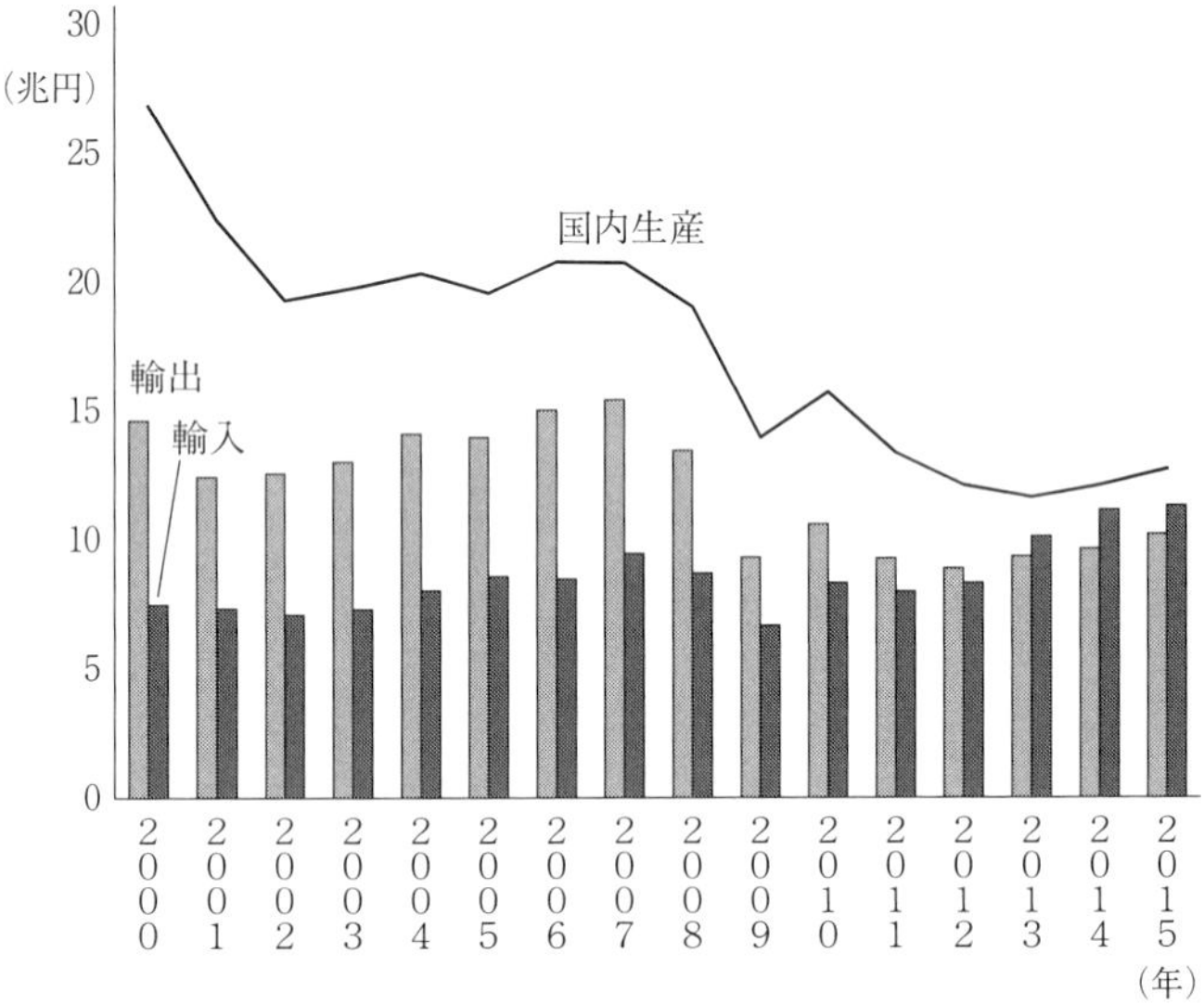

（出典）JEITA・統計（電子工業生産実績、輸出入実績）より作成

蚕食するのは、企業が海外生産を開始してからかなりの時期が経過してからのことで、ある時期に突然輸入が急増し、それがあっというまに国内生産を壊滅させてしまう。国内生産に最終的なダメージを与えるのは、逆輸入を含む海外品の輸入なのだ。

家電（「(5)民生用電気機器」）でも、輸入の増大が国内生産に最終ダメージを与えたのは同じである。家電の場合は、すでに一九六〇年代から海外生産を拡大していたが、これは序章で述べたように米国への輸出や現地での消費を対象としたものであった。日本国内への家電の輸入が急増するのは、第1－4図のように一九九〇年代後半から二〇〇〇年代前半にかけてである。一九九〇年に七五五億円であった家電の輸入額は、二〇〇〇年前後から急増し、二〇〇六年には五七四八億円になった。一九九〇年代末から二〇〇〇年代前半のごく短い期間に、突然、様々な家電の輸入が急増し、国内生産が輸入品に置き換えられていった。

日本国民は、電気機器を購入する場合、特別の分野以外は日本メーカーの製品を愛用してきたが、それは日本企業の海外生産品、あるいはアジア企業に委託生産された輸入品である場合が多い。日本メーカー品の愛用が、いつのまにか日本の貿易赤字を拡大させてしまう時代になった。

海外生産比率　電機産業は早くから海外生産を開始し、拡大してきた分野であるが、その海外生産比率は前章・第序－12図のようにごく最近でも、「情報通信機械」で三〇パーセント前後、「電気機械」で十数パーセントに過ぎない。この数値はあまりに低すぎる。

第１－４図　民生用電気機器（家電）国内生産と輸出入

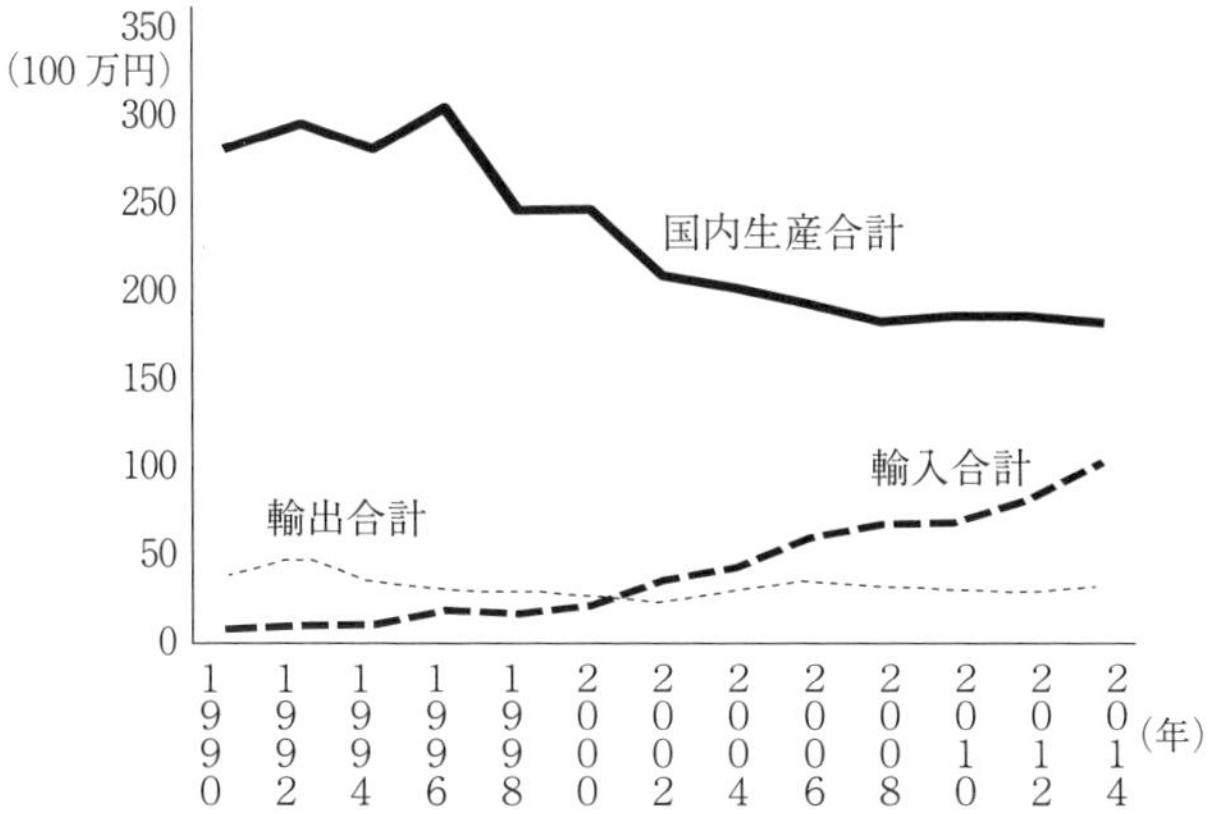

（出典）JEMA・統計による。JEMA は、国内生産は経済産業省「生産動態統計」より、輸出入は財務省『貿易統計』より項目を抽出

それはこの数値が『海外事業活動基本調査』（経済産業省）に依拠しており、海外日系子会社による生産だけを計上したものだからである。序章で触れたように電機産業、とりわけ情報機器等は委託生産を拡大し続けているが、委託生産などはこの海外生産比率に反映されていないのだ。委託生産とは、序章でも触れたように、パソコンや携帯電話等々の生産において日本や米国等のメーカーの製品を、台湾企業などが請負って生産し、相手のブランド名で出荷することである。つまり日本企業が一指も触れることなく「日本企業製品」を生産する形態である。

こうした海外での請負生産も含めてより実態に近づくために作成したのが第１－２表である。これは情報機器の業界団体ＪＥＩＴＡ（電子情報技術産業協会）が、会員（三八

第1－2表　電子機器・部品の海外生産比率（2010年実績）

（単位：億円）

	国内生産	日本企業が関連する海外生産	計	2010年の海外生産比率（％）	（参考）2014年の海外生産比率（％）
電子工業計	153,678	224,948	378,626	59	66
(1)電子部品・デバイス	83,391	64,178	147,569	43	50
うち半導体（半導体素子／集積回路）	38,862	16,568	55,430	30	32
うち電子部品（受動・接続・変換部品等）	26,706	44,095	70,801	62	71
うちディスプレイデバイス	17,822	3,516	21,338	16	9
(2)産業用電子機器	46,332	97,034	143,366	68	73
うち携帯電話	6,706	9,745	16,451	59	89
うちパソコン	6,875	25,250	32,125	79	81
うち情報端末（プリンタその他）	4,708	40,483	45,191	90	92
うち電子応用装置	6,798	10,349	17,147	60	59
(3)民生用電子機器	23,958	63,733	87,691	73	88
うち薄型テレビ	11,362	33,522	44,884	75	97
うち撮像機器（デジタルカメラ等）	5,500	11,845	17,345	68	75
(2)＋(3)電子機器	70,290	160,767	231,057	70	73

（出典）「電子情報産業の世界生産額」（JEITA『電子情報産業の世界生産見通し』2011年版　2011年12月）、同2015年版（2015年12月）より計算

六社・団体、二〇一六年三月現在）へのアンケートをもとに「日系企業の海外生産」として公表しているデータに依拠しており、外国企業への委託生産等も含んでいる。委託生産の場合、委託相手企業は「日系企業」ではないため「日系企業の海外生産」という言葉は不正確であり、同表では「日本企業が関連する海外生産」とした。「海外生産比率」は、「日本企業が関連する海外生産の比率」の意味である。同表は二〇一〇年の海外生産比率を(1)〜(3)の分野別、およびそれぞれの分野に含まれる代表的な製品別にも計算した。また、二〇一四年の海外生産比率も最右欄に（参考）として掲げた。

二〇一〇年の電子工業三分野全体の「海外生産比率」は五九パーセントであり、電子機器（(2)産業用電子機器＋(3)民生用電子機器）では七〇パーセントという驚くべき高さに達している。携帯電話等の「情報端末」では九〇パーセント、パソコンは七九パーセント、薄型テレビは七五パーセントに達している。

この海外生産比率は二〇一〇年を過ぎても上昇し続け、同表の最右欄の二〇一四年の「海外生産比率」ではわずか四年の間に電子工業全体で七ポイントも上昇し六六パーセントになった。民生用電子機器では、なんと八八パーセントになった。

日本の電子工業を支えている「(1)電子部品・デバイス」での二〇一〇年の「海外生産比率」は四三パーセントで他部門よりは低い。この分野での海外生産比率の低さが、第1－1図で見たように国内の電子産業全体をなんとか支えてきたとさえいえる。しかしここでも二〇一四年には五〇パーセントと、わずか四年で海外生産比率は大きく上昇した。

第1－3表　日本企業が関連する生産が世界生産に占める比率

（単位：%）

	2010年	2014年
電子工業計	25	17
(1)電子部品・デバイス	27	21
うち半導体(半導体素子／集積回路)	21	13
うち電子部品(受動・接続・変換部品等)	40	38
うちディスプレイデバイス	20	13
(2)産業用電子機器	18	12
うち携帯電話	11	5
うちパソコン	16	14
うち情報端末(プリンタその他)	31	19
うち電子応用装置	36	22
(3)民生用電子機器	46	32
うち薄型テレビ	41	23
うち撮像機器(デジタルカメラ等)	87	88
(2)+(3)電子機器	24	14

（出典）第1－2表に同じ

日本企業の世界生産に占める比率　確かに海外生産の拡大は、日本国内の生産に大きなダメージを与えるものであった。ただし日本企業にとってはどうなのか。日本企業の海外生産比率だけではなく、日本企業の国内生産、海外生産、外国企業への委託生産等々すべてを含めた世界でのシェアの実態も明らかにしておく必要があるだろう。海外生産は企業の母国にとって大問題でも、企業自身にとっては世界シェアを伸ばすものかもしれないからだ。

第1-3表は、二〇一〇年と二〇一四年時点での「日本企業が関連する生産」（国内生産＋海外生産、委託生産も含む）の、世界市場での市場占有率を示した。二〇一〇年の電子工業全体の比率は二五パーセントであり、二年前の二〇〇八年にさかのぼってもほぼ同じである（同統計には古いものが存在しない）。ところが二〇一四年には一七パーセントに急減した。二〇一〇年前後から日本の電子工業が、国内生産だけでなく、海外生産や委託生産を含めた全体が崩壊しつつあるのではないかと感じさせる数値である。

「(3)民生用電子機器」（薄型テレビやデジタルカメラなどの撮像機器等）では、二〇一〇年には日本企業が関連する生産は世界の四六パーセントも占めていたが、二〇一四年には三二パーセントと大きく後退し、「(2)産業用電子機器」（携帯電話やパソコン等）では二〇一〇年の一八パーセントから二〇一四年には一二パーセントに、「(1)電子部品・デバイス」でも、二七パーセントから二二パーセントになった。[5]

日本企業の海外生産と海外メーカーへの委託生産は、二〇〇〇年代後半から大きく拡大したが、それらが日本企業の競争力強化につながり、世界市場でのシェア拡大をもたらしたかといえば、事態は真逆であった。二〇一〇年代に入って大幅な地位の低下が起きているのだ。

ちなみに第1-5図は、(1)〜(3)の各分野での代表的な製品項目を取り出し、二〇〇八年から二〇一四年までの世界全体の生産額を示すとともに、その右側に同じ製品の日本企業が関連する（委託生産を含む）生産額の推移を示した。世界全体の生産は、この六年間でほとんどの製品が成長しているが、日本企業が関連する生産額は後退している。とくに世界的には二〇一四年に急増している半導体や携帯電話での日本の低迷が著しい。

第1－5図　電子機器主要品目の世界生産額及び日本企業関連生産額の推移

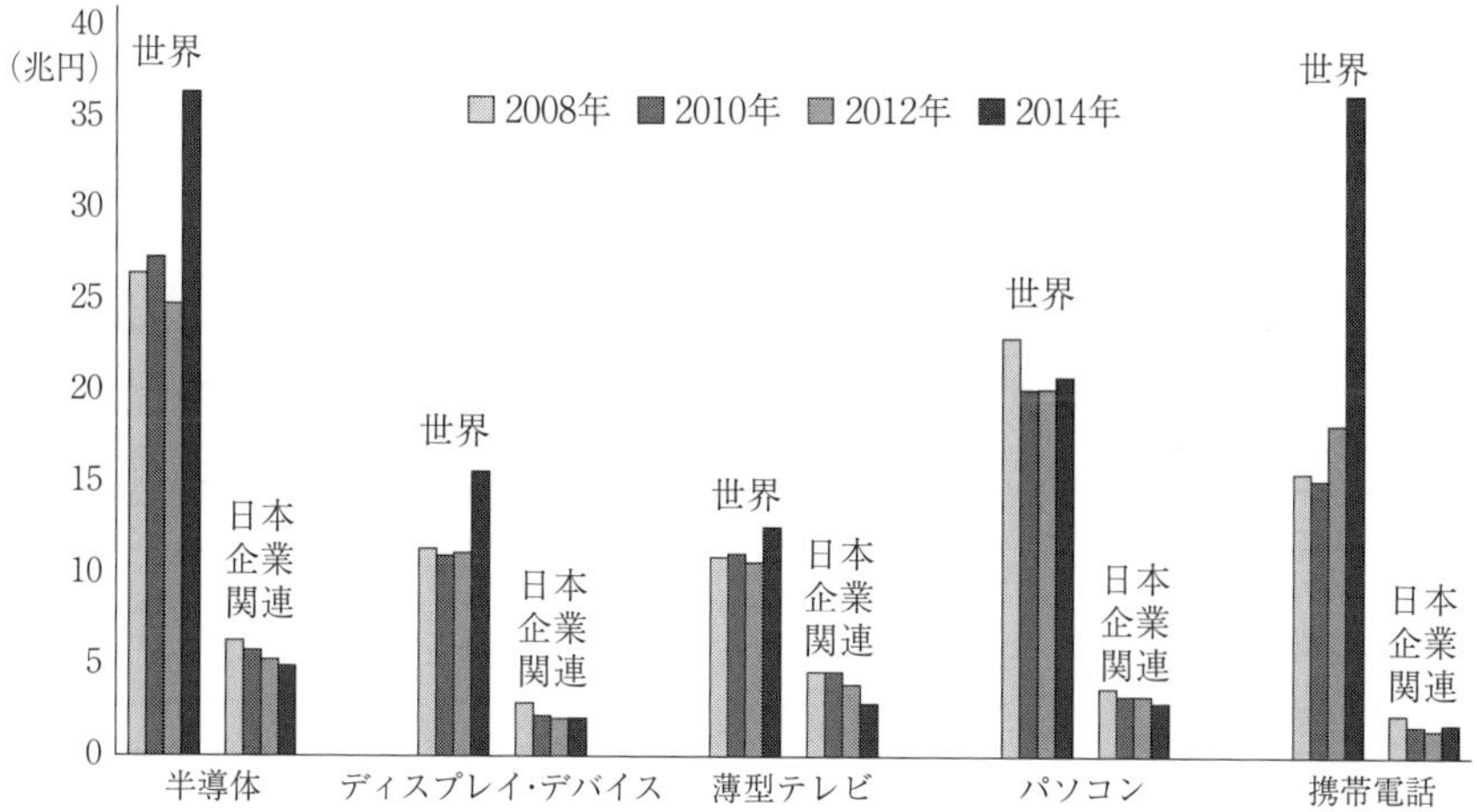

（出典）JEITA『電子情報産業の世界生産見通し』各年版より作成

国内生産を激減させて海外進出や委託生産に一路邁進《まいしん》してきた日本の電機企業だが、それらが生産増にはつながらず、逆に二〇一〇年代前後になると危険水域に突入しているのではないかと思われる状況なのだ。

従業者　国内生産の減少で、電機産業に従事する労働者の数も減った。第1－6図は、一九六五年から二〇一四年までの製造業の業種別従業者数・上位五分野の変遷をみたものである。電機産業の従業者は一九六五年の八五万人から、一九八五年の一八四万人へと二〇年間で一〇〇万人も増加した。一九八五年の製造業の従業者全体の一六パーセントが電機産業に従事していたことになる。

しかし従業者の増加は一九九〇年までであった。一九九五年には一七七万人と一九八五年に比べて微減し、二〇〇五年には一二七万人と一〇年前に比べて五〇万人も減少した。一九九〇年代後半から二〇〇〇年代にかけて、電機各社が大規模なリストラを行ったためであった。それでも製造業の中では二〇一〇年までは電機の従業者数は一位であり続け、同分野が国内雇用に果たしてきた大

上位５位の長期推移

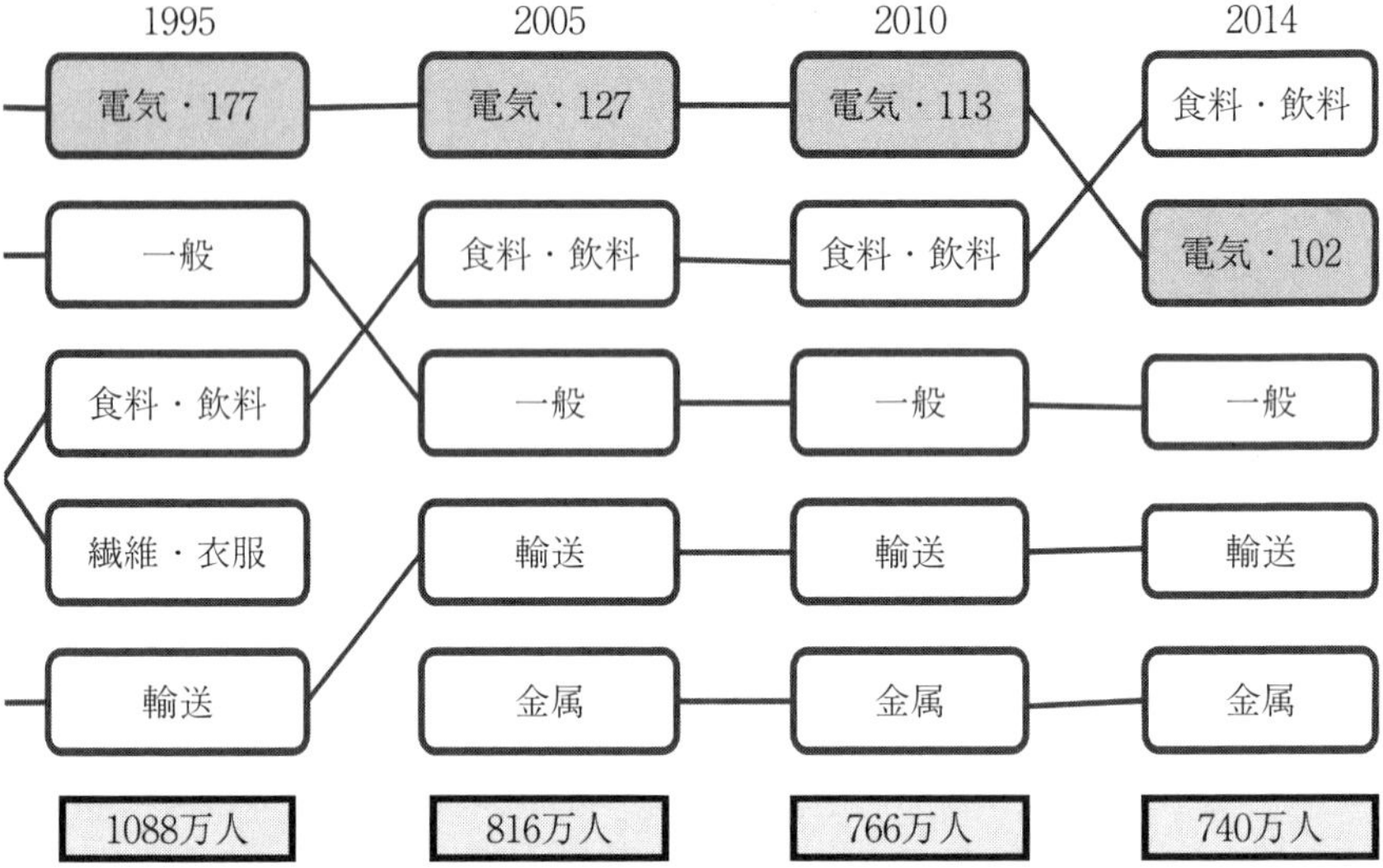

続ける製造業」（2011 年３月）等より作成
械器具」、「電子部品・デバイス・電子回路」に三分割されたものを合計した数値
2010 年以降は従業員４人以上の事業者（総計基準変更）
器具」、「業務用機械器具」に分類されたがそれを合算

きな役割がわかる。国内製造業全体の雇用者数（同図最下段に記載）もまた大きく減少し続けているからだ(6)。

そして今、何度目かの従業者削減の波が電機産業を襲っている。第１－４表は、最近の五年間で正社員を最も多く減らした企業五〇〇社ランキング中の上位一五社を抜き出したものである。同表は、二〇一四年一二月～二〇一五年一一月期と、その五年前を比較したものである。上位一五社のうち第一位以下、総合電機メーカーが約半数を占め、電機産業に何らかの関連を有する企業も含めると八割に及ぶ。一位のパナソニックは一三万人という仰天するような正社員の削減数で、電機メーカーのこの間の異常なリストラぶりがわかる。

東芝とシャープは、同表では五〇〇〇人前後で一三位と一五位だが、両社では本表

第1－6図　製造業従業者数

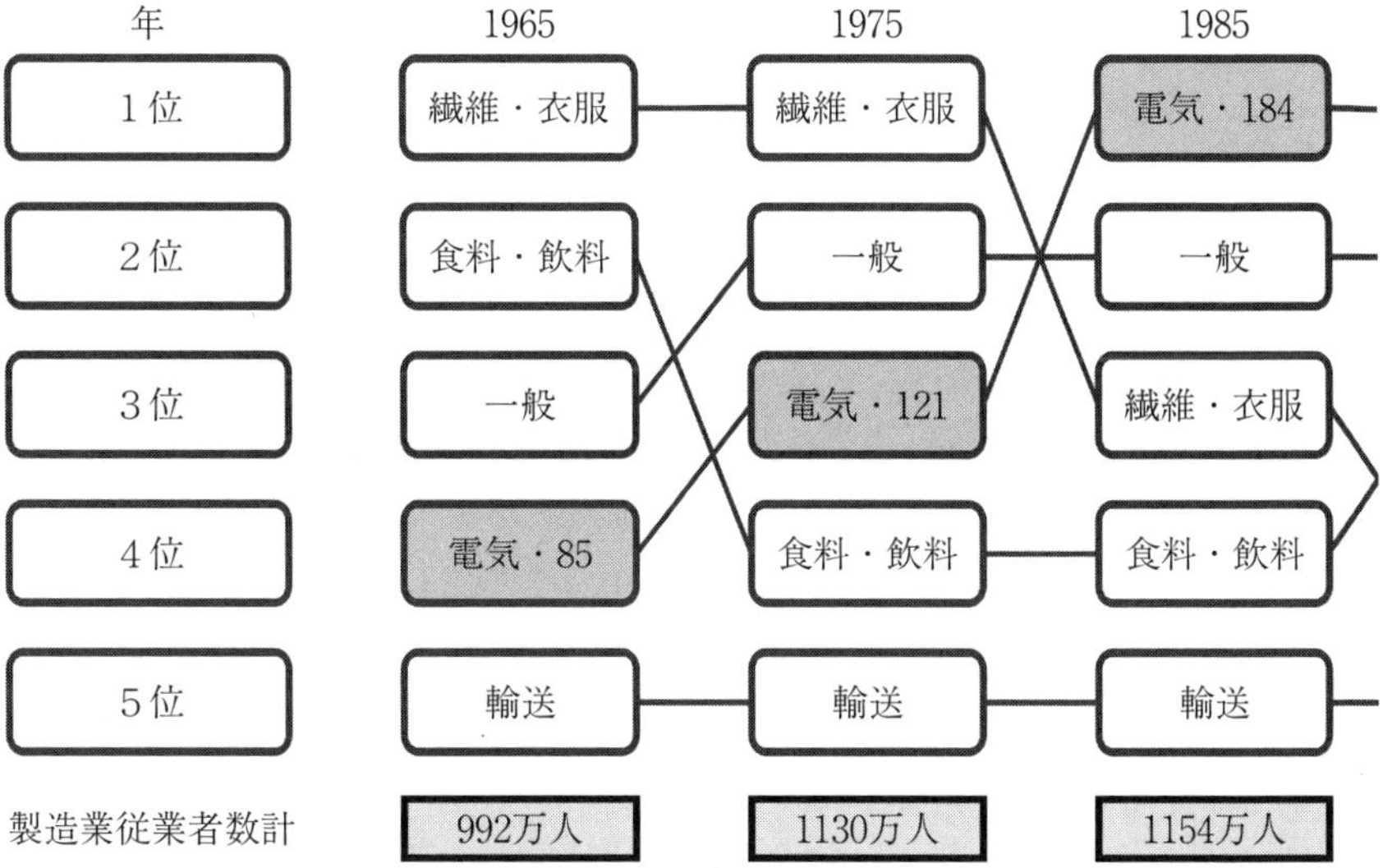

(出典)「工業統計表」各年版、工業統計データライブラリ「産業編」データ、「我が国の工業　変化を
(注1)「電気」のあとの数字は雇用者数・単位は万人。2005年以降は「電気機械器具」、「情報通信機
(注2)「電気」の雇用者数および最下段の「製造従業者数計」は2005年までは全事業所の従業者数。
(注3)「一般」は、2007年までは「一般機械器具」、2008年からは、「はん用機械器具」、「生産用機械

以降に大幅なリストラを計画していた。東芝は、二〇一六年三月発表の事業計画で、二〇一七年三月までに三万四〇〇〇人を減らす計画を打ち出し(7)、シャープも鴻海《ホンハイ》の下で国内外合わせて七〇〇〇人の人員削減が取り沙汰されている。

電機産業の一九九〇年代後半からの大幅な人員削減は、大量の技術者や研究者のアジア企業への流出をもたらした。国内電機企業を追われた技術者が新天地をアジア企業に求め、アジア企業の技術開発と競争力強化に大きく貢献したからである。日本企業の人員削減がライバル企業を大きく育てたのだ。新たな従業者削減の進行は、今度はどこに行きつくのか。

第1－4表　5年間で最も正社員を減らした会社

順位	社名	5年前比正社員減少数（人）	正社員数（人）	非正規社員数（人）	非正規社員率（%）
1	パナソニック	130,502	254,084		
2	NEC	43,476	98,882		
3	ソニー	36,200	131,700		
4	日立製作所	23,076	336,670	48,592	13
5	富士通	13,592	158,846	17,304	10
6	第一三共	13,397	16,428		
7	マブチモーター	12,897	25,354	173	1
8	パイオニア	9,642	19,404		
9	ユニデンホールディングス	9,171	1,380		
10	東京電力	9,122	43,330	2,715	6
11	セイコーエプソン	8,058	69,878		
12	アーク	5,305	3,272	638	16
13	東芝	5,148	198,741		
14	セイコーホールディングス	5,074	13,565	764	5
15	シャープ	4,903	49,096		

（出典）「5年前より正社員を減らした500社ランキング　1位パナソニックは13万人減、電機目立つ」（『東洋経済　ONLINE』2016年4月11日）

第二節　電機産業退潮の実態とその原因

第一節では、日本の電機産業を部門別にわけ、一九八〇年代からの趨勢を見た。とくに電機産業の現代における中心分野である電子産業において、国内での生産減少のみならず、二〇〇〇年代末からは海外生産や委託生産を含めても日本企業の退潮が止まらない状況を見た。

本節では電子機器生産において、なぜ、日本が世界のトップから滑り落ちて行ったかを、主たる製品分野ごとに探る。電子機器での日本企業の凋落《ちょうらく》といっても、その原因はすべての製品で同じというわけではないし、一般論をあげても意味がない。凋落、敗退の原因を、製品ごとの経営戦略や生産の海外移転の具体的あり方を見る必要がある。このため以下では、第1－1表の(1)～(3)の分野ごとに中核製品をとりあげ、製品ごとの問題点を解明する。「(1)電子部品・デバイス」では、その中核である各種の半導体、「(2)産業用電子機器」では、その中核であるパソコン、「(3)民生用電子機器」では、その主力である薄型テレビ、液晶大型パネル・中小ディスプレイ等の製品を取り上げ、それらにおける日本企業の位置、なぜそれぞれの製品で凋落したのかを見るとともに、二〇一〇年前後からは国内生産のみならず海外生産や委託生産まで崩壊しつつある状況も明らかにする。電子機器生産の歴史と電機企業の経営戦略の中で、敗北の原因を探る。

（1） 半導体

①世界一へかけのぼり、そして凋落へ

日本の電機産業が世界を席巻できたのは、「(1)電子部品・デバイス」分野、なかでも半導体の役割が大きい。自動車をはじめとした日本のものづくり全体における日本の勝利にも、半導体での成功が貢献してきた。たとえば自動車の製造コストに占める電機・電子部品の割合は、通常の車で約三割、ハイブリッド車で五割、電気自動車では六～七割といわれる。これほどに電子部品の比重が高いのだ(8)。半導体は、電機産業、そして日本のものづくり全体を支えてきた分野なのだ。

日本企業の半導体生産は、一九九〇年には世界生産全体の五〇パーセント以上を占めていた。しかしその後の二五年間で年々低下し、二〇一〇年では第1－3表で見たように外国企業への委託生産を含め

第１－５表　世界半導体メーカー・ランキング

順位	1990年	2000年	2010年	2015年
1	NEC	インテル（米）	インテル（米）	インテル（米）
2	東芝	東芝	サムスン（韓）	サムスン（韓）
3	日立製作所	NEC	東芝	ハイニクス（韓）
4	インテル（米）	サムスン（韓）	テキサス・インスツルメンツ（米）	クアルコム（米）
5	モトローラ（米）	テキサス・インスツルメンツ（米）	ルネサスエレクトロニクス	マイクロンテクノロジー（米）
6	富士通	モトローラ（米）	ハイニクス（韓）	テキサス・インスツルメンツ（米）
7	三菱電機	ST マイクロエレクトロニクス（欧）	ST マイクロエレクトロニクス（欧）	NXP セミコンダクタース（欧）
8	テキサス・インスツルメンツ（米）	日立製作所	マイクロンテクノロジー（米）	東芝
9	フィリップス（欧）	インフィニオンテクノロジーズ（欧）	クアルコム（米）	ブロードコム（米）
10	松下電子工業	フィリップス（欧）	ブロードコム（米）	ST マイクロエレクトロニクス（欧）
世界市場計	54.3億ドル	218.6億ドル	3040.8億ドル	3472.7億ドル

（出典）日経テクノロジーオンライン（2015年4月20日）、EE Times Japan「2015年半導体メーカー売上高ランキング」（2016年4月5日）、その他。元データはIC Insight、およびHIS

てもニ一パーセント、二〇一四年には一三パーセントになってしまった。世界の半導体メーカーのランキングでも、日本企業は第１－５表のように一九九〇年には一位から三位までを独占し一〇社中六社が日本企業であった。しかし、二〇〇〇年には日本企業は三社、二〇一〇年には二社、二〇一五年には一社、それも八位に入っただけになった。なぜこんなことが起きたのか。

電機産業、急成長の八〇年代　日本企業がなぜ半導体の生産で衰退しつつあるかを明らかにする前に、一九八〇年代に日本の電機産業がなぜ世界市場で勝利したかについて見ておこう。

日本の電気機器は、家電を中心に対米輸出をテコとして、六〇年代から急成長を開始したが、日本製品を世界市場で不動のものに押し上げたのは、七〇年代後半以降の半導体を組み込んだ製品を次々と市場投入したことであった。カラーテレビ、テープデッキ、電子レンジ、炊飯器、冷蔵庫、全自動洗濯機、エアコン等々に、順次半導体集積回路が組み込まれた[9]。家電製品だけでなく電子計算機、通信機をはじめ電卓、時計、ファクシミリ、ワードプロセッサ、船舶、航空機、自動車、そしてロボット、NC工作機等々の分野でも、半導体集積回路が組み込まれることで品質が向上し、輸出を増加させた。

また日本が世界初の商品化、もしくは大量生産に成功した商品も続出し、レーザーディスク、電子式カメラ、CD、液晶式パーソナルテレビ、家庭用VTRカメラ、家庭用コンピューターゲーム、コンピューター制御・一眼レフ、デジタルテープレコーダー、電子手帳、温水洗浄便座等々の製品が、七〇年代後半から八〇年代の世界市場を席巻していった[10]。

背後に官民あげての半導体開発　集積回路を組み込んだ製品の急成長の背景には、日本における半導体・集積回路の生産技術の開発と生産拡大があった。もともと半導体は、軍事技術を背景に米国が圧倒的な技術的優位を確立していた分野であった。米国は半導体生産に必要な素材知識、設計技術、製造技術の主要なものすべてを特許化していた。日本は、米国に特許料を支払ってあらゆる技術を導入していたが、一九七〇年代になると日本政府は、官民合同の組合を何度も組織し、半導体生産の技術開発への支援を開始した。例えば一九七五年には「超LSI開発プロジェクト」を、一九七六年には「超LSI技術研究組合」を組織し、官・民・学の知識・技術を結集した。政府は補助金も出し、超LSI技術研究組合だけでも国の資金三〇〇億円と民間資金四〇〇億円が投入された[11]。

日本の半導体全体の生産は一九八〇年代半ばには米国を追い抜き、一九八六年にはNEC、日立、東芝が半導体で世界三強になり、一九八八年には世界生産の五一パーセントを占めるまでに成長した[12]。

米国の半導体生産は、半導体だけを専門とする企業によって担われていたが、日本では高度成長期に大きく成長した家電メーカーが半導体開発組合に参加するとともに、半導体生産にそろって参入した。

の半導体事業組織の変遷

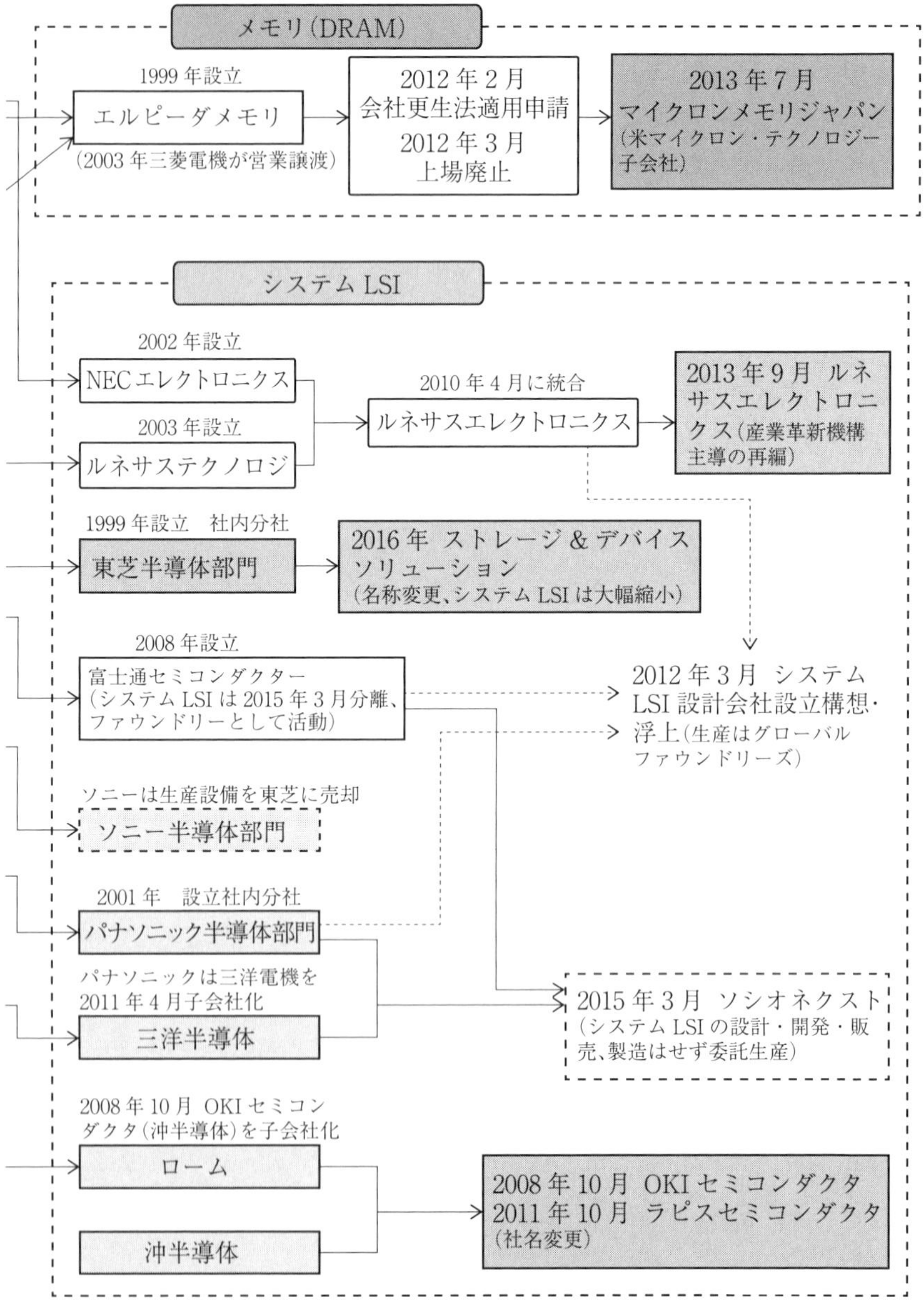

第１－７図　日本企業

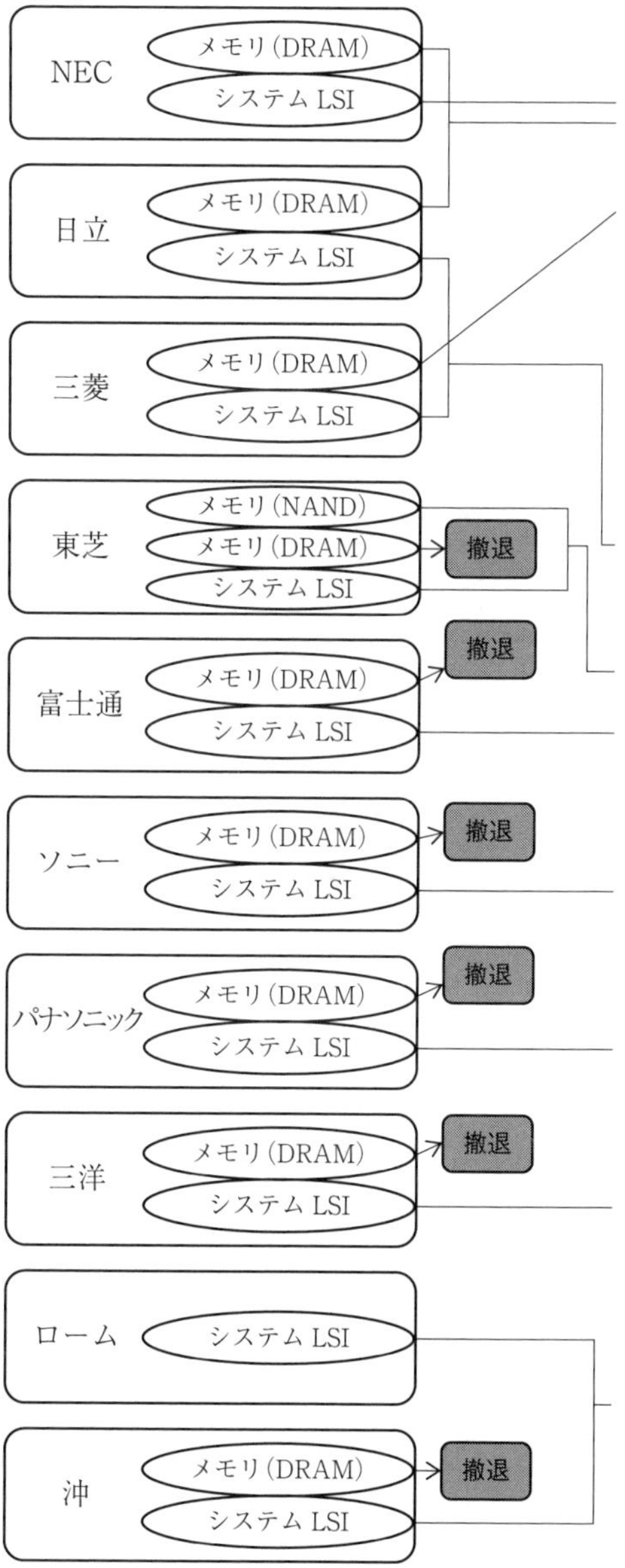

家電各社は社内に蓄積された人材と資金を用いて半導体生産に参入し、できた製品は市場に供給するとともに自社製品に組み込むことで自社の家電製品の品質向上につなげた。それがまた、家電製品全体の販売も伸ばすという好循環につながったのである。

日本企業の半導体からの撤退

一九八〇年代に半導体生産でわが世の春を謳歌《おうか》した日本の電機企業であったが、一九九〇年代にそのシェアは一気に低下した。そして一九九〇年代末になると日本企業は、半導体生産から次々と撤退を開始した。

日本の半導体生産は、長い間ＤＲＡＭ（Dynamic Random Access Memory：半導体記憶素子＝メモリの代表的製品）と、システムＬＳＩ（多機能集積回路：単機能のＬＳＩ＝半導体集積回路を用途に合わせて何

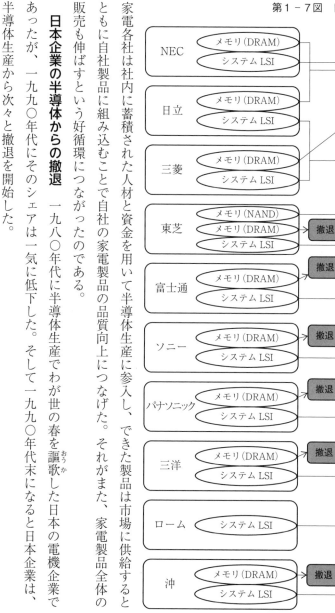

種類も詰め合わせ固定したもので、電気機器や自動車などの頭脳にあたる）が中心であった。この二分野で各社は水が引くように撤退したのだ。第1‐7図はその様子を図示した。

DRAM生産からは、一九九〇年代末から二〇〇〇年代初頭にかけて、富士通、東芝、ソニー、パナソニック、三洋、沖電気工業等が撤退した。日立製作所とNEC（日本電気）は両社のDRAM部門を統合し、NEC日立メモリ（一九九九年設立、翌年エルピーダメモリと改称）を設立し、二〇〇三年にはこれに三菱電機も加わった。つまり一〇社以上の電機メーカーが作っていたDRAM生産は、NEC、日立、三菱三社のDRAM部門を統一したエルピーダメモリただ一社が生産するだけになってしまったのだ。

システムLSIからの各社の撤退はDRAMより遅かった。DRAMからの撤退ののちは、各社ともシステムLSIに注力したからである。しかし結局二〇一〇年時点で残ったのは、ルネサスエレクトロニクス、東芝とパナソニックの半導体部門、富士通セミコンダクター、OKIセミコンダクタの五社であった。ルネサスエレクトロニクスは、ルネサステクノロジ（二〇〇三年に三菱と日立のLSI部門を統合）とNECエレクトロニクスを二〇一〇年に統合してできた会社で、エルピーダメモリと同じ三社（日立、三菱電機、NEC）の当該部門を統合したものである。東芝は一九九九年に東芝半導体部門を社内分社化し、システムLSIもここで生産を続けた。ロームと沖電気は二〇〇八年にOKIセミコンダクタ（二〇一一年にラピスセミコンダクタと社名変更）を設立した。[13]

②敗北の原因は何だったのか

米国による日本企業への圧力　半導体で日本が頂点から滑り落ちていく転換点、最初の契機となったのは日米の半導体摩擦であった。一九八〇年にはまだ、米国企業の半分以下しかなかった日本企業の半導体でのシェアは、一九八六年には米国企業の生産を追い抜き、一九八八年には世界市場の五〇パーセント以上を占めるに至ったが、この頃から米国企業による日本企業への攻撃が強化され、一九八四年には米国で半導体チップ保護法が成立し、翌年には同法に基づいてインテルがＮＥＣを、モトローラが日立を知的所有権侵害として訴えた。

一九八六年には日米の政府間協議が開始され、日米半導体協定が日本におしつけられた。一九八六年の協定の内容は、以後五年間、米国商務省に対して日本企業が販売・コストの情報を提出することを義務づけ、日本製品の対米輸出価格を米国が監視するという、異常な介入を行うものであった。しかも非公開の「サイドレター」（補足文書）では、日本市場での外国企業製半導体のシェアを二〇パーセント強にまで拡大することが合意された。さすがに米国も「米国製」を二〇パーセント以上輸入せよとまではいえず「外国製」としたのだが、これがその後の韓国等のアジア企業による半導体の日本への輸出を拡大することになった。

その上、日本企業による第三国（米国以外の）への輸出価格まで日本政府が監視することが決められ、対等な資本主義国間の交渉とはとてもいえない無法な要求が押し付けられた。この協定は、改定を経て一九九六年まで続いた(14)。しかも為替レートも一九八六年には一六八円、一九九五年には九四円と急上昇

第１－８図　DRAM生産　企業国籍別シェア

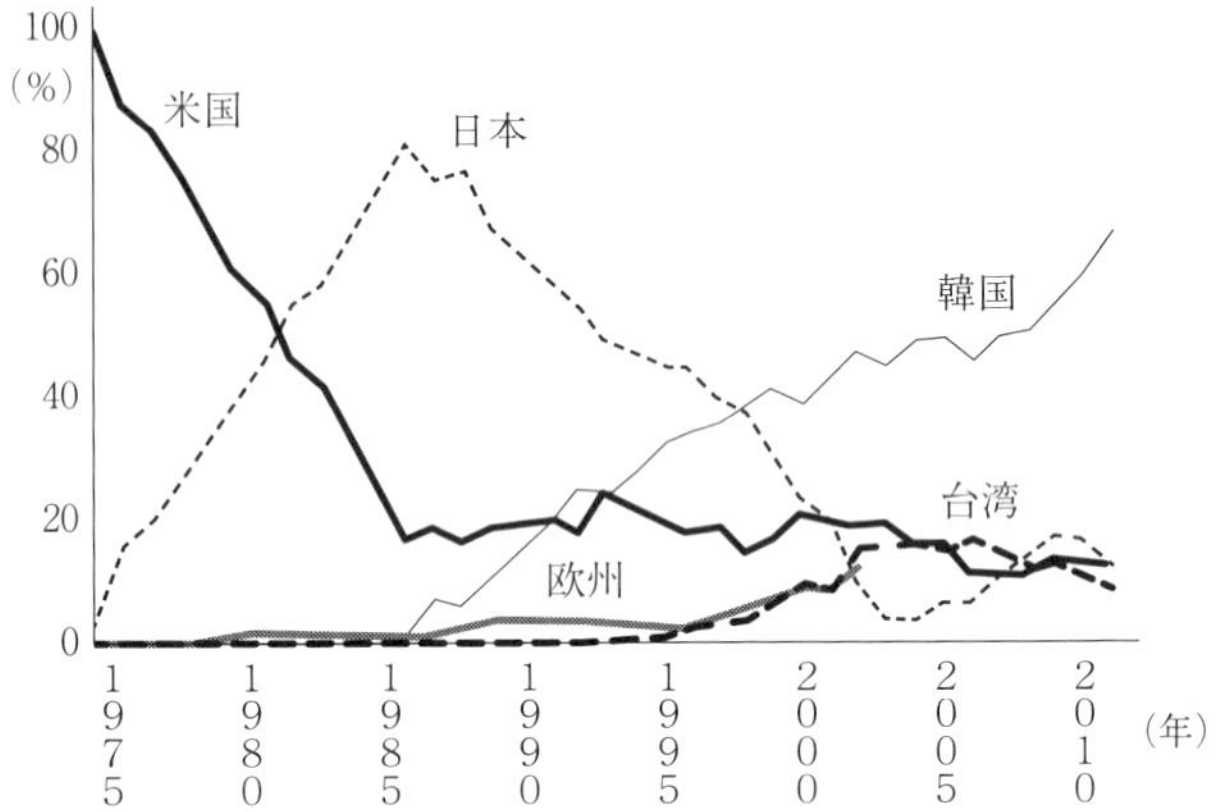

（出典）湯之上隆「エルピーダとは一体何だったのか」（JBpress 2012年4月5日）元データはガートナー・データクエスト

し、日本の半導体の競争力は急激に落ちた。一九八〇年代半ばには世界市場の五〇パーセント以上を占めた日本国内の半導体生産は、そのシェアを急低下させ一九九〇年代に入ると米国に抜かれて再逆転され、韓国等にも追い上げられていった。

DRAMでは韓国に敗北

DRAM生産では、日本は第１－８図のように一九七〇年代から一気に米国の独占を突き崩し、一九八〇年代半ばに世界全体の八割を生産して世界の頂点を走ったが、一九九〇年代以降急降下してしまった。日本の電機メーカーは一九九〇年代末になると、前掲第１－７図のように、DRAMからあっさり撤退してしまったからだ。

日本企業に代わって圧勝したのは韓国企業であった。二〇一〇年の生産ランキングでは、第１－６表のように韓国企業二社で約六割を占め、日本企業はエルピーダメモリ一社が一六・二パーセントを生産するだけとなり、そのエルピーダも後述するように二〇一三年、マイクロン・テクノロジーに買収されてしまったので、結局日本企業のDRAM生産はゼロになった。

一体なぜ、こんなことが起きたのか。

韓国企業がなぜＤＲＡＭで急成長し、勝利したのかについては、さまざまな理由があるが、最大の理由の一つは、ほかならぬ日本企業が韓国の半導体企業を「育成」したことである。

韓国企業がＤＲＡＭビジネスへ参入した当時、同国には「ＤＲＡＭを製造する際に必要な」産業がほとんど存在していなかった。「製造機器、検査機器、環境設備、材料、パッケージ材料、化学材料」といったすべての工程での技術がなかった。そこで日本で開発された半導体を作る機械（製造装置）そのものと、化学素材を日本から輸入したのである。(15)

半導体製造には、成膜、リソグラフィ、エッチング、洗浄、検査などの工程ごとに、異なった製造装置（機械）が必要である。(16)これらの製造装置は、日本の電機メーカーと半導体製造装置メーカーが共同で開発してきた。しかし一九九〇年代以降は半導体製造装置メーカーだけで開発・生産するようになり、電機メーカーは、製造装置メーカーから機械を購入するだけになった。しかし半導体の微細化、大容量化につれて製造装置の開発には、ますます多大な時間とコストが必要になったため、装置メーカーは、次第に日本以外の国に売り込んで、開発コストの回収をはかろうとし始めた。こうした時期と韓国企業のＤＲＡＭ生産拡大とが合致した。

そして製造装置メーカーは、売り込みの際に、競合他社と差を

第１－６表　DRAM 企業別世界シェア（2010 年）

順位	社名	国	シェア（%）
1	サムスン電子	韓国	37.4
2	ハイニックス	韓国	21.4
3	エルピーダメモリ	日本	16.2
4	マイクロン・テクノロジー	米国	12.6
5	南亜科技	台湾	4.4
6	力晶半導体	台湾	3.0
7	茂徳科技	台湾	1.5
8	華邦電子	台湾	1.3
9	エトロン	台湾	0.6
10	晶豪科技	台湾	0.5
	その他		1.2

（出所）米調査会社 IHS アイサプライ（売上高ベース）

つけるため「装置と同時に『その使用法や必要な反応条件などに関するノウハウも含めてユーザーに提供』するようになっ」ていった。製造装置メーカーから装置を買うと、技術者がついてきて生産を立ち上げ、指導してくれるというわけである。かくして日本の装置メーカーのおかげで「ＤＲＡＭは装置を買えば誰にでもできる」事業になり、「これをうまく利用した韓国は、売れ筋の装置をそろえることにより大きく成功した」といわれている。(17)

但し、この装置は恐ろしく高価である。たとえば二〇〇〇年代半ばの場合で、リソグラフィ装置一台が十数億円から五〇億円を超え、技術の進歩に従ってさらに高騰する。半導体工場では、このような高価なリソグラフィ装置を数十台も並べて使う。最先端の半導体では、製造原価の六〇パーセントが製造装置でしめられていた。(18)

ここに、サムスンが勝利したもう一つの大きな原因がある。半導体は多額の新規投資が必要で、その額は年々巨額になり、しかもできた製品の価格変動が激しく好・不況の波が大きい製品である。しかしサムスンは半導体不況の時期にさえ資金を大量投資し、市況が改善したら一気に増産してシェアを奪うという手法をとった。サムスンのようなオーナー企業だからこそ、果敢な（あるいは無謀な）投資が可能だったといわれている。リスクは大きいが、大胆な投資で成功を勝ち取ったというわけである。逆に日本の総合電機メーカーは、リスクの大きい決断はしなかったし、機動性のある戦略もとらなかった。それどころかＤＲＡＭ価格の低下や変動などで少し利益が落ちると分社化し切り捨てるか、早々と手を引き撤退する道を選んだ。この投資戦略にこそ日本メーカーの敗因があるとも論じられている。(19)

一九九〇年代後半以降の急激なウォン安が、韓国企業に有利に作用したこともあげられるが、いずれにせよ、日本の半導体製造装置メーカーが至れり尽くせりに製造装置を供給し、日本の素材メーカーも技術の粋を集めた先端素材を韓国企業に供給し続け、韓国の半導体産業を「育成」してきたのである。

そして、こうした韓国企業が急成長する最初のきっかけとなったのが、前述した日米半導体摩擦であった。米国は一九八六年から一〇年間にわたって日米半導体協定を押し付け、日本市場で「外国企業」製半導体のシェアを二〇パーセント強にまで拡大することなどを日本に義務づけたが、この時期に韓国製半導体は、日本への輸出を増加させた。韓国企業は日本企業との競争に敗れた米国半導体企業を買収し、それを母体として成長しつつあった。一方で日本の半導体生産は、米国商務省のいわば監視下に置かれて萎縮《いしゅく》した。米国企業は国家を前面に立てて日本企業を叩き、年月を経てアジア企業を媒介に日本企業潰しに成功したともいえよう。

システムLSIで台湾企業に敗北

DRAMから撤退した日本の電機メーカーは、システムLSIに経営資源を集中した。システムLSIは、それを内蔵するそれぞれの機械や電気器具の心臓部にあたり、一連の機能（システム）を集積した半導体集積回路である。どのような製品に内蔵されるかでその機能は異なる。このために、DRAMのような大量生産の製品と違い、多品種少量生産という特徴がある。

このシステムLSIにおいても、微細化、高度化に伴って、次第に製造装置の価格は高騰し、新工場を立ち上げるのには多額の費用がかかるようになった。二〇一〇年頃には新しいシステムLSIの工場立ち上げには三〇〇〇億円から五〇〇〇億円の巨額の資金が必要になっていた。[20] その上、携帯電話やデジタル家電用のシステムLSIは、製品のライフサイクルが短いため、莫大《ばくだい》な設備投資をしても、投資した費用を回収できない危険性も高い。

こうしたシステムＬＳＩの特性が、二〇〇〇年代にファウンドリ（foundry）を急成長させることになった。ファウンドリとは、多くの企業から注文をかき集めて大量の半導体チップ製造を専門に行う受託製造会社のことである。半導体メーカー等から半導体の設計データを受け取り、その設計に沿って半導体チップの生産を請け負うのだ。このファウンドリの中で世界最大の企業が、台湾積体電路製造（ＴＳＭＣ：台湾セミコンダクター）で、受託製造の世界シェア五割を握る。ＴＳＭＣは、日本の半導体大手の主力工場の一〇倍以上の能力を持つ生産拠点を世界に複数持っている。

台湾のファウンドリがここまで成長するに至ったのも、日本の技術と無縁ではない。日本の半導体メーカーが、ファウンドリに生産委託をする場合は、自社で構築した工程フローを、ファウンドリに移管して半導体デバイスを生産するが、日本の半導体メーカーの技術者は、しばしばファウンドリの半導体工場に入り込んで技術移管も行った。また、製造装置も多くの場合日本から導入されたが、装置を購入後の立ち上げは、すべて日本の装置メーカーの技術者が行った。

こうして成長した台湾ファウンドリは、「セルライブラリ」を所有するようになった。セルライブラリとは、いわば「ＳｏＣのカタログのようなもの」なのである。ＳｏＣ（System-on-a-Chip）とは、ある装置やシステムの動作に必要な機能のすべてを統合して、ひとつのチップに実装したもので、システムＬＳＩと基本的には同じ機能で、それがワン・チップに限定されたものである。このＳｏＣのカタログを用いると、たとえば「デジカメ用のＳｏＣを設計」する場合、「設計者が行う仕事とは、『世界標準の設計ツールを購入し、セルライブラリの中から、デジカメにぴったりのセルを指定すること』」だけになった。「セルさえ指定すれば、自動的に」、歩留まり、価格、納期がわかるのだ。設計者はリスクを負うことなく、回路がうまく動作するかの心配をする必要もない。「リーズナブルな条件で、リーズナブルな価格で、ビジネスプランを立てることができる」のだ。このため、たとえSoCを自らが量産している会社であっても、自社の能力を超えての増産が必要になった時に備えて、TSMCに製造を委託できるように「最初から、TSMCコンパチブル（互換性、適合性のある）な設計をしておく」ようになってしまった。[21]

かくして日本の電機メーカーやデジタルカメラメーカーのみならず、さまざまな半導体を組み込んだ製品のメーカーは、台湾のファウンドリに大きく依存するようになった。

但しファウンドリは受託した相手のブランド名で製造しているので、たとえばTSMCの名前が半導体製造企業として前面に出てくるわけではない。また委託する側も、完全なファブレス（工場がない）かといえばそうではない。自社でも生産しつつ委託する場合も多い。

③迫る半導体完全崩壊の危機

二〇一〇年前後になると、日本企業は半導体で劣勢とか後退といった段階ではもはやなく、崩壊ともいうべき過程に突入する。

DRAM生産の消滅――エルピーダは米国企業に買収される　DRAMを生産する日本企業がエルピーダメモリ一社になってしまったことは述べたが、そのエルピーダメモリも台湾企業（力晶科技、茂徳科技、華邦電子）への委託生産を加速させ、二〇一一年秋からは国内唯一の広島工場の生産設備を、最先端設備もひっくるめて台湾の子会社・瑞晶電子（六割強出資）に移設しつつあった。[22]

そんな矢先、同社は一二年二月に突然、会社更生法の適用を申請した。赤字続きで公的資金の注入も受けてはいたが、関係者も驚く突然の自主再建の断念であった。同社の買収企業を決定する五月の最終入札では、中国ホニーキャピタル＋米国ＴＰＧキャピタルのファンド連合と、米国の半導体製造会社マイクロン・テクノロジーの二者が応札した。入札金額はともに二〇〇〇億円超であったが、エルピーダは米・マイクロンを選んだ。

ホニーキャピタルは、中国の聯想《レノボ》（パソコンメーカー）グループ傘下のファンドで、同社に落札されれば日本技術の対中流出になり日本の世論の反発を招くことになりかねない、だから米国企業を選んだと評された。しかし、もともとエルピーダ社長・坂本はマイクロンに買収してもらおうとそれ以前からマイクロンと交渉していたのだ。その交渉が成立する直前に交渉相手であったマイクロンＣＥＯ（スティーブ・アップルトン）が急死してご破算になったため、坂本社長が突然会社更生法の適用を申請し、結局、当初の予定通りにマイクロンの応札・買収となったのである。その少し前には、日本政策投資銀行主導による東芝等との提携・再建話も進んでいたのだが、そうした構想を蹴ってまで、エルピーダは販売シェアが自社よりも劣っている米国企業・マイクロンに買収される道を選んだ。

二〇一三年七月にマイクロンがエルピーダの全株式取得を完了し、ここに日本企業による三〇年間のＤＲＡＭ生産の歴史は終了した。エルピーダメモリはマイクロンメモリジャパンと名を変えて、米国マイクロン・テクノロジーの子会社になった。(23) 二〇一〇年代には、電機企業の経営トップが奇妙なほどに米国企業に接近し、米国企業に合併や買収してもらおうとする選択が目立ち始める。このケースもその一例であった。

システムLSIでの委託生産拡大　二〇一〇年時点でシステムLSIを製造していたのは、前掲第1－7図に見るとおりであった。このうち東芝は、システムLSIの最先端品については二〇一一年度から設計だけ手掛け、生産はサムスンや米国の半導体受託会社・グローバルファウンドリーズへ委託することを二〇一〇年に決定した。グローバル社は当時ルネサスエレクトロニクスとも委託生産の契約をしていた。東芝は二〇〇八年度の半導体売上高は世界三位で、二〇〇八年にはソニーの長崎のシステムLSI生産設備を九〇〇億円で買い取るなどした。それにもかかわらずシステムLSI生産からは離脱し委託生産に収斂《しゅうれん》していった。(24)

パナソニックは、二〇一一年に三洋電機全体を子会社化したので、パナソニックと三洋の半導体部門も統合され、これと富士通セミコンダクターが統合して二〇一五年三月にソシオネクストを設立した。ただし同社もまたシステムLSIの設計・開発・販売のみを行い、生産は社外に委託する。このようにシステムLSIを製造する残ったメーカーも、委託生産になだれ込んでいった。

自動車業界主導のルネサス（システムLSI）再編　二〇一二年になるとルネサス、富士通、パナソニックの三社は、事業を統合し新会社を設立する協議を開始した。新会社は生産を行わず設計だけを行う構想で、生産は米国・グローバルファウンドリーズと産業革新機構が出資した子会社で行うというものであった。ここでも日本企業は生産から撤退し、米国企業への生産部門の売却が企図され、ルネサスの鶴岡工場、富士通の三重工場だけでなく、エルピーダメモリの広島工場を買い取ってグローバル社の子会社が生産を担う計画であった。(25)

しかし、この構想は実現しなかったため、ルネサスは二〇一二年八月頃には米国の買収ファンド・K

ＫＲ（コールバーグ・クラビス・ロバーツ）による経営支配の受け入れを進めていた。世界三位の生産を維持していたにもかかわらず米国ファンドへの身売りを模索していたのだ。

二〇一二年一二月になると、産業革新機構がルネサス再編に乗り出した。一三八三億円を出資してルネサス株式の六九・一六パーセントを握り、トヨタ自動車などの自動車関連等の企業も一一六億円、五・八二パーセントを出資する形での再編である。そして二〇一三年七月にはこれが実行された。(26)

産業革新機構とは、二〇〇九年に設立されたファンドで、政府が一四二〇億円を財政投融資特別会計から出資し、日本政策投資銀行や日本の大企業も計一〇〇億円を出資して設立されたもので、官民ファンドと銘打ってはいるが、いわば「国家ファンド」、「官製ファンド」である。先端技術の支援等に投資する目的で設立された。電機産業のものづくりからの撤退と、企業の一部、あるいは丸ごとが外国企業に買収される状況に、産業革新機構が電機分野再編に乗り出したのだ。

ルネサスの再編が産業革新機構主導となった背景には、日本の自動車業界の思惑があった。自動車各社はルネサスの作るマイコンに大きく依存しているため、ルネサスが米国企業に買収されることを嫌った。「ルネサスとトヨタは運命共同体」とトヨタ幹部は言ったが、そもそもルネサスが経営危機に陥った背景には、自動車業界のルネサス製品の買い叩きも大きかった。たとえばエンジンを制御するルネサス製のマイコンは、温度の急激な変化を繰り返す環境でも二〇年近く性能が劣化しないため、ライバルの米大手半導体・フリースケール・セミコンダクタ日本法人社長が「すごい品質で数倍の価格は取れる」と話すほどである。しかし「車向けマイコンは大口取引先からの値下げ要求が強く、利益率は一ケタ台と低」く抑えられ続けてきた。自動車各社はルネサスに対して系列の下請け会社にするように部品の価格低下を強要し、買い叩いてきたのである。産業革新機構の監視の下で大規模なリストラを迫られたため、ルネサスの四万八〇〇〇人いた従業員は二〇一五年九月には二万五〇〇〇人にまで減らされた。一八の工場を半減する計画も立てられ、主力の鶴岡工場をはじめ多くの工場が閉鎖、売却された[27]。

二〇一五年九月末になると、産業革新機構が保有しているルネサス株の売却凍結の期間が終了し、機構は持ち株の売却先を検討し始めた。その直後、日本電産が機構の持ち株を引き受けてルネサスの経営支配に乗り出したいと名乗りをあげた。しかし自動車メーカーは、これに待ったをかけた。日本電産は、ルネサスを「独ボッシュのような（世界の企業を相手にした）部品メーカー」にすると宣言していたため、そうなると「力が強くなりすぎて（日本の自動車業界が）半導体を安く安定的に買えなくな」ると心配したのだ（カッコ内は筆者加筆）。

二〇一六年四月、産業革新機構はルネサスの社長として日産自動車の系列会社で巨大部品メーカーであるカルソニックカンセイ前社長・呉文精を送り込んだ。自動車業界に都合の良い人物を社長に据え、機構所有株の今後の売却先も左右する構えであった。実は産業革新機構の会長兼ＣＥＯは志賀俊之だが（二〇一五年六月就任）、志賀はその直前まで日産の会長兼ＣＥＯであった。この志賀の肝煎《きもい》りでカルソニックカンセイの呉文精がルネサスの社長になった[28]。

産業革新機構は、「官民ファンド」とはいうものの資金はほとんど国が出している（株式の九五パーセント以上は経済産業大臣が所有）。そうした機関の意思決定の中枢に、直前まで一企業の経営者だった人物が座り、その業界の利害を持ち込んで良いのかという疑問も湧く。

ルネサスのトップは、米国企業へ秋波を送り続けて、簡単に企業売却に走ろうとしていたが、一方で自動車業界はルネサスを国内の自動車部品メーカーの地位に甘んじさせようとしている。いずれも日本のシステムLSI最後の砦《とりで》であるルネサスを食い物にするもので、一方は米国への投げ売り、一方は自動車企業の下請け化で、ともに日本半導体の未来はない。

NAND型にかける東芝半導体部門の終焉

東芝は他の半導体生産からは撤退したが、従来からNAND型には経営資源を注いできた。NAND型フラッシュメモリは、USBメモリなどに使われる不揮発性記憶素子（電源を供給しなくても記憶を保持）である。一九八〇年代に東芝が開発したもので、昨今は高性能ストレージとして企業の業務システムや携帯電話のメモリカード等々で需要が急増し、東芝のドル箱となって東芝全体の経営を支えていた。但し、世界のNAND型フラッシュメモリの生産では東芝は二位（一九・三パーセント）であり、サムスン電子が一位（三五・二パーセント）で、その他米国のウェスタンデジタル、マイクロン・テクノロジー、インテル、韓国のハイニックスなどの六社が生産する（二〇一六年）。

東芝はNAND型フラッシュメモリを積層構造にして容量を大きくした三次元メモリに注力し、二〇一六年春に四八層に重ねた三次元メモリの量産を開始した。二〇一五年度にはほとんど実績のなかった三次元メモリの比率を二〇一七年度には五割、二〇一八年度には八割に拡大する予定で、その製造装置に二〇一六年から三年間で一兆四〇〇〇億円を投じる計画を立て、実行に移しつつあった(29)。

ところが東芝は、後述するように原子力部門のために巨額の赤字を抱え、二〇一七年春には上場廃止の危機に追い込まれてしまった。このため大きな利益を上げているメモリ部門を切り離して売却し、損失を穴埋めすることになった。二〇一七年三月に締め切られた第一次入札には、米国・ウェスタンデジタル、韓国・ハイニックス、台湾・鴻海、米国・ブロードコムなどの企業や米国のシルバーレイク・パートナーやKKRなどの複数のファンドが応札したと伝えられている。その後、産業革新機構と米国巨大投資ファンドKKRが手を組み共同で応札する予定で、最有力ともいわれる。二〇一七年四月現在、どこに売却されるか不明だが、もし外国企業やファンドに売却されることになれば、日本企業による半導体生産は壊滅にまた一歩近づく。(30) 台湾や韓国企業に売却されることが「日本の国益」を損なうかのようにメディアは報じるが、米国のファンドに売却しても同じである。米国ファンド、およびそれが日本経済をどのように蝕みつつあるかは第4章・第一節で詳しく述べる。東芝の場合は、半導体部門そのものの問題があったわけではなく、最も利益を計上していた部門であったが、原発部門のための資金調達が躓《つまず》きの石になった。

いずれにせよ中国も含めたアジア企業の成長や、日本企業の買収・合併をおし進める米国企業の間にあって、日本企業だけが半導体生産から次々と退却していく。半導体のように高付加価値で輸送コストも少ない分野は、日本の国内生産にはうってつけの製品なのだが。

将来の巻き返しの展望もない——次世代メモリMRAM　今後、何か新しい技術開発によって日本の半導体分野が奇跡の巻き返しを図れる日がくるかといえば、そうした期待も持てそうにもない。たとえば、次世代メモリとして最も期待されているMRAM（磁気抵抗ランダムアクセスメモリ、磁気記録式メモリ）でも、日本の技術は、韓国や米国企業に結集して開発をしているからだ。MRAMは低消費電力で処理速度が速く、電源を切ってもデータが消えず、DRAMに比べ記憶容量と書き込み速度も一〇倍で、DRAMにかわる次世代メモリの一つとして期待されている。このMRAMを、東芝と韓国企業・

ハイニックス半導体が共同開発することで二〇一一年七月に合意した。韓国の京畿道利川市のハイニックスの研究施設に、材料技術を東芝が、製造工程の技術をハイニックスが持ち寄る。二〇一六年度にもハイニックスの工場で量産する計画だったが遅れている。[31] ＭＲＡＭは量産に一〇〇〇億円以上の投資が必要とされるが、東芝は技術を完成できたとしても投資に踏み切れないため、ハイニックスに依拠する。

マイクロン・テクノロジーも、エルピーダメモリを買収した直後にＭＲＡＭの開発に乗り出した。東北大に開発拠点を置き、半導体製造装置世界三位の東京エレクトロンや半導体ウエハー世界一位の信越化学、ルネサスエレクトロニクス、日立製作所なども参加し、関連トップ企業が結集する。生産は、旧エルピーダの広島工場で行うことをマイクロンは検討している。[32] なぜ、これがエルピーダメモリ時代にできなかったのだろうか。

マイクロンは、ＭＲＡＭだけでなく線幅一六ナノの世界最先端の微細加工技術を使用するＤＲＡＭの生産拡張にも取り組んでいる。二〇一五年秋から、旧エルピーダ広島工場に一年間で一〇〇〇億円超を投じＤＲＡＭとＮＡＮＤ型フラッシュメモリー事業の開発と量産設備に投資する計画を打ち出した。同社は二〇一六年八月期には約七〇〇〇億円を生産設備と研究開発に投じる計画もうち出した。[33]

日本企業にとっては、その他に急成長する中国の半導体大手・紫光《ユニチンファ》集団も脅威である。同集団は政府系ファンドをバックにしており、半導体受託製造会社の武漢新芯集成電路製造も傘下に収めて、今後、二兆四〇〇〇億円かけてメモリー工場を増設し、ＮＡＮＤ型フラッシュメモリの生産能力も増強する計画を立てている。[34] 韓国や台湾企業だけでなく、中国企業も半導体で大きく成長し始めているのだ。

技術もシェアも日本企業が世界の中心だったこの分野で、日本の電機企業は投資を惜しみ、外資の軍門に下って「カネ」と「指導」をあおぐか、外国で外国企業の生産のために研究・開発を行う。

(2) パソコン

本節は、なぜ日本が世界の電子機器生産のトップから滑り落ちて行ったかを、主たる製品分野ごとに探るが、「(2)産業用電子機器」では、典型的な製品の例としてノートブックパソコンをとりあげる。現在、「(2)産業用電子機器」分野の世界での最大の生産品は「携帯電話」であるが、日本企業は殆ど関与しておらず、国内生産では世界の〇・五パーセント、委託生産を含めた全生産でも五パーセントであり(二〇一四年)、この分野ではもともと競争ラインにすら立っていないからだ。

日本国内のパソコン生産は世界の四分の一から〇パーセントに　ノートブックパソコンの世界生産における日本の国内生産のシェアは、二〇〇二年の二六・五五パーセントから二〇一〇年には〇・二パーセントになった。デスクトップパソコンは、とっくの昔に数パーセントという比率になっており、二〇一〇年は〇・一パーセントであった。[35] 委託生産も含めた日本企業が関連するパソコン生産の世界生産に占める比率では、前掲第1-3表のように二〇一〇年は一六パーセント、二〇一四年は一四パーセントであった。日本に出回っているパソコンの多くが東芝やNEC、ソニーといった日本メーカーのブランド名だが、製造しているのはほとんど台湾企業であり、日本企業の委託を受けた台湾企業が中国で生産したものである。

台湾企業への委託生産　もともとパソコンを台湾企業に委託生産するというシステムを構築したのは、

米国のインテルである。CPU（Central Processing Unit：中央演算処理装置）のメーカーであるインテルは、競合するCPUメーカーやパソコンメーカー・IBMの支配を突き崩して自社のCPUの世界市場制覇をねらった。そのために、DellやGatewayなどの当時の新興パソコンメーカーに自社のCPUとチップ・セットを組み込んだパソコンを作らせ、そのパソコンで市場を制覇し、IBMを倒す作戦に出た。Dellなどは台湾企業に委託して低価格のパソコンを生産した。台湾メーカーは、インテルが提供する標準規格やチップ・セットを利用してパソコンの受託製造会社として一九九〇年代に急成長していった。

日本の電機メーカーがノートブック型のパソコン市場に参入するのは遅かったが、自社でノートパソコンのシステムを設計・製造する高い技術を保持していた。ところがシェアで負けている日本企業は一九九五年頃から台湾企業への委託生産を開始した。低価格のパソコンを自社ブランドで売り出し、品質だけでなく価格競争にも勝ってシェアを拡大しようとしたのだ。

日本電機メーカーの委託のやり方は、台湾ODM企業を一社あるいは二社程度に絞り込むという方針を取った。ODM企業とは、自主的にパソコンなどの製品を開発し、それを電機やエレクトロニクス・メーカーの注文主それぞれの要求に応じて多少の変更をしたものを、相手のブランド名で製造する受託生産企業のことである。「少数の台湾ODMメーカーを製造面や品質面の教育することで、品質・コストで優位な立場に立ち、ノートパソコンのシェアを獲得する」ことを企図した。日本メーカーは、「生産ラインへ大規模に自社の生産管理エンジニアを投入して徹底的にラインの改善を行った。また、この成果が他のブランド・メーカーに利用されないようにするため、ODMメーカーに対して専属的な取引関係を求めた」。しかし結局、日本メーカーのシェアは伸びなかった。日本メーカーと専属取引している台湾ODMメーカーの業績も伸びず、日本メーカーが「教育」した人材は、他のODM企業に流出・拡散し、「日系メーカーの努力により台湾ODMメーカー全体の底上げにつながった」だけという、まことに間抜けな結果に終わってしまった(36)。

そして序章で述べたような、世界のほとんどのパソコンの生産が台湾企業によって委託生産される時代になってしまった。

NECはパソコン部門を中国・レノボに売却　二〇一〇年代に入ると、NECのようにパソコン部門を中国企業に売り渡す企業も出現した。NECは中国最大のパソコンメーカー・レノボとパソコン事業で合弁することを二〇一一年一月に発表した。NECのパソコン事業会社（NECパーソナルプロダクツ）にレノボが過半を出資するが、その形式として合弁持ち株会社・レノボ・NECホールディングス（持ち株会社）を設立し、出資比率はレノボ側五一パーセント、NEC側四九パーセントになる。五年後はレノボ側が比率を引き上げる権利を有するもので、実質はNECのパソコン部門のレノボへの売却である。しかも「パソコン事業を移管する対価としてNECが受け取るのは二パーセント分のレノボ株。現金は入らない」というどっちつかずの不利な、形だけの「合弁」である。

NECは日本国内パソコン市場では一八・三パーセントの首位だったが、世界的には〇・九パーセントのシェアを占めるにすぎず、パソコンはお荷物になっていた。かたやレノボは世界で四位、八・二パーセント（中国内シェアは二七パーセントと首位）を占める（二〇〇九年出荷台数）が、日本市場でのシェアは低い。このため日本ではNECブランド名を使って日本市場を確保する。しかしレノボのねらいは

「我々は世界三大市場のうち、中国に続き日本でもリーダーになる」と楊元慶・最高経営責任者が合弁発表の記者会見で語ったことにその真意がある。またレノボ側には、無線などでの最先端技術を持つＮＥＣと手を組めば、クラウドを使った次世代端末の開発でもその技術力を獲得できるという計算もある。[37]こうして日本の技術は、中国にもとめどなく流出しつつある。

日本のパソコンは委託生産の果てに自社の独自性も出せなくなり、結局シェア争いに敗北し、中国企業に今までの蓄積した技術や市場を丸ごと売り渡すはめになってしまった。

二〇一五年末には、東芝、富士通のパソコン部門と、ソニーから独立したＶＡＩＯ（二〇一四年七月設立）の統合問題が浮上した。日本国内のパソコン出荷台数は、二〇一三年に一六〇〇万台を超え過去最高を記録した。マイクロソフトが、ウィンドウズＸＰのサポートを二〇一四年四月に終了すると一方的に宣言したため、消費者はまだ使えるパソコンを強制的に使用不能にされて買い換えざるを得なかったのだ。その「特需」のおかげで過去最高の出荷台数を記録したのだ。しかし二〇一五年は反動が来て販売不振に陥った。三社はお荷物と化しつつあったパソコン事業を統合しようとしたが、二〇一六年四月に白紙に戻ってしまった。ただし三社統合しても、世界シェアは三パーセント弱にしかならなかったが[38]。

台湾企業への委託生産に全面的に依拠して、ブランド名だけで勝負しても、日本国内では何とか通用しても世界でのシェアを伸ばすことはできない。母国民の消費という点では、母数が大きい中国や米国のブランドには勝てない。製品を作らずに製品の独自性を出すことはできないし、シェアを拡大することもできないのだ。果ては買収されるか消滅するしかない。

（3）液晶テレビ、液晶パネル

①液晶テレビ

液晶テレビでの敗北　液晶テレビも液晶パネルも、日本で生まれ、日本の消費者が育てた製品である。一九八三年に日本のエプソンが最初に液晶ポケットカラーテレビを発表し、翌年に発売した。一九九九年にはシャープが薄型の液晶テレビを発売し、二〇〇一年には世界生産の八六パーセントを日本が占めた[39]。液晶の利用は一九九〇年代には、日本メーカーによる基礎研究や技術開発によってデジタルビデオカメラやノートパソコン、カーナビへと広がった。

しかし二〇〇〇年代後半に液晶テレビでの日本企業のシェアは急減した。第1－7表（次頁）で二〇〇五年と二〇一四年の薄型テレビ世界シェア一～一〇位企業を比較すると、二〇〇五年の日本企業計四一パーセントと韓国企業計二〇パーセントが、二〇一四年には日本一四パーセント、韓国四〇パーセントへと逆になってしまった。また、二〇一四年になると中国企業が一七パーセントにまで追い上げた。この日本企業と韓国企業の地位逆転は、第1－9図（一四八頁）のように二〇〇五年から数年間のごく短期間に起きたのであった。

台湾企業への委託の拡大　液晶テレビでも、東芝やソニー、日立などは二〇〇八年頃から委託生産を拡大し始めた。たとえば東芝は二〇〇九年三月期には出荷額の三割程度を台湾企業に生産委託していたが、二〇一一年三月期には五割強に拡大する方針を出した。地デジ化で日本国内の需要が急増したその

第１－７表　薄型テレビの世界シェア2005年、2014年比較

（単位％）

企業名	2005年	2014年
シャープ（日）	16	4
パナソニック（日）	8	
ソニー（日）	8	6
東芝（日）	4	4
パイオニア（日）	2	
日本ビクター（日）	2	
日立製作所（日）	1	
日本企業小計	41	14
サムスン（韓）	11	24
LG電子（韓）	9	16
韓国企業小計	20	40
ハイセンス		5
TCL		5
スカイワース		4
康佳		3
中国企業小計		17
フィリップス（蘭）	11	
ビジオ（米）		3
その他	28	26

（出典）永井知美「テレビ市場の減少と展望」（株式会社　東レ経営研究所・業界展望　2014年８月）図表４より作成、原出はディスプレイサーチ
（注）2004年１～３月期、および2014年１～３月期の台数ベースシェア

時期に、自社の生産能力は拡大せず台湾企業への委託生産を拡大したのだ。テレビ用液晶パネルも、パソコンのパネルと合わせて台湾企業へ委託した。

ソニーは、二〇〇八年にはすでに二割程度の台湾企業への委託生産を行っていたが、同年一二月に全世界で一万六〇〇〇人以上の人員削減と生産拠点の約一割削減計画を発表した。同社のハワード・ストリンガー会長兼最高経営責任者（CEO）は二〇〇五年に就任以降、一万人をこす人員削減や生産拠点一一ヵ所の統廃合などを進めていたが、それをより徹底するとともに委託生産を拡大した。

こうした委託生産は、たとえば東芝のように価格を「ドル建て」で委託先に注文する場合が多く、いくら円高になっても電機メーカーは何の痛みも感じないで済むようになった。東芝は「ドルフリー経営」を達成したと自慢し、ソニーも「委託先が為替リスクを負担する」ので「ドル変動に業績が左右されない体質」と「評価」された[40]。東芝やソニーは、二〇一一年度には八～九割を委託生産したと見られる。

第1－8表　主要EMS、ODMとテレビメーカーの取引状況

	ソニー	シャープ	東芝	パナソニック	サムスン電子	LG電子
鴻海精密工業	●	●			●	●
TPV	●	●	●	検討中		●
TCL			○			
ウィストロン	●		●			○
ヴェステル	検討中	検討中	○			
コンパル	●	検討中	●			
Auo/BriView			○	○	検討中	検討中
オリオン		●	●	●		
ジェイビルサーキット	●					●

（出典）『週刊　ダイヤモンド』2011年11月12日号　53頁3－2表を基に加工

（注）●は取引あり、○は2011年から取引開始

（参考）各社の国籍および概要

＊鴻海精密工業（フォックスコン）（台湾）：世界最大のEMS企業

＊TPV（冠捷）（台湾）：台湾液晶ディスプレー最大手、三井物産も出資

＊TCL（TCL集団股份公司有限公司）（香港・中国）：電気機器、パソコン、携帯電話等の製造

＊ウィストロン（緯創資通）（台湾）：ノートパソコン受託大手

＊ヴェステル（トルコ）：電機メーカー、テレビ等の家電の委託生産、欧州向けで強い

＊コンパル（仁宝電脳）（台湾）：パソコン、電子部品製造での台湾大手

＊Au0/BriView（台湾）：Au0（友達光電）、BriView（景智電子）はAUOの子会社

＊オリオン（日本）：家電メーカー、自社ブランド品より受託製造OEM生産に力を注ぐ

＊ジェイビルサーキット（米国）：米国に本社をおくEMS。日本の御殿場工場はNECより買収

第1－8表で、二〇一一年頃の各電機企業のテレビ委託生産先と当該企業の概要を示した。委託を引き受ける企業の代表格は、台湾の鴻海精密工業（フォックスコン）である。序章で述べたように同社は世界最大の電子の機器の受託製造会社で、液晶テレビ等のデジタル家電、ノートパソコン、ゲーム機、デジタルカメラ等々あらゆる電子機器を相手のブランド名で製造する超巨大企業である。

日本国民は地デジ化で液晶テレビを強制的に購入させられ、エコポイントのために税金まで支出させられて、台湾企業を儲けさせていたことになる。日本企業は地デジ化特需のチャンスの中で、台湾企業への委託生産を加速させたあげく、韓国企業に決定的に敗北したのであった。そして二〇一六年三月には、薄型液晶テレビの生みの親で世界にその品質を誇ったシャープは、後で詳しく述べるが台湾企業・鴻海精密工業に

第1－9図　薄型テレビの世界シェア

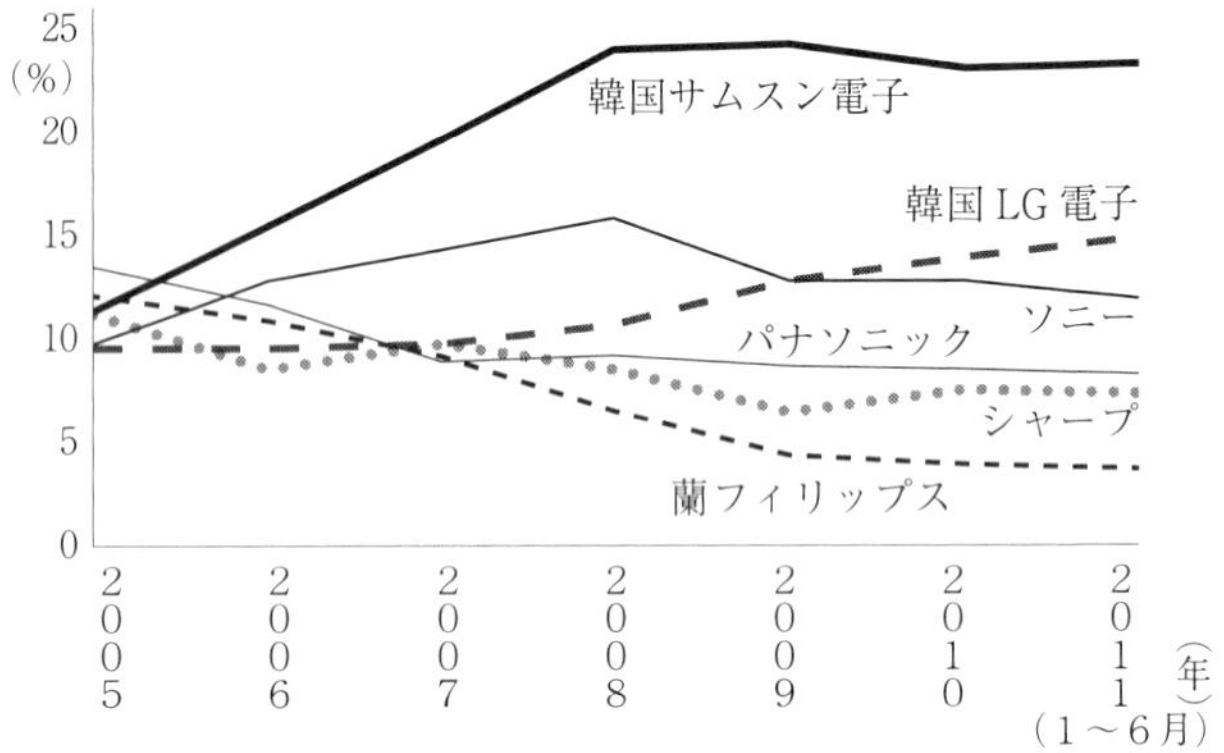

（出典）「ソニーが『テレビをやめる日』電機復活の条件　悪循環断ち新たな映像産業へ」日経新聞 2011 年 12 月 7 日付。元資料は米ディスプレイサーチ調べ、出荷金額ベース

吸収されてしまった。

テレビの海外生産も撤退　各社はテレビの海外工場の売却やリストラも徹底的に推し進めた。電機八社の世界テレビの工場の合計は、ピーク時の五八ヵ所から二〇一〇年春には四〇ヵ所を切り、リストラも進行し、数年間で一〇万人以上が削減された。

ソニーは二〇〇八年初めに一三ヵ所あったテレビ工場を一〇年三月までに六ヵ所にした。

日立は二〇〇九年に中国でのテレビ生産を中止、メキシコ工場も売却して海外生産から撤退して国内一社だけで生産する体制にしたが、二〇一二年にはそれからも撤退し、薄型テレビの生産そのものを完全にやめることを決めた。

パナソニックは液晶テレビで、二〇一五年一月に中国におけるテレビ生産を終了すると発表し、北米向けテレビを生産しているメキシコ工場は二〇一五年三月換気扇工場に転換することを決めた。日本国内向けにはマレーシアの主力工場と宇都宮で生産すると二〇一五年に決めた。

東芝は東南アジアの生産をインドネシアだけにし、イギリスからも撤退した。そして二〇一五年一二月になるとテレビ事業の海外市場から撤退し、国内での生産・販売に限定することを決めた。海外では自主開発・販売はやめて東芝ブランド供与型ビジネスに移行する。同社は中国を除くアジア向けにインドネシアでテレビを製造しているが、これも現地企業に売却することを決めた。

シャープもヨーロッパ市場におけるテレビ生産から撤退し、ブランド供与にシフトし、マレーシアの工場も売却し、米国でも機種を徹底的に絞り込む方針を採った。(41)

各社は安易なテレビの委託生産に走り、その果てに日本の国内工場を潰し、海外工場までも閉鎖した。技術を流出させ、委託生産で一時的、表面的な利益のみ追求した日本の電機産業の経営の末路であった。

②液晶パネル

韓国、台湾企業への敗北　薄型テレビ用のＴＦＴ（薄膜トランジスタ）液晶パネルでも日本企業は、独占状態から二〇〇八年には七パーセントに激減した。その一方、台湾企業が四六パーセント、韓国企業が四三パーセントとなった。(42) 液晶テレビの中核をなす液晶パネルでの敗北が、テレビでの敗北と一体で進行したのだ。

では、なぜ日本企業は液晶パネルでも無残に敗退したのか。ここでもＤＲＡＭ敗北の時と同じ構造、すなわち「ノウハウ」がぎっしり詰まった「製造設備が海外に流出することで、急速に海外企業にキャッチアップされ」たこと、それにくわえて日本企業による生産委託を通じての直接的な技術流出があったことがあげられる。

液晶パネルは二枚のガラス基板が液晶をサンドイッチのようにはさみ、ガラス基板に何枚ものフィルターが貼り付けられる構造になっているが、このガラス基板や偏光板、カラーフィルターは、極めて高度な技術蓄積の塊であり、日本のメーカー、たとえば住友化学や旭硝子は偏光板を、三菱ケミカルはパネル保護フィルムを、日本ゼオンは液晶の視野を広げる位相差フィルム、あるいは東京エレクトロンやアルバックは製造装置（製造機械）を、というように日本の素材、装置メーカーは極めて高い技術と世界のトップシェアを有している。こうした日本の素材や生産設備・装置メーカーが、中枢素材や機械を輸出し、同時に生産ノウハウも供与して、サムスンやLG電子などの韓国メーカーの台頭を支えたのである。

「韓国で液晶パネル生産が始まったのは、一九九〇年後半に日本から技術や生産ノウハウが移転した」からで、「韓国メーカーが日本の生産設備・装置メーカーや主要コンポーネント（カラーフィルター、ガラス基板や偏光板等）メーカーといった川上分野の企業との連携を強化したことにより、韓国のTFT―LCD産業が急成長した」（TFT―LCDとは、薄膜トランジスタ液晶ディスプレイのこと）。

一方、韓国メーカーの台頭を懸念した日本の電機メーカーは、その対抗策として台湾企業に技術を直接供与して低価格品を台湾メーカーに作らせ、それを自社ブランドで販売する戦略をとった。とくにパソコン用のパネルについては、日本の電機メーカーは二〇〇〇年頃から「台湾企業に技術供与を開始」し、装置や素材メーカーも「生産設備・装置や主要コンポーネントも台湾へ輸出するようになった」。結局、「台湾の液晶パネルメーカーは日本の最新設備を、ほぼそっくり導入して、まさに日本メーカーの工場をほぼコピー」したかのようになったという。[43]

第1―9表は、日本の電機メーカーがそれぞれに台湾企業と提携し、技術を移転した時期である。

その後、日本から直接技術供与を受けていない大型液晶パネルの生産でも、日本の材料や装置メーカ

第１－９表　日本から台湾への液晶パネルの技術移転

日本側	台湾側	工程世代	提携契約	量産開始
三菱電機	中華映管	第３世代	1997年	1999年５月
東芝	瀚宇彩晶	第３世代	1998年３月	2000年３月
日本IBM	達碁科技	第3.5世代	1998年３月	1999年７月
松下電器	聯友光電	第3.5世代	1998年	1999年10月
シャープ	広輝電子	第3.5世代	1999年５月	2001年３月

（出典）新宅純次郎・天野倫文編『ものづくりの国際経営戦略』（有斐閣　2009年）98頁　第４－４表より加工

ーとの共同もあって台湾企業は急成長を続けた。台湾企業はパネル組み立て生産拠点（後工程）を中国、とりわけ江蘇省をはじめとする華東地区に移転させ、低価格を実現し急成長を遂げた。

また韓国企業に対する日本企業による直接的な大型パネルの技術流出もあった。たとえばソニーはサムスンとの合弁企業Ｓ－ＬＣＤを二〇〇四年四月に立ち上げ、他社に先駆けて第七世代（一八七〇ミリ×二二〇〇ミリ）パネルの量産（生産能力月六万枚）を開始した。同社はさらに、業界で最も早い二〇〇七年八月に第八世代（二二〇〇ミリ×二五〇〇ミリ）の量産も開始した。日本の電機メーカーと素材、装置メーカーはこうして自らの対抗馬をせっせと育成してきたのである。

大型ディスプレイ・パネル――国内・海外での生産終了　第一節では「地デジ化」・「エコポイント」が、日本企業に「特需」をもたらしたことを述べたが、特需が終了すると大きな反動が業界を根底から揺さぶった。二〇〇〇年代末には、日本国内のテレビやテレビ・パネル工場がどんどん閉鎖されていったのだ。第１－10図は各電機メーカーの日本国内の液晶パネル工場が、どのように閉鎖や撤退、身売りを行ったかの動向である。同図のように二〇一一年時点ではかろうじてシャープとパナソニックあわせて三工場が残っていた。しかしパナソニックは二〇一三年に尼崎工場での

第1－10図　液晶・プラズマディスプレイパネル国内工場の撤退

凡例

工場名（所在地）		
生産能力（月産）		投資額
稼働時期	生産状況など	

	工場名（所在地）	生産能力（月産）	投資額	稼働時期	生産状況など	
1	シャープ　亀山第１工場　（三重県亀山市）	なし（新しい生産ライン準備中）	1500 億円	2004 年 1 月～09 年 1 月	液晶テレビからタブレットなどの生産拠点へ	スマホ向けに転用
2	シャープ　亀山第２工場　（三重県亀山市）	第８世代　80 万台（46 インチ換算）	3500 億円	2006 年 8 月～	液晶テレビからタブレットなどの生産拠点へ	タブレット向けに転用
3	シャープ　堺工場　（大阪府堺市）	第 10 世台　57 万台（60 インチ換算）	4200 億円	2009 年 10 月～	世界最大級の液晶パネル、テレビ工場	
4	パナソニック　茂原工場（千葉県茂原市）	第６世台　60 万台（32 インチ換算）	2200 億円	2006 年 5 月～	液晶テレビの生産中止、工場売却へ	生産中止！　売却へ
5	パナソニック　尼崎第１工場　（兵庫県尼崎市）	22 万台（42 インチ換算）	950 億円	2005 年 9 月～	プラズマテレビのパネル生産中止	生産中止！
6	パナソニック　尼崎第２工場　（兵庫県尼崎市）	60 万台（42 インチ換算）	1800 億円	2007 年 6 月～	プラズマテレビのパネル生産拠点	
7	パナソニック　尼崎第３工場　（兵庫県尼崎市）	33 万台（42 インチ換算）	1500 億円	2009 年 11 月～	プラズマテレビのパネル生産中止	生産中止！
8	パナソニック　姫路工場　（兵庫県姫路市）	第 8.5 世代　81 万台（32 インチ換算）	2350 億円	2010 年 4 月～	液晶テレビのパネル生産拠点	
9	日立プラズマディスプレイ　宮崎工場（宮崎県国富町）	20 万台（42 インチ換算）	1220 億円	2005 年 4 月～09 年 1 月	プラズマ工場閉鎖（昭和シェルへ譲渡）	工場譲渡
10	パイオニア　山梨工場（山梨県中央市）	3 万台	358 億円	1997 年 4 月～09 年 1 月	プラズマ工場閉鎖	工場閉鎖
11	パイオニア　静岡工場（静岡県袋井市）	2 万台	321 億円	2001 年 10 月～09 年 2 月	プラズマ工場閉鎖	工場閉鎖
12	パイオニア　鹿児島工場（鹿児島県出水市）	4.1 万台	351 億円	2004 年 10 月～09 年 3 月	NEC から買収したプラズマ工場、後に閉鎖	工場閉鎖

（出典）週刊『ダイヤモンド』2011 年 11 月 12 日号 32 頁より加工

生産を終了し、プラズマテレビの生産から撤退した。尼崎第三工場は二〇〇九年の一二月に完成したもので、当時世界一のプラズマ工場との触れ込みだったものであった。

液晶テレビ・パネルのシャープは丸ごと鴻海に買収される

第1-10図では、何とか国内生産を維持し続けていたシャープも、二〇一六年四月に鴻海精密工業にそっくり買収されてしまった。かつてシャープの液晶テレビは、その技術力、液晶画面の美しさによって世界に高く評価されてきた。それを作っている三重県亀山工場の製品は「亀山モデル」と称賛され、大型電気店ではわざわざ「亀山モデル」のタグをつけるほどであった。

但し、鴻海によるシャープ買収は唐突な出来事というわけではない。二〇一一年二月にシャープは、最新のテレビ用パネル技術を台湾・奇美電子《チーメイ》（現在の群創光電）に供与して同社への生産委託を開始したが、それは奇美電子の大株主であった鴻海に、シャープ堺工場の超大型パネルを部品として採用してもらおうという思惑からであった。奇美電子が売れ筋の二〇~四〇インチ型を生産し、堺工場では五〇インチ型以上、とくに六〇インチ型や七〇インチ型の超大型テレビ・パネルに特化して生産する「分業」体制を築いたのだ。この時すでに一〇インチ以上のテレビ用液晶パネル生産でシャープは世界第五位、奇美電子は第三位で、シャープより上位にあった。

そして二〇一二年三月に、シャープと鴻海は資本・業務提携を発表した。シャープは、鴻海から一〇パーセントの出資をしてもらい、シャープ堺工場の運営会社（シャープディスプレイプロダクト）株の四六・四八パーセントを鴻海・郭台銘《カクタイメイ》董事長《とうじちょう》に譲渡する、そのかわりに堺工場のパネルの五割を鴻海に引き取ってもらうという契約であった。[44] このようにシャープは、買収される前からすでに鴻海に大きく依存する体制を形成しつつあったのだ。

シャープ再建に関しては産業革新機構も乗り出していた。日本の電機業界全体の再編と一体になった再建案の検討を二〇一五年春頃から開始し、二〇一六年一月頃にはシャープも同機構主導の再建案を受け入れる方向にあった。産業革新機構の案では、シャープの液晶事業はジャパンディスプレイと統合し、家電は東芝と統合するというものである。ジャパンディスプレイは、東芝、ソニー、日立の中小型液晶部門を産業革新機構主導で二〇一二年四月に統合したものである。ここにシャープの液晶部門も統合しようというのである。

しかし、結局、シャープは二〇一六年四月に鴻海から提案されていた買収案を受け入れた。シャープには、みずほや三菱東京UFJ等の銀行から何人もが取締役として送り込まれており、これらの取締役は産業革新機構案が両行への実質的な債権放棄を要求していることを嫌ったためといわれる。またみずほ銀行は、第一勧銀時代から長らく鴻海に多額の融資もしており、鴻海とは利害が一致していた。こうして日本の家電大手が初めて外国企業に丸ごと買収されてしまったのであった。

この買収で鴻海傘下の大型パネルの世界シェアは二〇・四パーセント（群創光電一五・七パーセント、シャープ四・七パーセント）となり、一位のLGディスプレー（二七・四パーセント、韓国）、二位のサムスン電子（二〇・四パーセント、韓国）に迫り、並んだ。群創光電は、シャープがテレビ・パネルの生産で分担していたかつての奇美電子である。鴻海が二〇一二年一二月に奇美電子を完全子会社化して社名を変更したのだ。鴻海は中小型パネルでも一九・八パーセント（シャープ一三・一パーセント、群創光電六・七パーセント）となり、一位の韓国・LGディスプレイ（一七・九パーセント）を抜くのはもちろん、一位の日本のジャパンディスプレイ（二一・七パーセント）にも迫る（以上は二〇一五年実績）。日本はディスプレイ・パネルで、台湾企業の勝利に向けての大きな贈り物をした。(45)

鴻海は、買収時には雇用（正社員）は維持すると言っていたが、日本国内での生産や雇用の先行きは不透明である。鴻海は中国の河南省鄭州市や貴州省貴陽市などであらたな液晶パネル工場の建設を開始してもいる。当面は日本での生産も継続するだろうが、将来、日本で生産を続けようが続けまいが鴻海の自由なのだ。

③中小型パネル

産業革新機構による統合——ジャパンディスプレイが発足　テレビ用ではなく中小型液晶部門（スマートフォンなどに利用）では、前項で触れた「ジャパンディスプレイ」が、二〇一二年四月に操業を開始した。これは、東芝モバイルディスプレイ、ソニーモバイルディスプレイ、日立ディスプレイズ（それぞれ東芝、ソニー、日立の一〇〇パーセント出資子会社）の三社が、産業革新機構の主導の下に統合したものである。二〇一〇年の中小型液晶パネルの世界シェアは、東芝九・二パーセント、日立、六・三パーセント、ソニー六・一パーセントだったから合計二一・六パーセントとなり、一位だったシャープの一四・八パーセント、二位だったサムスンの一一・九パーセントを大きく引き離すものとなった。二〇一二年三月期の三社の単純合計売上高は五七〇〇億円であり、二〇一六年までに七五〇〇億円にするという計画だった。新会社設立にあたっては、産業革新機構が第三者割当増資をすべて引き受け、新株・増資を含む株式全体の約七割の約二〇〇〇億円を出資した。(46)二〇一四年三月になると、産業革新機構はジャパンディスプレイの持ち株を上場して、持ち株比率を低下させた。

このジャパンディスプレイが、シャープを統合しようとして、鴻海に敗れたことは述べたとおりである。もし合意が成立していれば、世界市場で三十数パーセントのシェアを占めることになり、二位に大きく水をあけることができたのだが。

シャープを買収した鴻海の追撃に備え、ジャパンディスプレイは製造ラインの一部廃止、早期退職の募集等に乗り出した。技術開発と投資で迎え撃つのではなく、「整理」によって備えるのだ。

現在、このジャパンディスプレイを支えているのはスマートフォン用のディスプレイで、売上高全体の八割を占める。とくにアップル向けは売上全体の四割以上を占める。しかしアップルは後述するように二〇一七年に有機ELを液晶に採用することを決めた。現在中小型サイズで有機ELの量産化を成功させているのは、サムスンだけであり、ジャパンディスプレイは、今後、これに対応できなければ大きな危機に直面することになる(47)。

NECは中小型液晶部門を中国企業に売却

NECは、自社の中小型液晶パネル子会社を中国企業に売却した。NECの液晶部門は、一九九〇年にノートパソコン向けの液晶事業に参入して以来、長い歴史を持つが、同社は二〇一一年七月、傘下のNEC液晶テクノロジー（NEC全額出資、二〇〇三年分社化）株の七〇パーセントを中国の天馬微電子に売却した。形は両社の合弁事業だが、経営の主導権は天馬微電子が握る。天馬微電子は、中国の中小型液晶の最大手である。日本の技術は中小型液晶ディスプレイでも中国企業に流出してしまった(48)。

④巻き返しの展望はあるのか――有機ELディスプレイの場合

日本の素材、装置メーカーが韓国で技術・生産の集積　二〇一二年一月、韓国のサムスンとLG電子が五五インチ型の大有機ELテレビを世界に先駆けて米国家電の見本市で発表し、世界中の注目を浴びた。市場への投入もLG電子は二〇一三年一月に、サムスンは同年六月に開始した。有機ELテレビや有機ELディスプレイは、今後液晶テレビ、液晶ディスプレイに代わることが期待されている。低電力で高い輝度をえることができ、応答速度や寿命、消費電力などの面で優れており、薄型にもでき、曲面にすることもできる。韓国二社の有機ELテレビの発表は、この分野で次世代を主導するのは日本ではなく韓国であることを明らかにした出来事だった[49]。

この有機ELディスプレイも、もともと日本がリードし、ソニーが二〇〇七年に世界で初めて一一インチ型のテレビを発売したが、既に二〇一〇年に国内販売を終了してしまった。日本の電機メーカーがもたついている間に、日本の装置や素材メーカーは韓国に進出し、サムスンやLG電子と共同して有機ELパネルの量産技術確立に向けての体制を整えた。テレビ用薄型パネルを作るには、そのための製造装置がまず必要であるが、液晶テレビなどの薄型パネル製造の装置をつくる世界最大手の日本企業・アルバックは、サムスンやLG電子と共同開発を進めるため海外初の研究拠点を韓国平沢市に新設した。

また、有機ELは発光材料をガラスに塗布し高温で定着させるが、テレビ用の大型ガラス基板の場合、発光材料を均一に塗布する技術が課題である。東京エレクトロンは三原色を低コストで大型ガラス基板に定着させる「インクジェット方式」をセイコーエプソンとともに開発するために、韓国華城市に五〇億円を投じて研究開発拠点を新設し二〇一二年三月に稼働させた。住友化学は、サムスングループと合弁でスマートフォン用のタッチパネルの工場を二〇一二年五月に韓国・平沢市に建設、全量をサムスングループに提供し、二〇一三年には同工場での生産設備を三倍に増やした。宇部興産はサムスンと合弁で耐熱性の強い樹脂材料を生産する新会社を、二〇一一年八月に設立した。ガラス基板を樹脂に置き換え、折り曲げ可能なパネルの実用化のためである。

有機ELの世界の市場規模は二〇一〇年の一〇億ドル程度から二〇一七年には大型、中小型併せて八〇億ドル程度になると、二〇一〇年時点ですでに予測されていたが、開発に消極的な日本の電機企業を尻目に、日本の材料・装置メーカーは、こぞって韓国に進出し、サムスンやLG電子との合弁や共同開発にいそしんだのだ。その結果、日本ではなく韓国で、有機EL関連産業の生産、技術集積が加速し、二〇一三年一〇月にサムスンは曲面デザインのスマートフォンも発売した[50]。

こうして日本は有機ELで、サムスンやLG電子に大きく遅れをとってしまった。しかもアップルは、二〇一七年に発売するiPhoneへの有機ELパネルの採用を決めた。前述したようにジャパンディスプレイは、アップルへのスマートフォンのパネル供給によって経営を支えてきたが、アップルが有機ELに転換すればジャパンディスプレイの納品は危うくなる。ジャパンディスプレイはJOLED（パナソニックとソニーの有機EL事業を統合して設立）とともに印刷方式の有機ELを開発中だが、二〇一六年四月現在、まだ量産は実現していない[51]。

のみならず、鴻海もまた、シャープを買収した三八〇〇億円のうちの二〇〇〇億円は、有機ELに投資することになっている。シャープの技術が鴻海の資金によって量産化されれば、これもまたジャパンディスプレイの危機につながる。

もしも、シャープがジャパンディスプレイに合流し、大・中小パネルを一手に担い、シャープの技術・ＩＧＺＯ（酸化物半導体）によって液晶パネルで闘うとともに、それを要素技術として有機ＥＬ開発にも利用する方向で進んでいれば、日本の電機産業の未来図絵も、だいぶ変わることになっていたかもしれないが。

二〇一七年に入って、日本の東芝、ソニー、パナソニックが相次いで有機ＥＬテレビを発売した。しかし、そこに使用するディスプレイパネルは、韓国ＬＧディスプレイ製のパネルである。東芝、ソニー、パナソニックはパネルを自社で生産できず、ＬＧディスプレイから仕入れて自社で組み立てるだけなのだ。日本のメーカーも、落ちるところまで落ちてしまった観がある。

素材メーカーから電機メーカーまで、日本企業はそっくり韓国、台湾企業に技術協力やわが身を投げ与え続けた。その果てに待っているのは、これらアジア企業からの日本に対する最終パンチなのだろう。

第三節　電機業界の目指す方向

①「単品売り」から「システムまるごと売り」へ

電機業界は、戦後五〇年の生産、技術の蓄積、伝統を反故《ほご》にして、どこに進もうとしているのか。

シャープ片山幹雄社長は二〇一一年に、「液晶テレビなんて、こんなにくだらないビジネスはない」と吐き出すように語っていた。単品売りは「一〇年しか持続しない」から、というのが片山氏のみならず電機業界の言い分であった。では何を売り、どこに活路を見いだそうというのか。

各社が二〇〇〇年代後半頃から新しい戦略として前面に押し出し始めたのは、「トータルソリューション」である。シャープは「『トータルソリューションカンパニー』への脱皮」を掲げ、日立は「トータルソリューション事業部」を置く。パナソニックは「まるごと事業推進本部」を置き、「単品売りからソリューション事業への移行」を掲げた。東芝、三菱電機も、社会インフラ・産業システム分野での「トータルソリューション」事業を強調した。[52]

「トータルソリューション」とは何か。ソリューションという言葉は問題を解決するという意味であるが、「トータルソリューション」の具体的な事業内容は、情報・通信や電力、鉄道、スマートシティといった事業で、公的機関や法人が求める仕様にあわせてシステムを開発し、システムのソフトウェア、ハードウェア、プラント建設、その後の運用・保守まで、「まるごと」引き受け、売った後も長期にわたって安定的かつ高収入を得ようというものである。たとえば、太陽電池なら、「太陽電池が生み出す電力まで売る」ことであり、鉄道なら部品や車両だけでなく鉄道の運行システム・保守も担うということである。要するに、「トータルソリューション」企業への脱皮とは、製品の「単品売り」から、運用・メンテナンスも含めた「システムまるごと売り」に移行するということである。

電子情報協会は、こうした分野を「ITソリューションサービス」と分類し、SI開発（コンサルテーションからシステム構築を含む、規格、設計、開発、納入を引き受ける）、アウトソーシング・その他サービス（ハードウェア、ソフトウェアの保守サービス、リモート監視等）、ソフトウェアなどに分けて生産額の統計を出している。世界的にはこの分野が電子情報産業で拡大しつつある。[53]

各社の部門別売上　各電機企業にとってこうしたソリューションサービスは、二〇一〇年時点でどの程度の比重を占めるのか。日本の電機メーカーは、総合電機メーカー（東芝、日立、三菱電機：重電機から家電まで）、家電メーカー（パナソニック、ソニー、シャープ：家電・電子分野中心）、通信機系メーカー（NEC、富士通、沖電気：電話や通信機メーカーから発展し、コンピュータとその関連装置に特化）の三種類に大きく分けられるが、二〇一〇年頃には総合電機メーカーは「システムまるごと売り」に脱皮しようとしており、通信機系メーカーはすでに完全に移行し、家電メーカーは「単品売り」の状態であった。

たとえば通信機系メーカー・富士通の二〇一〇年のセグメント別売上高では、「テクノロジー・ソリューション」というセグメントが六二パーセントと圧倒的比率を占めていたが、これは情報システム・プラットホームの構築（たとえば光伝送システムや携帯電話基地局の構築）とそれと一体になったサービス提供を中心としていた。

総合電機メーカー・東芝では、「システムまるごと売り」の中心は、「社会インフラ」で、売り上げ全体の三三パーセントを占め、「デジタルプロダクツ」の三三パーセントと並んでいた。

同じく総合電機メーカー・日立の「システムまるごと売り」は、「電子装置システム」一〇パーセント、「社会産業システム」（鉄道等の社会・産業インフラにかかわる機器と管理システム）一一パーセント、「電力システム」八パーセント、「情報通信システム」一六パーセントであった。セグメント名は各社それぞれバラバラに名づけられており内実も多様なため、比較は難しいが、総合電機メーカーの「システ

第1－11図　セメグント別年平均営業利益率

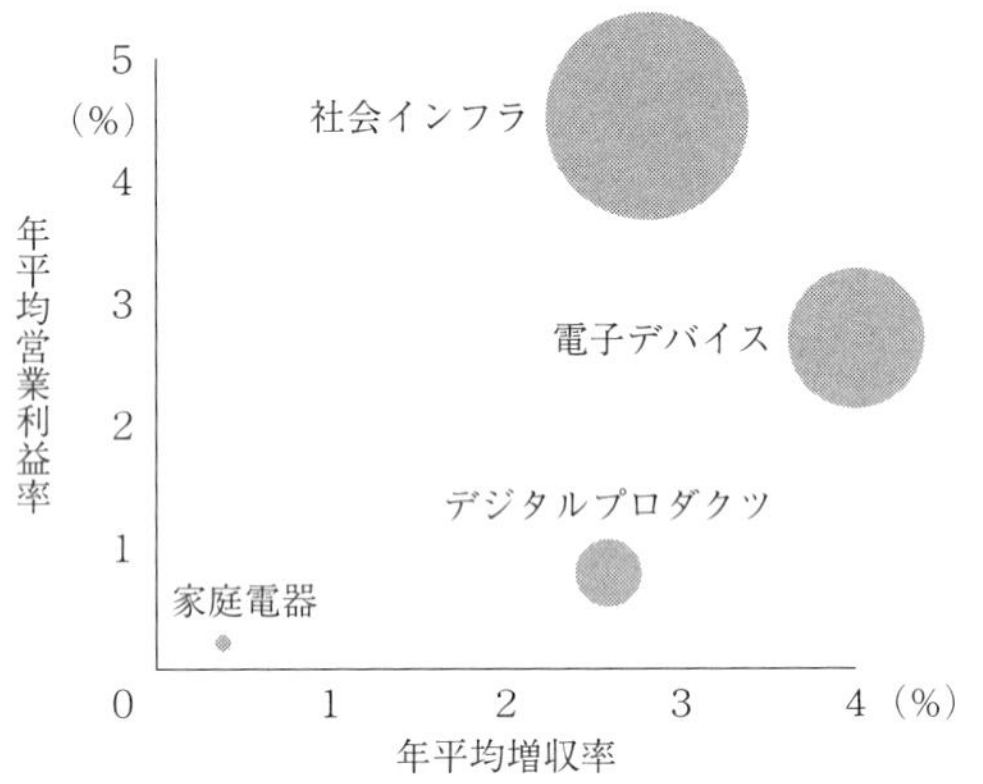

(出典)「(会社研究) 東芝 (上)　原発1兆円の目標堅持どう埋める『数年の停滞』」日経新聞 2011年12月2日付
(注) 対象期間は2003年3月期から12年3月期予想までの10年間。円の大きさは営業利益の大きさを反映

ムまるごと売り」は社会インフラ、つまり鉄道、電力、情報通信等の分野での重電機器とそのシステムの運用管理に重点が置かれていると考えてよいだろう。

家電メーカー系のシャープではエレクトロニクス機器五五・九パーセント、電子部品四四・一パーセントと、まさに「単品売り」そのものであった[54]。

収益率は、たとえば東芝の二〇〇〇年から一〇年間の収益では、第1－11図のように圧倒的に社会インフラ部門が大きかった。これを見ると社会インフラはいかにも収益性の高い分野にうつる。このため東芝はじめ各社は、社会インフラ部門に急速に経営の重心を移していったのだ。

②社会インフラの「システム売り」

太陽光パネル、電池　各社は、どんな具体的事業で「システム売り」を行おうとしていたのか。二〇一〇年頃では、シャープやパナソニックの家電メーカー系は、太陽光パネル・太陽光発電によって脱皮をはかろうとしていた。液晶パネル工場は太陽光パネル工場に転換しやすいからだ。その際パネルだけを売るのではなく、「システム売り」を目指し、たとえばパナソニックは、二〇一一年五月に計画した藤沢市のエコタウン建設計画では、一〇〇〇世帯のすべてに太陽光パネルを取り付け、発電したエネルギーは同社製のリチウムイオン電池に貯め、保守メンテナンスも同社が担うというものであった[55]。

シャープは、「太陽光パネルの生産だけでなく、発電ビジネスまで手がける」（片山幹雄社長）とし、イタリア最大の電力会社エネルと共同で独立発電事業（IPP）の合弁会社を設立した。一〇年一一月には米大手エネルギー開発会社のリカレント社を買収し、タイで世界最大級のメガソーラ（メガワット級の太陽光発電所）を建設し、世界中で太陽光発電所を作ると意気込んでいた[56]。

しかしシャープの太陽光発電事業は振るわず、太陽光発電のために二〇一〇年に買収した米国子会社リカレント・エナジーは、結局二〇一五年三月に売却してしまった。シャープは太陽電池の生産で二〇〇〇年には世界のトップであったが、二〇〇七年にはトップの座から陥落した。ドイツのメーカーに追い抜かれたのだ。その後中国企業が急成長し、二〇一四年の世界の太陽電池の一〇位までのシェアでは、一〇社中六社が中国企業（うち一社はカナダ・中国合弁）で、一～六位では韓国企業が一社だけ四位に顔を出す以外は中国企業が顔を並べた。シャープは七位になっていた[57]。日本国内では二〇〇三年までは、政府の「住宅用太陽光発電導入促進事業」の補助金制度があり、シャープは国内での個別家庭への販売を拡大したが、事業者への販売や海外での販売では、中国企業との競争にあっさりと負けてしまった。太陽光パネルのように、それほど高度な技術やその蓄積を要するものではない製品では、新興国企業には勝てないのだ。

インフラ輸出　総合電機系の東芝、日立、三菱の各電機三社は、もともと強固な重電部門を擁していたため、「システムまるごと売り」は情報・通信、交通、電力等の社会インフラ分野を中心に推進された。電力では、原子力発電、水力・火力発電、太陽光発電、スマートグリッド、スマートシティ等の世界での展開を期待し、交通ではリニア、高速鉄道、都市交通等々での車両とその運営システムで、国内以上に海外での展開に期待を寄せていた。三社ともに、二〇一〇年前後には第4章で述べるインドのデリー・ムンバイ間でスマートグリッドや発電所も含めた多数の都市建設と交通網整備に参加した。

特に鉄道分野では、世界で都市鉄道、高速鉄道（新幹線）の市場拡大が見込まれていた。日立、東芝、三菱電機各社は、車両搭載部品、信号・架線・通信設備、運行管理システム等の分野で優れた技術を有しており、鉄道関連製品・設備とそのシステムの一貫受注を期待していた。とくに日立は高速鉄道も含めた鉄道車両の製造も行っており、二〇〇五年には英国向けの高速鉄道車両一七四両を受注するとともに、日本企業で初めての保守契約も結んでいた。同社は二〇一五年にはイタリアの車両メーカー・アンサルドブレダも買収し、欧米での受注も目指す(58)。但しこの分野では、第3章、第5章でも述べるように中国企業の成長が著しく、競争も熾烈《しれつ》になっている。

原発輸出　インフラ輸出の中核として総合電機系各社がもっとも力を注いだのは原発輸出であった。二〇〇〇年代後半に各社は、海外原発事業の買収や合弁会社設立などで、原発輸出に邁進《まいしん》する態勢を整えた。

例えば東芝は二〇〇六年二月に米国の原発大手ウエスティングハウス（WH）を約四二億ドル（当時のレートで四八〇〇億円、その後追加出資をしたため総額六〇〇〇億円超）の巨額で買収し、原発を目玉に据える戦略に舵を切った。WHは二〇〇七年、二〇〇八年に中国で四基、米国で四基の原発を受注しており、東芝はそれらも含めて二〇一五年までに世界で三九基の原発受注を目指す目標を、二〇〇九年八月に発表した。原発は一基で数千億円から一兆円以上になるものもあり、三九基も受注すれば莫大な金額になる。テレビや白物家電などを薄利でちまちまと売るなどばかばかしいということになるのだろう。

日立も二〇〇七年に、米ゼネラル・エレクトリック（GE）との合弁企業・GE日立ニュークリアエナジーを設立した。二〇一〇年時点では、二〇三〇年までに三八基以上の新規受注を目指すことを目標に掲げた。同社は米国で出力一五五万キロワットの大型炉・五基の受注もすでに内定していた。

三菱重工は自主技術で開発した一七〇万キロワットの大型炉に力を注いでおり、米国で三基の採用も内定していた。同社は二〇一〇年六月に、スペインのイベリンコと原子力事業で提携した。ヨーロッパでも二〇三〇年までに数十基の原発新設が見込まれていたため、ここでの受注を念頭においてのことであった。同社は長らくWHと提携していたが、東芝によるWHの買収で解消してしまったのだ。フランス原発企業・アレバとの合弁で新型炉の開発も行っていた。

二〇一〇年時点で、各社が参入をねらっていた世界の原発は、英国（WH、三菱重工）、フィンランド（東芝、GE日立ニュークリアエナジー、三菱重工）、カザフスタン（東芝）、トルコ（東芝）、ヨルダン（三菱重工）、インド（GE日立ニュークリアエナジー、WH）などが主なものであった。

この時期は、世界的に原発が地球温暖化ガスの削減に有力な切り札とされ、「原発ルネッサンス」がうたい文句となっていた。世界中で原発の建設ラッシュを迎えようとしていた。世界一の原発大国であった米国でも、一九七九年のスリーマイル島の原発事故以来中止されていた原発建設に乗り出そうとしていた。(59)

電機業界の社会インフラ戦略と政府の「成長戦略」との表裏一体

こうした電機業界の二〇〇〇年代

後半以降の方向性は、二〇一〇年六月に出された政府の戦略・「新成長戦略」の戦略分野と完全に重なる。それは今後の戦略分野としてインフラ関連・システム輸出（原子力、水、鉄道等）と環境・エネルギー課題解決産業（スマートグリッド、次世代自動車等）に特に力点を置いたものである。具体的には、原子力発電、太陽光発電等の再生可能エネルギー、火力発電、水道、鉄道、宇宙産業、スマートグリッド・スマートコミュニティと次世代送配電、都市開発、工業団地等を今後の日本経済成長の核としよう、これらを日本国内で拡大するだけでなく海外にもシステム輸出しようというのだ。電機各社もまた、この成長戦略と一体となって、これらの分野でシステム開発し、ソフトウェア、ハードウェア、プラント建設、その後の運用・保守をそっくり引き受ける「まるごと」事業に、海外でも邁進しようというのだ。

「新成長戦略に電機業界が合わせた」というより、二〇〇〇年代後半以降の電機業界の戦略を、「新成長戦略」に組み込ませたと言った方が正確だろう。「新成長戦略」作成のための「成長戦略検討会議」や産業構造審議会・産業競争力部会（「新成長戦略」の具体化版・「産業構造ビジョン二〇一〇」を審議・作成）にも電機や素材メーカーのトップなどが多数参加していた。その戦略は安倍内閣の成長戦略でも受け継がれ、目玉戦略になった。

③企業にとってのインフラ輸出のリスク

インフラ輸出の陥穽　インフラ輸出は、確かに大きなビジネスである。例えば東芝の原発なら、同社の掲げた目標の三九基の受注目標が実現すれば、建設だけで数十兆円規模のビジネスになる。しかしインフラ輸出の売り込み先は、外国の政府、自治体、あるいは企業・業界連合などであるため、自国や販売先の政府の政策と一体とならざるを得ない。自国の政府が先頭に立って「各国政府や各種業界団体に対するロビー活動」を行うことも必要であり、時には相手国政府に新たな法律を制定させることまでも必要になる。

また、こうした分野は、先進国企業のみならず中国のような新興国も今、力を注ぐ分野でもあり、国家間の競争は熾烈である。個別企業の「技術力」よりもむしろ、その他の面での付加価値が売り込みの成否を左右することが多い。事故時の補償をどれだけ行うかとか、相手国に対する政治・経済援助等々がものを言う。従来のビジネスとは桁が何桁も違う巨額のビジネスであるため、その支払代金を相手国にどう融資してやるかは最大の問題である。

こうしたインフラ輸出のために、「新成長戦略」では日本の公的資金や年金基金、簡保や郵貯銀行などを活用して、融資や補償、再保険などを行うとするものだが、「投融資が焦げ付けば、『結局は一般会計で面倒を見ざるを得なくなる』(財務省幹部)」しくみにもなっている。[60] インフラ輸出は第3章、第5章で詳しく述べるように、いわば国家や国民のカネを湯水のごとく他国のインフラに注ぎ込むことで成り立つビジネスなのだ。

東芝の危機――のしかかる原発の重荷と不正会計

インフラ輸出は国家と国民に大きなリスクを負わせるが、それだけでなく企業にとってもリスクは大きい。事故時の補償問題はむろんだが、インフラ輸出は、政治や世論、各国民の動向に極端に左右される。とりわけ新興国、発展途上国では、どんな傾向の政治勢力が政権に就くかで、どこの国の企業から受注するかまで決まってしまう場合が多いし、相手国の財政状況のためいったん受注した工事がストップさせられるなども多々起きる。企業にとってもきわめてリスクの大きいビジネスでもあるのだ。

インフラ輸出の企業にとっての本当のリスクは、インフラ輸出政策が進展してからかなり先の未来にしか明らかにならないが、その一端を垣間見せられたのが原発輸出と東芝の関係であった。二〇一一年三月の福島第一原発の事故で、世界の原発への熱気は一気に鎮静化した。各国は原発建設計画を一時棚上げしたり、白紙に戻したりし始めた。ドイツのように脱原発を掲げる国も出てきた。二〇一四年には世界で新規着工された原発はわずか三基で、二〇一〇年の五分の一にまで減っていた(61)。

しかも原発の安全性への規制も厳しくなり、とくに米国などでは新たな基準を満たすために建設費用は当初の予定を大きく超過した。その負担は、すでに米国で原発建設を固定価格で受注している東芝に大きくのしかかることとなった。原発の安全コストが増したことによる発電コストの高騰にもつながって、米国の原発建設熱は冷めてしまった。これらの状況が原発建設に経営資源を集中しつつあった日本の電機企業には大きな打撃となった。

とくに東芝は、WH買収のために追加出資も含めて六〇〇〇億円以上支払ったが、当時のWH社の企業価値は、「二〇〇〇億円程度」（三菱重工重役）と見られていた。三菱はそのためにWHの買収競争から早々と手を引いたほどである。東芝は、WHの純資産と買収価格との差額を「無形固定資産」（のれん代）として約三五〇〇億円も計上せざるを得なかった。「無形固定資産」とは、将来生み出す収益を前提としたものであるため、想定したほどの収益が見込めなくなれば、「資産としての正当性を失い、決算上で減損処理することが義務付けられている」のだ。その上、米国での原発建設の高コスト化や、米国での原発熱の急冷は、のれん代の償却どころか原発部門の大赤字も引き起こし、WHを巡る減損問題は「東芝を最悪のシナリオへと導く〝爆弾〟」になっていった(62)。

しかも東芝は、この巨額の買収資金を金融機関からの借入金で賄った。ここにリーマンショックが襲い、半導体関連の需要が激減し、テレビも地デジ化以降は需要が激減し、福島第一原発の事故以降は、同社の株価も著しく下落するという八方塞がり状態に陥った。こうした中で二〇一五年に突然、東芝の不正会計が明らかになった。二〇〇九年から二〇一五年七月までに合計一五〇〇億円以上の利益修正をしていたのである。

なぜ東芝は、危うい不正会計に走ったのか。不正会計の始まりは二〇〇九年三月期決算であり、同社はこの期に巨額の赤字を出した。この時、「財務制限条項」に抵触するおそれが起き、その回避がきっかけではなかったかと推測されている。「財務制限条項」とは、銀行が融資を行うに当たって、財務上の基準条件、たとえば経常利益が二期連続して赤字にならないとか、純資産が前期比七五パーセントを下回らないといった個別の条件を付け、借り手企業は常にそれを満たしておく必要があるというものだ。もしその条件を満たせない場合には、銀行は企業に即座に貸した金を返せと請求できるのだ。それは即、企業が破綻に追い込まれることを意味する。二〇〇九年三月期の決算はその条項に抵触したため、決算確定前に当該金融機関とのあいだで条項の修正を合意したという。東芝が複数の金融機関と締結している借入契約に、この「財務制限条項」が付されていたからだ。東芝は、二〇〇九、二〇一〇年以外は不正会計を行わなくても黒字だったが、同社がその後も利益水増しを続けたのは、この「財務制限条項」に抵触することを恐れ、強引な利益のかさ上げを続けたのだといわれている。

そのおおもとの財務制限条項がついた借入の中にＷＨの買収資金が入っていたかどうかは不明だが、

いずれにせよ、もしWHの「のれん代」を減損処理すれば、たちまち巨額赤字の連続となり、「財務制限条項」に抵触することは明白である。東芝は「のれん代」の減損処理ができないため、原発事業の利益を誇大に見せかけ続けるしかなかったのだ。(63) むろん、東芝の目論見どおり原発輸出が順調にすすみ、大きな利益を計上できていれば別であったが、東芝は二〇一五年になっても、実際に受注していた原発はWHが受注した米国四基と中国四基に過ぎなかった。しかもその米国での原発の建設コストは米政府の規制強化で急上昇し、利益どころか大きな損失を出すに至っていた。

不正会計が明るみに出てしまったあとの二〇一六年の三月期決算では、東芝はWHの事業価値を見直して、二六〇〇億円の損失を計上した。東芝メディカルシステムズという超優良事業のキヤノンへの売却も決めて、その売却益五九〇〇億円を計上して最終損益を圧縮し、同期の連結最終損益は四六〇〇億円の赤字に抑えた。東芝は他分野の整理も行わざるを得ず、白物家電を中国の美的集団に売却することで二〇一六年三月に合意した。美的集団はMidiaブランドで家電を販売する世界シェア第二位の企業である。HDD事業も縮小し、一万四〇〇〇人強の人員削減も実施した。(64)

そして二〇一七年三月三〇日の株主総会では、その前日にWHの米連邦破産法一一条の適用を申請して同社の破産手続きを開始したこと、稼ぎ頭の半導体メモリ事業を売却することが了承された。二〇一七年三月期の当期純損益では一兆円を超える赤字になることが予想され、債務超過額も約六二〇〇億円となることが予想されたため、最も利益を出している半導体メモリ部門を一・五兆円から二兆円で売却して、債務超過の穴埋めをせざるを得なくなったのだ。二期連続で債務超過になると自動的に上場廃止となるため、東芝は二〇一八年三月期中には何としても解消しなければならないからだ。

このように、福島原発の事故と世界の原発建設熱の低下は、東芝の不正会計と半導体をはじめとした諸部門の売却、そしてかつてない経営危機につながってしまった。百数十年の歴史を持つ名門企業は、原発輸出戦略のつまずきが震源となって屋台骨を揺るがされている。

東芝のケースを見る時、社会インフラがいかに日本と相手国の政府の政策や社会情勢に大きく左右されるか、金額が巨額なだけにそれが企業にどれほど大きな負荷をかけるかの一端を教えてくれる。但しまだこれはほんの序章に過ぎない。

そして東芝のケースが教えてくれるのは、日本の電機企業敗北に潜むもう一つの要因――金融機関と製造企業の関係の問題である。かつての高度成長期には、金融機関は製造業企業を育てるわき役に徹していたが、それが大きく変わったことを東芝の不正会計問題は見せつけた。むろん昔から金融機関がどんな製造業にも手厚かったわけでは毛頭ないが、しかし旧財閥を中心とした大企業グループが株式を持ち合い、支え合って成長していた時代には、金融機関はオーバーローンに陥りながら成長資金をグループの中核製造企業に供給し、それが日本の高度成長を支えてきた。ところが第4章で論じるように、そうした日本の成長構造は「特殊」で「不公正」なものとして、米国から徹底的に叩かれた。一九九〇年代には、米国は日本政府に「要求書」まで突き付け、「改革」を迫り、改革の成果を毎年点検までした。企業の理念や統治のあり方も、二〇〇〇年代になると「株主」の利益第一、株価第一、したがって短期の「業績」を徹底的に追求するよう米国は要求し続け、日本を、ものづくりに基礎を置いた資本主義から、機関投資家資本主義、ファンド資本主義というべきものに転換することを迫ったのだ。日本の金融機関に対しても、様々な手段、ルートで変質を迫った。

この頃から日本企業は、自己資金が有り余っている時にしか長期の将来を見据えた果敢な投資ができなくなった。韓国や台湾企業では創業経営者が支配しているため、大胆で果敢な投資が可能であることはすでに触れてきたが、こうした韓国、台湾企業に日本の電機企業が本格的に敗北し始めたのもこの頃からであった。東芝は現在、約八〇行からなる融資団から融資を受けているが、こうした寄木細工の融資団が、製造企業の将来を展望して危機を乗り切るための支えになることは決してない。いずれ銀行団は手を引き、米国の投資ファンドが日本企業を餌食として食い荒らすのを傍観しているだけの時が来るだろう(65)。

東芝が現在抱える問題は、日本企業と日本の資本主義の在り方の縮図といえる。

*

見てきたように、日本の電機産業では、ものづくりでの全面敗退ともいうべき現象が起きつつあった。これまでの産業空洞化とは質的に異なった「生産の壊滅」さえも始まろうとしている。この電機業界の惨状の原因は、この二〇年間以上の電機業界の経営戦略、競争戦略そのものにあったことを、業界関係者は深く認識すべきであろう。

日本の電機企業は戦後早くから海外進出し、韓国や台湾などの多くの企業を部品や下請け工場として育成したが、一九九〇年代以降には直接的な技術供与や委託生産を繰り返してきた。また素材・装置メーカーによる製品にパックされた技術輸出・流出も繰り返してきた。技術を底抜けに流出させながら、日本企業同士がバラバラの競争を繰り返し、自社のみの利益追求と短期的な業績向上だけを目指した。

その結果、アジア企業を育て、アジア企業に敗北して「ファブレス化」に逃げ込んだ。「ファブレス化」とは、工場を持たず（生産せず）、設計や販売に特化することで、一九八〇年代に日本に敗北しつつあった米国企業から生まれた戦略である。米国生まれの「経営哲学」が日本の経営を蝕んでいった。「ファブレス化」を正当化する「スマイルカーブ」論の広がりもそれを助長したが、このファブレス化がアジア企業への敗北を決定的なものにした。

ついには最先端技術の研究・開発まで、日本の電機企業と素材や装置メーカーが「団結」し、こぞってアジア企業と共同で行うようになった。その研究の果実である製品はアジア企業が製造し、日本は関与しない、あるいはできない。生産の手足を失いつつあるからだ。それは電機産業が自らの未来までも自身で破壊していることを意味する。

そして敗北した部門や企業は、中国や台湾などのアジア企業へ技術まるごとの身売りを始めた。ＮＥＣのパソコン部門や中小型液晶部門の中国企業への身売りや、白物家電での三洋電機の中国・ハイアールへの身売り、東芝の白物家電の中国・美的集団への身売り、シャープ丸ごとの台湾・鴻海への身売りもその一例である。エルピーダメモリの米国・マイクロン・テクノロジーへの身売りもあった。こうした動きは今後も加速することになるだろう。

ものづくりを放棄したあげくの果てに日本の電機企業は、国家資金と国民の金融資産を担保にした世界での「インフラまるごと事業」に邁進していった。安易に日本の生産を丸ごとつぶし、今度はまた安易に国家資金や国民の金融資産をあてにした商売に走ろうというのだ。しかし、インフラや原発輸出そのものが日本の国民や経済に与える大問題もさることながら、このインフラ輸出戦略は、企業自身にとっても大きな陥穽《かんせい》を孕《はら》むものであり、それが東芝問題となって露呈した。

電機産業敗北のもう一つの原因は、投資力の衰退である。電機企業は一九九〇年代以降、少し利益が低下すると、その部門を分社化し、あるいは切り捨て、短期的な見せかけの業績と株価に汲々《きゅうきゅう》とするようになった。リストラを行い技術と労働者を切り捨てることで、「市場」の評価を求めるようになった。競争が激しくなれば、その分野でたとえどれほど未来の需要が開けていようと、切り捨て、撤退し、短期の「業績」向上を目指した。

東芝の危機は、インフラ輸出戦略が孕む危険だけでなく、この金融面での日本企業の体質の弱体化の象徴でもある。両者が一体化したものであった。東芝の不正会計問題で明らかになったのは、金融機関と製造業がバラバラになってしまい、金融機関が製造業を支えなくなったことである。そして金融面での弱体化が、東芝全体の利益の支えになっていた半導体部門を潰《つぶ》してしまうことになった。資金調達問題が日本の電機産業の砦である半導体生産の最終的な息の根を止めようとしているのだ。

日本は今、経営者、官僚、国民の英知を結集して日本の技術と国内の生産を守り発展させる新しい資本主義の在り方を模索するべき時期にきているのではないか。日本の技術力を築き、日本企業を育ててきたのは、日本の技術者、労働者、日本の消費者である。企業は目先の自社だけの業績や株価ではなく、一〇年先、二〇年先の自社と他社、関連分野の企業、そして日本国の経済と国民の未来を展望しつつ、一丸となって技術開発し、自国の技術を守り、ものづくりを大切にする戦略を立て、日本企業を外国企業と外国ファンドの餌食にこれ以上投じることを食い止めるべきではないか。

また、「国境」を超越して最適地で生産し、ついには生産そのものすら放棄する「グローバル企業」

の経営行動が、本当に「グローバル企業」の成長と勝利の道なのかどうかも考え直すべき時でもあろう。国内生産を崩壊させ、国民をぼろぼろにし、技術を流出させ、その上に築かれる日本企業の繁栄と未来などないのだ。

世界に誇った日本の電機産業の凋落の歴史は、資本主義や企業にとってのものづくりの持つ意味を教えている。

注

（1）「電機機器生産・出荷・在庫・実績」（暦年別推移表）ＪＥＭＡ（日本電機工業会ウェブサイト内生産実績推移表）（使用データは経済産業省「生産動態統計調査」）、ＪＥＩＴＡ（電子情報技術産業協会）『日本の電子情報産業』各年版。

（2）『民生用電子機器国内出荷データ集』（ＪＥＩＴＡ）（二〇一一年六月）。

（3）「テレビ前年比9割減　家電量販店11月売上高」（朝日新聞二〇一一年一二月一四日）。

（4）ＪＥＭＡ「家庭用電気機器生産実績推移表（品目暦年別）」（ＪＥＭＡウェブサイト）。

（5）ＪＥＩＴＡ『電子工業の世界生産見通し二〇一五』（二〇一五年一二月）。

（6）第1－6図は、長期趨勢を見るために経済産業省政策局調査統計部『我が国の工業　変化を続ける製造業』（二〇一一年三月）、経産省大臣官房調査統計グループ『工業統計速報』各年版、通産大臣官房調査統計部『昭和六〇年　工業統計速報』（一九八六年一二月）等の「従業員四人以上」の工場を基本にして作成。

（7）大木一訓「東芝の無法リストラと粉飾決算問題」（『前衛』二〇一六年六月号）九八頁。

（8）鶴原吉郎「岐路に立つ自動車の研究開発」（「日経テクノロジー　online」二〇一三年五月一四日）、長谷川英一「電子部品業界とは」（二〇一四年一〇月五日　JEITA）。

（9）佐竹博「日本における家電製品の潮流」（『城西大学経営紀要』第二号二〇〇六年三月）。

（10）林直道『現代の日本経済』（青木書店　一九九六年・第五版）二七六～二七七頁。

（11）前掲『現代の日本経済』二三七頁。上田智久「DRAM市場における日本企業の競争力分析」（『立命館経営学』四三巻六号二〇〇五年三月）（以下、上田論文と略記）一四九頁。

（12）日本電子機械工業会『ICガイドブック（第八版　二〇〇〇年版）』（二〇〇〇年三月）二九頁。

（13）経済産業省・厚生労働省・文部科学省『二〇一〇年版ものづくり白書』（二〇一〇年六月）二七二～二七三頁、および各社ウェブサイト、新聞記事等による。第1－7図の出所も同じ。

（14）以上は吉田秀明「半導体六〇年と日本の半導体産業」（大阪経済大学日本経済史研究所『経済史研究』第一一号　二〇〇八年三月）によった。同論文によると、米国はその上、日本のスーパーコンピュータ市場で米国企業が不公正な競争を強いられているとの理由で、一九八七年にスーパー三〇一条を発動し、脅しの追い打ちをかけた。一九九一年になると、もともと五年間の期限付きだった日米半導体協定は改定され、五年間延長されて一九九六年まで続けられることになった。改定された協定では、外国製半導体のシェアが二〇パーセントを上回るまで日本は輸入を続けることが明記された。

（15）前掲上田論文一五九～一六〇頁。

（16）湯之上隆『日本「半導体」敗戦』（光文社　二〇〇九年八月）二一頁。半導体の製造には、シリコンウエハー上に薄膜を形成する成膜、その薄膜上に回路パタンとしてレジストマスクを形成するリソグラフィ、マスクに従って加工するエッチング、加工後の洗浄、そして検査などの工程があり、この工程ごとにそれを行うそれぞれ特別の製造装置（機械）が必要なのだ。

（17）前掲上田論文一六〇、一六一頁。なお『　』内は、寺内衛「ソフトウェアによるＤＲＡＭ支配――ＤＲＡＭ価格トレンドに関する一考察」（『政経研究』第七三号）の引用、前掲『日本「半導体」敗戦』二〇～二一頁。但し湯之上氏は「（韓国企業は）売れ筋の装置をそろえることで」云々という説には批判的である。木良始・湯之上隆「半導体製造プロセス開発と工程アーキテクチャ論」（『同志社商学』第六〇巻第三、四号　二〇〇八年一二月）七三～七四頁。

（18）前掲『日本「半導体」敗戦』一七～一八頁、五九～六〇頁。

（19）たとえば前掲上田論文。

（20）「電機の選択　第三部　活路探る半導体　1　巨大ファウンドリー出現」（日本経済新聞二〇一一年二月一六日）。

（21）前掲『日本「半導体」敗戦』七六、七七、七九頁、湯之上隆「ファンドリーの新たな勢力図　ＳｏＣビジネスの本質とは何か」（『Electronic Journal』二〇一〇年八月号）五〇～五一頁。

（22）「エルピーダ、最先端ＤＲＡＭを本格量産　広島、台湾工場で」（日本経済新聞二〇一一年四月二七日）、「エルピーダ、国内生産4割を台湾移転」（同前二〇一一年九月一五日）。

（23）「エルピーダ、米マイクロンが買収へ」（日本経済新聞二〇一二年五月六日）、「レノボの危機感映す」（同前二〇一二年四月七日）、「エルピーダ破綻のすべてを明かそう　坂本前社長」（同前二〇一三年一〇月四日）その他。なおホニーキャピタルだけでなくＴＰＧキャピタルもレノボと関係が深く、レノボによるＩＢＭのパソコン部門買収の際に共同出資している。

（24）「最先端ＬＳＩ　東芝、生産を海外委託」（日本経済新聞二〇〇九年九月七日）、「ＬＳＩ、日本勢背水の集中、東芝、工場売却と生産委託発表」（同前二〇一〇年一二月二五日）、「システムＬＳＩ生産、東芝、米社へ委託交渉、メモリー事業に集中加速」（同前二〇一一年一月二五日）、「東芝、サムスンと提携　先端ＬＳＩの生産委託」（同前二〇一〇年一二月二四日）。

(25)「国内ＬＳＩの『失われた一〇年』」（『日経ビジネスＯＮＬＩＮＥ』二〇一二年二月二〇日）、「ポスト・エルピーダの半導体産業」（『ＤＩＡＭＯＮＤ　ｏｎｌｉｎｅ』二〇一二年三月二日）、「システムＬＳＩ正念場　強いメーカーに待望論」（日本経済新聞二〇一二年二月九日）、「半導体３社、12年度統合へ詰め　製造部門を分離」（同前二〇一二年二月八日）、「半導体３社、事業統合交渉　設計と製造で新会社」（同前二〇一二年二月八日）、「半導体再編、最終章に　ＬＳＩ、２陣営に集約」（同前二〇一二年二月八日）。

(26)「ルネサス再生なるか」（上）、（中）、（下）（日本経済新聞二〇一二年一二月一二日、一三日、一四日）。なお二〇一三年九月時点での新規出資者は産業革新機構六九・二パーセント、トヨタ自動車二・五パーセント、日産自動車一・五パーセント、ケーヒン、デンソー〇・五パーセント、キヤノン、ニコン、パナソニック〇・二パーセント、安川電機〇・〇七パーセント。もとの母体であったＮＥＣ、日立製作所、三菱電機の旧親会社の持ち株比率は逆に九一・一三パーセントから二二・九パーセントになった（「日の丸半導体の誤算　ルネサス襲う迷走の力学」日本経済新聞二〇一四年二月一七日）。

(27)「ルネサス再生なるか（上）」（日本経済新聞二〇一二年一二月一二日）、「国産復権、ルネサスに賭け　革新機構傘下で再建」（同前二〇一二年一二月一一日）、「ルネサス、『日の丸半導体』の大きな忘れ物」（同前二〇一五年一二月四日）、「ルネサス、１５００億円の調達完了」（同前二〇一三年九月三〇日）、「ルネサス、さらに鶴岡と甲府の２工場閉鎖」（同前二〇一三年八月三日）。

(28)「ビジネスＴＯＤＡＹ　ルネサス再生、車大手が主導　日産人脈の呉氏が新社長に」（日本経済新聞二〇一六年四月一六日）。

(29)「東芝、次世代半導体量産へ」（日本経済新聞二〇一六年七月一六日）。

(30)「東芝、『日の丸メモリー』売却の難解パズル」（日本経済新聞二〇一七年四月一二日）、「東芝解体」（『週刊東洋経済』二〇一七年二月四日号　四四〜四六頁）、「東芝赤字1兆円で半導体を売ったら後に何が残るのか」（「DIAMOND online」二〇一七年四月三日）その他。

(31)「次世代メモリー、東芝がハイニックスと共同開発」（日本経済新聞二〇一一年七月一三日）、「東芝、切れぬハイニックスとの提携　独力開発に限界」（日本経済新聞二〇一四年三月一六日）。

(32)「日米で次世代半導体　米マイクロンなど20社超参加　量産技術、16年度めどに」（日本経済新聞二〇一三年一一月二四日）、「日本、空洞化に危機感　日米で次世代半導体」（同前二〇一三年一一月二四日）。

(33)「米マイクロン、最先端DRAMを日本で量産」（日本経済新聞二〇一五年一〇月一二日）。

(34)「中国、国主導で半導体投資5兆円　5年間に」（日本経済新聞二〇一六年九月一一日）。

(35)二〇一〇年の日本国内のノートブックパソコンの生産台数は四〇七万台、世界のノートブックパソコンの生産台数は一億九七七九万台、そのうち中国の生産台数は一億九二五二万台で中国内での生産比率は九七・三パーセントであった（JEITA『主要電子機器の世界生産状況』二〇一一年三月）。

(36)以上は、新宅純二郎・天野倫文編『ものづくりの国際経営戦略』（有斐閣　二〇〇九年四月）二一一〜二二一頁、二二六〜二二七頁。なお同じ受託生産を行う企業でも、EMSとODM企業では、ODM企業は設計に対する知財権を有しているがEMS企業はたとえ設計の一部を請け負っても知財権は発注元のメーカーに属するところが異なっている。

(37)「NEC・レノボ合弁、国内PC業界の盟主を提携に駆り立てる背景」（日本経済新聞二〇一一年一月二四日）、「『最後のチャンス』NECが日中連合を決断するまで」（同前二〇一一年一月三一日）、「NEC、レノボに二パーセント出資　合弁発表、高機能携帯台頭に危機感」（同前二〇一一年一月二八日）、「レノボNEC始動、『圧倒的シェア』実現へのシナリオ」（同前二〇一一年七月五日）。

(38)「『ダイナブック』の転落　パソコン3社統合の行方」（日本経済新聞二〇一六年一月二五日）、「パソコン3陣営の統合交渉白紙　ずれた思惑、成長描けず」（同前二〇一六年四月一八日）。なお、VAIOの株の九割以上を保有するのは日本産業パートナーズという民間ファンドである。

(39) 日本貿易振興機構海外調査部『世界経済危機後のアジア生産ネットワーク――東アジア新興市場開拓に向けて』（JETRO 調査レポート　二〇一〇年七月）七九頁、その他。

(40)「ソニーや東芝、液晶TVの生産委託、台湾企業活用　価格競争に対応」（日本経済新聞二〇〇八年八月一六日）、「ソニー1万6000人削減」（同前二〇〇八年一二月一〇日）、「液晶テレビ生産、東芝、台湾委託3倍に」（同前二〇〇八年一一月二五日）、「東芝、円安メリットの危うい均衡」（同前二〇一三年二月四日）。

(41)「薄型TV海外生産を集約」（日本経済新聞二〇〇九年五月一四日）、「危機からのニッポン再生(1)量産工場が消える日」（同前二〇〇九年一〇月一九日）、「ソニー、円高・ドル安でも影響ゼロ　委託生産拡大で抵抗力」（同前二〇一一年六月五日）、「日立、テレビ自社生産を今秋に終了　事業再編を正式発表」（同前二〇一二年一月二三日）、「日立、薄型テレビ国内生産終了。事業再編」（「AV Watch」二〇一二年一月二三日）、「東芝、テレビは国内に注力し、自社開発／販売継続」（同前二〇一五年一二月二一日）、「日本のテレビはどうなる？　大手各社に事業再編の動き」（同前二〇一五年二月一〇日）、「テレビ海外生産拠点再編。宇都宮でもテレビ生産へ」（同前二〇一五年二月三日）、「パナソニック、尼崎に沈む夕日に感じた不安」（同前二〇一五年三月八日）、「東芝、インドネシアの工

場を中国家電大手に売却」（同前二〇一五年一二月二一日）。
(42) 前掲『世界経済危機後のアジア生産ネットワーク――東アジア新興市場開拓に向けて』八六頁。
(43) 同前書八六、八七頁。また前掲『ものづくりの国際経営戦略』第二章でも同様のことが論じられている。
(44)「シャープ、台湾・奇美と提携　液晶パネルの生産分担」（日本経済新聞二〇一一年一月四日）、「東アジア・液晶パネル競争の『いつか来た道』」（同前二〇一一年六月一三日）、「台湾・鴻海、シャープに10％出資　筆頭株主に」（同前二〇一二年三月二七日）、「シャープ、パネル子会社株46％を鴻海董事長に六六〇億円で譲渡」（同前二〇一二年三月二日）。ただし一〇パーセント（正確には九・九パーセント）の出資は、その後のシャープ株値下がりや鴻海側の出資比率拡大要求等で実現しなかった。ただ堺工場への六六〇億円の出資は実現した（「鴻海、シャープに20％出資交渉　9・9％合意見直し」同前二〇一二年六月一七日）。
(45)「シャープ、鴻海が買収へ　『機構主導の再建』から一転」（日本経済新聞二〇一六年二月五日）、「シャープ再建、革新機構主導で大筋合意」（同前二〇一六年一月二二日）、「シャープ買収先、みずほが鴻海を押す『必然』／メリットは株買い取りだけではない」（「東洋経済ONLINE」二〇一六年二月二四日）、「鴻海『隠れ液晶工場』、中国で着々　シャープの技術活用」（日本経済新聞二〇一六年四月八日）、「ついにシャープ身売り！　シャープは鴻海精密工業（フォックスコン）傘下で再建へ問われる4年間の迷走の経営責任」（『エコノミスト』二〇一六年三月八日号）、「シャープ再建　最短2年　鴻海、雇用は原則維持」日本経済新聞二〇一六年四月二日）、その他。
なお、産業革新機構の買収提案の内容は、同機構からの三〇〇〇億円規模の本体への出資と二〇〇〇億円の融資枠の設定、社長ら三首脳の退陣、主力銀行・みずほと三菱に対しては最大二〇〇〇億円の優先株の消却（債権放棄）や一五〇〇億円の負債を株式に振り替えるという提案であった（二〇一六年二月段階での提案）。

一方、鴻海側の買収提案は、新株発行の六六パーセントを鴻海が取得し三八八八億円をシャープに出資（有機EL量産化のために二〇〇〇億円、液晶事業に六〇〇億円、家電などに四〇〇億円）する。また、主要取引銀行の優先株を簿価で鴻海が買い取るという銀行の負担を求めないもので（二〇一六年四月二日の買収調印時の条件）、経営陣にも退陣を求めていなかった。

(46)「東芝・ソニーが携帯向け液晶統合　年内にも新会社」（日本経済新聞二〇一一年六月七日）、「日立、東芝・ソニー液晶統合に合流　中小型シェア首位」（同前二〇一一年六月三〇日）、「液晶日本の砦死守」（同前二〇一一年六月三〇日）、「東芝・日立・ソニー『液晶首位連合』官が主導」（同前二〇一一年九月一日）。

(47)「シャープと破談のJDI、工場集約で生き残りへ」（『週刊東洋経済』二〇一六年四月二日号）、「Jディスプレイ、シャープの液晶事業買収へ」（日本経済新聞二〇一五年一二月一九日）。

(48)「NEC、中小型液晶パネルで中国大手と合弁」（日本経済新聞二〇一一年二月二五日）、「NEC、中国社と中小型液晶で合弁」（同前二〇一一年二月二五日）。なお天馬微電子は二〇一四年実績で四・八パーセントと世界シェア八位（「Jディスプイ、シャープの液晶事業買収へ」同前二〇一五年一二月一九日）。

(49)「『サムスンに勝った』有機ELテレビ発売に湧くLG」（日本経済新聞二〇一三年一月一七日）、「サムスン、有機ELテレビを発売55型、まず韓国で」（同前二〇一三年六月二八日）、「有機ELテレビ、サムスン・LGが先行」（同前二〇一二年一月一〇日）「LGディスプレー、有機ELに2200億円投資」（同前二〇一一年八月八日）。

(50)「最先端の有機EL技術も韓国へ　日本勢、相次ぎ拠点」(日本経済新聞二〇一一年六月二六日)、「日本企業、韓国へ『脱出』、安い税金・FTA魅力」(同前二〇一一年八月一四日)、「住友化学、スマホ用タッチパネル生産3倍に　サムスン向け」(同前二〇一三年三月二七日)。

なお、日本企業が打ち揃って韓国などアジア企業と技術開発し、その成果の生産はアジア企業にゆだねるという図式は、経済産業省が主導して研究開発しているEUVL(極端紫外線リソグラフィ)システム開発でも同様である。二〇一一年に経済産業省の音頭の下に、EUVL基盤開発センター(EIDEC)が設立されたが、この開発は日本企業と韓国・台湾企業が共同で行うものの、そこで開発された技術で生産を担うのは韓国、台湾企業である。同センターには、東芝、ルネサスエレクトロニクスなどの日本の半導体トップメーカーや、HOYA、大日本印刷、凸版印刷、富士フイルムなどの半導体素材のメーカーがこぞって参加した。この開発と一体となって、回路線幅一〇ナノメートル台以下の半導体製造技術の開発も目指している。回路線幅を一〇ナノ台にすることで記憶容量が飛躍的に増え、切手サイズのメモリーに四〇〇バイトの容量が入り、たとえば高精細の映画を約一〇〇本録画できるようになる。開発資金は、数百億円かかるとみられ、日本の一一社の出資などによりまず一〇〇億円規模の資金を集め、経済産業省はこのうち五〇億円をメドに補助金を出す。

日本の政府もかんで、国力を結集して半導体の最先端技術で巻き返しに打って出るかの感があるが、そうではない。EUVL基盤開発センターには、韓国のサムスン、ハイニックス半導体、台湾積体電路製造(TSMC)なども参加しており、ここで開発された技術で実際の製造を行うのは、こうした企業であり日本企業ではないのだ(「ルネサス、共同開発に参加」日本経済新聞二〇一一年六月一日、「目指すは線幅16ナノ」同前二〇一一年六月一七日、「東芝・サムスンなど結集」同前二〇一一年六月一八日、「次世代半導体連合、10年度内にも国際研究組織」同前二〇一〇年一〇月三〇日、その他)。

(51)「印刷方式で世界初　高解像度の有機ELパネル試作　JOLED　200ppi、コストで競争力」（日本経済新聞二〇一六年四月一九日）。

(52)『日経ビジネス』二〇一一年九月二六日号、二二頁、二九頁、三三頁、三四〜三七頁。

(53)たとえば世界のITソリューションサービスは二〇一〇年（五七・六兆円）、二〇一三年（七〇・九兆円）、二〇一六年（八七・九兆円—見通し）となっている（JEITA『電子情報産業の世界生産見通し』各年版）。

(54)各社二〇一〇年度アニュアルレポート（二〇一一年三月期）による。なお、江崎康弘「日本企業の国際化と社会インフラ事業」（『経済科学論究』第一〇号　二〇一三年四月）では、二〇一〇年の各社の「社会インフラ売上高比率」を日立二四パーセント、東芝三六パーセント、三菱電機五四・〇パーセント、富士通六七・〇パーセントと計算している。ただ、その計算の根拠の詳細説明はない。

(55)『ダイヤモンド』二〇一一年一一月一二日号、六二頁。

(56)『日経ビジネス』二〇一一年九月二六日号、三三頁、『週刊ダイヤモンド』二〇一一年一一月一二日号、六三頁、「シャープ、欧州で太陽電池」（日本経済新聞二〇〇八年一一月二八日）。

(57)中田行彦『シャープ「企業敗戦」の深層』（イースト・プレス　二〇一六年三月）一〇七〜一〇八頁（なおデータソースは米国・HISテクノロジー）、「シャープ、米の太陽電池子会社300億円で売却へ」（日本経済新聞二〇一四年一二月七日）。

(58)『エコノミスト』二〇一一年三月八日号、二六〜三二頁、日立製作所・執行役専務　鉄道ビジネスユニットCEOアリステア・ドーマー「鉄道ビジネスユニット事業戦略」（二〇一六年六月一日）（日立製作所ウェブサイト内）。なお電機各社はこうした社会インフラに経営の軸足を置くため、M&Aや企業統合も加速し、たとえば日立、三菱電機、三菱重工業は水力発電事業を統合し、新会社「日立三菱水力」を二〇一一年一〇月に発足させた（海外とくに新興国で水力発電機器を生産する）。東芝は二〇一一年六月、米ヒューレット・パッカード（HP）とスマートコミュニティを実現するためのクラウドコンピューティング技術で手を組み、同年五月には一八〇〇億円でスイスのランディス・ギアを買収した。ランディス・ギアはスマートグリッドの中核となるスマートメーターの大手である。

(59) 以上は、「東芝、三菱重工、日立　三つ巴の世界受注競争」（『エコノミスト』二〇〇八年六月二四日号）、「三菱重工、欧州の原発受注でスペイン社と提携　共同で入札参加」（日本経済新聞二〇一〇年六月二日）、「三菱重工、米で3基目の原発受注」（同前二〇一〇年五月八日）、「日立、2030年までに新設原発38基以上の受注を計画」（同前二〇一〇年六月九日）、「東芝、16年度に売上高最高狙う」（同前二〇一四年五月二二日）、「原発輸出『日本モデル』の挑戦（中）『総力戦』、絡む企業の利害」（同前二〇一〇年一一月三日）等の記事によった。

(60)「(動き出すインフラ輸出)（下）『官民一体』の危うさ」（日本経済新聞二〇一〇年五月八日）。

(61)『週刊東洋経済』二〇一五年九月二六日号、五三頁。IAEA統計による。

(62)「特集―東芝　腐食の原点―PART2―不正の動機は何か　6600億円買収の誤算」（『日経ビジネス』二〇一五年八月三一日号　三四～三七頁）、「東芝　終わらざる危機」（『週刊ダイヤモンド』二〇一五年八月一日号、八～一三頁）。なお同号では、東芝とりわけ西田、佐々木、田中の歴代社長と政府の癒着ぶりを指摘している。

(63)「東芝、不正会計の次に来る〝銀行管理〟」（「日経ビジネスONLINE」二〇一五年八月一一日、「レッドカード『財務制限条項』もちらつく東芝の綱渡り」（毎日新聞二〇一五年八月三日）、「東芝傷だらけの再出発」（『週刊東洋経済』二〇一五年九月二六日号）。

(64)「東芝、再建へ課題多く　前期最終赤字4700億円」（日本経済新聞二〇一六年四月二七日）、

「東芝、白物家電売却で基本合意　中国・美的集団に」（同前二〇一六年三月一七日）、「東芝、原発事業で3000億円損失計上　リストラ一巡し再出発」（同前二〇一六年四月二二日）。

（65）『週刊東洋経済』二〇一七年四月二二日、二九、三二、三五、三六頁、「東芝、半導体分社を決議　臨時株主総会が終了」（日本経済新聞二〇一七年三月三〇日）「東芝再建、視界開けず　上場廃止回避へ壁多く」（同前二〇一七年四月一二日）。

第2章　自動車産業は空洞化するか

日本の自動車産業は、空洞化するのだろうか。

序章では、戦後日本の経済成長を電機産業と自動車産業が支えてきたこと、そしてこの二十数年間に両部門で生産の国外への流出が大きく進んだことを見た。前章では、こうした生産の国外流出の果てに電機産業では、国内生産が崩壊しつつあること、しかも国内生産にとどまらず海外でも生産の衰退や崩壊が進行し、電機大企業そのものまで丸ごと買収される最終段階に入ってしまったことを見た。

では日本経済の最後の砦《とりで》ともいうべき自動車産業はどうなのだろうか。日本経済の屋台骨を支える自動車産業で、今、どんな問題が起きているのか。空洞化はどこまで進行しており、これからどうなるのか。

もし自動車産業の国内生産が空洞化してしまったら、電機産業以上に日本経済に大打撃を与えることになるだろう。それは、たとえば貿易収支の面からも重大である。二〇一五年では、輸送用機械（その大部分が自動車）の輸出額は一八・一兆円である。一方、輸入の最大品目である鉱物燃料（原油等）の輸入額は一八・二兆円であり、自動車の輸出によって資源の輸入をそっくりまかなう形になっている。日本の貿易収支は長きにわたって自動車と電機分野の輸出で、石油等の資源輸入の赤字を埋め、なお貿易収支黒字を出してきた。天然資源のない日本では、自動車は、国内消費分を国内で生産するだけでなく、一定の輸出分も生産することが日本経済全体にとって死活の問題なのだ。それが失われれば、日本はたちまち巨額の貿易赤字国に転落する。

また自動車産業は、国内製造業出荷額でもトップを走り、二〇一四年でも六〇兆円と国内の出荷額全体の二割を占めている。自動車は鉄鋼その他の多くの産業とも深い連関があり、ここが空洞化すれば日本経済の未来はない。自動車は日本経済の最後の砦と言っても過言ではない。

本章では、自動車産業の空洞化は進んでいるのか、今後はどうなっていくのかを、企業の生産の戦略や現状から考えてみたい。もし自動車各社が、円安、円高にかかわらず国内生産を根本から掘り崩すような経営戦略を実行しつつあるのならば、円安のおかげで輸出や国内生産がある程度維持される時期を挟んだとしても、空洞化は遠からずおそってくることになるだろう。

以下、第一節ではまず、日本の自動車産業の実態と世界の中での位置を知るため、世界と日本の自動車生産の長期的推移を明らかにする。中国と米国の自動車企業については、やや詳しく触れる。それは両国が、日本と世界にとっての最大の自動車市場であるとともに、中国での自動車生産が日本の国内生産の最大の「ライバル」をつくり出すかもしれないこと、また米国の自動車生産が日本の未来の姿を暗示しているかも知れないことなどの理由による。

第二節では、日本の自動車生産が今どこに向かいつつあるのか、何年後かに国内生産が「がさっと減る」[1]可能性があるのか、あるいは海外生産を拡大しても国内生産はかろうじて維持してきた従来のような状況を続けられるのか等を、自動車メーカーの最近の生産の動向と戦略から検討したい。

なお第二節では、自動車の部品メーカーの動向も検討する。自動車部品・付属品の企業は、国内の自動車とその付属品の国内出荷額全体の六割弱を占め、従業員数も七割五分を占めており、事業所数は七〇〇〇以上と、完成車メーカー以上に地域と日本の経済に大きな影響を有するからである（経済産業省

『工業統計』二〇一六年　二〇一四年の数値）。

第一節　世界と日本の自動車生産

（1）世界の中の日本の自動車メーカー

①自動車は、どこの国で生産されているのか

今、世界における自動車の生産地図は大きく変わりつつある。自動車はどこの国で生産されているのだろうか。

第２－１図は、各国国内の自動車（四輪車：乗用車とトラック等の商用車）生産台数の推移である。生産上位八ヵ国（二〇一〇年時点）の、一九六〇年から五五年間の生産台数推移を見た。米国は早くも一九六五年に一一〇〇万台を超す生産を達成した。しかしその後は、一一〇〇万～一二〇〇万台の活況期をはさみながらも、リーマンショック後の二〇〇九年にはわずか五七一万台になった。その後回復して二〇一五年には一二〇〇万台にまで戻したが、結局この五〇年間、米国内の自動車生産はほとんど成長しなかったのだ。

日本は一九六〇年には取るに足らない生産であったが、一九七〇年代後半に内需の拡大と対米輸出に

第２－１図　自動車生産上位８カ国生産台数推移（1960－2015）

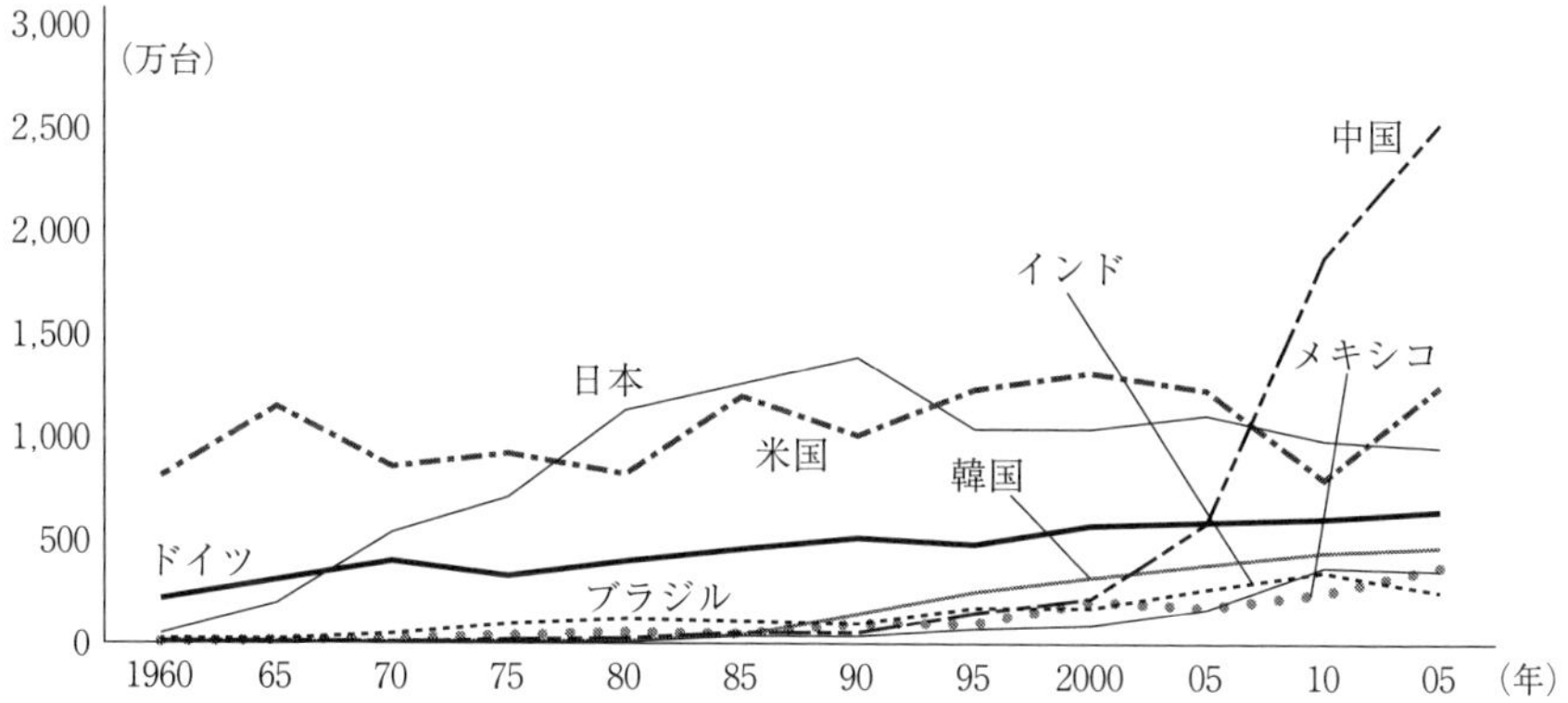

（出典）日刊自動車新聞社・日本自動車会議所共編『自動車年鑑』（2012～2013年版）、フォーイン『世界自動車統計年鑑』（2016年５月号）より作成
（注）2010年時点での上位８ヵ国の推移

よって一気に成長して世界一になり、一九八〇年に一一〇〇万台を突破し、その後の拡大は鈍ったが一九九〇年には一三四九万台になった。しかしそれ以降は減少に転じ、二〇〇〇年代半ばに若干回復はしたものの二〇〇九年に七三九万台に落ち込み、二〇一五年も一〇〇〇万台を回復できていない。日本の自動車生産台数は一九七〇年代末に戻ってしまった。

同図で何よりも目を引くのが、中国での生産急増である。中国内の生産は二〇〇〇年代、特に二〇〇五年以降に激増し、あっという間に世界一の自動車生産大国となった。二〇〇五年にはまだ五七一万台であったが、五年後の二〇一〇年には一八二六万台になり、世界の自動車生産全体の四分の一近くを生産するようになった。二〇一五年には二四五〇万台になり、日本の二・六倍、米国の二倍になった。中国での生産増加は常識とかけ離れたスピードなのだ。

その他の国では、ドイツが緩やかに生産を伸ばし続けて五〇年間で三倍になった。韓国は一九九〇年代以降、大きく生産を増加させ、インドやブラジルも二〇〇〇年代、特に二〇〇五年以降急増している。一方、フランスやカナダは二〇〇五年から一〇〇万台以上、スペインも四〇万台近く減らし上位国から消えてしまったため、本図には掲げていない。世界の自動車生産は、二〇〇〇年代後半の五年間で激変した。

二〇一〇年代に入ってから特に目を引くのがメキシコの増加で、二〇一〇年からの五年間で一・五倍以上になり約三六〇万台になって世界第六位の自動車生産国になった。対米輸出が中心のメキシコでの生産増は、将来の日本の生産にも大きな影響を及ぼすと考えられるが、その意味は後述する。

②中国、米国でのメーカー別生産高

では生産上位国の中国、米国、日本において、世界の自動車メーカーごとの生産はどうなっているのか。まずは、中国と米国についてそれぞれの国内自動車産業の状況にも触れながら見ていこう。

中国　中国の自動車生産は外資系と中国内資系に分かれる。第２－２図は、中国で生産する自動車メーカーを、国籍の地域別に分類した乗用車生産台数の推移である。自動車は乗用車と商用車（トラック、バス等）に分かれるが、本図はこのうちの乗用車のみを取り上げている。中国における乗用車と商用車の生産比率は、二〇一五年で八・五割が乗用車である。二〇〇四～二〇〇五年頃はその比率はほぼ半々であったが、その後乗用車が急上昇したのだ。商用車生産は中国内資系がほぼ独占し、外資系の生産はほとんどが乗用車であるため、第２－２図は乗用車のみ取り上げている。

同図では二〇〇八年以降は中国内資系が急成長し、外資系では欧米系も同年以降急増した。日本企業は二〇〇〇年代後半から生産を加速させ、国別ではトップであったが、二〇一一年から二〇一二年にかけて三〇万台も生産を減らし欧州系に追い抜かれた。二〇一二年九月に野田政権が尖閣諸島を国有化したことを契機に中国で猛烈な反日運動が高まり、日本車が反日のターゲットにされたためである。その後も日本メーカーの生産の伸びは鈍った(2)。

第2－2図　中国における国籍別乗用車生産台数

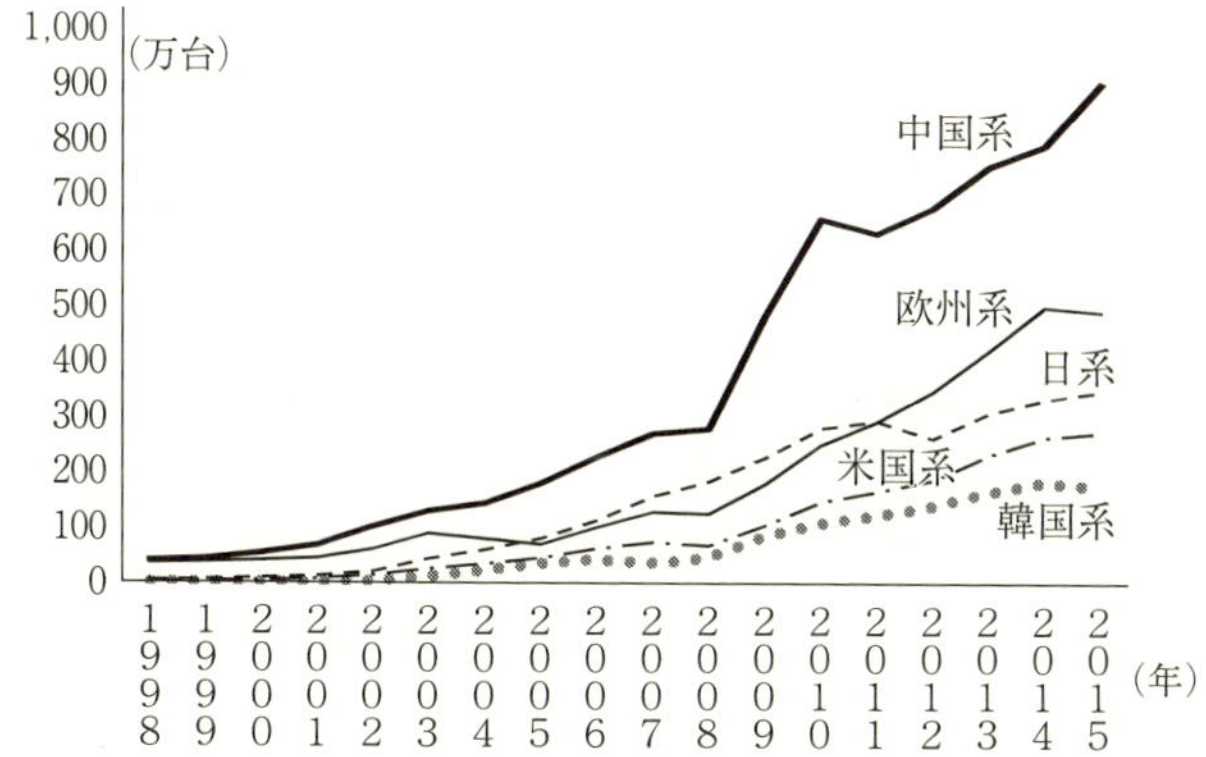

（出典）フォーイン中国調査部編『中国自動車産業 2013』（2013年２月）付表
同『中国自動車調査月報』2014、2015、2016 各年２月号・付表より作成。原統計はCAAM（中国自動車工業会）発表数値

第２－３図は、外資系上位七社の中国での生産台数の推移である。参考値として中国内資系二社の生産も掲げた。各社ともに二〇〇〇年代後半以降、生産を飛躍的に伸ばしたが、特にドイツのＶＷ（フォルクスワーゲン）は圧倒的な強さで、二〇一四年には三五五万台という驚異的な台数を生産した。同年、米国のＧＭは一七三万台、韓国の現代・起亜グループは一七六万台であり、二〇一五年は各社とも微減した。日本勢はトヨタ、ホンダ、日産は二〇一四年にはそれぞれ約九六万、八〇万台、八六万台で、二〇一五年には各社とも数万台から十数万台増加させた。

参考値として揚げた内資企業二社については、上海汽車は一九六万台（二〇一五年）、長安汽車は一一八万台（同）と外資系にひけを取らない。中国では極めて多数の内資系完成車メーカーがひしめいており、上記二社だけでなく中国一汽、奇瑞、吉利、比亜迪、東風、華晨、

第2－3図　中国における外資系上位7社生産台数
（参考　内資系2社生産台数）

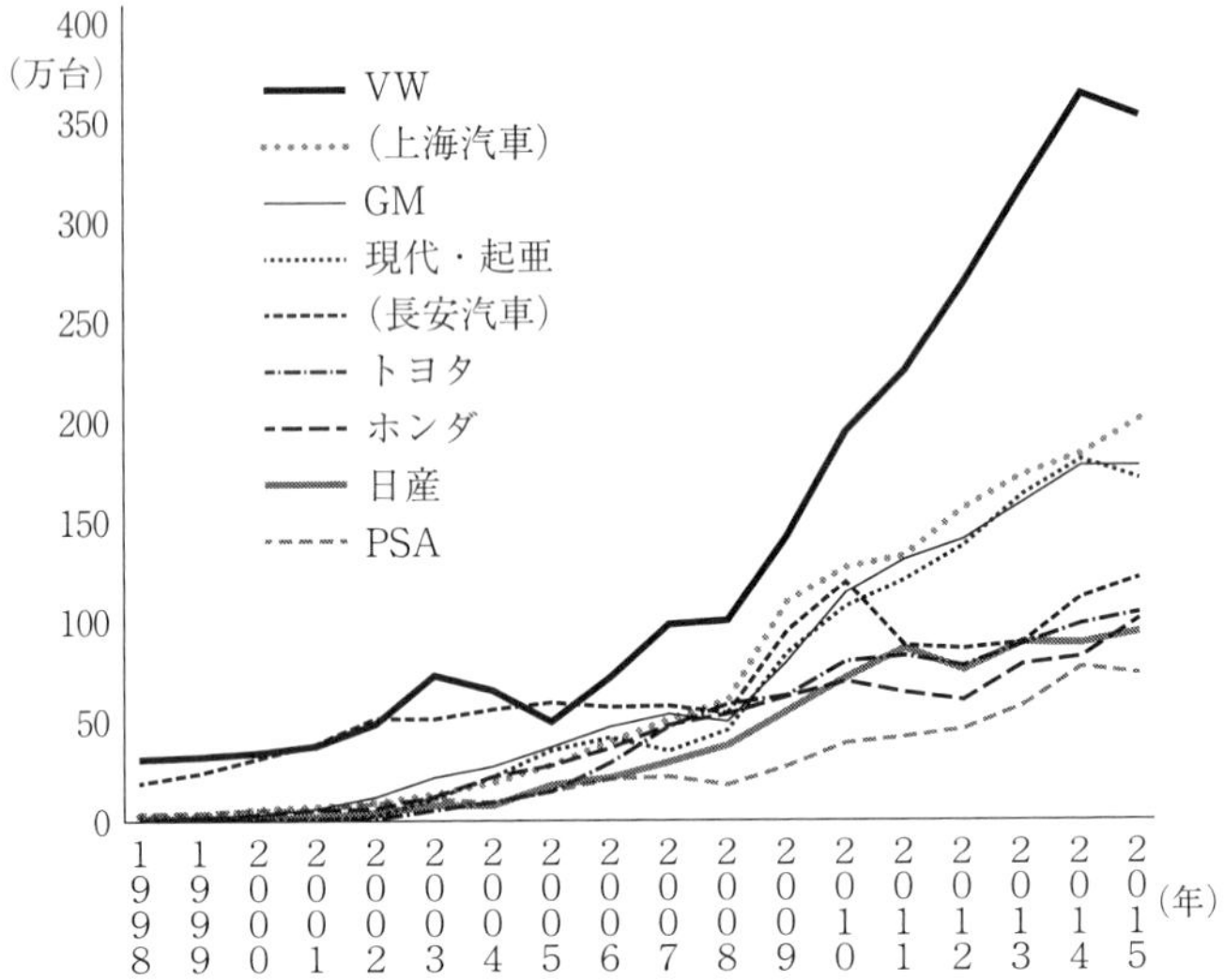

（出典）フォーイン中国調査部編『中国自動車産業　2013』（2013年2月）・付表、フォーイン『中国自動車調査月報』2013、2014、2015年5月号より作成

（注）2015年の外資系上位7社、参考値は中国内資系上位2社
元データはCAAM（中国自動車工業会）発表数値

長城、江淮、北京等々の各社が五〇万台から七〇万台前後でひしめいている(3)（二〇一五年現在）。

内資メーカーによる独自ブランド車の生産急増は目覚ましく、二〇一五年の生産では内資系が乗用車生産全体の四一・三パーセントを占めている。分厚く存在するメーカーが短期間に一斉に驚くほど急成長しており、たとえば上海汽車は二〇〇二年の九万台から二〇一五年は約二二倍になった。

中国の自動車産業における外資と内資の関係に触れておくと、中国では外国の自動車メーカーが独自に生産することは許されていない。そこで外国自動車メーカーは、中国の国・市・省等の政府が管轄する自動車メーカー（官営企業）と組んで合弁企業をつくって生産している。外国企業は合弁企業に対して五〇パーセント以下しか出資することはできない。上海汽車、第一汽車、広州汽車、北京汽車といった十数社程度の官営企業が、いくつもの外国企業と提携し、外国企業側も複数の中国企業と提携していることが多い[4]。たとえばトヨタを例にとると、国営・第一汽車集団と広州省営・広州汽車集団の二社と提携して、「天津一汽豊田汽車」、「四川一汽豊田汽車」、「広汽豊田汽車」などの合弁企業を設立し、それぞれの合弁企業で各車種を生産している[5]。他の日本や外国のメーカーも同様である。第2－3図の外国メーカーの生産台数とは、外国メーカーと中国メーカーによって共同出資された合弁企業が生産している車を、外国メーカーごとに合算した数値ということになる。

中国内資メーカーは、たとえ外国メーカーとの合弁会社をつくっている企業であっても、それとは別枠の独自ブランド車を独自に製造しており、第2－3図内の上海汽車、長安汽車などの台数は、独自ブランド車の生産台数である。たとえば上海汽車なら「上汽」、「五菱」、長安汽車なら「長安」、「江鈴」等々といったブランド車である[6]。

中国政府は早くから自国の自動車産業の育成に力を入れたので、一時は百数十社の自動車企業が乱立していた。その後、政府は集約化を図ったが、まだ数十社がひしめいている。世界での生産高はトヨタやGMに比べればまだまだではあるが、恐ろしい勢いで生産を増加させており、企業数も多く、技術も向上し、中国に進出した外国部品メーカーからの部品調達も進みつつある。遠からず恐るべき変貌をとげることだろう。

また、中国では外資・内資ともに各社競い合ってますます生産を拡大しているため、生産過剰は遠からず不可避である。いずれ輸出圧力も高まるだろう。内・外資メーカーによる「中国製車」が世界にあふれだす日が、遠からず来るかもしれない。

米国　第2－4図は、主要メーカー別の米国内の自動車生産の推移である。一位のGMは、米国内で

第２－４図　自動車メーカー別米国内生産台数

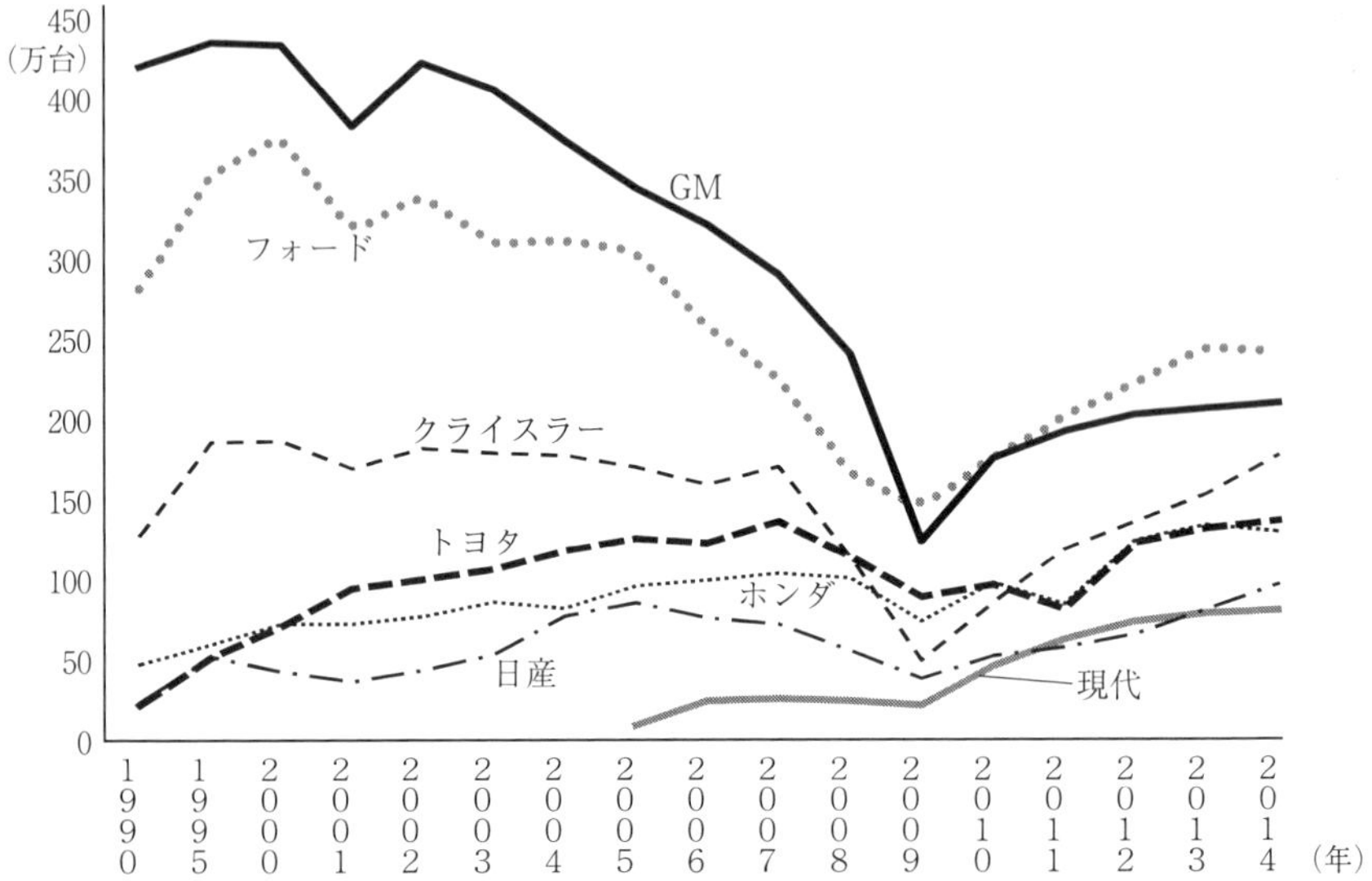

（出典）前掲『自動車年鑑』各年版
（注１）データは2000年までは５年ごと、以降毎年
（注２）クライスラーは2009年以降はフィアット・クライスラー・オートモービルズ（FCA）

の生産を二〇〇二年の四一七万台から二〇〇九年の一二一万台へ急降下させ、二位のフォードも同様の動きをしている。両社は二〇一四年になってもリーマンショック以前の水準とはほど遠い。クライスラーのみはかなり回復したが、それでも二〇〇二年の生産には及んでいない。

日系のホンダ、トヨタ、日産は、リーマンショックの影響で二〇〇八、二〇〇九年に生産を激減させたが、二〇一一年から回復し、トヨタは二〇一四年に一三三万台、ホンダは二〇一二年一二二万台、日産は二〇一四年に九四万台を越し、それぞれリーマンショック直前の最高水準に生産を回復した。韓国系の現代・起亜自動車グループはリーマンショック後に順調に生産を伸ばしている。

米国メーカーのＧＭ、フォード、クライ

スラーの三社は「ビッグスリー」と呼ばれたが、クライスラーは二〇〇九年にフィアット主導で再編されフィアット・クライスラー・オートモービルズ（ＦＣＡ）となった[7]。これら三社の国内生産は、リーマンショックのずっと前の二〇〇〇年代はじめから急減しているが、米国内での販売が同じように急激に縮小したわけではない。第２－５図は、三社の米国内での販売台数（新車登録台数）と生産台数を比較したものである。三社の米国内での販売台数は、米国内での生産台数を常に数十万台規模で上回っている。米国内での生産台数と販売台数の乖離《かいり》は一九九〇年代にすでに大きく広がっており、たとえば二〇〇一年におけるその差は、ＧＭで一一五万台、フォードで七五万台、クライスラー（二〇〇九年以後はＦＣＡ）で六八万台と、三社計で約二六〇万台に達した。つまりビッグスリーは、他国で生産した自社の車を、年間数百万台も米国に逆輸入して、米国内で販売していたということになる。

第２－５図　ビッグスリーの米国内生産と販売台数の乖離

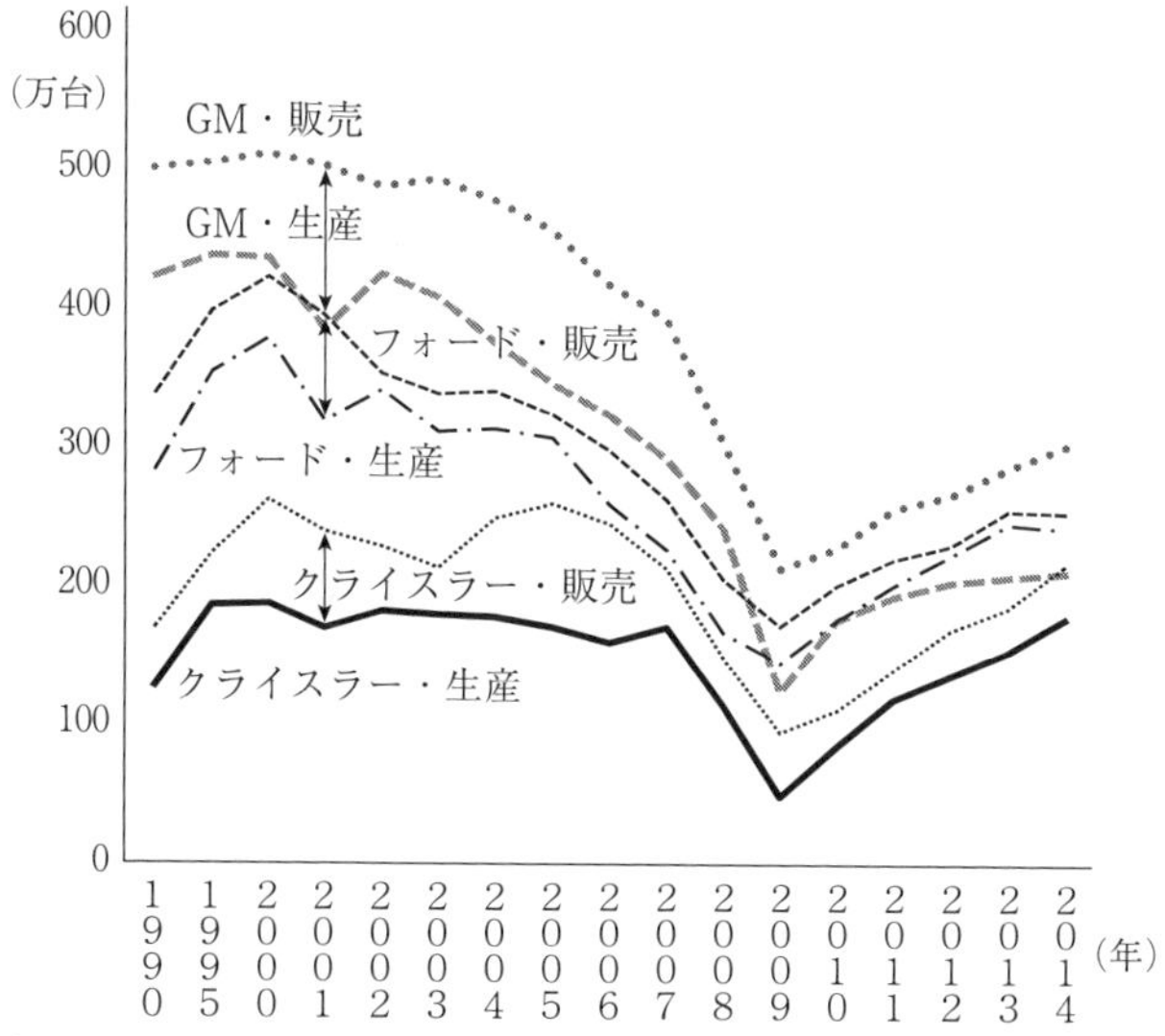

（出典）第２－４図に同じ

　米国での新車登録台数（新車販売台数とみなす）全体も、一九九五年の一五一八万台に対して二〇〇〇年代に入ると一七〇〇万台以上を維持し（二〇〇六年まで）、新車販売はきわめて好調だったのである。

この販売好調を演出した立役者が「サブプライムローン」である。サブプライムローンとは信用度の低い人向けのローンという意味だが、二〇〇〇年代の米国では支払い能力のない人にまで底が抜けたように貸付け、それで住宅を購入させた。住宅価格が上昇するとその値上がり分を担保にして追加の貸付をした。自動車もこうした住宅への追加貸付や自動車担保の安易なローンなどによって販売された。米国では、自動車を購入する人の九〇パーセント以上がローンを利用するため、自動車産業は「金融にもっとも近い製造業」といわれる。

自動車業界はサブプライムローン景気に沸いた。サブプライムローンの債権は証券化され、他の証券とごちゃ混ぜにされた「金融商品」として、世界中に販売された。住宅や自動車のローンを提供した債権者側も、「債権」を金融商品として世界に売り払ってしまうことで、リスクを他に転嫁したのであった。たとえばGMを例にとると、GMの自動車ローンを担当する金融会社GMACは、ローンの申請者に氏名、住所、生年月日、保険番号、勤め先を記入させるだけで、顧客の支払能力の審査もせずに自動車ローンを組んで自動車販売を拡大した。GMACはこの債権をもとに金融商品をつくって、金融機関を通じて世界中に販売した[8]。

しかし二〇〇七年頃から住宅価格が下落し始め、ローンの返済が滞り、住宅バブルが崩壊した。証券化されたサブプライムローン債権を組み込んだ「金融商品」は紙屑になり、世界中に大損害を与え、不況が世界に伝播《でんぱ》した。米国の二〇〇九年の新車の新規登録台数は一〇六六万台に激減した。

アメリカ巨大自動車企業は、海外に生産移転し、海外生産した自社車の逆輸入で米国民の失業と貧困化に拍車をかけつつ、「サブプライムローン」のバブル景気による消費拡大に便乗した。そしてローン債権を金融商品として世界の金融機関に販売することで、恐慌を世界にバラ撒《ま》いた。こうした自動車企業は、リーマンショック後には急激に経営が悪化・破綻《はたん》し、国からの巨額の融資を受け、あげくの果ては国有化まで引き起こして、国民の税金を大量に蕩尽《とうじん》したのであった。逆輸入が引き起こす生産の衰退と国民の貧困化は、いかなる金融の錬金術を使っても、いずれ製造企業に大打撃となって跳ね返ることになるのだ。その上自動車企業がたとえ「復活」しても、見えないところでその尻拭いを延々とさせられるのは、企業の母国民である。

（2）日本の自動車生産

以下では、日本の自動車産業の長期趨勢《すうせい》を、国内生産、輸出入、海外生産等に分けて、自動車各社ごとの数値も明らかにしながら、その趨勢と実態、今どこに向かっているか明らかにする。

①国内生産、輸出

第2－1図では、世界における日本の自動車の国内生産の位置と長期の生産の推移を見たが、より詳しくかつ海外生産と重ねて見たのが第2－6図である。本図は、一九九〇年以前は五年ごと、それ以降は毎年のデータである。日本メーカーによる自動車の国内生産が、一九九〇年の一三四九万台をピークに減少に転じて、二〇〇九年に七三九万台にまで落ち込み、その後も一〇〇〇万台を回復できずにいることはすでに述べた。日本国内の自動車生産は米国の需要がリーマンショック前を超えて回復した二〇一五年でさえ九〇〇万台にとどまっており、一九七〇年代末の水準を超えられないのだ。国内生産の衰退は、円安、円高、米国の需要等を超えた構造的なものになっている。

国内生産　日本国内の生産の推移を、メーカーごとに見たのが第２－７図である。トヨタが他のメーカーを圧倒し、一貫して三〇〇万台以上、一九九一、一九九二年と二〇〇六～二〇〇八年は四〇〇万台以上生産した。日本の全生産の約三分の一をトヨタが生産していることになる。同社の国内生産は輸出と連動しており、たとえば国内生産が四〇〇万台を超えた二〇〇七年では、二六七万台を輸出し、日本の自動車輸出全体の四一パーセントを占めた。同社の業績は、北米での販売動向に大きく左右され、米国がサブプライムローン景気に沸いた時期には、同社の営業利益も過去最高の二兆二七〇三億円になった（二〇〇八年三月期）。トヨタもまた、日本から輸入した、あるいは現地で生産した自動車を安易な金融で販売拡大したからである。北米での同社の自動車ローンは当時八兆円に達した。(9) しかしそのトヨタの国内生産も、

第２－６図　日本の自動車メーカーの自動車（四輪車）国内生産・海外生産推移

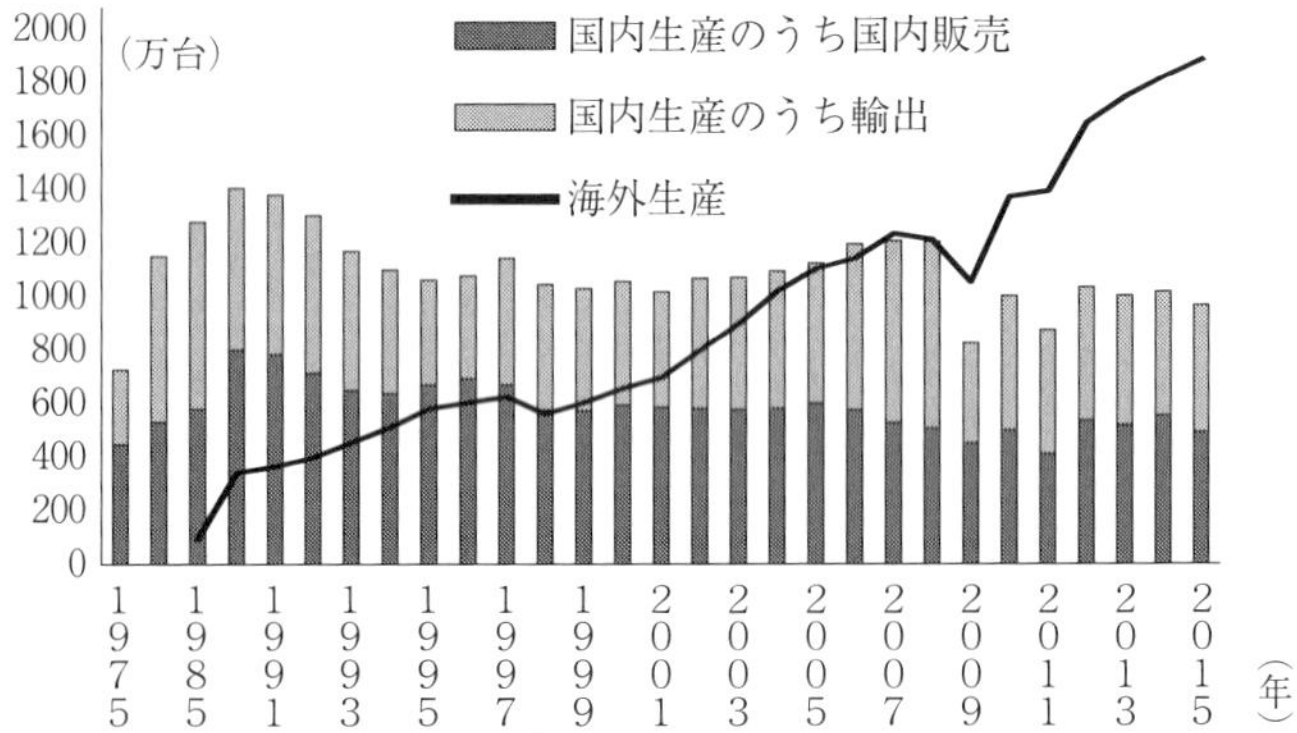

（出典）JAMA（日本自動車工業会）ウェブサイト・統計、日刊自動車新聞社他編『自動車年鑑』
（注１）棒グラフは国内生産高（輸出＋国内消費）、折れ線グラフは海外生産
（注２）年度の目盛りは1975-1990年までは５年ごと、その後は毎年

第２－７図　日本の自動車各社国内生産台数

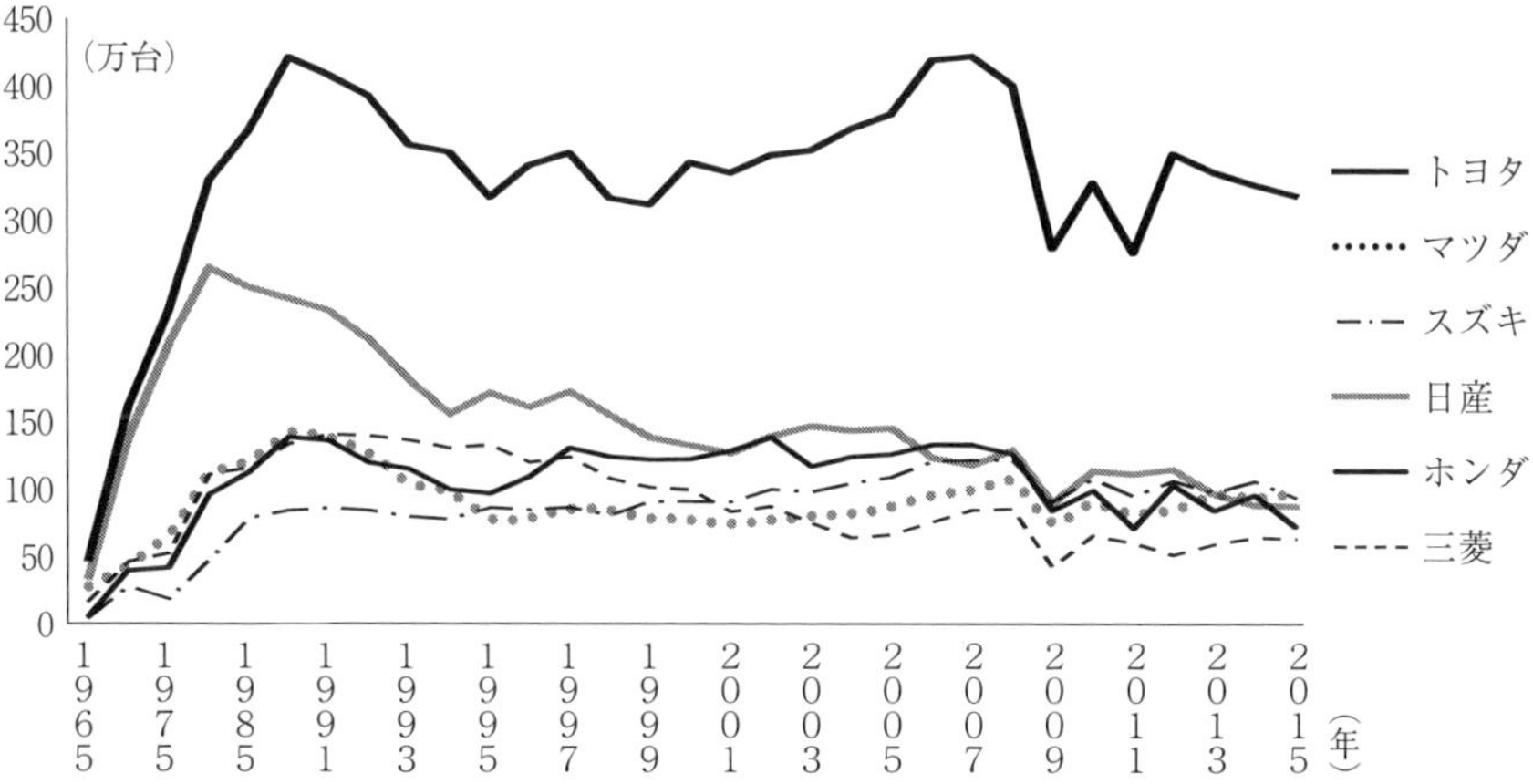

(出典) JAMA ウェブサイト、前掲『自動車年鑑』各年版、FORIN『自動車調査月報』2016 年５月号
(注) 1990 年までは５年ごと、1991 年からは毎年

二〇〇九、二〇一一年の大幅な落ち込みからは回復したものの、二〇一二年以降も微減し続けており二〇一五年になってもなお三一九万台にとどまる。

　トヨタの対極が日産である。日産の国内生産は一九八〇年に二六四万台に達したのちはひたすら減退させ、二〇〇七年の乗用車輸出の好調期でも一一八万台にとどまり、二〇一四、二〇一五年は八七万〜八八万台であった。国内の自動車生産全体に占める同社の比率も、一九七五年には三〇パーセントだったが二〇〇〇年代後半には一一パーセント程度になった。

　マツダ、三菱も国内生産のピークは一九九〇年前後で、その後は減少させる日産型。ホンダは一九九〇年に一三八万台のピークに達したのち多少減少したが、二〇〇二、二〇〇六、二〇〇七年に一三〇万台を超した。しかし結局、二〇一五年には七二万台にまで激減した。スズキだけは、一九七〇年の二七万台から二〇〇七年の一二二万台まで、ほぼ一貫して国内生産を増加させた稀有《けう》な存在で、二〇〇九年以降も九〇万から一〇〇万台を行きつ戻

第２－８図　自動車輸出先地域別推移

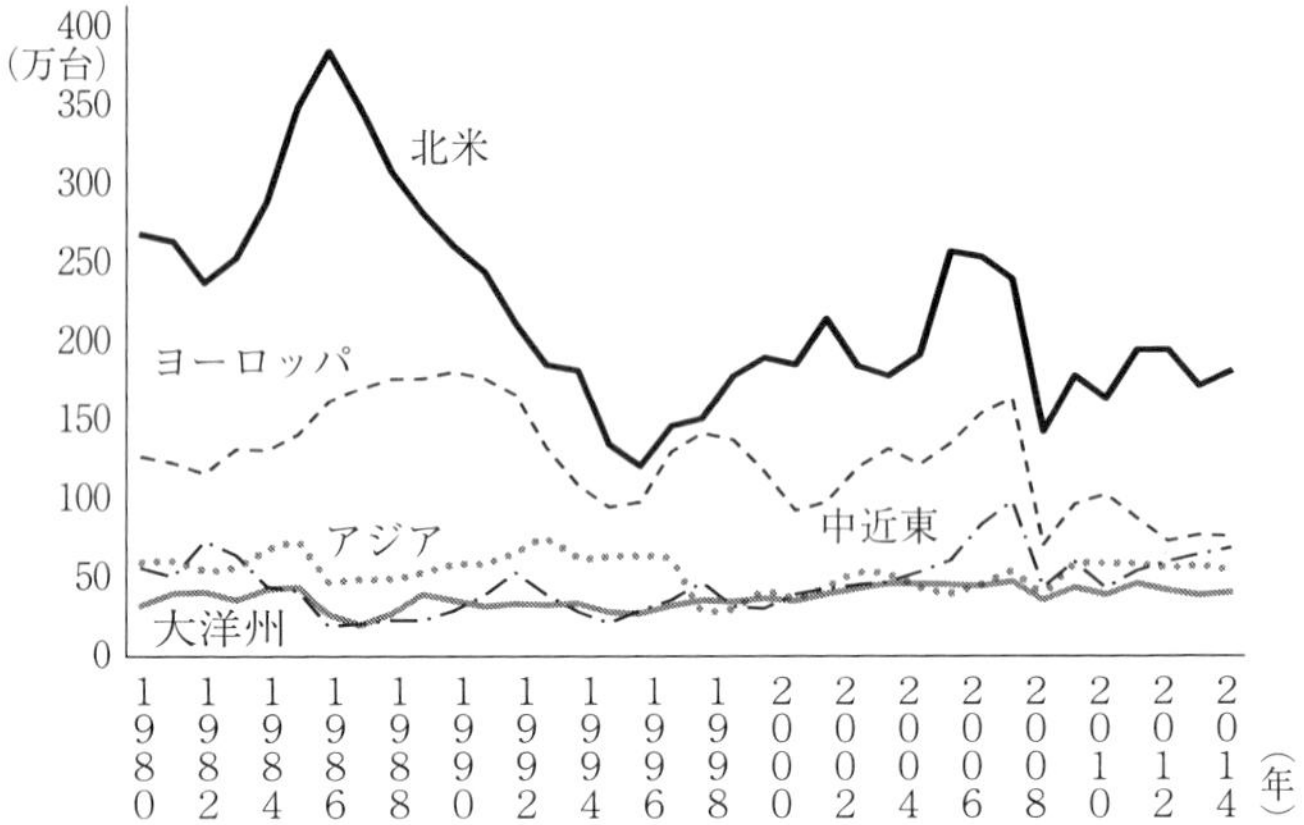

（出典）JAMA（日本自動車工業会）ウェブサイトより作成

りつしながら踏ん張っている。

グラフには掲げなかったが、日本にはその他に完成車メーカーが六社あり、それぞれの二〇一五年の日本国内生産台数は、ダイハツ七〇万台、日野一五万台、富士重工業（二〇一七年四月以降はＳＵＢＡＲＵに社名変更）七一万台、ＵＤトラックス二万台、いすゞ二六万台、三菱ふそう一〇万台で、六社合計で一九四万台にもなる。同年の全国内生産九二七万台の五分の一を、これらのメーカーが生産しているのだ[10]。これらの規模の小さな企業は、トラック系メーカーは別として、国内生産の比率が比較的高いからである。

輸出　前掲第２‐６図の棒グラフ・網かけ部分のように、自動車の日本国内生産の四十数パーセントは輸出に向けられる。二〇〇六～二〇〇八年では、五十数パーセントが輸出された。人口一億人強の日本では、自動車生産は輸出と不可分であり、輸出が衰退すれば国内生産の衰退も不可避の関係にある。

輸出はとりわけ対米輸出の拡大と連動してきた。第２‐８図は自動車の輸出先を地域別に見たものである。北米（そのほとんどが米国）への輸出がもっとも大きな比重を占め、一九八六年では三七二万台となって輸出総計六六〇万台の五六パーセントに達した。こうした状況に対して米国は、日本の対米自動車輸出の「自主規制」をせまり、長年強い政治的圧力をかけ続けた。輸出に代えて米国内で生産せよという要求も米国から強力になされた。その結果、日本の自動車輸出は現地生産に置き換えられていった。輸出は一九九七年には世界全体で四五五万台に減り、対北米輸出は一四一万台に激減した。二〇〇〇年代には多少持ち直し、二〇〇六、二〇〇七年は対北米輸出も二四〇万台に乗せた。サブプライムローン景気による米国での需要拡大や、世界的にもヨーロッパや中近東へ伸びたことがその要因であった。米国に次ぐ市場はヨーロッパであり、米国とヨーロッパ市場の合計で、日本の自動車輸出の六〇〜七〇パーセント台、多い時で八〇パーセントに達した。しかし二〇〇八年以降は両市場とも落ち込み、日本の総輸出台数も四〇〇万台前後になった。

対アジア輸出はほとんどの年度で全体の一〇パーセントに満たず、台数も五〇万台を前後する程度であり、それはこの三〇年間変わらない。アジアでいかに自動車の需要が拡大しようとも、日本企業は現地生産を増加させただけであった。

②海外生産

日本企業はどこで生産しているか　日本の自動車メーカーの海外生産（前掲第2－6図・折れ線グラフ）はひたすら増加を続けている。一九八九年には二三四万台だった全メーカー合計の海外生産は、二〇〇七年になると国内生産を上回った。二〇一五年の海外生産は一八〇九万台にまで増加し、国内生産の二倍になった。日本メーカーの国内・国外生産を合わせると二七三七万台となり、前掲第2－1図で見た中国の生産台数・二四五〇万台を超す。日本国内での自動車生産は一九七〇年代末の水準にまで低

第２－９図　日本自動車メーカーによる
自動車（四輪車）主要地域別海外生産台数

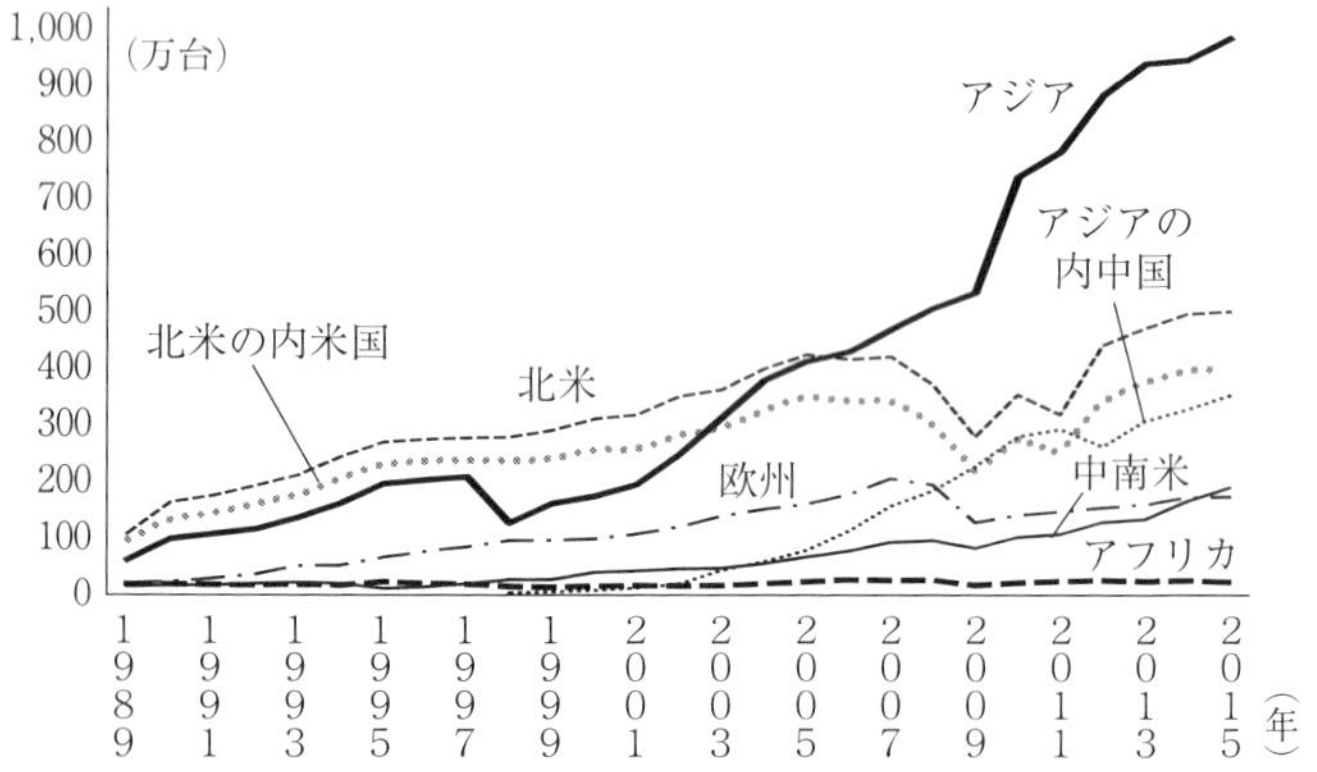

（出典）JAMA（日本自動車工業会）ウェブサイト

下しているが、それはひとえに自動車各社が生産を海外に移転したことによる。

第２－９図は、日本のメーカーの海外生産を地域別に見たものであるが、米国と中国での生産も示した。日本メーカーの海外生産はもともと北米が中心で、二〇〇〇年までは全体の五〇パーセント近い比率を占め、なかでも米国だけで四〇パーセント内外を占めた。しかし二〇〇一年以降、比率は次第に低下し、リーマンショック後の二〇〇九年には二一一万台、二一パーセントにまで低下した。

アジアでの生産は、一九九五～一九九六年頃までは勢いよく増加し、一九九六年には一九五万台、比率は三四パーセントに上昇した。これは当時成長が続いていたＡＳＥＡＮ各国で広く生産を伸ばしたからあった。しかし一九九七年に始まったアジア通貨危機で激減し、一九九八年は二三パーセントにまで落ちた。

ＡＳＥＡＮ各国が低迷した後に急成長したのが中国で、一九九八年にはまだ三・六万台と日本の海外生産全体の一パーセントに満たなかったが、二〇〇五年には七六万台で七パーセント、二〇一〇年には二九六万台で二〇パーセントと驚異的に拡大した[11]。しかし、二〇一二年九月の日本による尖閣諸島国有化を大きな契機にして中国の反日運動が高まり、日本車がターゲットにされ、中国での生産は初めて減少に転じた。その後は増加には転じたが、伸びは鈍化した。

各社はどこで生産しているか　二〇一五年時点の各メーカーの海外生産を、国別に網羅したのが第2－1表（二〇六～二〇七頁）である。全メーカーの国別合計では、米国が第一位で三八四万台、北米自由貿易協定（ＮＡＦＴＡ）で一体化しているカナダの九六万台、メキシコの一三四万台を合計すると六一五万台弱がＮＡＦＴＡ圏で生産された。中国の三六五万台が米国に続き、タイ（一八一万台）、インド（一九二万台）、インドネシア（九五万台）のアジア四ヵ国で八三三万台となる。

日本の自動車メーカーの海外生産は、これら七ヵ国だけで一四四八万台あまりに上り、海外生産全体の約八三パーセントを占めているのだ。日本のメーカーは、世界の各国で生産してきたが、今や意外に少ない国に集中して生産していることがわかる。

生産上位国は、各社ごとに多少の差がある。第2－1表では、各社の生産台数上位三ヵ国に網かけをした（但し二〇万台未満は網かけせず）。トヨタは米国、中国、タイ。日産は米国、中国、メキシコ。ホンダは米国、中国、カナダ。スズキはインドで一四一万台と一社で日系各社のインド生産合計の七四パーセントを占める。マツダはメキシコとタイ、三菱といすゞはタイ、ダイハツはマレーシアだが、それぞれ二〇万～三〇万台程度と生産量は多くない。なお、同表・最右欄の各国ごとの生産台数は、表に掲げた八社だけではなく、日本メーカー一二社全体の合計台数である。

最後に同表・最下欄で、二〇一五年の海外生産比率を各社ごとに見ると、高いのが日産の八二パーセント（ルノーは含まず）とホンダの八四パーセントであり、トヨタは六四パーセントで、一二社合計の

メーカー別・国別生産台数（2015年）

（単位：台）

ホンダ	三菱	マツダ	スズキ	いすゞ	ダイハツ	日系12社生産台数	順位
1,257,075	50,122			7,147		3,844,322	1
379,864						963,831	6
203,657		204,839				1,339,213	5
1,840,578	50,122	204,839		7,147		6,147,366	
118,893						785,691	8
						228,288	12
						104,344	15
12,667				11,185		142,674	14
	20,742			2,407		91,035	16
131,560	20,742			13,592		1,443,230	
170,607	330,169	230,745	54,371	239,426		1,809,513	4
93,769		10,827	2,184	10,430	228,482	480,388	9
148,096	51,709		130,967	16,874	163,315	953,012	7
627,785	154,976	173,880	170,925	78,327		3,653,435	2
18,532	38,069	3,452				315,913	11
75,201			1,412,339			1,919,830	3
14,835			134,391	1,216		228,257	13
1,157,001	574,923	418,904	1,905,177	346,273	391,797	9,360,348	
156,653	33,075					396,445	10
157,637	34,270				70	402,331	
3,766,762	680,057	623,743	1,912,377	408001	391,867	17,554,721	
724,100	635,441	972,537	937,568	263418	697,340	9,265,667	
84	52	39	67	61	36	66	

巻末統計表より作成。データソースは各国自動車工業会またはそれに類する機関
発表数値と異なる場合があるが、数値の統一性を重視し、フォーイン集計数値を採用した
満たない場合は網かけせず。また国名の網かけは生産上位7ヵ国

六六パーセントとほぼ同じである。マツダ（三九パーセント）、ダイハツ（三六パーセント）などが低いため一二社全体では六六パーセントになった。十数パーセントしか母国で生産しない企業にとって、「母国」という言葉は、もう意味を失っている。

海外生産はトヨタ、日産、ホンダが中心　最大の生産地である米国と中国での各社の生産の推移を見たのが、第2－10図（米国、二〇八頁）と、第2－11図（中国、二〇九頁）である。トヨタ、ホンダ、日産の三社で両国の生産をほぼ独占している。その他のメー

第2－1表

	トヨタ	日産
米国	1,323,050	962,393
カナダ	583,985	
メキシコ	107,769	822,948
その他共北米小計	2,014,804	1,758,341
英国	190,209	476,589
フランス	228,288	
スペイン		104,344
トルコ	115,900	
ロシア	32,603	34,871
その他共欧州小計	658,198	615,894
タイ	632,118	139,950
マレーシア	80,395	43,786
インドネシア	368,155	18,800
中国	1,067,940	961,400
台湾	185,090	25,004
インド	158,709	212,342
パキスタン	60,551	25,759
その他共アジア小計	2,602,015	1,438,306
ブラジル	173,991	32,725
その他共南米小計	254,043	32,725
その他共海外生産計	5,533,842	3,895,488
日本	3,185,444	872,831
海外生産比率（％）	64	82

（出典）フォーイン『日本自動車調査月報』（2016年５月号）
（注１）海外生産計は、フォーインによる集計値。各社公表
（注２）網かけは、各社ごとの上位３カ国、ただし20万台に

カーは、両国ともに年を追うごとに比率を低下させ、とくに米国ではほとんど消滅した。中国では、三社以外にもいすゞ、三菱、マツダ、スズキ等が生産し、二〇〇二年頃は四十数パーセントを占めていたが二〇一五年では合わせても一四パーセントになり、トヨタ、日産、ホンダがほぼ独占する状態になった。

三社の生産台数は、成長時期や生産台数に多少の差はあるものの、増加しつつ次第に拮抗するようになっている。米国では三社の生産台数に多少の差はあるが、カナダとメキシコを加えたＮＡＦＴＡ圏での生産台数では、三社ともに二〇一五年で二〇〇万台前後となる。中国では、トヨタ、日産の二社は一〇〇万台前後、ホンダが六三万台と少し落ちる。

結局、現在の日本の自動車産業の海外生産は、世界の七ヵ国でもっぱら行われている。海外生産を行うのは国内全メーカーだが、しかし米国と中国ではトヨタ、ホンダ、日産の三社がそのほとんどを生産している。海外生産全体でみても、全海外生産の七六パーセント（二〇一五年）が、この三社によって

第２－10図　米国における日本メーカーの生産台数

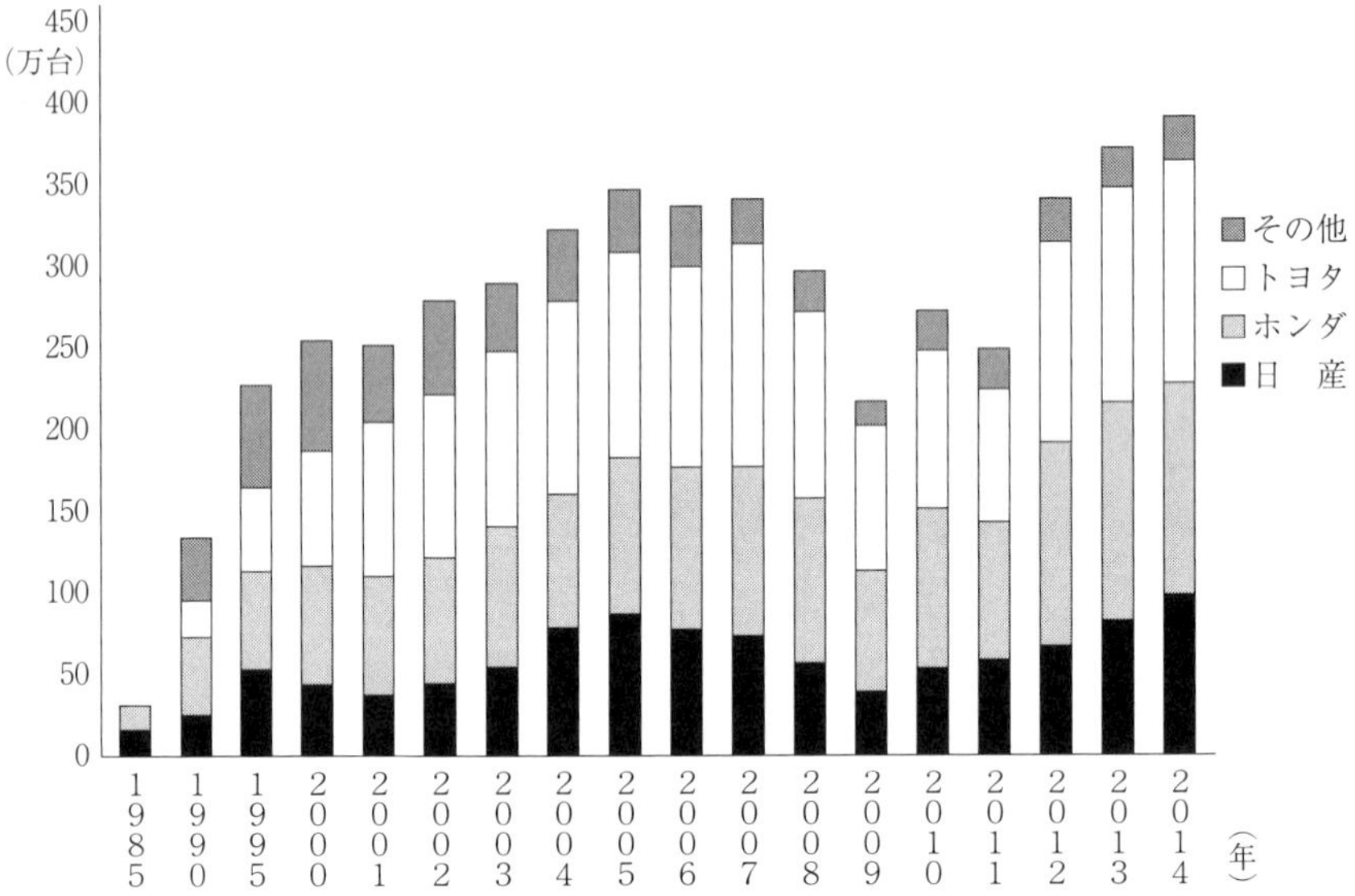

（出典）『日本自動車年鑑』各年版、JAMA「日本メーカーの海外生産台数の推移」より作成
（注）データは2000年までは５年ごと、その後は毎年

担われている。つまり日本自動車産業の旺盛な海外展開と国内生産停滞は、もっぱら三社の経営戦略から生まれたものといえる。

海外生産拠点国からの輸出も　第２－１表で見たように、海外生産全体の八三パーセントが七ヵ国で生産されている（二〇一五年）が、この七ヵ国は、米国、中国のような当該地域の需要の増加に見合って生産している国と、タイ、メキシコ、カナダ、インドネシア、インドのように、当該国の消費のみならず周辺地域への輸出基地としても生産を増加させている国とに分かれる。第２－12図（二一〇頁）は、日本車の販売上位一一ヵ国の二〇一五年の販売台数と、当該国で日本メーカーの生産台数を比較したものである。生産上位七ヵ国はすべてこの中に入る。国名のあとに当該国での日本車の販売シェアを示した。タイ、インドネシア、マレーシアといったＡＳＥＡ

第２－11図　中国における日本メーカーの乗用車生産台数

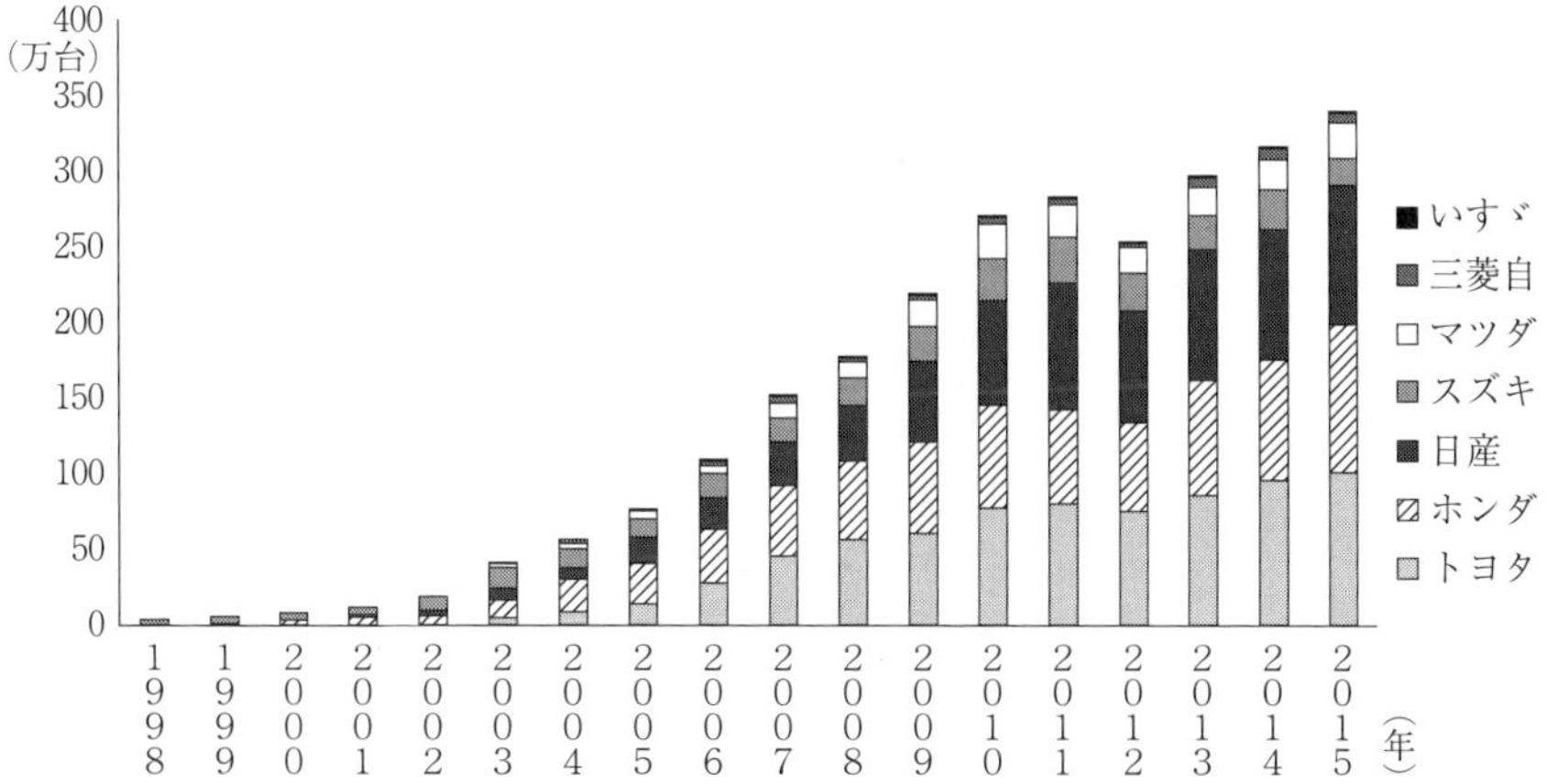

（出典）FOURIN『中国自動車部品産業2013』巻末付表、同『中国自動車調査月報』2013、2014、2015、2016各年２月号「系列別／ブランド別、乗用車生産台数」より作成

N諸国は、七六～九八パーセントと日本車のシェアが圧倒的である。

当該国での生産台数よりかなり多くの日本車を販売しているのは米国だけで、米国は日本だけでなくカナダ、メキシコで生産した「日本車」を輸入している。オーストラリアでは生産はせずにもっぱら輸入している。中国、マレーシア、ブラジルは生産と販売がほぼ同じである。これらの米国、オーストラリア、中国、マレーシア、ブラジルの五ヵ国以外は、生産が販売を上回っており、その差に近い台数が輸出に回されていると考えてよい（当該国自身が日本車を輸入している場合は、より多くが輸出に回ると考えられるが）。

日本車生産台数と販売台数の差は、タイ（一一〇万台）、メキシコ（七四万台）、英国（三二万台）、インドネシア（三一万台）、カナダ（三〇万台）、インド（二五万台）で、これらの国はその国で生産した日本車を輸出している国ということになる。日本車の輸出国六ヵ国から輸出される台数はあわせて三〇二万台となり、同年に日

第２－12図　2015年国別日本車販売台数、生産台数と当該市場でのシェア

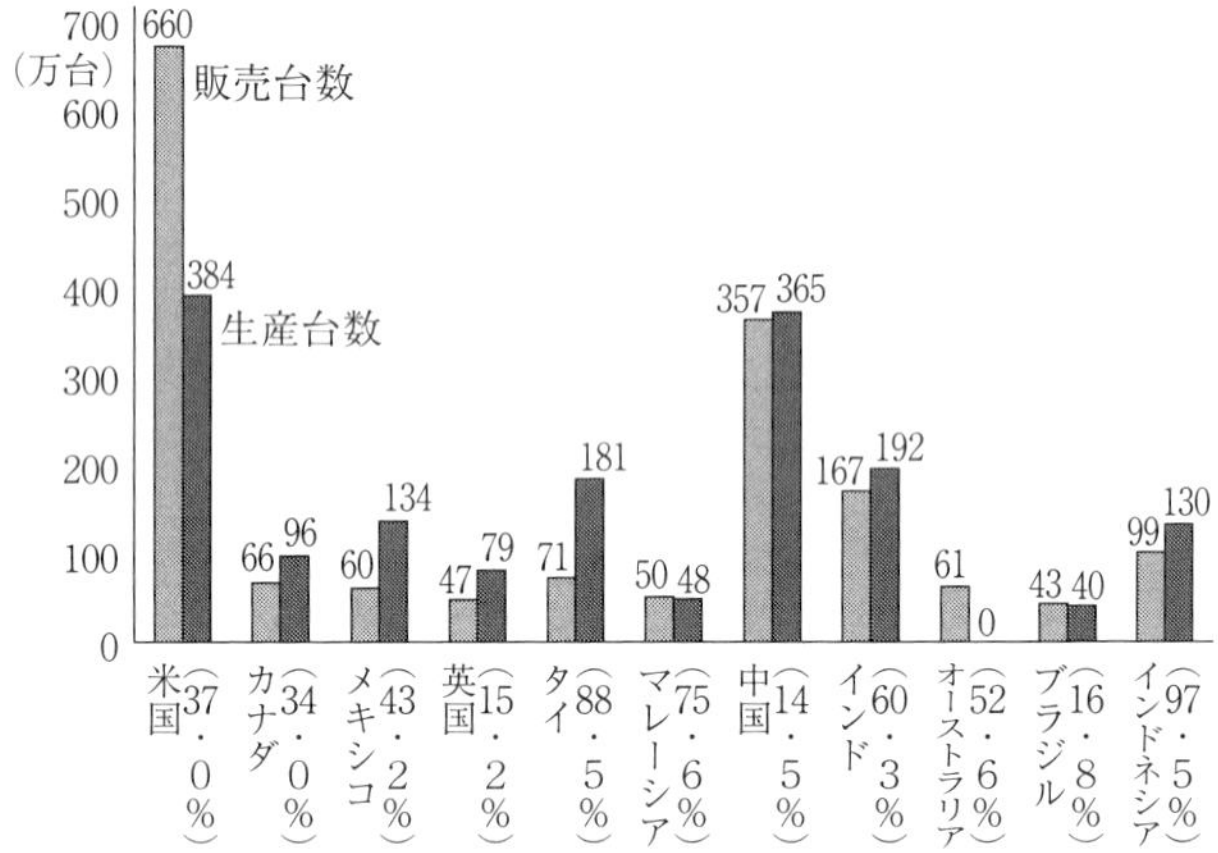

（出典）フォーイン『日本自動車調査月報』2016年６月号　61、71頁

第２－13図　日本メーカー生産上位７カ国での生産台数推移

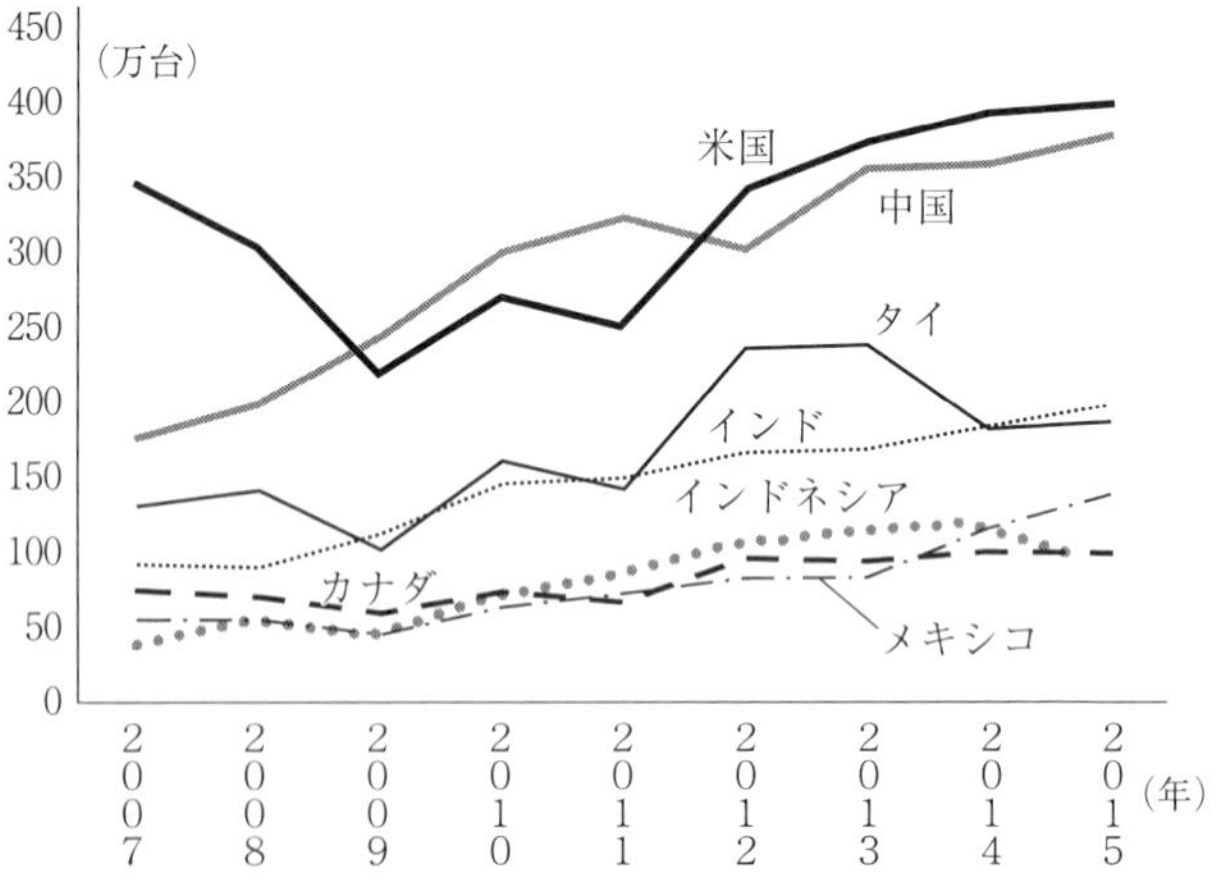

（出典）「日本完成車メーカー12社合計、海外地域別・主要国別自動車生産・組み立て台数（2007～2015年）」（フォーイン『日本自動車調査月報』2016年４月号）より作成

本から輸出される台数の七割弱に相当する。これらの国からの輸出は、今後ますます拡大することになるだろう。後述するように各社は、これらの国に集中して投資を続けているからである。

拠点国での生産拡大が意味するもの　第２－13図は、日本メーカーの生産上位七ヵ国での推移を見たものである。二〇一五年の海外生産全体の約八三パーセントがこの七ヵ国で生産されるようになったこ

とは述べたが、しかし二〇〇七年にはこの比率はまだ七〇パーセントであった。わずか八年間で一三ポイントも上昇したのだ。つまりこの間に各社は、これら七ヵ国で集中して投資し、生産拡大を行ったということになる。二〇〇七年と二〇一五年の生産台数を比較すると米国では一・一倍になったにすぎないが、中国（二・一倍）、インド（二・二倍）、メキシコ（二・五倍）、インドネシア（二・五倍）などの伸び率が大きい。

日本メーカーの海外生産は、米国での生産の場合は一九八〇年前後からの貿易摩擦を起点としていたが、メキシコ、カナダ、タイ、インドネシアなどでの生産拡大は、周辺地域への輸出も見込んだものであった。つまりリーマンショックからの回復過程では、世界のいくつかの拠点国で生産し、拠点国から輸出するという戦略の下に、各社は海外生産を拡大する傾向を強めているのだ。グローバル企業の母国を離脱・超越した行動を如実に反映するものとなっている。

こうした戦略は日本企業だけでなく、欧米自動車メーカーも同様である。米国についてはすでに見たが、ヨーロッパでも「新興国」、「低賃金国」で生産を加速する一方で、自動車生産で長い伝統を持つ国での工場閉鎖・人員削減が進行している。フォードは一二年にベルギー工場を閉鎖し、フィアットは一一年にイタリア・シチリア工場を閉鎖した。プジョーシトロエングループ（ＰＳＡ）はフランス国内での工場閉鎖と八〇〇〇人の人員削減を二〇一四年までに行うと二〇一二年に発表し、ルノーもフランス国内従業員の約一五パーセントの七五〇〇人を二〇一六年までに削減すると、二〇一三年に発表した。ただしこれに対しては、ルノーの筆頭株主であるフランス政府閣僚が、「ルノーはここのところ年間五〇万台をフランスで生産しているが、少なすぎる（もっと増やせ）」と批判した。(12)

こうした先進国からの生産移転が先進国経済の衰退に拍車をかける最大の原因となっており、先進国民の間で生産の海外移転への異議や怒りが噴出し始めた。米国では二〇一七年一月にドナルド・トランプが大統領に就任したが、トランプが大統領選挙に勝利した一因に、彼が自動車の生産の海外移転に反対したことがある。トランプは、フォードが二〇一六年四月にメキシコに約一七〇〇億円で新工場建設の計画を発表したことに対して、「まさに恥知らず」と厳しく非難し、米国企業がメキシコへ移転することを大きく促進したＮＡＦＴＡを「ＮＡＦＴＡは災害」と述べた(13)。

日本の自動車産業の空洞化は、今後、どこまで進むのか、国民の国内生産空洞化に対する認識と怒りは、米国やヨーロッパ先進国のように高まるのか。自動車生産のこれからは、日本経済の将来を大きく左右するだけでなく、政治の進路を変えるものになる可能性すらある。

第二節　日本の自動車産業は空洞化するのか

第一節では、この二十数年間の自動車産業の趨勢を明らかにしたが、以下では二〇一〇年代以降の五～六年の自動車各社の具体的戦略と事業の動向に焦点を当て、日本の自動車各社は昨今、どんな戦略をとり、どこに向かっているのか、これからどうなるのかを探っていきたい。とりわけ各社の戦略が、今後の国内生産の維持を可能とする戦略なのか、あるいは足元から掘り崩しつつあり、日本の決定的な産業空洞化を推し進めるものか検討したい。

（1）完成車、部品の輸入

①完成車の逆輸入

二〇一〇年代に入るや日本の自動車生産の先行きを暗示するような出来事が起きた。日産が、二〇一〇年七月に海外で生産した完成車を日本に輸入（逆輸入）し始めたのだ。同社は当時すでに全生産の七六パーセントを海外で生産しており、この海外生産比率の高さに慣れっこになっていた人々も、同社の看板商品「マーチ」の逆輸入には、あっと驚いた。新聞、雑誌では、「『マーチ』輸入は空洞化の号砲」（『日経ビジネス』二〇一〇年七月一二日号）とか、「避けられるか　国内空洞化」（日本経済新聞二〇一〇年九月六日付）等々と、国内生産の「空洞化」と結びつける見出しが躍った。

マーチは一九八二年に発売され、日本国内での累計生産台数は三三〇万台を超える売れ筋小型車であったが、日産は日本でのマーチの生産を完全に停止し、二〇一〇年春にタイの工場に生産を全面移管して、七月にタイから日本へ「新型マーチ」の逆輸入を開始したのである。

自動車の逆輸入は、米国では早くから起きていた現象であった。日本でも海外のみで生産するモデルの限定的な逆輸入は存在した。しかし国内向けの主要モデルは国内生産が当然という「常識」が、日本の自動車メーカーにも国民にもあった。タイ製マーチの輸入はそれを破壊する初めての出来事となったのだ。

マーチの輸入は、志賀俊之・日産COO自身が二〇〇七年一二月に決断し、その後二年以上かけて周到に準備されたものである。マーチを作っていた追浜《おっぱま》工場（神奈川県横須賀市）の従業員は二〇〇八年夏から順次、タイ工場に送り込まれて製造工程や品質をチェックし、タイの従業員も神奈川の日産の試作拠点に派遣されて、生産の段取りを覚え込んだ。(14)

つまり日産は二〇〇八年九月のリーマンショックが起きる以前に、マーチの輸入を決定し準備をしていたのである。為替相場は、まだ一ドル＝一二〇円を挟んで上下し、日本の自動車輸出台数が最高の水準にあった時期である。これを「先見の明」と評価するか、カルロス・ゴーンCEOを頂点に戴《いただ》く日産の「母国」を棄てて顧みない「利益至上主義」と評価するかは別として、マーチ逆輸入は決して「超円高」のためやむを得ずなされた決断ではなかったのだ。

日産は二〇一二年一〇月に、「ラティオ」もタイから輸入を開始した。「ラティオ」は、日産追浜工場で生産していた小型車「ティーダラティオ」をタイに全面移管して、輸入したものである。

追随する他のメーカーも出始め、三菱自動車もグローバルに販売する小型戦略車「ミラージュ」をタイで生産し、二〇一二年八月に日本に輸入して販売を開始した。その後も各社は、スズキはハンガリー工場の多目的スポーツ車（SUV）を、三菱自動車はタイ工場の小型トラックを、ホンダは米国から高性能スポーツ車NXVを、日産はスペイン工場の商用EV車「e―NV200」を、ホンダは米国のスポーツ車を日本に逆輸入している。(15)

二〇一六年三月になると、スズキがインドで生産した小型ハッチバック車「バレーノ」を逆輸入し日本での販売を開始した。「バレーノ」はスズキの「旗艦車」で、マルチ・スズキの社長は「インドで生産する真のグローバルカー」、「新しい時代の幕開け」と意気込んだ。排気量一二〇〇～一三〇〇ccながら約九三万円（現地価格）という低価格に抑えた。

この「バレーノ」の輸入では、マーチの時とは違ってメディアが「逆輸入車」と大騒ぎすることはなかった。「バレーノ」の宣伝CMがテレビ等で大々的に流れる中で、それがインドで生産された日本車であることを知らせる媒体もほとんどないため誰も知らなかった。マーチやティーダラティオはあまり売れなかったが、それは自動車立国、技術立国・日本で、なぜわざわざ「タイ製」車を買う必要があるのかという国民感情も大きく作用していたからだ。こうしたことも作用して、メディアは逆輸入車をほとんど話題にしなくなったのだ。[16]

しかし低賃金の国で量産した逆輸入車が、次第に話題にもならず、問題にもされなくなって、いつのまにかじわじわと浸透していけばどうなるのだろう。今、世界のいくつかの「適地」で、モデルごとに「量産」された「日本車」を、各国に輸出するという形がじわじわと広がっている。その「世界」の一つの国として「日本」へ「輸出」するという形も拡大していく可能性がある。いつのまにか日本で販売される日本車の、たとえば二割がいくつかの国から少しずつ輸入された「外国製」になっていたという事態が起きるのかもしれない。

米国が、メキシコをはじめとするNAFTA締結国からの逆輸入車の販売を拡大し、産業空洞化を一気に加速させ、国民の貧困化をとめどなく進行させてしまったその同じ轍《てつ》を、日本は踏んではならない。

こうした逆輸入を、通常の輸出入と同列に見なし、「自由貿易」であるかぎり、何をどこから輸入し、輸出しようが当然だと正当化することは誤りである。日本企業がわざわざ低賃金国に生産移転して生産した商品を、母国に逆輸入するのはもはや「貿易」の概念を逸脱しているからだ。

②輸入部品で完成車を組み立て

車の部品でも輸入が拡大している。自動車部品の輸入は、一九九〇年代末から徐々に増加していたが、二〇一〇年代に入ると特にアジアからの安価な部品輸入が急増している。二〇一〇年、部品全体の輸入額は一兆三六四一億円であったが、二〇一五年には二兆四二六三億円となり、わずか五年で一・八倍になった。とくにアジア各国からの輸入の伸びは大きく、同じ時期に中国からは四二八七億円から七九〇五億円になり、韓国は八四九億円から一六〇四億円に、タイ（一四五八億円→二五〇八億円）、ベトナム（一〇〇三億円→二二七七億円）等からの部品輸入も拡大した[17]。

自動車企業の工場が集中する福岡は、韓国の釜山とは目と鼻のさきである。上海、大連さえ、関東の部品工場より近く、愛知の部品工場からでも輸送コストは安いのだ。

〔日産〕 日産は九州工場（福岡県苅田町）に国内生産能力の半分以上を集中しているが、これはアジアからの部品輸入に便利だからである。二〇一二年八月に日産九州では新型「ノート」の生産を開始したが、これに合わせて新しい倉庫も建設された。中には中国やタイから輸入された部品がところ狭しと並べられた。ノートの海外部品調達率は金額ベースで四〇～四五パーセントと、従来の約二〇パーセントから大きく引き上げられ、新たな倉庫も必要になったのだ。

「シルフィ」にいたっては、タイから主要部品を輸入し、追浜工場で最終的に組み立てる「ノックダウン生産方式」を採用した。日産車体の渡辺社長は「今後は海外で部品を作り日本に送る、〝逆ＫＤ

（ノックダウン）化〟以外に生き残る道はない」と言い切った。かつて完成車の関税率が高かったＡＳＥＡＮ各国において日本企業は、日本から輸出した部品を現地で組み立てるノックダウン方式で生産したが、今やタイや中国から部品を輸入して、日本でノックダウン生産する時代になってしまった。

韓国からの部品輸入も拡大しているが、日産九州で生産され二〇一二年夏に発売された小型商用車「ＮＶ３５０キャラバン」は、総コストで二割、二〇〇超の韓国製部品を採用し、部品の四割をアジアから輸入した。韓国からの部品調達が増大しているのは、韓国ルノー・サムスンの部品調達網を利用しているからだ。「日産車体九州」でも、国内部品メーカーよりもわずか数パーセント価格が安いという理由で、ルノー・サムスンの取引先で釜山周辺に拠点を置く二六社からの部品の大量調達に踏み切ったのだ。(18)

日産は中国―韓国―日本の三国が一体化した新たな物流網を構築している。二〇一三年三月には、釜山港―下関港の自動車部品輸送トレーラーに日韓両国の二種類のナンバープレートを付けて、釜山と下関間で積み替え作業をすることなく相互乗り入れできるようになった。日産と日本通運が共同でシステムを開始したのである。これによって部品を当該国車両に積み替える時間を省く。

中国との一体化も加速する。日産は二〇一四年一〇月に大連に新たな工場を稼働させた。この大連新工場開設にあわせて多数の日本の部品企業も進出し、「日産村」ができた。工場のすぐ隣には大連港がある。同港には、日本郵船が中国の事業体と合弁運営する東京ドーム一六個分の自動車船ターミナルが広がり、「（日産）工場から出てきたばかりの完成車も五分後には船積みできる」。

中国各地への輸送はむろんのこと、将来もし完成車を日本へ輸出するような日が来れば、うってつけの立地となる。大連から日産九州工場へは九州―東京間とほぼ同じのわずか約一〇〇〇キロメートルだ。完成車の対日輸出はまだ行われていないが、部品の対日輸出はすでに行われている。日産は、二〇一六年までに国内生産車に使用する部品全体の四割以上を、中国や韓国等の海外からの輸入に切り替える計画を立て、実現しつつある。(19)

なお、日産の主要取引先でつくる部品協力会である日翔会に、二〇一二年七月に中国の部品大手である敏実集団が加入し、二〇一三年七月には中国の航盛集団も加わった。日翔会は日産に部品や素材を供給する中核企業約二〇〇社で構成されている。アジア企業の加盟は二〇〇五年の韓国の製鉄メーカー・ポスコグループが最初であった。日産は国内外の多くの工場でポスコ社製の自動車鋼板を多用しているからだ。(20)

〔ダイハツ〕 ダイハツも中国で部品を調達し、日本の工場に輸入している。ダイハツは中国には自社工場をもたないが、二〇一一年に中国・上海で部品調達の子会社を設立し、部品輸入を開始した。そのおかげもあって二〇一二年末に発売した「ムーヴ」では価格を五万円引き下げられたという。(21)

〔その他の各社〕 三菱自動車は国内工場で使用する部品の海外からの調達率を二五パーセントにするという目標の達成を、二〇一三年度から二〇一二年度に前倒しした。

マツダも海外製部品を二〇一一年度の二割から二〇一三年は三割に高めた。

ホンダも二〇一三年に発売した「フィット」では、輸入部品が四割近くを占めた。同社は、アジアやメキシコで造った部品を世界各地で共用し、生産コストを下げる。

トヨタも二〇一一年に輸入部品検討委員会を発足させ、輸入部品率を一桁からアップさせることを決め、二〇一二年には韓国鉄鋼メーカー・ポスコを、同社の部品協力会「協豊会」に加入させ、韓国部品企業との商談会を開くなど積極的な動きをしている。トヨタ系の部品メーカーは、新車部品の見積もり時に「トヨタから韓国や中国メーカーの三〜四割安い部品の価格をみせられ（て圧力をかけられ）る」と言う[22]。

（2）海外の生産拠点国を「輸出」拠点に

かつて海外生産は、輸出する代わりにその国で生産を行うという輸出代替の意味が大きかった。米国での生産はその典型であった。しかし今や、進出国や周辺国への販売のためではなく、「世界戦略車」を海外の拠点で作り、それを日本も含めた世界に輸出するという方式が広がっている。自動車各社にはもはや、母国日本こそ生産の最大拠点、輸出拠点という認識が失われ、日本もその時々の需要や為替相場によって生産を増減させる拠点の一つに過ぎなくなりつつある。

第一節で、日本メーカーの二〇一五年の海外生産全体の約八三パーセントが、米国、中国、タイ、メキシコ、カナダ、インドネシア、インドの七ヵ国で生産されていること、二〇〇七年ではこれら七ヵ国での生産比率はまだ七〇パーセントだったが八年間で一三ポイントも上昇したことを指摘した。リーマンショック後の自動車各社は、もっぱら七ヵ国で生産を拡大し続けたということであり、各社、とくに日産やホンダはこれらの拠点国で日本以上の生産を行うようになった。

また第一節の第2-12図では、七ヵ国の中でもタイ、メキシコ、インドネシア、インドなどでは生産台数が当該国での販売台数を上回っており、輸出することを前提にして生産していることも明らかにした。こうした輸出を前提とした拠点国からの生産増と輸出を、各社はますます加速させている。

①メキシコ

メキシコは生産した自動車の約八割を輸出に回し、輸出全体の約八割が米国向けという対米輸出基地としての役割を持っている。米国での自動車販売がリーマンショック後の激減から回復する過程で、日本の自動車メーカーは対メキシコ投資を加速している。米国での自動車販売の好調を、日本からの輸出増で対応するのではなく、メキシコから米国への輸出を増やそうというのだ。米国での日本企業による生産台数は、二〇一二年にリーマンショック直前の高水準（二〇〇七年）に追いつき、追い越したが、今後も需要増加が予想されるからだ。

一九九八年にはメキシコの三分の一だった中国の賃金は、いまや中国が上回ったともいわれる。平均的労働者の月収では、広州や深圳《シンセン》の四〇〇ドル以上に対してメキシコシティは約三〇〇ドルである。[23]日本各社は、この低賃金を利用し、対米輸出拠点としてメキシコを強化している。また対米輸出に限らず、ヨーロッパや中南米への輸出拠点にもしている。

〔日産〕日産は、日本の自動車メーカーとしてはメキシコでもっとも早くから工場を設立し、生産実績もトップを走り続けてきた。二〇一五年の生産台数は八一万台と日本国内での生産とほぼ同じである。二〇一一年以降は米国系のメーカーも抜いてメキシコでトップの生産台数になった。

日産は二〇一一年度に、日本からの自動車輸出を縮小し、二〇一六年度をメドに輸出台数を年間三〇万~四〇万台へと減少させ、同社の世界販売に占める日本からの輸出比率を五パーセント程度にする計画を立てた。二〇一〇年度の六八万台の輸出をほぼ半減するのだ。実際に二〇一四年には四七万台になった。ただ安倍内閣後の円安で二〇一五年は五二万台と若干戻した。

日本からの輸出は減らす一方で、とりわけメキシコからの輸出拡大をはかる。同社はメキシコでの生産全体の八割を輸出しているが、二〇一四年にカルロス・ゴーンは、メキシコでの生産台数を二〇一六年までに日本並みの一〇〇万台に引き上げると宣言し、実際に実現した。日産は、メキシコでの生産能力を二〇一〇年代以降も大きく伸ばし続け、後掲・第2-15-d図（二五九頁）のように、二〇一七年には約一二〇万台になる予定である。メキシコを米国だけでなく南米やヨーロッパへの輸出拠点としても位置付け、一〇〇ヵ国以上に輸出する[24]。

〔ホンダ〕 ホンダは二〇一四年二月にメキシコで、生産能力二〇万台の新工場を稼働させ、二〇一六年にフル生産にこぎつけた。日本から米国に輸出していた「フィット」もメキシコでの生産に切り替えた。ホンダは新工場稼働によって、米国で売る一〇〇パーセント近くを、メキシコを含めた北米で生産するようになり、ごく一部の車種を除き基本的に日本から米国に輸出する必要がなくなった。

ホンダはメキシコから完成車を米国に輸出するだけでなく、同社の米国工場で使用する部品もメキシコから輸出しており、二〇一五年に米国で発売したシビック新モデルも、メキシコ調達網での低コスト部品を使用する。メキシコには主要な部品メーカーも進出済みであり、部品の産業集積も進んでいるからだ。ホンダは、米国市場へは完成車・部品ともメキシコから輸出し、その米国で生産した車は、後述するように世界へ輸出するのだ[25]。

〔マツダ〕 マツダも二〇一四年にメキシコで年産能力二五万台の工場を稼働させ、量産を開始した。出荷の五割が米国向けだが欧州等世界への輸出拠点にもして、「海外事業拡大の中核拠点」（同社メキシコ生産法人・水谷智春社長）と位置付ける。マツダはもともと海外生産比率が低く、三十数パーセントであり、海外工場はアジア四ヵ国のみで、米国に生産拠点はなかったが、メキシコを米国等に向けた輸出基地にする。

〔トヨタ〕 トヨタは北米では、米国、カナダに生産を集中し、メキシコでの独自の生産は二〇〇四年に建設の小型トラック工場（生産能力八・九万台）に過ぎなかった。しかし二〇一五年四月にメキシコに新工場を設立すると発表し、二〇一六年一一月に新工場の起工式を行った。二〇万台の工場を新設し、二〇一九年の稼働を目指す。トヨタは二〇一三年以来、新工場の設立を凍結してきたが、その解除の口火を切ってのメキシコ工場の建設となった(26)。

しかしこうした米国への輸出を前提にしたメキシコでの生産に対して、米国内での反発が拡大している。二〇一六年四月にフォードがメキシコに新工場を建設する計画を発表したことに対して、大統領候補であったトランプが、「まさに恥知らず」と激しく非難したことはすでに述べた。米国自動車メーカーによるメキシコ進出は早い時期から開始され、フォードは一九六四年、クライスラーは一九七八年、GMは一九八一年に生産を開始した。メキシコでは、二〇一四年時点でGMが六八万台、他の二社も四〇万～五〇万台生産し、米国に輸出している(27)。

今、日本メーカーは、米国メーカー以上にメキシコ進出を加速しつつある。しかし日本企業といえども対米輸出を前提としたメキシコでの生産拡張を、米国民がこれから先、どこまで受け入れ続けるかは大きな問題である。

②タイ

日産やトヨタはじめ各社は、後の（4）で述べるように多くの車種を共通のユニットで製造する「プラットフォーム」化を進めているが、こうしたプラットフォーム車の生産基地の一つがタイになっており、そこから世界輸出を進める。

〔トヨタ〕 長年トヨタは、タイへの投資拡大の先頭に立ってきた。同社は一九六四年に、早々とタイで生産を開始し、同国をアジアでの最重要の生産拠点国にしてきた。タイでの生産実績は、二〇〇二年に一四万台だったが、後掲第2－15－b図（二五八頁）のように二〇一五年には八九万台になった。(28)

トヨタは、二〇一〇年代に入ってからもタイへの投資を繰り返してきた。タイを輸出拠点として一層活用するためである。日本からオーストラリアに輸出していた商用車「ハイエース」等はすでにタイからの輸出に切り替えていたが、二〇一三年三月に新型ヴィオスをタイで発表し、その規模もコンセプトも新たな段階に入った。新型ヴィオスはタイから八〇ヵ国以上に輸出することを前提に、新興国市場向けに設計されたものである。こうした新興国向け小型車を、トヨタは他に五モデル追加して一〇〇ヵ国以上で販売するのだ。

タイからの輸出台数（各社合計）は、二〇一四年には一一二万台にまで拡大した。(29)

〔日産〕 日産はタイから日本に向けて、二〇一〇年にマーチの輸出を開始したが、それは日本に向けただけでなく、タイからオーストラリアなど最大八ヵ国に輸出するのだ。またマーチは、タイを生産・

輸出拠点とするだけでなく、インド、メキシコも輸出と生産の拠点とする。ヨーロッパにはインドから、南北のアメリカ大陸にはメキシコから輸出し、世界の一六〇以上の国や地域で販売する計画である。マーチは日産がVプラットフォームと呼んでいる小型化と低燃費を実現した基盤技術を採用した最初の車であり、日産は、この技術を使った小型車一〇〇万台以上を、世界の拠点から各国へ販売・輸出する計画を二〇一三年に立て、実行に移している。

完成車だけでなく、同社はタイをエンジン、変速機などの基幹部品の輸出基地ともしており、日本や中国、欧州などへの供給を急増させている。(30)

③米国

述べてきたように各社は、世界数ヵ国の生産拠点から世界への輸出を拡大しているが、上記のメキシコやタイのような低賃金・低コスト国のみならず米国も、為替変動に備えるとか、過剰な生産能力の活用といった理由から輸出拠点にする。

〔トヨタ〕同社は米国を日本に次ぐ輸出拠点にする。北米トヨタの稲葉良睍社長は「米国を第二の輸出拠点に育てる」と宣言（二〇一二年二月）し、トヨタは日本から輸出していた車種を次々と米国からの輸出に切り替えた。主力中型セダン「カムリ」の対韓国輸出を、二〇一二年一月に日本から米国に切り替え、多目的スポーツ車（SUV）「ヴェンザ」も、二〇一三年三月に対中国輸出を、四月に対ロシア輸出を、日本から米国に切り替え、大型SUV「ハイランダー」は九州工場（福岡県宮若市）での生産を二〇一三年に打ち切って米国に移管し、その後の輸出は米国からに切り替えた。二〇一三年にはカローラの輸出も開始した。
トヨタによる米国からの輸出台数は、二〇一二年には前年比四五パーセント増の一二万四〇〇〇台で過去最高となり、二〇一三年には一三万台になった。米国での生産の十数パーセントを輸出に回し、中国、ロシア、ウクライナを加え世界二四の国・地域に輸出する。[31]

〔ホンダ〕 ホンダも米国からの輸出に力を注ぎ、米国からフィリピンや中国、中東、韓国等への輸出を拡大している。二〇一三年には米国からの輸出が一〇万台を超え、日本からの輸出（九万台弱）を超えた。同社は同年までの三年間で、北米で二七億ドル（約二七六〇億円）を投じて生産拡大を行い、二〇一三年の米生産台数は一三一万台となって日本国内生産八四万台の約一・六倍になった。米国内で売る車は日本から輸出する必要が全くなくなり、逆に米国で生産する車を為替相場や需給に応じて米国から輸出するのだ。

〔日産〕 日産も高級車「インフィニティ」や「アルティマ」、SUV「バスファインダー」などを、米国から輸出している。[32]

④韓国

〔日産〕 韓国内では日本メーカーは生産していないし、日本車の輸入もほとんどないが、ルノー・サムスンだけが生産し、日産ブランド車だけが輸入されている。ルノー・日産としては、韓国とのつながりを維持・拡大する必要があり、日産だけが韓国を輸出拠点にしている。

ルノー・サムスンは一九九九年に経営破綻したサムスン自動車をルノーが買収し、二〇〇〇年に発足したが、近年経営不振であった。この韓国のルノー・サムスンにルノー・日産が二〇一二年七月に一億六〇〇〇万ドル（約一二五億円）の投資を決定し、生産能力を増強した。日産はルノー・サムスンの釜山工場に日産のＳＵＶ「ローグ」の次期モデルの生産を委託し、二〇一四年から年間八万台規模で生産を開始し輸出拠点にした。二〇一五年には、北米の需要が好調なため、年一一万台にまで委託生産を拡大した(33)。

以上のように、各社は日本以外からの「輸出」を拡大し、そのための体制づくりにいそしんでいる。しかし第一節で見たように、日本国内の自動車生産は長らく五〇パーセント近くが輸出にまわされてきた。その輸出部分が海外からの輸出に切り替えられれば国内生産の現状維持はとうてい不可能になる。とくにメキシコのように、日本の自動車輸出の中心であった米国や欧州への輸出がここからの輸出に切り替えられていくことは、日本の国内生産と輸出に決定的なダメージを与えることになる。

（３）技術開発も海外の拠点国で加速

自動車各社は、開発も日本から海外の中核拠点、とりわけ中国などに重点を移し分散化させている。各社は米国には早くから開発拠点を設置していたが、二〇一〇年代に入ると新興国での開発拠点づくりや研究員の増員を行っている。特に中国での開発拠点づくりに注力し、中国側にハイブリッドの技術移転をしたり、あるいは中国で技術開発をする企業も出ている。

中国は二〇〇九年に世界最大のエネルギー消費国になった。環境保護への内外からの圧力も大きくなる中で、中国政府は二〇一三年五月に乗用車に対する新たな燃費基準を導入した。メーカーごとに平均燃費性能を計算し、二〇二〇年までに現行比で五割向上させ、二酸化炭素排出量も三割削減することを求める厳しいものである。[34] 各社はこうした環境基準に呼応してとりわけEVやハイブリッド車の現地での技術開発に力を入れる。

またタイには、早くから研究開発の拠点が設置されているが、各社は技術者を増員させ、新興国戦略車の車体開発拠点等としている。その他、米国、インド、メキシコ等でも開発拠点の拡大、充実に力を入れる。

〔トヨタ〕 トヨタは開発の現地化、つまり日本に集中していた開発機能の分散化を進めているが、特に中国を開発拠点として重視している。トヨタの主な研究開発拠点は、日本では本社テクニカルセンター、東富士研究所、海外では米・ミシガン州やカリフォルニア州、タイ、オーストラリア、ベルギー、イギリスなどにあるが、中国に「トヨタ自動車研究開発センター（中国）」（江蘇省に二〇一〇年一一月設立、二〇一三年完全稼働）を設立した。同センターは最新の実験設備を備えた巨大開発拠点である。ここでは車両、エンジンを開発し、ハイブリッド技術も開発する。

トヨタは二〇一二年末から中国でハイブリッド車・プリウスの生産を開始した。二〇一三年から基幹部品も中国で生産している。トヨタのハイブリッド車の生産拠点は世界で六ヵ国にあるが、基幹部品はすべて日本で生産してきた。ノウハウの塊の基幹部品の技術流出を避けるためである。部品生産を含めた一貫体制を敷くのは中国が初めてで、開発も中国で行う。部材も中国内での調達を目指す。[35]

タイでもトヨタは、開発拠点を早くも二〇〇三年に開設したが、二〇一五年にはこの人員を一四〇〇人にまで増やした。開発の「自立」を目指す。新興国向けの車だけでなく、全世界で販売する車両開発の一翼も担い、たとえばハイブリッド車の制御ソフトの一部も開発し、「世界で販売したHVの52%に搭載している」という。(36)

〔ホンダ〕 ホンダは二〇一三年四月に生産統括機能を日本から世界各地に移管した。従来、開発・設計は栃木県の本田技術研究所で、九〇〇〇人いる技術者が世界中の車を開発していたが、今後は世界の六地域の開発拠点に移していく。これまで日本で行っていた製品企画や部材調達も行う。

ホンダの場合、特定地域専用の戦略車を当該地域で設計・開発するというのではなく、日本も含めて世界に販売する旗艦となる車を、最も需要の多い地域で開発・設計するのだ。二〇一三年にホンダ社長は、「単なる『現地生産』ではなく、『ものづくり』の本質から現地化させる」とし、「商品開発を現地で行い、それを実現するための部材調達も」現地で行うと宣言した。

その手始めとして二〇一五年に発売した主力セダン「シビック」新型車と「アコード」の次期型車を、北米の「ホンダR&Dアメリカズ」のオハイオ州の拠点で設計・開発した。「シビック」、「アコード」は、二車種でホンダの世界販売の三分の一を占める主力車であるが、約半分を北米で販売しており、「オール現地化」を売り物にした。(37)

ホンダは、ハイブリッド車の基幹技術を中国企業に供与する方針も正式に表明している。技術的にはトヨタとホンダでは駆動する際のシステムが違うが、ホンダは簡易型で製造技術も容易であり、中国メーカーだけで独自に製造できる可能性も高い。二〇一六年に広汽ホンダでアコードのハイブリッド車の生産を開始した。高級ブランド車・アキュラのハイブリッドモデルも生産予定である。(38)

〔日産〕同社は、二〇一二年に発売した中型セダン「アルティマ」を米国主体で開発した。またインドでも、インド専用車を現地で設計・開発・生産するため、現地にある仏ルノーとの合弁の研究開発拠点の一七〇〇人の技術者を活用する。タイの開発人員も、二〇一六年に二二〇人から三七〇人に増やす。(39)

〔大部品メーカー〕開発拠点を海外に移すのは完成車メーカーだけではない。大部品メーカーも、新興国、特に中国で開発拠点を新設・拡充している。車の部品を、現地の「部品の部品」や現地の素材を使用することで部品コストの低下を追求することが大きな目的である。自動変速機の大手で日産系のジャトコは、二〇一二年四月に中国・広州に新興国初の開発拠点を新設し、二〇一三年度もメキシコとタイに開発拠点を設置する。

トヨタ系のデンソーは、上海の自動車部品の研究開発拠点を二〇一三年に拡張して人員を二倍以上の五〇〇人にした。アイシン精機は二〇一一年に江蘇省・常熟の対岸南通で研究開発拠点を新設した。両社は揚子江下流に、研究開発拠点を設置、拡張しているのだ。それはトヨタが常熟に研究開発センターを開設したことが大きな原因だが、それだけでなく、同地域にフォルクスワーゲンやＧＭ、あるいは中国系企業が集中するためで、両社は、非トヨタ系企業にどれだけ販売できるかにかけているのだ。

デンソーはブラジルでも二〇一二年七月に、約四〇億円を投じて研究開発拠点を稼働させた。トヨタが二〇一二年八月にブラジルで約四八〇億円投じて新工場を開設したためである。

日立オートモティブシステムズは、二〇一一年度に約五〇〇人だったアジアの開発人員を、二〇一五年度をメドに約二四〇〇人に増やす計画を立てた。燃費規制を強化する国が増え、アイドリングストップシステムやエンジン制御用の電子部品などを各国の状況に合わせて低コストで開発するためである。(40)

自動車の開発は、企画、設計、試作だけでなく、部品の開発や調達も含めた生産立ち上げまでのすべてのプロセスを含んでいる。この一連の開発機能を、完成車メーカーは海外拠点に分散しつつある。「開発の現地化」の進行は、次項で述べる部品生産の現地化とも一体となって進行している。開発も調達も「現地化」する中で、「マザー工場」としての日本の国内工場の役割は、ますます霞んでしまうのだろう。

(4) 部品メーカーの海外進出の加速

自動車は一台あたり二万〜三万点に及ぶ部品からできており、部品生産と完成車生産の動向は切り離せない。完成車と自動車部品の国内出荷額や付加価値額を比較すると、国内出荷額では二〇〇七年以降は部品が完成車を上回り、二〇一〇年には部品が完成車のほぼ一・五倍に達した。自動車関連の素材は入れていないにもかかわらずこの大きさである。自動車部品・素材生産の海外移転が日本の国内経済に及ぼす影響は、完成車メーカー以上とさえいえる。

序章で論じたように、産業空洞化を論じる際、空洞化を否定する多くの論者が主張してきたのは、完成品生産の海外への移管をもって、ただちに国内産業の空洞化を云々する議論は誤っているということであった。完成品生産の海外移転が増加しても、海外工場等に向けて高度な部品や素材の輸出が増加し、国内生産は中枢部品や高度素材などの中間財生産にシフト・拡大していくから、海外生産と国内生産は補完しあって共に発展するという論であった。半導体やデジタル機器の生産では、一時期はそうした状況も実際に進行した。

自動車においては、完成車の国内生産が今後減少しても、たとえ一定期間であれ部品の生産増で補完し続けることはありうるのか。

①完成車メーカーは、部品・素材調達の現地化を加速

部品の現地調達は至上命題　自動車場合、部品の国内生産だけが発展し続けることには大きな困難が伴う。何よりも完成車メーカーが拠点国での現地調達率を至上課題としているからだ。特に低価格車では現地調達率を九〇パーセント以上にすることを前提に生産している。たとえば日産のタイ製マーチは、生産開始当初から部品の現地調達率は八七パーセント、インドや中国からの部品を含めると九五パーセントを新興国内で調達した。

また同社がインドネシアで二〇一二年に発売したエバリアの部品の現地調達率は、七五パーセントであったが、数年以内に九〇パーセント超えを達成するとしていた。

トヨタが新興国での戦略車として販売してきたIMVモデルでは、タイで九四パーセント、インドネシアで九五パーセントを、現地国と日本以外の国から調達した。これを一〇〇パーセントにあげることを目指す。またインドで二〇一〇年一二月に発売した「エティオス」も発売時の部品の現地調達率はすでに七〇パーセントだったが、九〇パーセント近くに高める。(41)低価格車のみならずあらゆる車種で現地調達率を引き上げることがコスト低下と競争力のかなめと完成車メーカーは位置付けているのだ。

海外生産の中核国では、自動車の中枢・エンジンまで現地生産が大きく進展している。新興国の場合、

エンジン供給は現地生産ではなく輸出する場合も多かったが、二〇一〇年代には現地生産が進行し、たとえばトヨタでは、インドネシアやブラジルで、七〇〇億円をエンジン生産のため投じ、二〇一六年までに新興国でのエンジン生産を二六〇万基規模に拡大し、先進国での生産量に匹敵させる計画を立てた。実際、二〇一六年三月にはインドネシアで新しいエンジン工場が生産を開始し、「ヴィオス」など小型車用のエンジンを生産し、輸出にもふり向ける。同年六月にはブラジルでも、エティオス等の同国で生産する小型車向けのエンジン生産を開始した。(42)

海外に工場を設立する場合、組み立て工場だけでなく「中枢部品」であるパワートレイン（駆動装置：エンジン、トランスミッション等よりなる走りの中枢装置）の自社工場も共に設立するケースが拠点国では増加している。加えて各社は、細かな部品にいたるまで一〇〇パーセント近くを現地調達しようとしている。

産業空洞化を論じる際に引き合いに出される電機産業のケースでは、中枢部品である半導体は、各社が利用できる汎用品も多く、小さいため輸送コストも安く、現地での自社生産が不可欠なわけでもなく、かなり長い間、国内生産が維持され続けた。しかし自動車産業の場合は、条件が全く異なっている。中枢部品はむろん、ごく細部の部品まで、完成車メーカーの現地生産と同時進行で現地生産が進んでいくのだ。

中国では現地資本企業からの部品調達も拡大　完成車メーカーは、現地に進出した日系の部品メーカーからだけでなく、現地の地場企業や外資企業からの部品調達を拡大している。とくに中国のような自動車生産の集積が進んだ国ではそれが著しい。二〇一〇年でさえすでに、在中国日系輸送機械企業（ほとんどが自動車関連企業）は、仕入額全体の四六パーセントを中国企業から仕入れていた。すなわち仕入額全体は四・六七兆円で、その内訳は日本からの輸入が一・〇二兆円、現地日系企業からの仕入額は一・三七兆円、そして中国（地場）企業からは二・一三兆円にまで達している。[43]

中国企業からの仕入れは、ますます拡大することが予想される。たとえばトヨタの佐々木副社長（調達部門を統括）は、「中国の国有メーカーはすごい量を造るから、ビックリするほど安い部品がある」と言い、この「世界最安値」の中国部品を、トヨタ自身だけでなく下請けメーカーにも使わせて一層のコストダウンを図っていく。[44]

一次下請けの部品メーカーも、中国企業からの調達を拡大する。たとえばデンソーは、「中国製の材料や設備を〝使い切る〟ことが勝負の要諦」（電装（中国）投資有限公司・山田昇総経理）と言い切り、中国製の部材調達の徹底を進める。アイシンも、「（コスト半減は）日本からの輸入を止めるだけで半ば達成できる」（愛信精機（中国）投資有限公司矢木総経理）と言う。[45]

②部品・素材企業の海外生産法人の拡大

部品・素材メーカーの海外進出の実態はどうか。第2－14図は、自動車部品工業会の会員企業（二〇一六年一一月現在四三七社。自動車の部品・素材メーカーが会員。部品の大手企業が多い）が設立した海外の生産法人数を、国、地域別にみたものであるが、自動車部品・素材企業の海外進出の大きな動向が読み取れる。

米国での生産法人は二〇〇七年の三一二法人から二〇一一年までに四三法人を減らし、その後の回復

第２－14図　日本自動車部品工業会会員企業が設立した海外生産法人数推移

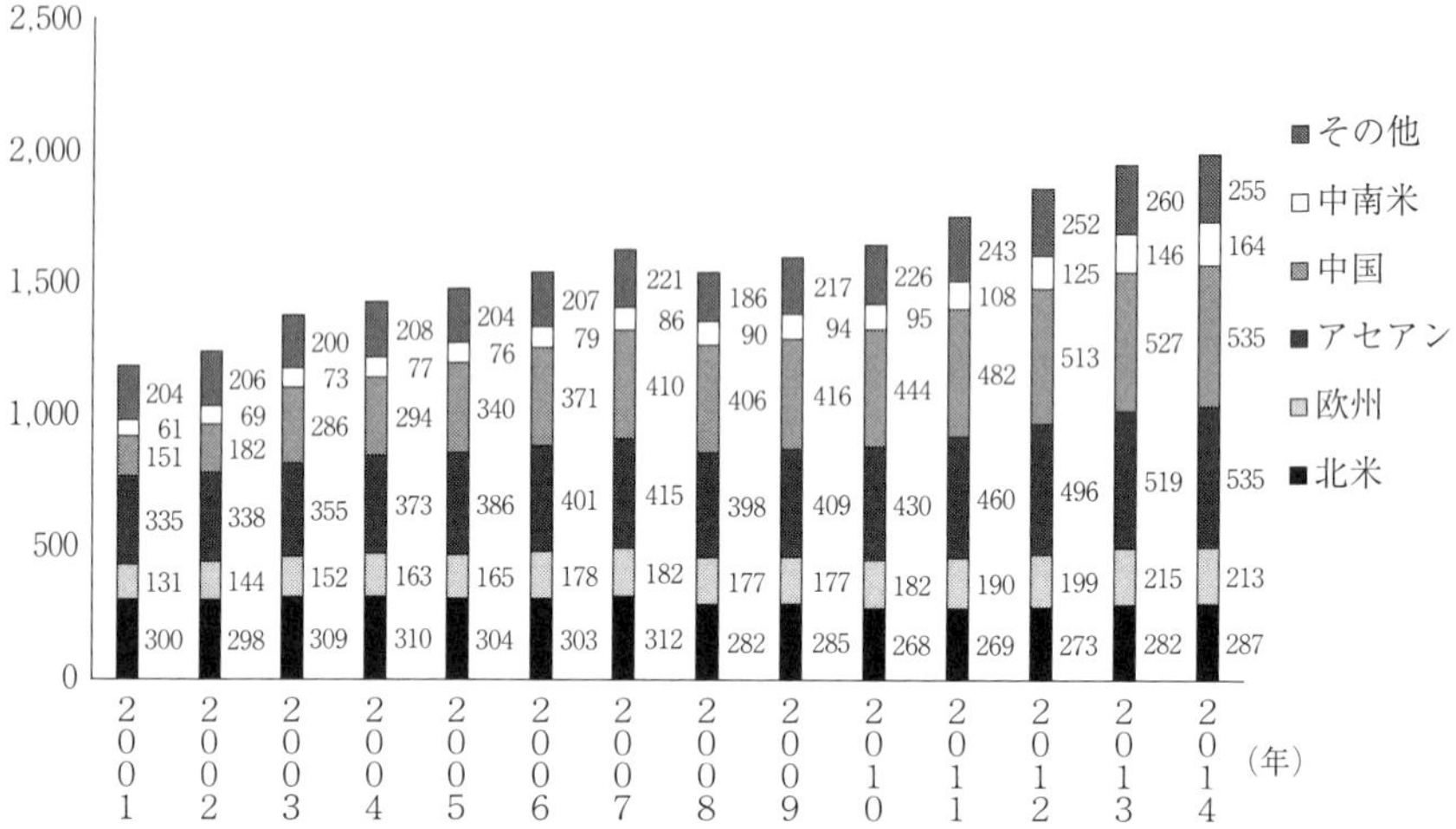

（出典）日本自動車部品工業会「海外事業概況調査　報告」各年度版より作成
（注）数値は６～11 月頃に調査した前年の会計年度の法人数

は鈍い。ＡＳＥＡＮは二〇〇一年から二〇〇七年までは八〇法人増加したが、その後停滞し、二〇一〇年代に入って再び大きく伸び、二〇一〇年から二〇一四年までに一〇〇法人近く増加した。

中国は二〇〇一年の一五一法人から二〇〇七年には四一〇法人になる激増ぶりであった。その後減少し、二〇一〇年から再び増加に転じて二〇一三年には五二七法人になった。しかし二〇一三年以降は再び停滞した。二〇〇〇年代に入って急拡大しつづけた対中国進出は、ほぼ一巡の様相である。

二〇〇七年以降、最大の伸び率を示したのは中南米であり、二〇〇七年の八六から二〇一四年は一六四法人になり七年間で倍近くになった。中国にかわる自動車関連企業の新たな集積先になろうとしている。

このように自動車の部品・素材メーカーの海外進出は、米国での停滞、アジアでの急増と、リーマンショック後の停滞、二〇一〇年代に入ってから数年間の再加速、中南米（その大きな部分はメキシコ）での二〇一〇年代の急拡大が、大きな流れとして読み取れる。

③部品・素材企業の海外工場拡大

二〇一三年までは中国、タイ、インドネシアに集中　自動車の部品・素材メーカーによる具体的な海外工場設立の一例をみるために掲げたのが第２－２表（二三六～二三八頁）である。同表は二〇一一年から二〇一三年の間に稼働させたかあるいは稼働が計画された主な工場を見たもので、比較的規模の大きな企業による投資である。中国が最大で八七件中四〇件、以下、インドネシア（一四件）、タイ（一〇件）、インド（八件）、ブラジル（五件）等が目立つ。本表は限られた年に過ぎず、投資すべてを網羅しているわけでもないが、二〇一〇年代に入って再加速した日本の自動車部品、素材企業の対外投資の動向をリアルに映し出している。

日産系メーカーは中国で、トヨタ系はインドネシアでの進出が目立つ。タイはすでに多くの部品・素材メーカーが進出済であるため、件数はインドネシアがまさった。また、同表の「主な想定仕向先」欄では、系列親企業や日系企業だけでなく現地企業や外国企業も多い。特に中国ではその傾向が強く、現地進出企業の取引面での「日本離れ」も進行していることがうかがえる。

二次、三次メーカーの進出と「日本離れ」　二次、三次の中小・零細メーカーも国内で安閑としているわけにはいかない。たとえば中国進出で、ごく小さな部品メーカーも含めた日本部品メーカーの中国進出件数の推移を第２－３表（二四〇～二四一頁）に掲げた。独資（一〇〇パーセント外国資本）と合弁

第２－２表　日本部品メーカーのアジア投資計画

地域名	社名	進出地	主な生産品目	主な想定仕向先	総投資額（一部資本金の場合も）	出資比率	稼働又は営業開始時期
中国	ニコフ	江蘇省塩城	樹脂成型部品	韓国	1100万米ドル	100%	11年秋
	ニコフ	江蘇省張家港	樹脂成型部品	欧米	1000万米ドル	100%	12年初旬
	中央発條	江蘇省昆山	精密部品	トヨタ	11億円	75%	12年６月
	セーレン※	江蘇省蘇州	自動社シート用素材	日系	7.5億円	100%	11年末
	中央可鍛工業	江蘇省蘇州	鋳造部品	トヨタ	20億円	—	12年
	三ツ知	江蘇省蘇州	カスタムファスナー	シロキ工業	270万米ドル	100%	11年中
	アイシンAW	江蘇省蘇州	自動変速機	トヨタ	—	100%	13年年央
	ブリヂストン※	江蘇省無錫	乗用車用タイヤ	—	83億円	100%	12年５月
	アイシン高丘	広東省雲浮	鋳鉄、塑性加工部品	—	—	34.8%	13年１月
	日本特殊陶業	江蘇省常熟	自動車用酸素センサ	日米欧メーカー	20億円弱	100%	13年夏頃より量産開始予定
	ニッパツ	広東省広州	自動車用シート構成部品	—	約39億円	100%	12年
	ニッパツ	広東省広州	自動車用懸架ばね	—	約29億円	60%	12年
	スタンレー電気	広東省広州	自動車用ランプ	—	約75億円	60%	13年３月
	小糸製作所	広東省広州	ヘッドランプ、リアコンビランプ	日系	55億円	100%	13年初
	NTN	河南省洛陽	ベアリング	日系、欧米	7380万米ドル	50%	12年６月
	エクセディ※	上海	ATトルクコンバーター	ジャトコ、現代自	12億円	100%	12年８月末
	ユタカ技研※	広東省佛山	トルクコンバーター	ホンダ	—	100%	11年９月
	東プレ	広東省佛山	自動車用プレス部品	日産	約60億円	100%	11年６月
	日本精機	湖北省武漢	計器	日系および現地	—	75%	設立11年６月
	ヨロズ	湖北省武漢	サスペンション部品	日産	約72億円	51%	11年11月
	今仙電機製作所	湖北省武漢	シートアジャスター	ホンダ	—	60%	12年内
	エイチワン※	湖北省武漢	自動車骨格部品	ホンダ	—	100%	12年
	日本バイリーン	天津	自動車用フロアマット	日系、現地	5.5億円	100%	12年４月稼働予定
	ニッパツ	湖北省襄陽	自動車用シート構成部品	—	約37億円	100%	12年
	タチエス	浙江省慈渓	シート	吉利汽車	初年度約２億円	40%	11年９月
	富士機工	浙江省	自動車シート部品	日系および現地	—	51%	11年11月
	日本電産トーソク	浙江省	変速機用コントロールバルブ	日産、現地	１億米ドル	100%	2011年６月
	河西工業	安徽省蕪湖	自動車内装部品	奇瑞汽車	—	グループで60%	12年半ば以降
	TPR※	安徽省安慶市	焼結製品	日系、欧米、現地	６億円	59%	11年12月
	TPR※	安徽省安慶市	シリンダーライナ	日系、欧米、現地	９億円	60%	11年４月
	デンソー	吉林省長春	カーエアコン用コンプレッサー	トヨタ	16億円	合弁	12年末
	トヨタ紡績	吉林省長春	シート、ドアトリム	トヨタ	1.8億人民元	60%	12年前半
	カルソニックカンセイ	江蘇省海門	コンプレッサー	日産	—	100%	12年４月
	住友ゴム工業	湖南省長沙	乗用車用タイヤ	—	267億円	100%	12年７月
	GMB※	山東省莱西	駆動用部品	プジョー、ルノー	８億円	100%	11年末
	タチエス	上海	シート	—	約７億円	100%	11年３月
	ユーシン※	広東省中山	４輪向けキーセット	現地	30億円	100%	11年11月
	ブリヂストン※	天津	乗用車用タイヤ	—	155億円	94.5%	12年７月
	アドヴィックス	福建省福州	制御ブレーキ製品	—	—	—	13年４月
	ユシロ化学	江東省広州	金属加工油材	日系	４億円	55%	12年以降

タイ	住友ゴム工業※	ラーヨン県	乗用車用タイヤ	—	100億円以上	100%	12年
	バイオラックス※	ラーヨン県	自動車用ファスナー、ばね	日産	約3億円	100%	11年中
	ニッパツ	ラーヨン県	自動車用シート	三菱自動車ほか	約11億円	93.5%	11年10月
	ユーシン※	ラーヨン県	4輪向けキーセット	日系	50億円	99%	11年11月
	エイチワン	チョンブリ県	自動車骨格部品	日産、いすゞ	10億円	100%	11年12月
	愛知製鋼	チョンブリ県	鍛造部品	トヨタ	20億円	90%	12年6月
	ジヤトコ	チョンブリ県	4輪向け変速機	日産	127億円	100%	13年度半ば
	ダイヤモンド電機	アユタヤ県	自動車用点火コイル	三菱自、スズキ	約2億円	99.99%	12年3月
	ミクニ※	アユタヤ県	4輪（吸排気系）、2輪(燃料噴射機)	三菱自	10億円	60%	13年度中
	新神戸電機	チャチュンサオ県	自動車用鉛蓄電池	日系	約10億円	100%	12年1月
インドネシア	東洋ゴム工業	西ジャワ州	2輪用・自動車用ホース	ホンダ、スズキ	450万米ドル	100%	11年11月
	東洋ゴム工業	西ジャワ州	自動車用防振ゴム	トヨタ	1150万米ドル	100%	12年7月
	フタバ産業	西ジャワ州	自動車部品	スズキ、三菱自	15億円	80%以上	12年9月
	シロキ工業	西ジャワ州	ウィンドレギュレター、シート部品	—	6億円	100%	12年後半
	豊田自動織機	西ジャワ州	カーエアコン用コンプレッサー	トヨタ	20億円	50.1%	11年6月
	東海理化	西ジャワ州	スイッチ部品、セキュリティ部品	トヨタ	2300万円	90%	11年10月
	愛三工業	西ジャワ州	2輪燃料ポンプモジュール	—	13億円	85%	11年11月
	タカタ	ジャカルタ	シートベルト、エアバッグ	日系	2000万米ドル	100%	11年11月
	ユニプレス	西ジャワ州	車体用プレス部品	日産	28億円	100%	12年6月
	ミクニ※	西ジャワ州	2輪向け燃料噴射機	ヤマハ	18億円	92%	15年度中
	ジェイテクト	西ジャワ州	電動パワステ	トヨタ	30億円	100%	11年10月
	小糸製作所	西ジャワ州	4輪・2輪ヘッドランプ、リアコンビ	日系	30億円	90%	11年4月、4輪ヘッド年40万台など
	ニフコ	西ジャワ州	樹脂成型部品	日系自動車2輪メーカ	1000万米ドル	100%	12年夏
	リケン※	スラバヤ州	4輪・2輪の鋳物部品、カムシャフト	日系	37億円（向こう3年）	40%	13年中
ベトナム	武蔵精密工業※	ハノイ	2輪カムシャフト	ホンダ	23億円	100%	11年12月
	フコク	ハノイ	ブレーキ用ゴム部品	日系	540万米ドル	100%	11年度予定
	ヨコオ	ハナム省	車載用アンテナ	日系	3億円	100%	12年8月
マレーシア	東洋ゴム工業	ペラ州	乗用車、ライトトラック用タイヤ	—	約200億円	100%	13年4月
フィリピン	横浜ゴム※	パンパンガ州	乗用車用タイヤ	—	500億円	94.3%	12～17年
韓国	GMB※	慶尚南道	AT用駆動部品	現代自動車	3億円（建物分）	61.7%	11年春から順次
	安永	全羅北道	シリンダーヘッド、シリンダーブロック	GMコリア	15億円	100%	12年4月

インド	ヨロズ	チェンナイ	サスペンション部品	日産	約50億円	93.3%	11年12月
	アルファ	チェンナイ	ドアハンドル骨格部品、キーセット	日産	約30億円	—	12年
	フコク	プネ	ブレーキ用ゴム部品	日系	3億円	100%	12年度予定
	三ツ星ベルト	ムンバイ	自動車、2輪用ベルト	日系	10数億円	100%	12年中
	ケーヒン	グルガオン	インジェクター組立	日系	約3.2億円	グループで100%	12年半ば以降
	バンドー化学	バンガロール	自動車、2輪車用ベルト	トヨタ、ホンダ	20億円	60%	13年初
	東海ゴム工業	バンガロール	自動車用防振ゴム	トヨタ	13億円	100%	12年1月
	ニッパツ	スリシティー	自動車用コイルばね、スタビライザー	—	約13億円	93.5%	14年
メキシコ	ユニプレス※	アグヌスカリエンテス	車体用プレス部品	日産	9億円	70%	13年1月
	エクセディ	アグヌスカリエンテス	ATトルクコンバーター	ジャトコ	15億円	100%	12年6月
	日本ガイシ	ヌエボ・レオン州	コージェライト製DPF	北米のトラック・バス等	40億円	100%	11年7月
ブラジル	アイシン精機※	サンパウロ州	シート部品、ドアフレーム	トヨタ	33億円	—	12年後半
	東海理化	サンパウロ州	スイッチ部品	トヨタ	18億円	—	11年7月
	トヨタ紡績	サンパウロ州	シート、ドアトリム	トヨタ	25億円	80%	未定
	関東自動車工業※	サンパウロ州	溶接部品、樹脂部品	トヨタ	1億米ドル	90%	12年後半
	住友ゴム工業	パラナ州	乗用車用タイヤ	—	約280億円	100%	13年10月

（出典）『週刊東洋経済』（2011年9月24日号）86～87頁
（注）—は未定。売上高は会社計画ベース。4輪向けが基本だが、一部2輪車向けも含む。新神戸電機のタイ工場の仕向け先は稼働時。ブリジストンの中国・天津工場は日1.6万本から増能。※は能力増強分

形態にわけて一九九三年から二〇年間の長期推移を見た。第2－14図や第2－2表とは違って二次、三次下請けも含めた小さな投資もすべて算入している。一九九四、一九九五年、二〇〇一年～二〇〇六年、二〇一〇、二〇一一年に進出件数が特に集中し、二〇〇六年には累計で一〇〇〇件を超えた。合弁企業の比率もかなり高い。小さな投資を含めると、どれほど膨大な数の自動車関連企業が進出しているかがわかる。

但し、中小・零細企業が海外に出ても、現地企業との競争が待っており、今までの親企業が使ってくれる保証はない。たとえば二〇〇六年にデンソーの下請け一二社が、共同出資で衆智達汽車部件（江蘇省常州市）を発足させた。常州のデンソー工場向けに、ディーゼルエンジン部品の切削とメッキの加工を担当するためである。しかし、電装（中国）投

資有限公司・山田総経理は「デンソーだけを頼みとされるのは怖い」とデンソー以外の顧客開拓を求める。衆智達は、デンソー以外の顧客との取引を五割程度に上げることを目指し、中国の建機メーカーや商用車メーカーにも取引先を広げる。

各国の部品・素材メーカーや現地メーカーが集中する中国のような地域では、現地に進出した企業が、完成車メーカーや一次下請けに使ってもらえるのか、いつまで使ってもらえるかの展望はない。このため二次、三次の部品メーカーは最初から中国企業等への納入を目指す場合もある。一例を挙げると、二〇一二年に中国・江蘇省鎮江市丹陽で日本の中小部品メーカーを集めた自動車部品団地が開業したが、納入先は日本企業ではなく中国企業を想定している。「入居企業が生産する部品はこれまでのように閉鎖的に日本企業に供給されるのではなく、中国の独立系自動車メーカーを販売先とする」のだ。後述するようにデンソーのような一次下請けメーカーが現地調達率の徹底した上昇をめざし、とくに中国企業からの調達を徹底して追求しているため、二次、三次下請けも、中国メーカーへの納入を当初からめざさざるを得ない(46)。

二〇一五、二〇一六年以降はメキシコへ　第2－2表や第2－14図では、メキシコへの進出はまだ十分に反映されていない。

二〇一五、二〇一六年になると、自動車関連の部品・素材メーカーの最大手によるメキシコへの進出や計画が相次いでいる。二〇一六年春には三井化学がメキシコで自動車の樹脂部材の生産拠点を新設し、二〇一六年初に旭硝子が自動車用ガラス生産を開始し、二〇一七年に日本精工は変速機に使うクラッチの生産を始める。二〇一七年にはリケンもエンジン部分の工場を稼働させる。リケンは四輪車のピスト

中国進出日系部品メーカー、形態別進出件数推移

1998	1999	2000	2001	2002	2003	2004	2005	2006	2007	2008	2009	2010	2011	2012	2013
6	5	12	48	97	101	119	99	43	24	18	12	48	50	17	5
12	10	8	15	27	37	55	39	18	7	9	4	12	19	12	7
18	16	20	67	125	141	181	142	63	31	28	16	63	69	31	12
269	285	3,005	372	497	638	819	961	1,024	1,055	1,082	1,099	1,162	1,231	1,262	1,274

メーカー総覧　2013』６頁

リングで世界シェア二割を保有する大手である。内装部品を手がける河西工業は二〇一八年をめどにメキシコで三つ目の工場を建設する。二〇一八〜二〇一九年をメドに旭化成は樹脂部材の生産を始める方針である。二〇一九年をメドにＪＦＥスチールは自動車鋼板の製造を、米鉄鋼大手ニューコアと合弁で始めることで検討に入った(47)。

すでに、自動車関連の日本企業によるメキシコへの投資は、二〇一一年一月から二〇一五年の間だけでも、二一二件（自動車部品メーカー一〇〇件、鉄鋼・金属製品製造二〇件、自動車製造六件、化学品製造五件、熱処理・表面処理五件、繊維資材製造五件、ゴム成形金属製造一件など）も行われた(48)。二〇一三年には日産がメキシコ新工場の建設にともなってサプライヤーパークも建設し、五七〇〇万ドルを投資してＰｏｓｃｏ、タチエス、三桜工業などを誘致した(49)。

メキシコには、すでに各社の主な一時系列サプライヤーがほぼ出そろっており、日産系ではヨロズ、河西工業、ジャトコ、カルソニックカンセイ、鬼怒川ゴム、ユニプレス等、ホンダ系ではミツバ、ケーヒン、八千代工業、エイチワン／ジーテクト、エフテック等々、トヨタ系もデンソー、アイシン精機、トヨタ紡織等々が進出しているが、まだタイなどと比べても現地調達率は低く、二次、三次サプライヤーでは、タイの三分の一といわれる(50)。

第2－3表

	1993	1994	1995	1996	1997
日系独資	8	35	41	19	17
日系合弁	8	19	46	18	11
その他とも合計	16	55	88	37	28
累計	43	98	186	223	251

（出典）フォーイン『中国進出日系自動車・部品
（注）2013年の数値は、同年5月まで

日本の部品・素材メーカーがメキシコへなだれを打って進出しようとしているのは、外国自動車メーカーもメキシコでの生産拡張を計画しているからである。メキシコでの生産実績は、二〇一五年には三四六・四万台（うち日本企業一三一・四万台、米国三社一六二・八万台）であったが、二〇二〇年には五八六・三万台（うち日本企業一九五・三万台、米国三社二四九万台）へと急拡大が予定されている。[51]米国での自動車販売が好調に伸びているからだ。

メキシコは、自動車生産の大基地として世界で、一番「熱い」地域となりつつあった。しかし、その熱さに冷水を浴びせたのがトランプの大統領就任である。メキシコへの投資が、今後どうなっていくか、それを米国は本当に規制できるのかは、グローバル企業の活動の今後を占うものになるだろう。

④部品メーカーの国内工場は閉鎖も

海外進出を加速させる一方で部品メーカーは、大手メーカーでさえ二〇一〇年前後には国内工場の閉鎖を開始した。以下はそのほんの一例である。

日産の部品メーカーの中枢のカルソニックカンセイはラジエーターや運転席モジュールを手掛けるが、二〇一〇年に神奈川県愛川町の工場を閉鎖し、中国やルーマニアで熱交換器を増産している。北関東から東北に立地する生産子会社の統廃合も行っている。

ヘッドランプなどの大手・市光工業は、二〇〇九年に群馬県と岐阜県の工場を閉鎖し、一方で中国やインドネシアの拠点に、国内設備を移管した。

曙ブレーキは島根県や岡山県などの三工場を二〇一〇年までに閉鎖し、国内の生産設備の一部を中国、インドネシアへ移管した。同社は二〇〇〇億円超の売上を持つブレーキ大手である。

大同メタルは、自動車エンジン用すべり軸受け（メタル）の世界シェア三割を占めるが、国内拠点は集約し、海外生産を八割にする。

旭テック（鋳造部品製造）では静岡県の拠点を閉鎖し、タイの拠点に生産設備も移管した。

帝人はシート用のポリエステルを生産しているが、タイの拠点を拡充して基幹工場にし、愛媛県の拠点での生産は二〇一〇年度で停止して、タイの拠点に移管した。

エフテックは、ホンダ系で足回り部品を手掛ける部品大手だが、二〇一三年三月に一五〇人の希望退職者を募り、主力工場の一つ亀山工場も埼玉・久喜工場との生産集約を進めた。

ユーシンは、キーシステム等の電装品メーカーだが、広島市や浜松市にある生産拠点を閉鎖して呉市に新設する工場に集約し、国内工場の生産能力も二〇一一年以降の「三～四年後にはざっと見て（一〇〇から）二〇ぐらい」に減らし、国内従業員も半減させると同社社長は宣言していた。(52)

完成車メーカーの新興国への集中的な投資が続くうえ、現地調達率の拡大や前述した部品輸入の拡大で、大手部品メーカーでさえ国内生産の未来は見えず、日本離れを加速しているのだ。

部品メーカーは完成車メーカーと一体になって海外進出するしか生き残れない。二次、三次の部品メーカーは、一緒に進出しても生き残れるかどうかわからず、「現地化」――つまり日本企業だけでなく外国企業や現地企業への供給を余儀なくされている。とくに中国などではそうである。しかしそれは、外国や現地メーカーの技術を大いに向上させることにも「貢献」していくことだろう。

素材生産も同様である。一例をあげると、自動車鋼板は軽さと堅さを兼ね備えた高張力鋼板（ハイテンション・スチール）やより高品質な超ハイテンション・スチール、さびに強い亜鉛メッキを施した鋼板などの優れた鋼板を、新日鉄住金やＪＦＥスチール、神戸製鋼などが、自動車製造拠点等で製造している。その三社の生産能力は、二〇一三年三月末時点で国内一三〇〇万トン強に対して、海外九〇〇万トンと推定されたが、二〇一三年度だけで四五〇万トンの生産能力が拡大され、その後もインドネシアやメキシコで能力増強が進められ、あっという間に日本国内の生産を越えてしまった(53)。

自動車産業に関しては、産業空洞化否定論、すなわち完成品の海外生産が増加しても、国内生産は中枢部品や高度素材などにシフト・拡大して生産・輸出も増加するという空洞化否定論は、完全に机上の空論であった。

二〇一〇年の自動車完成車メーカーに対する自動車部品（自動車部分品・付属品）製造業の比率は、国内出荷額は完成車メーカーの一・五倍、付加価値額は一・九倍、従業者は三・八倍、事業所数も一〇八倍であった。しかし二〇一四年には、出荷額は一・四倍、付加価値額は一・七倍、従業者数は三・二倍、事業所数は八五倍に落ちてしまった（工業総計調査）。わずか四年の間に。

部品・素材生産の空洞化は、完成車生産と一体となって、否、それを上回って進行している。

（5）部品、車台の共通化、モジュール化と系列の危機

日本の自動車づくりの強みは「擦り合わせ」にあるといわれてきた。完成車メーカーは、下請け部品メーカーその他の取引先と一体となって小さな部品まで開発・設計し、協働・調整しながら、車種ごとの品質を造り込んで、完成度の高い自動車を作り上げてきた。こうした中で完成車メーカーを頂点としたピラミッド構造が成立した。たとえばトヨタでは、同社を頂点として一次下請け（Tier 1ともいう。Tierは層の意味）は約四〇〇社、二次下請けは約五〇〇〇社、三次下請けは約三万社、四次下請けは社数の実態把握ができないといわれるほど、膨大な企業群の裾野を有するものであった。この裾野の広がりが、日本の地域経済を幅広く支えてきた。同時にそれは、過酷なコストダウンがピラミッドの下へ下へと押し付けられる構造でもあった。

しかし今、車の生産方法に大きな変化が起きつつある。車種ごとの「造り込み」ではなく、異なる車種でも共通の車台や部品を使用する方式が広がっている。またモジュール化という、究極にはレゴ・ブロックを組み合わせるような様式の車づくりも始まっている。

それは部品メーカーと完成車メーカーの系列関係にも大きな変化を引き起こそうとしている。同じ部品・車台やモジュールが、完成車メーカーの世界各地の拠点で膨大な数量を必要とされるため、よほどの規模の部品メーカーでなくては対応できないからである。自動車や部品の生産で、これまでにない劇的な変化が起きることが予想される。

①部品・車台の共通化、モジュール化

二〇一〇年代に自動車製造は新たな段階に入った。車台や部品の大幅な共通化である。車台とはプラットフォームともいわれ、エンジンやトランスミッションなどの一連の「走りの装置」を組み込んだ骨格台を指す。各社は二〇一〇年頃から、車台や部品の大幅な共通化を目指していた。

二〇一三〜二〇一六年頃になると各社は、より徹底した「モジュール化」を、新モデルから導入し始めた。モジュール化とは、単機能の「モジュール」（ひとまとまりの機能を持った部品の組み合わせ）をいくつか組みこんで「エンジンコンパートメント」、「コクピット」というような「大モジュール」を開発し、「大モジュール」を組み合わせて小型車から高級車までさまざまな車種をつくることである。

こうした車台・部品の共通化やモジュール化は、違う車種でも同じ車台や部品、同じモジュールを使えるので、製造部品点数の削減と大量発注で大幅なコスト低下になる。車の製造コストの八割程度を占める部品調達の大幅な低下を目指すのだ。

ドイツのフォルクスワーゲンは、早くも二〇一二年のジュネーブ国際モーターショーで、エンジンや通信システムなどの主要な構成要素・部品を一体化したモジュールを開発したと発表した。今後、高級車のアウディから大衆車のＶＷ、新興国向けのシュコダ、セアトなどでモジュールを共用していくというのだ。同モジュールでは、たとえばエンジンは馬力のいる車も普通の車も別々にせず、小型のものでできるだけ済ませてしまう。高出力にしたければターボチャージャー（過給機：排ガスを利用してタービンを回し、圧縮した混合気を強制的にエンジン内に送り込んで圧力を高めて、出力・トルクを高める）などを

つけて対応する[54]（この手法は他社でも多用されている）。

日本の完成車メーカーが、現在、最も力を注いでいるのが、この部品・車台の共通化や、それを一層深化させたモジュール化である。

〔ホンダ〕 ホンダは自動車の設計・生産手法を転換し、世界販売で上位三車種の基本構造（車台）を統一し、部品も共通化する計画を二〇一二年に発表した。上位三車種とは、シビック、アコード、SUV（スポーツ用多目的車）の「CR―V」である。それぞれの二〇一五～一七年に発売予定のモデルでは、車台（プラットフォーム）を統合し、金額ベースで四～五割の部品を共通化する。三万点に上るといわれる部品のうち、それまでの共通化比率はシビックとアコードで数パーセント、車台が同じシビックとCR―Vでも二割程度であった。車台・部品を共通化することで三車種合計の部品調達費を三割減らすのだ。販売台数も二〇一六年度には三車種それぞれ年七〇万～八〇万台を見込み、ホンダの世界販売全体の四割程度を占める計画を立てた[55]。

ホンダが採用した「モジュール生産法式」は、各部品を一から車種ごとに開発するのではなく、あらかじめ一つのかたまり（モジュール）として設計しておき、様々な車種に転用する。今まで同社は車種ごとに分かれた開発陣が、細かな部品まで造り込んで、部品一つ一つを取引先から仕入れて自社工場で組み立てていた。このこだわりがホンダの品質を支えていた。これを大転換する。二〇一七年をメドに、全ての車をボディサイズごとに四種類のプラットフォームに集約する。シビック（二〇一五年に転換）、CR―V（二〇一六年に転換）のそれぞれの新モデルへの移行とともに順次「モジュール方式」に切り替えている[56]。

〔トヨタ〕　トヨタは、同じプラットホーム（車台）を使う車の部品を全世界で統一し、「カムリ」「カローラ」など世界戦略車を中心に周辺車種の部品を共通化する。トヨタは車種の増大にともなって専用部品の数が増え続け、生産コストを押し上げてきたが、部品の統一で大幅なコストダウンを図る。

佐々木真一副社長は「一台の車に使う四〇〇〇～五〇〇〇種類の部品のうち、駆動系や車体関係など顧客の目に見えない約半数の部品を共通化」し、二〇一三年には部品のコストを二〇一〇年比で三〇～四〇パーセント低減する、そして二〇一六年をめどに部品の設備投資費用を半減するという計画を二〇一二年に語っていた。まずは三種類のＦＦ（前輪駆動）系プラットフォームから取り組む。この三種類を採用する車両の合計生産台数は、トヨタの総生産台数の五割をカバーする。「今、共通化に取り組んでいるのが二～三割」だが、「究極的には七～八割に持っていきたい」という構想であった。(57)

同社は、根本的な変革を開始するために社長直轄のＴＮＧＡ（トヨタ・ニュー・グローバル・アーキテクチャー）企画部を設置して、二〇一一年から総合的な共通化の開発に着手した。ここで五～一〇年先の中長期の商品計画を立て、その下に何種類かの新プラットフォームを開発する。また共通化した部品の開発も行う。「ドライビングポジション（運転席周辺）」、「エンジンと周辺部品」といった大ブロック単位で開発し、一〇年先までの商品を見すえて同時進行で開発するのだ。

ＴＮＧＡでは、同一プラットフォームを使用するモデル間、プラットフォームをまたいだモデル間で共通部品の採用を可能な限り拡大する。こうした共通化によって一部品あたりの部品発注量は桁違いに拡大し、それにより従来とは隔絶する大幅な部品単価の引下げを図るのだ。

二〇一五年一二月に、ＴＮＧＡの部品を採用した四代目プリウスが発売された。四代目プリウスの設計に当たっては、最初からTNGAのモデルの採用が決められていたわけではないが、既存品と比べて平均三割のコストダウンが設計担当者に求められていたため、コストを下げたTNGAの共通部品を大幅に利用しコストを低下させた。

二〇一六年一一月に、C―HR（新型SUV）が発売されたが、この車はTNGAのCセグメントベースと呼ばれるプラットフォームに基づいて製造されたいわば完全なTNGA第一号車である。二〇一七年には北米の最重要モデルであるCamryが、TNGAのKプラットフォームベースに切り替えられ新しく生まれ変わる予定である。このようにトヨタは、TNGAに基づいたプラットフォームと部品による車づくりを、今後続々と拡大していく[58]。

〔日産〕 日産の二〇一〇年の新型マーチやサニー（日本名ラティオ）、二〇一二年七月に発表した新型ノート、二〇一四年に発売を開始した新興国向けブランド「ダットサン」（五〇万円程度の低価格車で日本では販売しない）などは、Vプラットホームと呼ばれる車台を使用している。Vプラットホームは、車台の共通化のために開発されたもので、軽量化、部品点数の削減、低コスト化を徹底したものである。部品・素材を新興国で現地調達できるように、高張力鋼板（ハイテンション・スチール）の使用も控える。高張力鋼板は、薄くしても強度・粘度があるため自動車の軽量化を可能にする特殊鋼で、一九八〇年代以降普及したが、コストが高い。高張力鋼板を使用しなくても、たとえばVプラットフォーム使用の新型マーチは、旧型と比べて二〇キログラムほど軽量化している。部品の削減などを徹底したからだ。日産はルノーだけでなく、ドイツのダイムラーとも車台の共通化に着手した[59]。

日産はまた、二〇一二年二月に新世代車両設計技術である「日産CMF（日産コモン・モジュール・フアミリー)」を発表し、二〇一三年以後に発売する新型車の車両開発に導入するとした。これは車両を、エンジンコンパートメント、コクピット、フロントアンダーボディ、リヤアンダーボディの四つのモジュールから構成し、さらに電子部品をまとめる電子アーキテクチャーを加えて、それぞれのバリエーションを用意し、これらのモジュールの組み合わせを変えることで製品を設計する。

この日産CMFの適用で一モデル当たりの商品開発と工程開発に要する費用を平均で三~四割削減し、部品調達コストを二~三割削減でき、さらに日産ルノー全体の拠点間で相互に部品供給が可能になるという。日産は二〇二〇年までに、車両の七〇パーセントで「日産CMF」を適用する予定を立てている。[60]

〔マツダ〕 マツダは、早くも二〇〇六年に一〇年後を見据えた議論を開始し、「コモンアーキテクチャー」と名付けられた体制を打ち立てた。全体の設計思想、断面の形状、溶接の方法などまで共通化したプラットフォームを設計し、設計段階から生産しやすい構造も取り入れて、一〇年先までの商品をまとめて開発する体制である。そして二〇一一年から二〇一五年までに発売する八車種をまとめて企画、開発し、同時に八車種に共通するエンジンやトランスミッション(変速機)、車両骨格といった主要モジュールも開発した。同じ生産ラインで異なる車種を高い効率で混流生産できる。こうしたことから、開発コストを三〇パーセント、生産設備の投資をエンジンで七〇パーセント、車両組み立てで二〇パーセント削減できるとしている。この八車種のうちの一つが、二〇一二年に発売された新型SUV「CX-5」であり、第二弾が新型アテンザである。[61]

②系列の危機──大部品メーカーの集中と自立化

車台・部品の大規模な共通化、モジュール化にともない、完成車メーカーと部品メーカーの緊密な関係に根本的な変化が起きつつある。前項で述べた部品調達の「現地化」も、部品メーカーにとっては大きな試練であったが、二〇一〇年代に入って進行している部品・車台の共通化、モジュール化は、異次元の変化を部品メーカーと完成車メーカーの関係に引き起こそうとしている。

〔日産〕モジュール化の深化で、現在四割程度の共通部品の比率を八割に高めるとして日産は、系列の部品メーカーにも世界の拠点での大規模な供給を要求している。たとえば「シートフレーム（座席の骨格）」であれば、今まで一種類のシートフレームは八万～一〇万台程度に使用されていたが、「三七〇万台程度まで引きあがる可能性もあ」る（日産・坂本秀行執行役員）という。部品メーカーの側には、一つの部品の発注量が文字通り桁違いに増え、一〇〇万を超える供給が要求されることも多くなる。そのうえ、新興国も含めた世界での供給を求められる。日産はこれに応える部品会社を「チャンピオン・サプライヤー」と分類する。そこから外れるメーカーに未来はない。

日産はかつて一九九九年に「リバイバルプラン」なるものを出して系列解体を宣言し、系列企業の保有株式を大幅に売却したが、今回のモジュール化による系列への影響はいわば異次元である。二〇一六年一一月になると日産は系列中の系列企業ともいうべき部品メーカーのカルソニックカンセイを、コールバーグ・クラビス・ロバーツ（ＫＫＲ）という米国最大級の投資ファンドに売却すると発表した。カルソニックカンセイは日産系列の最大級かつ中核の企業で、日産向けが売り上げの八割を超す。長年、日産と一体となって技術を磨いてきた系列の日本企業を、米国買収ファンドに売り飛ばし、今後は独ボッシュや独コンチネンタルなどの「メガ・サプライヤー」の部品大手と連携する。日産らしいやり方ではある。(62)

〔ホンダ〕 車台・部品の共通化に伴い、部品等の発注先も大幅に見直すことを、ホンダも二〇一二年一一月に表明した。従来の系列部品メーカーへの依拠を大きく縮小し、世界各地の工場に部品を供給できる世界の最大手メーカーに大幅に依拠するのだ。同社は二〇一二年一一月に米国で、調達方針の説明会「グローバルサプライヤーミーティング」を開き、独ボッシュ、コンチネンタル、米ジョンソンコントロールズ、カナダのマグナ・インターナショナル、仏フォルシアなどの巨大サプライヤーを集め、「門戸開放」を約束し、「脱系列」を宣言した。

共通化で部品一種類あたりの一年間の発注数量は膨大になり、最大で従来の四倍の二四〇万個になる。これほど膨大な数量を引き受けられる部品メーカーは限られる。しかもホンダの世界各地の工場に供給しなければならない。このために世界規模の大手部品メーカーに依拠する比率を大きく高めるのだ。同社がドイツのボッシュやデンソーなど世界の部品大手約三〇社に発注していた比率は、二〇一一年には全体の一六パーセントであったが、二〇二〇年には四〇パーセントに引き上げると発表した。大幅な納入価格引き下げを条件に、ボッシュやデンソーなど部品世界的大手三〇社に発注する比率を飛躍的に拡大していく。(63)

但し、この脱系列に関しては紆余《うよ》曲折《きょくせつ》も予想される。脱系列で取り組んだ部品に不具合が生じ、そのために大規模なリコールが発生してしまったため、揺れ戻しも生じているからだ。すなわち、脱系列の方針の下に二〇一四年にドイツのＳｃｈｅｆｆｌｅｒとの共同開発したハイブリッドのクラッチシステムが、大規模なリコールを引き起こしてしまったのだ。このためホンダは二〇一五年二月に、従来の系列部品メーカーに、グループの結束と開発の協力強化を呼びかけて、脱系列の方針を若干修正した。モジュール化は予定通り遂行されるが、完全な脱系列はジグザグの過程をたどるのかもしれない[64]。

世界のメガ・サプライヤーに部品を一括丸投げ注文し、数十パーセントものコストダウンをはかるなどというやり方は、皮算用どおりに何もかもうまくいくとは限らないということだ。

〔トヨタ〕 トヨタもまた、系列外からの調達を増やす。衝突回避システム「トヨタセーフティセンス」では小型車向けの部品を、デンソーではなく独コンチネンタルから調達した。コンチネンタルから部品調達するのは、二〇一五年時点でトヨタだけでなく、ホンダ、マツダ、富士重、スズキ、三菱自動車等で、各社がセンサー類を調達している。

トヨタはその一方で系列の大部品メーカーの組み換えもすすめ、ブレーキはアイシン精機やデンソーなどに開発・生産機能を集約し、シートではアイシン、シロキ工業、トヨタ紡織の間で事業整理しており、国内大部品メーカーとの関係は、切り捨てるのではなく協働に向けての新たな再編を行う。

ただし、大部品メーカーは何とかついていけても、中堅以下の部品メーカーにとっては、モジュール化によって要求されるハードルはあまりに高い。あるトヨタ系列の中堅部品メーカー幹部は、「ＴＮＧＡによって部品納入価格がほぼ半値になる」だろうし、一つの部品を今までの約一〇倍の「五〇〇〇万個生産してトヨタの世界の工場に供給しなければならなく」なるだろう、「いずれにせよトヨタの系列には今後厳しい試練が待ち受けてい」ると語っていたが、事態はそのとおりに進行している[65]。

日本に巨大部品メーカーは多くない

「部品」といえば〝技術力に優れた日本の部品メーカーの独壇場〟と思いがちだが、日本に巨大サプライヤーがそれほど多いわけではない。たとえば世界の売上高上位一〇社に入る部品メーカーは、デンソー（二〇一五年三位）とアイシン精機（同八位）のわずか二社でしかない。二〇一五年の一位、二位はドイツの部品メーカーである。「脱系列」は、「脱日本メーカー」にも連動しているのだ。

完成車メーカーの動きに、大手部品メーカーや一次下請けでさえ、さまざまの対応を強いられている。たとえば海外部品メーカーとの合併もその一つであり、主要部品メーカーは二〇一二年頃から早々と外国企業との合併に奔走し始めていた。天井材などを生産する豊和繊維工業は、フランスのフォルシアと提携し、メキシコでは共同の生産拠点を設けた。その理由は、日産の購買担当者に「世界で部品を供給してもらえなければ発注は難しい」と言われたためである。内装材大手、河西工業は、スペインの競合企業・グルッポ・アントリンと世界中で工場を相互活用することを決めたが、これも「もはや一社では対応できない」（渡辺社長）ためである(66)。

巨大系列部品メーカーはまた、親会社以外への販売拡大も進めている。系列親企業一社に賭けていては危険だし、また多くの完成車メーカーが同じ方向で走り出しており、系列外に販路を拡大するチャンスでもあるからだ。たとえばデンソーやアイシン精機もトヨタ以外の取引先を一層拡大しつつある。系列中核のこれらの企業でも、系列以外への納入率はかなり高く、デンソーでもトヨタへの納入率は五五パーセント程度（自動車部品以外も含めると四五パーセント、二〇一〇年の場合）である。アイシン精機はデンソーより高いが、それでも六五パーセント前後である。両社が二〇一二年四月に発表した中期計画では、こうした外部販売比率を一層高めること、特に中国で系列外への販売比率を高めることを掲げた。そして実際に、たとえばデンソーでは二〇一一年以降、毎年、ダイムラー、オペル、PSA、フォード、アウディ、BMWといった欧米企業に多種、多様な部品納入の契約をしている。

その際、中国での調達を加速する。独ボッシュや米デルファイといった欧米の大手サプライヤーは、世界各地の生産拠点で使う部品・資材を中国で一括購入し、中国国内だけでなく世界各地にそれを供給する体制をとっており、デンソーもまた、これにならい中国で調達した部材を使って生産した部品を世界に供給することを追求する。日本の最大手の部品メーカーは、巨大化するだけでなく、自立化もしており、その販売先は中国企業も含めた世界の自動車メーカーである。(67)

しかし、大部品メーカーや一次下請けは、合併したり外国の完成車メーカーに依拠して生き延びることができるが、二次、三次下請けはどうなるのだろうか。日本の完成車メーカーが、一次下請けを切って外国の巨大部品メーカーに依拠した時点で、二次、三次には自動的に仕事が回ってこないことになるのだ。

以上のように、自動車も次第にパソコンやデジタル家電のように標準化されたモジュール部品を組み合わせる方式を拡大している。しかし、世界の各社が同じ巨大部品メーカーに発注し、同じ自社モジュールから「多様な」車を作って、いったいどこで差別化を図るのだろうか。

その上世界の大部品メーカー自身が、巨大合併に奔走している。一〇〇〇億円規模のM&A（合併・買収）が世界の大部品メーカーの間で行われてもおり、二〇一四年と二〇一五年の世界部品メーカーの売上を比較すると、たった一年で大きく順位を変え、二〇一四年に九位だったドイツのZFはM&Aによって二〇一五年には五位に、五位だったドイツのコンチネンタルは二位に、六位だった米国のジョンソンコントロールズは六位から四位にといった具合である(68)。ひたすら合併等々で巨大化する世界の部品メーカーに全面的に依存して、品質で独自性を出すことを二の次にして、もっぱら部品価格低下に走るのは自動車メーカーにとって自滅の道ではないのか。

また部品の共通化、大規模供給化に従い、近年大規模リコールが頻発し、部品メーカーのみならず、完成車メーカーの経営まで揺るがす事態が起きている。モジュール化との関係ではないが、たとえばタカタのエアバッグのリコール問題は、世界のメーカーが部品を共通化することの問題点を垣間見せてくれる。同社は世界のエアバッグのシェア二割を握る大手だったが、二〇〇〇年代後半から米国で同社製のエアバッグにまつわる死傷者が出はじめ、リコール台数は世界で一億台規模となり、自動車メーカーが支払う費用は一兆円を超える見通しとなっている。これまでタカタは、原因不明として賠償の費用分担を長らく先延ばししてきた。しかし最近、米当局や裁判所等によって同社の責任と断じられてしまい、自動車各社への賠償支払い問題も生じている。とはいえ同社の二〇一五年末の純資産は一二四五億円に過ぎず、支払いを求められても「無い袖は振れない」のが実情だ。このタカタのリコール問題は、同社製エアバッグを使用していたホンダの経営にも大打撃を与えている。この例からも窺知《きち》し得るが、モジュール化でいったんリコールが起きたら、どれほどの台数になり、誰がどこまで責任をとれるのだろうか(69)。

車各社の2011年時点での生産能力増強計画

（単位：万台）

日産		ホンダ		スズキ		三菱		マツダ	
2010年（実績）	2015年（計画）	2010年（実績）	2015年（計画）	2010年（実績）	2015年（計画）	2010年（実績）	2015年（計画）	2010年（実績）	2015年（計画）
95	〃	118	〃			11	5	24	0
53	〃	39	〃			4	10		
50	〃	5	15						
		17	19						
		25							
24	〃								
				30	〃				
						10	5		
67	120	53	89	36	50	23	〃	36	60
12	〃		〃			12	〃		
22	〃	24	〃			20	46	27.5	〃
5	10			10	20				
20	40	10	16	125	175				
				15	〃				
5	10								
179	〃	130	150	126	〃	89	〃	102	〃
557	660	447	531	339	428	184.8	205.4	195	205

ーカーの新興国戦略』（2011年11月）6～12頁
た生産能力拡張計画
実績か計画のいずれかが10万台を上回る場合は記載
績に同じの意味

（6）投資の動向

これまで論じてきた各社の戦略の基本には、各社の中長期の投資戦略がある。各社はどのような経営戦略の下に海外と国内の投資を計画し、どう展開したか、全体を整理して概観しておこう。

トヨタや日産は、二〇一一年に二〇一六年までの五年間の中期経営計画を発表し、他社も同じ頃に経営計画を出している。第2－4表は完成車メーカー各社の二〇一〇年時点での国別の実際の生産能力と、二〇一一年時点で明らかにされていた経営計画等での二〇一五年までの拡張予定を比較したものである。一〇万台以上の能力増強を計画していた国には、各社ごとに網かけをしたが、目立つのは

第2－15－a図　中国での各社生産能力推移

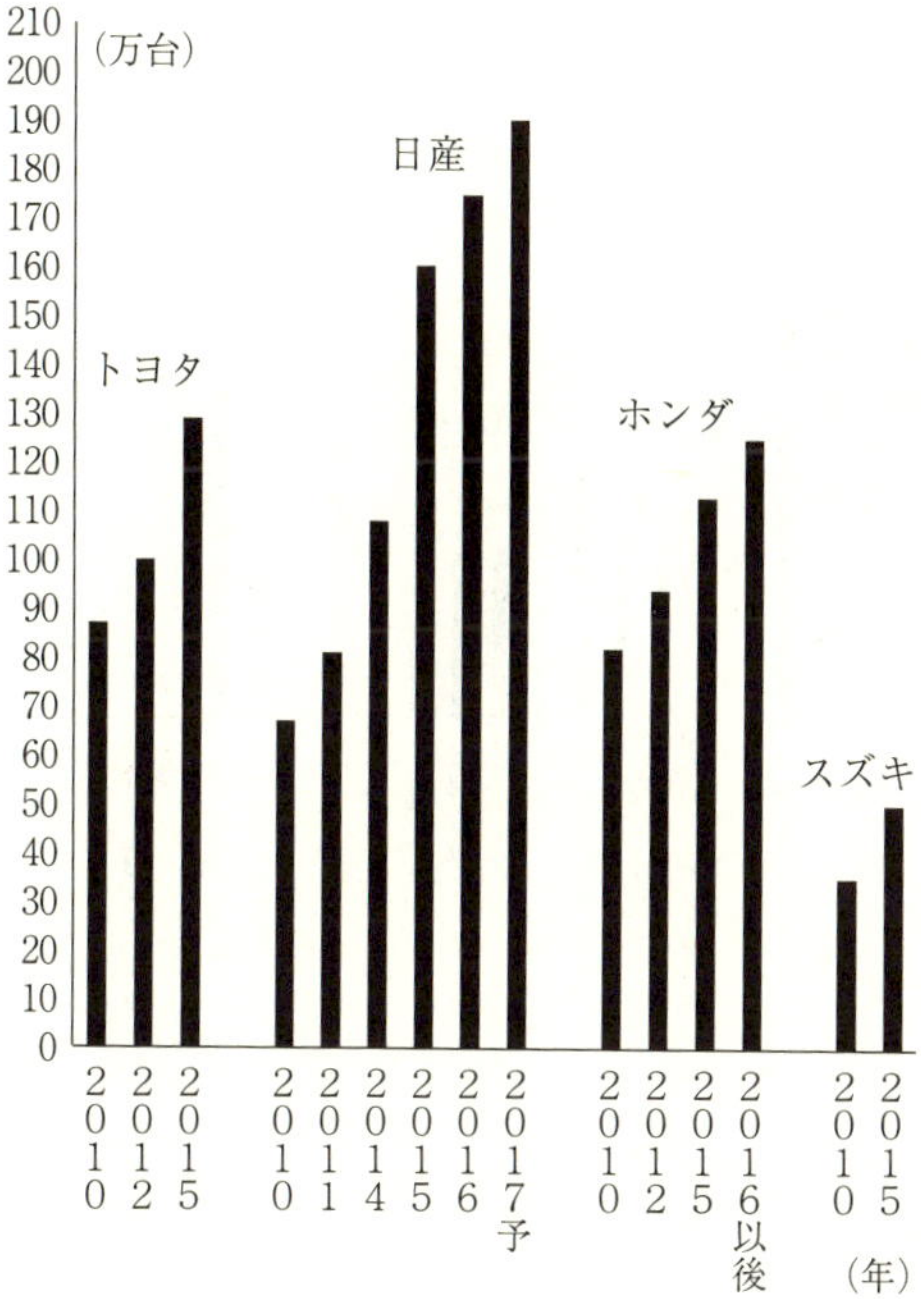

第2－4表

	トヨタ	
	2010年（実績）	2015年（計画）
米国	110	125
カナダ	42	〃
メキシコ	5	〃
ブラシル	7	22
英国	17	〃
スペイン		
ハンガリー		
オランダ		
ロシア		
中国	87	106
台湾	16	〃
タイ	55	80
インドネシア	11	19
インド	15	21
パキスタン		
オーストラリア	15	〃
南アフリカ	22	〃
日本	365	383
その他とも合計	849	961

（出典）フォーイン『日本自動車部品メ
（注１）2011年時点での2015年に向け
（注２）10万台未満の国は省略。但し、
（注３）計画欄の「〃」印は、2010年実

やはり中国での大拡張計画である。一方、国内での生産拡張はトヨタとホンダだけで、その拡張幅も小さい。では現実には各社の投資は、どう進行したのか。

①各社による海外生産拠点国へ集中投資

a　日産

〔中国〕日産が二〇一一年六月発表した中期経営計画・「日産パワー88」（二〇一一～二〇一六年度）では、世界販売シエアを八パーセントに引き上げること、新興国を中心に販売拡大すること、新興国で低価格車の投入を図ることなどを掲げた。その販売拡大の中心はやはり中国で、同社は二〇一一年七月に中国事業の中期計画も発表したが、ここで二〇一六年度までに中国でのシェアを一〇パーセントに引き上げる目標を掲げ、二〇一五

第2－15－b図　タイでの各社生産能力推移

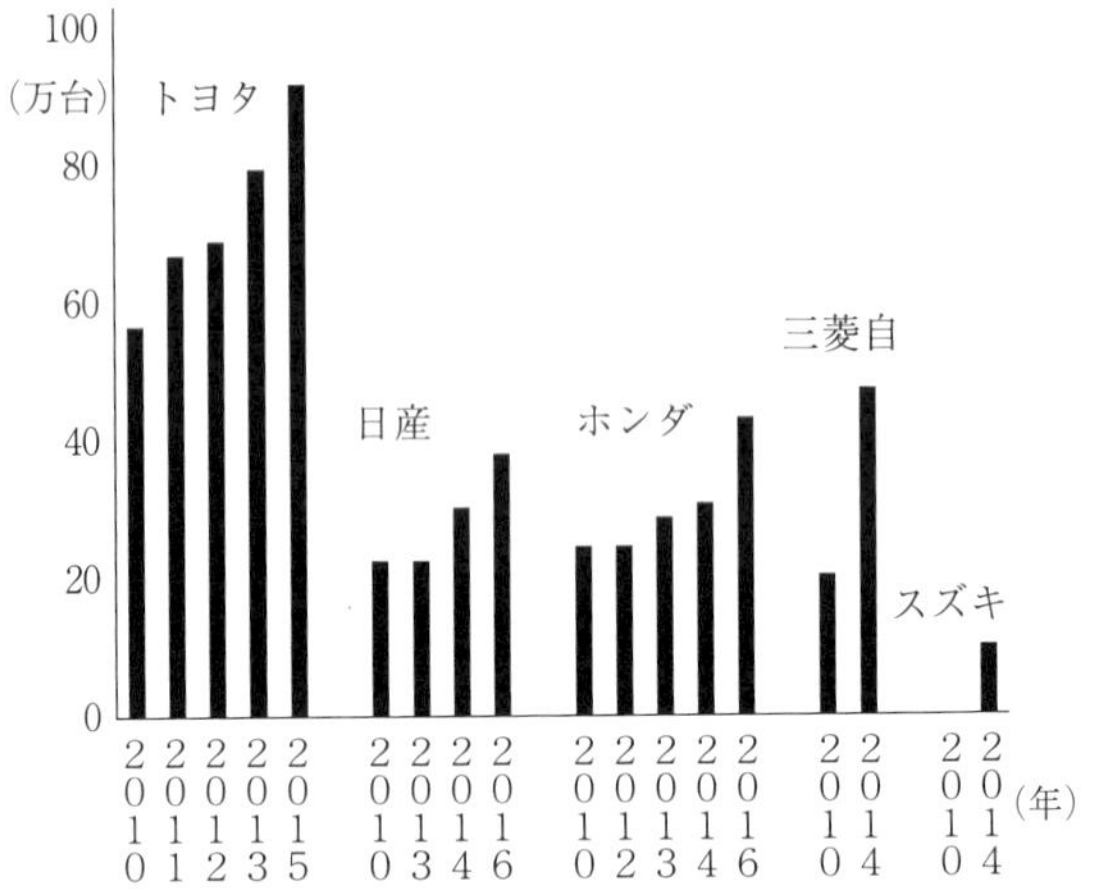

年までの間に中国で総額五〇〇億元（約六一〇〇億円）の投資を行い、合弁会社である東風日産で約三〇車種もの新モデルを投入し、年間販売台数を二三〇万台に引き上げる計画を立てた。二〇一二年の販売台数（七九万台）のほぼ三倍であった。

実際に進行した生産能力の拡大は、第2－15－a図のように、二〇一〇年の六七万台から二〇一五年まででほぼ一〇〇万台の生産能力拡張を行い、二〇一七年以降は年産能力・二〇〇万台に手が届く勢いの計画を実行している（大連工場の能力は一二万台から三〇万台に引き上げられる予定だが、その時点で二〇〇万台を大きく超える）。

但し、同社の中国での販売台数は二〇一五年で一〇五万台と、同年の中国内の販売総数二四六〇万台の四・三パーセントにとどまっており、目標の一〇パーセントには到底及ばない。つまり同社の中国工場は、生産台数の倍近くにもおよぶ過大な生産設備を抱えていることになる。

〔メキシコ〕日産は日系自動車メーカーとしては最も早くメキシコに進出し、一九六六年にモレロス州に、一九八二年にアグアスカリエンテス州に工場を稼働させ、日系メーカーのトップを走り続けてきた。二〇一三年にも約一〇億ドル（約七七〇億円、生産能力一七・五万台）を投じたアグアスカリエンテ

第２－15－ｃ図　インドネシアでの各社生産能力推移

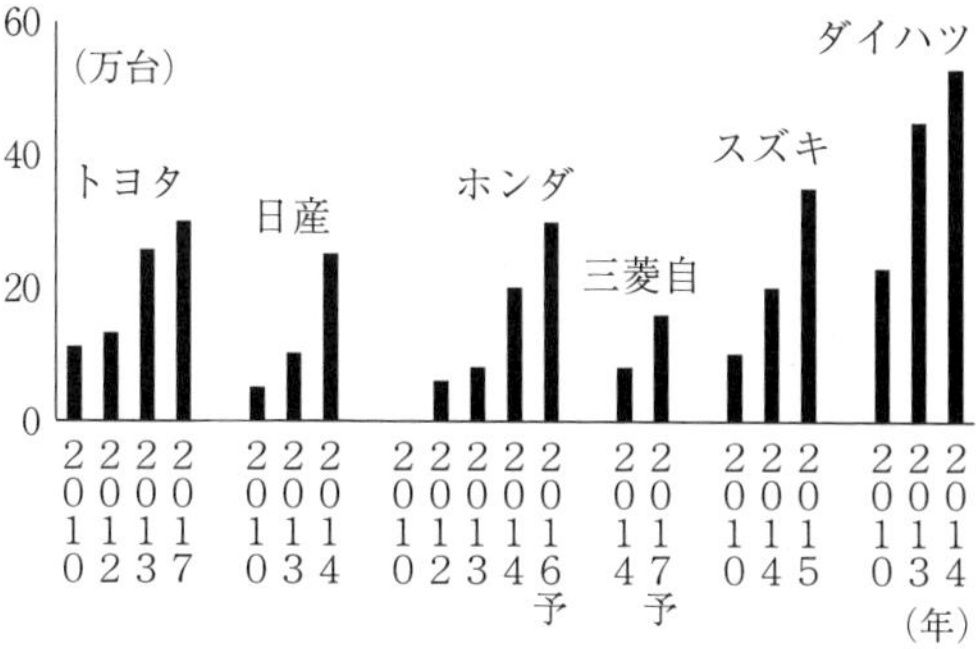

第２－15－ｄ図
メキシコでの各社生産能力推移

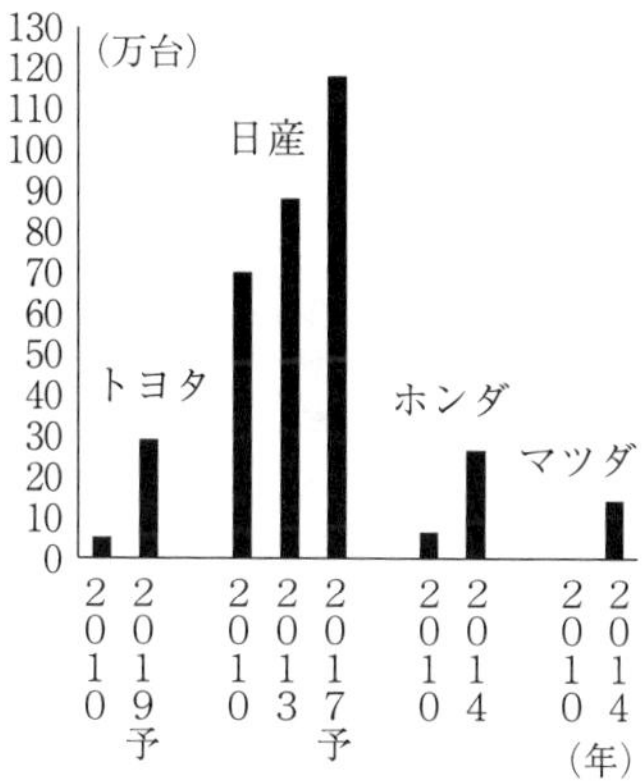

（出典）タイ、インドネシアはフォーイン『ASEAN 自動車産業　2015』（2015 年２月）27 頁
メキシコはフォーイン『日本自動車調査月報』2015 年２月号３頁
中国は、フォーイン『中国自動車産業　2015』217 ～ 237 頁
2010 年の生産能力は前掲『日本自動車部品メーカーの新興国戦略』による

（注１）日産は、2014 年開業の大連工場は 2015 年は 12 万台だが、30 万台になる予定なのでその後は 206 万台にまた、鄭州第一工場（1995 操業、18 万台能力）では東風ブランド車も生産

ス州第二工場を稼働させ、生産能力は八八万台になり、米系のメーカーも抜いてトップになった。二〇一五年に独ダイムラーとの合弁工場（生産能力三〇万台予定）の建設に着手して、二〇一七年の生産開始を予定している。この工場が完成すれば、第２－15－ｄ図のように同社のメキシコでの日産の生産能力は一一八万台と日本国内以上の生産能力を持つことになる。他の日系企業も引き離す圧倒的存在であるが、しかしこれもトランプ政権の動向によって大きな誤算が生じる可能性が出てきた。

〔タイ、インドネシア〕第２－15－ｂ図のように二〇一三年の日産のタイの生産能力は二二万台だったが、二〇一六年には三七万台と大きく伸ばした。トヨタなどに遅れをとっていた同国で、生産と輸出基地機能を拡大しつつある。しかし、二〇一五年のタイでの生産実績は約一四万台にとどまっている。また、従来は手薄だったインドネシアでも三三〇億円を投資して二〇一四年に生産能力を二五万台にまで引き上げ、二〇一二年六月には新興国向け戦略車のミニバン「エバリア」をインドネシアで発売し、二〇一四年には「ダットサン」ブランドを立ち上げた(70)。

こうした日産の二〇一一年以降の投資を、二〇一一年六月発表した中期経営計画と比較すれば、中国では、計画の一二〇万台を大幅に超える一五〇万台を二〇一五年に達成し、その後も数十万台伸ばす計画を実現しつつある。インドでは逆に、インド工場（生産能力二〇万台、二〇一〇年稼働）を四〇万台へ倍増する計画は見送った。インドをアフリカへの輸出基地にすることを見込んだ拡張計画だったが見送り、需要増加の場合は稼働率をあげることで対応する。逆にほとんど拡張を予定していなかったタイ、インドネシアで大きく能力拡大し、拡張計画のなかったメキシコでも対米輸出を見込んで能力を倍増させた。中国以外はすべて輸出基地としての生産能力拡大を行ったのだ。中国では膨大な過剰生産能力を抱え続けることになっており、もし中国で対外輸出のための条件が整備される日が来れば、日本も含めた地域への怒濤の輸出が始まることも予想される。

b　トヨタ

トヨタは、長らく世界で新工場を建設し続け、一九九八年から二〇〇七年までに生産を開始した工場だけをとっても、中国で一〇、米国四、東欧・ロシア四、インド二など計二四の工場（エンジン工場等も含む）を立ち上げ生産を開始した。しかしリーマンショック後は「膨大な過剰能力」を抱えることになってしまったため、二〇一三年から三年間は新工場を立ち上げない方針をとった。このため二〇一〇年代の対外投資の伸びは、日産に比べて鈍くなっている。
しかし、新規投資封印を一年早く解禁し、二〇一五年に既に触れたように中国とメキシコに新工場建設を発表した。背景にはTNGA対応の工場拡張のねらいもある。TNGAによる車は二〇二〇年時点で全車種の半分、全体が切り替わるのは二〇二五年ごろと見られるが、その間は二重投資が必要である。それにもメドがつき工場新設の決断となったという。新開発のラインは伸縮自在で需要変動に強く、特にメキシコで計画されている工場は「トヨタの中でも断トツの工場」になるという。

〔中国〕 トヨタは中国で、二〇〇五年からの五年間だけで約七〇万台の生産能力拡張を行い、日産を引き離した。二〇一〇年代に入るとその勢いは鈍ったが、それでも二〇一二年と二〇一五年に新工場が稼働し、第2－15－a図のように約一三〇万台の生産能力になって、中期計画で予定していた一〇六万台を上回った。しかし二〇一五年の中国での実際の販売台数は、前年より大きく増えたがそれでも一〇一万台にとどまっている。トヨタもまた、中国での能力は過剰気味だ。それにもかかわらず、天津で五九〇億円投じて完成車組み立て工場（年産一〇万台の予定）を建設し二〇一八年に生産を開始する予定であり、広州でも二〇一八年までに新工場を設立して新システムを導入することを、二〇一五年に発表している。

〔タイ〕 トヨタは二〇一三年以降の新工場建設をストップする方針にもかかわらず、タイでだけは引き続き設備投資を続け、八〇万台への増加を計画し、豊田章男社長は「近い将来タイの生産を年一〇〇万台の水準に引き上げる」とも宣言していた。タイでの実際の生産能力は、二〇一一年に六五万台、二〇一三年に七七万台、二〇一五年に八九万台へと拡張され続け、年一〇〇万台の生産が可能になった。

しかし、こうした設備投資拡大にもかかわらず二〇一五年の生産実績は六三万台にとどまっている。

〔インドネシア〕 同国市場ではトヨタは圧倒的な強さを誇っており、トヨタとその系列・ダイハツ工業で五割のシェアを占めている。ダイハツはほとんど海外展開していない企業だが、インドネシアとマレーシアには投資を行っており、とくにインドネシアでは、日本企業で最大の投資を行い、二〇一四年にはその生産能力は五三万台に達している。トヨタとダイハツで八〇万台超の能力がある（第2－15－c図）。

トヨタはインドネシアもタイと並ぶ生産拠点にする計画で、二〇一〇年の一一万台から二〇一三年には二五・六万台になった。トヨタは二〇一一年に約二六三億円を投じて新工場（年産八万台）の建設を発表し、その後、約一五〇億円の追加投資も行って生産能力を拡大したのだ。

設備の拡張は、インドネシアでの需要拡大に応じるだけでなく、「輸出拠点としての役割を高める」ためでもある。ただインドネシアでの生産実績は二〇一〇年の二六万台から二〇一三年には四三万台に伸びたが、二〇一五年には三七万台に減少した。

〔メキシコ〕 二〇〇四年にタコマで稼働させたトラック六・三万台の生産能力だけであったが、二〇一六年になって二〇一九年に新工場を建設することを発表した。(71)

c　ホンダ

ホンダは、中国、メキシコなどに集中的に投資している。

〔中国〕 広汽ホンダと東風ホンダの両工場で大拡張を行い、二〇一二年には九四万台になった。しかし二〇一二年には中国で日本車排斥の運動が拡大し、ホンダが開設したばかりの工場も含めて日本車各社は減産に追い込まれた。二〇一五年には生産能力は一一三万台になったが、二〇一六年の一二月にも凍結していた武漢市の新工場建設に着手すると発表した。新工場の生産能力は当初は一二万台であるが、他の工場も含めてすべてがフルに操業すれば一四〇万台以上になるとみられる。ただ、二〇一五年の同社の販売台数は九九万台であり、販売が大きく伸びなければ過剰生産能力を抱えることになる。

〔タイ〕二〇一三年度中に二四万台から二九万台に引き上げ、二〇一五年には四二万台に引き上げる方針を立て、実際二〇一六年には四二万台の生産能力になった。しかし二〇一五年の生産実績は一七万台にとどまっている。

〔メキシコ〕一九九五年に建設した小型トラック六・三万台の能力から、二〇一四年二月にメキシコで第二工場を建設し、フィット等も生産する二〇万台の工場を立ち上げ、二六・三万台の能力になった。

〔インド〕二〇一四年には一二万台から二四万台になった。また、二〇一六年にも生産能力を増強し年産三〇万台にする。[72]

d　三菱自動車

〔タイ〕三菱にとってタイは拠点国である。三菱自動車の二〇一一年から二〇一三年度までの新中期経営計画では、二〇一三年度の世界販売目標を一三七万台とし、その六割近くの七九万台を新興国で販売する目標を立て、生産もタイをはじめとした新興国での現地生産を増やして、二〇一三年には生産台数を七七万台に引き上げることを目標に掲げた。とくにタイでは、それまでの二〇万台から四六万台にまで引き上げる方針を立て、二〇一四年にはそれを実現した（第2－15－b図）。但し生産実績は、二〇一二年には三六万台と前年の二〇・九万台から大きく伸びたが、二〇一四、一五年は三二万～三三万台に逆戻りしている。(73)

e　スズキ

〔インドネシア〕　同社はインドネシアでは生産していなかったが、一〇〇〇億円の巨額を投資して、二〇一四年に乗用車工場を新設し、年産一五万台で創業を開始した。最新エンジンから車体まで一貫生産して、インドネシア国内だけでなく東南アジア各地に供給する。

〔インド〕　スズキは日本を含めた世界生産全体の半分をインドで生産している。インドでは、マルチ・スズキ（インド政府との合弁により一九八二年にマルチ・ウドヨクとして設立し、二〇〇二年にスズキが出資比率を五六パーセントに引き上げ子会社化。二〇〇七年にマルチ・スズキに社名変更）が、二〇一〇年に既存二工場で年産二〇万台分を増強し一二五万台となり、その後第二工場（二五万台）も稼働して一五〇万台になっていた。二〇一四年には、計画していた新工場を、これまでのような合弁ではなく、全額出資の子会社として建設すること、また従来の工場があるハリヤナ州ではなくグジャラート州に新設工場を建設することを発表した。二〇一七年中に年産二五万台として開始し、一期工事で七五万台、二期工事でも七五万台という膨大な計画で、すべて完成すれば一五〇万台、マルチ・スズキと合わせると三〇〇万台体制になる。

スズキは二〇一二年にマルチ・スズキのハリヤナ州の工場で従業員による大規模な暴動が起き、工場幹部一人が死亡、約九〇人が負傷し、火災も発生して操業もストップした。また、二〇一三年にはインドの商法が改正され、企業の重要案件に対しては少数株主の七五パーセント以上が投票によって合意することが必要となった。このため、マルチ・スズキのスズキ以外のインド側の少数株主（四四パーセント）の意向により経営が左右されざるを得ないという問題も生じていた。こうしたことを、スズキは嫌い、新工場はスズキ一〇〇パーセントの子会社で、工場建設地域も別の州で行うことを決めたのだ[74]。

　以上のように、各社はアジアを中心に投資を拡大してきた。二〇〇〇年代になって「新興国」の成長が喧伝《けんでん》され、今後の世界の経済成長を担う有望な投資先と騒がれて、自動車業界も「新興国」への投資拡大を掲げたが、結局、投資を集中させたのは限られた数ヵ国であった。それが第一節で述べた七ヵ国のうちの中国、タイ、インドネシア、メキシコ、インドの五ヵ国である。相対的に低賃金で、インフラや部品生産も整っているか、整いつつある国で、経済成長率も大きい国であった。

　とくに各社の投資が集中したのは中国であった。ただし、各社の生産力増強にもかかわらず、二〇一二年以降の中国での日本車販売の伸びは勢いに欠け、生産能力と生産台数の乖離《かいり》が大きい。二番目に生産能力増が集中したタイでもまた、生産や販売で意外なほど苦戦している。

　中国での販売の伸びの弱さは、同国の経済成長の鈍化傾向という要因以上に、政治的問題があった。尖閣問題があり、背後にある日本政府のアジア戦略の転換があり、そのまた背後にある米国のアジア戦略の転換があった。その詳細については第5章で論じる。しかし、もし日本が「憲法改正」を強行すれば、中国との関係や中国国民の対日感情は悪化して、間違いなく日本車の中国での販売は劇的に低下するだろう。日産、トヨタ、ホンダは膨大な過剰生産設備を抱え込み、それが三社のつまずきの石になる可能性すらある。このためこうした自動車各社の利害が、「憲法改正」に向けて遮二無二《しやにむに》突っ走る政権をすげ替える、あるいは抑止する力として作用するような事態が起きたとしても不思議ではない。むろんそれは、平和を守ろうとする国民の力とは全く別の力学ではあるが。

タイでの伸びの鈍化の背景にも同国の政治状況があった。同国ではタクシン政権への反発の中で二〇〇六年に軍事クーデターが起き、その後民政復帰したが、激しい反政府運動が繰り返され、二〇一一年にはタクシンの実妹・インラック政権が成立し政権は安定するかに見えた。しかし二〇一一年に大洪水が起き、二〇一四年になると反政府デモが高まって再び軍中心政権が成立し、政局は混乱を繰り返した。

インドやインドネシアでも当該国のインフレや、政治情勢や社会運動、政治権力の性格等々に大きく左右され、自動車各社が当初期待したほど市場が拡大したわけではなかった。

自動車は、各国の経済状況のみならず政治・軍事外交、そして購入者である当該国民の国民感情、あるいは国民の運動等々にきわめて密接に連動している商品なのだ。逆に自動車の生産が当該国の経済発展に大きく寄与するとともに、各国の政策にも大きな作用をおよぼす。自動車企業は、巨大グローバル企業として利潤を最大にできる国を世界で選択して拠点化しているのだが、それはまた外交・安全保障政策の影響を受けるとともに、企業の戦略が政策に影響を与えることにもなる、政治・外交とも一体化した業種なのだ。

②国内工場の再編、縮小

自動車各社は、世界のいくつかの国で販売との乖離を拡大しながら派手な生産能力の拡張を行ってきた。しかしそれとは対照的に、日本国内では生産能力の削減が進行している。

第2－5表は、二〇一五年の各社の国内工場ごとの生産能力と、二〇一〇年の生産能力との差を示した。国内生産能力は、わずか五年の間にトヨタが五三万台減、日産は五〇万台減、三菱は二一万台減と三社で一二四万台の能力減である。見てきたように海外拠点国では大幅な能力拡大を続けてきたにもかかわらず、国内では生産実績だけでなく生産能力そのものの縮小である。生産能力を国内で増加させたのはスズキの二〇万台のみという淋しさで、すでに各社は国内生産能力の整理過程に入っているのかと感じさせられる。

以下、この時期に起きた各社の工場再編のいくつかの事例を挙げておこう。

〔日産〕二〇一二年七月に同社の主力拠点・追浜工場にある二本の生産ラインのうち一本を停止した。同工場の生産能力四三万台のうち約二〇万台が削減された。もともと追浜工場は「世界のマザー工場」として位置付けられていた。電気自動車「リーフ」を含め小型車七車種を生産していたが、これらは海外や九州などに生産が移管された。日産が主力拠点の生産ラインを停止するのは、仏ルノーの傘下に入り、村山工場（東京都武蔵村山市）を閉鎖して以来、一一年ぶりであった。

また、日産車体でも、二〇一二年三月に湘南工場（神奈川県平塚市）の第一地区では車両生産を終了し工場を閉鎖した。二〇一五年現在、同工場は一五万台の生産能力だが、今後さらなる削減を目指す。

第2－5表　2015年における自動車各社工場別生産能力

（単位：万台）

		生産能力
トヨタ	**本社工場**	
	元町	15
	高岡	25
	堤	45
	田原	40
	トヨタ自動車九州	
	宮田	43
	トヨタ自動車東日本	
	宮城大衡	12
	東富士	20
	岩手	32
	トヨタ車体	
	富士松	29
	刈谷	n.a.
	いなべ	20.6
	吉原	22
	岐阜車体	8
	小計	311.6
	2010年との能力差	△53
	2015年生産実績	318.5
日産	**本社工場**	
	追浜	24
	栃木	25
	日産自動車九州	約53
	日産車体	
	湘南	15
	オートワークス京都	n.a.
	日産車体九州	12
	小計	129
	2010年との能力差	△50
	2015年生産実績	87.3

		生産能力
ホンダ	**埼玉製作所**	
	狭山	25
	寄居	25
	鈴鹿製作所	53
	八千代工業	24.3
	小計	127.3
	2010年との能力差	△2.7
	2015年生産実績	73
三菱自	**水島製作所**	35
	名古屋製作所	25.6
	パジェロ製造	7.2
	小計	67.8
	2010年との能力差	△21.2
	2015年生産実績	63.5
マツダ	**本社工場**	
	宇品第一	27.4
	宇品第二	24.1
	周防工場	
	周防第一	24.1
	周防第二	24.1
	プレス工業（委託）	2
	小計	101.7
	2010年との能力差	0
	2015年生産実績	97.3
スズキ	湖西第一工場	63.6
	湖西第二工場	21.6
	磐田工場	42
	相良工場	20
	小計	147.2
	2010年との能力差	21.2
	2015年生産実績	93.8

（出典）フォーイン『日本自動車調査月報』2016年8月号12～28頁より作成。2010年度との生産能力差は、フォーイン『日本自動車部品メーカーの新興国戦略』6～14頁掲載の2010年度の各社生産能力との差を算出

（注1）スズキの生産能力は月産表示のため、12倍し年産に換算

（注2）パワートレインなどの部品工場は除き、完成車工場の生産能力のみ

同工場では中型の「ピックアップ」を生産し、二〇〇七年まで年二五万〜三〇万台の生産を続けていた。(75)

日産は二〇一〇年一〇月に九州工場を分社化して、新会社「日産自動車九州」(福岡県苅田町)を設立した。日産自動車九州の二〇一五年現在の生産能力は約五三万台で、隣接する「日産車体九州」の一二万台と合計すると六七万台になり、全国内生産能力一二九万台の約半分を占める。湘南工場や追浜工場で生産していた主要小型車は、九州に集中した。従来九州で生産していた中大型車は米国など海外に生産移管した。九州工場に生産集中したのは、既述のようにアジアからの安価な部品を輸入するためである。

日産は、二〇一〇年と比較すると一七九万台から一二九万台に五〇万台も生産能力の削減を行ったが、二〇一五年の実際の生産はそれより五〇万台も少なくわずか八七万台であった。

〔トヨタ〕 二〇一二年六月に、三六〇万台ある年間生産能力を五〇万台削減して三一〇万台にする方針を明らかにした。同社の生産能力はリーマンショックを契機とする金融危機前には三九〇万台あった。東富士工場(静岡県裾野市)は二〇一一年夏に二本の生産ラインのうち一本を休止し、生産能力はピークの約二五万台から一〇万台減った。

同社の中核・田原工場(愛知県田原市)の生産ラインを三本から二本にし、年間生産能力を三分の一減らして四〇万台にする。これは二〇一〇年にすでに決まっていたが、東日本大震災で延期されていた。

高岡工場は二ラインのうち一ラインの二二万台分が二〇一〇年二月から休止した。その他、系列のトヨタ車体、豊田自動織機では輸出専用車を海外移管し、生産委託しているダイハツは大阪や京都の工場で削減を計画する。

一方、国内での工場新設は、二〇一一年一月にトヨタの子会社・セントラル自動車が老朽化した相模原工場（神奈川県相模原市）にかえて宮城県大衡村に新設した。トヨタグループが日本国内で工場まるごと新設するのは一九九三年以来一八年ぶりのことであり、国内で大規模な新規投資がいかに久しく行われていなかったかを象徴している。新設された宮城大衡村の工場は、従来のようにハンガーで車を上からつるしてレールで流す工程は全廃し、コンベア上の台に車をおいて流すシステムで、車の足回りの取り付け工程では車を横にして流す。ハンガー方式をやめただけでも五割の投資が削減された。

トヨタはその後、セントラル自動車、関東自動車工業、トヨタ自動車東北を合わせて、二〇一二年七月に「トヨタ自動車東日本」を発足させた。小型車の生産を東北に集中し、東北での部品調達は八割を目指し、人件費等の低下も目指している。(76)

トヨタは三〇〇万台の国内生産は死守し、「日本のものづくりを守る」と社長自ら何度も公言してきた。しかし、二〇一三年三月に「トヨタ自動車は国内での生産台数を二〇一五年に二七〇万台に減らす方針を固めた」「最低ラインとしてきた『三〇〇万台』の旗をいったん降ろす」という記事も報じられた。(77)

二〇一四、二〇一五年は輸出が比較的好調なこともあって、日本で自動車生産することへの悲観論は影を潜めた。しかし、もし今後トヨタまでが国内生産を大幅に減らすような時が来れば、日本のものづくり崩壊のカウントダウンが始まることは確かである。

折しもトランプ政権が成立し、トヨタは二〇一七年一月に今後五年間に米国で一〇〇億ドル（一兆一六〇〇億円）の投資拡大を行うと宣言した。過去六〇年間でトヨタが米国に投資してきた額が二二〇億ドルであったことを考えると莫大《ばくだい》な投資額である。そのしわ寄せが日本の老朽化した工場の閉鎖に繋がっていくのではないかという、大きな不安を抱かざるをえない。

〔ホンダ〕 同社は寄居工場（埼玉県寄居町）を二〇一三年七月に稼働させた。生産能力は二五万台。同社が国内工場を新設したのは三三年ぶり。同工場はもともと二〇〇〇年代前半に多様な車種をこなせる工場として計画され、二〇〇六年に建設計画が発表された。しかしリーマンショックの到来で、工場建屋が完成していたにもかかわらず、二〇〇八年一二月から稼働を凍結していたものである。老朽化した埼玉工場（埼玉県狭山市）の生産は同工場に移管する。鈴鹿工場（三重県鈴鹿市）は閉鎖予定であったが軽自動車の工場として再編して、八千代工業への軽自動車の生産委託をやめる。(78) ちまたでは、寄居工場は「国内最後の乗用車の新工場になる」とささやかれた。

〔三菱自動車〕 二〇一三年以内に国内の生産能力・年九五万台を年七〇万台程度に減らす計画を立て、主力工場・水島製作所（岡山県倉敷市）の生産ラインを四本から二本に削減し生産能力を三五万台に減らした。水島製作所は、名古屋製作所（岡崎工場、愛知県岡崎市）やパジェロ製造とならぶ同社の三大工場である。パジェロ製造もまたスリム化した。(79)

しかし二〇一六年四月になって同社の燃費試験の不正を、共同開発相手の日産が暴露して世間に知れるところとなり、その一ヵ月後、日産が同社株式三四パーセントを取得することを発表した。結局、同年一〇月に日産が筆頭株主になって、同社はルノー・日産アライアンスの一員となり、一二月にカルロス・ゴーンが同社の代表取締役社長に就任した。今後は日産流の経営がなされることになった。むろん国内生産の行方は不明である。

〔スズキ〕同社だけは二〇一〇年と比較して約二一万台生産を伸ばした。軽自動車の主力工場・湖西工場の拡張が大きい。税金も安く、ガソリンの消費も少ない軽自動車の売れ行きが好調なことが、同社にとって追い風となってきた。しかし同社も、インドで生産したバレーノの大量逆輸入を始めたことは、既に見たとおりである。

以上のように国内の多くの工場は、建設されて数十年を経たものが多いが、投資は最小限にとどめられている。今はまだ工場がまるごとつぎつぎに閉鎖されるという状況ではなく、かろうじてとどまっている状態ではあるが、国内生産が重大な局面にあり、いわば風前の灯にあることは間違いない。

＊

述べてきたように、自動車生産では従来とは段階を画する変化が起きていた。海外生産された車の逆輸入が始まり、アジア部品の輸入が広がり、世界への「輸出」は海外のいくつかの拠点に移され、調達や開発の「現地化」、「日本離れ」も進んでいる。加えて部品共通化・モジュール化は、部品メーカーと完成車メーカーの紐帯《ちゅうたい》を根本から解体し始めた。世界的巨大部品メーカーだけが勢いを増す一方で、国内の幅広い裾野は足元から崩れようとしている。そして完成車メーカー各社は、今後も生産拠点国・「最適地」国へは惜しげもない投資を加速するが、老朽化した国内工場ではラインの削減も始まっている。

いずれの面からも国内生産はシロアリに喰われるように土台から蝕まれつつある。自動車産業の空洞化は、すぐそこに迫っているといえよう。それは為替相場が多少円安にふれようとも変わらない。日本の自動車産業は今、空洞化してしまうのか、何とか踏みとどまれるかの「最後の関頭」にある。

国民は、「企業が生産を海外へ移転するのは、資本主義社会においては企業の自由であり、グローバル化が世界の趨勢である以上やむを得ない」と諦めて、手をこまねいているしかないのだろうか。政府も自動車産業の空洞化の進行は止めようがないことを前提にしている。それを前提にしながら、他の成長分野を早期に育成しようというのが、第3章で論じる二〇一〇年に閣議決定された「新成長戦略」である。国内の産業構造を、「自動車・エレクトロニクス」一極に依存する体制から、原発をはじめとするインフラ輸出、衛星打ち上げなどの宇宙ビジネス、次世代エネルギー関連産業等々の成長を促す構造へと転換をはかるというものであった。その方針は、安倍内閣にもひきつがれている。

しかし戦後六〇年かけてつちかってきた日本国内の自動車の生産、今も世界全体の生産量の約三割を日本メーカーが握る自動車の生産、世界での需要が今後もますます拡大することが予想される自動車の生産において、国内生産をいとも簡単に諦めて、新産業分野なるものの育成に精を出すことが合理的な選択なのだろうか。原発、インフラ、衛星打ち上げなどの「新産業」は、山ほど融資をつけて「輸出」しても、国内の雇用も生産もほとんど増加しないのだ。自動車の国内生産を簡単に国外流出させつつ、湯水のように国家の金を投入して他国のインフラ整備に邁進したり、代替の新産業を育成する政策を選択するのは間尺に合わない。

企業が生産を海外へ移転したり、海外生産した製品の逆輸入を拡大させるのはやむを得ない、規制できないし規制すべきでもないという思い込みを、われわれはそろそろあらためて、この問題に真正面から向き合うべき時ではないか。

米国大統領に就任することが決まった時、トランプは、「移転先の工場から米国に輸入した製品に『重税を課す』」と演説した。(80)「逆輸入関税」である。グローバル化の名目の下に、母国を捨て低賃金国に生産移転し放題、国内生産を空洞化させ国内経済を衰退させ放題の「グローバル企業」が、母国に逆輸入した製品には高関税をかけるべきだというのだ。つまりは生産の海外移転に対する根本的な異議申し立てである。現実に「逆輸入関税」が実現するかどうかは別としても、空洞化先進国である米国で、多くの国民が「逆輸入」や無制限な海外生産に異議を唱え始めたことが、トランプ政権誕生の背景にある。

トランプはまた、「グローバリゼーションを追い求めた結果、仕事、富、工場をメキシコや海外に追いやった。何百万人もの労働者がすべてをなくし、貧困に追いやられ、傷ついた。これを政治家たちは修復できなかった」(二〇一六年六月二八日、ペンシルベニアで)とも演説している。米国民が、トランプを大統領に選んだ意味を、われわれは重く受け止めるべきである。

各分野でわずか数社、全体で数十社の企業の活動が、国民生活はむろんのこと、資本主義そのものをゆがめ、その未来を扼《やく》そうとしているのだ。今、必要なことは、国民が空洞化反対の声を大きくあげることであり、巨大多国籍企業のコントロールに乗り出すよう国家に要求することである。企業の無制限な海外生産や逆輸入を規制する政策なくしては、もはや日本経済の衰退に歯止めをかけることは不可能な段階になっている。今や新たなレベルでのグローバル企業の規制を考えるべき時期なのだ。それを立案・実行する主体の出現こそが、日本経済の焦眉の課題になろうとしている。

注

(1) 二〇一一年九月に、日本自動車工業会会長(当時)で日産自動車COO(最高執行責任者)の志賀俊之は、週刊誌のインタビューに答えて「このままでは五~六年後に(自動車の)国内生産はがさっと減る」と語った。当時の為替相場は、一ドル=八〇円を上回ることも多かったため、「日本国内で投資を続けることへの経済合理的な説明」がつかず、各社は次に来るモデルチェンジ期には、新型車生産に向けた新規投資をしない、したがって生産は激減するかもしれないと言うのだ。自動車工業会会長自らが自動車産業の空洞化がすぐ目前に迫っていると言い切っていた(『週刊東洋経済』二〇一一年九月二四日号、四四頁)。

(2) 尖閣問題は、石原都知事(当時)が二〇一二年四月に米国・ヘリテージ財団で、尖閣諸島を東京都が買い取ると宣言したことに端を発したものである。自動車メーカーにとってウルトラ右派の動きは、企業の利害を無視した盲動、商売の敵ということになるだろう。

(3) フォーイン中国調査部編『中国自動車部品産業 二〇一三』(フォーイン 二〇一三年二月)巻末付録「中国、系列別/ブランド別乗用車 生産台数」、フォーイン『中国自動車調査月報』(二〇一五年二月号、二〇一六年二月号)「系列別/ブランド別、乗用車生産台数」。

(4) 湯進「中国自動車産業のキャッチアップ工業化」(『専修大学社会科学年報』第四五号、一一三~一一六頁)、その他。

(5) JAMA(日本自動車工業会)ウェブサイト「資本・業務提携関係 図1 日本メーカーの主要な資本・業務提携関係」。

（6）注（3）に同じ。なお中国では、外資と提携していない民営企業も成長している。たとえば比亜迪（BYD）は、二〇〇三年に電池生産から自動車産業に参入した新興企業で、二〇一二年の生産台数は四六万台であるが、一五年には年産三〇〇万台に生産能力を拡張する壮大な計画を立てていた。日本の金型メーカー・オギワラの館林工場も二〇一〇年に買収しており、民営企業も急成長している一例である。

（7）クライスラーは、一九九八年にドイツのダイムラーと合併し、ダイムラー・クライスラーAGとなったが、二〇〇七年に合併を解消しクライスラーになった。そして二〇〇九年四月に連邦倒産法第一一条を適用申請し、フィアット主導で新会社として再編され、フィアット・クライスラー・オートモービルズ（FCA）となった。

（8）丸山恵也「ビッグスリーの崩壊とトヨタ　世界の自動車産業のゆくえ」（『経済』二〇〇九年九月号、三二頁）、寺沢聡子「米ビッグスリー」（『週刊エコノミスト』二〇〇九年一月二〇日号）、サブプライムローンについては井村喜代子『世界的金融危機の構図』（勁草書房　二〇一〇年二月）参照。

（9）前掲「ビッグスリーの崩壊とトヨタ　世界の自動車産業のゆくえ」三二頁。

（10）フォーイン『日本自動車調査月報』（二〇一六年五月号）「日本車、メーカー別・世界地域別・国別、月間自動車生産台数（二〇一五年一～一二月）」による。

（11）注（3）に同じ。

（12）「6割が赤字工場　欧州自動車、市場最悪の状況に」（ファイナンシャル・タイムズ二〇一三年七月一一日〔日本経済新聞二〇一三年七月一二日に転載〕）、「仏政府の雇用政策、ルノー反攻の壁に」（日本経済新聞二〇一三年三月六日）。

（13）「フォード、メキシコ新工場　小型車生産、海外投資を重視」（日本経済新聞二〇一六年四月六日）、「フォード悩ますトランプ氏」（同前二〇一六年四月一九日）。
(14)「避けられるか　国内空洞化～日産の選択」（日本経済新聞二〇一〇年九月六日）。
(15)「検証２０１２／超円高と海外シフト――主力車の逆輸入加速」（日刊工業新聞二〇一二年一二月一三日）、「三菱自　タイ産『ミラージュ』逆輸入」（読売新聞二〇一二年七月二五日）、「新型車、海外製を輸入　『適地量産』為替変動に強く」（日本経済新聞二〇一四年一〇月一六日）、「日産、14年中に電気商用車を国内発売」（同前二〇一三年一一月一四日）。
(16)「スズキの逆輸入車『バレーノ』、日本での勝算」（東洋経済オンライン二〇一六年三月二六日）、「スズキ、世界戦略車を１００カ国に輸出　日本にも」（日本経済新聞二〇一五年一〇月二七日）。
(17)ＪＡＰＩＡ輸出入統計（日本自動車部品工業会〔ＪＡＰＩＡ〕ウェブサイト）財務省『貿易統計』。
(18)「アジア含め『地場』調達　カーアイランド転機　第6部　日産『ノート』の衝撃（中）」日本経済新聞二〇一二年一〇月四日）、『週刊東洋経済』二〇一一年三月五日号二八頁、「日産、国内生産能力15％減　神奈川の1ライン停止」（日本経済新聞二〇一二年六月二一日）、「『国産神話』脱却に活路輸入　新潮流（上）」（同前二〇一二年三月一日）、「日産車体、韓国製部品を採用　新型車両で」（同前二〇一二年一月一八日）、「車生産維持でも空洞化？　部品輸入最高　円高でコスト減」（同前二〇一二年八月一三日）、但し二〇一四年一月にはウォン高で韓国部品の比率引き下げも検討している（同前二〇一四年一月二二日）。
(19)「日産、日韓間貨物トレーラーの相互乗り入れ開始」（日本経済新聞二〇一三年三月二七日）、「日産、海外部品4割超に　円高対策で調達率上げ」（同前二〇一二年八月二八日）、「中国・大連に『日産村』　部品30社進出計画　港と直結、物流で競争力」（同前二〇一三年六月一四日）、「日産、大連

『日本人ゼロ化』、現地化を徹底」（同前二〇一四年七月三一日）。なお同工場の生産能力は、二〇一五年はまだ一二万台だが、三〇万台まで拡張される。同工場では「日本人ゼロ化」をすすめ、工場長、作業長、労働者すべて中国人で日本人はゼロである。
(20)「日産、主要部品取引先に初の中国企業　トヨタはポスコ」（日本経済新聞二〇一二年七月一四日）、『日経ビジネス』二〇一三年七月二二日号、二八頁。
(21)「『東シナ海供給網』台頭　競争の中に新たな商機　産業再興　アジアと共創（1）」（日経産業新聞二〇一三年六月六日）。
(22)「完成車メーカー　輸入部品の採用拡大『苦渋の決断』」（日刊工業新聞二〇一二年八月二九日）、「ホンダ、輸出が消える日」（日本経済新聞二〇一四年六月二八日）。
(23)丸紅経済研究所・ＵＳ　Ｆｏｃｕｓ「メキシコ自動車産業の台頭」（二〇一五年一〇月二〇日）、「メキシコ、車生産が活況　４００万台到達の観測も」（日本経済新聞二〇一二年七月一七日）。
(24)「日本自動車メーカー別自動車輸出台数」（フォーイン『日本自動車調査月報』二〇一六年二月号）、「日産、車輸出を半減　今後5年間で30～40万台に　円高で現地生産拡大」（日本経済新聞二〇一一年八月四日）、「自動車大手、メキシコで日本式生産　輸出拠点化めざす」（同前二〇一四年二月二八日）。
(25)「日本車、メキシコ投資加速　ホンダなど新工場」（日本経済新聞二〇一二年三月二九日）、「ホンダ、米国販売車ほぼ全量現地生産に　為替変動リスク回避」（同前二〇一四年一月一四日）、「ドル箱・北米市場が帰ってきた――日本車の大反攻始まる」（『週刊東洋経済』二〇一三年四月二〇日号四〇～四三頁）、「ＪＦＥ、メキシコで鋼板生産　19年にも自動車産業、米向け集積」（日本経済新聞二〇一六年三月二六日）。

(26)「メキシコ拠点、世界へ車」(日本経済新聞二〇一六年四月二六日)、「南米の保護主義、日系自動車メーカーの戦略に影響」(同前二〇一二年六月二七日)、「トヨタ、中国・メキシコに新工場 1500億円投資」(同前二〇一五年四月三日)、「マツダ、メキシコを車輸出拠点に 新工場開所式」(同前二〇一四年二月二八日)。

(27)「フォード、メキシコに新工場 1700億円規模」(日本経済新聞二〇一六年四月六日)、前掲・US Focus「メキシコ自動車産業の台頭」(二〇一五年一〇月二〇日)。

(28)フォーイン『ASEAN自動車産業 二〇一五』(二〇一五年二月 二七頁)。

(29)「タイから80カ国以上へ輸出 戦略小型車で新興国を開拓」(『週刊東洋経済』二〇一三年四月二〇日号四七頁)、「タイ、車輸出120万台へ 『アジアの工場』競争力を磨く」(日本経済新聞二〇一五年九月一八日)。

(30)「『マーチ』輸入は空洞化の号砲」(『日経ビジネス』二〇一〇年七月一二日号 一四〜一五頁)、「自動車、海外から世界輸出」(日本経済新聞二〇一〇年五月二六日)、「トヨタや日産、海外工場から世界輸出」(同前二〇一〇年七月一六日)。

(31)「『米国を第2の輸出拠点に』北米トヨタ社長」(日本経済新聞二〇一二年二月九日)、「トヨタ、『ヴェンザ』をロシア輸出 北米を輸出拠点に」(同前二〇一三年二月二六日)、「トヨタ『ハイランダー』、米に生産移管 九州から」(同前二〇一二年二月九日)、「米から車輸出、日本勢が拡大 トヨタ、今年3割増 ホンダ、輸入を上回る」(同前二〇一四年二月七日)、「トヨタや日産、海外工場から世界輸出」(同前二〇一〇年七月一六日)。

(32)「日本車、米からの輸出拡大 新市場向けの拠点に」(日本経済新聞二〇一四年二月七日)、「ホンダ、米国販売車ほぼ全量現地生産に 為替変動リスク回避」(同前二〇一四年一月一四日)、「ホンダ、北米を輸出拠点に　17年にも日本並み15万台」（同前二〇一二年六月二四日）。
（33）日本貿易振興機構海外調査部　海外調査計画課「二〇一四年　主要国の自動車生産・販売動向」（二〇一五年七月一四日、一六頁表）、「ルノー・日産、韓国へ1億6000万ドルを投資」（日本経済新聞二〇一二年七月二〇日）、「日産、韓国でSUV委託を発表　ルノーサムスン支援」（同前二〇一二年七月一九日）、「日産、ルノーサムスンへの生産委託拡大　年11万台に」（同前二〇一五年二月五日）。
（34）「中国、自動車の燃費・排ガス規制強化　先進国並みに」（日本経済新聞二〇一三年五月二日）。
（35）「HV基幹部品、トヨタが13年から中国生産」（日本経済新聞二〇一二年三月一日）、「トヨタ、中国重視鮮明に　『基幹部品は日本で』を転換」（同前二〇一一年九月四日）。
（36）「トヨタ、タイで開発『自立』　技術者1400人体勢に」（日本経済新聞二〇一五年一〇月六日）。
（37）「ホンダ、主力セダンを北米で開発」（日本経済新聞二〇一二年一一月二六日）、「ものづくりの本質を現地化させる」（『週刊東洋経済』二〇一三年四月二〇日号、五三頁）、「ホンダ、『シビック』刷新　米国人好み柔軟に取り入れ」（日本経済新聞二〇一五年四月二日）。
（38）「ホンダ、ハイブリッド技術を中国企業に供与」（日本経済新聞二〇一二年四月二二日）、「ハイブリッド車で中国攻略　日本発の技術、開放にカジ」（同前二〇一二年八月一〇日）、「ホンダ、ハイブリッド車を中国生産　環境規制にらむ」（同前二〇一六年二月一一日）。
（39）「日産、インド攻略へ販売店四倍　中国リスクを分散」（日本経済新聞二〇一二年一〇月一四日）「日産、タイに研究開発拠点　部品調達の現地化進める」（同前二〇一六年四月二八日）。
（40）「トヨタ自動車　出遅れた王者の反撃」（『週刊東洋経済』二〇一二年五月一二日号、五〇～五一頁）、「ジヤトコやデンソー、新興国で開発強化」（日本経済新聞二〇一二年七月一九日）、「車部品生き残りの条件（上）完成車に食らいつけ」（日経産業新聞二〇一二年九月一九日）、「トヨタが本気、部品も続く　ブラジル攻略『最適解』を探る」（日本経済新聞二〇一二年一〇月一七日）。
(41)「日産、タイで『マーチ』量産開始、世界戦略拠点に」（日本経済新聞二〇一〇年三月一二日）、「日産、インドネシア戦略車『エバリア』投入」（同前二〇一二年六月七日）、「特集　新興国におけるトヨタの取組」（トヨタ自動車『アニュアルレポート　二〇一二』）、「トヨタが新興国用コンパクト車」（日本経済新聞二〇一二年五月二五日）。
(42)「トヨタ、エンジンを新興国で一貫生産」（日本経済新聞二〇一三年七月二四日）、「トヨタ、インドネシアのエンジン工場で生産開始　２０５億円投資」（同前二〇一六年三月七日）、「トヨタ、ブラジルでエンジン工場開所式　中南米初」（同前二〇一六年五月一一日）。
(43) 経済産業省『海外事業活動基本調査』第四一回調査結果。
(44)「サプライヤー『日本脱出』――ニッポン競争力の源泉だが…」（『週刊東洋経済』二〇一一年九月二四日号、八〇～八二頁）。
(45)「トヨタ自動車　出遅れた王者の反撃」（『週刊東洋経済』二〇一二年五月一二日号、五〇～五一頁）。
(46) フォーイン中国調査部『中国自動車部品産業』（二〇一三年二月）二六八頁、「自動車部品工業団地、中国・江蘇省で開業　中小23社集う」（日本経済新聞二〇一二年七月二日）、「江蘇省に日系自動車部品団地、３年で３００社入居へ」（毎日中国経済ニュース二〇一一年五月二七日）、「日本自動車部品企業、中国への進出を加速」（人民網二〇一二年七月五日）、「トヨタ自動車　出遅れた王者の反撃」（『週刊東洋経済』二〇一二年五月一二日号、五〇～五一頁）。
(47)「メキシコで車素材　供給」（日本経済新聞二〇一六年二月一三日）、「メキシコ伸長、車部品集積

日本精工や旭化成」（同前二〇一六年九月一七日）、「ＪＦＥ、北米に車用鋼板工場発表　米最強企業と組む」（同前二〇一六年六月九日）。
（48）「メキシコ排除に泣く日系自動車　ＴＰＰの空中分解も不可避」（『週刊ダイヤモンド』二〇一六年一一月二六日号一五頁、本データはジェトロ調査による二〇一一年一月以降に発表された投資計画件数に依拠）。
（49）『日本自動車調査月報』（二〇一五年二月号）三頁。
（50）「検証・メキシコの死角　ここがつらいよ！　調達　国内市場、治安」（『週刊ダイヤモンド』二〇一四年一一月一五日号、一一二頁）。
（51）前掲『週刊ダイヤモンド』（二〇一六年一一月二六日号、一六頁、進出企業数は米国フォーインを基にダイヤモンド編集部が作成）。
（52）「国内リストラが続く自動車部品の苦悩」（『週刊東洋経済』二〇一三年三月一六日号、一二一頁）、「『マーチ』輸入は空洞化の号砲」（『日経ビジネス』二〇一〇年七月一二日号、一五頁・表）、「記者の目　自動車電装部品のユーシン、『国外脱出』型経営の真意」（日本経済新聞二〇一一年一月一九日）。
（53）「車用鋼板の生産能力、海外が国内を逆転へ」（日本経済新聞二〇一二年八月三一日）。
（54）「自動車生産に新潮流　『レゴ式』で多品種対応」（日本経済新聞二〇一二年三月一八日）。
（55）「ホンダ、部品費３割減　主力３車種で共通化２４０万台分」（日本経済新聞二〇一三年一月五日）、「自動車部品　変わる供給網（上）ホンダ、世界に門戸開放」（同前二〇一三年四月二日）、「『系列』に衝撃　ホンダ、成長への賭け」（同前二〇一三年二月四日）。
（56）『日本自動車調査月報』（二〇一六年一〇月号二〇頁）、「フィットハイブリッド分解、最高クラス燃費支える技術」（日本経済新聞二〇一四年九月四日）。

（57）「ＶＷ、部品7割共通化　日本勢も設計共通化急ぐ」（日本経済新聞二〇一二年三月七日）、「トヨタ　再拡大に向けた社内革命　新規投資3年凍結の真意」（『週刊東洋経済』二〇一三年四月二〇日号、四七頁）。

（58）フォーイン『日本自動車調査月報』（二〇一六年一〇月号、一二頁）。

（59）「日産がダットサン第一弾をインドで発売　１２００ｃｃ、52万円から」（日本経済新聞二〇一四年三月一九日）、「日産が50万円車　新興国向けに『ダットサン』ブランド」（同前二〇一二年三月二日）、「日産の小型車　次期『ノート』、４割低燃費に」（同前二〇一二年七月一七日）、「世界戦略車といえども図面は『一つ』新型『マーチ』原価低減の秘密(2)」（『日経ものづくり』二〇一〇年一〇月号）。

（60）フォーイン『日本自動車調査月報』（二〇一六年一〇月号一六頁）。トヨタアセットマネジメント『自動車業界情報』（二〇一二年六月一五日号）。

（61）「10年先まで新車種を企画　快走マツダの経営改革」（日本経済新聞二〇一四年四月二八日）、「新型アテンザ快走、マツダ『モノ造り革新』にアクセル」（同前二〇一三年七月八日）。

（62）「日産、次世代車シフトで系列解体　カルソニック売却発表」（日本経済新聞二〇一六年一一月二二日）、「ＮＩＳＳＡＮ頂点は見えたか(5)　ゴーン改革の占有輝く」（日経産業新聞二〇一二年八月一三日）、「『脱・系列』で競争力強化　日産、カルソニック売却」（日本経済新聞二〇一六年一〇月二九日）、「自動車部品　変わる供給網（上）ホンダ、世界に門戸開放」（同前二〇一三年四月二日）。

系列の解体としてよく知られているのが、日産が一九九九年に提起した「リバイバルプラン」である。日産は取引先の部品メーカーに対して、二〇〇二年までのわずか三年間で、部品の原価を二〇パーセント、ものによっては三〇～四〇パーセントの低減を要求した。それだけでなく、今後サプライヤーを半減し（一一四五社を六〇〇社に）、保有株式も売却する（一三九四社を四社に）という三つの過酷な条件を提示した。要は「原価低減要請に応えられなければ取引を中止する」というもので、系列の一方的な「解体」を宣言するものであった（小林英夫・大野陽男編著『世界を駆けろ　日本自動車部品企業』日刊工業新聞社　二〇〇六年六月、一二～一三頁）。

(63)（55）に同じ。

(64) フォーイン『日本自動車調査月報』（二〇一六年一〇月号）二〇頁。

(65)「自動運転の主役に急浮上、独コンチネンタル」（『日経ビジネス』二〇一五年一〇月二六日号）、「トヨタも仕掛ける設計革命　自動車産業　系列再編の幕開け」（『ＷＥＤＧＥ』二〇一三年六月号）、「動き出す系列再編」（『週刊東洋経済』二〇一五年五月二九日号、五四頁）。

(66)「車部品生き残りの条件（上）完成車に食らいつけ」（日経産業新聞二〇一二年九月一九日）、「自動車大手、一段のコスト削減模索」（日本経済新聞二〇一二年九月二四日）、「自動車部品変わる供給網（下）」（同前二〇一三年四月四日）。

(67) フォーイン『日本自動車調査月報』（二〇一五年一〇月号）七頁、前掲『日本自動車部品メーカーの新興国戦略』（二〇一一年一〇月、五〇、九六、九七頁）、「トヨタ自動車　出遅れた王者の反撃」（『週刊東洋経済』二〇一二年五月一二日号、五〇～五一頁）。

(68)「もはや逃れられない　部品再編」（『週刊東洋経済』二〇一六年六月二五日号、七七～七八頁）。

(69)「タカタ　底なしリコールの行方」（『週刊東洋経済』二〇一六年六月二五日号、七九頁）、「ホンダ３つの失敗」（『週刊東洋経済』二〇一五年一月一七日号、三六～四五頁）。

(70) 日産の世界各地での二〇一五年の販売台数は、「日本車、メーカー別・世界地域別・国別、月間自動車販売台数（二〇一五年一月～一二月）」（『日本自動車調査月報』二〇一六年六月号、六六～七

一頁）に拠った。以下の各社も同じ。新聞報道などとは数値が異なる場合も同表に依拠した。前掲『日本自動車部品メーカーの新興国戦略』三六～三七頁、「時事深層――世界戦略車、日本離れ」（『日経ビジネス』二〇一二年四月二日号、八～九頁）、「日産、メキシコ新工場の起工式」（日本経済新聞二〇一二年七月一〇日）、「日本自動車メーカー、メキシコでの主な生産拠点概要」（フォーイン『日本自動車調査月報』二〇一五年二月号、三頁）。

（71）「トヨタ、充電完了！」（『週刊東洋経済』二〇一五年五月二、九日合併号四二～四五頁）、フォーイン『ASEAN自動車産業　二〇一五』（二〇一五年二月、四五頁。他社も含めてアセアンでの生産能力についての記述は同書に依拠した）、「トヨタ、天津に590億円投じ新工場　18年に生産開始」（日本経済新聞二〇一五年八月四日）、「トヨタ、中国・メキシコに新工場　1500億円投資」（同前二〇一五年四月三日）、「特集　新興国におけるトヨタの取組」（トヨタ自動車『アニュアルレポート　二〇一二』）、「海外生産事業体」、「トヨタ自動車75年史　総合年表」、「トヨタ自動車75年史　海外事業体の変遷」（以上はトヨタ自動車ウェブサイト内）、前掲『日本自動車部品メーカーの新興国戦略』三二頁、「トヨタのアジア生産、タイ・インド・インドネシアの3拠点体制に」（日本経済新聞二〇一一年九月一四日）、「トヨタ、インドネシアに150億円追加投資」（同前二〇一二年二月八日）。

（72）「東風ホンダ、武漢市の第2工場で生産開始」（日本経済新聞二〇一二年七月一〇日）、「中国で車の減産広がる」（同前二〇一二年九月二六日）、「ホンダ、中国で大型投資再開　武漢の新工場発表」（同前二〇一六年一二月八日）、「JFE、メキシコで鋼板生産　19年にも　自動車産業、米向け集積」（同前二〇一六年三月二六日）、フォーイン『日本自動車調査月報』（二〇一五年二月号、三頁）、「ホンダ、タイの新工場着工　15年稼働予定」（日本経済新聞二〇一三年七月一一日）、「ホンダ、新工場に430億円投資」（同前二〇一三年八月八日）、「ホンダ、インドで二輪・四輪の生産能力増強　1

80億円投資」（同前二〇一五年三月二七日）。
(73) 前掲『日本自動車部品メーカーの新興国戦略』四〇～四一頁。
(74)「スズキ、1000億円でインドネシア新工場」（日本経済新聞二〇一三年七月二八日）、前掲『日本部品メーカーの新興国戦略』一五頁、「スズキ、狙うのは『インドのトヨタ』～アジア視察（下）」（日本経済新聞二〇一四年一一月五日）、「スズキ、単独でインド新工場　競争激化で関与強める」（同前二〇一四年一月二九日）、「スズキ、インドに子会社設立　総額500億円投資」（同前二〇一五年一月一四日）、「スズキ会長『インドに維新』　モディ改革で競争激化」（同前二〇一四年一月二八日）、スズキ・ウェブサイト、その他。
(75)「日産、国内生産能力15％減　神奈川の1ライン停止」（日本経済新聞二〇一二年六月二一日）、「日産車体、湘南工場第1地区を閉鎖」（同前二〇一二年三月三日）。
(76)「国内生産の能力削減、トヨタ幹部が計画認める」（日本経済新聞二〇一二年六月二〇日）、「トヨタ、余剰能力削減　円高下でも国内雇用維持」（同前二〇一二年六月二〇日）、「トヨタ社長、国内生産『300万台という考え方に変わりない』」（同前二〇一三年五月八日）、『最新自動車ニュース　レスポンス』「池原照雄の単眼複眼　日産リーフ、混流ラインでフル量産へ」（同前二〇一一年一月二六日）。
(77)「トヨタ、国内300万台割れ　二〇一五年生産計画　雇用にも影響か」（日本経済新聞二〇一三年三月六日）。本記事は「日本経済新聞」紙面で収集したが、同紙ウェブサイトの「電子版」、「朝刊・夕刊」の双方からは検索できなかった。トヨタが同日の記者会見でこの報道内容を否定した（『Tech-On』二〇一三年三月六日）からだろう。
(78)「ホンダ、23年ぶり国内新工場稼働」（日本経済新聞二〇一三年七月一〇日）。

(79)「三菱自、生産能力なお過剰　水島のライン集約　国内リストラ正念場」(日本経済新聞二〇一三年四月二三日)。

(80)「トランプ氏、米企業の国外移転警告　NAFTAは『災害』」(日本経済新聞二〇一六年一二月二日)、フジテレビ系「池上彰緊急拡大SP！　21世紀最大の難問　格差はなぜ世界からなくならないのか」(二〇一六年一二月一六日放映)。

(本章は新聞、雑誌、自動車調査機関発行の雑誌・書籍などの記述に依拠して執筆したもので、各社に直接、取材、確認等を行ったものではない。また企業の方針等がその後変化したこともあり得る)

第3章　成長戦略と日本経済

——インフラ輸出戦略で空洞化は止められない

序章では、日本経済の現状を検討し、その停滞のおおもとに国内での製造業の衰退と空洞化があったことを明らかにした。第1章、第2章では、戦後日本が育ててきた主要製造業である電機産業と自動車産業においても、海外生産のみ拡大する一方で、国内生産の壊滅がすぐそこまで迫っている実態を見た。こうした国内生産減退からくる日本経済の行き詰まりに対して、政府は経済成長のためにどんな戦略を取ろうとしているのか。本章から第5章では、政府の成長戦略をとりあげる。

結論を言えば、日本政府の成長戦略は、日本の焦眉の課題である産業空洞化に真正面から立ち向かおうというものではない。空洞化を阻止するために企業の放恣《ほうし》な行動を規制しようというものでもない。空洞化しつつある分野はそのままに放置し、企業の海外移転もいっそう援助しつつ、別の新しい成長分野を見つけて、電機、自動車以外で新成長分野を育てよう、その分野を日本の経済成長の核にしていこうというものである。

本章では、電機、自動車以外の新しい分野を、インフラ輸出に見いだそうという民主党政権期の成長戦略をとり上げる。インフラ輸出戦略は、民主党政権直前の自民党・麻生太郎内閣時代でも大きく掲げられたが、二〇〇九年九月の民主党政権成立後には、政権の目玉戦略として開花した。民主党政権崩壊後の自民党・安倍政権でも、引き続き成長戦略の中核として強力に推し進められた。

つまり民主党政権であれ自民党政権であれ、この一〇年近くの間、日本政府の成長戦略の中心であり続けている戦略なのだ。本章では民主党政権期の「インフラ輸出」戦略のみをとりあげ、第二次安倍内閣の「インフラ輸出」戦略については、第5章であらためて論じる。

「インフラ輸出」戦略は、電気機器や自動車といった消費財を生産・輸出することで経済成長を達成してきた戦後日本の成長構造を、根本的に転換しようというものである。海外の原発や火力発電、鉄道、都市、港湾等々のインフラを、建設から運営に至るまで、日本企業がまるごと引き受けて、それを経済成長の核にしようという構想である。

こうしたインフラ輸出が、本当に日本経済や企業にとっての「成長戦略」たり得るのか、それは電機や自動車の空洞化がもたらすマイナスを補って余りある成長を日本経済にもたらすことができるのか、そして国民に豊かさを取り戻すことのできる戦略なのか、あるいは逆に、日本経済と国民にとっての重大な桎梏《しっこく》、将来を破綻《はたん》に導く厄災となるおそれはないのか、等々を検証する。

第一節　民主党政権の「新成長戦略」はなにをねらったか

（1）「新成長戦略」とインフラ輸出

「新成長戦略」と「産業構造ビジョン二〇一〇」　二〇一〇年六月に民主党・菅直人内閣は、「新成長戦略～『元気な日本』復活のシナリオ～」（以下「新成長戦略」と略）を閣議決定した。これは、日本経済の「二〇年近く続く閉塞状況を打ち破」る成長戦略であると銘打たれていた（同一頁）。この戦略は、半年前の二〇〇九年一二月に鳩山由紀夫内閣によって公表された原案・「新成長戦略（基本方針）」をほぼ完全に踏襲したものだったので、鳩山、菅二代にわたる民主党政権の成長戦略といえる(1)。

同じ時に「産業構造審議会　産業競争力部会　報告書～産業構造ビジョン二〇一〇」（以下「産業構造ビジョン」と略）が公表された(2)（二〇一〇年六月）。これは経済産業省・産業構造審議会・産業競争力部会が審議し提案したもので、「新成長戦略」と表裏一体を成すものである。「新成長戦略」よりも具体施策を詳細に論じ、日本経済の詳細な現状分析や各施策の必要性が解説されており、「新成長戦略」と車の両輪のように補い合うものであった。

「産業構造ビジョン」を審議・策定した産業構造審議会・産業競争力部会のメンバーには、東芝やパナソニックなどの電機企業をはじめ、トヨタ自動車、日揮、三菱商事、三菱化学等の社長や会長等の要職者が顔をそろえていた(3)。産業構造審議会全体の歴代会長は、日本経済団体連合会（日本経団連）の歴代会長が就いており、同審議会全体が政府・官僚と経済界の意思疎通の場であるとともに経済界の要求を政策として体系化する場にもなっていた。

提起された新たな成長分野　「新成長戦略」では、どんな分野が今後の日本の経済成長を担う分野としてあげられていたのか、まず全体を概観しておこう。同戦略では、第3－1図のように「①観光・地域活性化」、「②アジア」、「③健康（医療・介護）」、「④環境・エネルギー」の四分野を、成長分野として提起した。

一方、「産業構造ビジョン」では、第3－1表のような「戦略五分野」を、成長分野として提起した。

第3－1図　「新成長戦略」における戦略分野

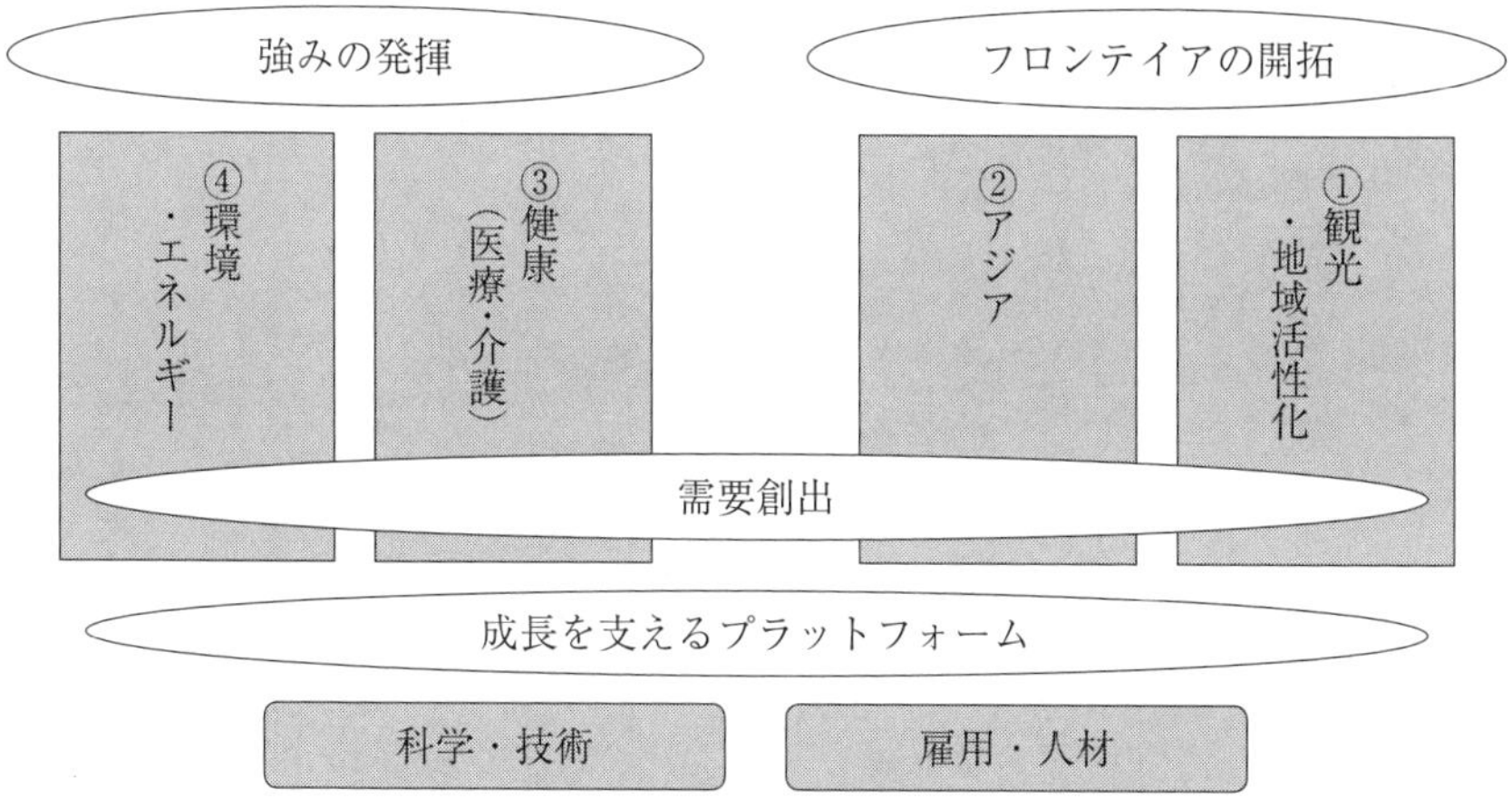

（出典）新成長戦略（基本方針）のポイント・新成長戦略（基本方針）～輝きのある日本へ～（官邸ウェブサイト）。本記事はすでに削除されている

一見、「新成長戦略」と「産業構造ビジョン」の戦略分野には大きな相違があるように見える。しかしその差は、前者では民主党が打ち出そうとしていた「アジアとの友好」とか「環境保護」といった「独自カラー」が「新成長戦略」にコーティングされ、政策の本質を曖昧《あいまい》にしているためである。

以下、「新成長戦略」での四分野と、「産業構造ビジョン」の戦略五分野がどのように対応しているか、確認しておこう。

「新成長戦略」の「①観光・地域活性化」は「訪日外国人を二〇二〇年初めまでに二五〇〇万人」にして「地域活性化の切り札」にするというものだが（「新成長戦略」・23頁）、これは、「産業構造ビジョン」の「（4）文化産業立国（ファッション、コンテンツ、食、観光等）」に対応する。「新成長戦略」の「②アジア」は、「産業構造ビジョン」の「（1）インフラ関連／システム輸出」に当たる。なぜそうなのかについての理由や説明は後述する。「新成長戦略」の「③健康（医療・介護）」は、「産業構造ビジョン」での「(3) 医療・介護・健康・子育てサービス」と対応し、「新成長戦略」の「④環境・エネルギー」は、再生可能エネルギーの普及や「原子力利用」等々で環境分野を成長産業にするというもので(同戦略一五〜一七頁)、「産業構造ビジョン」での「(2) 環境・エネルギー課題解決産業(スマートグリッド、次世代自動車等)」が対応する。「産業構造ビジョン」の「(5) 先端分野(ロボット、宇宙等)」は、「新成長戦略」にはないが、「宇宙」はもともと「産業構造ビジョン」の「(1) インフラ関連/システム輸出」に入るものである。

第3-1表では、五分野全体で生産額は、二〇〇七年から二〇二〇年までに八三・二兆円増加し、他分野への波及効果である六五・八兆円を加算すると、一四九兆円も増加すると試算している。また雇用は、八六五・八万人へとこれらの分野で約三割も増加すると予測している。しかし、生産増加予測に関しては、環境保護・グリーン革命、宇宙やロボットといった「夢」と、根拠のない生産拡大予測の数値をドッキングさせたもので、現実味に乏しい。また雇用に関しては、医療、介護、健康、子育てなどのサービス分野で拡大していくことは間違いないだろうが、こうした分野は財政負担増とも一体となっており、日本経済の成長に直結させるのは困難な分野である。

これらの分野は、第二次安倍内閣でも成長戦略として掲げられており、これらが「成長分野」たり得るか否かについては、第4章であらためて論じる。

「アジア」戦略と「インフラ関連/システム輸出」戦略 「新成長戦略」における最重点策は、「②アジア」である。この「アジア」というのは、具体的な内容が推測できない、いわば意味不明の戦略分野名であるが、これは発展するアジアの「内需」を日本の「内需」に取り込もうという意味で、

第３－１表　「産業構造ビジョン」での戦略５分野の生産と雇用増加見込み

	生産額（市場規模）		雇用	
	2020 年予測	2007 年からの増加額	2020 年	2007 年からの増加数
戦略５分野	約 179.3 兆円	プラス 83.2 兆円		プラス 257.9 万人
（１）インフラ関連・システム輸出（原子力、水、鉄道等）	約 19.7 兆円（海外分含む）	約 18.2 兆円（海外分含む）	約 28.5 万人	18.7 万人
（２）環境・エネルギー課題解決産業（スマートグリッド、次世代自動車等）	約 30.6 兆円	23.7 兆円	約 66.1 万人	36.2 万人
（３）医療・介護・健康・子育てサービス	約 30.5 兆円	12.9 兆円	約 325.2 万人	113.4 万人
（４）文化産業立国（ファション、コンテンツ、食、観光等）	約 56.6 兆円	6.9 兆円	約 326.1 万人	26.4 万人
（５）先端分野（ロボット、宇宙等）	約 48.2 兆円	27.4 兆円	約 119.9 万人	63.2 万人
上記部門による他部門への波及効果		65.8 兆円		
増加額見込み計		149.0 兆円		約 257.9 万人

（出典）経済産業省「産業構造ビジョン 2010 骨子」（2010 年６月）「何で稼ぎ、何で雇用するか」より作成

「新成長戦略」の本文では「アジア経済戦略」と表記されている。これは「切れ目ないアジア市場の創出」を目指して、アジアで自由経済圏を構築すると共に、「インフラ整備をパッケージでアジア地域に展開・浸透」させることと一体となったものである。インフラ整備では、「（アジアで）新幹線・都市交通、水、エネルギーなどのインフラ整備支援や、環境共生型都市の開発支援に官民あげて取り組む」（「新成長戦略」二一頁）。そのためにインフラをアジアに輸出して、「二〇二〇年までに、一九・七兆円の市場規模を目指」そう（同四二頁）という政策なのだ。

これらの政策は、「産業構造ビジョン」で「①インフラ関連／システム輸出」（原子力、水、鉄道等）」として掲げているものと同じ内容であり、同ビジョンでの二〇二〇年の想定生産額も第３－１表のように一九・七兆円となってお

り、「新成長戦略」の「②アジア」の受注目標と同額で、両者が同じものを指していることがわかる。「新成長戦略」で、「インフラ関連／システム輸出」ではなく、「アジア」あるいは「アジア経済」という戦略分野名として掲げられたのは、「自由貿易圏」の構築という政策も含めたことや、アジア重視やアジアとの一体化（たとえば鳩山内閣が強力に推し進めていた東アジア共同体構想）といった民主党政権の姿勢を強調したかったためと思われる。「産業構造ビジョン」では、インフラの輸出先をアジアには限定していないが、アジアを主要な輸出先と想定していたことは確かであった。

では、「インフラ関連／システム輸出」とは、具体的にどんなインフラを輸出する構想か。「産業構造ビジョン」では、「水」、「石炭火力発電・石炭ガス化プラント」、「送配電」、「原子力発電」、「鉄道」、「リサイクル」、「宇宙産業」、「スマートグリッド・スマートコミュニティ」、「再生可能エネルギー（太陽光・太陽熱・地熱・風力等）」、「情報通信」、「都市開発・工業団地」の一一分野をあげており、「宇宙」分野を含めた「環境対応型」のインフラを輸出して、日本の技術力でアジアの環境に貢献することを強調している。(4)

以上のように政府が成長戦略として最大の期待を込めた分野こそ、「インフラ関連／システム輸出」＝「アジア戦略」であった。

（2）四つの転換――空洞化と騒ぐな、「アジアの内需」を日本の内需に

自動車のみの「一本足打法」から一一分野の「八ヶ岳」構造へ　この成長戦略が出てきた背景には、

日本経済と企業の現状に対する政府の危機感があった。「産業構造ビジョン」では、わが国には「グローバル市場で稼げる産業や企業が極めて限定されて」おり、「エレクトロニクス産業が九〇年代に凋落《ちょうらく》して以降、今や、グローバル市場で稼いでいる産業は、自動車産業のみと言っても過言ではない」、このために「（リーマンショックに端を発した）世界同時不況」でも「自動車を含む耐久消費財の需要が急減したことで、日本経済は総崩れとなってしまった」との認識を示した。

そして「特定産業、特定市場へ過度に依存した経済構造は」、「極めて脆弱《ぜいじゃく》であ」り、「自動車のみの単極構造（『一本足打法』）を転換」する必要があるとして、「四つの転換」の必要性を主張した。それは「(1)産業構造における転換」（「自動車・エレクトロニクス」一極依存の産業構造から、「八ヶ岳」構造へ）、「(2)企業のビジネスモデルの転換」（産業再編や事業の切り分け、Ｍ＆Ａなどによる再編・棲み分けを）、「(3)『グローバル化』と『国内雇用の二者択一』からの脱却」（後述）、「(4)政府の役割の転換」（政府がビジネスの先頭に立つ「オール・ジャパン」体制の構築）を目指す転換が必要だと論じた。

これらの「転換」なるもののうち(3)は後で述べるとして、(1)(2)(4)の転換とは、要するに、自動車一極集中から多様な分野での成長と輸出の「八ヶ岳」構造に転換しよう、そのためには企業は開発・生産・販売を一貫して担ったり同じ分野で競争するだけでなく、どんどん事業分野を切り離し、Ｍ＆Ａも行って統合や棲み分けを行え、また企業連合も形成せよ、そして政府が企業連合の先頭に立って海外のインフラを丸ごと受注するような新たな戦略によって勝ち抜こうということである。[5]

「空洞化」と騒ぐな

さて、残りの「(3)『グローバル化』と『国内雇用の二者択一』からの脱却」とは、「グローバル化が国内空洞化につながる」と主張したり、「企業活動に足かせを嵌《は》めたりすることで国内雇用を維持しようと」するような「発想」を「転換」しようというのである。そして「成長市場が新興国にシフトする以上、グローバル化を止めることは、『パイ』の縮小とジリ貧しか招かない」（三六頁）として、成長する新興国やアジア市場にビジネス・チャンスを求める発想に転換しようと主張した。それが「インフラ輸出」や「アジア市場」の成長を取り込むという戦略の意味なのだとも主張している。グローバル化したら国内が空洞化するなどと言っていないで、インフラ輸出でアジアの成長を取り込むという「積極的なグローバル化」を推進しようというのである。(6)

「アジアの成長を取り込む」という発想は、「新成長戦略」の根幹を貫くものでもあり、鳩山首相が「新成長戦略」の検討会発足にあたって、まず指示した最重要方針も「アジアの成長と一体となって、それを取り込んでいく」戦略を考えよというものであった。直嶋正行経済産業大臣は、「アジアを輸出先でなく内需として見ることが重要」で、「日本を含めたアジアの所得を倍増する発想が必要になる」と強調した。(7)

結局、「産業構造ビジョン」も「新成長戦略」も、日本国内でのものづくりとその輸出にこだわるな、生産の海外移転を国内産業の空洞化を進めるものと騒ぐなと、産業空洞化の容認・放置を公言し、アジアの需要を日本の「内需」と考える戦略で成長しようというのである。

ここには、空洞化を止めようとか、空洞化に何とか対応しようという発想は全くなかったといってよい。同じ時期に米国のオバマ政権が製造業の国内回帰策を打ち出したことについては序章で論じたが、それとは対照的であった。日本の成長戦略は、空洞化問題をまるで「ないこと」のように扱い、「日本が衰退しないためには、むしろグローバル化を積極的に進めるしかありません(8)」としてインフラ輸出という戦略で、新たな「グローバル化」を目指そうというのだ。

では、アジアへのインフラ輸出で日本国内はどのようにうるおい、どう成長するのか、国内の雇用問題も解決するのか、この戦略でアジアが成長したら日本も成長し、「アジアの内需」は本当に「日本の内需」に取り込めるのか、逆にインフラ輸出が日本経済に重荷と負担をもたらすことはないのか、これらこそ大問題なのだが、それらについては第二節でインフラ輸出の各々の分野の問題点を検討するとともに、第三節では資金問題を含めて総合的に検討する。

自民党・麻生内閣以来の方針

「アジアの内需を日本の内需に」と言い、アジアのインフラ整備・アジアの自由経済圏づくりに邁進するという構想は、民主党政権になって始まったものではない。すでに自民党内閣時代から主張されていたものである。たとえば麻生首相が二〇〇九年四月九日に発表した成長戦略構想「新たな成長に向けて」は、「新成長戦略」と酷似した発想と戦略である。(9)

これは「日本経済の未来――新たな成長戦略」と、「アジアの成長――『アジア経済倍増へ向けた成長構想』」という二つの部分から構成されるが、このうち後半の「アジアの成長――『アジア経済倍増へ向けた成長構想』」ではインフラ輸出が掲げられている。アジアの成長力強化のために「広域インフラの整備、産業開発、制度改善」を行う、すなわちアジアの鉄道や道路、発電所、工業団地等のインフラの整備等を日本の手で進め、「アジア総合開発計画」を策定・推進する、それを行うために資金調達の仕組みや通関などの制度の改善も進め、こうした開発の結果と社会保障整備等の充実でアジアの中間層の消費を拡大し、「アジアの経済規模」を「二〇二〇年に倍増することを目指」し、もって日本の内需拡大につなげていくというものである。「新成長戦略」や「産業構造ビジョン」と同一の発想・構想であった。

但し、麻生内閣が二〇〇九年六月に出した成長戦略「骨太の方針」では、四月のこの演説「新たな成長に向けて」ほどにはアジア戦略を包括的かつ最重要政策として押し出してはいなかった。リーマンショックによる世界金融危機対策や環境対策、構造改革などに大きな比重を割かざるを得ず、アジアの内需を日本の内需にという戦略は、鳩山内閣で初めて全面開花したのであった。

（3）貫かれる経済界の論理

経済界はアジアのインフラ整備を要求　もともと、アジアにインフラ輸出をするという構想を発信したのは日本の経済界であった。その背景には、第1章で論じた電機業界の経営戦略の転換が一因としてあった。電機業界は、テレビなどの「単品売り」から「システム丸ごと売り」に移行しつつあり、全ての電機企業が、「トータルソリューション」事業への転換を目指した。すなわち情報・通信・電力・鉄道・スマートシティといった分野でシステムを開発し、システムのソフトウェア、ハードウェア、プラント建設、その後の運用・保守まで、「丸ごと」引き受ける事業を目指したのだ。その販売先は、国内だけでなく、むしろ海外にあった。中でも東芝、日立、三菱は特に原発輸出に大きな力を注ぎ、日立は鉄道輸出にも力を注いだ。電機業界にとって政府のインフラ輸出戦略は、自社の経営戦略を国家の成長戦略にそのまま置き換えたに等しいものであった。

インフラ輸出戦略は、電機業界だけでなく、アジアの産業基盤整備を要求する自動車をはじめとしたグローバル企業全体の要求でもあった。企業が直接投資し、進出するためには、当該地域の電力、水、道路、港湾といった産業基盤が完備される必要があるが、二〇〇〇年代後半の日本企業は、インフラが整備された中国への進出が一巡し、インドやベトナムのようなより低賃金でインフラも不十分な国々への進出を加速しようとしていた。たとえば、二〇〇九年一一月に日本政策金融公庫が行った製造業企業への調査では、今後三年ほどの間にどの国での事業を拡大・強化しようとしているか具体的な事業計画の有無を聞いた問いに対し、中国（七四パーセント）、インド（五八パーセント）、ベトナム（三一パーセント）、タイ（二三パーセント）の順で続いたが、インドやベトナムへの進出上の問題点に関しては、「インフラが未整備」というものが回答のトップになった。[10]

日本企業は、第1章で述べたようにアジア各国の賃金格差や技術水準、市場や資源の状況を勘案してアジア全体に広がる生産工程の国境を越えた分業体制を構築していたが、こうした国境を越えた分業体制を円滑に運営し、あるいはアジアのどこか一国で生産した完成品をアジア全域で販売するためには、アジア各国のインフラ整備とともに、アジア全体をつなぐ広域のインフラの整備が不可欠となっていた。

大企業を代表する経営者団体・日本経団連は、アジアの広域インフラの充実策を政府に要求する提言を繰り返し行ってきた。たとえば二〇〇九年一〇月の政策提言では、「国際生産ネットワークの展開には、広域物流インフラを整備し、トランザクション・コスト（取引コスト――筆者）の低減を図ることが不可欠」とか、「広域物流インフラ整備を進め」ることで「後発国への産業立地を推進」することが可能になるなどと主張し、政府に「広域インフラ開発の推進」を要求した。[11] 具体的なインフラ整備としては、後述するデリー・ムンバイ産業大動脈構想やベトナムのインフラ整備、インドネシアの六経済回廊等々の開発プロジェクトもあげて、早期の実行を政府に迫った。[12]

インフラ整備と自由経済圏形成をセットで要求

経済界はインフラの整備だけでなく、それとセットで「域内経済統合」の形成に政府が力を注ぐことも要求した。域内の多国間で統一したＥＰＡ（経済連携協定）を締結し、関税の低下や撤廃、投資の自由化、諸システムの統合等でヒト、モノ、カネの国境を越えた移動の自由な経済圏をつくれという要求であった。こうした「域内経済統合」と広域インフラ形成は、企業のアジア展開にとって「車の両輪」だとも日本経団連は主張した。

たとえば二〇〇九年一月の提言でも「国境を越えた物流関連インフラ整備は、ＥＰＡや周辺制度によるソフトインフラ整備と『車の両輪』を成す取組みであ」ると主張した。これ以外にも多数の意見書で「域内経済統合の推進」と「これを支えるハード・ソフトの広域インフラの整備」をアジア政策の二つの柱としてセットで整備せよと、政府に要求し続けたが、これについては第5章でその背景とともに詳しく論じる。[13]

日本経団連は、個別の国との自由貿易協定・経済連携協定等の締結は二〇〇〇年から要求し、アジア全体で関税等を撤廃した広域の自由貿易・経済圏については二〇〇二年から要求を開始し、両者の要求を合計すると二〇〇〇年代に数十回の政策提言を行った。日本経済界にとって、関税を撤廃したアジア全体をおおう自由経済圏の形成と、そこでのインフラ整備は、二〇〇〇年代の一貫した中核要求だったのである。[14]

経済界がこのように、アジア全体でのインフラ形成と自由経済圏形成をワンセットにして要求し、政府の成長戦略に反映させようとしたのは、民主党政権が最初ではなく、たとえばその直前の麻生内閣時代でも、「経済財政諮問会議」に対して財界議員が「アジアの広域・大規模インフラ整備への支援を抜本的に拡充すべき」との要求を出していた(15)。経済財政諮問会議とは、総理大臣の諮問機関で内閣総理大臣と主要閣僚、財界人、有識者から成る一〇人程度のメンバーによる政策形成の中枢機関で、当時の成長戦略・「骨太の方針」も、この経済財政諮問会議から出されるものであった。議案を提案した張富士夫・トヨタ自動車会長や三村昭夫・新日鉄会長らは、この時の経済財政諮問会議のメンバーであり、アジアの広域・大規模インフラ整備を要求するとともに、そのために政府系対外金融機関が「兆円規模のアジアインフラ投融資のための資金枠を確保」せよと要求した。この財界議員の主張や、日本経団連による同様の主張が、（2）で述べた麻生首相の成長戦略構想「新たな成長に向けて」でのアジア政策に取り入れられ、また一部は同年の政府の『骨太の方針』にも取り入れられた(16)。

鳩山内閣になると日本経団連は、それ以前にもまして同趣旨の数多くの提言を行うようになり、たとえば、二〇一〇年三月には「豊かなアジアを築く広域インフラ整備の推進を求める」と「豊かなアジアを築く金融協力の推進を求める」の二提言を同時に公表するなど、きりがないほどの政策提言を政府に提出し、アジアでの広域インフラの整備と、アジア全体を包含する自由貿易協定締結とそれを支える金融体制整備をセットで政府の支援を要求した。日本経団連のこれらの提言では、「新成長戦略」や「産業構造ビジョン」の骨格と言うべきものが提言されているのみならず、細部の、たとえばインフラ輸出に必要な資金は、どこが供給するかといった具体的な対策や、アジアの総合開発計画で重点を置くべきプロジェクトや、アジア各国で整備すべきインフラまで具体的に提示しており、経団連文書と政府の成長戦略は言葉の表現まで同じ箇所もあるほどだった。

つまり、インフラ輸出戦略は、自民党麻生政権時代から、日本経団連を頂点に結集した経済界が要求してきたことそのものなのである。それは日本企業がアジアに進出し、アジアの最も都合の良い所で生産し、アジアでの円滑な活動のための基盤を整えようとするものであった。決して日本国内の生産を拡大し、輸出を伸ばし、国内雇用を拡大し、国内経済を再建するなどという意図に基づいたものではなかった。

第二節　インフラ輸出——その実態と本質

「新成長戦略」、および「産業構造ビジョン」の最重要政策は、官民一体でアジアと世界のインフラ整備に進出し、それによって日本経済も成長するという戦略であった。しかし、インフラ輸出で本当に日本国内はうるおい、成長するのか、産業空洞化のマイナスを補って余りあるメリットが日本経済にもたらされるものなのか。逆にインフラ輸出が日本経済に重荷と負担をもたらすことはないのか。

以下ではインフラの分野ごとに、インフラ輸出の実態と本質、どんな問題を孕《はら》むのかを具体的に検討する。本章では民主党政権期の実態を扱い、安倍政権期のインフラ輸出については第5章で論じる。インフラの具体的分野としては、「原子力発電」、「宇宙産業」、「水」、「諸インフラ整備を含む都市開発」をとりあげる。鉄道輸出は、第二次安倍内閣期に本格化するため第5章に譲る。

(1) 原子力発電

①官民一体で原発を推進

CO_2削減の切り札としてもてはやされた二〇〇〇年代

インフラ輸出の中で、まず注目されるのが原子力だろう。二〇〇〇年代に入り地球温暖化問題が大きくクローズアップされ、世界的な「低炭素社会」を目指す取り組みの中で、「クリーンなエネルギー」として肯定的な認知が大きく進んだのが原子力発電であった。東日本大震災(二〇一一年三月一一日)が起きるまでは、原発こそがCO_2(二酸化炭素)削減に対する「有力かつリアルな解決策」だという考えが、世界的に広がっていた。[17]

こうした状況を追い風に、世界で原子力発電所の新・増設ラッシュが起きつつあった。第3-2図のように、世界の原発発電能力は、二〇〇九年の三四一ギガワットから二〇三〇年には八二六ギガワットへと二倍以上に増加すると予測されていた。[18]

「新成長戦略」発表直前の二〇一〇年一月時点での、世界における建設中もしくは計画中の原子力発電所は一四〇基で、その一年前に比べて二二基も増大していた。大幅に増えたのが中国で、前年に比べて一〇基増の三六基であった。ベトナムやアラブ首長国連邦でも原発の新規導入を打ち出した。[19]

米国でも、スリーマイル島原発事故以来、原発建設は三〇年間も凍結されてきたが、オバマ政権のクリーンエネルギー政策の下で見直しの機運も高まり、一時は三〇基以上もの原発建設の計画が浮上し、二〇一一年でも全米で二四基の新設が計画されていた。[20]

第３－２図　世界の原子力発電の導入拡大の見通し

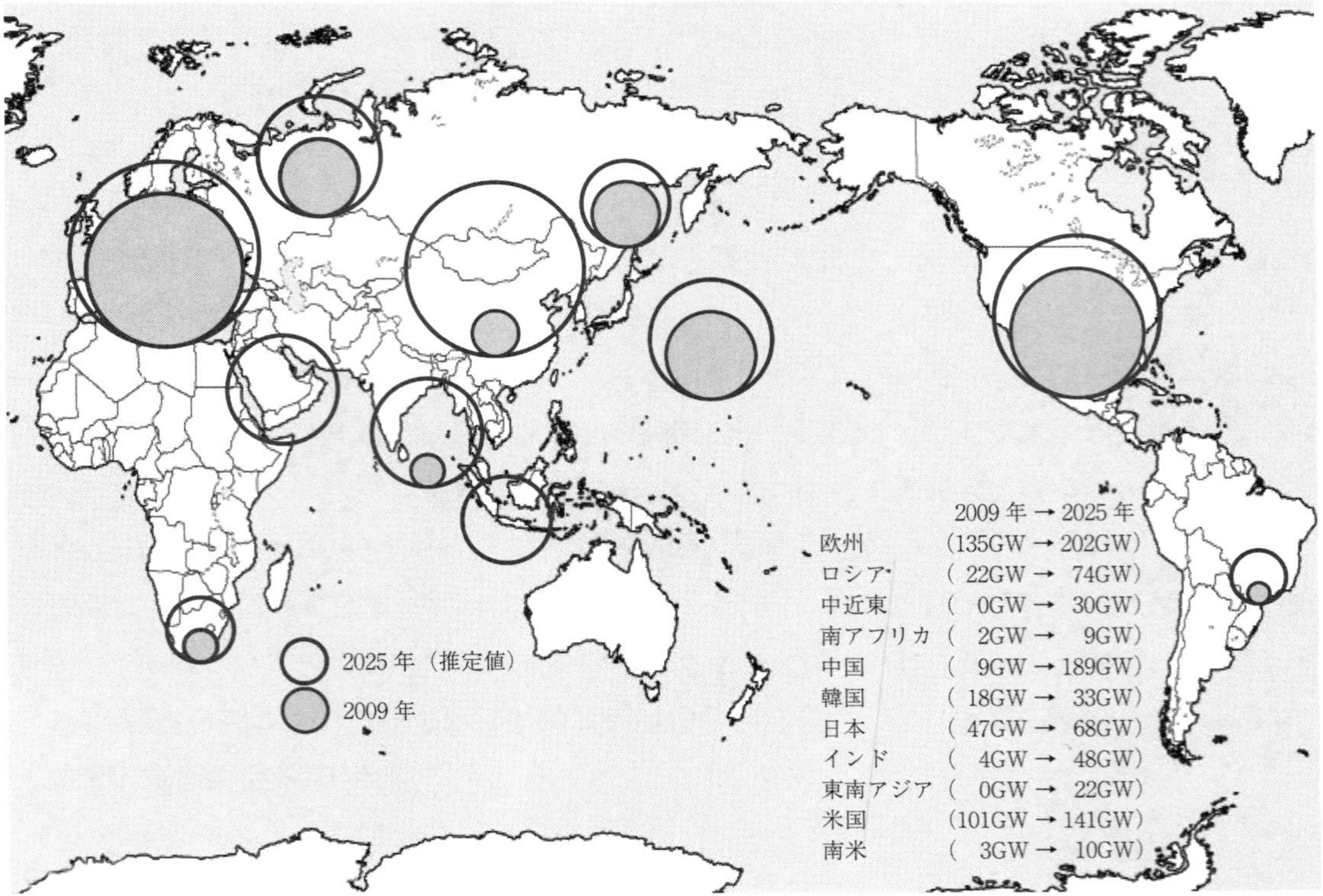

（出典）経済産業省「インフラ関連産業の海外展開のための総合戦略～システムで稼ぐ～」（2010 年８月５日）「分野別の戦略」14 頁・参考資料①（なお原出は世界原子力協会・2010 年１月のデータ）

ＡＳＥＡＮ諸国でも原発の新規導入を検討している国が多く、ブルネイとラオスを除くすべての国が原発を導入するための計画に着手していた。カンボジアやマレーシアが原発建設計画を推進し、シンガポールとタイも原発導入を検討し、インドネシアでも二〇二五年までに計四〇〇〇万キロワットの建設を計画中といった具合であった。

中国では、二〇年間で一〇〇基以上、インドでは数十基の原発が建設される予定といわれ、「新成長戦略」発表時には、世界で原発建設のラッシュを迎えようとしていた。

建設から運営まで請け負う戦略

「新成長戦略」の下で日本政府は、本格的に原発輸出への取り組みを開始し、二〇一〇年一〇月には官民共同出資の新会社「国際原子力開発」を立ち上げた。この「国際原子力開発」には、東芝、日立、三菱重工の原子炉プラントメーカー三社だけでなく、東京電力などの九電力会社も出資した。九電力会社も参加させたのは、原発建設だけでなく運営も含めた受注を目指しているため、国内の原発で運営実績を持つ電力会社の参加が必要だったのだ。

設立時点では東京電力が二〇パーセント出資し、同社の武黒一郎が社長になった。この新会社を核にして企業連合を形成し、総理大臣や関係閣僚がトップ外交で交渉し、建設から運営まで一貫して引き受け、政府系金融機関を中心に融資を行わせるという「オール・ジャパン」での原発輸出に取り組む態勢が整えられた。(21)

政府は、国内でも原発建設推進策に舵を切り、「新成長戦略」発表と同じ二〇一〇年六月に「エネルギー基本計画」(22)（第三次）を発表した。すでに二〇〇三年に、最初の「エネルギー基本計画」を出して原子力発電を基幹電源と位置付けていたが、二〇一〇年の計画では「二〇二〇年までに、九基の原子力発電所の新増設」を行うこと、「二〇三〇年までに、少なくとも一四基以上」新・増設を行うこと、原発の稼働率を九〇パーセントにまで上げることを目標として掲げた（二七頁）。

原発三社は　民間の原子炉メーカーは、政府による原発輸出戦略以前から、すでに原発輸出に本格的に乗り出していた。電機各社は半導体や電子機器などでの過酷な競争に骨身を削ることに嫌気がさし、原発輸出やインフラの「システム輸出」に活路を求め始めていた。原発建設は一基数千億円から一兆円の巨大ビジネスである。しかも世界中での建設ラッシュが予想されていた。

東芝、日立、三菱重工の三社は、原発を成長の柱に据える戦略を、二〇〇〇年代半ばから整えていった。各社は、原発部門の強化のために欧米原発企業の買収や提携を行った。東芝は二〇〇六年に米国のウエスティングハウス（ＷＨ）を買収し、日立は二〇〇七年にゼネラル・エレクトリック（ＧＥ）の原子力部門を統合して日立ＧＥニュークリアエナジーを設立した。三菱重工はフランス・アレバと提携していたが、欧州で原発建設増設への機運の高まりの中で二〇一〇年六月にスペインのイベリンコとも提携した。

三社は「新成長戦略」以前から、世界での原発の受注を開始しており、たとえば東芝は二〇〇八年時点ですでに米国で八基の原発を受注していた。このうち六基は買収したＷＨが受注したものであり、ＷＨは中国でもすでに四基受注していた。日立もＧＥが米国で五基内定し、三菱重工業も二〇一〇年五月段階で、米国で三基の受注が内定していた[23]。

東芝は二〇〇六年にＷＨを買収した際、二〇一五年までに世界で三三基の原発受注を目指す目標を公表していた。二〇〇九年になると、その目標を三九基にまで引き上げた。日立は、二〇一〇年時点で二〇三〇年までに三八基以上の新規受注を目指す目標を掲げていた。各社が二〇一〇年時点で参入をねらっていたのは、英国（WH、三菱重工）、フィンランド（東芝、GE日立ニュークリアエナジー、三菱重工）、カザフスタン（東芝）、トルコ（東芝）、ヨルダン（三菱重工）、インド（GE日立ニュークリアエナジー、WH）などが主なものであった(24)。

こうして原発ビジネスに邁進する態勢を整えた三社にとっては、原発輸出を官民一体で全面的に推進することを掲げた「新成長戦略」は、この上ない援軍の登場ともいうべきものとなった。むろん各社のトップが産業構造審議会等に参画するなどの業界自身の活動の成果でもあった。各社それぞれに、原発ビジネスで数十兆円規模のビジネス・チャンスが大きく開かれるはずであり、「新成長戦略」は大きな後ろ楯となって市場を開拓してくれるはずであった。

②三・一一の事故で情勢の変化

世界と米国での原発熱の急冷　しかし「新成長戦略」公表の九ヵ月後、二〇一一年三月一一日に東日本大震災と福島の原発事故が起き、世界の原発建設熱は一変した。世界の風向きは大きく変化し、ドイツのように脱原発を宣言する国も出現した。世界の原発計画は停滞あるいは中止され、建設中のものさえ中断された。

それでもほどなく、世界の原発市場は動きはじめたが、それまでの熱気はもはや冷めていた。たとえば米国では二〇一二年二月に、東芝傘下のWHがすでに受注していたボーグル原発の新設計画が、正式に承認された。米国での正式な原発建設の承認は三四年ぶりであった。同年三月にもサウスカロライナ州のV・Cサマー原発のWH傘下会社の申請していた二基の計画が承認された。米国では、四〇年以上経過した老朽原発は四〇基以上もあり、順次それが廃炉にされて新しい原発に置き換えられる予定で、日本の原発三社も米国での受注に最も期待をかけていたものであった。実際、二〇一二年から二〇一四年にかけても五基の原発が米国内で廃炉を決めた。しかしそうした廃炉原発がすべて更新され、原発新設と受注のラッシュが起きるかといえば、そうはならなかったのだ。

その最大の原因は、原発の電力コストが相対的に高くなってしまったことである。福島の事故で、原発に関する規制が米国でも大幅に強化されたため、原発の建設・維持・推進のコストが大幅に増大した。その一方で、二〇一四年半ば以降、石油や天然ガス等の価格は約半年間で半値にまで急落した。このため原発は火力発電の発電コストに対抗できなくなり、米国から原発建設熱が失われてしまったのだ[25]。それは世界的な動向でもあった。

米国以外でも日本の各社は苦戦した。たとえば日立は二〇一一年七月にリトアニアの原発建設で応札し、一二月に優先交渉権を獲得して、リトアニア政府と原発新設に関する仮契約を結んだ。しかし二〇一二年に同国の国民投票で原発建設反対が過半数を占めたため、建設は中断した。二〇一四年七月になって、エネルギーのロシア依存からの脱却をねらったリトアニア政府は、再び原発計画の始動に舵を切り、日立とも交渉を再開した[26]。ただしこれも二〇一六年半ば時点で、まだ決着はしていない。

結局、第3-3図のように、二〇一六年一月時点で政府間の合意にまで至った原発輸出は、ベトナムへの輸出だけであった。むろん東芝が買収したWHや、日立が二〇一二年に買収したイギリスの原子力発電事業会社（ホライズン・ニュークリア・パワー）等ですでに受注していた事業で建設が開始されたものはある。ホライズン・ニュークリア・パワーが受注していたイギリスの原発四〜六基の建設が、二〇一六年一月になって決まったのもその一例である。この事業には「日本原子力発電」（一九五七年に設立、茨城県東海村と福井県敦賀市に原子力発電所を所有する会社）が参加し、運営に協力することも二〇一六年七月に決まっている。[27] 原発運営に参加したり協力することが、どんな意味を持つかは後述する。

③原発受注に課される無限の重荷——ベトナムでの受注の場合

以下では政府間で合意に至った唯一のケース、ベトナムでの受注を、やや詳しく見ておこう。それは日本企業と政府が原発輸出にあたって、どんな条件を相手国に提示するのか、それが日本の国と国民にどんな重責と危険をもたらすものか、明確になった初めての例だからである。

受注に向けた政府の奔走　民主党政権時代に日本の政府と電機企業がもっとも注力し、そして実際に成果を上げたのはベトナムでの原発受注である。ベトナム政府はニントアン省の二ヵ所に中型炉四基を建設する計画を立て、二〇〇九年一一月にベトナム国会も計画を承認した。

第３－３図　日本企業が関係する主な海外原発案件（2016年１月現在）

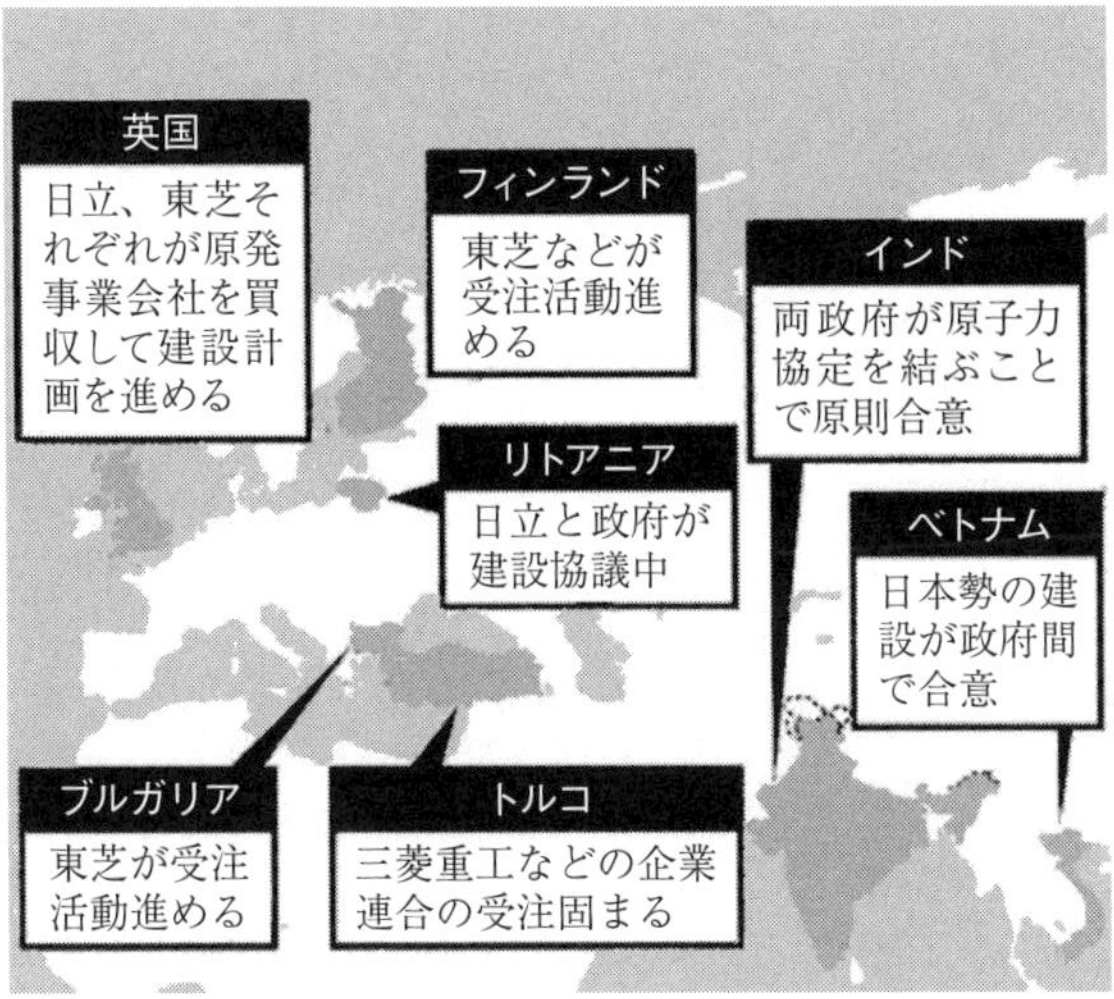
英国
日立、東芝それぞれが原発事業会社を買収して建設計画を進める
フィンランド
東芝などが受注活動進める
インド
両政府が原子力協定を結ぶことで原則合意
リトアニア
日立と政府が建設協議中
ベトナム
日本勢の建設が政府間で合意
ブルガリア
東芝が受注活動進める
トルコ
三菱重工などの企業連合の受注固まる

（出典）「英原発建設、日本勢で１兆円　日立が企業連合」（日本経済新聞 2016 年 1 月 25 日）

これを受けて日本は積極的な受注活動を開始した。しかし一号機（二基）は二〇一〇年二月にロシアが受注することに決まった。鳩山首相（当時）は、二号機（二基）受注を目指し、二〇一〇年三月にグエン・タン・ズン首相に親書を送り、四月にワシントンで日越会談を行うとともに、資金面でも二号機の事業費（七五〇〇億円程度）の八五パーセントを上限として低利融資をする案をベトナム政府に提示した。低利・巨額の資金貸付で受注を狙ったものだが、ベトナム側の事業主体・ベトナム電力公社自身が発注条件として資金支援を要求していたからである。(28)

ベトナム政府が、同年七月に二〇三〇年までに原発建設を最大一四基まで拡大するという計画も打ち出したため、日本の売り込みにも拍車がかかった。直嶋経済産業相は、東芝や東電など八社の幹部とともに八月にもハノイでズン首相と会談して「人材や資金を含むあらゆる協力を惜しまない」と日本への発注を要請し、一〇月三一日にようやく二期計画分・二基の日本による受注が固まった。(29)

その後の東日本大震災を経て、二〇一一年一〇月に野田佳彦首相とズン・ベトナム首相が共同コミュニケを発表して正式の受注が確定した。民主党政権三代の内閣が全力であたって、ようやく受注できたのであった。

日本がこのようにベトナムでの原発受注に奔走したのは、ベトナムで実績を積んで今後につなげたいという意図があり、当時、ＡＳＥＡＮ（東南アジア諸国連合）諸国では、ブルネイとラオスを除くすべての国が原発を導入するための計画に着手していたからである。同年九月には、日本とマレーシアは原子力発電に関する協力文書に署名したが、これは技術開発や人材援助などで日本がマレーシアの原発に協力するというものであった。マレーシアは当時、二〇二一年に原発一号機の稼動を目指していたため、日本はこうした文書を交わすまでして将来の原発受注につなげようとしたのであった[30]。

日本が約束した重すぎる七つの負担

「新成長戦略」の下で官民挙げて原発受注に邁進《まいしん》した日本にとって、ベトナムでの受注は貴重な成果であった。しかし、ここで日本がベトナムに提示した受注の条件は、原発輸出の孕む問題がいかに大きいかを明らかにしている。ベトナム原発での日本の受注で決め手になったのは、日本側が提示した「日越原子力協力パッケージ」という七項目の支援策である。政府は二〇一〇年九月に、今後のあらゆる原発受注の際に交渉を有利に導くために、相手国への支援策を七項目に取りまとめた。この七項目は、あらゆる原発受注の際の基準となる相手国支援策であったが、その七項目をそっくり、「日越原子力協力パッケージ」でベトナムに提示した。

七項目とは、(1)実証された最先端技術の供与、(2)人材開発、(3)資金支援、(4)核燃料の安定供給、(5)使用済み核燃料と放射性廃棄物の管理、(6)原子力産業の育成、(7)放射線事故の際の医療体制の整備の七分野で構成されていた[31]。

この項目はどれ一つをとっても、日本は非常に重い義務と課題を背負うことになる。たとえば「(5)使用済み核燃料と放射性廃棄物の管理」の項目については、日本とベトナムとの共同声明の中でも、「プロジェクト全期間にわたる廃棄物処理における協力」等の「ベトナムが示した条件を充たすことを保証した」と明記されているのだ[32]。使用済み核燃料はむろんのこと、たとえば原発を廃炉にした際の原子炉そのものの処理も含まれる。しかし日本国内の原発の使用済み核燃料さえ、原発施設のプール内に放置している状態なのだ。どうやってベトナムの「使用済み核燃料と放射性廃棄物」や廃炉にされた原子炉の処理にいたるまでの協力ができるのだろうか。まさかすべて日本に持って来ようというのではあるまいが。

「(3)資金支援」も大変である。原発建設にはODA（政府開発援助）が使えない。このため国際協力銀行（JBIC：日本政府全額出資）が原発建設にかかわる一基あたり数千億円の融資を「八五％を上限に低利融資」することになった。

事故が起きた際の医療にも日本が責任を持つ。事故が起きた場合の補償問題もある。もし原発運営にまで携われば、日本側が事故にまつわるあらゆる補償をしなければならないのだが、もともと原発輸出は、運営も引き受けることを前提に打ち出された政策である。前述の二〇一〇年に立ちあげた機構・「国際原子力開発」には、東芝などの原発建設三社だけでなく、運営に携わるために東電などの九電力会社も参加したことはすでに述べた。むろん輸出するすべての原発で運営に携わるわけではないが、前述した二〇一六年一月の日立の子会社・ホライズン・ニュークリア・パワーによる英国での原発建設でも、「日本原子力発電」が参加して運営に「協力」することが決まっている。

二〇一二年八月になると日本政府は、ベトナムの原子力賠償制度の整備に協力する覚書を結んだ。「ベトナムで原発事故が起きた場合の被害者救済の枠組みづくりを支援」し、補償の仕組みや賠償限度額なども検討するのだ。この枠組みによって日本も縛られる。(33)

その他にも、CO_2を排出しない原発の導入で生じる「排出枠」を日本が購入し、この資金をベトナムが原発の運営費にあてることで資金負担を軽減する仕組みも提案した。

原発建設は、受注する企業にとっては確かに数兆円規模の「大きなビジネス」の分野かも知れない。しかし政府が先頭に立って長期間かけて幾度も交渉し、日本が資金を出し、使用済み核燃料の処理まで引き受け、事故が起きた場合の補償や医療にまで責任を持ち、原発関係の人材育成も行い、その上CO_2の「排出枠」まで買い取ってやるという、とんでもなく大きく、かつ遠い未来におよぶ、予測のつかないほど重い負担・犠牲と一体となっているのだ。

ベトナム国会で原発計画中止を決定

これほど大騒ぎして、政府と業界が総力であたり、ようやく合意に至ったベトナムでの受注は、二〇一六年一一月に、突然、白紙にもどってしまった。ベトナム国会が二〇一六年一一月二二日になって、原発建設計画の中止を決定したからだ。同日、ベトナム政府も正式に中止を表明し、ロシア受注分も日本受注分もすべて白紙になった。その背景にはやはり原発コストの高騰がある。福島の事故後、新たな安全対策が必要となり、建設費は当初の一〇〇億ドルから二七〇億ドルに跳ね上がると試算された。また、発電原価が四・九セント／キロワット時から八セント／キロワット時に跳ね上がったことや、ベトナムの経済成長率も二〇〇九年当時より低下し、債務状況も二〇一五年末に一六〇〇億ドル（約一七兆七〇〇〇億円）に膨らんでいること等があげられている(34)。日本が受注した原発工事は、本来なら二〇一四年に一基目を着工して二〇二九年に稼働する予定であったが、コスト高となり計画も遅延していたのだ。

この白紙撤回は、日本国民にとっては僥倖《ぎようこう》、天佑《てんゆう》ともいうべきものである。もし工事が予定通り進行して、より多額の資金貸与や供与が発生したり、万一事故が起きて「日越原子力協力パッケージ」であらゆる責任や尻拭いを日本が引き受けることになれば、後世の日本国民には目のくらむほどの負担がのしかかることは必定だからだ。日本の福島の事故では、すでに賠償金だけでも六兆円以上支払われ、廃炉費用にいたっては数十兆円かかるともいわれているのだ。

ベトナムの受注が白紙にもどっても、原発ビジネスに邁進する限り、日本政府と関係企業は今後も受注のために「日越原子力協力パッケージ」と同じような条件を相手国に提示することになる。ベトナムの原発は、幸いにもベトナムの政府と国民の力で白紙撤回されたが、本来ならば日本国民自身が原発輸出の底知れない危険と重荷をリアルに認識し、自らの手でストップさせるべきだろう。三・一一の福島の事故を経験し、被爆国でもある日本が、国をあげて「原発ビジネス」に邁進すべきかどうか、政府は原発引き受けについてのあらゆる条件や未来に起きる問題を明示して国民に問うべき時期にきている。

原発輸出は、東芝や日立などの電機企業が、社運をかけて取組み、政府をも動かし成長戦略にも組み込まれた分野であった。しかし、原発輸出は、自国の政府の庇護《ひご》と負担を大前提にし、相手国政府の政策や財政にも依拠しつつ、その上第5章で論じるように、安全保障政策にまで連動するビジネスなのだ。原発の輸出には、輸出相手国との間で核物質の軍事転用等を禁止する原子力協定を締結する必要があるため、核保有問題と不可分であり、外交・軍事と一体化せざるをえないのだ。企業にとっては「当てれば自社だけは大儲け」の原発ビジネスだが、万一事故が起きた場合に日本の国と国民に課される負担は天文学的である。原発輸出は、「インフラ／システム輸出」でもっとも期待されたビジネスであったが、その抱える問題も「インフラ／システム輸出」の問題点を浮き彫りにしている。しかも皮肉なことに、第1章で論じたように原発輸出が躓《つまず》きの石となって東芝は、破綻の危機に瀕している。国家と政治、そして外交・安全保障政策にまで依存、連動するビジネスは、企業にとっても巨大な罠《わな》が待ち受けていることを象徴している。

（2）宇宙産業

宇宙開発戦略　「インフラ関連／システム輸出」の一一の分野の一つに、「宇宙」がある。「宇宙」とは、「宇宙機器産業」と「宇宙利用産業」の二分野に分かれる。「宇宙機器産業」は、衛星やそれを宇宙に運ぶロケット、打ち上げた衛星を管理する地上設備などの分野を意味する。「宇宙利用産業」は、衛星等を利用したあらゆるサービス（放送・通信、カーナビ、気象情報提供等々）をざっくりと含めたものである。本項ではもっぱら「宇宙機器産業」を念頭に置く(35)。

この「宇宙」システムの輸出戦略については、「産業構造ビジョン」でも論じられているが、宇宙開発戦略本部が出した「宇宙分野における重点施策について」（二〇一〇年五月）が、その全体像を明確にしている。「宇宙分野における重点施策について」では、「新成長戦略（基本方針）を踏まえ」と明記されており、「新成長戦略（基本方針）」（二〇〇九年一二月に出された）と一体のものとして出された。

なぜ、宇宙産業の発展戦略を、「産業構造ビジョン」で詳細に論じるのではなく、あえて別途に宇宙開発戦略本部から具体方針が出されたのかといえば、「宇宙」にかかわる戦略は、防衛問題と不可分であり、経産省などで政策立案するわけにはいかないのだ。宇宙開発戦略本部が主体になる必要がある。宇宙開発戦略本部とは、「宇宙基本法」（二〇〇八年五月制定）に基づいて政府内に設置された組織で、本部長は内閣総理大臣である。

「宇宙分野における重点施策について」では、「宇宙システムのパッケージによる海外展開の推進」を、

「宇宙外交を通じた協力国の拡大と我が国の宇宙利用の海外展開」の一環として打ち出した。アジア等にロケットや衛星、地上施設の構築、それに伴うシステム運用などを一体で売り込むことを戦略として掲げたのである。

アジアや中東、南米に人工衛星の販売を拡大し、五年後をめどに年五～一〇機の受注を目指す。その際、「他のシステムの海外展開案件同様」に、政府首脳・閣僚などによるトップセールスや、国際協力銀行による「リスクマネーの供給制度の活用」、ＯＤＡやＮＥＸＩ（日本貿易保険）なども活用する。(36) 人工衛星一機あたりの価格は五〇億～六〇億円、衛星に伴う受信機などの関連機器は二〇〇億～三〇〇億円に上るといわれる。このため新興国や途上国などの輸出相手に対しては、特に資金支援が不可欠なのだ。

ベトナムからの受注

「新成長戦略」の下に、政府が力を注いだのは、ベトナムへの人工衛星の売り込みであった。二〇一〇年五月に前原誠司国土交通相がベトナムを訪問し原発や新幹線を売り込んだが、この時同時に人工衛星の売り込みも行った。そして二〇一一年一〇月に、ハノイ近郊の宇宙センター計画の受注が決まった。日本は、レーダー式観測衛星二基や地上施設（管制システムやデータ解析装置を備えたもの）の建設、人材育成などの包括支援を行うとともに、政府開発援助（ＯＤＡ）約五〇〇億円の円借款をベトナムに供与することを決めた。衛星打ち上げ用ロケットは、ＩＨＩエアロスペースが開発中であったイプシロンロケットとなる予定である。二〇一七年中に打ち上げる予定だが、計画は遅延している。(37)

日本企業の衛星ビジネス

日本国内の実用衛星メーカーは、三菱電機とＮＥＣの二社である。また人工衛星を宇宙まで飛ばすのに使うロケットは、三菱重工とIHIエアロスペース（旧・中島飛行機の一部が日産自動車に吸収され、二〇〇〇年の日産・ルノー合併時に切り離されてIHI傘下になった企業）の二社であり、三菱重工は大型ロケット「H2A」、「H2B」を製造し、H3を開発中だ。IHIエアロスペースは小型ロケット・イプシロンを開発した。「はやぶさ」を打ち上げた「M5ロケット」も同社製である。

その他にもNECは制御ソフトや姿勢制御機能、太陽電池パネルを共通化した小型衛星を開発し、将来は年三基のペースで販売し、世界シェア二〇パーセントを目指す。

日本企業による衛星ビジネスの受注例は、たとえば三菱電機は、二〇〇八年にシンガポールと台湾の事業者から通信衛星一基を受注し、二〇一一年に打ち上げた。「新成長戦略」以降には、二〇一一年にトルコから通信衛星二基を受注し二〇一四、二〇一五年に打ち上げた。二〇一四年にカタールから通信衛星を受注した。また三菱重工は人工衛星をのせた大型ロケットH2Aを韓国から受注し二〇一二年に打ち上げた。二〇一五年にドバイからロケットの打ち上げを受注し二〇一七年に打ち上げを予定している。このように、外国からの受注は始まってはいるが、実際に打ち上げた実績はまだまだごく少数である[38]。

宇宙分野における日本の劣勢とその背景

上記の日本企業の実績でも明らかなように、日本は世界の人工衛星やロケットの宇宙分野では、弱小の存在である。二〇一〇年時点では、世界の人工衛星の受注実績のシェアは、米国は四九パーセント、ヨーロッパは二八パーセント、ロシア一四パーセント、中国六パーセントであり、日本はわずか一パーセントに過ぎない。ロケットにいたっては世界シェア（二〇

〇九年）〇パーセントであった。日本は宇宙分野では圧倒的に劣位に立っているのだ。(39)

日本が人工衛星やロケットの分野でかくも劣勢なのは意外だが、その原因は日本の宇宙機器分野に対する米国の永年の圧力があった。日本は一九七〇年から二〇〇九年までに、一四一基の人工衛星を打ち上げてきたが、そのほとんどが外国、主に米国製である。この背景には日米貿易摩擦の中で、一九九〇年に結ばれた「非研究開発衛星の調達手続（日米衛星調達合意）」の存在がある。これは米国の強い圧力の下で合意させられたものだが、日本は研究開発を除く人工衛星に関しては国際入札によって調達することが義務付けられた。日本メーカーはこのために、世界で図抜けて巨大で技術力を蓄えた米国メーカーとの激しい競争にさらされ、敗北を続け、技術面でも追いつくことが困難な状況が続いた。米国は軍事と一体となった宇宙開発の分野では、早くから湯水のように国家の予算を注いで開発し、圧倒的な力で世界の先頭に立っていたため、日本企業が太刀打ちできるはずもなかったのだ。

「新成長戦略」は、こうした状況を転換する契機となった。同戦略に基づく「宇宙分野における重点施策について」（宇宙開発戦略本部）でも、米国から衛星購入を余儀なくされてきた従来の体制を批判し以下のように述べた。我が国の「人工衛星やロケットの大半が外国のもの」で、「現在運用されている放送・通信衛星」も「二〇機のうち一九機が外国製」であり、このために「我が国の衛星やロケットなどの宇宙機器産業の規模は約二三〇〇億円（平成一九年度ベース）」と非常に小さい。今後は「米国などの」「諸外国の方針によって、我が国の方針が徒に左右されることのないよう、その軸足を定めることが重要」と、政府機関自らが宇宙政策での米国からの自立を宣言した。(40)

日本経済界も、この少し前から「日米衛星調達合意」を批判するようになっており、二〇〇七年七月の日本経団連の意見書では、「一九九〇年の日米衛星調達合意」後は、「放送、通信、気象等の非研究開発衛星は殆ど米国企業が受注する結果となり、成長途上にあったわが国の宇宙産業は大打撃を受けた」として、「日米衛星調達合意の抜本的な見直しが必要」だと主張した。そして宇宙産業での「国産技術の確立」による「国際競争力の強化」を要求したのであった。[41]

こうした主張の結果、二〇〇八年五月に宇宙基本法が成立し、二〇〇九年六月に宇宙基本計画が策定され、「産業構造ビジョン」でも国産人工衛星が成長分野一一のうちの一つとなり、官民連携して輸出にも力を入れる体制が整えられたのである。

こうした動きの背景には、日本側の宇宙産業の自立・確立への要求だけでなく、米国の宇宙戦略の転換があった。米国国内では宇宙開発が国家プロジェクトから民間企業に委ねられつつあった。二〇一〇年二月になるとオバマ大統領は、二〇一一年の予算教書の中で、宇宙政策の方針大転換を発表した。それはNASAの役割を大きく縮小するとともに民間の宇宙ビジネスを育成・支援する方針が盛り込まれたものであった。国際宇宙ステーションへの物資と人員輸送も民間企業の開発する宇宙船に任せるということも含まれていた。[42] 日本に対しても、日本の衛星やロケットの開発・生産を容認する姿勢に転じたが、一方で宇宙にかかわる防衛面で米国への協力を強く求める姿勢が打ち出されたのであった。

日米の防衛協力と宇宙の軍事利用

このように変化しつつあった日本の宇宙戦略であったが、決定的な転換は二〇一五年におきた。これは安倍内閣期の問題であり、本章の対象から外れるが、衛星輸出の本質にかかわるため、あえて触れておこう。

二〇一五年一月に宇宙開発戦略本部は「宇宙基本計画」を制定した。「宇宙基本計画」は、二〇〇九年、二〇一三年、二〇一五年と三回制定されたが、二〇一五年で激変し、この二〇一五年版が、二〇一六年四月に閣議決定されて、日本の宇宙政策の基本となった[43]。

二〇一五年版の「宇宙基本計画」では、米国の世界戦略の転換によって、日本の宇宙戦略も大きく転換したことについて、以下のように明記していた。すなわち、「（米国はこれまで）単独で宇宙空間における優位を目指す政策を推進してきたが」、近年は同盟国等との「連携による抗たん性の確保と、相互補完による効率性を重視する政策へと転換」し、「一定の規範の枠内での宇宙空間の利用を推進する政策へと転換し」た。しかも「宇宙空間の安全保障上の重要性」は「増大」し、「安全保障の基盤としても」、「死活的に重要な役割」になっており、「宇宙システムの利用なしには、現代の安全保障は成り立たなくなってきて」いると強調して「日米宇宙協力の新しい時代の到来」を宣言した（四～五頁）。ちなみに抗たん性とは、軍事攻撃を受けた場合にも機能を失うことなく生き残る能力のことである。

また「宇宙状況把握」のために、防衛省やJAXA等をはじめとした関係機関が一体となった運用体制を、「平成三〇年代前半までに構築」することも明記された（一九～二〇頁）。

そして宇宙機器システムの輸出については、「積極平和主義」や「我が国の国家安全保障政策」等の「見直しとの整合性を十分に踏まえ」、「宇宙システム海外展開タスクフォース」を立ち上げると明記された（二六頁）。

つまり、宇宙機器システムの輸出は、米国の宇宙戦略の転換、すなわち日本をはじめとした同盟国との宇宙空間における連携と一体となった問題であり、日本が宇宙空間で米国をどのように助けて、ミサイル防衛等で協働するかという問題と一体なのだ。従来のように日本が宇宙空間で米国の力に一方的に頼るのではなく、米国と協働しながら宇宙での戦闘能力を高めるということである(44)。それが「日米宇宙協力の新しい時代の到来」という意味なのだ。衛星等の輸出もまた、こうした宇宙での同盟国、あるいは関係国との協力関係の樹立と一体となった宇宙戦略の一環となった。

もともと衛星やロケットの分野は、軍用と民生用を峻別することはできず、軍事と一体の分野である。ロケットは装着する誘導装置や弾頭で各種ミサイルになる。日本が運用している「情報収集衛星」は、「軍事偵察衛星」と本質的に同じである。日本政府は、平和憲法の下でも国家の安全確保や大規模災害対策用の「情報収集衛星」であれば宇宙の軍事利用にあたらないとして、二〇〇三年以来、「情報収集衛星」を打ち上げてきた。しかしこの「情報収集衛星」は、いざという時に交戦相手国に対するミサイル攻撃の目標をピンポイントで定めることにも使える。たとえば、二〇〇八年に経済産業省が発注し、NECが開発した小型地球観測衛星・あすなろ（ASNARO）は、NEC社製の小型衛星バス「NEXTRA」を採用し、小型衛星ながら地上の五〇センチ程度の大きさのものまで識別できる能力があり、「軍事偵察衛星」として完璧な役割を果す。ASNAROは、二〇一四年六月には、技術実証衛星としてロシア戦略ロケット部隊・ドニエプル機によって一号機が打ち上げられ、軌道にも投入された。衛星の製造や輸出は、防衛問題と極めて密接にからみあっているのだ。

衛星輸出の推進という二〇一〇年の「新成長戦略」、「産業構造ビジョン」での方針も、第二次安倍内閣になると米国のアジア戦略と日米の軍事協力の重要な一環となり、対アジア各国への衛星輸出もまた、日米の軍事戦略と一体の側面をいっそう強化した。インフラ輸出は、第5章で論じるようにもともと安全保障政策ときわめて密接にかかわる側面を有しているが、その典型が衛星輸出なのである。

衛星や宇宙といえば「ロマン」を連想し、はやぶさが宇宙から帰還したと言えば永劫の宇宙ロマンに思いをはせ、アジアに環境や災害監視の衛星を輸出して地球環境保護に貢献するといえば美しい地球の未来を思い描いて宇宙開発を称賛していればよかった時代は、もう終わってしまった。

（3）自治体を巻き込んだ水ビジネス

日本の水ビジネス　「インフラ関連／システム輸出」の一一の戦略分野の一つに「水」ビジネスがある。民営・水ビジネス市場は二〇二五年には年八七兆円に拡大すると試算され、アジア大洋州だけでも、同年には三二兆一〇〇〇億円と、二〇〇七年の二・八倍にまで膨らむと予測されていた。

「新成長戦略」では、この水ビジネス市場に地方自治体の参入を促した。経済産業省は二〇〇九年一〇月に「水ビジネス国際展開研究会」を発足させ、二〇一〇年六月には「海外水インフラＰＰＰ協議会」（座長は三菱商事・小島順彦会長）を立ち上げて、海外水ビジネス参入の具体策の検討を開始した。両組織には、総合商社や関係メーカー、政府系金融機関が参加しただけでなく、地方自治体も参加した。

日本はそれまで総合商社等が中心となって世界の水ビジネスに参入してきた。たとえば三井物産はメキシコの水処理大手を買収（二〇〇八年）して下水道事業に参画し、シンガポールの水事業大手とも合弁会社を設立（二〇一〇年）、伊藤忠商事はオーストラリア海水淡水化プロジェクトへの出資（二〇〇九年）を行い、住友商事は中国・水事業最大手と合弁会社を設立（二〇一〇年）し、日揮はシンガポールの水事業大手ハイフラックスと合弁で中国の海水淡水化事業に参入する等々、多くは商社が現地や外国の水ビジネス企業と共同して、水ビジネスへの参入・拡大をしてきたのだ[45]。
もともと日本企業は水処理の部材で強い競争力を持つ。たとえば海水淡水化用の逆浸透膜（RO膜）／ナノろ過膜（NF）の世界シェアは、日東電工の三四パーセント、東レその他を含めると六〇パーセントを日本企業で占め（二〇〇九年時点）、ポンプの西島製作所、工業用超純水製造装置の栗田工業など世界シェアの上位を占める企業も多く、クボタも水道の鉄管やポンプ、海水処理膜等を世界に輸出する。また水プラント建設でも日立プラントテクノロジー、千代田化工建設、鹿島等々が、今後の世界の市場拡大を期待してもいた。但し、「水道そのものの整備・運営はリスクも大きく、実績はほとんどなかった」[46]（傍点筆者）。

ビジネスに参入する地方自治体

こうした従来型の水ビジネスでなく、地方自治体も巻き込んだ官民一体の水ビジネスが「新成長戦略」の下で始まった。海外の水ビジネスの場合、施設の建設、機器の納入からその後の運営まで一括して請け負う場合が多いが、日本の民間企業には水道運営の実績がない。そこで日本の上下水道の運営を担ってきた地方自治体を企業連合に参加させ、運営実績をアピールすることで、受注獲得競争に打ち勝とうというのが「新成長戦略」や「産業構造ビジョン」の構想で、「自治体の水道局等の公益事業体の海外展開策を策定・推進する」と「新成長戦略」（四二頁）でも明記された。

この戦略の下で、実際に民間企業と提携して海外水ビジネスの請負に乗り出す自治体もあらわれた。たとえば二〇一〇年七月に大阪市は、東洋エンジニアリングとパナソニック環境エンジニアリングとともに、ベトナム・ホーチミン市で小規模の水道施設の建設・運営に進出することを決め、まずは上水道の事業化調査に参加した。数年後には同国で七〇億〜八〇億円規模の大型水道施設を企業連合と共に建設・運営するとしていた。

また東京都は、三菱商事、日揮などが買収したユナイテッド・ユーティリティーズ・オーストラリア（UUA）を母体にした新会社に参加することを決めた。UUAは、オーストラリア第二位の水道事業会社である。三菱商事などはフィリピンの水ビジネス企業・マニラウォーターも加えて新会社を設立し、UUAが手がける全一四の事業を引き継いだものである。東京都は上下水道の運営・管理に関する技術提供や人的支援などでこの企業連合を支援する。東京都の将来的な水ビジネス参入の構想は、第一段階は企業が海外で展開する水道ビジネスに対するコンサルティング、第二段階は海外での施設管理の受託、第三段階は都自らが投資して海外で水道インフラを作り、施設運営にも携わると計画していた。

川崎市は、JFEエンジニアリング（JFEホールディングス傘下のエネルギー・環境・水等のシステムの設計・建築を行う）が二〇一一年度からオーストラリアで始める水道事業で、施設運営管理のノウハウ等を提供する。

北九州市も、日立プラントテクノロジー、東レ、NEDO（新エネルギー・産業技術総合開発機構）などと共に、海水と生活廃水から淡水をつくる実験プラントを立ち上げた。同市は二〇一〇年五月までに、中国、サウジアラビアなど八ヵ国に四三人の職員を派遣し、また九六ヵ国から一二〇〇人の研修員を受け入れ、海外での「下水道の国際貢献」と商機をうかがっていた。また水処理大手のメタウォーター（二〇〇八年に日本ガイシと富士電機グループの水処理事業を統合し発足）と提携し、ベトナムなどでの営業活動に取り組む。

横浜市は、横浜水道局一〇〇パーセント出資の横浜ウォーターを二〇一〇年七月に設立し、海外、特にアジアの自治体の水道ビジネスに乗り出す態勢を整えている。また実際に日揮と組んでインドの水道プロジェクトに乗り出すことが決まっていた(47)。

「水」で儲けるべきなのか

しかしこの水ビジネスには根本的な問題がつきまとう。日本の自治体が海外の水ビジネスに参入することがどんな問題を自治体にもたらすかということとともに、「命の水」を商売にして儲かるのか、また儲けていいのかというインフラの民営化やインフラ輸出そのものが持つ問題もある。

世界でも有数の水が豊富で水質の良い日本の水道事業でさえ、全国で八割以上の水道事業体が赤字なのである。しかも二〇一〇年時点でも、日本全国の水道管の六・二パーセントの三万八〇〇〇キロメートルが、すでに四〇年の耐用年数を超えている。つまりほぼ地球を一周するほどの長さの水道管が、いつ破裂してもおかしくない状況にあるのだ。二〇一七年には全体の二割が、二〇二七年には四割が耐用年数を超える見通しといわれている。これに対して水道管の更新は一年間で総延長の一パーセントしか進んでいない。実際に近年、老朽化した水道管が破裂し、近辺が水浸しになる事故が日常茶飯に起きている。水道管破裂は二〇〇〇年代末ですでに全国で年間一二〇〇件、下水管陥没も四七〇〇件起きていた(48)(二〇一六年五月には、年間二万五〇〇〇件起きているとの報道もなされた)。

厚生労働省と国土交通省の試算によれば、この更新には上下水道合わせて二〇二五年まで一二〇兆円必要とされ、それを賄うには現在の水道料金を大幅に値上げしても追いつかない。世界の水ビジネス市場は将来一〇〇兆円以上と試算するが、日本の「水ビジネス」はそれをはるかに超えるという皮肉な現実が横たわっている。[49] 水道事業をまともに運営すれば「儲ける」ことなど、そもそも不可能なのだ。

パリでは一九八五年に同市の水道事業が完全民営化され、浄水場や水道管等の整備・更新まで水道料金に転嫁された。その結果、その後の二五年間で水道料金は三倍以上に跳ね上がった。それに対する住民の激しい反発に、結局二〇一〇年に完全公営に戻ってしまった。[50]

パリだけではない。二〇〇〇年から二〇一四年一〇月までに世界各国で一八〇の自治体で水道事業が再公営化されたという。つまり一九九〇年代に活発化した公共事業の民営化は、国民の命と生活に直結する水道事業では、その問題点がすぐさま露呈して、住民の怒りや反発が噴き出し、結局、公営に逆戻りしたのだ。[51]

政権交代のきっかけになった事例まである。ボリビアでもラパス（政府所在地）とそれに隣接するエルアルト市で、同市の水道事業が一九九七年から仏の水メジャー・スエズ系企業に営業権が譲渡されたが、これに対する激しい反対運動が起き、ボリビアの政権打倒のきっかけの一つにまで発展した。民主化された政府の下で「生命にかかわる水道事業を商売にしてはならない」と二〇〇七年からふたたび公営企業に戻された。[52]

地方自治体が海外の水道事業に参加して運営に携わる時、どこまで関与するのかは明らかではないが、結局は水道施設の運営まで全面的に背負い込むことになるのではないか。建設を請負ったり機器を納入する企業の逃げ足は速いので、自治体だけが外国の水道事業の運営赤字を背負う貧乏くじをひくはめになるのではと危惧《きぐ》される。

そもそも日本の自治体に、海外の水道事業に進出するノウハウなどあるのだろうか。ゆたかで清らかな水と遵法精神に溢《あふ》れた住民がいる日本国内での水管理や水道料金徴収の経験が、盗水と漏水で供給水量の五〇パーセントを超すという地域も多い新興国・発展途上国の水道事業でどれだけ役に立つのだろう。

日本の自治体がアジアや世界の新興国、途上国で水道事業の運営を請負ったとしても、「まともな水道料金」に設定すれば、大赤字になることも目に見えている。このために日本の経済界は、海外で日本の事業者が引き受けた水道事業や電気事業で採算が見込めない場合は、「バイアビリティ・ギャップ・ファンディング（ＶＧＦ）」を創設し、日本が「無償資金や低利の円借款」などの公的資金を投入して、日本企業の損失を補う仕組みをつくれと要求した(53)（日本経団連提言　二〇〇九年四月八日）。

これを受けて「産業構造ビジョン」でも、「ＶＧＦ（Viability Gap Funding 市場強化措置）への円借款等の活用」（四二頁）を掲げている。海外の水道事業を運営しようとすれば、他国の水道事業に日本の公的資金を投入するという、理不尽なことをするはめになるのだ。

日本の自治体の水ビジネスへの進出は、現地住民の日本への反感を引き起こすことになるか、さもなければ日本の資金を投入して政策的に料金を低く抑えるかの二者択一の「困ったビジネス」になる可能性がきわめて高いものなのだ。

今後の動向を注視する必要　ただし水ビジネスで問題が起きるのは、もう少し先のことになるだろう。二〇一〇年、一一年頃にはメディアも大騒ぎで水ビジネスを喧伝し、自治体も前のめりで進出を開始したが、その後鳴りをひそめた観がある。経済産業省が二〇一〇年六月に立ち上げた「海外水インフラＰＰＰ協議会」は、二〇一四年一月の第五回以降は開催された形跡がない。水ビジネスに極めて積極的だった横浜市が立ち上げた企業・「横浜ウォーター」も、「東南・南アジアや中東・アフリカにおいてコンサルティングの実施や研修員の受け入れなど四〇件以上の事業を実施して」きた（二〇一四年八月現在）という状況で、コンサルティングの段階にとどまっているようだ。東京都や北九州市等もコンサルティングや事業化調査、実証実験事業等が専らのようである。(54)

「VGFへの円借款等の活用」といった日本の公的資金を大々的に注ぎ込むシステムが構築されない限り、「儲からない」、「損失を背負い込む可能性が大きい」、「引き受けた事業の赤字の穴埋めをするようでは自治体住民からの大きな反発をうける」といわれる水ビジネスに、自治体も二の足を踏まざるを得ないのだ。ただし第5章で述べるように、安倍内閣の下で公的資金投入のシステムはととのえられつつある。ODA供与機関・JICAによる「VGF借款」も可能になり、外国の水道事業にも円借款による補塡《ほてん》が可能になった。これからが海外水道事業への自治体参入の正念場となるのかも知れず、今後の動向を注意深く監視する必要がある。

（4）アジアで進む産業基盤の整備・開発

①デリー・ムンバイ産業大動脈構想

インドでの総合開発　一一の戦略分野の中で「都市開発・工業団地」や「鉄道」、「スマートグリッド」、「再生可能エネルギー（太陽光・太陽熱・地熱・風力）」、「送配電」、「水」、「情報通信」などのほとんどの分野を含んだ都市のインフラ建設を丸ごと請負う典型的なケースが、インドで進行中のデリー・

ムンバイ産業大動脈の建設である。この構想は、二〇〇六年一二月、インド・シン首相が訪日した時に、日印でその推進に合意したものである。「産業構造ビジョン」でも、「実証事業」として例示された。

この事業は、インドの首都・デリーと西部の商業都市・ムンバイ間に約一五〇〇キロメートルの高速貨物専用鉄道を敷設して産業物流の背骨を形成すると同時に、同鉄道の沿線二四の中核地域に工業団地や物流基地を整備して、それらの地域を幹線道路ともつないで一大工業地帯を形成しようというものである。鉄道沿線の両側の幅一五〇キロメートル程度の地域に整備される二四の中核地域では、工業団地や物流基地だけでなく、大規模な発電設備、住居、商業施設、道路、港湾、都市交通整備等の建設も予定されている。スマートグリッドやリサイクルシステム等の設備も配備した環境対応型の都市として整備されるのだという(55)。

本構想の対象地域は、約五一万平方キロメートルという日本の面積(三七・八万平方キロメートル)をはるかに上回る広大なもので、インドの面積全体の中でも一六パーセントにあたる。日系進出企業の約八割がこの地域に入る。同構想は、二四の都市整備だけでも九年間で九〇〇億ドル(約九兆円)が必要とされている巨大プロジェクトであり、インドでは大変注目されている。

日本政府と経済界が一体で推進　この構想の基礎部分は二〇〇六年一二月のシン首相の来日時に、日本政府が提案してインド政府も合意し、その後日本の経済産業省とインド工業省との間で次官級タスクフォースが開催され、二〇〇八年一月には同構想の運営にあたるデリー・ムンバイ産業大動脈開発公社(DMICDC)が設立された。そして二〇〇九年一二月の鳩山首相の訪印時に、七五〇〇万ドルをプロジェクト開発ファンドに融資する契約を行った。

二〇一〇年二月になると開発を「環境都市」構想として進めることで合意し、日本貿易振興機構（JETRO）とデリー・ムンバイ産業大動脈開発公社との間で了解覚書も交わされた。ここでは工業化のための交通網・エネルギー施設整備というにとどまらず、「環境」に配慮したシステムを組み込むことで、環境都市構想として再出発することで合意した。そして「新成長戦略」の「基本方針」（二〇〇九年一二月）が打ち出されて以降、この巨大計画は大きく実現に向けて動きだした。

二〇一〇年四月三〇日には、二四都市のうちのまず四都市の整備を日本企業が請け負うことで、インドの州政府と日本の四企業連合が合意し文書を交わした。四都市の整備は、一都市につきそれぞれ一〇〇〇億円規模という巨大事業である。四つの企業連合とその担当する都市は、第3－4図のように、東芝グループがハリアナ州マネサールを、三菱重工グループがグジャラート州チャンゴダルを、日立製作所グループがグジャラート州ダヘジを、日揮グループがマハラシュトラ州シェンドラを担当することになっている。日立製作所と日揮の両グループには、北九州市と横浜市の両自治体が参加しているが、これは水関連の運営・管理を担う。

それぞれの都市はスマートグリッドのほか、水処理膜を使った上下水処理や排水リサイクル施設、電気バスや都市鉄道の運行を核にした省エネ型の公共輸送システムを一体的に整備するといった計画が立てられた。また四都市の特性を生かした施設も導入が計画され、たとえばダヘジを開発する日立グループは、近くのガス田から供給される天然ガスを生かして高効率の発電所や液化天然ガス（LNG）を使った冷却装置を建設し送電網に組み込む。三菱重工グループが担当するチャンゴダルでは、日照時間が長いのを活かした大規模な太陽光発電所の建設を計画しているという。このように水や環境対応施設を組み込むことで、従来型のゼネコンや商社によるインフラ受注にとどまらず、日本のさまざまな分野の巨大企業や自治体を連合した「オール・ジャパン」のビジネスにして、日本からの資金も引き出しやすくしようというものである。[56]

なおインド政府は、二〇一一年に第一二次五ヵ年計画（二〇一二年四月以降開始）を発表したが、インフラへの投資は、その前の五年間に比べて二倍の一兆ドル（約一〇〇兆円）という驚くべき巨額に増加させた。デリー・ムンバイ間の開発も最優先で行うとした。「五年で一兆ドル」は、インドのGDPの約一〇パーセント以上にあたる巨額であるため、半分は民間資金で賄うという。インドは、日本の「日本列島改造計画」の時代のように、インフラに巨額の投資を行うことで企業の活動環境も整備し、経済成長を果たそうとしており、それが政権の目玉戦略になっていた。

第３－４図　デリー・ムンバイ産業大動脈構想・４都市整備引き受けの日本企業

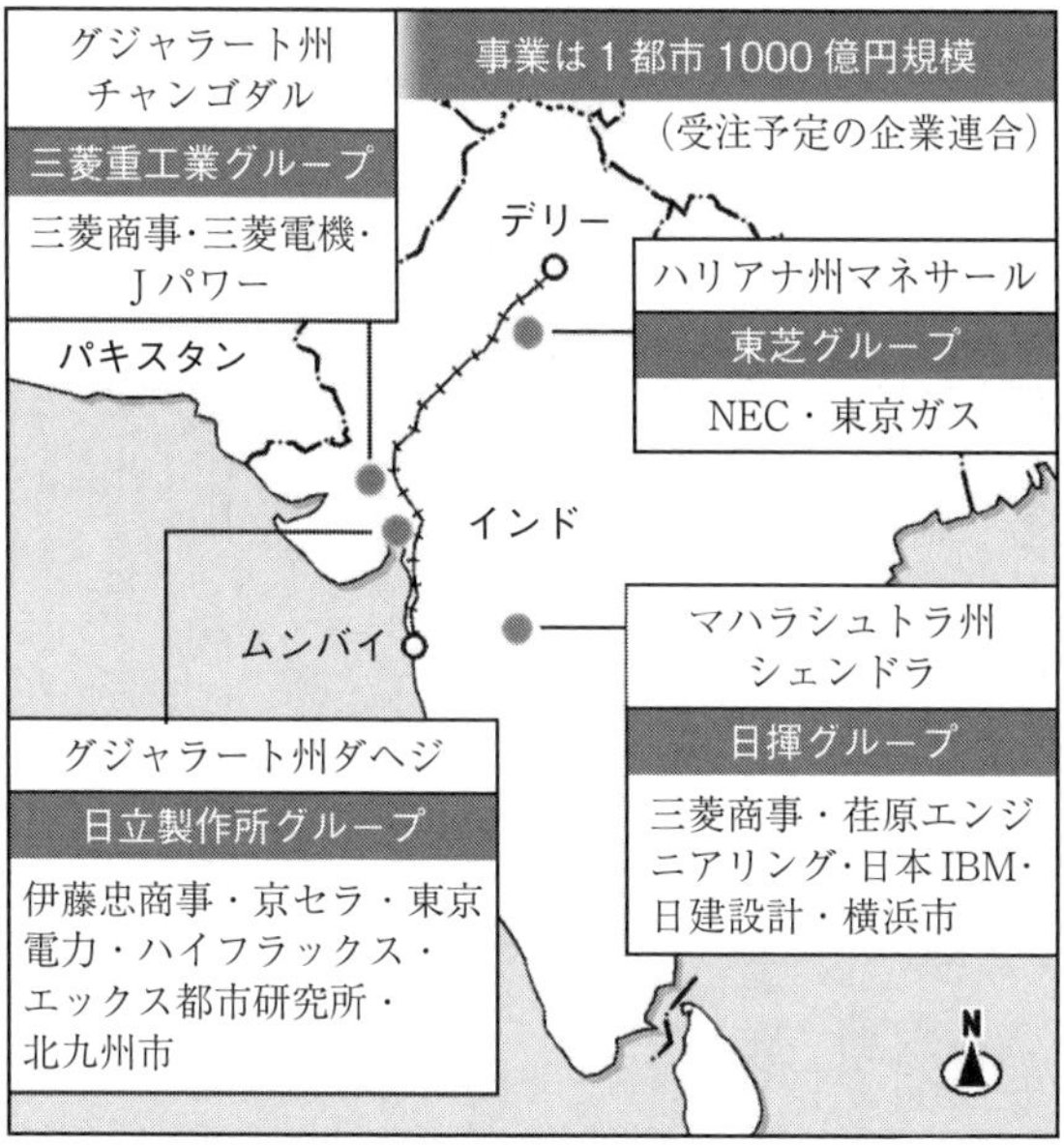

（出典）「東芝など企業連合、インド都市整備受注へ４事業、送電網や水道一括で」（日本経済新聞 2010 年３月 20 日）

ただしインドのインフラ整備は難航が予想される。土地の権利関係の不透明さや住民運動による反対での土地収用の困難、政権交代による大きな政策変更など様々な問題を潜在させており、一筋縄で進むとは考えられないからだ。また、日本に対してだけでなく、第5章で触れるように中国への依拠も強めており、インフラ輸出で日中を競わせる側面も強まっている。デリー・ムンバイ産業大動脈の開発も、むろん難航と遅延が予想される(57)。

四兆円の出資要求　このプロジェクトが「産業構造ビジョン」での「新成長戦略」の「実証実験」として位置付けられていることはすでに述べたが、同時にこのプロジェクトが抱える問題点もまた、「新成長戦略」の問題点を象徴的に示すものでもある。問題点の一つは資金需要の大きさである。たとえば高速貨物専用鉄道は、第一弾だけでも四五〇〇億円という超大型の円借款を日本が供与して賄われることになっている。その上に二四の都市整備は、九年間で九〇〇億ドルが必要とされるが、インド側はその半額四五〇億ドル、つまり四兆円超を日本が融資や投資をすることを要求している。これは従来のインドに対する円借款と対比すると「(今までの)累計の倍の規模に及び」、現在の円借款のペースで供与するとすれば「あと三〇年かかる」ほどの額だという(58)。ただし、この九〇〇億ドルについては、円借款ではなく民間資金の活用が想定されている。二〇〇九年一二月には「プロジェクト開発ファンド」が設置され、そのファンド設立等の準備資金はインド側がインド政府による資金拠出、日本側が国際協力銀行を通じて融資した。

あの広大なインドのインフラを整備し、「環境都市」もつくりあげるというこの構想は、おそらく当初予算には収まり切らない巨額の資金が必要になるだろう。日本の資金が「プロジェクト開発ファンド」その他を通じて投じられていくことになるのだろうが、一体どのくらい日本の資金が注ぎ込まれることになるのか。

② 「アジア総合開発計画」――アジアでの存在感の向上をねらう日本

中国主導で進んできたアジアの広域開発計画　アジアの広域開発では、それまでにも日本や中国が協力してきた。日本は主としてアジア開発銀行に依拠しながら協力してきたが、日本より中国の存在感や資金力の方が格段に大きかった。最も成果を上げたといわれるメコン総合開発でも、南北回廊と呼ばれている二本の産業大動脈は中国・昆明を基点としている。この産業道路の一本はベトナムに、もう一本はタイに通じているが、昆明―上海間は高速道路が通じているので、ベトナムやタイと中国工業地帯の心臓部とは、両回廊の開通によって高速道路で一本につながった。中国とＡＳＥＡＮの経済的関係は、これらの産業大動脈の完成によって大きく強化された。同回廊建設にあたって、資金や建設面で中国が中心となって遂行したことはいうまでもない。

もともとアジアのインフラに関しては、一九五九年に国連が提起した国際道路網をアジアにも完成させてアジアを経済成長させようという「アジアハイウェイ構想」があり、中国も一九八八年にこの構想に参加し、一九九〇年代後半に大きく歩み出していた。日本は二〇〇三年になってようやく同構想への参加を表明した(59)。

「アジア総合開発計画」とアジアの各種の開発計画　日本はアジア開発での存在感を一気に高めようと、二〇〇九年一〇月の東アジアサミットで、「アジア総合開発計画」を提案した。その背景には第６章で詳しく述べるように、二〇〇〇年代に入って日本が、それまではあまり関心を示さなかった東アジアでの経済協力や経済統合に積極的に取り組み始め、アジア諸国と一体となって「東アジア共同体」形成にもきわめて熱心に取り組んでいたことがあった。アジアに対する姿勢転換の中で、アジア結集の中核となっていた中国を圧倒して、アジアの中核に座ろうともしていた。そして「新成長戦略」での「アジアの成長を取り込む」という目標とも一体となって、「アジア総合開発計画」の策定を打ち出したのであった。

「アジア総合開発計画」とは、ＡＳＥＡＮからインドにまたがる大開発計画で、地域ごとの開発とともにＡＳＥＡＮ―インド間を高速道路や鉄道、時には海路といった産業動脈でつなぎ、一大経済圏を形成しようというものである。域内のインフラの開発・整備や、各国の制度や基準の調和も行う。ただし、この計画は日本だけで一から行うものではなく、すでに進行しつつあるアジアの主要な広域開発計画や開発プロジェクトを統合しつつ全体をつなげようというものである。

もともとＡＳＥＡＮ地域では、一九九〇年代以降、第３－５図のような各種の国境にまたがる広域開発が進展してきた。このうちの「メコン総合開発」、「ＩＭＴ成長三角地帯」、「ＢＩＭＰ広域開発」は、一九九〇年代前半に始まった。「アジア総合開発計画」は、こうしたバラバラに進行する開発計画を統合し、新たに出されるプロジェクトなども含めて整理し、各プロジェクトの途切れた部分を埋めて、アジア全域として経済統合するための包括的な整備を行おうというものである。

二〇一〇年五月三一日に、「アジア総合開発計画」の「草案」が「東アジア・アセアン経済開発センター（ＥＲＩＡ）」によって出された。これは六二七件の案件からなる開発費総額二四二〇億ドル（約二五兆円）の巨大計画であり、総額の一一〇〇億～一三〇〇億ドルは日中などの主要国やＡＤＢ（アジア開発銀行）が、残りは各国政府と官民パートナーシップ（ＰＰＰ）等による調達を予定していた。二〇

第3－5図　アジアの主要広域開発プロジェクト

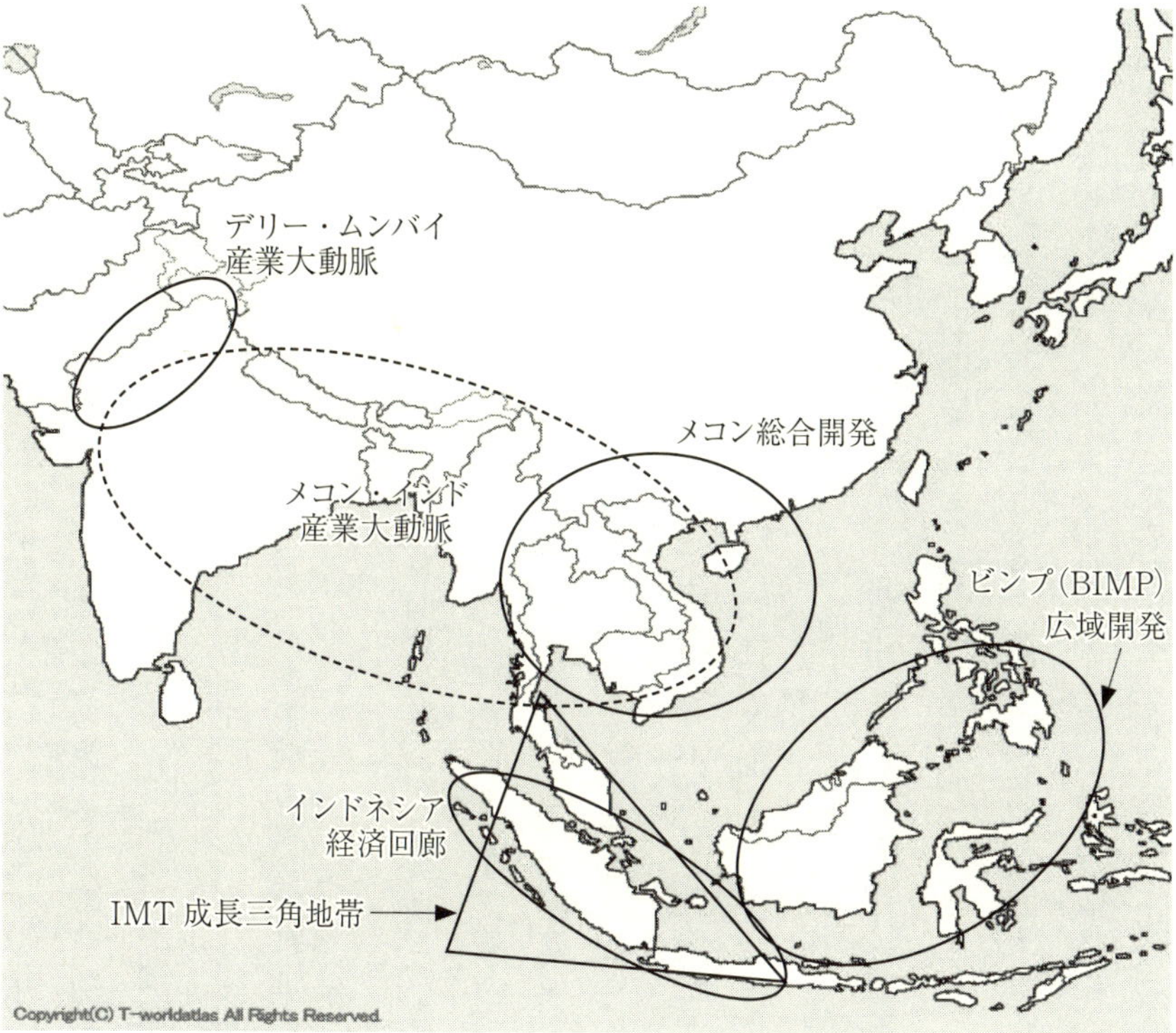

（出典）経済産業省作成資料「東アジア・ASEAN 経済研究センター（ERIA）」（//www.meti.go.jp/topic/downloadfiles/091120/02.pdf）、島戸治江「『アジア広域開発構想』とは」（三井物産戦略研究所海外情報室、2009 年 11 月）

一〇年一〇月に成案が東アジア首脳会議に提出された。

計画を立案した「東アジア・アセアン経済開発センター」とは、東アジアの成長策を各国に提言する国際シンク・タンクで、日本がその創設を強力に進め、二〇〇八年六月に設立されたものである。創立時には、理事長はアン・ベトナム共産党副官房長、理事には奥田碩トヨタ相談役、ラタン・タタ（インド）タタ・グループ会長、スリン・アセアン事務総長など、日本とアジアの実業界や政治家、識者など一六名であり、日

本やベトナム、インドといった政治的にも近い国の実業家や政治家が顔をそろえていた。(60)

この「アジア総合開発計画」の中には、先のデリー・ムンバイ産業大動脈構想も位置付けられた。その他にも日本が中核を担う開発計画である「インドネシア経済回廊」プロジェクトも位置付けられた。これは六本の経済回廊（産業交通大動脈）の建設でインドネシアの各島を貫通させ、道路、鉄道、港湾、発電所などの産業基盤を整備し、同時に産業振興も総合的に進め、貿易や投資、エネルギー面でも幅広い協力を行おうというものである。(61)

また、二〇一〇年八月のASEAN関連の経済閣僚会議で、直嶋経産相が「東アジア・スマート・コミュニティ・イニシアチブ」を発表したが、これもアジア総合開発計画の一環に位置付けられた。これはスマートグリッドや省エネ型の輸送システムなど環境配慮型の先端技術を盛り込んだ都市整備を、ベトナム、タイ、マレーシア、インドネシア等で行う計画であり、工事は基本的に日本企業が受注する。総事業費は一二〇億ドル（約一兆円）と見込まれ、国際協力銀行の融資などで最大約八割を日本が支援するというものである。民間企業四〇〇社が参加する「スマートコミュニティ・アライアンス（会長は佐々木則夫東芝社長）が中核となって、第一弾として官民合同調査団（トヨタ自動車、東京電力、東京ガス、伊藤忠商事、東芝、日立製作所、三菱重工、三菱電機、パナソニック、富士電機、日揮などからなる）を、二〇一〇年一〇月に上記ASEAN各国の首都などに派遣した。(62)

第3－5図における「メコン・インド産業大動脈」構想も日本が大きな意欲を抱くものである。これは、ベトナムのホーチミン、カンボジアのプノンペン、タイのバンコク、ミャンマーのダウェイ、インドのチェンナイのメコン地域主要都市とインドを結び、陸路と海路をつなぐ広大な範囲にわたる産業動脈を整備する計画である。いずれもインフラ（道路、鉄道、発電所）を整備し、隣接都市と国境地帯にそれぞれの立地を活かした産業開発（農産品加工、縫製業、自動車部品、機械設備、バイオ、ITその他）を目指す。

このように日本は、「新成長戦略」と一体で、次々とアジアの広域インフラ整備のための具体的提案を行った。

アジア広域インフラ構想の背景

日本の政府がこのようなアジアでの協働やインフラ建設に急に積極的になり始めた背景には、二〇〇〇年代以降の日本企業のアジア進出の急加速があった。日本企業はアジアの各地に進出し、序章で述べたようなアジア各国にまたがる分業体制――「アジア生産ネットワーク」を築き、拡大した。経済界はアジア全体を包摂する自由経済圏形成を政府に要求した。生産ネットワーク全体をカバーする広域インフラの整備も必要となった。二〇一〇年の「新成長戦略」と「アジア総合開発計画」は、こうした日本企業の生産のアジアへの傾斜の中で出されたものであった。

しかしこの二〇一〇年という年はまた、日本のアジア戦略に大きな別の力が働き始めた年でもあった。第6章で論じるように、二〇一〇年は日本の経済界、政界がそれまで一〇年近く推進してきた「東アジア共同体構想」を突然捨てて豹変し、TPPという米国のアジア戦略と一体となった自由経済圏構想に乗り換えた年でもあったのだ。このため「新成長戦略」の下でのアジア・広域インフラ構想を推し進めていた日本国内の勢力も、急激な方向転換をしていくことになる。

しかも、第5章、第6章で論じるように、TPP構想と一体となった米国のアジア回帰戦略の中で、日本がアジアで果たす役割も大きく変化することを迫られ、安倍内閣の下で安全保障戦略は大きく転換した。アジアへのインフラ輸出――アジアでの土木開発計画での受注までも、次第に日本（とその背後の米国）対中国という対立構図の下でのアジア諸国の取り込み合戦、勢力圏争いの様相を深めていくことになるのだが、それについては第5章で論じる。

③日本企業の参入が続くベトナム

結局、民主党政権期に現実に日本企業が集中して参入し、多くのプロジェクトを受注したのは、ベトナムのような政治的にも日本への受容性が高く、日本企業も今後の進出先としてターゲットに定めていた国での事業であった。

政府は二〇一〇年一〇月に、東南アジアで九つの事業を選定し、「アジアへのインフラ輸出」を官民連携で促進するモデルケースにするとして重点的に推進した。この九事業の事業費は約九〇〇〇億円に達すると見込まれたものであるが、そのうち五事業がベトナムでの事業で、「新国際空港建設」（三菱商事、成田国際空港会社、日本空港コンサルタンツ等の参加）、「石炭火力発電所」（住友商事）、「ホーチミン市ベンタイン駅周辺地区総合開発」（住友不動産、日建設計シビル等の参加）、「ハノイ都市圏水道」（メタウォーター、クボタ等の参加）、「公害型産業専用工業団地の造成」（ワールド・リンク・ジャパン、野村総合研究所等の参加）である。(63)

またベトナム企業側から要請のあった事例もある。ベトナムの国営企業・ペトロベトナム（PVN：石油・ガス、発電を中心にベトナムの歳入の約三割を稼ぎ出すベトナム最大企業）が、総額三兆円規模の大型投資計画を立て、ここに日本企業への参加を求めたものである。同社の発電所や製油所の巨額の建設事業費の五五パーセントを日本の資金に頼ろうというもので、同社CEOが二〇一〇年六月に日本に要請した。[64]

これを受けて、日本の石油最大手・JXホールディングス（二〇一〇年四月一日に新日本石油と新日鉱ホールディングスで設立した持ち株会社）が、二つの製油所建設計画に出資し、最大で八〇〇〇億円程度の事業費で製油所の建設・運営に乗り出すことを決め、出光興産と三井化学も第二製油所計画に五三〇〇億円程度の事業費での参画を決め、東京電力も石炭火力発電所の建設・運営に協力することで合意した。[65]

その他にも商船三井、日本郵船、伊藤忠商事の三社は、ハイフォン沖のラックフェン地区において同国最大級のコンテナ船の大型ターミナル建設を開始した。ターミナルの建設・運営は、合弁会社（ベトナム国営の海運会社・ビナラインズが五一パーセントを出資し、残りを日本の三社が出資）を設立して行う。これと一体となった周辺の港湾設備整備に日本政府は約八〇〇億円の円借款を供与する。[66]

このように二〇一〇年には、ベトナムの基幹産業やインフラに日本企業が続々と参加を決め、あらゆる分野のインフラを日本企業が請け負うかの観さえ呈した。

第三節　インフラ輸出戦略は日本経済に何をもたらすか

（1）加速する産業空洞化

「インフラ／システム輸出」は、アジア内需を日本に取り込むための戦略だと、「新成長戦略」では位置付けていた。では「インフラ／システム輸出」に邁進したり、アジア全体で広域の自由経済圏を形成することは、本当に国内の経済成長に有効なのだろうか。また産業空洞化をいくらかでも止めることができるのか、その点を考えてみよう。

インフラ輸出は、多額の資金を援助して日本が受注しても、建設に使用する資材は、現地で調達し、現地の労働者を使用するものがほとんどである。日本国内で生産するものは、あるとしても中枢部分だけであり、日本の国内生産を増加させる効果はきわめて小さい。下請け企業にもほとんど仕事は回らない。その上こうしたインフラ輸出は、多くの場合、インフラ「輸入国」側が製品や部品の自国内での生産を要求している。原子力発電でさえ、たとえば前述した日立が英国で請け負う原発では、調達面で全体の六割を英国現地企業に発注することを、英政府は日立に義務付けている。新幹線なども米国では「米製品の優先購入」を要求している。(67)

その上、将来的にも「産業空洞化」をますます深刻化させることが確実である。関税が撤廃された広域自由経済圏形成を、インフラ輸出とセットで経済界が要求するのは、日本から完成品を輸出するためではない。日本からの輸出品への関税は、すでにアジア各国やＡＳＥＡＮ全体との間で成立している自由貿易協定等で撤廃されている。インフラ輸出と広域自由経済圏形成をセットで要求するのは、生産のアジア移転をより進め、日本以外のアジア内での活動をより有利に行うためである。生産はますます日本以外のアジアでのみ行われるようになるだろう。

アジアの産業基盤が整備され、企業進出が進んだ結果、アジア各国のＧＤＰ（国内総生産）が上昇して、アジアで「中間層」が増加し、日本企業製品への需要、例えば日本車のアジアでの販売が増加したとしても、それは絶対に日本国内で生産した日本車ではない。日本企業の生産は、中国は言うに及ばずインドやベトナムなど、より低賃金の国、より市場に近い国にますますシフトしていき、日本には戻ってこない。

「アジア自由経済圏」の生産ネットワークがいかに密になり、拡大しても、日本の国がその中核に座る日は絶対に来ない。二〇〇〇年代以降、日本企業はアジア域内での部品の現地調達率を急激に上昇させ、中枢部品すらアジア内で調達する方向に進んでいる。日本国内からは完成品はむろん、部品すら輸出されなくなりつつあることは、序章～第2章で見てきたとおりである。

アジアへのインフラ輸出は日本の内需拡大にはつながらないだけでなく、国内産業の空洞化を加速するだけである。つまり、「アジア内需を日本の内需に」つなげていく道は閉ざされているのだ。

インフラ輸出と自由経済圏形成は、グローバルに生産し、グローバルに販売するグローバル企業の経営戦略に寄与するだけである。国民には利益がないどころか益々の国内生産の空洞化をもたらすだけのものである。

（2）莫大な資金需要と国民へのリスク

インフラ輸出の最大の難関・資金問題　インフラ輸出は確かに巨大ビジネスであり、受注企業に巨額の利益をもたらす。しかし同時に大きな問題も付きまとう。その最大の問題は、輸出相手が支払わねばならない膨大な代金を、輸出する側の日本がどう支援するかである。例えば原発は一基数千億円、高いもので一兆円になる。国際的な受注競争に打ち勝とうとすれば、相手が先進国、途上国を問わず超低利の融資等の援助が不可欠である。その資金はどのように調達するのか。

海外のインフラ整備への資金援助といえば、すぐに思い浮かぶのはＯＤＡである。しかしこれは途上国政府向けのものであり、しかも日本のＯＤＡ実績は減少しており、財政難の昨今、急増できる状況にもない。また、「ひも付き援助」への批判から、ほとんどがアンタイド援助で、日本企業の受注率も低くなっていた。ＯＤＡを「改革」し、インフラ輸出への資金援助体制を整えることは焦眉の課題となっていたのだ。この問題は、第二次安倍内閣によって、ＯＤＡのしくみを根本から変えてしまうことで実現するのだが、ＯＤＡ改革については第5章で述べる。

また、ＯＤＡによる援助だけでは、桁違いの巨額のインフラ輸出の資金需要には応えられない。他のもっと太い資金ルートをつくる必要がある。「新成長戦略」や「産業構造ビジョン」では、これをどう

第３－６図　インフラ関連海外展開における金融とリスク塡補

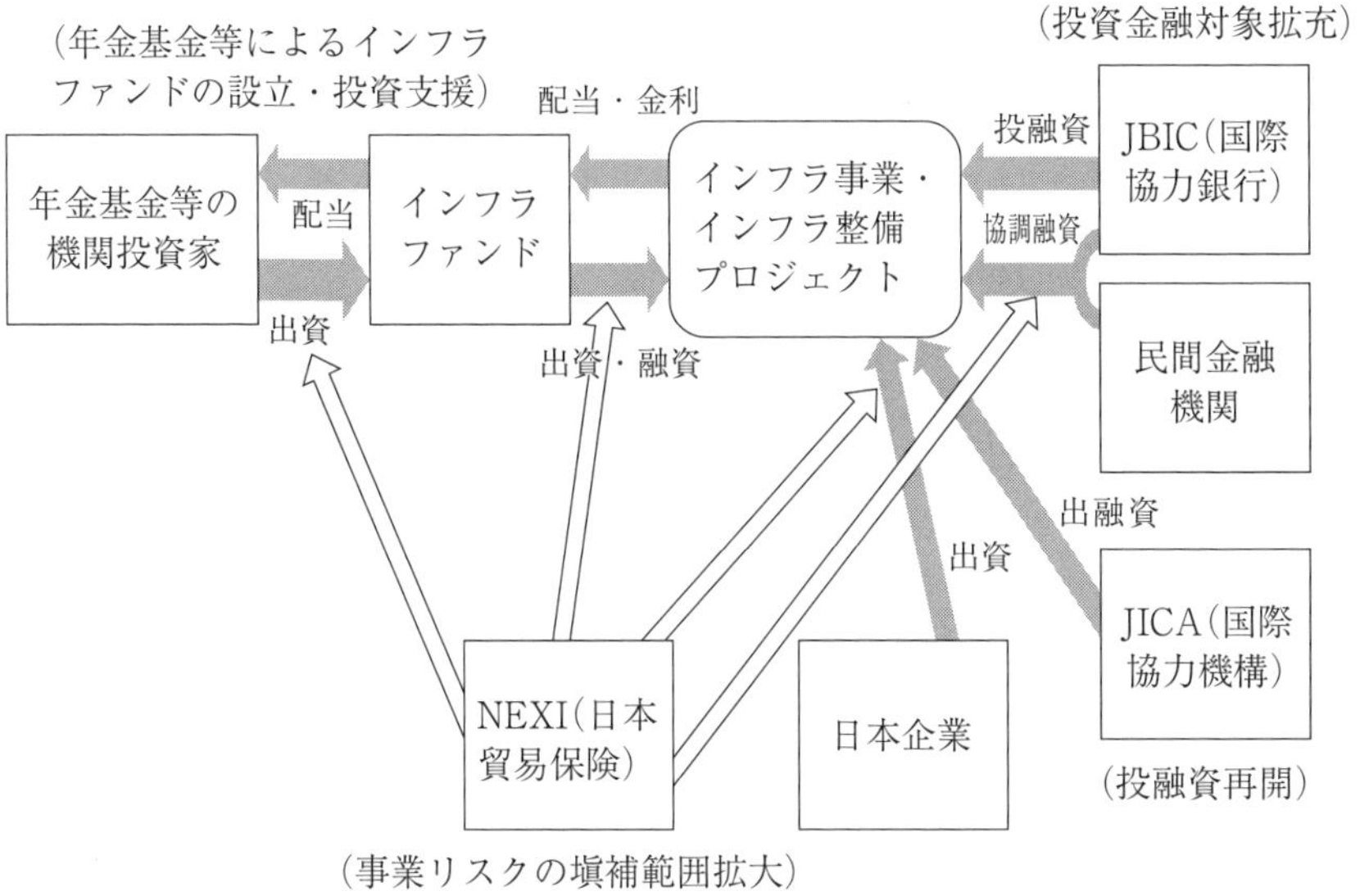

（出典）「産業構造ビジョン概要（全体版）」43、44頁、及び「産業構造ビジョン2010」本文を参照の上、作成

解決しようとしたのか。

「産業構造ビジョン」では、「膨大なインフラ需要に対応するためには、ＰＰＰ（官民連携――筆者）による民間資金の活用が不可欠」であるとして、インフラ・ファンドを通じた民間資金動員を基本にすることを主張した。ただし、「インフラ整備は長期的かつ大規模な投資が必要であり、大きなリスクを伴うため、民間資金のみでの対応は困難」（四一頁）だとして、同時に政府系の海外投融資・保険機関の改革も提案し、国際協力機構（ＪＩＣＡ＝ＯＤＡ供与機関）、国際協力銀行（ＪＢＩＣ）、日本貿易保険（ＮＥＸＩ）等の機能拡大・強化策を行うことも同時に提案した。こうした資金調達に関わる構想をまとめたものが第３－６図である。具体的にどのような構想か、順を追って見ていこう。

インフラ・ファンドの設立　主要ルートで

あるインフラ・ファンドを通じた民間資金の活用は、どのような形で構想していたのか。第3－6図のように、年金基金等の機関投資家による出資が想定されている。

このインフラ・ファンドとはどんなものなのか。これは新自由主義的な公共事業の民営化が進んだ英国やオーストラリアで、一九九〇年代なかば頃から組成され始めた投資ファンドで、電気や水道、ガス、都市交通、学校や庁舎など、従来ならば国家や自治体などが建設費用を負担するべき社会的インフラを対象に、投資を行うファンドである。ファンドとは、主に機関投資家から資金を集め、その資金を対象分野に投資して利益を上げ、投資家に配当を還元する組織体である。

たとえばオーストラリアでは、政府の財政が極度に悪化し、あらゆる部門で民営化が進んだ。しかし国家にとってどうしても不可欠なインフラ建設については、国家財政に代わる資金の出し手が必要となった。ここにファンドが組成され、機関投資家（もっぱら同国の豊かな「年金基金」）が、その資金の主たる出し手の役割を負うことになったのである。これと同様のファンドを日本国内につくって、アジアや世界各国のインフラに投資しようというのが、「新成長戦略」の構想である。

インフラをアジアに輸出するために、その資金問題をどう解決するか、民間資金をどのような方法で注入するかという問題については、「新成長戦略」が出されるかなり以前から、経済産業省内に研究会や産業構造審議会の分科会が設置され、関係企業を含めた官民一体の研究が進められてきた。「アジアPPP研究会」や産業構造審議会の一部・「グローバル金融メカニズム分科会」といったものである。「新成長戦略」や「産業構造ビジョン」の「PPP方式による民間資金の活用が不可欠」、「インフラ・ファンドの設立」という提起も、これらの研究会が報告書で提起していたものなのである。

ではこれらの研究会報告書では、なぜＰＰＰ方式のインフラ・ファンドの設立が重要だと提起しているのだろうか。

たとえば「アジアＰＰＰ研究会報告書」では、アジアでのインフラ建設は「商業性がある案件」、すなわち利益が上がる案件は少なく、「多くの場合、案件全体を民間企業が実施するとすれば、当該民間企業は赤字に陥ることになる」。このためにアジアのインフラ建設のための資金は、インフラ・ファンドを設立して賄うが、それはＰＰＰによる政府の関与、補助が必要であるとしている。ＰＰＰとはインフラ分野も含めた行政サービスの民間開放のことだが行政サービスの民間開放にはＰＰＰだけでなくＰＦＩという形態もある。ＰＦＩは民間企業が案件全体をまるごと請け負い、民間がそれで「利益を上げられる」場合である。しかしＰＰＰは、「民間企業のみが実施した場合には赤字になる」（以上一〇頁）ため、「官が基礎インフラを整備したり、規制ルールを作ったりして市場の補完を行う」（一頁）必要があるものだという。アジアでは「商業性があり、民間企業が利益を上げることができる案件の数は限られているため」（一三頁）、ＰＰＰの形態をとることが不可欠で、政府が様々な形でコストやリスクを分担してやる必要があるというのだ。

つまり、〝アジアのインフラに参入する、そのためには莫大な資金が必要であり、公的資金だけでは賄えず民間資金の投入が不可欠だ、しかしアジアのインフラ部門は儲からず赤字に陥ることは目に見えている、だから「官」が支援して民と官でリスクを分担するＰＰＰ方式にする〟こういう論理でＰＰＰ方式のインフラ・ファンドを提起しているのである。(68)

出資者にされる年金基金

ここまで読んでくると、われわれは素朴な疑問につきあたる。アジアのインフラ事業は、そもそも利益の上がるものが少ないというのに、最初の建設から、時には運営まで全部ひっくるめて日本の企業が連合して請負い、その費用は、一部を政府系金融機関やあるいは当該国の政府が援助するにせよ、基本はインフラ・ファンドからの出資・融資で賄う、そしてそのインフラ・ファンドは、民間投資家の出資を原資とするというのが、「新成長戦略」などの構想であった。そして、インフラ事業からインフラ・ファンドへの返済金や配当金は、「儲からないインフラ事業」の運営益から捻出されるのだ。また、インフラ・ファンドそのものに対する出資者＝機関投資家への配当も、「儲からないインフラ事業」の運営益から支払われることになるのだ。そんな魔法のようなことが可能なのか。しかもインフラ・ファンドが出資・融資の対象とするプロジェクトは、少額のものでも数百億円、原発や大規模都市開発は兆円規模の巨額プロジェクトである。巨額プロジェクト、しかもほとんど利益を度外視したプロジェクトへの投・融資を行うという、こんなインフラ・ファンドに、喜んで出資する機関投資家がいるのだろうか。

この問題については、「グローバル金融メカニズム分科会」が出した「官民連携によるインフラ整備のためのインフラ・ファンド及びプロジェクト・ボンドの活用の促進に向けて」という報告書が参考になる(69)。この報告では、「我が国の機関投資家等が抱える約六五〇兆円（企業年金約一〇〇兆円、公的年金一五〇兆円、保険会社四〇〇兆円）の金融資産を、成長するアジア、特に経済の基盤となるインフラ事業に投資することは」、わが国金融資産にとっても、その有効活用に望ましい途を開くことになるのだという記述がなされている（二九頁）。「産業構造ビジョン」でも同様のことが述べられていた。

しかし、実際に日本の機関投資家が「アジア・インフラファンド」に投資するのかという問題については、厳しいアンケート（二〇〇九年一〇月実施）結果も提示している。インフラ・ファンド（欧米を中心に存在）に投資した経験のある日本の機関投資家はわずか三・五パーセント、プロジェクト・ボンドにいたっては〇パーセントであった。両者への投資に関心があると答えた投資家でも、「新興国のインフラのみに投資することを期待する」（リスクは大きいが利回りは高くなる）と答えた投資家は、わずか一割弱に過ぎず、ほとんどが投資地域は、日本国内のみ、あるいは先進国のみ、もしくは先進国と新興国をセットでと回答した。新興国への投資が嫌われる最大の理由は「カントリーリスクの高さ」で、回答者の九割を超えた（二五〜二七頁）。

つまり、アジア・インフラファンドは、今後、創出されても日本の機関投資家や、ましてアジアや世界の機関投資家が、出資者、投資者になる可能性は、きわめて低いということになる。裏をかえせばインフラ・ファンドが成功するには、リスク覚悟でファンドに莫大な出資を行う機関投資家が必要になるということだ。

では、そんな〝奇特な〟投資家がいるのか。同報告書では、そんな〝奇特な〟投資家候補の一つとして公的年金基金（国民年金・厚生年金基金）をあげる。年金基金に狙いを定め、「我が国の公的年金においても」「インフラへの投資が実行できるよう、ＧＰＩＦ（年金積立金管理運用独立行政法人――筆者）がインフラ・ファンドに出資を行う途を開くべきである」（三一頁）と、年金基金の運用規定をまず変更させろと主張する。公的年金を運用する独立行政法人は、その運用先・分野の比率が、規定で定められており、そこにインフラ・ファンドは入っていなかった。だからインフラ・ファンドに出資できるように規定を変更しろというわけである。

実際に「産業構造ビジョン」でも、「年金基金・機関投資家によるインフラ・ファンドの設立・投資支援」（四二頁）を掲げている。年金基金はインフラ・ファンドへの出資で「安定的な資金の運用、利回りの向上」が期待でき、それを利用する民間企業は「リスクマネーの拡充」ができて、双方お得だというのである。将来的には郵便貯金や簡保資金（合計約三〇〇兆円）等も、インフラ・ファンドに投入することも予定していた。

しかし、識者が「利益が上がらない」と認識し、投資家がカントリーリスクまで想定して「危険」と判断するアジアのインフラ事業に、一体なぜ日本国民の年金や郵貯資金を「民間資金」として大量投入しなければならないのか。日本国民は、この「リスクマネー」に命の綱の年金の基金（いずれ加入者に支払わねばならない）や、営々と蓄えた老後の貯金をつぎ込んでまで、なぜ一握りの巨大企業が海外で行う「インフラ関連／システム輸出」を支えねばならないのか。インフラ事業が赤字になったら配当や利息は期待できないし、潰れる事業が多く出てくればインフラ・ファンドへの出資金も返還されなくなる。ファンドはいわば資金の中継点であり、元本保証などないのだ。

こんな危険なファンドであるが、第4章で述べるように、第二次安倍内閣の「日本再興戦略」で、GPIF（年金積立金管理運用独立行政法人）の資金運用の在り方を変更するという戦略が出されて、インフラ・ファンドをはじめとしたファンドへの投資が推進されることになり、法改正もなされた。その詳細は次章にゆずるが、本章では海外インフラ整備のために二〇〇〇年代後半から国民年金や厚生年金の積立金に目を付け、GPIFのような年金基金にターゲットを定めて、インフラ・ファンドを通じて投入することについて、政府は早くから研究を開始し、政策としても掲げていたことだけを明らかにしておく。

「公的金融支援の強化」とは「産業構造ビジョン」では、インフラ・ビジネス推進のためには「公的金融支援の強化」も不可欠だとして、政府系金融機関の改革案も提起した。公的支援機関として名前があげられているのは、JICA（国際協力機構）、JBIC（国際協力銀行）、NEXI（日本貿易保険）などである。JICAとは、この時期、ODA供与を一元的に担っていた機関である。JBICは一九九九年からODAの有償資金供与（円借款）だけを担っていたが、二〇〇八年にその機能はJICAに移され、ODAとは無関係になった機関である。NEXIは、政府全額出資の保険機構で、テロや災害、戦争などの民間保険ではカバーできない「非常リスク」に対する保険を引き受ける機関である。

「産業構造ビジョン」では、ODAやこれらの政府系金融機関について以下のような「改革」案を提示している。まずODAの円借款については、「インフラ整備等に対応するため」に「迅速化」し、「VGF」（採算補填）等へも「円借款等の活用」をして、実質的な民間支援を行うことを掲げた。ODA供与機関・JICAに関しては、「事業性が高くない（つまりは儲からない——筆者）インフラ整備案件」の「民間事業としての採算性を確保するため」に、海外投融資を早期に再開するという方針を掲げた。つまり不採算案件にもJICAが投融資することで民間投資も呼び込むのだ。JBICについては先進国向けの投融資も「JBICと民間金融機関との協調融資」の対象とすることを主張した。NEXIについては「非常リスクに加え、相手国の政策変更による」リスクにも対応するとした（四二頁）。

日本経団連の要求の実現　実はこれらの改革策と同じことを要求してきたのが、日本経団連であった。日本経団連は、インフラ輸出や海外展開においてこれらの公的金融機関が使い勝手のよい機関として、つまりリスクをいとわず、対象とする事業に細かい制限を設けず、途上国のみならず先進国、新興国の事業にも気前よく多額の投融資をしてくれる機関として改変されることを望んだ。とくにＪＢＩＣに対しては、「民間金融機関だけでは対応できない案件」（つまりはリスクが大きく投融資金額も大きい案件）をカバーするとともに、「日本企業が外国企業を買収するための投資金融」や「先進国向け中長期の輸出金融」なども行える使い勝手がよい機関として再生させよと求めた。ＪＩＣＡに対しても、ＯＤＡの縛りを超えて民間と協力した投融資の担い手として変身することを期待した。

ＯＤＡ自体に対しても、ＯＤＡをいかに民間の投資やインフラ輸出の援護につなげるかという視点から、ＯＤＡの改革や、従来の国家対国家というＯＤＡの縛りを何とかして乗り越えるＶＧＦ借款（日本が相手国に供与した借款を、相手国がインフラ運営を行う会社等に損失補塡等のために供給する形をとる）のような形態を要求した。これらはすべて二〇〇九年四月の意見書（麻生政権時代）でも、要求していたことであった。

日本経団連はまた、官民連携（ＰＰＰ）による海外投融資のためのインフラ・ファンドを整備せよとも要求した。「広域インフラ整備や大型プロジェクトを進めていく上で、パブリック・プライベート・パートナーシップ（ＰＰＰ）等を通じた官民資金の効果的な連携が必要」で「官民連携によるインフラファンドの創設」を行えと主張したのだ。(70)

つまり「産業構造ビジョン」が掲げた政策は、インフラ輸出の金融面でも、日本経団連の要求を忠実に反映していたのである。

但しこれらの要求を戦略として掲げるだけでなく、実際に実現したのは、これもまた第二次安倍内閣であった。公的金融機関とODAの改革は、第二次安倍内閣で急展開し、経済界の要求はほぼ実現していくことになる。たとえば円借款を日本企業の損失補塡に流用する複雑なしくみをつくったり、JBICなどの政府出資機関にリスクを負わせて無謀な投融資に道を開いたり、ODAそのものの改革も行って円借款供与の対象を中東の豊かな産油国や軍事的に重要な島嶼《とうしょ》国にまで拡大したりと様々な形で国の資金の海外インフラに投入するシステムを構築するのだが、具体的な「改革」の詳細は第5章で述べる。

リスクは最終的には国民の税金で

しかし今後、世界中、特にアジアで数十件、数百件のビジネスを受注した場合、焦げ付く案件も多数出てくるだろう。また原発のような案件では、事故が起きた場合の賠償はとてつもなく大きい。福島の原発事故では、二〇一六年二月の時点で、被災者への賠償額だけでもすでに六兆円近くに達した。この賠償額は今後も膨らんでいく。政府は原子力損害賠償機構を作ってここに資金を投入し、東電はここから必要な賠償資金を受け取っている。東電は同機構に少しずつ返済し、他の電力会社も電気料金の一部で賠償資金を分担しているが、国の負担はきわめて大きい。

日本企業が外国で引き受ける原発で事故が起きれば、いったいその賠償額はどれくらいになるのか。日本の原子力損害賠償制度では、原子力事業者にのみ無過失・無限の賠償責任が負わされることになっているが、世界では建設事業者に責任がふりかかる場合も当然ある。原発事故の賠償制度は世界で統一されて整備されているわけではないが、日本がもし、原発の事業運営にまで関与した場合は、賠償責任を一元的に負うことになる可能性も極めて高い。日本企業が設備建設だけを請負う場合でも、どれだけの補償が請求されるかは不透明である。原発建設に過失があった場合はむろんのこと、無過失でも事業者に賠償責任がふりかかることもある。またたとえその国でルールが法的に定められ、製造のみを行った業者には賠償責任が及ばない法が整備されている場合でも、賠償請求の裁判は必ず起こされるだろう。その判決がどうなるかは、各国の政治事情に大きく左右される。現在は、世界的な賠償の基準や限度、その賠償を補助するシステムが、まだ構築されていないからだ。[71] もし、日本が受注した原発で事故が起きたら日本貿易保険や日本の国家は最終的にどのくらいの重荷を負うはめになるのだろうか。

インフラや資源にかかわる事故の賠償額は原発以外でも巨額である。たとえば二〇一〇年四月に起きたイギリスの石油会社・ブリティッシュ・ペトロリアム（BP）の石油掘削施設がメキシコ湾で原油を流出させた事故では、三井石油開発とその子会社や孫会社、そして三井石油開発の親会社である三井物産に、あわせて米国内で八七件の損害賠償訴訟が起こされた。三井石油開発が事故を起こした問題の鉱区に一〇パーセントの投資を行っていたからである。その上、BP自身からも二〇〇〇億円使ったとされる原油回収費の負担も請求され、結局、三井石油開発はBPへ一〇億六五〇〇万ドル（約八七〇億円）支払った。鉱区そのものにわずか一〇パーセントの投資をしただけで、この有様である。

また運営まで引き受ければ、水道や電気などの分野だけでなく、赤字会社は続々と出てくるだろう。たとえば新幹線の分野でも、台湾新幹線（二〇〇七年開業、三井物産や三菱重工が車両納入）は乗客が少なく、台湾の運営会社は開業早々、危機に陥った。新幹線も一一の戦略分野の一つで、日本はアジアで受注獲得に奔走している。新幹線を建設するだけでなく、その運営まで引き受けるケースも出てくるだろう。運営を引き受けても乗客が少なく採算がとれずに、運営会社の経営が破綻する場合も大いにあるだろう。そうした場合には、さんざんVGF借款などを投入したあげく、日本貿易保険で補償することになる可能性もある。

ＪＢＩＣやＪＩＣＡの政府系対外金融機関の投融資資金にせよ、日本貿易保険の保険金支払いにせよ、問題が生じれば最終的には日本国民の巨額の税金の投入に帰結する。アジアや世界のインフラが充実されることに異存はないが、日本と日本国民がリスクや損失を最終的に負担し、果ては相手国の公共料金低下のための負担までして、加えて日本国民の年金の基金まで投入するリスクをおかして行うべきことなのだろうか。

国内のインフラ民営化もセットで推進

インフラ輸出は、単なる大企業の海外展開戦略にとどまらず、日本国内のインフラ民営化の拡大ともセットで推進されるだろう。インフラ受注を支えると期待されているインフラ・ファンドは、日本国内のインフラ事業にも投資できるファンドとして組成されるからである。「新成長戦略」の国土交通省版・「国土交通省成長戦略」では、「日本企業の国際展開や国内のＰＰＰ／ＰＦＩ事業を資金面で補完する官民連携の大規模インフラファンド」を組成し、「アジアをはじめとする海外や国内のインフラ」（四―三頁）に投資すると述べている。先進国・日本への投資と組み合わせた方が機関投資家も安心でき、年金基金・郵貯資金投入に対する国民の不安や反対も緩和され、あわせて日本国内のインフラ整備に要する税金投入も軽減できるからである。

インフラ民営化の動きは一九八〇年代のサッチャー政権以降の英国における国営企業の民営化を皮切りに始まったが、日本でもインフラ民営化政策は一九九九年に「民間資金等の活用による公共施設等の整備等の促進に関する法律」（ＰＦＩ法）法が成立して動き出した。

インフラ・ファンドもまた世界的なインフラ民営化の中で、二〇〇〇年代に入って成長し、世界のインフラ・ファンドの運用資産額は二〇〇五年にはまだ三一〇億ドルだったが、二〇一四年には三四五〇億ドルと十数倍になった。このインフラ・ファンドを組成してアジアのインフラへの投資だけでなく、日本国内のインフラ投資も一緒に行おうというのだ。第二次安倍内閣になると、政府出資の「インフラファンドＰＦＩ推進機構」を二〇一三年に設立した。安倍内閣の下で仙台空港や関西空港の運営権も民間に売却された。日本のインフラは国民の安全性や公益性よりも収益性が重視される傾向を、今後、より強めていくことになるだろう。

一方、収益が上がるはずもない公共性の高いインフラでは、財政難の地方自治体に更新が丸投げされたり、あるいは老朽化が放置されるケースも多々あらわれるだろう。日本国内では高度成長期に建設されたインフラの老朽化に従い、遠からず「インフラ・クライシス」が起きることが予測されている。近年、水道管の破裂する事故が多発しているのもその一端である。日本よりインフラ老朽化が進んでいる米国では、二〇〇七年に米国ミネソタ州でミシシッピ川にかかる橋が突然崩壊した。日本の橋も老朽化が著しい。二〇一二年には中央自動車道の笹子トンネルの天井板が落下する事故が起きた。

アジアには最新設備を完備した輝くような環境都市、未来都市が、日本国民の年金基金や郵貯貯金を投じて整備される一方で、日本の都市では下水道の腐臭が漂い、巨大ねずみが走り回り、水道管の破裂で噴水が高く上がって住宅街が水浸しといった悪夢のような光景の展開する日が、一〇年後、二〇年後に来ないという保証はない。

＊

見てきたようにインフラ輸出戦略は、経済界――それも多く見積もっても十数社から数十社程度の巨大グローバル企業にとっての「成長戦略」であった。そして日本経済界、たとえばその代表的な存在である日本経団連の要求をストレートに反映したものでもあった。その要求とは、海外のインフラ建設や運営を丸ごと引き受けて利益を得るだけでなく、海外とりわけアジアのインフラ整備によってアジアを一体化する物流網を整えると共に、アジア全体を一元的におおう経済連携協定を締結して、日本企業が日本国内と同様にアジア全域で活動できる条件を整備せよという要求であった。その要求がそっくり反映されたものであった。

つまり「新成長戦略」、「産業構造ビジョン」の目玉戦略・インフラ輸出戦略は、アジアへの進出と活動を一層拡大しようとするグローバル企業にとっての「成長戦略」そのものであった。

一方、国民にとってのインフラ輸出は、それによって国内の生産が増加して国民生活が潤うどころか、ゆたかな日本の金融資産や税金まで、湯水のように他国のインフラ・ビジネスに投入し、国民の年金基金や未来も限りない危険にさらす戦略であった。国民の税金を今後どれだけ投入することになるのか、インフラ輸出での事故や損失を将来どれだけ穴埋めさせせられることになるのか、予測のつかないあやうい戦略であった。

その上、アジアのインフラを充実させることで、日本の産業空洞化が止まり国内の経済成長につながるのかといえば、それは全く期待できないだけでなく、逆に生産の海外移転をより一層加速させるためだけのものでもあった。

国内生産を放棄しつつあるグローバル企業、国民から遊離しつつグローバル企業のために、なぜ日本国民は税金や年金基金を他国のインフラ整備に投入し、将来の巨大なリスクまで引き受けて支えなければならないのだろうか。
しかもインフラ輸出は、本章第二節でその具体的実態を見たように、インフラそれぞれの分野ごとに、多くの難問を抱えていた。原発は、資金援助や事故の際の補償問題で、とんでもない重荷を将来の日本国民に負わせる危険性があることを見た。また、原発や宇宙機器の売り込みは、安全保障・軍事戦略と表裏一体となっており、ビジネスの領域におさまらず、自国の平和を担保に他国に介入する泥沼の戦略に国民全体を引きずり込む危険性も孕んでいた。水ビジネスは、公共事業の民営化という本来成立しがたい分野に、日本の自治体がネギ（日本の資金）を背負って外国の儲からない公共事業（水道）に入り込もうという理不尽な「ビジネス」であった。土木建設事業の引き受けも、目もくらむほど莫大な日本の資金投入と不可分であった。

すべての分野で共通なことは、インフラ・ビジネスは、相手国の政権の思惑や利害、当該国民との関係に大きく左右されるものだということである。このため受注や実行には長期の期間を必要とし、しかも相手国の政府と国民との関係で、いつ反故《ほご》になるかも知れぬ面も有していた。しかも日本から資金援助を引きだそうとする相手国政権の思惑も大きく作用し、受注する日本企業には恩恵があっても、日本国民にとっては資金面や補償面での将来にわたる負担を背負い込むだけのものであった。とくに軍事にかかわる分野では、日本国民にとっての最良の財産である「平和」まで食い潰す危険性を孕んでいるのだが、この側面についての詳細な分析は第5章で行う。

インフラ輸出戦略で、日本の産業空洞化は止まらない。止まらないだけでなく、将来の日本経済と日本国民を破滅に導く暗黒の大きな落とし穴を抱えこんだ戦略なのである。

注

（1）原案は「新成長戦略（基本方針）～輝きのある日本へ～」（二〇〇九年一二月三〇日、閣議決定）、成案は「新成長戦略～『元気な日本』復活のシナリオ～」（二〇一〇年六月一八日、閣議決定）で、成案は原案を踏襲している。また原案と同時に「新成長戦略（基本方針）のポイント」が、成案と同時に「新成長戦略のポイント」も発表された（以上は首相官邸ウェブサイト）。

（2）経済産業省「産業構造審議会産業競争力部会報告書～産業構造ビジョン二〇一〇～」（二〇一〇年六月）（経済産業省ウェブサイト二〇一〇年六月三日公表）。

（3）産業構造審議会産業競争力部会（二〇一〇年　第一回）配付資料「産業構造審議会産業競争力部会　委員名簿」（平成二二年二月二五日）（経済産業省ウェブサイト）。

（4）「産業構造ビジョン二〇一〇骨子」・戦略五分野の強化、「産業構造ビジョン二〇一〇」三九～一一六頁で、全体の三分の一以上を費して詳細に論じている。

（5）「産業構造ビジョン二〇一〇」三四～三八頁、「産業構造ビジョン二〇一〇骨子」。

（6）ちなみにこの「産業構造ビジョン」を作成した産業構造審議会・産業競争力部会は、この一年後に産業空洞化でまるで日本が滅びるかのような危機感のある文書を出した。序章で述べた「かつてない空洞化の危機を乗り越えるために」との副題をつけた文書である。皮肉にもその一年前の「産業構造ビジョン」では、産業空洞化を危惧《きぐ》する議論を厳しく批判し、生産の海外移転で産業空洞化が起きるなどと騒ぐな、発想を転換してアジアの成長を日本に取り込む戦略を採れば良いのだと主張していたのであった（「大震災後の我が国の産業競争力に関する課題と対応」〔中間とりまとめ〕二〇一一年六月）。

（7）直嶋経済産業大臣・冒頭発言（「成長戦略検討会議（第一回）」議事要旨）。なお本検討会議は、自民党時代の財政経済諮問会議にあたるもので、財界人、学識経験者などからなり、メンバーは毎回変化する。同大臣の本発言は、毎回の検討会冒頭で成長戦略を作成するにあたって鳩山首相から受けた指示とそのポイントとして直嶋大臣が述べたものである（経済産業省ウェブサイト）、「経済戦略経産相に聞く、アジアの所得倍増が目標、『エコ電力』早期買い取り」（日本経済新聞二〇〇九年一二月一二日）。

（8）経済産業大臣直嶋正行「何故、今『産業構造ビジョン二〇一〇』なのか～国民の皆様へのメッセージ～」（二〇一〇年六月）（経済産業省ウェブサイト）。

（9）「麻生内閣総理大臣講演・新たな成長に向けて」（二〇〇九年四月九日　日本記者クラブ　官邸ウェブサイト）。これはもともと四月一一日にタイで開かれる予定であった東アジア首脳会議で表明するはずであったが、同会議はタイの内政混乱のために延期され、麻生首相ではなく政権交代後の鳩山首相が出席した。

なお、この「新たな成長に向けて」の前半部分「日本経済の未来――新たな成長戦略」では、日本経済の新たな成長戦略として太陽光発電やエコカーなどの「低炭素革命」の分野で「世界をリードする国」を目指すことや、介護の現場で二〇二〇年までに八〇万人の雇用を創出すること、地域医療を再生させること、観光大国にすること、ソフトパワー（アニメ・ゲームなどのコンテンツ、ファッションその他）を世界に発信することなどを掲げている。こちらも「新成長戦略」と酷似したものである。つまり「新成長戦略」全体が、自民党政権時代に形成されつつあった戦略と一連であることがわかる。

(10) 国際協力銀行国際経営企画部調査課「我が国製造業企業の海外事業展開に関する調査報告――二〇〇九年度　海外直接投資アンケート結果（第二一回）」（二〇〇九年一一月）（日本政策金融公庫）。

(11) 日本経済団体連合会「危機を乗り越え、アジアから世界経済の成長を切り拓く」（二〇〇九年一〇月二〇日）。

(12) 日本経済団体連合会「豊かなアジアを築く広域インフラ整備の推進を求める」（二〇一〇年三月一六日）。

(13) 日本経済団体連合会「東アジア経済統合のあり方に関する考え方――経済連携ネットワークの構築を通じて、東アジアの将来を創造する――」（二〇〇九年一月二〇日）。

(14) 関税撤廃その他によって自由経済圏を形成することに関する経済界の要求は、情報機器のアジアでの生産拡大の経験に基づいたものでもあった。序章で論じたようなアジア全体にまたがる情報機器の生産ネットワークの形成は、貿易の自由化と一体となったものであった。一九九六年のＷＴＯ（世界貿易機関）シンガポール閣僚会議でＩＴＡ（Information Technology Agreement）が成立し、情報関連機器・部品二〇〇品目が世界で関税ゼロになった。これを利用して、国境を越えた情報機器分野の生産ネットワーク――たとえばマレーシアでＣＰＵを生産し、中国でそれを組み込んでパソコンを組み立てるといった――がアジアで築かれ、アジアが世界の情報機器の生産・輸出基地になったからである。日本企業は、情報機器だけでなく自動車などでも、この時期は国境を越えた工程間分業、生産ネットワークを構築しており、部品も日本からの輸出ではなくアジアでの調達が進んでいた時期であった。あらゆる分野で国境を越えた分業体制を日本企業は築こうとしていたのだ。

(15) 「アジアとともに回復・成長するために」（平成二一年第八回・経済財政諮問会議〔二〇〇九年三月二五日開催〕提出資料）。なお、本資料提出者は、四人だが、残りの二人は岩田一政（内閣府経済社会総合研究所所長）、吉川洋（東京大学大学院経済学研究科教授）（肩書きは「第八回経済財政諮問会議議事要旨」記載による）である（経済財政諮問会議ウェブサイト）。

麻生首相も、このアジアの広域インフラ整備の経済上の必要性について、注（9）の四月九日の講演で次のように表現した。「たとえば現在、ベトナムのホーチミンからインドのチェンナイまでマラッカ海峡を経由して海を使い、海路で約二週間かかります」、しかし「海路を整備」をしたり「日本の通関技術」を導入したり等々により「八日で運ぶ」ことができるようになる、「このようなルートを建設し、周辺に工業団地など関連インフラを整備」することで「メコン地域は、はるかインドや中東を視野に入れた自動車やエレクトロニクス、そういった製品の供給拠点として大きく発展することができます」（二〇〇九年四月九日　麻生首相講演「新たな成長に向けて」）。

（16）こうした「経済財政諮問会議」での財界トップ議員による強力な主張とともに、日本経団連も二〇〇九年四月に「官民連携を梃子に国際協力の戦略的・機動的な展開を求める」という政策提言を行ったが、これは張富士夫らの議案と完全に同趣旨のものであった。その一部は同年の政府の『骨太の方針』にも取り入れられた。これを感謝して日本経団連の御手洗会長は政府首脳を訪問の上、「（日本経団連の主張の一部が）今年の骨太の方針に明記されたことに対し、謝意を表し」たのであった（「東アジアの成長戦略をめぐり二階経産相、中曽根外相と懇談」日本経団連『日本経団連タイムス』№２９５８号　二〇〇九年七月九日）。これを受けた二階経済産業大臣は「『アジア経済倍増計画』の実現のため、アジアの成長促進、拡大するアジア中間所得層への対応、アジア域内の金融資産の積極的活用について、経済界と協力しながら取組んでいく」と述べ、「『アジア総合開発計画』にも日本の経済界の要望を十分に反映させる」とも表明した。

（17）たとえば「原発は有力かつリアルな解である」（『日経ビジネスＯＮＬＩＮＥ』二〇一〇年一月一

八日）といった記事もその一例だが、二〇一一年三月一一日の東日本大震災が起きるまでは、これが日本と世界の主要な論調であり、原発輸出問題がメディアで批判的に取り上げられることはまったくなく、国内の原子力発電や原発推進策に対する批判も、CO_2削減という大合唱の前に影が薄くなっていた。

（18）経済産業省「インフラ関連産業の海外展開のための総合戦略〜システムで稼ぐ〜最近の動向」（二〇一〇年八月五日）参考資料二「分野別の戦略」。

（19）「原発建設・計画は世界全体で140基、原産協まとめ」（日本経済新聞二〇一〇年四月一四日）。日本原子力産業協会の二〇一〇年一月時点での調査による。

（20）米国の原発増設は、結局はあまり進展しなかったが、それでも二〇一二年には米国原子力規制委員会が三四年ぶりに二ヵ所（四基）の原発の新設を認可した（木村誠「米国　原発業界の次なる一手は」『ジェトロセンサー』二〇一四年一二月号）、『エコノミスト』（二〇一一年四月一九日号）四一頁。

（21）「電力9社など『国際原子力開発』設立　海外受注窓口に」（日本経済新聞二〇一〇年一〇月一五日）、「インフラ輸出、どう稼ぐ？　火力や送電網にも注力　東京電力社長清水正孝氏」（同前二〇一〇年一二月二八日）、「ベトナム原発商戦の『スジ』を読む」（同前二〇一一年一月一〇日）、「国際原子力開発株式会社の概要」（東北電力プレスリリース）。

（22）「エネルギー基本計画」（二〇一〇年六月一八日閣議決定）（経済産業省資源エネルギー庁ウェブサイト）。

（23）「東芝、三菱重工、日立　3つ巴の世界受注競争」（『エコノミスト』二〇〇八年六月二四日号）、「三菱重工、欧州の原発受注でスペイン社と提携　共同で入札参加」（日本経済新聞二〇一〇年六月二日）、「三菱重工、米で3基目の原発受注」（同前二〇一〇年五月八日）。

(24)「日立、2030年までに新設原発38基以上の受注を計画」(日本経済新聞二〇一〇年六月九日)、「東芝、16年度に売上高最高狙う」(同前二〇一四年五月二二日)、「東芝、三菱重工、日立 3つ巴の世界受注競争」(『エコノミスト』二〇〇八年六月二四日号)「東芝、『皮算用経営』の挫折 原発で減損2600億円」(日本経済新聞二〇一六年四月二六日)、「原発輸出『日本モデル』の挑戦(中)『総力戦』、絡む企業の利害」(同前二〇一〇年一一月三日)。

(25)「『フクシマ後』のエネルギー政策 米欧が進む道」(日本経済新聞二〇一六年三月六日)。なお米国で二〇一六年はじめの運転中の原発は九九基、四〇年以上経過した老朽原発は三八基であった。「原発輸出『日本モデル』の挑戦(下)」(同前二〇一〇年一一月五日)、「米、2件目の原発新設を承認 東芝系が受注」(同前二〇一二年三月三一日)。

(26)「日立、リトアニアの原発新設で仮契約」(日本経済新聞二〇一一年一二月二三日)、「原発ビジネス、海外で再始動 今後の課題は人材育成」(同前二〇一二年二月二七日)、「日立、リトアニア政府と原発協議開始で合意」(同前二〇一四年七月三〇日)、「日立、原発輸出に光差す リトアニア計画で協議再開」(同前二〇一四年八月三日)。

(27)日本原子力発電の参加となったのは、原発事故を起こした東電が外国の原発運営に参加するわけにもいかず、他の電力会社も勇躍参加するという状況にもなく、結局、日本原子力発電(電力各社が主要株主)という組織の参加になったのだろう(「原発輸出、運営も一体で 日立の英事業に原電参加」日本経済新聞二〇一六年七月七日、「日立、英で建設の原発の現地調達率6割 300社と取引めざす」同前二〇一四年一二月二七日、「英原発建設、日本勢で1兆円 日立が企業連合」同前二〇一六年一月二五日)。

(28)「政府、ベトナム原発に低利融資 2号機受注へ提案」(日本経済新聞二〇一〇年四月二七日)、

「原発受注へ官民新会社」（同前二〇一〇年二月二七日）、「原発輸出『日本モデル』の挑戦（上）ベトナムで逆転受注――包括支援、官民で正攻法」（同前二〇一〇年一一月二日）。

(29)「官民訪問団、ベトナムに原発受注要請」（日本経済新聞二〇一〇年八月二六日）。

(30)「政府、原子力産業でＡＳＥＡＮ支援」（日本経済新聞二〇一〇年七月二二日）、「カンボジアも原発計画」（同前二〇一〇年八月一七日）、「政府、マレーシアの原発計画を支援」（同前二〇一〇年九月三日）、「東南アで原発計画続々　ベトナムに続きマレーシアも」（同前二〇一〇年五月八日）。

(31)「政府、海外原発受注へ相手国包括支援　核燃料、共同調達など」（日本経済新聞二〇一〇年九月五日）、「原発輸出『日本モデル』の挑戦（上）ベトナムで逆転受注――包括支援、官民で正攻法」（同前二〇一〇年一一月二日）。

(32)「アジアにおける平和と繁栄のため戦略的パートナーシップを包括的に推進するための日越共同声明（仮訳）」（二〇一〇年一〇月三一日）（外務省ウェブサイト・菅総理のベトナム公式訪問）。

(33)「政府、ベトナムの原発賠償制度整備に協力　覚書締結」（日本経済新聞二〇一二年八月一四日）。

(34)「ベトナム、原発計画中止　日本のインフラ輸出に逆風」（日本経済新聞二〇一六年一一月二二日）、「ベトナム原発中止、新興国開拓に暗雲」（同前二〇一六年一一月二三日）、「ベトナム・原発からの『勇気ある撤退』の理由とは」（「ＦｏＥ　Ｊａｐａｎな日々」二〇一六年一一月一九日投稿記事：foejapan.wordpress.com/2016/11/19）なお、本投稿は、ＶＮＥＸＰＲＥＳＳ二〇一六年一一月一〇日・レ・ホン・ティンベトナム科学技術環境技術委員会副主任による同日の談話記事の翻訳を転載したものである。

(35)日本の宇宙産業の市場規模は「宇宙利用産業」が「宇宙機器産業」の数十倍に上る。世界でも二〇〇八年の売上では宇宙機器産業は、衛星製造が一〇五億ドルで、衛星打ち上げ三九億ドル、地上設備四六〇億ドル、衛星サービス八四〇億ドルとなっている。「宇宙分野における重点施策について」では両分野の市場拡大に言及しているが、成長戦略で拡大を意図しているのはもっぱら「宇宙機器産業」である。しかし世界全体でも、「宇宙利用産業」（地上設備や衛星サービス等）は、六年前と比べて二〇〇八年には倍増しているが、衛星製造や衛星打ち上げの分野つまり、宇宙機器産業は実はほとんど成長していなかった（「産業構造ビジョン二〇一〇」一八一頁、および宇宙開発戦略本部「宇宙分野における重点施策について」）。

（36）「宇宙分野における重点施策について〜我が国の成長をもたらす戦略的宇宙政策の推進〜」（二〇一〇年五月二五日　宇宙戦略本部決定）宇宙戦略本部ウェブサイト八〜九頁。「人工衛星、官民で新興国に輸出　円借款活用も　通信・放送、地球観測用」（日本経済新聞二〇一〇年七月三〇日）。

（37）「イプシロンで外国衛星打ち上げ　まずベトナム　新型ロケットで17年にも」（日本経済新聞二〇一三年九月二三日）、「日本、ベトナム衛星受注　ＮＥＣやＩＨＩ系が参加　円借款５００億円を活用」（同前二〇一一年一〇月二九日）。

（38）内閣府宇宙戦略室「宇宙システム海外展開タスクフォースについて」（二〇一五年八月）、「動き始めた日本の衛星打ち上げビジネス」（『エコノミスト』二〇一〇年八月二四日号　九〇〜九二頁）、「世界4位の衛星大国・日本　受注の遅れ挽回へ攻勢」（同前　九六〜九七頁）、「国民の利益につながる宇宙ビジネスを」（日本経済新聞二〇一二年五月一九日）、「人工衛星、官民で売り込み　第一弾はカタール」（同前二〇一五年一〇月二八日）。

（39）「突破口は新興国」（『日経ビジネス』二〇一一年八月二九日号）三三頁。なお、政府はこの方針の下に、宇宙開発戦略本部にタスクフォース（作業部会）を新設した。宇宙開発戦略本部、文科省、経産省、宇宙航空研究開発機構（ＪＡＸＡ）などの機関と三菱重工など民間企業等が参加し、民間企業の支援体制と小型衛星の輸出策の検討を開始することをうち出した。但し現実に「宇宙システム海外展開タスクフォース」が設置されたのは二〇一五年八月になってからであった。防衛や対外政策に関連する政策は、米国との調整もあり時間もかかるのだ（内閣府宇宙戦略室「宇宙システム海外展開タスクフォースの開催について」二〇一五年八月二〇日、同「宇宙システム海外展開タスクフォースについて」二〇一五年八月）。

（40）前掲「宇宙分野における重点施策について～我が国の成長をもたらす戦略的宇宙政策の推進～」（二〇一〇年五月二五日　宇宙開発戦略本部決定）三頁、二頁。

（41）日本経済団体連合会・提言「宇宙新時代の幕開けと宇宙産業の国際競争力強化を目指して」（二〇〇七年七月一七日）。

（42）「日米の宇宙政策　日米で進む宇宙開発の見直し　技術維持に何をすべきか」（『エコノミスト』二〇一〇年八月二四日号　九三頁）、「加速する『宇宙民営化』米で起業熱、日本は波乗れるか」（『日経エレクトロニクス』二〇一三年一月七日号）。

（43）「宇宙基本計画」二〇一五年一月九日　宇宙開発戦略本部決定（同本部ウェブサイト）。同計画は二〇一六年四月一日に閣議決定された（官邸ウェブサイト）。

（44）この問題については詳しくは第5章で論じるが、これは日米安全保障協議委員会（2＋2）合意「日米防衛協力のための指針」（二〇一五年四月二七日　防衛省訳・PDF版　防衛省ウェブサイト）と一体となっており、同指針の中で宇宙に関する日米協力のあり方も論じられている。

（45）「日本の水を売りまくれ」（『日経ビジネス』二〇一〇年一二月六日号　二五頁）。

（46）経済産業省・水ビジネス国際展開研究会「水ビジネスの国際展開に向けた課題と具体的方策」（二〇一〇年四月）一一頁、前掲「日本の水を売りまくれ」三一頁、「水道ビジネス、日本企業、運営に弱点」（日本経済新聞二〇一〇年七月二八日）、「水道世界に売り込め」（同前二〇一〇年一一月一四日）（「　」内の引用は同記事より）。

（47）「東洋エンジと大阪市、ベトナムで水道事業」（日本経済新聞二〇一〇年七月二八日）、「水ビジネス（中）世界に挑む自治体　海外投資・規模に課題」（同前二〇一〇年七月三〇日）、「水ビジネス海外に照準、自治体、民間大手と組む」（同前二〇一〇年五月二四日）、「自治体水道事業の海外進出競争力強化のため企業と連携を」（『エコノミスト』二〇一一年二月一五日号　九六頁）。

（48）「水道管：3万8000キロ、耐用年数超え　財政難、更新進まず」（毎日新聞二〇一〇年五月七日）、「日本列島を襲う『水道管破裂』老朽化の波が押し寄せる」（Yahooニュース二〇一六年五月二日）。

（49）「水道危機の犯人」（『週刊ダイヤモンド』二〇〇九年一二月五日号　一〇五頁）。

（50）「沸騰する水ビジネス　第5回　パリ市の水道『再公営化』は、水道料金の急上昇が背景」（朝日新聞グローブ //globe.asahi.com/feature/090525/side105.html）、「Water Crisis〔Part 1〕水メジャーの足元、パリ市民の離反　再公営化の衝撃」（同前 //globe.asahi.com/feature/090525/04_1.html）。

（51）エマニュエレ・ロビーナ、岸本聡子、オリヴィエ・プティジャン「HERE TO STAY 世界的趨勢になった水道事業の再公営化」（日本語版・PSI加盟組合日本協会　二〇一五年一月）。

（52）「ボリビア　水道公営化へ」（しんぶん赤旗二〇〇六年一二月三〇日）。

（53）日本経団連・提言「官民連携を梃子に国際協力の戦略的・機動的な展開を求める」（二〇〇九年四月八日）。

（54）「海外水インフラPPP協議会」（経済産業省ウェブサイト）、「おしらせ　横浜市水道局の水インフラシステム輸出の取組」（横浜ウォーター株式会社ウェブサイト）、各自治体水道サービス等ウェブサイト。
（55）関根仁博「デリー・ムンバイ間産業大動脈構想」『日本貿易会月報』（二〇一〇年二月号）、関根仁博「デリー・ムンバイ間産業大動脈構想（DMIC構想）」（日本貿易保険総務部広報・海外グループ・発行『E-NEXI』二〇一〇年八月号）、外務省アジア大洋州課「デリー・ムンバイ間産業大動脈構想」（二〇一〇年一一月）。
（56）「動き出すインフラ輸出（上）インドを足がかりに」（日本経済新聞二〇一〇年五月七日）、「東芝など企業連合、インド都市整備受注へ 4事業、送電網や水道一括で」（同前二〇一〇年三月二〇日）、「日印共同で『環境都市』づくり 両国が合意」（朝日新聞二〇〇九年一二月二九日）。
（57）「インフラ整備 インド、5年で1兆ドル GDPの10％ 半分は民間資金」（日本経済新聞二〇一一年七月五日）。
（58）近藤正規「『官民協調』の試金石となるインドの産業大動脈構想」（『日本貿易会月報』二〇一〇年七・八月号）。
（59）「アジアハイウェイの歴史」（国土交通省ウェブサイト）。
（60）経済産業省『通商白書 二〇〇九』「第3章第2節 1 内外一体の経済対策」、島戸治江「『アジア広域開発構想』とは」（三井物産戦略研究所海外情報室、二〇〇九年一一月）、石田正美「大メコン圏経済協力プログラムと日本の役割」（『日本貿易会月報』二〇〇九年三月号）、梅﨑創「アジア総合開発計画と日本の役割」（同前二〇一〇年六月号）、「東アジア、インフラ18兆円一体整備 交通・通信など650件、首脳会議で承認へ」（日本経済新聞二〇一〇年三月三〇日）。
（61）「日・インドネシア、経済回廊構想の協力などで合意」（日本経済新聞二〇一〇年一〇月一四日）。

(62)「ASEANの都市整備　日本400社参加　1兆円規模で　政府が支援」(日本経済新聞二〇一〇年八月二一日)。
(63)「政府、インフラ輸出で東南ア9事業に重点　ODAで日本勢支援」(日本経済新聞二〇一〇年一〇月二三日)。
(64)「ベトナム最大企業、3兆円事業で日本と交渉　製油所や発電所、候補に50社」(日本経済新聞二〇一〇年六月三〇日)、「ペトロベトナム『3兆円事業で日本企業200社と交渉』事業費の55%を日本資金で　CEO会見」(同前二〇一〇年六月一六日)。
(65)「JX、ベトナムに製油所　事業費最大8000億円　国営大手の計画に出資」(日本経済新聞二〇一〇年六月三〇日)、「東電、ベトナムで石炭火力発電　国営大手と提携」(同前二〇一〇年六月二二日)。
(66)「ベトナムに大型港湾施設　商船三井など建設費300億円　政府も円借款800億円」(日本経済新聞二〇一〇年九月一日)。
(67)「JR東、川重・住商と応札へ　米高速鉄道計画」(日本経済新聞二〇一一年二月二七日)、「日立、英で建設の原発の現地調達率6割　300社と取引めざす」(同前二〇一四年一二月二七日)。
(68)経済産業省「アジアPPP研究会報告書」(二〇〇五年四月)一〇、一一、一三頁。アジアPPP研究会は、経済産業省が二〇〇四年九月から二〇〇五年四月にかけて開催(座長・木村福成で設置)。その活動が二〇〇六年のアジアPPP推進協議会の設立となり、ここには多くのインフラ関連企業が参加している(同協議会ウェブサイト)。
(69)経済産業省・グローバル金融メカニズム分科会「官民連携によるインフラ整備のためのインフラ・ファンド及びプロジェクト・ボンドの活用の促進に向けて」(同分科会報告書　二〇一〇年三月)。

(70) 日本経済団体連合会・提言「豊かなアジアを築く金融協力の推進を求める」(二〇一〇年三月一六日)、同前・緊急提言「海外インフラ展開のための金融機能の強化を求める」(二〇一〇年一二月六日)、同前・提言「官民連携を梃子に国際協力の戦略的・機動的な展開を求める」(二〇〇九年四月八日)。

(71) 内閣府原子力委員会・平成二三年・第四五回(資料1)・文部科学省原子力損害賠償対策室「原子力損害賠償に関する条約について」(原子力委員会ウェブサイト)、文部科学省研究開発局原子力計画課「原子力賠償制度について」(同省ウェブサイト)、「原発事故5年、被災者への賠償額すでに6兆円」(日本経済新聞二〇一六年三月二日)、市川美穂子・柏木芳伸「我が国の原子力賠償制度の今後のあり方について」(Mizuho Industry Focus Vol.162)。

第４章　安倍成長戦略・「日本再興戦略」の本質

本章では、第二次安倍晋三内閣の成長戦略「日本再興戦略」を分析する。

「日本再興戦略」は、目もくらむほど雑多、広範囲、膨大な施策から成っており、その本質がきわめて見えにくい。あまりに雑多な施策項目のため、あらゆる分野の施策をただ網羅し羅列しただけにさえ見える。

しかし「日本再興戦略」は、バラバラな施策の羅列に見えながらも、すべてが日本資本主義の構造そのものを転換させるための政策となっている。その目指す構造転換の一つは、日本の資本主義を、「ものづくり」に基礎を置く資本主義から決定的に決別させ、米国型の「機関投資家資本主義」とか「ファンド資本主義」あるいは「新しい金融化」などと呼ばれる構造へと転換させることである。それは機関投資家、すなわち大株主にのみ顔を向けた経営を企業に強いる体制であり、大多数の日本企業に長期的成長への途を閉ざし、外資の蚕食・跳梁《ちょうりょう》にまかせる転換を強いる政策である。

もう一つは、「規制撤廃」・「民営化」のための諸施策で、公共性を重視すべき労働や医療・介護、エネルギー等々の分野までも、国内、国外の民間企業や投資家による簒奪《さんだつ》に委ねる資本主義への構造転換を強いるものである。

ただこれらの諸施策の多くは、「日本再興戦略」ではじめて打ち出されたものではない。「規制撤廃」・「民営化」策は、この二十数年間実行されてきた政策であり、「日本再興戦略」の諸施策も、その延長上にある。「機関投資家資本主義」等と呼ばれる構造への転換も、「規制撤廃」策の一環として、すでにある程度推し進められてきたものでもある。

安倍内閣が際立っているのは、「規制撤廃」・「民営化」策のうちで今までの政権がやり残した課題すべてを網羅し、その「総仕上げ」を行うことで構造転換を完成しつつあることである。

その完成のために安倍内閣は、「日本再興戦略」の実現に向けて多数の法整備を行った。二〇一三年六月にはじめて同戦略が出されて以降、二〇一六年六月に第一八九通常国会が終了するまでの三年間だけでも、「日本再興戦略」関連の法案を八〇本近く通し、掲げた施策のほとんどを実現しつつある。一見バラバラで、目がくらむほど膨大で広範囲の施策項目すべてを、強引に実現する恐るべき内閣なのだ。

この「日本再興戦略」の本質を知る上で最も重大なことは、「規制撤廃」・「民営化」の総仕上げも、「機関投資家資本主義」への転換も、すべてが米国政府から日本政府に突きつけられてきた要求に端を発したものだということである。米国は一九九〇年代以降、毎年、日本経済と社会のシステムに対する膨大な項目からなる要求を突き付け続け、日本の経済・社会構造の転換を迫ってきた。安倍内閣の成長戦略のほとんどの項目は、この米国の要求に基づいている。二十数年間で日本政府がまだ実現できなかった項目を、まるで宿題を大急ぎで果たすように、すべて総決算しようというのだ。

本章では、「日本再興戦略」の施策項目を網羅的にとりあげ、それがどのような米国からの要求に端を発したものか、過去の自民党政権はどこまで実現し、安倍内閣では歴代内閣がやり残した課題を、どう総決算しつつあるかを逐条的に検討する。政策項目をつぶさに見ることによって、安倍内閣の成長戦略と米国の要求との相関を解明し、それによって安倍成長戦略が日本経済と国民生活の何をどのように変え、どんな経済社会をもたらそうとしているのか明らかにする。それはまた米国政府と米国グローバル企業の要求に端を発した日本経済の「構造転換」政策が、日本経済、日本企業、日本国民に与えるダメージと日本の近未来に待ち受ける大きな陥穽《かんせい》と闇も明らかにしてくれるだろう。

本章を、本書全体に位置付けておこう。序章から第2章で日本経済が直面する最大の問題が生産の海外移転と産業空洞化にあることを見た。本章では日本の進路をゆがめ、日本経済を破壊するもう一つの大問題、米国と米国企業の圧力を明らかにする。それは、生産に軸足をおく資本主義と最終的に決別することを余儀なくするものであり、経済の産業空洞化の加速はむろんのこと、多くの日本企業の存亡さえ脅かされる体制を強いるものでもあるのだ。

次章・第5章では、「日本再興戦略」の対外経済戦略の柱である「インフラ輸出」戦略をとりあげ、それが米国の対アジア軍事戦略の転換とそれに基づく対日圧力と、どのように一体化しているかを見る。安倍内閣下の「インフラ輸出」は、第3章で論じた民主党時代の「インフラ輸出」とは大きく変化した。もともと日本企業の成長戦略として生まれたインフラ輸出政策が、米国の圧力と介入によって、集団的自衛権行使を前提とした安全保障戦略と一体のものに変質した。それが日本の国家と国民に何をもたらそうとしているかを解明する。

本章と次章・第5章は、一体で、「日本再興戦略」と安倍内閣の本質を明らかにするものである。

第一節　安倍成長戦略の全体像

（1）安倍内閣の経済政策の組織と成長戦略・「日本再興戦略」の位置付け

第4－1図は、安倍内閣の経済戦略を図示したものである。同内閣は、成長戦略である「日本再興戦略」を二〇一三年六月に公表した。この「日本再興戦略」に、財政政策、金融政策も加えた「財政運営と改革の基本方針」（骨太の方針）も出した。金融政策を第一の矢、財政政策を第二の矢と呼び、成長戦略・「日本再興戦略」を「第三の矢」と称して、「三本の矢」で日本の「デフレ不況」を克服すると宣言した。

そしてこれらの戦略策定のための組織として第4－2図のように、閣僚のみで構成する「日本経済再生本部」を内閣発足直後の二〇一二年一二月に立ち上げ、その下に「産業競争力会議」、「規制改革会議」、「経済財政諮問会議」の三会議を翌年一月設置した。「規制改革会議」や「経済財政諮問会議」は、もともと橋本龍太郎内閣～第一次安倍内閣時代の「規制改革・民営化」全盛時代に生まれた組織であり、民主党政権時代には、停止あるいは終了していたが、第二次安倍政権で復活させたのだ。(1)安倍内閣は、橋本―小泉―第一次安倍内閣と続く「規制撤廃」、「民営化」全開路線時代の組織をよみがえらせたので

第４－１図　第三の矢・『日本再興戦略』の安倍成長戦略での位置付け

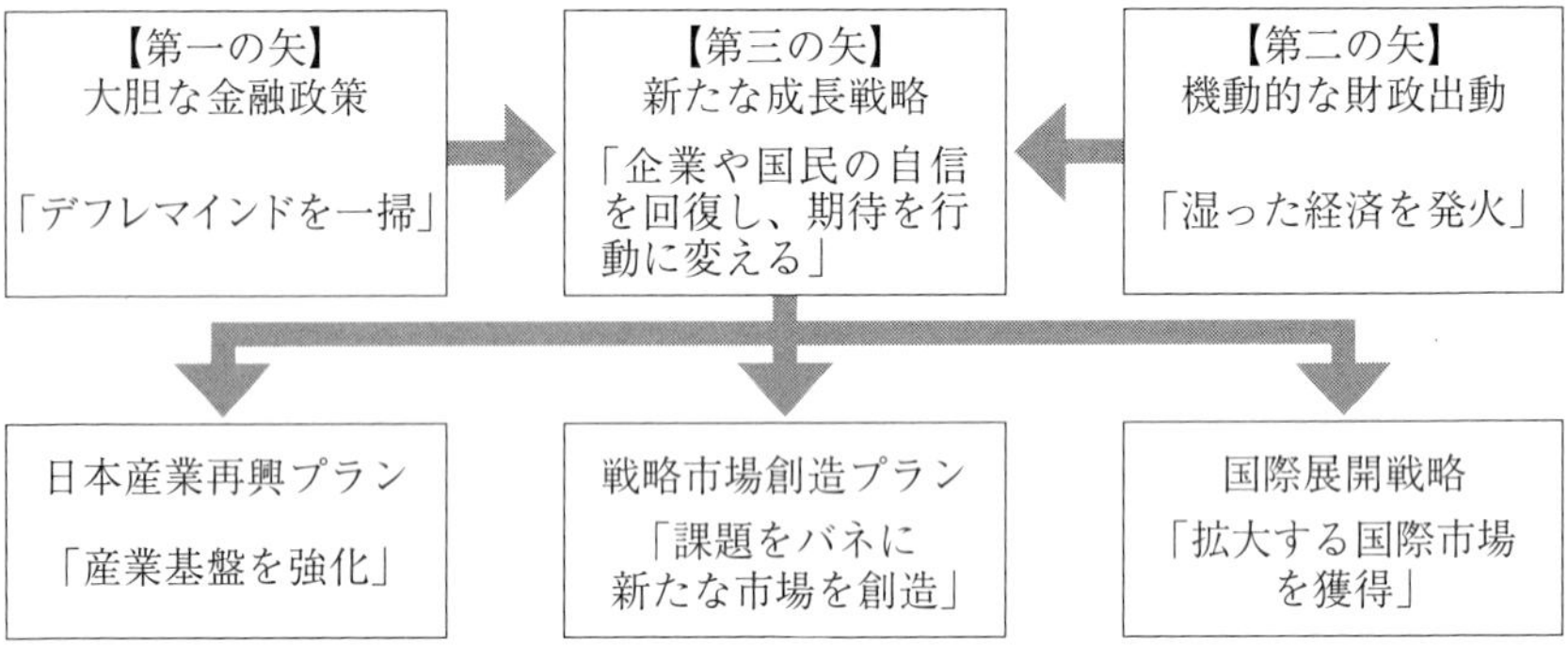

（出典）首相官邸ホームページ内「日本経済再生本部」サイト「『成長戦略の当面の実行方針について』が日本経済再生本部で決定されました」（参考資料）『新たな成長戦略について（日本再興戦略―JAPAN is BACK―）』、「日本産業再興プラン　戦略市場創造プラン　国際展開プラン　主な施策例」等を参考に作成

第４－２図　安倍内閣・成長戦略組織

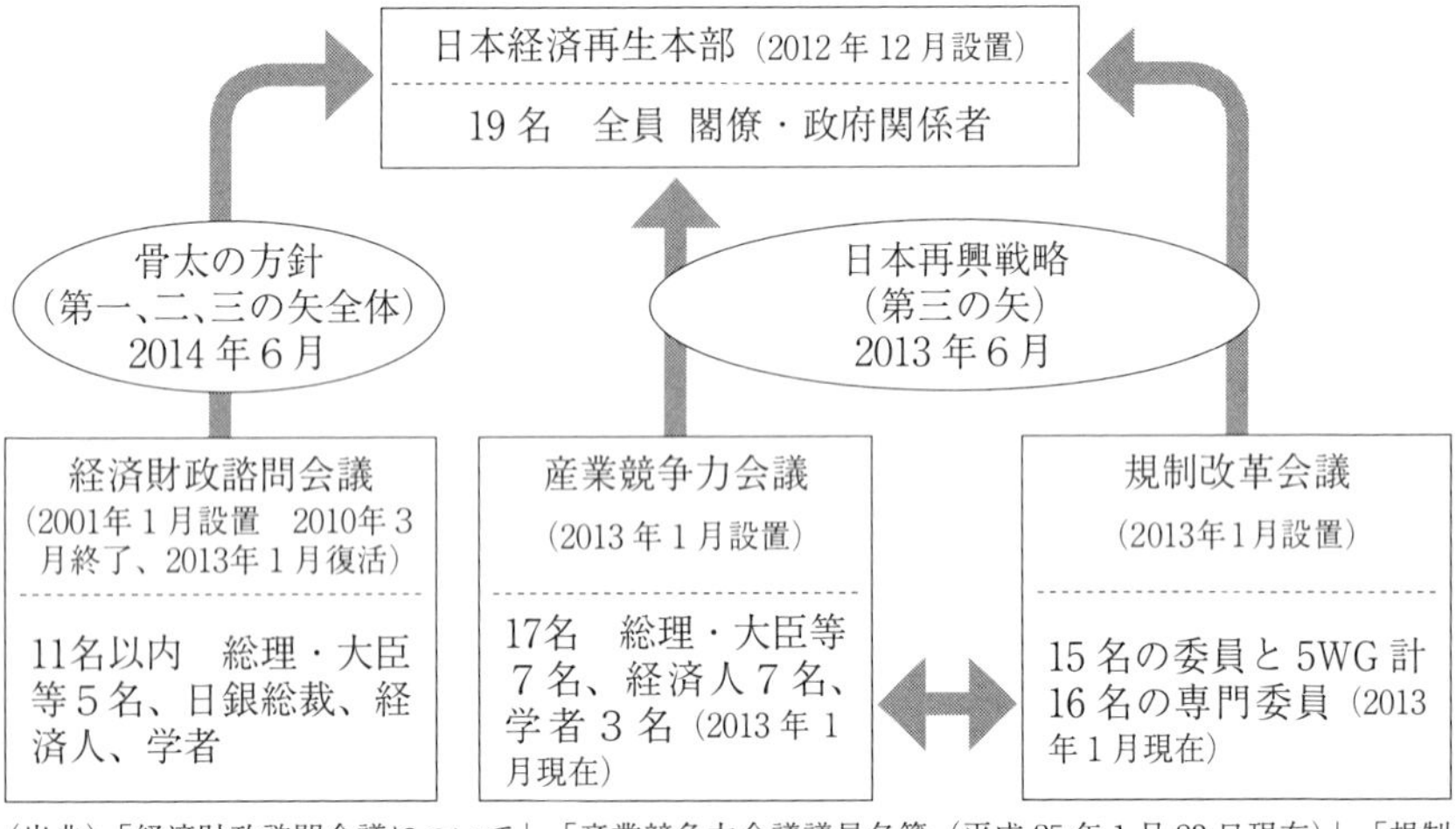

（出典）「経済財政諮問会議について」、「産業競争力会議議員名簿（平成 25 年 1 月 23 日現在）」、「規制改革会議委員名簿」（2013 年 1 月現在）（各会議ウェブサイト）等によった

あった。

安倍成長戦略の「三本の矢」のうち、第一の矢「金融政策」がマネタリー・ベースを恐ろしいほど増加させる政策であったことは序章で触れた。それは日本経済停滞の原因を、通貨供給量の不足――デフレにあるという全く見当違いの方向に求め、通貨供給量を増やし、無謀なインフレ――物価上昇を引き起こしさえすれば日本経済が成長するかのように言いかえる欺瞞《ぎまん》の理論に基づいたものであった。有難いことに今のところその効果は現れず、インフレと呼ぶにふさわしいほどの物価上昇は起きていない。しかしこの政策の目的は、インフレを引き起こすだけにとどまらず、第三の矢「日本再興戦略」と相まって、日本を機関投資家資本主義等と呼ばれる体制への転換策とも連動しており、それについては後述する。

第二の矢・財政政策については、現在の日本は無謀な財政拡大ができる状況にはないこともあって、それほど際立った特徴をもつ政策にはなっていない。

第三の矢・成長戦略が、安倍経済政策の本丸である。これはあらゆる分野の構造を改変し「新しい日本」につくり変える、その総仕上げをしようというものである。安倍内閣は、二〇一三年だけではなく二〇一四年六月にも改訂版「日本再興戦略・改訂二〇一四」を公表した。これは二〇一三年版を完全に踏襲していた。そして二〇一五年、二〇一六年にも改訂版を公表した。(2) 二〇一六年の改訂版は、それまでと少し趣を変えている。副題を「第四次産業革命に向けて」と銘打つなど、ビッグデータやIoT（あらゆるモノをインターネットにつなげることで生まれるビジネス）、人工知能等を諸分野で利用すること等による成長を強調し、「将来の成長分野」や「未来の理想の形」を語る部分が大きくなっている。それに従って論述の構成も組み替えてはいる。しかし掲げられている具体施策は二〇一三年版を基本的に踏襲しており、その実現度合を検証するものにもなっている。こうしたことから本節では、二〇一三年版の諸施策を基本にして分析を行い、必要があれば二〇一四年版やその他の年度のものも付け加える。

（2）「日本再興戦略」の全体像

第４－１表は、二〇一三年版の「日本再興戦略」の施策細目を、日本経済再生本部自身が要約・列挙したものである。この表を一瞥《いちべつ》すると、同戦略がまことに多岐、多種にわたっていることがわかる。しかし「日本再興戦略」は単なる寄せ集めではなく、二つの「理念」に基づいて構成されている。

第一の「理念」は、「規制撤廃」、「民営化」である。それは「日本再興戦略」の作成主体の一つが「規制改革会議」であることに象徴される。第４－２表は、規制改革会議自らが「日本再興戦略」で提起したそれぞれの施策項目は、こんな規制改革、民営化を行うためのものだと説明したものである。これは第４－１表の雑多な施策の本質を、明瞭に示すものとなっている。この「規制撤廃」、「民営化」については、第二節と第三節で分析する。

第二の「理念」は、「産業競争力」の強化である。これは「日本再興戦略」をまとめたもう一つの主体が「産業競争力会議」だということに象徴される。「産業競争力」とは民間企業の競争力を意味しており、「日本企業を国際競争に勝てる体質に変革」することを目指す（「日本再興戦略」二〇一三年版　三頁）。これについては第四節「企業競争力強化策」で論じる。

第４－１表　『日本再興戦略』項目表

Ⅰ．日本産業再興プラン（産業基盤を強化）

(1)産業の新陳代謝
①民間投資の活性化
②ベンチャー投資の促進
③事業再編・事業組換の促進
④チャレンジできる仕組みの構築
⑤産業競争力強化法案（仮称）の制定

(2)人材力強化・雇用制度改革
⓪多様な働き方の実現
①雇用維持型から労働移動支援型への政策転換
②民間人材ビジネスの活用強化
③大学改革（今後３年間を改革加速期間）
④女性の活躍推進
⑤グローバル化等に対応する人材力の強化
⑥待機児童解消加速化プラン
⑦高度外国人材の活用
⑧若者等の活躍推進

(3)科学技術イノベーション
①総合科学技術会議の司令塔機能強化
②革新的研究開発支援プログラムの創設
③「戦略的イノベーション創造プログラム」（仮称）の創設

(4)世界最高水準の IT 社会の実現
① IT 利活用裾野拡大のための規制・制度改革
②公共データの民間開放と革新的電子行政サービスの構築
③ IT 活用裾野拡大のための規制・制度改革

(5)立地競争力の強化
①公共施設等運営権等の民間開放（PPP・PFI の活用拡大）
②環境・エネルギー制約の克服
③国家戦略特区の実現

Ⅱ．戦略市場創造プラン（課題をバネに新たな市場を創造）

(1)国民の「健康寿命」の延伸
①医療分野研究開発の司令塔「日本版 NIH」の創設
②先進医療の審査迅速化
③一般用医薬品のインターネット販売
④予防・健康管理の推進に関する新たな仕組みづくり
⑤健康寿命延伸産業の育成
⑥医療の国際展開

(2)クリーン・経済的なエネルギー需給の実現
①電力システム改革の実行

(3)安全・便利で経済的な次世代インフラの構築
①インフラ長寿命化基本計画の策定・新技術の導入等
②安全運転支援システム、自動走行システムの開発・環境整備

(4)世界を惹きつける地域資源で稼ぐ地域社会の実現
①査証発給要件の緩和
②担い手への農地集積等による競争力強化
③６次産業化の推進
④農林水産物・食品の輸出促進

Ⅲ．国際展開戦略

(1)経済連携の推進
(2)インフラ輸出
(3)中堅・中小企業に対する支援
(4)クールジャパンの推進
(5)対内直接投資の活性化

（出典）「日本産業再興プラン、戦略市場創造プラン、国際展開戦略（主要な施策例）」（2013.6.28 版、首相官邸ウェブサイト内「日本経済再生本部」サイト）

（注）Ⅰの(2)の⓪多様な働き方の実現の項目は筆者加筆

第４－２表　規制・制度改革による市場の民間開放

(a) エネルギー改革	(a-1) 電力システム改革（①小売全面自由化、②発送電分離、③広域連携）の断行により、電力会社に閉じていた投資を多様な主体に開放 (a-2) 環境アセスメント手続きを明確化・迅速化し、最新鋭の石炭火力の国内投資を開放
(b) 医療関連制度改革	(b-1) 最先端医療の保険外併用加速、医療機器・医薬品等の審査迅速化、一般用医薬品のインターネット販売、レセプト分析データの活用促進等により、世界最高水準の医療サービスを実現 (b-2) 安全性や適法性に関するガイドラインや品質保証の仕組みの構築等を通じ、公的保険に依存しない新たなビジネス市場を開放。
(c) インフラ整備の転換	(c-1) PPP/PFI を抜本的に政策転換し、民間投資を喚起（1999～2012 年の事業規模 4.1 兆円。今後 10 年間の事業規模 12 兆円に）。効果的・効率的なインフラ整備・運営を可能とする。
(d) 攻めの農林水産行政	(d-1) 農地集約・耕作放棄地解消を徹底し、今後 10 年で全農地面積の８割（現状約５割）が、能力ある多様な「担い手」によって利用される。また、担い手のコメの生産コストを資材・流通面での産業界の努力も反映して、現状全国平均比４割削減する。 (d-2) 輸出促進（現状約 0.45 兆円を 2020 年に１兆円）。
(e) 雇用・人材制度の転換	(e-1)「行き過ぎた雇用維持型」から「労働移動支援型」に雇用政策を大転換し、個人が活躍の場を徹底的に探せるように。 (e-2) ハローワークの求人情報、助成金等を民間に開放。カウンセリングや教育訓練、マッチング等に民間の力を最大限活用。
(f) 保育の受け皿確保	(f-1) 待機児童ゼロを達成するため、「待機児童解消加速化プラン」を展開し、これまでに無い規模で、株式会社・NPO 法人の参入拡大や認可外保育施設への支援拡充等を実現。
(g) 公共データの民間開放	(g-1) 国の地理空間情報（G 空間情報）、統計情報、防災情報などを民間開放し、新たなビジネスに活用

（出典）「『成長戦略の当面の実行方針について』が日本経済再生本部で決定されました」（参考資料）「日本再興戦略について」（2013 年６月 14 日）14 頁　表「５．規制・制度改革による市場の民間開放」（首相官邸ウェブサイト内　「日本経済再生本部」サイト）

二つの理念とは言ったが、同戦略の九割以上が「規制撤廃」、「民営化」に関連する項目である。そしてこの「規制撤廃」、「民営化」の項目の大部分は、実は米国からの要求に端を発している。どんな要求かは項目ごとに順次明らかにしていくが、同戦略はこうした本質を持つため、日本経済全体を「再興」できる「戦略」なのかという問題だけでなく、そもそも「日本企業」さえも「再興」できるのかという根本的な問題を抱えた戦略なのだ。

また、九割を占める「規制撤廃」、「民営化」策だが、実はその中で力点が少し異なる政策がある。二〇一四年版は二〇一三年版の項目を完全に踏襲してはいるが、特に二〇一四年度の重点策を、一〇大重点項目として日本経済再生本部自身が列挙したものが、第4－3表である。このうちの①、②、③は、日本経済を「機関投資家資本主義」とか「ファンド資本主義」とか「新しい金融化」と呼ばれる体制へと転換させるための基盤整備をしようというものである。これら三項目の分析は、第三節「米国型『機関投資家資本主義』へ」として、第二節とは分離して論じる。

むろんこれら三項目も「規制撤廃」、「民営化」策の一環ではあるが、但し第二節と第三節では、「規制撤廃」策の攻撃対象が少し異なっている。第二節での労働、医療、エネルギー等々の分野では、攻撃はもっぱら「公共政策」や「福祉政策」と、その背後の人権に向けられている。これらは長い資本主義発達の歴史の中で、階級対立や資本主義の無制限な簒奪《さんだつ》とそれが生み出す矛盾の緩和を、国家が調停・調節するために生まれた政策であった。これを攻撃、破壊するのが第二節で論じる施策である。一方、第三節で扱う施策は、米国流の金融システムと機関投資家による企業支配のための政策を日本に強要するもので、日本企業への攻撃の要素も多分に内包し、日本企業のあり方の転換を迫るものなのである。

第4－3表　「日本再興戦略」2014年版の10大重点政策

1．日本の「稼ぐ力」を取り戻す
①コーポレートガバナンスの強化
②公的・準公的資金の運用の在り方の見直し
③産業の新陳代謝とベンチャーの加速、成長資金の供給促進
④成長志向型の法人税改革
⑤イノベーションの推進とロボット革命
a．革新的な技術からビジネスを生み出すナショナルシステム
b．ロボットによる社会的課題の解決と新たな産業革命
2．担い手を生み出す～女性の活躍促進と働き方改革
⑥女性の更なる活躍促進
a．学童保育の拡充
b．女性就労に中立的な税・社会保障制度等の実現
⑦働き方の改革
a．働き過ぎ防止のための取組強化
b．時間ではなく成果で評価される制度への改革
c．多様な正社員の普及・拡大
d．予見可能性の高い紛争解決システムの構築
⑧外国人材の活用
a．外国人技能実習制度の見直し
b．製造業における海外子会社従業員の受入れ
c．特区における家事支援人材の受入れ
d．介護分野における外国人留学生の活躍
3．新たな成長エンジンと地域の支え手となる産業の育成
⑨攻めの農林水産業の展開
a．農業委員会・農業生産法人・農業協同組合の一体的改革
b．酪農の流通チャネル多様化
c．国内外とのバリューチェーンの連結（6次産業化、輸出の促進）
⑩健康産業の活性化と質の高いヘルスケアサービスの提供
a．非営利ホールディングカンパニー型法人制度（仮）の創設
b．個人への健康・予防インセンティブの付与
c．保険外併用療養費制度の大幅拡大

（出典）「『日本再興戦略』改定2014の概要」（改革に向けての10の挑戦）（首相官邸ウェブサイト）

このため、第三節として節をあらためて論じる。むろん「規制撤廃」策全体が、もともと福祉や公共政策に対する攻撃だけでなく、グローバル資本間の競争・攻撃という両面を包含するものではある。

以下の分析は、第4－1表、第4－3表を基礎に、それぞれの「本文」を突き合わせつつ行う。二〇一三年版「本文」は特に、当該施策項目を明瞭に解説しているだけでなく、その後の年度版で新しく出てくる項目にも

なんらかの形で言及している場合が多く、毎年出されている「日本再興戦略」全体を見渡すことができるからである。

第二節　規制撤廃・民営化

（1）「規制撤廃」、「民営化」政策はどこから来たのか

「日本再興戦略」に掲げられた具体策のほとんどが、「規制撤廃」、「民営化」にかかわる施策であるが、「規制撤廃」、「民営化」策の本質は何か。それはなぜ諸分野で行われようとしているのか。各政策を個別具体的に論じる前に、まず、「規制撤廃」、「民営化」策の意味を見ておこう。

規制改革会議の提案　「日本再興戦略」は、規制改革会議、産業競争力会議の両会議の答申をまとめたものであるが、この答申は会議のメンバーが額をよせて導き出したテーマと結論というより、すでにあるテーマと結論を持ち込んだものである。それはたとえば以下のような事実からもわかる。安倍首相は、規制改革会議の発足直後に、今後の会議で検討すべき「喫緊の重要政策課題」は、「雇用関連、エネルギー・環境問題、健康・医療関連を規制改革の重点分野とする」という指示を出した[(3)]。大田弘子同会議議長代理もこれを受けて、「この二年程度で、これまでの規制改革に決着をつける」、特に「関連業

界・団体が強く反対し、長年解決がつかない規制」すなわち「医療・介護・保育・農業など〝官製市場〟分野の規制、雇用関連規制、など」の「岩盤のような規制」に集中的に取り組むと、安倍首相の指示と同様のことを宣言した[4]。

そして同日配付された資料・「これまでに提起されている課題の代表例」では、「健康・医療」、「エネルギー・環境」、「雇用」、「創業・産業の新陳代謝等」等の分野での具体的な項目が、その「解決策」と共に詳細に列挙されていた[5]。のちに規制改革会議が出した最終提案も、ここでの「解決策」を基本的に踏襲するものであった。つまり規制改革会議が提案したテーマは、第二次安倍内閣で突然出てきたものではなく、長年追求されてきた課題であり、解決方向も、いくつかの追加点があったにせよ、すでにおおむね決まっていたものであった。

「規制撤廃」・「民営化」――「構造改革」の源流

なぜ、「日本再興戦略」の中心的検討課題が、安倍首相の指示した三分野なのか。それは歴代自民党政権、とりわけ橋本―小泉―第一次・安倍の各政権を貫く「規制撤廃」、「民営化」政策でやり残した「宿題」が、この三分野に多く残されているからである。「規制撤廃」、「民営化」は、二〇年以上にわたって日本の政治の中心課題として追求されてきたが、まだ完了したわけではなく、安倍政権の政策は、残された課題を一掃しようというのである。

ではなぜ、「規制撤廃」、「民営化」は、かくも長期にわたる主要政策課題として追求されてきたのか。われわれは「規制撤廃」、「民営化」策については〝国民の痛みは大きいが膨れ上がってきた財政を縮小し立て直すためのやむをえない選択〟とか〝資本主義のグローバル化時代を生き延び勝ち抜くための自国の巨大企業と国家の選択〟という前提に立ってしまいがちである。しかし、この二〇年以上にわたって断行されてきた規制撤廃の改革、そして「日本再興戦略」で掲げている主要な「規制撤廃」関連の施策すべては、米国によって日本に突き付けられてきた「対日要求」を源流としており、日本の企業と政府が自ら自主的に選択した政策ではないのだ。

では、米国はなぜそうした「要求」を突き付け続けたか。安倍成長戦略の本質を見るには、国際資本間の競争を背景とした米国の意図と行動を、まず前段として押さえておく必要がある。日本側がなぜそれを唯々諾々と受け入れてきたかは、本節の最後で考察する。

米国の攻撃　米国政府の要求の原点には、日米の貿易不均衡問題があった。序章で論じたように戦後の日本経済は米国を市場として急成長を遂げたが、米国側は拡大する対日貿易赤字に苦慮し、一九七〇年代以降、本格的に日本との貿易交渉を開始した。第1章で述べた日米半導体摩擦と、一九八六年に締結された日米半導体協定もその一端である。しかし対日貿易赤字は膨れる一方で、一九九一年には米国の貿易赤字に占める日本の割合は六五パーセントにまで拡大した。

米国の企業は、次第に「自分たちは日本企業と競争しているのではなく、日本のシステム全体と競争させられている(6)」と考えるようになった。日本のシステム全体が、日本企業の競争力を強くしているため、もぐら叩きのような個別製品の輸出入規制では追いつかない。日本の経営・経済・社会のシステム全体を叩くしかないと考え始めたのである。そのシステムとは、「官民一体」の成長政策、「企業グループ」による結束とグループ内銀行による成長のための資金供給、「労使協調」・「労使一体」などの労使関係も含めた日本の諸システム・慣行といわれたものであり、政府・企業経営者・労働者が一丸となって「ものづくり」に邁進《まいしん》して経済成長を担ってきたシステムそのもの、日本経済の成長と強さを支えたシステムそのものであった。これらは、「日本的経営」として、特に一九八〇年代以降、世界的に良い意味でも悪い意味でも注目され、日本の驚異の経済成長と輸出競争力の源泉と世界から見なされていた。

かくして米国は、「規制撤廃」、「構造改革」の名で、日本の経済・経営システムから雇用・社会システムにいたるまで注文をつけて変更を迫る「構造協議」を開始した。「ＭＯＳＳ協議」（一九八五～一九八六年）、「日米構造（問題）協議」（一九八九～一九九〇年）、「日米包括経済協議」（一九九三～一九九六年）と様々な名称で日米間の「協議」が断続的に持たれた。

規制撤廃の要求書を毎年つきつける

とりわけ一九九四年以降は、毎年、米国政府から日本政府に対して、大部（日本語訳で四〇～五〇頁）の「要望書」をつきつけるようになった。この要望書の正式名称は、「日本における規制緩和、行政改革及び競争政策に関する日本政府に対する米国政府の要望書」（傍線部の文言は異なる年度もある）と名付けられており、二〇〇二年になると「日米規制改革および競争政策イニシアティブに基づく日本政府への米国政府要望書」と名付けられていた（一九九六年以降のものは米国大使館で仮訳されているが一九九四～一九九五年は未訳）。日本ではこの要求書は、一般的に「年次改革要望書」と略記されるが、本論では「要望書」と略記する。

これは「年次改革」の要望書などという生易しいものではなく、米国大使館の訳では二〇〇一年までのものは「規制撤廃要望書」、「規制改革要望書」の名称がほぼ毎回表紙に大書されており、米国からすれば「規制撤廃」の有無をいわさぬ対日「要求書」であった。

では「規制撤廃」とは何か。「規制」とは、日本側の輸入規制（ＷＴＯ等で国際的に認められた規制）に関するものも多かったが、しかしそれにとどまるものではなかった。日本の国の在り方、日本の経済成長を支える仕組みそのものすべてを、「規制」として解体を迫った。それは、郵貯・簡保・通信事業・電力事業などの国民生活に深く関連する公共部門の解体と民間（米国資本等の外資を含む）への開放を迫るものであり、日本の雇用システムの改変、日本の法制度の改変、会計制度の改変等々を迫り、果ては日本の年金基金等の運用制度の改変と運用への外国ファンド等の参入まで迫る「内政干渉」要求を、「規制撤廃」、「民営化」、「内外（企業）無差別」を盾に要求した。要は、戦後日本の官民一体、労使協調の経済・経営システム全般を破壊するとともに米国資本の参入を容易にし、公共部門も含めて米国資本に開放し、日本の金融資産や日本企業そのものを米国の投機資本に蚕食させることそのものの要求であった。それはまた日本の経済・社会ルールを米国流に改変し、米国企業が米国内と同じように活動できる基盤を日本で整備しようというものでもあった。

「日米投資イニシアティブ」も　二〇〇一年には、恒常的な日米協議の場である「成長のための日米経済パートナーシップ」の枠組みも開始し、「日米投資イニシアティブ」も設けられた（第4－3図）。こうした枠組みを設けたのは、米国側の強硬な要求の連続に、さすがに日本側も反発する場面が多かったため、日本国内の「改革支持勢力」や日本の経済界ももっと大きく抱き込んでいこうと米国が考え始めたからであった。「直接的な『外圧』や『制裁』より、『日本の構造改革』勢力をパートナーとして支援し、協力させたほうが得策だと」考えたのであった。[7]

「日米投資イニシアティブ」は日米協議という名でお互いに相手国に対して要求を出しあい協議する場という体裁をとってはいるが、日本側は米国に打撃を与えない、比較的簡単に解決できる、ある意味どうでもよいことばかりを要求した。一方、米国は日本の経済と社会のしくみを根底から破壊し改変す

第４－３図　米国の対日要求のルート（要求反映のしくみ）

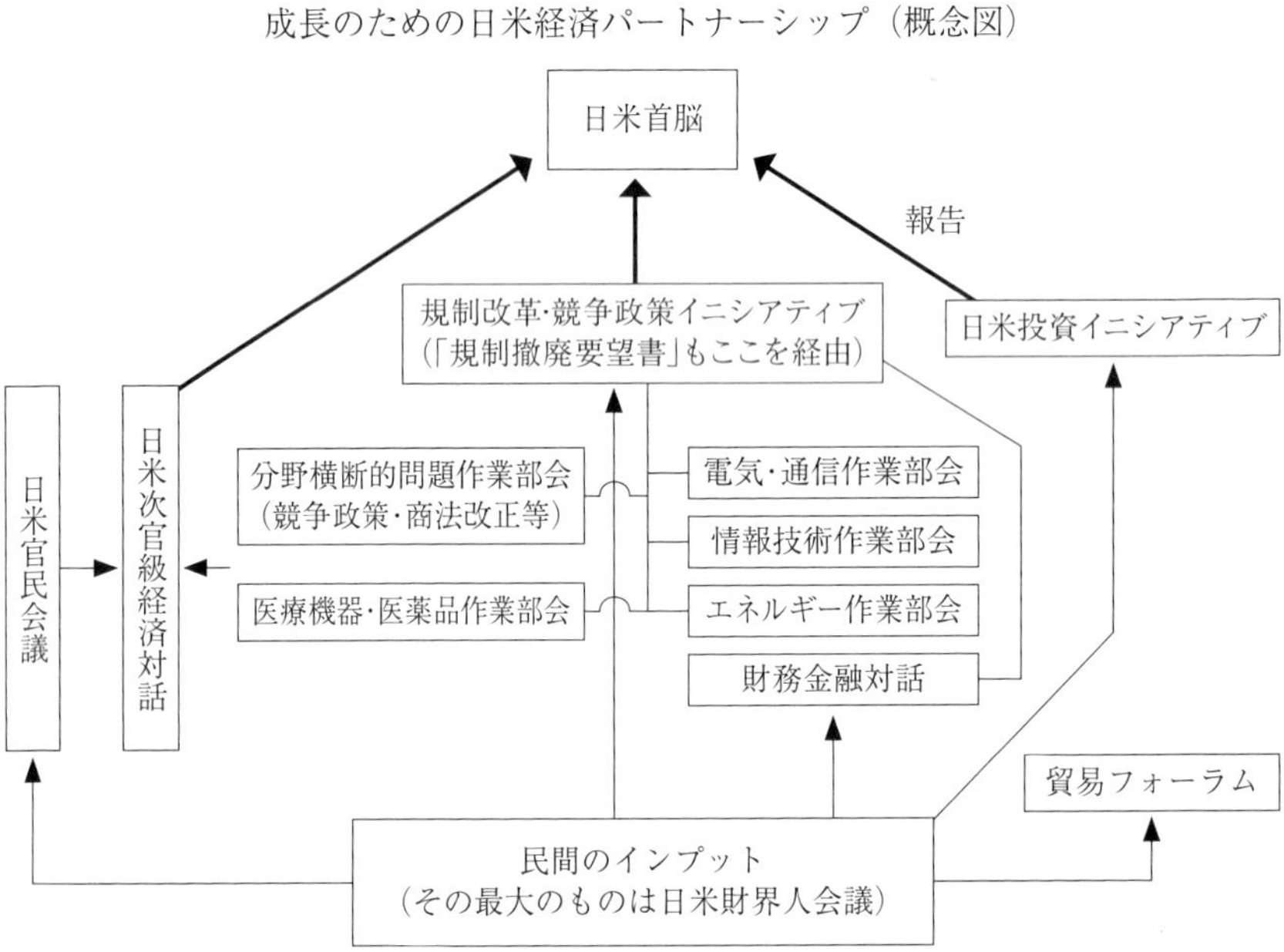

（出典）「成長のための日米経済パートナーシップ【概念図】」（経済産業省ウェブサイト）より作成

る要求をあらゆる分野にわたって突き付け、それが実行されるまで粘り強く圧力をかけ続けた。

従来からの「要望書」も引き続き米国は毎年出し続け、同時に「日米投資イニシアティブ報告書」も「日米経済パートナーシップ」の名のもとに毎年出し続けられた。こうした協議で米国は、「規制緩和」、「構造改革」の名の下に膨大な項目からなる内政干渉の要求を突き付け続けただけでなく、日本の実行度合いも毎年執拗に点検し続けたため、二〇年以上にわたる米国の要求の多くが、日本の政策に組み込まれ実現していった。

「日米協議」のための諸組織や米国からの「要望書」が終了したのは、二〇〇九年になって民主党政権に交代し、鳩山由起夫内閣がこれらを停止したことによる。

ところが民主党から政権を奪回した第二次安倍自民党内閣は、米国からの長年の「要求」のうちまだ実現せず残っているものを、まるで宿題を果たすように「日本再興戦略」に思いきり盛り込んだのである。

以上のような経緯から、「規制撤廃」にかかわる「日本再興戦略」の分析は、米国からの要求を抜きにして考察することはできない。それは、米国資本の日本攻撃から出発したものなのだ。

以下では「日本再興戦略」での政策の分析を、個別分野ごとに行うが、分野ごとに、Aで同戦略での当該分野で掲げられた施策項目を解説し、Bでは米国からの要求を、そしてCではその項目が日本国民や日本経済にどんな意味を持つのか、現実にどう進展しているか等を明らかにする。

（2）雇用制度改革

まずは安倍首相が重点をおけと指示した「雇用、エネルギー・環境問題、健康・医療」のうちの「雇用」分野をとりあげる。この分野での「改革」は、資本主義の長い歴史の中で形成された人権や労働者保護に対する攻撃・破壊という「規制撤廃」の側面を、もっともあらわにしている。

第4－1表で、「雇用」関連項目は「I.日本産業再興プラン（産業基盤を強化）」・「(2)人材力強化・雇用制度改革」の①～⑧までである。同表は、日本経済再生本部自身が「日本再興戦略」を要約し、施策例として一覧表にしたものである。しかし「日本再興戦略」二〇一三年版の本文では詳述している「多様な働き方の実現」という細目だけは欠落させている。それでこの細目を「⓪多様な働き方の実現」として追加した。これは、二〇一四版の一〇大重点項目の一つ「⑦働き方の改革」（第4－3表）とほぼ同じ内容である。二〇一三年版では施策例細目としては上げていないこの項を、「改訂二〇一四」では重点策として前面に出しているので追加した。

なお、この「⑵人材力強化・雇用制度改革」の①～⑧の細目は、「人材力強化」と「雇用制度改革」という本質も目的もまったく異なるものを合体・並列したため、本質が見えなくされている。本項では「雇用制度改革」にかかわるものだけを取り上げ、「人材力強化」に属する「③大学改革」、「⑤グローバル化等に対応する人材力の強化」（英語力の強化等）、「⑦高度外国人材の活用」（ビザ発給等の緩和）は、「（5）その他」で扱う。

A 「日本再興戦略」で提起された政策

①多様な働き方の実現――雇用保障と労働時間の破壊

「⓪多様な働き方の実現」の細目として二〇一三年版の本文中に列記しているのは、「労働者派遣制度の見直し」、「多元的で安心できる働き方の導入促進」、「労働時間法制の見直し」の項である（二〇一三年版　三二頁）。順に見ていこう。

労働者派遣制度の見直し　これはそれまでの労働者の派遣制度における期間の制限、すなわち原則一年、最長三年まで（通訳等専門業務は除く）という縛りをなくすというものである。この最長三年までという縛りは、企業が正社員の業務を次々と派遣労働者に置き換えてしまうこと（常用雇用の代替）を防止するためのものであった。改正はこの縛りをなくす。三年で働く人さえ交代させれば同じ業務を派遣労働者に延々と任せてよい、また部署さえ変えれば、何年でも派遣として働かせることができる、どんな業務でも派遣社員に置き換え放題という案であり、この「労働者派遣法改正法」は二〇一五年九月に成立した。

一九八五年に「労働者派遣法」が制定され、きわめて専門性を有する一三業務に限って「労働者供給事業」が認められ、その後、対象業務が順次拡大されて二六業務（ソフトウェア開発、放送番組等演出、通訳・翻訳・速記等、財務処理等々の極めて専門性の高い職種）にまでなった。しかしそれはあくまでも例外的な容認という原則に立っていた。派遣労働者が直接雇用の正社員にとって代わることがないように、「常用雇用の代替を促すことにならないよう十分に配慮」すべきという原則に立っていたからである(8)。もともと一九四七年に制定された職業紹介法では、労働者を他人に紹介して使用させる「労働者供給事業」を禁止していた。戦前のような賃金のピンハネ（中間搾取）や強制労働、あるいは簡単に雇止めされる不安定雇用から労働者を守るためであった。このため一般業務についての派遣期間は原則一年までに限定された。専門二六業務については派遣期間の制限はないものの同一の業務に新たに人を雇う際には、派遣労働者を優先的に直接雇用しなければならないとされた。

しかし安倍内閣による法改正は、常用雇用（正社員）を派遣労働者によって置き換えることを禁止するという、この基本理念を完全に放棄するものである。

また、専門二六業種に関しては、従来は別枠になっており、原則一年、最長三年という縛りの中には入らなかったが、改正案はこの二六業種枠を撤廃して、他の派遣労働と同じにする。そのため従来は、たとえ一年ごとの契約更新の形をとるにせよ多くは長年派遣先で働くことができたこれらの業種の人々も、三年で強制的に交替させられることになる。

なお改正法では、派遣会社と無期契約を結んでいる場合には、派遣期間の制限はなくなる。三年で職場を失いたくなければ、派遣会社の「正社員」となって「派遣」してもらう必要がある。こうしたこともあって、労働者派遣法の改正は労働者派遣業に関する法改正とも一体になっている。労働者派遣業者は従来、「一般労働者派遣事業」（仕事がある時だけ派遣会社と労働者が雇用契約を結ぶもの）と「特定労働者派遣事業（特定事業）」に分かれていたが、これを一本化した。

大派遣会社は多くの派遣労働者を「正社員」として抱える余力があるため、この法改正によって大きく成長するチャンスがもたらされた。小さな派遣会社を合併するために、人材派遣会社が相次いでM＆A用の投資枠を設定している。テンプホールディングスは、二〇一六年から四年で八〇〇億円、UTグループは五年で一五〇億円をM＆Aに使う予定をしている。UTグループの若山陽一社長は「（法改正を機に）同業の集約化の流れをつくっていきたい」と語る[9]（二〇一六年六月）。

派遣会社のマージン率は、一般に三〜四割程度、多いもので五割程度のものもあり、今後はマージン率を公表する義務もなくなる。この派遣法改正は、派遣業者にはマージン率の極めて高い「うまみのある」商売の未来を保証し、雇い入れる企業には気軽に雇用を打ち切ることのできる便利な制度の拡大を保証する。

しかし労働者には、「派遣」という不安定で保障のない雇用を固定化し、しかも三年間で職場を交替させられ、正社員への道も閉ざされている。派遣という何重にも搾取される苛酷な低賃金労働を延々と強いられ、企業と直接交渉する権利すら取り上げられ、まるで産業革命期の労働者のような弱い立場への逆戻りを強制するものなのだ。

多様な正社員の普及・拡大　これは二〇一三年版・本文では「『多元的で安心できる働き方』の導入促進」とされ、二〇一四年版では「多様な正社員の普及・拡大」と表現されている。「ジョブ型正社員」とか、「職務限定正社員」ともいわれる多様な社員を拡大するというものである。賃金は正社員よりかなり低下するが、有期の契約ではない。しかし、たとえば「勤務地限定正社員」では、当該工場がなくなったり移転すると職も自動的になくなり、「職種限定正社員」では、担当業務がなくなれば自動的に失職する。企業にとっては、正社員より安い賃金で雇用でき、しかも事業再編に応じて労働者を切り捨てられる好都合な制度である。これを普及・拡大していく。

二〇一三年版では「『多様な正社員』モデルの普及・促進を図るため」、「有識者懇談会」をたちあげ、「企業での試行的な導入を促進する」と提起された（二〇一三年版　三二頁）。実際に二〇一三年九月に「懇談会」が立ち上げられ、二〇一四年七月に報告書を出した。この報告書では、「勤務地限定正社員」、「職種限定正社員」、「勤務時間限定正社員」を「多様な正社員」の例として挙げている。[10]

二〇一四年版でも「導入モデル」を公表し、政策的支援も二〇一五年度から実施するとした（二〇一四年版　三六〜三七頁）。極めて多数の労働者を対象に、企業に都合のよいシステムを、労働法改正を行わないままに押し付ける。

労働時間法制の見直し　これは「労働基準法」の縛り、つまり〝一日八時間労働〟、〝週四〇時間〟を基準に、それ以上働けば割増手当を付けるという「原則を見直す」ことである。

具体的には、裁量労働制やホワイトカラー・エグゼンプションの導入・拡大を指す。裁量労働制とは、一日の「みなし労働時間」を、たとえば「一日一〇時間」で労使が合意したら、一日何時間働いても規定の給与しか支払われないが[11]、深夜や休日の労働に対しては割増賃金が支払われる制度である。ホワイトカラー・エグゼンプションは、深夜・休日労働にさえ支払われない。これらが「残業代ゼロ」制度といわれるゆえんである。

二〇一四年版では、「働き方改革の実現」として「例えば少なくとも年収一〇〇〇万円以上」と「一定の年収要件」を条件としつつも「新たな労働時間制度」（ホワイトカラー・エグゼンプション）を「創設」するとした。また裁量労働制についても「新たな枠組みの構築」を提起し、「次期通常国会を目途に必要な法制上の措置を講ずる」と導入期限も明示した（二〇一四年版　三六頁）。

従来は裁量労働制が適用されている労働者は、弁護士、デザイナーなどの専門職（全労働者の一・一パーセント）や企画業務（同〇・三パーセント）のみが対象であり、ごく少数である。一九九八年以降は、法改正によって対象が拡大したが、それでもまだこの程度であった。しかしこの制度を一般社員にまで拡大しようという。

現在の裁量労働の適用範囲は、国が告示で細かく定めているが、これを企業ごとに労使間で決められるようにする。たとえば現在は、営業職に適用できないが、「顧客の需要調査や分析も手掛け」る営業職、という条件をつければ、どんな営業職にも適用できるように法改正をする。

二〇一五年四月に、「労働基準法等の一部を改正する法律案」が国会に提出された。この法案での裁量労働制に関する改正点は、「企画業務型裁量労働制の見直し」として、その対象業務に「課題解決型提案営業」と「裁量的にPDCAを回す業務」が追加された。「課題解決型提案営業」とは、先に述べた顧客の需要調査や分析も手掛ける営業職である。また「裁量的にPDCAを回す業務」のPDCAとは、計画（Plan）、実行（Do）、評価（Check）、改善（Act）のサイクルを行うといういわば当たり前のことで、これを「裁量的に回」せば、裁量労働制を適用できるようにする[12]（厚生労働省「労働基準法等の一部を改正する法律案の概要」）。両者が入ったことで、ほとんどの労働者が裁量労働の対象になる可能性が出てきた。

同法案には、もう一つ「特定高度専門業務・成果型労働制（高度プロフェッショナル制度）の創設」案も入っている。これは、「一定の年収（少なくとも一〇〇〇万円以上）」の「高度の専門知識を必要とする等の業務に従事する」労働者に対して、その同意等があれば「労働時間、休日、深夜の割り増し賃金等の規定を適用除外とする」もので、まぎれもないホワイトカラー・エグゼンプションである。年収一〇〇〇万円以上という縛りがあるため、少数の労働者を対象とするだけだという安心は禁物で、日本経団連は二〇〇五年六月の提言で年収四〇〇万円以上の労働者へのホワイトカラー・エグゼンプションの適用を求めていたし、安倍首相も二〇一四年の委員会の答弁で「現時点では一〇〇〇万円が目安だが、世界経済が大きく変化する中で（八〇〇万円、六〇〇万円と下がることも）当然起こる」と明言した[13]（二〇一四年六月一六日、衆議院決算行政監視委員会）。

しかしこの法案はほとんど審議されないままに、二〇一六年の第一九〇回国会（二〇一六年一月四日～二〇一六年六月一日）でも継続審議扱いになって未成立である。安倍内閣は、二〇一五年の国会では安保関連法案を遮二無二《しゃにむに》通す計画であったし、二〇一六年の国会では七月の参議院選挙で三分の二の議席を確保して憲法改正に邁進するという「大望」があったため、国民の反発が大きい同法案の審議に深入りし、足をすくわれることを警戒したのだ。「ある与党関係者は労基法について『(二〇一六年)一月の時点で、参院選への影響を考え、審議しない方向になっていた』」と明かした。[14]「日本再興戦略」のほとんどの項目にかかわる法律を通した安倍内閣だが、この項目は実現していない数少ない項目となった。しかし政府が同法案を強硬に成立させる日が遠からず来ることは明らかである。

②雇用維持型から労働移動支援型へ

これは、第4－1表のI.の(2)で、「①雇用維持型から労働移動支援型への政策転換」として掲げられ、雇用政策の根本原則を「行き過ぎた雇用維持型から労働移動支援型への政策転換」を行おう(第4－2表)、政府の助成金等もそのために使おうという政策である。つまり「雇用調整助成金」を「労働移動支援助成金」に「大胆に資金をシフト」させ、「二〇一五年度までに予算規模を逆転させる」、またその対象を「中小企業だけでなく大企業に拡大」することを掲げる(二〇一三年版 三〇頁)。

雇用調整助成金とは、景気変動などで収益が悪化した企業が、一時的な休養や教育訓練等を従業員にさせる際に支払う休業手当や賃金の一部を国が助成するもので、リーマンショック時には、解雇や雇止めから労働者を守る大きな役割を果たした。

一方、労働移動支援金とは、企業が事業規模の縮小などで労働者を退職させる際に人材ビジネス会社に委託し再就職支援を実現した場合に、事業主に給付されるもの。中小事業主を対象にしていたが、これを大企業にまで広げる。二〇一四度の厚生労働省の概算要求では労働移動支援助成金を三〇一億円

（二〇一三年度予算一・九億円）と一五〇倍に激増させ、一方、雇用調整助成金は五四五億円（二〇一三年度予算一一七五億円）と半減させ、「二〇一五年度までに（両者の）予算規模を逆転させる」とした。[15]

不景気でも、頑張って労働者の雇用を継続する企業を支援するのではなく、やめさせる企業を援助し、しかも人材ビジネスを利用させるために、税金の投入を拡大する。

③民間人材ビジネスの活用強化

これは、第4－1表のⅠ.の⑵「②民間人材ビジネスの活用強化」の項目で、本文中ではその具体策として以下の細目を列記している。これらは従来公的機関の責任として行ってきた雇用分野の仕事を民間に委譲して、民間の「ビジネス機会」を拡大していこうという政策である。

ハローワークの求人情報、助成金等を民間に開放　これは公共職業安定所（ハローワーク）に登録された企業の求人情報や、職を求める労働者個人の情報を「民間人材ビジネス」にも開放する。「民間人材ビジネス」の多くは労働者派遣業を兼営するが、そこに職業紹介や職業訓練も委託し助成金も出す。

トライアル雇用助成金等の改革・拡充　トライアル雇用とは、求職者を短期の試用期間を設けて雇用した後、企業と求職者が合意すれば本採用になる制度である。試用期間は企業に対して奨励金（月額四万円）が支給される。この仲介者をハローワークだけでなく「民間人材ビジネス」にも拡大する（二〇一三年版　三二一頁）。労働者を「お試し期間」として安く雇用すると批判されてきた制度であるが、二〇一四年度概算要求では前年の七一億円から一二一億円へと大幅に増額された。[16]

民間人材ビジネスの更なる活用　「カウンセリング、職業訓練、就職あっせん等」に、民間人材ビジネスを最大限活用」するもので、フリーター等へのキャリアカウンセリングや学卒未就職者への「紹介予定派遣」（一定の派遣期間ののち派遣先への職業紹介）の活用等も行う（二〇一三年版　三一頁）。この項目は「⑧若者等の活躍推進」とも部分的に重なっている。「若者等の活躍推進」とは「資格取得等につながる自発的な教育訓練、学び直し支援のための雇用保険制度の見直し[17]」ということで、企業、大学、そして人材ビジネス業者、専門学校が一体となって在学中、企業に就職後、学卒未就職者に対して職業訓練を推進し、それを支えるために雇用保険制度も見直す（二〇一三年版　三五〜三六頁）。「教育訓練給付金」を拡充し、「教育訓練支援給付金」を創設する。これは二〇一四年三月に「雇用保険の一部を改正する法律」として成立した[18]。

雇用保険制度は二〇〇〇年と二〇〇三年に改正され、所定給付日数の短縮や給付率の引き下げなどを強行して赤字から黒字に転換し、毎年黒字を積み上げ、その積立金は二〇一三年では六兆円に迫る状況であるが、その一部を「若者」の学び直しにも使おうというもの。失業中の職業訓練は一定の日数以内で基本手当の給付が延長されたり、訓練のための給付金が受けられたりする。雇用保険財政で金が余っているなら、失業給付自体をもとに戻せという声もある[19]。

以上のように「雇用制度改革」とは、労働者に極端な不安定雇用を強制した上で、うろうろと職をもとめて「移動」させること、その移動のたびに民間人材ビジネスに国の補助金が流れ込む仕掛けをつくることなのだ。また企業自身の責任で雇用する労働者の職業能力を高めるのではなく、人材ビジネスや専門学校にまかせ、その費用の一部を国が支出する。「行き過ぎた雇用維持型から労働移動支援型への政策転換」とは、働く者からは安定して「雇用」される権利をむしりとり、人材ビジネスを手厚く「支援」するとともに、労働者を雇用する企業には労働者の雇用継続や訓練の「負担」を軽くしてやり、労働者の使い捨てを「支援」する政策への転換を意味する。

④女性の活躍推進

これは第4－1表のI.の(2)「④女性の活躍推進」の項であり、その施策細目は二〇一三年版の本文中に示されたものである。

企業に対するインセンティブ付与等　これは、女性の活躍促進や、仕事と子育て等の両立支援に取り組む企業を応援するというものである。女性の「役員や管理職への登用拡大」を行ったり、仕事と子育ての両立を支援する企業に対して、ご褒美として「助成金制度や税制上の措置」や「公共調達」の委託などをしてやる。女性の「役員や管理職への登用拡大」に向けた「キャンペーン」を行い、有価証券報告書等に女性役員の比率等の記載を義務付けたりする。また「育児休業中や復職後の能力アップに取り組む企業への助成制度を創出」し、そのためにトライアル雇用を女性に活用する等（二〇一三年版　三三頁）も推奨する。

しかし、企業にご褒美を与えて、ごく一握りの女性を「幹部」や大臣として登用して「女性が輝く社会」と大宣伝したり、女性の「能力アップ」のため民間の職業訓練に委託するだけの施策で、仕事と子育ての両立に苦しむ圧倒的多数の女性の労働環境を好転させることは不可能である。

女性のライフステージに対応した活躍支援、男女が共に仕事と子育て等を両立できる環境の整備　これらは、育児休暇を取りやすいように職場環境の整備を働きかけたり、「イクメン」の普及をしたり、妊娠や出産の情報提供などを行って、少子化対策の雰囲気づくり、教育・啓発活動を推進しようというものである。同時にベビーシッターやハウスキーパーなどの活用も推進する。

そして「働き方の選択に関して中立的な税制・社会保障制度」も、同時に推進するという。つまり配偶者の年収が一〇三万円までなら扶養控除が適用されてきたのを廃止しよう、社会保険に加入する必要がなかった年収一三〇万円までを一〇六万円に下げようというものである。こんなことならもっとパートの労働時間を増やした方がまし、増やした方がよいという雰囲気づくりをして、女性の就労時間を増加させようというものである（二〇一二年版　三三～三四頁）。

要は「女性の活躍推進」策とは、女性が（本来は男女共に）、労働と家庭生活の両立が可能になるような労働条件・環境改善のために法整備をして企業に縛りをかけたり、女性保護の制度を設けようというものではなく、女性管理職登用への企業の自主努力を促したり、社会の漠然とした雰囲気づくりでお茶を濁し、女性の非正規雇用と低賃金はそのままにして、労働時間だけもう少し増やさせようというものである。

日本の男女平等度は低い。日本の女性は、中等教育（日本では中学・高校までの教育が該当）の進学率は世界一高いが、女性の管理職比率は世界で一〇六位であり、男女の賃金差は同一労働でも男性を一〇〇とすると女性は六二である[20]（二〇一三年）。日本の社会的な女性差別をもっとも象徴するのは、女性の非正規雇用率の高さで、男性の非正規雇用率は二一・一パーセント（これも高くなったが）に対して、女性は五六・五パーセントというため息の出るような高さである（二〇一五年）。

こんな中で、「日本再興戦略」は、「多様な働き方」の名目で益々雇用の不安定化、労働条件の劣悪化を推し進める。そのダメージ、しわ寄せは女性にもろに襲いかかる。「女性が輝く社会」とは、女性が正社員としてまともに働ける社会、男性と同一労働であれば同一賃金をもらえる社会、正社員としての雇用が保証される社会、労働時間の縛りを取っ払った長時間労働などしなくても働き続けられる社会のことである。つまりまともな労働環境が整備された社会のことである。家庭を持っても、子育てをしながらでも女性が数十年間（正社員として）働き続けられる職場環境を整えること、スーパーマンのような体力がなくても家庭と仕事を両立できる労働条件を整えること、それが女性の輝ける社会のまず第一歩だろう。

⑤待機児童解消

これは第４－１表Ⅰ.の⑵では、「⑥待機児童解消加速化プラン」としてかかげられている。本文中では「女性の活躍推進」の項目の中に入れられており、「待機児童問題が女性等の活躍・社会進出の妨げとなっており、保育の充実等を図ることが喫緊の課題である」という視点から、保育施設を拡大して女性の仕事と育児との両立をはかるというものである。二〇一七年末までに「約四〇万人分の保育の受け皿確保」をする、その際「株式会社を含む多様な主体」で「施設整備を推進する」（二〇一三年版　三四頁）。

「二〇一四改訂」の第４－３表の「⑥女性の更なる活躍推進」でも、「a.学童保育の拡充」があげられているが、これも同じ視点の施策である。これは「学童保育」（実際の呼び名は「学童クラブ」、「放課後児童クラブ」、「学童保育所」等々）そのものの充実ではなく、「学童保育」を「放課後子ども教室」と合体し「一体型」の教室とするというもの（二〇一四年版　四二頁）。「学童保育」は、共働き家庭の子どもの生活と学習の場であるが、「放課後子ども教室」は、共働き家庭だけでなく学区内のすべての子どもを対象に、学校の空き教室等を利用して、あそびを中心にスポーツや文化活動、地域住民との交流、勉強等も行うものである。学童保育は専任指導員がついているが、「放課後子ども教室」は学区の父母・ボランティアにも大きく依存する。学童保育は「公設公営」の比率が減少し、何らかの形の民間委託が半数を占めるようになっているが、それでも多額の公費援助が必要である。この学習や生活の場としての学童保育を、「放課後子ども教室」と一体化して、「一体型の放課後児童クラブ・放課後子ども教室」に置き換えていく(21)。

企業も学童保育に参入する。たとえばベネッセは、放課後から午後七時（追加料金を払えば九時）まで小学生を預かる施設を開業する。料金は週五日で一ヵ月四万三二〇〇円。老人ホームとの複合施設として二〇一四年九月に一号施設を開設し、年に五拠点のベースでの開設を予定している。学習塾大手ステップも二〇一六年四月以降、学童保育所を次々と開設（料金は週五日利用で四万九〇〇〇円）、学習塾の市進ホールディングスも二〇一五年四月以降参入、イオンもショッピングセンターで学童保育を開設する(22)。

女性の労働条件は厳しいままに放置し、「民営」保育所や有料「学童保育」、「こども教室」を拡大し、学童保育も民間企業の利益追求の場に開放し、さあ、子育てと非正規雇用の長時間化した仕事を「両立」させて、「活躍」しろというわけである。

⑥金銭による紛争解決システムの構築

「改訂二〇一四」の「雇用制度改革」では、二〇一三年版ではまったく出していなかった項目を提起している。それは第4－3表「⑦働き方の改革」の細目「d.予見可能性の高い紛争解決システムの構築」である。これは労働紛争での「金銭救済」のシステムを構築するというもので、たとえば不当解雇などの場合、裁判で労働者が勝訴しても、経営者は職場復帰を拒否し、「金銭」で解決できるようにする。また最初からいくばくかの金銭を支払えば簡単に解雇できるようにする。こうした制度のための検討を「二〇一五年中に」すすめるとした（二〇一四年版　三八頁）。

実際に、厚生労働省内に「透明かつ公正な労働紛争解決システム等の在り方に関する検討会」が設置され、二〇一五年一〇月以来検討が始まっているが、二〇一六年六月現在、法律はまだ成立していない。日本では、「労働基準法第一八条の2（解雇権の濫用《らんよう》）」、「労働契約法第一六条」などで、雇用者が合理的な理由を欠いて「解雇権」を濫用することを禁じている。しかし「日本再興戦略」は、「解雇権の濫用」を「金銭」で合理化する道を開こうとしている。

B　雇用に関する米国の要求と、雇用における「規制緩和」の進行

「労働移動の促進」、「民間人材ビジネスの活用強化」、「労使紛争の金銭解決」という「日本再興戦略」での目標は、そっくりそのまま二〇年前から米国が「規制撤廃要望書」で日本に要求してきたものである。

他国の雇用政策に対して、米国がなぜ口出しするのかという疑問が湧くが、米国自身の主張としては、日本の雇用のシステムが米国企業の対日投資の障害になっているから、それを取り除けというものである。「日本の労働市場は、全般的に労働コスト」が高く、「労働者の移動を妨げる」特徴を持っており、また「複雑な規制システム」で「民間の職業紹介業を厳しく制限し」ている。このため「外国企業」が日本人従業員を採用・確保する上で「多大の困難に直面」していると主張し、だから雇用関連の法の規制を緩和し、「経済のリストラを促進し」、「外国企業を含むすべての企業に対して労働力状況を緩和」すべきだと主張した（「要望書」一九九六年　二〇頁）。こうした論理から、雇用問題は「要望書」の中で対日投資の関連項目として出され、二〇〇二年以後は「日米投資イニシアティブ」でも議論されるようになった。

では米国は、「要望書」で具体的に何を要求してきたのか。初期の頃、例えば一九九五、一九九六年のものでは、〝労働者を流動化すべき〟との要求から、特に「民間職業紹介業者（臨時労働者派遣サービスを含む）」に対する規制撤廃を求め、民間職業紹介業に対する許認可や紹介料等々の規制の緩和・撤廃、そして派遣社員の比率制限や業種制限の撤廃、派遣できる雇用種別や職業分類による制限の撤廃（さもなければネガティブリスト化）等々を求めた。つまり日本の労働者の「正社員」から「派遣社員」への置き換えを大胆に進めよ、そのために派遣労働と民間職業紹介事業への日本の法的規制を緩和・撤廃して完全自由化せよということである（「要望書」一九九六年　二〇～二一頁、同一九九五年〔英文〕一七頁）。

要は、日本人の労働移動を促す（雇用を不安定化し、職を求めてうろうろさせる）ために、労働者派遣業の自由化・業務拡大と、労働者の雇用保障の破壊を、共に進めよというのだ。

こうした「要望書」の要求に基づいて、職業紹介事業のネガティブリスト化が行われ、一九九九年には「職業安定法」が改正され、人材派遣業の原則自由化や日雇い派遣の解禁が行われ、小泉政権の下では、二〇〇三年に労働者派遣法の改正で製造業までに派遣労働を認めるようになり一層自由化された。この小泉内閣下で製造業にまで派遣を解禁したことが、日本の派遣労働者数を急増させ、派遣切りなどの横行で労働者に多大の苦しみをもたらしたのであった。

有期雇用契約も一九九八年に一部の業務で認められ、これも小泉政権下の二〇〇三年に、どの分野でも原則認められるようになった（但し期間は三年に限定されていた）。もともと日本の労働基準法では、期間に定めのない雇用、つまり定年まで雇用することが原則であった。しかし、この大原則が壊され、様々な雇用の形態が広範に導入されるようになった。変形労働制は、一九九三年と九八年に緩和された。

「日本再興戦略」の「⓪多様な働き方の実現」の「労働者派遣制度の見直し」は、派遣労働の完全自由化であり、「②民間人材ビジネスの活用強化」や「①雇用維持から労働移動支援へ」は、職業紹介・訓練機能も大幅に民間に委譲しようというものである。職業紹介の自由化・民営化の米国の要求は、ここに完遂される。

米国との「雇用問題」の協議が「日米投資イニシアティブ」に移った後も、やはり「労働移動を促す」ことを米国は執拗に要求し続け、たとえば二〇〇六年には米国は、以下の四項目を要求した（「二〇〇六年　日米投資イニシアティブ報告書」一〇～一一頁）。第一は、「確定拠出年金制度」の「拠出限度額の引き上げ」等のより一層の拡大策の要求である。これは「要望書」開始当初から「日本の年金システムと退職金制度は、従業員が退職金などを持ったまま他の企業に転職し得るような制度に変えるべき」(一九九六年「要望書」二〇頁)と要求してきたことの一環で、日本が確定拠出年金制度を導入した後も、その拡大策を毎年のように要求し続けた。

第二は「米国政府は、解雇紛争に関し、復職による解決の代替策として、金銭による解決の導入を要請」するというもの。日本側は以前からのこの米国の要求を見送り続けてきたが、「日本再興戦略」二〇一四年版で、「⑦働き方の改革」の「d.予見可能性の高い紛争解決システムの構築」として、解雇の金銭解決を前面に掲げるに至ったことは既述のとおりである。

第三は「管理、経営業務に就く従業員に」、「ホワイトカラーエグゼンプション制度を導入」せよというもので、この要望の翌年に、第一次安倍内閣は要求を容れて同制度を盛り込んだ労働基準法改正案をまとめた。しかし野党や世論の反発に会い法案の国会提出を断念した。第二次安倍内閣ではホワイトカラー・エグゼンプション、裁量労働制を「日本再興戦略」の「⓪多様な働き方の実現」の「労働時間法制の見直し」で提案し、法案の国会提出まで行ったことは既に述べた。しかしまだ、この法案だけは成立していない。

第四は、「限られた時間の仕事や職場(選択)の自由を希望」する労働者に「より多く雇用の機会を提供する必要」があるから「労働者派遣法」を「緩和すべき」というもので、「日本再興戦略」の「⓪多様な働き方の実現」での「労働者派遣制度の見直し」の〝三年で人さえ替えれば派遣に置き換え放題〟は、完全な実現になる。また二〇一四年版「⑦働き方の改革」の「c.多様な正社員の普及・拡大」の「勤務地、職務などを限定した正社員(限定正社員)制度の創設」は、米国のいう「限られた時間の仕事や職場」を労働者が選択できるようにすべきという主張と一致したものであり、対象労働者を大きく広げ、法改正もしないままの実現になる。

以上のように「日本再興戦略」での雇用分野の基本方針である「雇用維持型から労働移動支援型への政策転換」とその具体策は、米国が日本政府に突き付けてきた要求そのものである。「金銭救済」や「労働時間法制の見直し」まで今後実現させると、二十数年間の米国の要求すべてが受容されることになる。

C　日本側の受容の背景

労働の分野での「規制改革」の歴史は、上記のような米国の要求の受容の歴史そのものであった。米国の要求は、日本の労働者を不安定雇用に陥れ、流動化させ、低賃金化し、人材ビジネスの餌食に投じようというものであった。それらは米国にとって対日進出する米国企業のための基盤整備と理由づけられたが、それにとどまらず日本のそれまでの労使関係、すなわち終身雇用や年功賃金、それと表裏一体となった労使協調体制等を破壊し、労使一体でものづくりに邁進する日本的経営を根本から破壊するという意味もあった。同時にまた、従来の安定的雇用関係の上に形成された日本の民主主義の根強さへの攻撃の意味もあったのではないか。米国が世界戦略を遂行する上で、日本の戦後民主主義の強固さがネックとなる局面も戦後史にしばしば出現した。労働者の団結の破壊こそ、労働者の権利破壊、民主主義破壊の第一歩と米国は確信していたのであろう。

但し、雇用における規制撤廃策は、米国の要求から出ただけのものではなかった。日本企業自身もま

第４－４図　経済界（日経連）の雇用形態の将来構想（1995年）

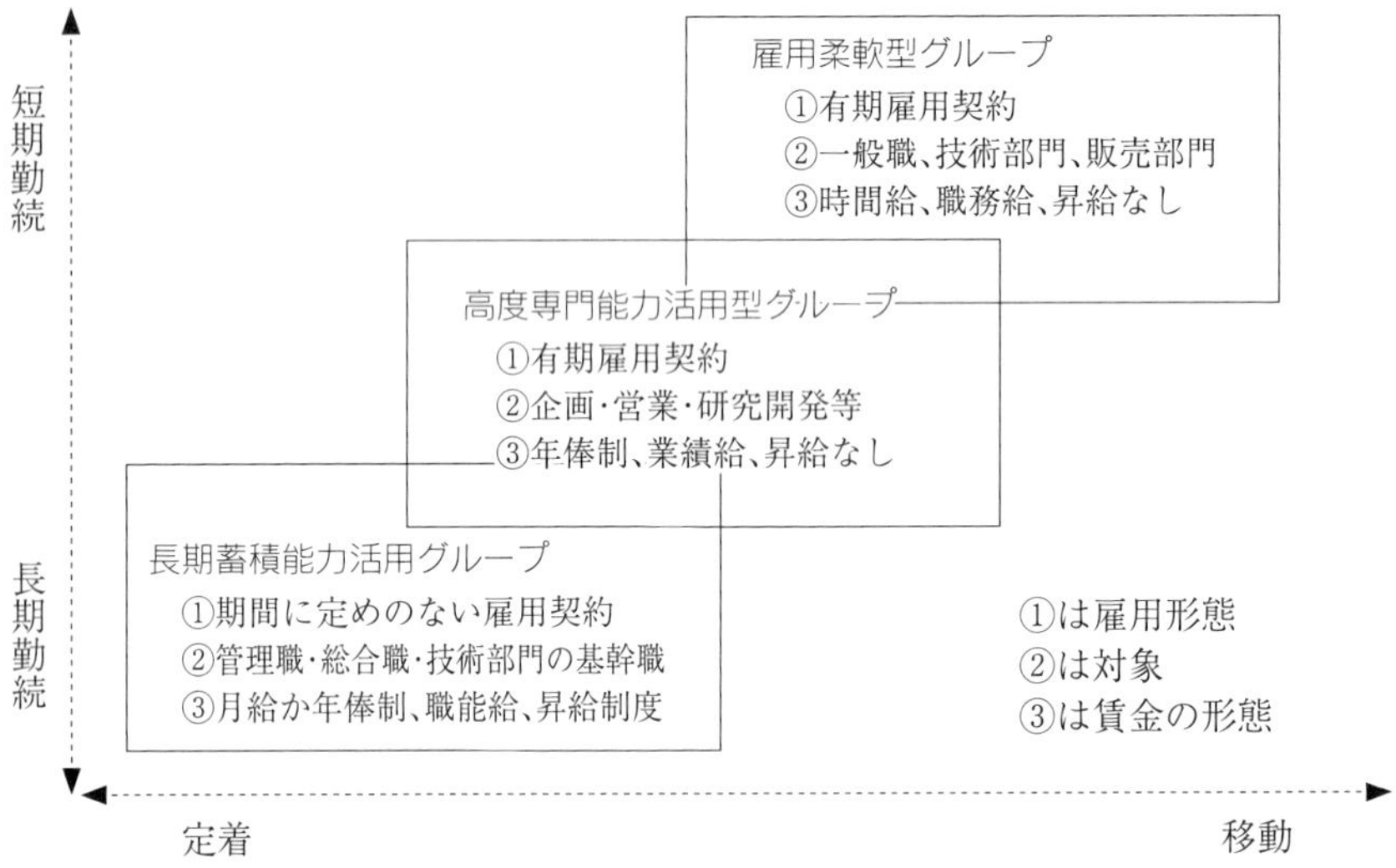

（出典）日本経営者団体連盟『新時代の「日本的経営」―挑戦すべき方向と具体策』（1995年５月発行）図表７、図表８（32頁）を合成

た、米国と同じ要求を持っていた。労働者の権利の制限や不安定雇用への切り替えによる賃金削減に関しては、日本経済界も望むところであった。日本経営者団体連盟（日経連・専ら労働問題を扱った。のち経団連＝経済団体連合会と合併して日本経済団体連合会になった）は、早くも一九九五年に『新時代の「日本的経営」』（一九九五年五月）という二〇〇頁を超える冊子を出し、今後の日本の雇用をどう変えていくかの構想を発表した。それは労働者を第４－４図のように三つの雇用形態に分別した上で、従来の「正社員」を徹底して減らして、大多数の労働者を不安定雇用に切り替えようという構想であった。定期昇給制度があってしかも定年まで雇用する「正社員」のような形態は「長期蓄積能力活用」型の労働者のみで幹部候補生だけに限定し、その他の二グループは、定期昇給はなく、雇用保障

もない形態が構想されていた。営業・企画・研究開発・販売・技能・一般職などの労働者は、パートや派遣、その他の「有期雇用」に置き換えようというものである。当時、「正社員」は「エリート」の一割だけにして九割の労働者は「有期雇用」に将来的に置き換えようと、経済界は構想しているのだとささやかれたが、誰もがまさかそこまではできるまいと考えていた。しかしその布陣は整いつつある。

終身雇用制や年功賃金は、団塊の世代が若い時代には彼らを低賃金で雇用でき、労使協調路線に誘導する上でも有効であった。しかし一九九〇年代に入って彼らが四〇代になると賃金が上昇し重荷になった。また国内生産の低迷でリストラへの要求も強くなった。労働者側の力の後退は、その権利破壊を断行する「好機」にもなった。何よりも一九九〇年代以降日本企業は低賃金国への海外生産を急激に拡大した。国内の労使関係で苦労し、労使交渉で「妥協」しなくても、もっと安い賃金で無権利状態の国に生産を移せば済むのだ。「いやなら出て行く」という労働者への圧力は、労働者を萎縮《いしゅく》させ、抵抗力をなおさら減退させていった。

こうした日本の経営者にとっては、米国からの要求はいわば「渡りに船」、「強い援軍」であり、一九九〇年代後半以降、労働法制は大きく変えられた。特に小泉内閣で大きく破壊され、安倍内閣ではその仕上げをしようとしている。

非正規雇用になりバラバラになり、派遣会社と雇用契約を結ぶようになった労働者には、もはや団結のよすがはない。それは労働者自身の権利を守り拡大する力を根底から破壊する。それはまた民主主義そのものも破壊する。民主主義が確立され、雇用も保障された福祉国家内での組織された賢明な国民の変革や改良の運動も破壊されるからだ。窮乏化させられバラバラになった国民は、改良のために努力するのではなく「暴発」するしかなくなっていく。国民の「敵」は、いつしか自国民（たとえば高齢者、社会的弱者等）になると同時に、排外ナショナリズムがあおられていく。それが福祉国家や社会政策をかなぐり捨てた世界企業による階級支配の形なのであろうが、しかし「打たせて捕る」（暴発させて弾圧する）しかないその政策は、結局はどこに行きつくのか。

（3）エネルギー、環境政策

規制改革・重点三分野のうちの二番目、「エネルギー・環境問題」では、「日本再興戦略」はどんな政策を掲げているのか。

A 「日本再興戦略」で提起された政策

同戦略での「エネルギー・環境問題」としては、「II.戦略市場創造プラン」の「(2)クリーン・経済的なエネルギー需給の実現」の施策細目は「①電力システム改革の実行」一つだけが掲げられている（第4－1表）。その詳細説明として「電力システム改革」による「小売及び発電の全面自由化」や「法的分離による送配電部門の一層の中立化」、および「多様な主体の参入」や「業種間の融合・連携」等を行う。また「九電力による供給区域分割を打破し、広域的運営推進機関」を設立して電力システム改革を断行し、「再生可能エネルギーや蓄電池を核とした分散型電源の基盤を整備」するというものである（「日本産業再興プラン、戦略市場創造プラン、国際展開戦略（主要な施策例）」）。

またもう一ヵ所だけ「エネルギー・環境問題」について言及している部分がある。「I.日本産業再興プラン」の「(5)立地競争力の強化」のうちの「②環境・エネルギー制約の克服」である。この項では、「環境に配慮した低コストな高効率火力発電（石炭・LNG）を導入」、「電力システム改革の断行」「原子力発電所の再稼働」、「LNG調達コストの低減」等を具体策として提示している。[23]

これらの具体策は結局、まず電力システム改革を断行して電力部門に様々な企業が自由に参入できるようにして電力価格も下げよう、但し独占解体されてしまった電力会社には、経営安定のために原発再稼働も許可しよう、高効率火力発電や安価なLNG調達等も推進して「環境問題」にも配慮しつつ安定的かつ安価な電力を確保しようということであり、電力システム改革を核として組み立てられている。

要するに「日本再興戦略」での「エネルギー・環境問題」は、「電力システム改革の断行」こそが核心であり、その遂行によって環境にやさしく安定的な電力を供給して、立地競争力も強化されるという論理展開なのである。

そして二〇一三年一一月以降、この「電力システム改革」の断行のために、四本の法律が成立し、「電力システム改革」が実現した。「電気事業法の一部を改正する法律」（二〇一三年一一月一三日成立）、「電気事業法等の一部を改正する法律」（二〇一四年六月一一日成立）、「電気事業法等の一部を改正する等の法律」（二〇一五年六月一七日成立）、「電気事業者による再生可能エネルギー電気の調達に関する特別措置法（FIT法）等の一部を改正する法律」（二〇一六年五月二五日成立）である。[24]

では「電力システム改革」とは一体何か。なぜそんなに重要なのか、それはクリーンなエネルギー供給の拡大で日本の環境問題にまで寄与するものなのか。そしてまた、原発事故処理という日本のエネルギー問題が抱える最大の難問にも寄与できるものなのか。

実はこの「電力システム改革」は、二〇年前から開始されたものであり、その出発点にやはり米国の要求があった。それは日本の電力事業をそれまでの独占形態から自由化し、強引に参入しようとした米国の要求に端を発したものであった。「日本再興戦略」での「電力システム改革」の具体的施策のすべてが「要望書」の中で米国が羅列してきた要求項目なのであり、日本の環境問題やまして原発問題とは縁もゆかりもないものなのだ。では電力システム改革の本質とはいったい何か、日本と日本国民に何をもたらすものなのか、以下、順を追って考察していこう。

B　米国の要求と「電力システム改革」の進行

米国の要求の開始　「電力システム改革」を理解する上で、まず、戦後日本の電力事業のシステムを説明しておく必要があるだろう。日本の電力業は一九五一年に九電力会社による地域独占体制になった。戦時下の「日本発送電」一社による独占体制を、連合国（実質米国）占領軍が九つの電力会社に分断したのだ。地域ごとの単一電力会社が、発電・送電・配電を独占的に担う体制である。九電力会社に対しては、地域独占を認める代わりに、国の厳しい管理の下においた。ただし発電だけは、一九五二年に特殊会社「電源開発」が国と九電力共同で設立され、九電力に対して電力の卸売を行うことで戦後の電力不足を補った。

こうした日本の電力事業に対して米国は、一九九四年の最初の「要望書」で、電力をはじめとするエネルギー部門に対する日本政府の規制や介入を批判して、「政府の規制や干渉の性質・程度」を「日本政府は新たに定めなおす」べきだと主張した。それによって「国内及び国外」の「エネルギー生産・供給事業」の「全関係者」が「最大限の恩恵を受ける」だろうとも言い、「具体的な規制緩和のやり方について、日本政府と意見交換することを楽しみにしている」（「要望書」一九九四年　一二頁、筆者訳、傍点筆者）と結んだ。まずは日本の電力業の地域的独占体制やそれを支える政府の干渉（公共事業に対する監視・監督）を見直せ、その見直し作業のために日米が意見交換しようというのだ。それは米国企業が日本の電力事業に参入するための第一歩を踏み出す宣言であった。

一九九五年の電気事業法改正　米国政府に「楽しみにしている」と言われるほど恐ろしいことはない。一九九四年、通産省電気事業審議会で「電気事業法」改正の検討が始まり、翌一九九五年に三一年ぶりに同法が改正された。改正の最大点は、「電力卸売事業」の自由化、つまり九電力会社に対して電力を販売（卸売）する「独立発電事業者」の参入を認めたことである。[25]九電力会社や電源開発以外の企業が発電して、九電力会社に卸売してもよいということである。また料金規制の見直しも行われ「深夜電力」や「時間帯別電灯」などの料金メニューも設定された。

一九九九年の電気事業法改正と米国の不満　米国は翌一九九五年の「要望書」で、同年の改正に対して「（米政府は）電気事業法改正などの最近の改革を評価するが」、今後日本政府が取り組むべきことは、「日本の発電、送電、配電市場に対して、外国企業が完全、公平、無差別に参入できるよう、新たに改正された電気事業法の法令の実体化をはかれ」と要求した（一九九五年「要望書」英文一四頁・筆者訳）。

翌年の「要望書」でも「最近改正された電気事業法に関する法令を施行するに当たって、日本の発電、送電及び配電市場への外国企業の完全、公正かつ無差別な参入が確保されることを保証」せよ、「発電、送電、配電市場へこれまで以上の競争を導入するための自由化努力の有効性を定期的に見直」せと、ダメ押しをした（一九九六年「要望書」一四頁・同年以降は米国大使館訳）。

一九九六年一一月、第一次橋本内閣は、二〇〇一年までに電力コスト低下をめざし、電力供給システム全般の見直しを行うという方針を出した。翌年から議論が開始され一九九九年五月に電気事業法が再び改正され、二〇〇〇年三月から施行されることになった。その改正の要点は「特別高圧需要家」（工場などの大口需要家。契約電力二〇〇〇キロワット以上、電圧二万ボルト以上で受電）のみを対象とした「小売りの部分自由化」である。自ら発電するか、あるいは他の発電業者から購入した電力を大口需要家に販売する業者（新電力）を認めたのだ。その際、九電力会社が保有する送配電設備を、新電力が利用（託送）できるように法改正した。

一九九九年一〇月の「要望書」で米国は、同年の電気事業法改正を評価するとともに「二〇〇一年までに、電気料金を国際的に遜色のない水準まで引き下げ」るという日本政府の目標を「支持する」が、実際のコストの引き下げには、もっと「開かれた競争的なエネルギー市場を確立する」必要があるとして、新たな三九項目の膨大な要求（「提案」と表現）を突き付けた。それは大きく四分類され、その一つ目は、独立した規制機関を設けること。その機関は、発電、託送（送電）、配電の分離を監視・点検し、不服申し立ても受け付け、電力のスポット市場開設にも取り組む機関であること。

二つ目は「託送」について、能力的に不可能と証明できない限り、「託送」を拒否してはならない等の規制を九電力に行うこと。三つ目は、公正な託送料金の設定のために九電力会社を規制すること。

この「託送」に関して「要望書」では、特に詳細かつ具体的な要求を列挙しているので、「託送」とは何かを説明しておこう。電気事業の規制撤廃・自由化は、発電、送電、売電の分離を前提とするが、それは送電設備を所有する九電力会社が、発電や売電だけを行う業者に、自社の送電設備を使わせてやることが不可欠である。例えば太陽光発電だけを行う発電会社や、大口需要者に小売りだけを行う業者に対して、九電力は自社の送配電設備を利用させてやらねばならない。つまり発電、送電、売電の分離は、九電力会社にとって発電、売電という一番おいしいところだけを後発業者に持っていかれるとともに、維持管理に膨大な費用がかかる送配電設備等を彼らに自由に使わせてやる（託送）体制を意味する。だから九電力会社がそれに対抗して託送を拒否したり、高額な託送料金を設定しないよう厳しい監視が必要ということであり、託送は電力自由化の最大のカギになるものなのだ。

四つ目は競争的な自衛手段、つまり送電網その他を独占している九電力会社の「非競争的」慣行の打破と、独禁法二一条（自然独占としての独禁法の適用除外規定）の廃止である。要は九電力の地域的独占を根本から排除せよというものであった。そして最後に点検のスケジュールも指示した。結局のところ「要望書」での電力改革の要求は、まずは発電、送電、売電の分離を徹底し、九電力会社の地域独占を解体すること、そして発電、売電の分野で外資の参入を認めよ、いずれは九電力本体への外資参入も認めよ、つまりすべての分野で外資を含めた参入自由を徹底せよというものであった（一九九九年「要望書」一五〜一八頁）。

二〇〇三年の改正　一九九九年の改正は、三年後をめどに自由化の制度を再検証するという合意の下に行われたものであり[26]、二〇〇三年六月に三度目の電気事業法の改正が行われた（二〇〇五年四月全面施行）。この改正で小売り自由化の対象が二〇〇〇キロワット・二万ボルト以上から五〇〇キロワット・六〇〇〇ボルト以上の高圧需要家に引き下げられた。これで一般電気事業者の販売電力量の約六割が自由化された。また、二〇〇三年一一月には日本卸電力取引所が創設され、スポット市場、先渡定型市場（一年先までの電気を一ヵ月単位で取引）等で自由に取引されることになった。

二〇一三年一一月電気事業法改正

こうした改革は、完全自由化にはまだまだ不十分であるということで、経産省に付設された調査会で二〇〇八年三月と七月にも改革方針をまとめ、二〇〇八年には法令改正などで若干の施策が補完されたが、電気事業法の改正にいたらなかった。また「小売りの自由化」を一般家庭にまで広げることも、五年後を目途に検証するとした。

二〇一一年三月の東日本大震災と福島原発事故、その後の東電の事故処理や補償問題の発生、そして再生可能エネルギーへの世論の大きな期待は、長年の懸案であった「電力改革」の完成を断行するチャンスと政府は受け止めた。二〇一一年一一月、経産省内に「電力システム改革に関するタスクフォース」が設置され検討を開始。その後も同省の諸調査会等で議論され、二〇一二年七月に「電力システム改革の基本方針」（経済産業省・総合資源エネルギー調査会総合部会・電力システム改革専門委員会）がまとめられた。この方針に基づき、安倍政権は二〇一三年六月に「電気事業法」改正案を国会に提出したが、参議院で否決された。しかし翌七月の参議院選挙の結果、自民党が圧勝し、法案は再提出されて同年一一月に可決された。

この法律は、「本則」そのものよりも「附則事項」の意味が大きく、「附則事項」として、「小売全面自由化」（一般家庭も含めて自由化）や「発送電分離」の法案提出時期や実施時期が記載された。「小売全面自由化」は二〇一四年に改正案を国会に提出し、二〇一六年をめどに実施。「発送電分離」は二〇一五年に改正案を提出し、実施は二〇一八年～二〇二〇年と幅を持たせた。電力を地域間で融通するための広域機関も二〇一五年を目途に設置が決まった。(27)「現在の電力制度が一九五一年にできて以来の抜本的な改革」(二〇一三年一一月二三日成立・改正電気事業法)となった。そして二〇一五年六月に成立した「電気事業法等の一部を改正する等の法律」で、小売市場を全面自由化し(二〇一六年四月メド)、送配電部門を法的に分離することが確定した。

かくして二〇年にわたった米国の要求――電力事業の「規制撤廃」=電力システム改革が完成したのであった。

米国資本の参入　電気事業法の改正で、米国資本も日本国内での再生可能エネルギー事業の展開に乗り出す。米国の世界最大手投資銀行の一つであるゴールドマン・サックスは、二〇一三年以降五年間で三〇〇〇億円を投じて太陽光発電事業などを展開する予定で、「政府の固定価格買い取り制度で長期にわたり安定収入が見込めると判断」したからだ。ゴールドマン・サックスは、再生可能エネルギー事業の運営会社ジャパン・リニューアブル・エナジー(JRE)を二〇一二年に全額出資で設立しており、第一弾として総事業費一三〇億円を投じ、水戸市などに、二〇一五年稼働をめざしてメガソーラーを建設した。水戸以外にも複数の太陽光発電所を建設、稼働している。風力発電にも参入し、二〇一四年四月に住友商事子会社のサミットエナジーから山形県酒田市にある風力発電所を買収した。(28)

電機・軍需・宇宙産業等のコングロマリットで世界最大手の米国・ゼネラル・エレクトリック(GE)も、日本でのメガソーラー事業に参入すると二〇一四年六月に発表した。事業の一つは岡山県瀬戸市で約二三万キロワット(総事業費一一〇〇億円)の施設をつくり二〇一九年に稼働予定のものであり、発電能力は先行するソフトバンクなどの大型計画の二倍にあたり、二〇一四年九月段階では日本最大のものである。同社は売電だけで儲けるのではなく、「発電関連設備を日本で本格販売する足掛かりとする」。現在、日本国内の再生エネ用の電力制御設備市場は九割が東芝三菱電機産業システム（二〇〇三年設立）などの日本勢によって占められているが、この電力関連設備にGEが乗り込んでくる(29)。

米国は、狙った市場の「開放」のためには、外交・政治圧力・企業が一体になり、そして文化・世論形成なども動員して、粘り強く、強引に、一〇年二〇年単位の長期戦略で推し進めていく。いずれ、九電力会社の一角（たとえば税金を腐るほど投入されたあとの東電）に、米国資本が食い込んでくる日が来るかもしれない。

C 「電力改革」、電力事業の規制撤廃・自由化は、望ましい政策か

外国では電力自由化で何が起きたか　安倍内閣の下で完成した「電力システム改革」、つまり電力事業の規制撤廃・自由化策は、日本にとってあるいは国民にとって望ましい政策なのだろうか。現在、日本の電気事業は様々な問題に直面している。原発事故による補償や廃炉問題、脱原発、再生可能エネルギーの比重を高める必要性といった課題が山積している。これらの解決のためには、あたらしいシステムが必要という意見もあるだろうし、たとえ米国の要求から出発したものであっても、直面する問題解決に必要な方向ならば是認すべきという意見もあるだろう。しかし進められてきた「電力改革」は、日本の電力事業の直面する課題を解決するのだろうか。

それを知るには、諸外国の電力自由化策がどうなったかも見ておく必要がある。日本に「電力システ

ム改革」を要求し続けてきた本国である米国では、どうなっているか、まず見ておこう。米国の電力自由化政策は、電力「卸売」分野では一九九二年「国家エネルギー政策法」により卸売電力市場が自由化された。一九九六年には送電部門を有するすべての事業者に送電設備への公平な開放を義務付ける法律（託送の義務化）が成立した。小売り部門の自由化では、全国一律の法律による定めはなく、各州の判断に任せられ、一九九〇年代後半以降進行した。

しかし電力自由化の中で、二〇〇〇年から二〇〇一年にかけてのカリフォルニアの電力危機を始め、広範囲に広がる大停電が幾度も起き、結局、小売りの自由化の動きは停滞した。「おいしいとこ取り」（クリームスキミング）の安易な売電業者ばかり増え、カネのかかる配送電設備の保守・拡充がおろそかになったのだ。州によっては小売りの自由化を廃止したり、実施を延期したりするところも出てきた。二〇一三年時点で一四州とワシントン特別区で全面自由化が導入されているが、二六州は自由化を予定していない。

ヨーロッパでも、たとえばイギリスでは一九九〇年代初めから改革が始まり一九九九年までに家庭用電力も含めて完全自由化し、二〇〇二年には小売価格規制も撤廃された。ドイツは一九九八年に電力事業の全面自由化を実施し、フランスは二〇〇〇年に「電力自由化法」を制定し、小売りへの価格規制も二〇一六年から順次撤廃されることが、二〇一〇年に決められた。

これら自由化した国では、自由化前後には電力料金は低下したが、二〇〇〇年頃から急上昇し、二〇一一年には各国とも数倍になった。とくにドイツでは、この一一年間に家庭用の料金はほぼ三倍に、産業用はほぼ四倍に値上がりした(30)。

このように、欧米では悪い結果しか出せなかった政策を、日本は十数年遅れで懸命に、そして米国の要求を遅ればせながら律儀に実現しようとしている。

電力自由化後の日本で起きていること

日本では、卸売自由化後、「新電力」が一気に増加し、とくに二〇一三年九月以降の半年間で約二倍の二〇〇社に増えた。二〇一二年七月から開始した「再生可能エネルギーの固定価格買い取り制度」で、再生可能エネルギーを全量買い取ることが九電力会社に義務付けられたこと、二〇一三年六月に小売り自由化の法案が国会に提出されたことが増加に拍車をかけたのだ。新たに発電に参入した「新電力」には、各地のソーラー発電等の再生エネルギー事業者、石油・LPG等のエネルギー企業等にとどまらず、日産やトヨタ等の自動車会社、ソフトバンクやワタミ、オリックスなどの子会社も参入した。

中国企業も参入した。中国の再生可能エネルギー大手、漢能太陽能集団（ハナジー・ソーラー、北京市）も、日本でメガソーラー事業に参入する。世界でも電力の買い取り価格が高い日本は投資メリットが大きいと判断し、二〇一五年中に太陽光発電所を建設し、高効率の太陽光パネルも中国から供給する。中国企業では、すでに上海電力も日本でメガソーラーを稼働させている。中国の太陽光パネルは価格も安く競争力があるため、発電だけでなく、日本での太陽光関連設備の販売拡大にも弾みをつける戦略である。

小売りでも、二〇一五年六月に「電気事業法等の一部を改正する等の法律」が成立し二〇一六年四月の小売市場の全面自由化が決まると、諸分野の企業が参入した。九電力会社自身の子会社（他社の地域に参入）や、都市ガス大手、通信事業者（ソフトバンク、NTT等）、あるいは自動車や製紙メーカー

等々、多業種からの参入、新電力への登録が相次いだ。(31)

しかし早くも問題もおきている。「再生可能エネルギーの固定価格買い取り制度」では、国が設定した太陽光の買い取り価格は高額で、二〇一二年度の買い取り価格は一キロワット当たり四〇円で、認定さえ受けていればいつ発電を始めても二〇年間はすべて買い取ってもらえた（その後買い取り価格は多少低下した）。このため二〇一四年春の時点では再生可能エネルギーの九七パーセントが太陽光発電によるものであった。

雑多な事業体による太陽光発電によってできた電力は、政府が定めた買い取り価格ですべて無条件に九電力が買い取らねばならず、この九電力が買い取るための原資は、企業や家庭が九電力に支払う電気料金に上乗せされて徴収されるのだ。その金額は、二〇一四年度で標準家庭一世帯あたり年間二七〇〇円だが、二〇一四年時点ですでに認可されているものがすべて稼働すると、その負担額は年間一万一〇〇〇円以上に膨らむ。つまり各家庭は、「再生可能エネルギー買い取り」のため、月約一〇〇〇円を電力料金に上乗せして支払わされ、ソフトバンクやワタミ、ゴールドマン・サックス等々を儲けさせてやることになる。

その上、九電力は送電線の整備もしなければならない。太陽光発電は休耕田等の利用が多いため、それを行う地域は過疎地等に集中していることが多い。このため、九電力は発電された電力の全量を買い取り、送電線も使わせねばならないから新たな送電線も整備しなければならない。しかしその送電線整備には数千億から数兆円必要であり、現在の体制のままでは、九電力がそれを負担せねばならず、その建設費も家庭や企業が電力料金として負担する。

矛盾は早くも露呈し、二〇一四年九月末には、九州電力等の五電力会社が送電線の受け入れ能力を超える太陽光発電の買い取りを停止すると発表する事態が起きた。こうした事態に対応して政府は、二〇一六年五月二五日に「電気事業者による再生可能エネルギー電気の調達に関する特別措置法（FIT法）等の一部を改正する法律」を成立させ、入札制による買い取り価格決定の可能性を盛り込むことで買い取り価格の低下をねらい、若干の修正を試みた(32)。

電力自由化は、このようにまことにちぐはぐなシステムを電力会社にも国民にも強要するものなのだ。矛盾はこれからも拡大していくだろう。

電力事業は、一〇年先、二〇年先を見据えて電源開発をし、多額の費用をかけて送電線を保守・整備していかねばならない。国内外の雑多な企業に「おいしいとこ取り」させるだけのシステム改革で、日本の電力事業が抱えている問題は全く解決しない。大口需要者への電力料金は「競争原理」によって大幅に低下する場合もあるだろうが、零細な需要者・国民にとっては、時間帯の変動価格導入などによって電力を使いたい時間帯の高料金や、再生可能エネルギーの買い取り制度や送電部門建設のための料金の上乗せ徴収に泣くことになる。

原発の事故処理や賠償費用はどうするのか　そして何よりも大問題は、原発事故の処理や賠償、廃炉費用の問題である。現在、事故の賠償や除染の費用は、国が無利子で立て替えている。事故の賠償金は東京電力ホールディングスと原発を有する電力一〇社全体が収益から出すことになっている。二〇一六年三月現在で電力会社からの納付金は一六三〇億円。東電ホールディングスは別途に七〇〇億円の納付をした。とはいえこれでは焼け石に水で、福島第一原発事故の被災者への賠償支払いだけで、すでに六兆円を超えている。現在は国が東電に対して九兆円の無利子資金枠を設定して立て替えている。つまり国民の税金が賠償と除染に大量投入されているのだ。東電は今後、数十年かけて返済していく。この上に原発の廃炉費用がのしかかる。廃炉には、今後三〇年、四〇年とかかる。東電はその費用を当初二兆円と見込んでいたが、実際は大幅に上回るとみられ、「二ケタの兆円」がかかると政府関係者の間でささやかれているという。国は廃炉に対しても公的基金を新設し、ここに国の資金を投入して支援する検討に入った(33)。

賠償、除染、廃炉と一体いくらかかるか。空恐ろしい額になることだけは確かである。東電は国への返済にあてるため電力料金に上乗せして徴収することになっているが、原発事故の処理資金まで上乗せしたら、電力小売りの完全自由化、小売価格の自由化の下で確実に利用客離れを起こし経営も危うくなる。原発事故を契機に、九電力体制は維持しつつ、九電力への統制・介入を強めて国民本位のエネルギー政策や原発事故の補償と後始末を、国民の監視と税金投入の明瞭化とその限度を明示しつつ、電力会社に実行させていく方途を、本気で模索してもよかったのではないか。

米国の言いなりになって、律儀に二〇年もかけて電力自由化に邁進し、ゴールドマン・サックスや中国企業や国内もろもろの業者に儲けの場を提供する一方で、国民の税金は原発事故処理に数十兆円注ぎ放題という、こんな場当たり政策ではなく、本当に日本の国を長期に支えられる自主的なエネルギー政策と原発事故処理の体制を、政府と国民が一致して模索すべき時ではないのか。

（4）医療・健康・介護

A 「日本再興戦略」で提起された政策

日本再興戦略では、重点三分野・三つ目の「健康・医療分野」の市場規模を二〇一三年から二〇二〇年までに一六兆円から二六兆円に拡大すると予測し、大きな期待をかけている。(34) 具体施策として、第4－1表の「II.戦略市場創造プラン」の「⑴国民の『健康寿命』の延伸」の①～⑥までの項をあげている。本論ではここに、二〇一四年版の「⑩健康産業の活性化と質の高いヘルスケアサービスの提供」の「a.非営利ホールディングカンパニー型法人制度（仮）の創設」（第4－3表）も、非営利ホールディングカンパニー型法人やファンドの参入として付け加えて論じる。

この分野の施策は、医療分野という公共性の高い分野への規制を撤廃し、外国資本も含む民間資本の自由活動に開放しようというものだが、その主眼が民間資本の援助・育成に置かれているものと、医療費等の削減に置かれているものとの二系列がある。但し、どの項目もその両側面をもつ。

①医療分野研究開発の司令塔「日本版NIH」の創設

これは第4－1表のIIの⑴①の米国のNIH（国立衛生研究所）をお手本にした医療分野研究開発の司令塔を、日本にもつくるというものである。国の予算（文部科学省、厚生労働省、経済産業省などの関連予算）を一元化して投入し、民間からも資金をつのって半官半民の基金をつくる。予算総額七〇〇〇億円程度を、国の予算と民間で折半する。国が支出する三五〇〇億円は日本の「科学技術振興費」全体の四分の一にあたり、今まで研究機関や大学の研究に配分していたものを一括管理する。

民間からは有力製薬会社等が参加し、研究委託費用として資金を出す。研究開発プロジェクトを公募し、その中から有望なものを採択して資金を提供する。対象は当然、参加する製薬会社等が求める分野になる。がん治療、ｉＰＳ創薬などがその代表である。薬の開発や知財収入で利益を得るが、各プロジェクトの成果で得られた知的財産権は、参加した研究機関や大学、製薬会社等が分け合い、製薬会社は優れた研究をすばやく実用化する。

二〇一四年五月に二つの法律が成立し、同戦略は実行段階に入った。一つは「独立行政法人日本医療研究開発機構」（上記の基金を管理し医療分野の研究開発・環境整備促進のため、各プロジェクトを採択し、予算を配分する組織）を創設するもの、もう一つは、「健康・医療戦略推進本部」（総理大臣が本部長、全閣僚を構成員とする）を創設するものである。総理を頂点とする医療の開発・推進体制の下に、関係する研究者や学界は「日本医療研究開発機構」に結集し、外国企業も含む業界の求める研究に一致協力して、国の予算を投じて邁進する。

しかし国家の予算を半官半民の組織に投入し、企業が求める研究に重点的に出資して、製薬会社等がその利益の多くを獲得するのは、企業による予算の私物化そのものだろう。「製薬会社と国が共同で資金を出すのは『特定企業への利益誘導』との反発」も強く、「研究費の配分が実用化研究に偏るのを危《き》惧《ぐ》する声」も多い。生物化学学会連合の三〇団体は連盟で危惧する声明を出した(35)。

②非営利ホールディングカンパニー型法人やファンドの参入

この項目は第4-1表にはないが、第4-3表の⑩のa.非営利ホールディングカンパニー型法人制度（仮）の創設として掲げられたものである。病院経営に株式会社を参入させることは、長らく米国が日本に要求してきたものだが、二〇〇六年になって特区で実行されたにとどまっていた。日本医師会は、営利目的の株式会社は病院経営になじまないとして、「『医療は非営利』とした医療法の原則に照らして、営利目的の株式会社が医療機関経営に参入することに絶対反対」と主張しつづけてきた。株式会社が医療機関の経営に参入すれば、利潤拡大や医療に格差を持ち込む混合医療に走らざるを得なくなり、いずれ「国民皆保険の崩壊」にもつながるとも強調した。(36)

「日本再興戦略」二〇一四年版では、株式会社ではないが「非営利ホールディングカンパニー型法人制度（仮）の創設」を掲げた。これは、ホールディングカンパニー（持株会社）のような法人を、医療分野でも認めるというもので、大学病院や公立、民間病院、介護施設などもグループに組み込んで一体経営できる。従来禁じられていた医療法人の剰余金配当も認めてグループ内で資金融通できるようにする。「資金調達の円滑化や余裕資金の効率的活用」を可能にするのだ。

二〇一五年九月に「医療法の一部を改正する法律」が成立し、非営利ホールディングカンパニー型法人が「地域医療連携推進法人」という名称で許可されることになった。(37)「株式会社」の名称は避けたものの、医療法人では禁じられていた剰余金配当も可能になり、グループ内での資金融通も可能になって他の事業に回せるため、実質的に株式会社の場合と同様の問題を孕《はら》むものとなった。

ヘルスケアリートの活用

「病院を対象とするヘルスケアリートの活用」方針も打ち出された。「日本再興戦略」(二〇一三年版)では、ヘルスケアリートの高齢者向け住宅への導入を掲げていたが、二〇一四年一月の閣議で対象を病院(自治体病院を含む)にも拡大することを決定し、翌年六月に国土交通省が「病院不動産を対象とするリートに係るガイドライン」を出し、医療分野でのリート活用が公認された。[38]リート活用は特別の法律を制定する必要がないのだ。

リート(REIT:不動産投資信託)とは、投資家から集めた資金や借入金で不動産を購入あるいは建設し、賃料収入や売却益を投資家に配分するものである。ヘルスケアリートは、病院、老人ホーム、サービス付き高齢者住宅等を主な投資対象とする。病院等は、土地・建物を「資産運用会社」から賃借する。

リートの本場は米国であり、ヘルスケアリートも世界の時価総額の九四パーセントが米国のものである(二〇一三年三月)。米国のヘルスケアリートの運用は、ここ十数年で急成長し、シニア住宅、高度介護施設、医療用ビル(医院の雑居ビル、MRI等の医療機器を揃えた企業も入居し医院は機器を共用)等々に投資する。[39]

日本では、リートそのものが二〇〇一年に創設されたばかりで、ヘルスケアリートは存在していなかった。「日本再興戦略」を受けて、二〇一四年にその立ち上げが始まった。当然、米国資本が多数参入することが予想される。しかしリートによる病院への投資については、国土交通省も「リートが求める賃料と借入金の返済条件如何で、不動産関連費用が多額になる」可能性や、設備投資計画などはリートの事前承認が必要になったり、将来病院の運営にリートが介入したり、果ては病院を失う可能性もあり、

危険性を周知すべきと指摘する。(40)
「日本再興戦略」では、「ホールディングカンパニー」やリートのような米国ファンドの医療・介護の分野への参入を容認して、同分野の公共性を大きく毀損《きそん》し、医療を企業と投資ファンドの際限ない利益追求に供する。

③混合診療の大幅拡大とその審査の迅速化

これは、第4－1表のII.の(1)で「②先進医療の審査迅速化」として掲げられたものであるが、「日本再興戦略」の本文でのこの項の説明を読むと、単に先進的な医療の審査を迅速化するという字義どおりの意味ではないことがわかる。その説明によると、保険が適用されない先進医療を大幅に拡大しよう、そうした保険が適用されない先進医療のために特別の審査組織をつくり、そこでの審査を「迅速化・効率化」しようという記述になっている。すなわち「保険診療と保険外の安全な先進医療を幅広く併用して受けられるようにするため、新たに外部機関等による専門評価体制を創設し、評価の迅速化・効率化を図る」と、保険適用外の先進医療を拡大しそのための新しい審査組織をつくるとしているのだ（二〇一三年版　六四頁）。

二〇一四年版では、重点一〇大項目「⑩健康産業の活性化と質の高いヘルスケアサービスの提供」の一つとして「c.保険外併用療養費制度の大幅拡大」で、全く同じ意味の施策を提起している（第4－3表）。「保険外併用療養費制度」とは、すでに存在する制度で、「混合診療」（保険が適用される治療と適用されない治療を混在させる）をごく限られた範囲で例外的に認めたものである。混合診療は、貧富によって治療内容が変わり国民皆保険制度を有名無実化するものと長年批判されてきたが、小泉内閣の下で、重粒子線治療や遺伝子診断等のごく限られた分野でのみ混合診療を認める「保険外併用療養費制度」が成立した。

「日本再興戦略」では、この「混合診療」の対象を大幅に拡大し、抗がん剤などをはじめ未承認薬・適応外薬を本人の了承の下に一般患者に使うこと（日本版コンパッショネートユース）等も提起した（二〇一四年版　九七〜九八頁）。そして二〇一五年五月に「持続可能な医療保険制度を構築するための国民健康保険法等の一部を改正する法律」が成立し、「患者申出療養」制度という名で混合診療が公認された。国内での未承認薬等も使用可能になり、患者は入院基本料などの保険適用部分以外は自己負担で支払う。(41)

この「患者申出療養」制度は、医薬品等の評価組織の新設とも一体で提案された。健康保険が適用される医薬品の評価は、厚生労働省が定めた厳しい基準の治験を潜り抜けねばならないため時間がかかる。だから別の新しい組織をつくって「最先端医療」の審査を「迅速化・効率化」する。二〇一三年版の項目では、ここだけを強調し「②先進医療の審査迅速化」と提起したのだ。新しい制度下では、実際に審査は六週間程度、国内ですでに実績のあるものは二週間程度で行い、現行の三〜六ヵ月の審査期間を大幅に短縮する。当面抗がん剤だけの評価体制が整えられ、遺伝子治療等を含む総合的な評価機関設立は先送りされた。まだ技術的に評価が困難なことや、「患者申出療養」の当面の対象も抗がん剤中心だからである。(42)

この制度は、日本の国民皆保険、平等な医療の原則を変更し、混合診療を大きく拡大していくものと批判が大きい。同制度の当面の対象である抗がん剤にしても、現在、健保で未承認の抗がん剤は、七割以上が一ヵ月あたり一〇〇万円を超え、七〇〇万円以上のものもある。これを自費で支払うことになれば、富裕層しか受けられない医療が拡大していく。また「患者申出療養」の対象として承認された医薬品を、製薬会社が健保での承認を受けないまま放置して高価格を維持する結果、健保未承認の先端医薬が拡大するのでは、とも危惧されている。

④医療の国際展開

この項目は「日本の医療・サービス技術の国際展開」を目指すというもので、「日本（の医療機関等が主体となった海外の）の医療拠点」を「二〇二〇年までに一〇か所程度創設」する目標を掲げる。日本の「医療法人が、現地法人に出資可能であることを（法的にも）明確化」して、現地の医療機関等への出資や買収も含めての海外展開をめざす（カッコ内筆者）（二〇一三年版　六六〜六七頁）。これは②の医療分野での非営利ホールディングカンパニー型法人の導入の項目とも連動しているが、同戦略・本文でも比較的短く触れているだけであり、今後の民間の動向次第ということなのだろう。

⑤健康寿命延伸産業の育成（介護の民営化）

第４－１表の「⑤健康寿命延伸産業の育成」は、「健康増進・予防」や「生活支援」などを、「戦略分野として創出・育成」し、「公的保険に依存しない」民業の形で行うものである（二〇一三年版　六〇頁）。これは介護保険の給付対象の変更・削減を、もっぱら目的とするもので、この項目を受けて二〇一四年六月に成立した「地域における医療及び介護の総合的な確保を推進するための関係法律の整備等に関する法律」が、その本質を明らかにしている。この法改正によって、たとえば「要支援者」への訪問・通所介護は介護保険給付から外し、市町村任せの「地域支援事業」に移した。市町村が代替サービスをボランティアや民間企業に委託して行うのだ。また介護保険の自己負担も引き上げ、たとえば年金収入・年二八〇万円以上では自己負担を一割から二割に引き上げる。特別養護老人ホームへの入所も「要介護三」以上に限定する。(43)

二〇一六年版の「日本再興戦略」でも、「介護を支える保険外サービス市場の創出・育成」を提案している（二〇一六年版　六八～六九頁）。同戦略は、「新たな有望成長市場の創出」をする目玉戦略の二番目に「健康立国」戦略を掲げるが、その具体策が「公的保険外サービスの活用促進」なのだ。「民間業者が（医療関係者等と）連携してサービス提供を行う」。主体は民間業者で、利用者は何の補助もないままに、業者に高額の料金を支払う。介護や医療の面で福祉を切り下げるだけでなく、それを企業に委ねて企業に成長市場を提供しようという構想だ。

民間業者はこうした方針をチャンスとし、「要支援」分野への参入に期待を寄せ、「保険外」の事業に力を入れ始めている。たとえば、セントケア・ホールディングは二〇一四年一月から家事代行や生活支援事業を開始した。高齢者の買い物や通院、家事などを支援する。料金は一時間あたり三七八〇円。介護大手・ニチイ学館は「深夜見守りサービス」を行う。料金は一回二万円前後。「在宅介護で負担の大きい家族らの利用を想定」しているというが、高齢者の見守りに一晩二万円出せる家族や、家事を助けてもらうために四〇〇〇円近い時給を支払える高齢者が、いったいどれだけ存在するというのか。(44)

⑥一般用医薬品のインターネット販売

これは医薬品のインターネット販売を大きく拡大する施策である。従来、インターネット販売が許可されていた医薬品は、二九五〇品目の第三類医薬品（ビタミン剤、整腸薬等）だけであったが、これを一万一〇〇〇品目以上に拡大し、第一類（一〇〇品目：特にリスクが高い）、第二類（八二九〇品目：比較的リスクが高い）も、ネット販売を可能にした（劇薬五品目、スイッチ直後品目二三のみは除く）。この変更のために二〇一三年一二月に「薬事法及び薬剤師法の一部を改正する法律」が成立した。(45)

安全性の問題が大いに危惧されるところだが、国民をインターネット売薬に頼らせることで医療費削減を狙っているのだろう。

⑦医療のビッグデータ利用とレセプト・データをもとに医療費削減

第4－1表には掲げてはいないが、二〇一三年版の本文では「医療情報の利活用推進と番号制度導入」として「医療情報の番号制度の導入を図る」ことを掲げている（二〇一三年版 六二頁）。全国民に割り振る社会保障と税の共通番号（マイナンバー）を医療分野にも適用し、「マイナンバーで集めた医療情報をビッグデータとして分析」し、「新薬の開発に活用」したり、「過剰な検査などを省いて国民医療費を抑制」するというものである。(46)

この施策の目的の一つは、全ての健康保険組合に対して、レセプト（医療報酬明細書）等のデータの分析や、それに基づく加入者の「データヘルス計画」の作成・公表、事業実施等を求め、個人ごとの

「特定保健指導の医療費適正化効果の分析」も行わせようというものである。市町村国保でも同様の取組みを推進する（二〇一三年版　六一頁）。レセプト・データ等を分析して、都道府県ごとの医療費の上限も設定する。上限を超えた都道府県は、予算配分などで懲罰的な扱いをされる可能性があるという。各健保組合に対しても、目標を達成できなかった場合は後期高齢者の医療費負担（現在、各健保組合も負担・拠出）を懲罰的に重くする。[47]

かつて小泉内閣時代の「骨太の方針　二〇〇六」でも、社会保障費を毎年二二〇〇億円（自然増分に相当）抑える目標を掲げて削減を迫ったが「医療の質を低下させる」と批判を浴び、撤回された。今回は有無を言わさぬ数字を突きつけて迫る。レセプト・データも悪いことに使われるものである。

この項目のもう一つの目的は第4－1表中のI.の「⑷世界最高水準のIT社会の実現」の「①IT利活用裾野拡大のための規制・制度改革」、「②公共データの民間開放と革新的電子行政サービスの構築」とも関連したものである。二〇一六年版は「日本再興戦略二〇一六――第四次産業革命に向けて」とタイトルをつけて、今後の成長を「第四次産業革命」に求めると銘打っており、その「第四次産業革命」の具体的なプロジェクトの筆頭に「世界最先端の健康立国へ」をあげ、ビッグデータの活用による、健康・医療サービスの充実をあげている。これは、「治療や検査等の膨大なデータ」を「最先端の創薬や治療、医療機器の研究開発につなげ」ると共に、「ウェアラブル端末等のIoTによるデータ収集」も活用した、「膨大な臨床データと個々の患者の状態を踏まえた創薬、医療機器開発、個別化サービス」等を実現するというものである（二〇一六年版　八、七頁）。国民の膨大な医療データをリアルタイムで製薬会社等に利用させ、そこで新たなビジネスも生み出す。「治療や検査等の膨大なデータ」を「最先端の創薬や治療、医療機器の研究開発につなげ」るのだ。

「日本再興戦略」二〇一六年版は、「第四次産業革命に向けて」と副題をつけているが、「第四次産業革命」とは、何を意味しているかといえば、「ＩｏＴ（Internet of Things）、ビッグデータ、人工知能、ロボット・センサー」などを活用した新たなビジネスを創出するというもので、ＩｏＴとはあらゆる「モノ」がインターネットでつながることによって実現するサービスやビジネスモデルを指す。

「日本再興戦略」は、個人情報を集めて、製薬会社や医療機器会社の研究・開発のために利用し、レセプト・データを集めて医療費削減の締め付けに使う。

B　医療・医薬品分野での米国の要望

医薬品・医療機器は、歴史的に米国企業が競争力を有する分野である。たとえば世界の医療機器メーカーの売上高ランキングでは、歴史的に米国が上位を独占し、近年（二〇一〇年時点）でも上位一五社のうち一一社が米国企業であり、日本企業は一社も入っていない。(48) 医薬品でも、二〇一三年時点で上位一五社のうち七社が米国企業で、日本は一社も入っていない。(49) 米国の地位はそれほど強大なのだ。

米国は、医療機器・医薬品部門における外国市場への参入は、外国が特殊な規制を行わず市場開放さえすれば自国企業がどの国の市場でも制圧できると絶対的な自信を持っていた。医療機器・医薬品は、各国独自の基準や検査の「参入障壁」が高いことが多いからである。このために米国は、一九八五、八六年のＭＯＳＳ協議以来、医療機器・医薬品分野でも、日本に膨大な要求を突き付け、猛攻撃をかけてきた。世界第二位の日本市場を、米国企業に全面開放させるためであった。日本の医薬品市場では、日本企業品を利用する傾向が強く、外資企業が占めるシェアは、一九九三年で総出荷額全体の一九・八パーセントと高くはなかった。日本の製薬会社は、世界ではトップクラスとはいい難いが、国内市場では断然優位にあったのだ。しかし二〇〇三年には外資企業のシェアは三三・三パーセントと、一〇年で一三・五ポイント上昇し、その後も上昇を続けている。[50] この間に何があったのか。

強引な市場参入

一九九三年からの「日米包括経済協議」で米国は、日本の公共部門（各省・官庁、JR各社等々）関連の医療施設で、医療技術製品やサービスの調達を行う場合は入札制を採用すること、「競争力ある外国（米国のこと――筆者）の医療技術製品及びサービスのアクセス及び販売を相当程度増大させること」を強引に要求し、日本はこれを飲まされた。そして入札にあたっては「内外無差別」（外国企業にも国内企業と同等の待遇を与える）とすることや、外国企業のシェアについての毎年の点検を行う等々も日本は義務付けられたのであった。

米国が日本市場に強引に割り込む際には、まず政府関連機関での調達からこじ開けていくというのがよくやるやり方である。米側代表のロナルド・H・ブラウンは、協議の合意にあたっての書簡で、「我々は状況をモニターすることを継続し」、「米国および他の外国の企業の」「販売が増大することを期待」するとして、米国企業製品をどれだけ使用したか監視を続けるぞと脅しをかけた。[51]

「医療法人」の株式会社解禁を要求

米国は「医療法人」・「医療サービス」の株式会社解禁や業務委託の解禁も長年要求し続けてきた。二〇〇四年の「日米投資イニシアティブ」でも、「医療サービス分野における営利法人による参入機会を拡大すること」や「MRIやPETのような高度な機器を使用した検査」の「外部委託を認めること」も求めた。これに対し日本側は「日本の法制度では営利を目的とした医療機関の開設を禁止するとの基本的な考え方がある」と、株式会社による医療機関を拒否し続けていた（「日米投資イニシアティブ報告書」二〇〇四年　八頁）。ただこの年には「特区」でのみ試行するという譲歩を行い、二〇〇六年には特区で株式会社による病院の設立が開始された。

その後も米国は、特区以外でも「株式会社の参入拡大」を要求し続けた（二〇〇六年「日米投資イニシアティブ報告書」九頁）。

混合診療の解禁を要求　米国は、混合診療の解禁も要求し続けた。日本側は「国民皆保険制度から、日本は混合診療の解禁には慎重」だとしていたが、二〇〇四年になると「構造改革特区」内のみ認めるという譲歩をした。同時に「再生医療や遺伝子治療、美容外科医療など」の分野では「自由診療」を認める方針も出し（「日米投資イニシアティブ報告書」二〇〇四年　八頁）、二〇〇四年一二月に関係各大臣間で先進医療での「保険診療との併用」が合意されて、これが先に述べた「保険外併用療養費制度」となったのだ。

医薬品・医療器具ごとに新規の承認や承認期間の短縮、高査定の要求　毎年の「要望書」では、医薬品・医療器具ごとに、規制緩和（承認）や承認期間短縮、日本の保険報酬制度の修正等々の詳細な要求が提出された。「体外診断薬」、「医療用具」、「保険償還プロセス」、「品目承認」、「栄養補給剤」、「医薬品」その他の分野に分け、それぞれ一〇〜二〇程度の具体的要求を列記し、日本の規制の変更・撤廃、承認とその手続きの短期化・簡素化、薬・機器の高価格算定、高薬価の維持等々を強く要求した。

日本の保険診療では、薬価・医療機器の審査基準が厳しく、期間も相当かかる。薬価等は、実際の販売価格を調査した上で、厚生労働省の諮問機関・中医協（中央社会保険医療協議会：健康保険制度や診療報酬の改定などについて審議する）の答申に基づいて決める。価格は二年に一度改定され、新薬も類似薬品や外国の平均価格なども参考に、少しずつ低下させる[52]。

米国はこうした日本の制度が不満であった。効果の高い新薬はもっと高い薬価に設定して、薬価を次第に下げるな、特別に加算せよと要求した。たとえば、「最も効果的で評判の高い製品の価格を不当に下げる措置を排除する」、「革新的製品の加算ルールの適用機会を増や」せ、「競争力ある報酬を与えるような保険償還政策」を「導入」しろと迫った（二〇〇三年「要望書」三〇頁）。

米国企業は新薬開発で群をぬいていたから、新薬の価格を高く算定しろ、それを下げるなと求めたのだ。要するに開発に要した費用を回収し、たっぷり利益を上げるため、高薬価を設定し続けろというのだ。ついには「（新薬の）特許期間中はその既存価格を維持」するように「価格算定制度を改革」せよと制度の変更を迫り、「米国製薬業界の代表を中医協の薬価専門委員会の委員に選任」しろと、自国企業の利益むき出しの要求を行った（二〇〇八年「要望書」詳論一〇）。国民皆保険の下での日本のシステムすべてが、米国は気に入らないのだ。

C　「日本再興戦略」で多くを実現

以上のように、米国はＭＯＳＳ協議以来、約三〇年近くにわたって日本政府に「医療機器」・「医薬品」分野で要求を突き付け続けてきた。日本は次第に米国の要求を受容し薬事行政を変更していったが、それでも最後の砦《とりで》だけは守ろうとしてきた。しかし安倍内閣は米国の要求すべてを実現に近づけた。本項（４）のＡ「日本再興戦略」で提起された問題で論じたことの多くが米国の要求に発したものだったからである。

たとえば「患者申出療養制度」が打ち出され、二〇一六年四月に法律が施行されたことで、混合診療の大幅拡大が実現した。（4）のAで述べたとおりである。

医療分野への株式会社の参入要求については、「日本再興戦略」二〇一四年版で「非営利ホールディングカンパニー型法人制度（仮）の創設」が前面に打ち出され、二〇一五年九月に「地域医療連携推進法人制度」という名で公認され、ヘルスケアリートも二〇一五年六月に厚生省のガイドラインの発表によって公認された。「株式会社」という名称ではないが、実質的に実現されたといえよう。

審査期間の短縮や先進医療の別枠扱いや高額査定については、「日本再興戦略」二〇一三年版で、米国と日本の間の「医薬品・医療機器の審査ラグ『〇』の実現を」「二〇二〇年まで」に目指すという記述が入った。この「ラグ〇」とは、「米国と日本の審査期間（申請から承認までの期間）の差である審査ラグと日本の審査機関に申請する時期の差で示される開発ラグに大別され」るが、その米国との「ラグ」・ゼロ、つまり米国と同じ短期間の審査で承認し、米国と同じ時期に審査申請することを二〇二〇年までに達成するというのだ（二〇一三年版　六六頁）。

医薬品等の査定価格も次第に上昇する傾向にあったが、「日本再興戦略」での混合診療の拡大は、米国の薬価の高価格化要求に大きな意味を持つだろう。抗がん剤等では、保険適用外が拡大することで、中医協薬価専門委員会で決める必要がなくなり、企業の思いのままの高価格設定が可能になるからだ。

安倍内閣期だけのことではないが、医療費において薬剤費は急増し続けている。たとえば二〇〇〇年と二〇一四年の概算医療費を比較すると、二九・四兆円から四〇・〇兆円と一〇・六兆円も増加しているが、このうち病院・診療所の入院・外来合計医療費は二四・一兆円から二九・八兆円へと五・七兆円の増加だったのに対して、調剤薬局は二・八兆円から七・二兆円へ四・四兆円も増加した。概算医療費総額（歯科、訪問看護を含む）の同期の伸び全体の四二パーセントが調剤にかかわるものだった(53)。米国の圧力のみによるとはいい切れないが薬価の高額化は事実といえよう。

結局、「日本再興戦略」の医療・介護分野の戦略は、国民の命を守る医療や介護関連分野を、福祉政策から大きく引き離し、内外の関連企業の利潤追求の草刈り場として開放するものである。「日本版NIHの創設」は、国家の予算を民間企業の「研究開発費」としてまとめて投入して、国を挙げて製薬企業が求める創薬・医療ビジネスに邁進する。また病院や介護施設を「持株会社」として運営し、リートなどのファンドの投資まで自由化する。一方で「予防」や「健康管理」の名分を掲げて、ビッグデータも使って医療費削減を強行し、個人の医療データを製薬会社等に提供する。混合診療も大幅に導入して「国民皆保険」制度の根幹まで揺さぶっていく。「日本再興戦略」は、国家が仲介して国民の命と健康を、企業と投資家の幾重もの利潤追求のために投じるものである。

米国の病院が多様な資本の利潤追求の場と化し、患者が医療から疎外されるとともに食い物にされ、医師もまた命に危険が及ぶまで酷使されている実態は、マイケル・ムーア監督の映画「シッコ」や、堤未果『貧困大国アメリカ』、『沈みゆく大国アメリカ』などでよく知られるところであるが、「日本再興戦略」は、米国型の医療システムに、日本を一層近づけようとするものである。

(5) その他

本項では、「日本再興戦略」の政策項目で残ったもののうち、農業と、前述した「⑵人材力強化・雇用制度改革」の項で分離した人材力強化にかかわる細項目について取り上げる。「農業」に関する「日本再興戦略」の方針は、TPP成立後に向けた体制を整えるという意味も持っており、「人材力強化」策も同様の意味を持つ項目を含んでいる。本項は今までの施策のように米国の過去の要求と逐一対比して論述することはしない。

①農業――TPP締結後に向けて

農業は、日本経済のあらたな成長を作り出す成長分野として位置付けられ、「II.戦略市場創造プラン」の「⑷世界を惹きつける地域資源で稼ぐ地域社会の実現」として「②担い手への農地集積等による競争力強化」、「③六次産業化の推進」、「④農林水産物・食品の輸出促進」の項目を掲げた（第4-1表）。

担い手への農地集積等による競争力強化　この施策は「日本再興戦略」の農業政策の本質を集約している。これは企業の農業参入を推進し、小規模な個人の「農業者」から、「企業体」に農業分野の担い手の重心を移動するということである。これまでは企業が農業生産法人をつくる場合、出資比率は五〇パーセントに限定され、役員の過半数が原則一五〇日以上は農業に従事する必要があったが、この規制を緩め企業参入を容易にする。また「経営所得安定対策（旧個別所得補償制度）」も見直す。経営所得安定対策は、「農作物の販売額と生産コストの差額を農家に支払う」もので、小規模農家存続の支柱になってきたが、これを「農地集約を促す仕組みに変える」(54)。

また、今まで「農地の番人」として重要な役割を果たしてきた「農業委員会」も、「農地集積事業」から事実上排除する。二〇一三年一二月には「農地中間管理事業の推進に関する法律」と「農業の構造改革を推進するための農業経営基盤強化促進法等の一部を改正する等の法律」が成立し、二〇一五年八月には「農業協同組合法等の一部を改正する等の法律」が成立して、農協の位置付けが大きく変えられ、農業委員も公選制から市町村長の選任制に変更された(55)。

ＴＰＰの発効を目前にした安倍内閣は、小規模農家を保護して日本の農業を守る道を放棄したのだ。安倍内閣の下では、労働、医療、電力、そして農業まで、民間企業の儲けの場に、すべて「開放」される。

農業分野は、一九七七年開始の「日米牛肉・オレンジ交渉」以来、最も古くから米国が日本に「市場開放」を迫ってきた分野である。「要望書」の中でも農産物開放は第一番目に掲げられ、米国産農産物輸入のために「植物検疫制度」、「食品添加物／製品基準」、「飼料穀物」等々の分野で徹底した要求が出され、日本の農産物市場がこじ開けられてきた。その総決算をＴＰＰで行うが、それに備えて、農家を守る政策ではなく、農業を企業に開放し農家は退場するに任せるのが、「日本再興戦略」である。

六次産業化の推進　「六次産業化」とは、農林漁業（一次産業）の産物を収穫したまま販売するのではなく、食品加工（二次産業）、流通・販売（三次産業）までひっくるめて一手に行うことで、一＋二＋三＝六で「六次産業」だという造語である。六次産業の担い手は、農業者よりも外食産業やコンビニ、スーパー等々を想定している。「日本再興戦略」では「異業種連携」を強調し、それによって「六次産業の市場規模を現状の一兆円から、二〇二〇年に一〇兆円」のマーケットにする（二〇一三年版　八一頁）という。こうした計算は恣意的に他の食品関連分野を合算しているだけにしか思えず、国民経済全体ではどうなるのか、まして農家はどうなるのかは見えない。

農林水産物・食品の輸出促進　これは「六次産業化」した農業を、輸出の柱にもしようというものである。規制改革会議は、「輸出促進」（現状約〇・四五兆円を二〇二〇年に一兆円にすること）を目標に掲げる（第4－2表）。しかし新興国の「富裕層」相手に、特別の農産物やその加工製品を輸出できたとしても、その量はごく限られたものでしかない。

前項目の「③六次産業化の推進」や本項目の「④農林水産物・食品の輸出促進」などの項を日本経済の成長分野に据えることに対しては、日本経団連さえ「農業が生み出す付加価値の規模は名目GDP比で一・二パーセントとごくわずかであり」、「こうした分野がわが国経済全体を成長させる、あるいは持続的成長を許容する産業として、十分な雇用や付加価値のボリュームを確保しうるものかどうか[56]」と疑義を呈する始末である。TPP発効を前に、日本農業が直面する大問題から目をそらし、敢えて「夢」を描いて見せた政策の観もある。

②人材力強化

高度外国人材の活用　第4－1表のI.「⑵人材力強化・雇用制度改革」のうちの「人材力強化」に関する項目の一つが、「⑦高度外国人材の活用」である。これは、「高度外国人材の認定に係る年収基準」

の見直しや、「永住が許可される在留歴の短縮」などを行い、高度技術を持つ外国人労働者がより流入しやすい環境を整える。「改訂二〇一四」では、「⑧外国人材の活用」（第4－3表）として、より幅広い外国人の受け入れも掲げ、「外国人技能実習制度の見直し」（対象職種の拡大、技能実習期間の三年から五年への延長、受け入れ枠の拡大など）、「製造業における海外子会社従業員の受入れ」、「特区における家事支援人材の受入れ」、「介護分野における外国人留学生の活躍」等々と、単純労働や家事支援労働、介護の分野での外国人の就労を受け入れる方針を明示する（二〇一四年版　四八～五〇頁）。

ＴＰＰは、ヒト、モノ、カネの移動を自由にする自由経済圏形成を目指すが、このうちのヒトの面での自由移動への突破口を開くものである。これらは「出入国管理及び難民認定法の一部を改正する法律」として二〇一四年六月に成立した。

グローバル化等に対応する人材力の強化

「人材力強化策」のもう一つの柱は第4－1表Ⅰ.の(2)「⑤グローバル化等に対応する人材力の強化」である。これは「国家公務員試験や大学入試等へのＴＯＥＦＬ等の活用」、「初等中等教育段階からの英語教育の強化」、「意欲と能力のある若者全員への留学機会の付与」というように、もっぱら英語教育に力点を置く政策である。そのために「英語教育の実施学年の早期化」（二〇一三年版　三八頁）も掲げる。二〇二〇年には新たな学習指導要領に改訂される予定で、そこでは、現在小学校五、六年生で行っている英語教育を三、四年生から「外国語活動」として開始し、五、六年生からは正式教科となり、教科書もできる。[57] グローバル化に応えられる人材育成という名目だが、少数のグローバル企業の人材育成なら、国民全員に小学三、四年生から英語を教育することが本当に必要なのか、低学年への英語教育は本当に教育効果が上がるのかといった疑問も湧く。ただ英語の早期教育は、米国への「親近感」を抱かせる効果は高く、最近とみに低下した日本国民の米国に対する「信頼」や、「親米ムード」を高める効果は大いにあるだろう。

大学改革　「人材力強化策」の三つ目の柱は、第4－1表Ⅰ.の⑵「③大学改革」で、これは「学校教育法」改正と一体となった大学の民主主義破壊策というべきものである。この施策細目の一つは「大学を支える基盤強化」として、「教授会の役割を明確化する」（二〇一三年版　三七頁）と説明されているものである。これは教授会から人事権を奪い、予算審議もさせないようにし、学長に権限を集中させるというものである。すなわち学長を選出するのは「学長選考組織」であり、教員はもはや学長選考に関わることができない。また副学長の権限が強化されるが、文部科学大臣は副学長に教員ではない運営のプロを選任することを推薦している。つまり教員から民主主義の手段と権利を取り上げ、文部科学省、すなわち時の政権の意向を直接反映できる組織に変える。

これは「学校教育法及び国立大学法人法の一部を改正する法律」、つまり単に国立大学だけでなく私立大学も含めた「学校教育法」改正として、二〇一四年六月二〇日に成立した。(58)

また、「日本再興戦略」では、国立大学教員に対しては、「人事給与システム改革」として「年俸制の本格導入や企業等の外部からの資金を活用した混合給与導入に直ちに着手」せよとも言う。そして「教員ポスト・予算」などの配分は「大学や学部の枠を越えた」配分にし、「運営費交付金の戦略的・重点的配分」などに「直ちに着手」せよとした。給与は年俸制を「本格導入」するとともに、企業などから資金援助をうけて補塡した「混合給与」を導入しろ、国や企業が必要とする分野で研究成果を上げた人間だけは高い年俸で厚遇しろ、逆にそうでない学部や分野は、金も人もまわすな、組織の存続だってわからないということである。国立大学の「半民営化」と「儲かる分野」へのシフト・再編と、その基礎固めのための教授会の権限剝奪《はくだつ》である。「今後三年間で大胆」に「改革を加速し」、二〇一六年度の「第三期中期目標」開始までに改革を完成させ」と期限も切って大学につきつけた（二〇一三年版　三七、三六頁）。

前述した「（4）医療・健康・介護」では医薬の分野で、「日本医療研究開発機構」に研究者が結集し業界の求める研究に国の予算を投じて邁進する体制が成立したことを述べたが、日本の学問があらゆる面でこうした体制を目指す仕掛けがつくられる。

いわば米国流大学管理と大学の民主主義破壊の徹底である。それは民主主義の砦であるべき大学にとどまらず、日本全体の民主主義の破壊を目指すものである。日本の大学は、否、日本の教育や民主主義はどうなっていくのか。

第三節　米国流「機関投資家資本主義」へ

本節では、二〇一四年版の一〇大重要項目（第４－３表参照）に掲げられている「①コーポレートガバナンスの強化」、「②公的・準公的資金の運用の在り方の見直し」、「③産業の新陳代謝とベンチャーの加速、成長資金の供給促進」の三項目を取り上げる。二〇一三年版でも同趣旨の項目が掲げられていたが、二〇一四年版では、一〇大重要項目の最初に掲げられ、「1.日本の『稼ぐ力』を取り戻す」ための最重点策と位置付けられた。しかしこれらは、本当に「日本の『稼ぐ力』を取り戻す」施策と言えるのだろうか。実はこれらの項目は、表面の文言からはうかがい知れない重大かつ日本経済を根本から破壊する深刻な問題をはらんでいる。

以下でこの三項目を検討するが、これらは日本を米国流の「機関投資家資本主義」ともいうべきあらたな体制に導くものであり、ものづくりと最終的に決別する資本主義の構造への転換であることを明らかにする。

（1）「公的・準公的資金」の運用の見直し――日本国民の年金基金はどうなるのか

A　「日本再興戦略」で提起された政策

「②公的・準公的資金の運用の在り方の見直し」　二〇一四年版の「日本再興戦略」では、「公的・準公的資金」、つまり年金基金や独立行政法人の金融資産の運用方針を大きく変更し、リスクの高い株やリスクの大きなファンドへの投資を増加させることを、一〇大重点政策の一つ「②公的・準公的資金の運用の在り方の見直し」として掲げた（第4－3表）。この項目は、「1.日本の『稼ぐ力』を取り戻す」施策の一つと位置づけられた。

二〇一三年版では、公的・準公的資金の運用見直しについて、第4－1表の項目としては掲げられていないが本文中で提起しており、「⑸立地競争力強化（エネルギー制約、特区等）」の説明では「公的・準公的資金の運用等」として、「公的年金、独立行政法人等が保有する金融資産（公的・準公的資金）の運用等の在り方」を「有識者会議」で検討し、「本年秋までに提言を得る」（二〇一三年版　五〇、五一頁）と提起していた。この記述を受けて、「公的・準公的資金の運用・リスク管理等の高度化等に関する有識者会議」が内閣府内に設置され、二〇一三年一一月に報告書（提言）を出した[59]。

二〇一四年版ではこれを受けて、「（有識者会議の）提言を踏まえた運用等の見直しを着実に実施」（二〇一四年版　七五頁）するとしたのである。実際に、この「提言」をふまえて、二〇一四年一〇月にはGPIF（年金積立金管理運用独立行政法人）が、資産運用方針の変更を発表した。

公的・準公的資金とは　この運用方針の転換を具体的に述べる前に、まず「公的・準公的資金」とは何か説明しておこう。「公的資金」とは、公的年金の積立金を指す。国民年金、厚生年金、国家公務員共済、地方公務員共済、私立学校教職員共済が公的年金に入る。要は日本人全体が長年払い込んできた年金から今までの支払を差し引いた、いわば貯蓄部分である。このうちの国民年金と厚生年金を管理するGPIFは、その積立金だけで一三七・五兆円という巨額に達し（二〇一四年度末）、世界で最大の資金量を誇る年金基金である。その他の国家公務員、地方公務員、私学の各共済の各基金を合わせた「公的資金」総額は一六〇兆円を超える。

「準公的資金」とは、独立行政法人（国立大学を含む。GPIFは除く）の金融資産を指している。それはほぼ五〇兆円である。つまり「公的・準公的資金」は、計二〇〇兆円以上に上り、日本の国家予算の二倍という驚くべき額なのだ。世界最大のソブリン・ウェルス・ファンド（SWF：外貨準備や年金、石油収入等で蓄積された政府資金を元手に投資・投機を行う機関）である「アブダビ投資庁」の運用資産は、最も膨張していた二〇〇八年一月時点で八七五〇億ドル、約九〇兆円程度で、サウジアラビアや中国のＳＷＦが約三〇兆円強だったとされており、「公的・準公的資金」計二〇〇兆円というのは、仰天するほどの額なのである。

巨額の年金基金は、高齢化が進む日本では、いずれ取り崩して加入者に支払わなければならず、運用益より長期の安全性が優先されるべきものである。このために従来は、日本国債に傾斜した運用を行ってきた。たとえば「公的年金」の各組合の従来の資産運用配分基準は、六〇～八〇パーセントが国内債券（その大きな部分は日本国債）であった。残りが国内株式や外国の債券・株式である。配分比率は各基金によって異なり、たとえば国内債券に最も大きな配分を行っていたのは国家公務員共済組合連合会で八〇（±一二）パーセントで、その他への配分は、国内、国外株は五パーセントずつ、外国債券は〇パーセントというように極端に低かった(60)。

資産の運用先をどう変更するのか　「日本再興戦略」二〇一四年版では、「（有識者会議の）提言を踏まえた運用等の見直しを着実に実施」すると宣言していたが、ではその有識者会議はどんな提言（報告書）を出したのか。

同提言はまず運用変更を検討する目的を、安倍政権が「デフレ脱却をめざし」取り組んでおり、「当有識者会議は、こうした取り組みの一環として、各資金運用に係る検討を行っている」（報告書　二頁）と、運用変更の前提が安倍政権のデフレ脱却政策の一環であることを強調しつつ、あらたな運用方針の基本となるべき六項目をあげた。

この六項目は全体として、従来のように安全性第一で、市場の動向に応じた平均的運用益を目指すのではなく、一般の投資ファンドのような果敢で機動的で、リスクの大きな投資に邁進せよというもので、日本の国債に集中的に投資する従来の運用をあらためて国債への投資を大幅に減らし、その代わりに株式への投資比率を大きく高めるとともに、外国株も大幅に増やして、海外での運用比率も大きくせよ、リスクの大きな投資も果敢に行い、リスクの高い株式だけでなく、今まで控えていた危険なファンドへの投資もどんどん行え、年金基金本体から切り離したベビーファンドも組織して危険な投資も行えというものであった。すなわち六項目の第一番に挙げられているのが「①運用対象の多様化」で、「REIT・不動産投資、インフラ投資、ベンチャー・キャピタル投資、プライベート・エクイティ投資、コモディティ投資」などを、「新たな運用対象」に「追加する」と提案した。

「②アクティブ比率（を高める）」（カッコ内は筆者補記、以下の項目も同じ）では、株式投資などの比率を高めるとともに、同じ株式投資でも「アクティブ比率」を高めよと提起した。株式投資などの場合、市場平均（日経平均株価やＴＯＰＩＸなど）に連動する運用収益を確保するパッシブ運用と、アクティブ運用（市場平均を上回るハイリターンを目指すがハイリスク）があるが、このハイリスク投資の比率を増やす。

「③パッシブ運用のベンチマーク」。ベンチマークは、資金運用組織の運用成績の目安になる尺度のことで、パッシブ運用では日経平均やＴＯＰＩＸがベンチマークとされることが多い。つまりＴＯＰＩＸの値動きと乖離《かいり》しない程度の運用成績であれば良しとするということである。これをパッシブ運用であっても、リターンの目安に幅を持たせたり（つまりは、もっと高い運用益をめざせ、但し市場の動向によって大きく損をしても仕方がないという意味）、ベンチマークそのものの見直しもせよという。

「④ポートフォリオやヘッジ方針の機動的な見直し」。ポートフォリオとは金融商品の組み合わせのことで、これを機動的に見直せとした。

「⑤海外資産運用比率（を高める）」は、外国株、外国債券等の比率を大いに高めよというもの。報告書では、外国株・外国債券比率の拡大が「国内運用資産の減少（につながり、それ）が国内経済に（マイナスの）影響を与える」とその負の面を指摘しつつも、それにもかかわらずどんどん外国株や外国債券に投資し、その比率を高めよというのだ。

「⑥ベビーファンド（を組成せよ）」。「ベビーファンド」を、「一定の資金額を設定し、ある程度の独立性を持たせて柔軟な運用を行う（外部委託又は自家運用）もの」とした上で、年金基金等が自ら「ベビーファンド」を設定し、リスクの大きな投資を行ったり、外部委託するような「運用形態も考えられる」と提案している[61]。

そして「有識者会議」の報告書は、年金基金そのものが、「有能な」ファンドマネージャーを大量に雇い、投機を行えと言う。しかし有能なファンドマネージャーの報酬は莫大で、投機で上げた利益の一〇パーセントといわれ、二〇一二年の世界トップファンドマネージャーの年収は二二〇〇億円だった[62]。そこまでの高額はありえないにせよ、年金基金の「給与規定」も変更せよという。そして実際に、ＧＰＩＦではすでに「給与規定」が改定された。

ＧＰＩＦの新しい運用方針

「日本再興戦略」二〇一四年版では、この提言を「着実に実施」することを明記したが、最大の年金基金・ＧＰＩＦはこの方針に従って、二〇一四年一〇月に新しい運用方針を公表した。公的資産の運用に関しては、法律を改正する等の格別の手続を経る必要がない。このため国民の未来に大きく関わる基金の運用方針も、ＧＰＩＦが独自に変更し結果を公表するだけでよいのだ。

従来のＧＰＩＦの資産運用は、国内債券に六〇パーセント（±八パーセント）、国内株式に一二パーセント（±六パーセント）、外国債券一一パーセント（±五パーセント）、外国株式一二パーセント（±五パーセント）、短期資産五パーセントに運用の配分比率が決められていたが、新しい方針では国内債券三五パーセント（±一〇パーセント）、国内株式二五パーセント（±九パーセント）、外国債券一五パーセント（±四パーセント）、外国株式二五パーセント（±八パーセント）と決められた(63)。

国内債券は三五パーセントと大幅に減らされ、しかも±一〇パーセントの許容範囲があるので二五パーセントまで減らしてもいいということになる。一方で、日本株と外国株は二五パーセントずつと従来の二倍以上に増やした。内外株であわせて五〇パーセントとなる。外国資産については外国債券一五パーセントと外国株二五パーセントで四〇パーセントにまで引き上げた。要は有識者会議の提言に従って「②アクティブ比率」を大幅に高め、「⑤海外資産運用比率」を高め、特に外国株は二倍以上にしたのだ。

この新しい運用方針に対するメディアの批判は、アベノミクスの成果強調のために日本株の株高誘導をもくろむものだ、株価操作のための変更だと批判した。確かにＧＰＩＦが数十兆円規模で株式市場に参入することは、株式市場の大きな攪乱《かくらん》要因になる。

ただしそれ以上に大きな問題は、外国株（二五パーセントと日本株と同じ比率の高さ）と外国債券（一五パーセント）にあわせて四〇パーセントも投入できるようにしたことである。国内の株価誘導ならまだしも日本経済にいくらかの恩恵もあるかもしれないが、何の関係もない外国の株価誘導や外国債消化に国民年金と厚生年金基金のうちの六〇兆円前後が、なぜ乱費されねばならないのか。また為替相場の大変動によるダメージも恐ろしい。

この新しい配分による二〇一五年度のGPIFの運用実績は、五兆三〇九八億円の赤字となり、リーマンショック直後に近づく巨額の赤字となった。国内外の株式で約七兆円の赤字を出したからだ。国内債は二兆円の黒字であった。世界的な景気変動の影響だと説明されたが、この間の株価はただの調整局面程度の変動をしたに過ぎない。それでこの大損である(なおその後の二〇一六年四~六月の運用損益〔評価損〕が発表されたが、わずか三ヵ月で五兆二三四二億円という莫大な損失であった)[64]。この程度の株式相場の変動で、株で約七兆円もの損を出すのなら、国内外の株価が突然大暴落する本当の金融危機が起きたら一体、どうなるのだろう。

投機への限りない傾斜、諸ファンドへも投資解禁

先に述べた「有識者会議」の提言の一番目の項目「①運用対象の多様化」も、極めて大きな問題をはらんでいる。これは公的・準公的資金の運用先に「REIT・不動産投資、インフラ投資、ベンチャー・キャピタル投資、プライベート・エクイティ投資、コモデティ投資」などを、新しく投資対象に追加せよというものである。こうした対象に直接、あるいはファンドを通じて投資するということである。

投資は、第4-5図のように伝統的投資と代替投資(オルタナティブ投資)に分かれ、伝統的投資には株式や債券への投資が入る。代替投資にはヘッジファンドやプライベート・エクイティ投資(PE)、不動産や商品(コモディティ)への投資等が入る。プライベート・エクイティ投資(PE)には、ベンチャー・キャピタル投資やバイアウト投資(買収した企業の企業価値を高めて売却し巨利を得る)、ディス

第４－５図　投資の種類

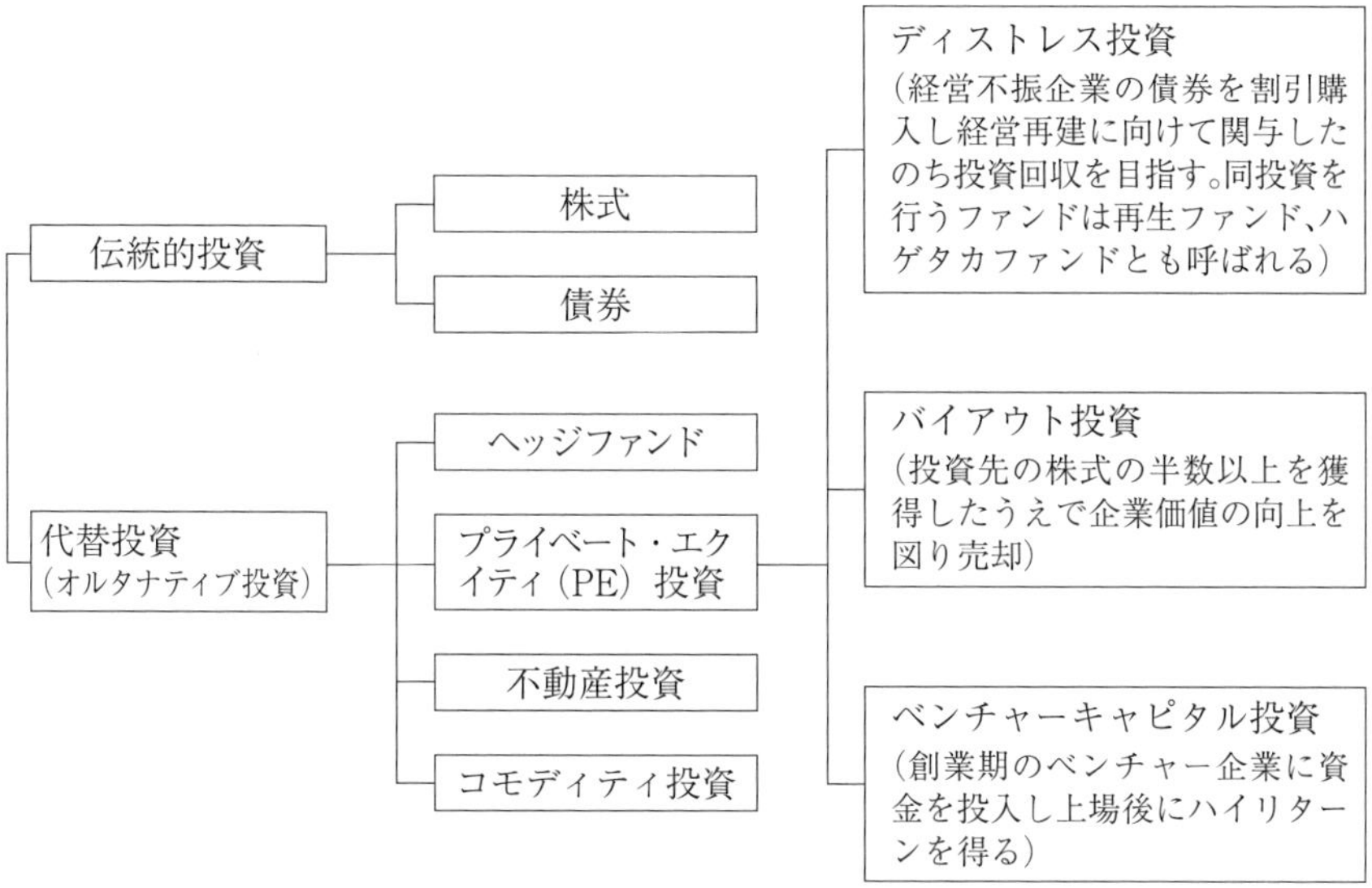

トレス投資（経営不振の企業の債券を買い叩いて投資し、価値を高めた後に高値で売る）等々が入る。それぞれの分野の投資を得意とするファンドもあれば、プライベート・エクイティ・ファンド（ＰＥＦ）のようにこれらを一体で行っているファンドもある。「有識者会議」の提言で広げろといっている運用対象は、すべてこの代替投資であり、直接あるいは専門の諸ファンドを通じて投資する。「ＲＥＩＴ・不動産投資」とは、ＲＥＩＴや不動産を投資対象とすること、コモディティ（国際商品）投資とは、穀物や原油、金属などコモディティ価格に連動した商品に投資すること。インフラ投資は、空港、道路、発電所から学校、刑務所にいたるまでの公共インフラへの投資や運営に参画しそのリターンを得る投資で、海外のインフラも含む。

　プライベート・エクイティ投資は投資した企業の経営に関与し、「企業価値を高め」て、株価を上昇させた後に売却して売却益を得る投資であり、もっぱらこうしたファンドに投資することである。ベンチャー・キャピタル投資もプライベート・エクイティ投資の一種であり、主に未上場企業に投資し、その企業が成長したのちに資金回収をする。プライベート・エクイティ投資には、ディストレス投資も含まれ、ディストレス投資を行うファンドは、「再生ファンド」、「ハゲタカファンド」とも呼ばれるため、プライベートエクイティ・ファンド（PEF）全体が「ハゲタカファンド」と呼ばれることも多い。「ハゲタカファンド」による日本での買収の有名な例としては、米国ファンド・リップルウッドが一九九八年に経営破綻《はたん》した日本長期信用銀行をわずか一〇億円で買収し、投資家から集めた資金一二〇〇億円を投入した後に、同行（約四兆円の税金が投じられ新生銀行として再生）株の二度にわたる売却で五四〇〇億円の巨利を手にしたケースがある。ディストレス・ファンドだけでなくPEFの企業買収は、「遅くとも数年後には売却して差益を上げること」が目的であり、通常のM&A（合併・買収）のように、対象の企業を永続的に保有することを目指すものとは、全く異なったものである。(65)

「有識者会議」の提言では、「運用対象の多様化」として、この代替投資、とくにプライベート・エクイティ投資や不動産投資も積極的に行えと勧めているのだ。今までの年金基金などの運用では投資されることがなかった危険なファンド等に、「どこでもあり」で投資してよいという。米国のハゲタカファンドに資金供給して、買収に乗っかって利益を上げたり（大損したり）しろ、その上に年金基金自らこうした危うい投機ファンドを自らも組成して（「⑥ベビーファンド〔を利用せよ〕」）、危うい投機に邁進しろというのだ。

「REIT・不動産投資、インフラ投資」にも邁進しろという。第3章で海外のインフラ輸出のために、その輸出代金や運営費用を、ファンド等を組成して日本が供給する構想を政府が持っており、その資金源として年金基金をあてにしていると述べたが、これにもお墨付きを与えたことになる。(66)

これらの方針による弊害は、すぐさま明るみにでるのではなく、五年、一〇年、二〇年先に突然大きな破綻となって現れることになるだろう。

ファンドとは　ここで、本節のカギになる言葉「ファンド」について、少し補足しておこう。「ファンド」は、投資家から集めた資金を目的に沿った対象に投資し、配当や収益を分配する仕組みそのものを指すが、ファンドを組織する主体もファンドと呼ばれる。ファンドは投資信託のような不特定多数が資金の出し手となる公募型と、プライベート・エクイティ・ファンド（ＰＥＦ）やヘッジファンドなどのように機関投資家が出資する私募型に分かれるが、ここでは私募型ファンドを指しており、投資する対象によって××ファンドと呼ばれる。公募型ファンドには、様々な厳しい規制が適用されるが、私募型には規制はほとんどなく内実も明らかにされない。なおヘッジファンドは、大口投資家から資金を集め金融商品に専ら投資するファンドである。

ファンドの本家は米国で、たとえば世界で最も大きなＰＥＦは、カーライル、コールバーグ・クラビス・ロバーツ（ＫＫＲ）、ブラックストーン等で、これらも米国企業である。ファンドは大手金融機関などが本体とは切り離した「別働隊」のようなかたちで組成し、危険な投機を行う場合が多い。本拠をケイマン諸島などのタックス・ヘイブンに置くものも多く、経営の実態はあまり明らかになっていない。(67)

なお、こうしたファンドや株、債券等に対する大口の資金の出し手は機関投資家と呼ばれる。機関投資家とは年金基金、投資顧問会社、生命保険、信託銀行、銀行、ソブリン・ウェルス・ファンド、証券会社、そしてヘッジファンドやプライベートエクイティ・ファンド（ＰＥＦ）等々の大口の投資家を指す。ヘッジファンドやプライベートエクイティ・ファンドなどの大きなファンドは、資金の受け入れ側であると同時に機関投資家でもあるのだ。米国では早くから大学や年金基金がファンドに投資してきた(68)。ファンドは、機関投資家などの出資者からの出資をもとに、銀行等からその出資金の数倍から数十倍の借入を行い、様々な投機を行う。しかし当然、大損する場合もある。しかも出資金の数十倍を借入れてレバレッジをかけた投機を行うため、破綻がつきもののいわば賭博の世界である。この賭博の「もとで」に年金基金を投じようというのだ。

後述するように米国では、こうしたファンドと巨大銀行とが一体となって金融分野での荒稼ぎを行い、リーマンショックにいたる米国の「バブル経済」を形成してきたが、そのファンド等に資金供給を行った機関投資家の中核に年金基金があった。巨大銀行、ファンド、年金基金が複雑な形で絡み合って米国の機関投資家資本主義を築いていたのである。それと同じ道を日本も選択せよというのだ。

誰が年金基金を運用しているのか

年金基金を「実際に」運用する主体はだれか。年金基金の運用変更で誰が得をするかを知るには、その点を明確にしておく必要がある。年金基金は、投資顧問業者（会社）と呼ばれるものが請負って運用している場合が多い。たとえばＧＰＩＦの二〇一三年度を例にとって見ると、運用は全体を「国内債券」、「国内株式」、「外国債券」、「外国株式」の分野に分け、その四分野をまたアクティブ運用とパッシブ運用が分け、それぞれに投資顧問業者が複数指名されている。その他の運用分野に短期資産と財投債があるが、これは「自家運用」でＧＰＩＦ自身が運用している。

「国内債券」の「パッシブ運用」を請け負うのは、日本の投資顧問業者が多く、みずほ信託銀行、三菱ＵＦＪ信託銀行、りそな銀行、ステート・ストリート・グローバル・アドバイザーズ（米国）等の各行が約五兆円ずつ、三井住友信託銀行が約一〇兆円運用する。「国内株式」の「パッシブ運用」では、ブラックロック・ジャパン（米国）、みずほ信託銀行、三井住友信託銀行等が約三・五兆〜三・六兆円運用し、「外国債券」の「パッシブ運用」では、ステート・ストリート・グローバル・アドバイザーズ、ノーザン・トラスト・グローバル・アドバイザーズ（米国）、ブラックロック・ジャパン、及びみずほ、三井住友、三菱ＵＦＪ各信託銀行が各一・七兆円といった具合である。

アクティブ運用では、外国（米国）系の投資顧問業者が多数名を連ね、「国内株式」の「アクティブ運用」の請負業者は、「ＪＰモルガン・アセット・マネジメント」が、「外国債券」の「アクティブ運用」は「アライアンス・バーンスタイン」（アクサグループ）、「ゴールドマン・サックス・アセット・マネジメント」、「ピムコジャパンリミテッド」（本社・カリフォルニア州、現在は独・アリアンツ傘下）、「ブラックロック・ジャパン」、「モルガン・スタンレー・インベストメント・マネジメント」が顔を並べ、「外国株式」の「アクティブ運用」では「アムンディ・ジャパン」（フランス）「ウエリントン・インターナショナル・マネージメント・カンパニー・ピー・ティー・イー・リミテッド」、「ＭＦＳインベストメント・マネジメント」、「ＢＮＹメロン・アセット・マネジメント・ジャパン」と、カッコ内に国籍を付した一、二社以外は米国企業のオンパレードである。(69)

これは二〇一三年度のＧＰＩＦの運用を請負う企業のリストであるが、「日本再興戦略」による「アクティブ運用」や外国株への大幅な運用拡大の方針で、ますます米国企業への運用委託は拡大していくことになった。

年金基金等の投資家から資産運用を請け負うのは、こうした投資顧問業と呼ばれる業者である。投資顧問業者は、日本企業では信託銀行、銀行系のアセットマネジメント会社（投資運用代行会社：大手銀行や証券、保険会社等が設立）、そして米国のPEFを中心にしたファンド、米国系アセットマネジメント会社が中心である。とくに外国株や外国債券投資では、米国系企業が圧倒的な比重である。つまり、米国のファンド等の手で日本の莫大な年金基金が、外国債券や外国株、あるいは諸種のファンドへと投じられ、その投機資金に供されるわけである。(70)

もともと投資顧問業は米国が本場であり、二〇〇六年時点で米国には一万社を超える投資顧問業者があったが、(71)その後の金融危機で数千社が潰れた。世界的に有名な投資顧問業者は、米国大銀行の傘下にある資産運用会社、証券業、投資ファンド等である。

運用対象変更の意味すること　先の「有識者会議」提言の「運用対象の多様化」とは、年金基金等から運用を委託されているこうした投資顧問業者による投資対象を、もっと株式、とくに外国株式や外国債券に投資する枠を拡大しようということが最重要点であった。また今までは禁止・抑制されていた危険なファンド等も運用先に加えてよい、どこでもありに投資してよいということでもあった。ファンド等へ投資の場合、元本の保証はない。万一の場合は投資資金の返還金がゼロになることもある。またファンド等への投資は、「株式投資」の枠に一括されることになったので、その実態は極めてわかりにくく、GPIFは当面資産の五パーセント（約七兆円）程度を目安に投資するとしているが、五パーセントという比率もどんどん膨らむ可能性がある。

米国の場合、巨大銀行そのものが資産運用会社であり、あるいはアセット・マネジメントと呼ばれる資産運用会社を系列に抱え、巨大銀行や資産運用会社自身がまた、あやういファンドを別働隊のようにして抱え、複雑な形をとってきわめて多数の投資関連組織を抱える。米国の資産運用会社、巨大銀行、諸ファンドは一体となっており、GPIFは、こうした米国企業への委託を、量的に拡大するだけでなく、諸ファンドも運用先として解禁する。つまり投資する側の資産運用会社が自ら組織するあるいは系列金融機関が組織するファンドにも投資することが可能になるのだ。

「日本再興戦略」は、国民が生涯かけて営々とためた年金の基金を、日本経済の根幹を支える日本国債から無理やり引きはがし、外国株・外国債券（特に米国株と米国債券）、値動きの大きな国内株、得体の知れないファンド、インフラ投資へと誘導する。

B　米国の要求——年金基金運用の外資（米国投資顧問会社）への開放

現在、「公的・準公的資金の運用」は、米国企業をはじめとした投資顧問業者が請け負っていることは述べたとおりだが、この日本の年金基金等の運用を、投資顧問業者（会社）に任せろと要求してきたのも、米国であった。米国の要求で日本の年金基金の運用は、一九九五年に投資顧問会社に「開放」することを約束させられたのだ。

「日米包括経済協議」の金融に関する一九九五年の合意文書[72]では、「年金福祉事業団の資金運用」に、「投資顧問会社が実質的に参入することを認める」と明記された。「年金福祉事業団」とは、GPIFの前身である（二〇〇一年三月に「年金資金運用基金」に改組され、二〇〇六年四月にGPIFに再改組された）。同合意文書では「投資顧問会社によって」「民間金融機関への資金配分を決定」できること、「専門のファンドマネージャーによる特定資産への特化運用が可能」になることも合意された。ここに日本の公的年金の資金は「投資顧問会社」とそのファンドマネージャーに運用委託することが決まったのである。

但し日本側は、投資運用会社への年金資産運用の開放は合意したが、運用先についてはかろうじて釘を刺し、「公的年金資金の運用は」「とりわけ安全な運用が優先されるべき」で「元本保証を付しうる運用対象に投資されるべき」であるとの原則をあえて前置きした。最低限の抵抗線として、元本割れするような危険な運用を禁じたのであった（同合意文書　四、五頁）。しかし「厚生年金基金の自主運用部分において運用機関側に課せられている投資運用規則も撤廃する意図を」、「日本国政府」は有するとも明記されており（同六頁）、将来、自主運用部分では投資運用規則を撤廃することも、すでにこの時点で表明させられてしまっていた。

合意文書はまた、各種公的組織の共済組合に対しては、「投資顧問業者と投資一任契約」を締結することにも同意した（同六頁）。この米国の要求は、金融自由化の要求の一環として、橋本内閣の下で実行に移された。一九九六年の「要望書」においても米国側は、「『日米金融サービス合意』の確約事項の日本政府の実施を歓迎し」、引き続き「合意事項の実効的な実施に焦点をあてていく」と、本当に開放するか今後点検していくぞと脅した上で、新たな要求も羅列した。すなわち投資顧問会社による運用対象を「郵便簡易生命保険、郵便貯金資産運用」にも拡大せよ、「厚生年金基金の資産運用」の顧問会社による運用を「二分の一」までに制限する規制を撤廃せよ等々の、日本の金融資産運用への開放・参入への際限ない要求を行った（同一四頁）。つまり米国は、年金基金だけでなく、簡保や郵貯資産の運用も米国投資顧問業者にまかせろと要求をしたのである。これは、一九九八年の「要望書」でも要求された。小泉内閣の下で行われた郵政民営化の背景には、郵貯・簡保資金の運用を狙った米国の意向があったことは既に多くの研究で明らかにされている。

「日本再興戦略」でのGPIFの、あるいは他の公的・準公的資金運用改革は、日本国民が様々な形で積み立ててきた資金を、米国の資産運用業者やPEFなどのファンドに委ね、それらを通じて、あやうい何でもありの投機の「もとで」に供する。また、米国株や債券への投資を大きく拡大し、米国景気を支える。それは米国がこの二〇年にわたって日本に強要し続けてきた要求の完全実現であった。日本側が今まで何とか防衛してきた最後の部分まで、安倍政権はみずから身ぐるみ脱いでしまった。

C 運用変更――日本経済全体にもたらすもの

こうした年金基金等の運用方針の変更は、日本経済全体にもきわめて大きな影響を与える。その一つが国債の消化という問題である。GPIFは運用方針変更で国債保有を激減させる方針を出したが、他の公的・準公的資金も同様の方針を採用していく。これは日本の財政に重大な影響を及ぼす。日本の債務残高（国債、政府短期証券、国の借入金の残高）のGDP比は、二〇一五年一一月現在で二三二パーセントに達し、ギリシャの二〇〇パーセントを抜いて世界で断然トップである。[73] しかし日本国債は、国内の金融機関や保険会社、年金基金、ゆうちょ・かんぽ等々がそのほとんどを買い入れ、安定的に消化してきたため、極端なインフレや国債金利の高騰による財政破綻は避けられてきた。

しかし今、安倍内閣のインフレターゲット政策によって、日銀が国債の買い取りを猛烈なスピードで拡大している。二〇一六年三月末では、日銀の国債保有は全体の三三・九パーセント、額にして三六四兆円になり、一〇月にはとうとう四〇〇兆円を超えた。二〇一三年三月から三年半で三倍以上になってしまったことは序章でも述べた。このままでいくと二〇一八年末には日銀の国債保有は五〇パーセントを超すとも予想されており（例えばSMBC日興証券・末沢氏）、そうなると日銀の保有高は日本のGDPを超える。

中央銀行自らが国（財務省）が発行した国債を引き受けるというのは、大変危険なことであり、紙幣が紙クズ同然になったインフレの教訓から、現在は先進各国では禁じられている。日銀は、「国債引き受け」とすでに市場に出回っている「国債の買い取り」は違うと説明する。しかし「買い取った」国債を日銀が再び市場に売り出そうとしても、もはや日本国内には買い手がいない。

三菱東京UFJ銀行は二〇一六年六月に、国債の「特別入札資格」から降りてしまった。同資格は国債買い入れの入札資格であるが、買い入れる義務（すべての入札で発行予定額の四パーセント以上の応札が義務づけられている）をも意味している。同行は二〇一六年三月期で二八・三兆円もの国債を保有していたが、今後は国債を買い入れる義務がなくなった。他の銀行も、マイナス金利が続けば、いずれ国債買い入れから手を引く可能性もある。

そして今、六十数兆円といわれる年金基金の国債保有も激減させよというのだ。GPIFはじめ年金基金は、実際に国債保有をダウンさせており、もしGPIFが国債保有をたとえば資産の四五パーセントから二〇パーセントにダウンさせれば約三五兆円の国債保有減となる。

日銀の国債買い入れが続き、たとえば二〇一八年中に全体の五〇パーセントにまで上昇すれば、日本国債の国際的格付けはジャンク債なみになるといわれている。もしそうなれば日銀は約五〇〇兆円のジャンク債を抱える世界一資産内容が劣化した中央銀行になり、日本国債の価格が極端に下落し、利率が高騰して財政破綻につながる可能性が出てくる。(74) そうした極端な場合でなくとも、国内の金融機関やGPIFなどによる安定した買入れを、今のように激減させ続ければ、いずれ外国の機関投資家の売買が急拡大し、国債の価格は翻弄され、これも財政破綻につながる危険性が急激に高まる。なぜ、今まで辛うじて維持されてきた日本財政の循環を、安倍内閣は叩き潰すのか。安倍内閣はいったい日本をどうしようとしているのか。

リーマンショックのような金融崩壊は、今後、必ず起きるだろう。内外の株が暴落し、ファンドも片端から潰れる時、日本の年金基金は、そして国民の未来は、あるいは日本の財政と国際収支はどうなるのか。これらはすべて一蓮托生《いちれんたくしょう》となって、米国の場合とは比べ物にならぬ惨事に陥ることになるのは確かである。

(2) コーポレートガバナンスの強化

A 「日本再興戦略」で提起された政策

「①コーポレートガバナンスの強化」 「日本再興戦略」二〇一四年版は、「改訂戦略における鍵となる施策」と銘打ち、「①コーポレートガバナンスの強化」を、一〇大重点政策の最初に掲げた（第4-3

表)。具体的には、「コーポレートガバナンス・コード」を東京証券取引所が金融庁や有識者とともに取りまとめること、上場企業はコーポレートガバナンス・コードを実施すること(万一実施しないならその理由を説明しなければならない)というものである(二〇一四年版 三二頁)。コーポレートガバナンスとは企業統治、コードは規定・規則の意味であり、コーポレートガバナンス・コードとは、上場企業がまもるべき行動規範を示した企業統治の指針という意味である。

「コーポレートガバナンス・コード」の作成 この項目を受けて、東京証券取引所は二〇一五年六月に「コーポレートガバナンス・コード」を作成・公表した。同コードは五つの基本原則からなっており、その下に計七三の細目が設けられた。基本原則の第一では「株主の権利・平等性の確保」として「上場会社は、株主の権利が実質的に確保されるよう適切な対応」を行え(同コード 三頁)と、株主の権利を重視する企業経営を行うことを強調し、同時に「外国人株主」に対しても実質的な平等性を確保せよとした。基本原則の第四・「取締役会等の責務」では、「独立社外取締役を少なくとも二名以上選任すべき」とし、基本原則第五・「株主との対話」では、経営陣が「株主の声に耳を傾けその関心・懸念に正当な関心を払」えと要求した[75]。要は、株主の権利を重視し、株主に顔を向けた会社運営をしろ、外国人株主も平等に扱え、それを保証するために社外取締役を二名以上おけということである(三〜五頁、一八頁)。

企業の素早い対応 東証一、二部上場企業のうち二〇一五年末までに、この「コーポレートガバナンス・コード」の七三の細項目すべてを実施した企業は一二パーセント、九割以上の項目に対応した企業は六六パーセントで、二〇一六年六月には社外取締役を複数選任したのは、一部上場企業の七八パーセントになった(76)。これほど急速に企業がコーポレート・ガバナンスコードを実施し、社外取締役も選任したのは、すでに二〇一四年六月には「会社法の一部を改正する法律」が成立し、社外取締役を複数置くか、もしそれが不可能ならその理由を説明せよとの条項が入り、社外取締役の複数設置がほぼ義務化されたからである。これは、すでに二〇一三年版の「日本再興戦略」で、「会社法を改正し、外部の視点から、社内のしがらみや利害関係に縛られず監督できる社外取締役の導入を促進する」と明記していたからであった（二〇一三年版　一二頁）。

なぜ大事だというのか　では、なぜ「日本再興戦略」では、この「コーポレートガバナンスの強化」、とりわけ社外取締役の選任がそれほど大事で、それを制定することが日本企業の稼ぐ力を取り戻す方策だというのか。二〇一四年版では「日本再興戦略」全体の冒頭で、「日本の『稼ぐ力』を取り戻す」必要性と、そのために取り組むべき課題について以下のように論述している。「日本企業の生産性は欧米企業に比して低く」、「これが日本経済全体の足を引っ張って」いる。このため「日本企業の『稼ぐ力』すなわち中長期的な収益性・生産性を高め、その果実を広く国民（家計）に均てんさせるには」、「まずは、コーポレートガバナンスの強化により」「グローバル水準のＲＯＥの達成等を一つの目安に、グローバル競争に打ち勝つ攻めの経営判断を後押しする仕組みを強化していく」ことが重要であり、また「各企業が、社外取締役の積極的な活用を」行って、「経営戦略の進化に結びつけ」ることが必要だと論じている。ＲＯＥとは自己資本利益率（株主資本利益率）のことである。

これに続けて、「銀行、機関投資家等」が、企業に対して「ファンド等を通じた民間ベースでのエクイティ、メザニン・ファイナンス投資等」も含む「リスクマネー供給の促進、目利き・助言機能を発揮すること」が必要で、「公的・準公的資金の運用機関を含む機関投資家についても、適切なポートフォリオ管理と株主としてのガバナンス機能をより積極的に果たしていく」必要があるとする。

「日本再興戦略」のこの論理は、段落が変わるごとに飛躍がある強引な論理展開を行っているのでわかりにくいが、要は日本経済の足を引っ張っている収益性の低さを改善するには、企業経営の目標を「グローバル水準のROE」に置き、ROEを改善する「攻めの経営」を行う必要がある、このためには「社外取締役」を確保してその意見を「経営戦略」に結びつけろ、社外取締役の意見を反映した株主重視の経営をしろ、企業への資金供給も、銀行の通常の融資ではなく機関投資家等によるメザニン・ファイナンスなどのリスクマネーの供給に依拠せよというのだ。

そしてこうした取り組みをすることで、「企業収益の更なる拡大」や「雇用機会の拡大、賃金の上昇」をもたらし、「脱デフレの果実が最終的に国民に還元される」ことになるとの説明もしている(二〇一四年版 四〜五頁)。

しかし、コーポレートガバナンスを守り、社外取締役を多数おいて機関投資家の意見を経営に反映すれば、「日本の『稼ぐ力』を取り戻」し、「雇用機会の拡大、賃金の上昇」までが本当に可能になるのか。コーポレートガバナンスとは、そんなに威力のある魔法の杖なのか。

コーポレートガバナンスとは

「日本再興戦略」でなされている特別な意義づけは別として、もともと「コーポレートガバナンス」とは、どのように定義づけられているのか。一般的に「コーポレートガバナンス」は、「経営上の意思決定に対する管理・統制」という意味であるが、「株主を中心とするステークホルダー(利害関係者)のために透明・公正で、効率的な経営を実行するための仕組み」とされる。

それは「企業がグローバル投資家に価値向上を約束する決意表明」（油布志行・金融庁企業開示課長談）ともいわれる。(77)つまり企業経営者が、株主、すなわち「グローバル投資家」に顔を向けた経営をすること、その経営はROEを高めて「グローバル投資家」が投資しやすい、投資して利益を得やすい経営にすること、そして「グローバル投資家」の代理人を社外取締役として迎えて経営に大きな発言権を持たせる制度を整備すること、つまり徹頭徹尾、「グローバル投資家」に顔を向けた経営目標を掲げて実行する投資家重視のしくみのことなのだ。

米国の企業と機関投資家の関係は「コーポレートガバナンス」が目指す典型的な関係である。米国では「取締役の半数以上が独立社外取締役で」、「経営の監督と」、「経営の執行が分離されて」おり、「取締役が株主の代理人として積極的に利益を追求することが前提」とされている。(78)米国企業では取締役会に占める社外取締役の比率は六〇パーセント以上だという。社外取締役は大株主＝機関投資家あるいはその代弁人であることが多い。つまりコーポレートガバナンスの整備は、機関投資家が社外取締役として企業の運営に口を挟んで経営を動かしやすくすると共に、企業の透明度を高め、ROEを指標に投資家がその企業に投資したり、企業を買収するのに役立つものなのだ。

だから、安倍政権のコーポレートガバナンス強化方針に大喜びしたのは海外の機関投資家たちで、「現在審議中の日本版スチュワードシップ・コードに加え、社外取締役の設置に対しても前向きになっている。日本でこうした動きが出ているのは、投資家としてうれしい限り」(79)（オンタリオ州教職員年金基金・ウィッセル氏談）と手放しで喜び、高く評価した。

ここでいうスチュワードシップ・コードとは、「機関投資家が」、「適切に受託責任を果たすための原則」、「心得」のことで、「日本再興戦略」二〇一三年版では、コーポレートガバナンス・コードの制定の項に続けてスチュワードシップ・コードの制定も提起していた（「機関投資家が、対話を通じて企業の中長期的な成長を促すなど、受託者責任を果たすための原則（日本版スチュワードシップコード）について検討し、取りまとめる」二〇一三年版　一二頁）。

この提起を受け二〇一四年二月に金融庁から「『責任ある機関投資家』の諸原則《日本版スチュワードシップ・コード》」が公表された。二〇一四年六月一〇日時点で、ＧＰＩＦを始めとして一二七の機関投資家が同コードの受け入れを表明した[80]。

要は、投資や買収する側と、投資され買収される側双方の「心得」、「礼儀」を徹底しようというわけである。

B　米国の要求

コーポレートガバナンス整備もまた、米国の要求であった。米国の「要望書」では、コーポレートガバナンスの本質をリアルに語っている。たとえば二〇〇三年の「要望書」では、「優れた企業統治（＝コーポレートガバナンス――筆者）の導入」は、「経営者が株主利益を最大化しようと努力すること」（傍点、カッコ内筆者）につながり、それが企業業績を改善するのだと、コーポレートガバナンスが株主の利益を最大化するためのものであるとはっきり言い切っている。

そして「優れた企業統治は、株主、特に年金基金や投資信託などの大規模な組織的株主による経営への積極的な参加を必要とする」ものだとも主張した（二〇〇三年「要望書」一一頁）。但し、組織的株主そのものが経営に直接参加するのではなく、「民間の年金基金の運用責任者」が代理人として参加すべきであり、「議決権代理行使（を行うこと）を義務付けるか、少なくともこれを奨励する法令を導入する」か、「規則またはガイドラインを公布」せよ（二〇〇六年「要望書」三六頁。二〇〇三年版もほぼ同じことを要求）と要求した。

つまり優れたコーポレートガバナンスのためには、「組織的株主」の経営への積極的な参加が必要不可欠であるが、その組織的株主とは、年金基金や投資信託、ＰＥＦなどのファンドである。しかし年金基金自身が、投資先企業の議決権を自ら行使するのではなく、「運用責任者」が代理行使を行うよう、政府は義務づけるか推奨せよというのである。前項（1）で見たように、年金基金・ＧＰＩＦでは「運用責任者」として米国系投資顧問業者、ファンド、金融機関も顔を並べていた。これらの「運用責任者」が、年金基金から委託された資金で株を購入した企業の株主総会に出席し、「議決権代理行使」を行って、当該企業の経営に様々な影響力を及ぼせるようにしろということである。つまり「運用責任者」が、他人（年金基金）のふんどし（運用資金）で、投資先の企業に発言力を行使できる体制が「優れたコーポレートガバナンス」には必須だというのだ。

「要望書」では、社外取締役についてもその設置を義務化せよ、あるいは設置に関して強制力を持たせよと要望し続けてきた。たとえば二〇〇六年の「要望書」では「社外取締役の具体的人数もしくは割合設定の義務付けや推奨」、また「社外取締役および監査役の定義の改正」を含んだ「株主利益の保護に関する」「上場規則またはガイドラインを定める」よう日本国内の主要証券取引所に要請するよう要望している（二〇〇六年「要望書」三六頁）。

上場企業は社外取締役の設置を基本的に義務化し、「株主保護」(つまり株主の利益)を前面に出せということである。その株主とは「機関投資家」のことである。社外取締役も「資産管理信託会社」や「投資顧問会社」に関係する人物が就任することが多い。つまり機関投資家やその代弁者が、日本企業の経営に口出しして、株価を上昇させて売り逃げたり、乗っ取る道を拓けということでもある。これらを米国は、「商法」改正要求の一環として要求した。但しこの二〇〇六年段階では、後述するように日本の経済界が猛烈に反発したこともあり、社外取締役の設置「義務化」はされなかった。

「日本再興戦略」二〇一四年版での「①コーポレートガバナンスの強化」策の実行は、一九九五年の日米合意で「公的・準公的資金」の運用に強引に食い込んできた米国の投資顧問会社、投資ファンド、金融機関等々が、「運用責任者」の仮面をかぶり、日本の投資先企業の経営に本格的に影響力を行使する道を大きく拡大することになる。のみならず「社外取締役」の仮面をかぶった関係者が、あらゆる日本企業の経営に口出しできる道を開くことにもなる。リーマンショック前に、頻繁かつ執拗になされた米国のこうした要求は、今、安倍内閣によって完遂されつつある。

「機関投資家資本主義」国である米国が、日本に対してこうした要求を行い、日本の法改正を迫る理由はわかる。しかし日本の首相が、なぜこれを「日本再興戦略」の「『稼ぐ力』を取り戻す」方策として戦略のトップに掲げるのか。なぜ、これを「脱デフレの果実が最終的に国民に還元される」方策とか、「企業収益の更なる拡大」や「雇用機会の拡大、賃金の上昇」をもたらすとまで言い、まるで日本経済の救世主のごとく主張して強引に推し進めるのか。

C　機関投資家重視の経営で日本企業は稼ぐ力を取り戻せるのか

米国流の、機関投資家の利益を代弁し、機関投資家に利益をもたらすように株価上昇を目指す経営が、日本企業にとって「稼ぐ力を取り戻」してくれるシステムなのだろうか。機関投資家は、関係する企業の株価を上げて売ることで売買益を得ることが最大の関心事である。但し機関投資家の意思の反映といっても、実質は株の売買を行うファンドマネージャーの意思である。

たとえば年金基金ＧＰＩＦでも実際に資金を運用し、株式等に投資しているのは、投資顧問会社、つまりアセット・マネジメント会社やＰＥＦなどであり、そこで実際に運用に携わるファンドマネージャーである。ファンドマネージャーに判断できることは、赤字部門の切り捨てや、労働者のリストラによって、企業が「四半期単位の短期の利益をいかに向上させたかだけ」である。見かけの自己資本利益率（ＲＯＥ）が上がればよいのだ。研究開発や労働者の訓練などへの投資は一時的に利益を押し下げることになり、株価の下落につながる。

そもそもファンドマネージャーには、その企業がどんな開発をし、それが将来どのくらいの利益を生み出せるかなどは知ることができないし、またそんな遠い先のことなどはどうでもよい。かくして米国企業は、買収を恐れて株価対策に走り、そのために配当を増加させる一方で、株価に反映しない研究開発への投資をなおざりにし、リストラして見せかけの経営指標を上昇させて防衛に走ってきた。「ファンドマネージャーの短期的な株価上昇の追求が企業の長期的な成長を損なうこととなっ」てしまったのだ。[81]

そして機関投資家は「物言う株主」としても跳梁し、経営に口を挟むことも多くなった。米国では「機関投資家」の国家政策への介入まで増大した。PEFなどの投資ファンドによる企業買収も増加し、「PEFの投資額は二〇〇六～〇七年のピーク時には世界で年額七〇〇〇億ドルを超え、M&A案件の二〇％以上を占めた」と言われるほどになった。(82) 米国の資本主義は、「機関投資家資本主義」、「ファンド資本主義」ともいうべきものに転化してしまい、ものづくり資本主義の道を自ら圧殺して、二度と戻れなくしてしまったのである。

一方、日本の企業の場合、従業員出身の経営者が多いため、事業の長期存続を最優先させる傾向にある（または、あった）。金融機関も、かつての六大企業集団や「メインバンク」のシステムの下で債権保全のために事業の長期存続を願った。過大な配当やみせかけの自己資本利益率より、堅実かつ長期の成長戦略をとる傾向にあった（それも大きく崩れていることは、第1章で述べた東芝の損失隠しがその一端を明らかにした）。

しかし、「日本再興戦略」はこれではだめで、もっと株主に顔を向けよ、株主代表の声を社外取締役として反映させろというのだ。自己資本利益率重視の体質に切り替えろともいう。結局は、米国流「機関投資家資本主義」の後追いをしろということである。

それはまた、日本の機関投資家というよりも、外国の機関投資家が日本企業に大きな影響力を及ぼす経営への傾斜でもある。すでに日本の株式のうち外国人投資家の保有率は三〇パーセントを超えているのだ（例えば二〇一四年度で三一・七パーセント）。日本のトップ企業、たとえば日本経団連の役員企業でも、発行済み株式総数に占める外資の占める比率は、一九八〇年（三月期決算。以下同じ）では二・

一三パーセントであったが、一九九〇年六・三四パーセント、二〇〇〇年二〇・三二パーセント、二〇〇五年二九・二五パーセント、二〇一〇年二八・〇三パーセント、二〇一五年三四・四八パーセントと増大し、今や三分の一以上が外資によって占められるようになった(83)。

これらのトップ企業の大株主に名前をつらねているのは、国内および外国（ほとんど米国）の「投資顧問会社」や「資産管理信託会社」である。「投資顧問会社」については既に述べた。「資産管理信託会社」とは、機関投資家の資産を一元的に管理する企業で、「カストディアン」と呼ばれるものである。年金基金等の機関投資家は、それぞれ投資顧問会社等に投資を委託しているが、GPIFで見たように多くの場合、それは数多くの投資顧問会社群からなっている。このため、それを一元的に管理する必要が生じた。この一元的管理を請け負うのが「資産管理信託会社」である。日本では、信託銀行や証券会社、都市銀行がこの業務を手掛けており、投資顧問業者と重なっている。グローバルな「資産管理信託会社」としては、ゴールドマン・サックスやモルガン・スタンレー等の米国の投資銀行や、ステート・ストリート、バンク・オブ・アメリカ、HSBC等々の信託銀行や大銀行の資産管理部門である。外国の「資産管理信託会社」は、日本国内の金融機関等をサブ・カストディアンとして代理人にする場合が多い。

日本の企業では、株主として内外の機関投資家の比重が大きくなり、その機関投資家の投資を一元的に請け負う国内外の「資産管理信託会社」や「投資顧問会社」が大株主として企業の株主に顔をそろえるようになったのだ。この「資産管理信託会社」や「投資顧問会社」のうち大手の数社、あるいは十数社が、多くの企業の大株主として顔をならべ、その代理人が社外取締役として企業経営に口出しする。

そうした株主（「資産管理信託会社」や「投資顧問会社」の背後にいる機関投資家）に、徹底的に顔を向けた経営を日本企業は行えというのが「日本再興戦略」なのだ。それが日本の企業が「稼ぐ力を取り戻」し、「再興」する道だという。しかしその道は、短期の株価上昇に固執する内外の投資家に振り回され、ものづくりで勝つことからますます遠ざかっていく日本資本主義の自滅の道だろう。

米国ファンドの日本企業買収も活発に

リーマンショック前の二〇〇〇年代半ば頃、米国ファンドは日本企業の買収に本格的に取り掛かろうとしていた。二〇〇七年五月には、次節で触れる「三角合併」（これも米国の長年の要求に応じたもの）が日本で解禁されることとなり、日本中の企業は、米国企業やファンドによる買収の嵐が吹き荒れるのではないかと身構えた。

おりしも二〇〇六年は世界中で大型ファンドの組成が相次ぎ、企業買収の大型化が加速していた。二〇〇六年には世界で七五〇〇億ドルものファンドマネーが企業買収に向かった。ＪＰモルガンやクレディ・スイス、ゴールドマン・サックス、リーマンブラザーズ、シティグループといった巨大銀行には、それぞれ一億ドルを超える買収案件による手数料が入った。

ファンドマネーの奔流は、日本へも向かい始め、二〇〇六年六月には、すかいらーくが三八〇〇億円で買収され（アジアパシフィックファンドと野村プリンシパル・ファイナンスによる）、一〇月には東芝セラミックスが一四〇〇億円で買収された（カーライルとユニゾン・キャピタルによる）等々[84]。サッポロビールが米投資ファンドであるスティール・パートナーズ・ジャパン・ストラテジックファンドから買収提案されたのも、この時期である（但し、サッポロ側の株主工作が功を奏し二〇〇七年三月の株主総会で否決）。

しかし、米国資本による日本企業の買収が本格化する前に、二〇〇七年に米国住宅バブルが崩壊し、二〇〇八年九月にはリーマンショックが起き、投資ファンドどころか米国の巨大銀行までが破綻し、公的資金の注入に依存する「死に体」になってしまった。

今ふたたび、米国金融機関は、リーマンショック以前のようなM&Aによる巨額の手数料獲得等の道を模索し始めている。とくに企業の経営にまで口出しして、株価を吊り上げるアクティビスト（物言う株主）と呼ばれるファンドの運用資産も膨れ上がり二〇一四年三月末で一〇〇〇億ドル（一〇兆円）を超え、リーマンショック以前にまで回復しつつある。有力アクティビスト、たとえばサード・ポイントやグリーンライト・キャピタル等々も日本をターゲットに定めている。サード・ポイントはセブン&アイ・ホールディングスに、傘下で経営不振のイトーヨーカ堂を切り離してROEの向上を迫り（二〇一五年）、産業用ロボット大手のファナックに「大量の現預金があるなら株主に還元せよ」と過大な高配当を迫った（二〇一五年）。ファナックは豊富な現預金のおかげで果敢な投資を行うことで急成長を遂げてきたのだが[85]。

二〇一七年、いよいよ日本のものづくり企業本丸の買収へ　そして二〇一七年に入って、米国最大手ファンドのKKRは、日産自動車の中枢の系列会社であったカルソニックカンセイを日産から約五〇〇〇億円で買収し、日立工機を一四〇〇億円以上で日立製作所などから買収した。そして第1章で述べた東芝の半導体部門の買収に乗り出した。東芝の半導体メモリーの入札では官民ファンドの産業革新機構とKKRが組んで、応札する予定なのだ。本書執筆段階ではまだ、落札先がわからないが、産業革新機構・KKR連合が最有力といわれている。

カーライルグループやベインキャピタル等も日本企業の買収を次々と行っており、英系のCVCキャピタル・パートナーも年間一〇〇〇億円以上を日本企業に投じる計画を立てている(86)。日本をターゲットにするファンドにとって、「日本再興戦略」は心強い後ろ楯である。日本の年金基金などがファンドに資金供給をすることにお墨付きを与えるとともに資金供給枠を拡大し、日本株に投資しやすいようにコーポレートガバナンスを着々と整備し、社外取締役も増加させて経営にますます口出しができる道が開かれた。米国投機資本にとっては「捲土重来《けんどちょうらい》」の絶好の機会が巡って来ようとしている。二〇〇六年頃から本格化しようとしてストップした外資による日本企業買収や日本株への投資で大きな利益を得るための条件は、滞りなく整備されつつある。

これが「日本再興戦略」で「日本の『稼ぐ力』を取り戻す」という政策の中身である。「日本の」ではなく「米国の」、「米国金融機関やファンドの」とすれば理解できるが。

(3) 産業の新陳代謝とリスクマネー供給

A 「日本再興戦略」で提起された政策

「③産業の新陳代謝とベンチャーの加速、成長資金の供給促進」 この項目は、第4－3表の「1.日本の『稼ぐ力』を取り戻す」の三つ目の項目である。成長のために、「産業の新陳代謝」を促進し、ベンチャー企業も増加させ、「成長資金の供給」も行うというものである。

これは、「日本再興戦略」二〇一三年版の「I.日本産業再興プラン（産業基盤を強化）」の(1)産業の新陳代謝（①民間投資の活性化、②ベンチャー投資の促進、③事業再編・事業組換の促進、④チャレンジできる仕組みの構築、⑤産業競争力強化法案（仮称）の制定、の五細項目）を引き継いでいる。

二〇一三年版では、「日本経済の三つのゆがみ（「過少投資」、「過剰規制」及び「過当競争」）を根本から是正」するための方策として、この五項目を掲げた。規制をなくして日本の投資を促進しようというものだが、やみくもに投資を増加させようというのではなく、「事業再編・事業組換の促進」と一体となって「産業の新陳代謝」を目指すのだ。そして①〜④の項目を、「⑤産業競争力強化法案（仮称）の制定」で、法律を制定して推進しようというのである。産業競争力強化法は、ベンチャー投資や先端設備投資を促進することも目標にはしているが、主眼は事業再編・事業組換の促進にある。すなわち「企業内では十分に成長できない事業の再編・統合」を行い、企業の事業分野を「収益性・生産性を向上させるものに限定」し、「過剰供給等の分野では、その解消につながるものに限り」税制や補助金などの優遇措置によって促す。強い分野を創出するというより、弱い、あるいは競争の激しい分野を切り捨て、撤退を促進しようというものなのだ。(87)

しかし過剰供給分野とは何かといえば、第1章で述べた電機産業などでは、ほとんどの製品分野で過剰供給ともいえる。結局、ものづくりの多くの分野・企業では分社化、切り捨て、撤退を促す方針にならざるを得ず、日本はものづくりから退場せざるを得なくなる。本項目もまた、ものづくり企業の目線に立った戦略ではなく、機関投資家目線で、収益率の低い部門・分野の切り捨て、撤退と、名目上のＲＯＥの引き上げという発想に立っているのだ。

なお、産業競争力強化法は、二〇一三年一二月に成立した。

さて、二〇一四年版では、こうした二〇一三年版の(1)産業の新陳代謝の細項目①〜④を引き継ぎ、「③産業の新陳代謝とベンチャーの加速、成長資金の供給促進」として打ち出した。この項目では二〇一三年版を引き継いだだけでなく、「新たに講ずべき具体的施策」として、「コーポレートガバナンスの強化、リスクマネーの供給促進、インベストメント・チェーンの高度化」を掲げた（二〇一四年版 三〇頁）。「コーポレートガバナンスの強化」は、すでに（２）で論じたものである。「リスクマネーの供給促進」は後で述べるとして、「インベストメント・チェーンの高度化」とは何か。「インベストメント・チェーン」とは、聞きなれない言葉だが、直訳すれば「投資の連鎖」ということで、企業が生んだ収益を、最終的に家計にまで還元する一連の流れをさす。一般的に、企業の収益拡大は賃金増や配当増によって家計を潤す結果になると説明されるが、これはそうした直接的な還流ではなく、「企業の収益拡大は年金など機関投資家の運用リターンの向上につながり、ひいては年金受給者である国民の経済的な利益をもたらす」、そして「家計が潤えばそのお金が消費に回り、企業の収益が拡大する」好循環がうまれるという「連鎖」を指している。機関投資家が資産運用で大きなリターンを得れば年金や家計に還流されるという、「風が吹けばおけ屋が儲かる」式の無理やりの論なのだ(88)。

同戦略でこうした論が強調されているのは、本節（１）、（２）で述べた「日本再興戦略」における機関投資家資本主義への傾斜とGPIFなど国民のカネを機関投資家の投機に委ねるシステムへの傾斜がある。国民の年金基金を、ハゲタカファンドの利益のために彼らに運用を任せるのだと説明すれば国民の怒りが爆発するが、「インベストメント・チェーンの高度化」を目指すもので、機関投資家の運用を媒介にして高度な連鎖で国民の生活に還元され、「雇用機会の拡大や賃金上昇、設備投資や配当の増加等を通じて経済全般に還元する」道だ（二〇一四年版　三〇頁）と、「難しい」説明をする。「トリクルダウン」理論よりたちが悪い。

さて、残った「リスクマネーの供給」とは何か。これは、「企業の中長期的な収益性・生産性を向上させ、産業の新陳代謝を促進」するには、従来型の「銀行や時限的に設置された官民ファンド等では供給が十分ではない」から、「①エクイティ（出資）、②メザニン・ファイナンス（優先株・劣後ローン等）、③中長期の融資」などによる「民間資金を活用した中長期の成長資金」を供給する必要があるというものである。海外展開においても国際協力銀行等による「①劣後ローン、②ＬＢＯ（Leveraged Buyout）ファイナンス」の導入をはかる（二〇一四年版　三一～三二頁）。

この「リスクマネーの供給」は、前項の「①コーポレートガバナンスの強化」ともつながっており、「コーポレートガバナンスを発揮させる環境をさらに前進させ」るためには、「銀行、機関投資家等」が、「ファンド等を通じた民間ベースでのエクイティ、メザニン・ファイナンス投資等」の「リスクマネー供給の促進」を行えとしていたことは、すでに前項で述べた。

リスクマネー供給とは

では、リスクマネーとは何か、リスクマネーとは、高い運用益を得られるがリスクも高い、たとえば企業買収や将来性の不透明なベンチャー企業への投資などに利用される資金である。リスクマネーの代表格として「①エクイティ（出資）、②メザニン・ファイナンス（優先株・劣後ローン等）」をあげているが、この「メザニン・ファイナンス」とは何か。メザニンとは中二階という意味で、メザニン・ファイナンスは、シニアローン（通常の貸出金）とエクイティファイナンス（新株発行を伴う資金調達）の中間という意味である。一般の融資より返済順位は低いが、運用益は高い（六〜一五パーセント程度）、劣後ローン、劣後社債、優先株などを指す。米国ではメザニン・ファイナンス専門の機関も多数存在する。

今の日本でなぜ、メザニン・ファイナンスという企業の側にとっては調達コストの高くつく資金供給を増大させよというのか。銀行融資からはじき出されている中小企業や、困難な中で国内生産しているものづくり企業が、メザニン・ファイナンスで資金調達して、その先、経営はどうなるのか、メザニン・ファイナンスで設備投資が拡大できるのか、必要なのは、低利・長期の銀行融資や公的融資ではないのか等々と考えてしまうが、しかし、「日本再興戦略」の意図はそんなところにはない。

もともとリスクマネーは、そうした企業の長期的存続や設備投資の拡大や更新のために使われる資金ではない。メザニン・ファイナンスは、企業のM＆A、とくにLBO（レバレッジド・バイアウト）と呼ばれる手法での買収によく用いられる。例をあげて説明すると、少し古い出来事だが二〇〇六年にソフトバンクが、イギリスのボーダフォンを買収したときにも使われた。ソフトバンクは、買収のために一兆八〇〇〇億円もの資金を調達したが、約一兆一〇〇〇億円は買収対象であるボーダフォン日本法人のキャッシュフローを担保として銀行団から調達し、二〇〇〇億円はソフトバンクが出資した。それでも足りない残りの五〇〇〇億円をメザニン・ファイナンスで調達したのだ。メザニン・ファイナンスの「定義ははっきりと確立されていない」が、無担保の劣後ローン、優先株、新株予約権その他様々なものを組み合わせて「一件一件オーダーメードでつくられる」ものだという。[89] このメザニン・ファイナンスという手品のような金融のおかげで、ソフトバンクは「利払い・税引き・償却前利益」が自己の一〇倍もあるボーダフォン日本法人を買収できたのである。

ちなみに、この時のようなＬＢＯによる買収とは、買収先の資産や将来生み出すキャッシュフローを担保に資金調達し、買収後に買収された企業の資産の売却や事業改善などを行うことによって返済していくＭ＆Ａの手法である。少ない自己資金にもかかわらず、借入金の追加調達等によって大きな資本の企業を買収できることから、テコの力の利用をするという意味のレバレッジドとバイアウト（買収）を合成してこう呼ばれる。買収する側は、買収される側の資産・収益を担保として借金しているので、買収後も返済責任はなく、買収される側が借金の返済をせねばならないという、何とも買収する側に都合の良いシステムである。ＰＥＦなどはこのしくみで、巨額の買収を次々と行うことができる。メザニン・ファイナンスはＰＥＦのような買収ファンド、ハゲタカファンドにもっとも頻繁に利用されているものなのだ。

「改訂二〇一四」の目玉戦略は、銀行や機関投資家の資金をこのリスクマネーに活用せよというのである。年金基金などから引っ張ってきた資金や銀行の遊資を、まともな形でものづくり企業に提供するのではなく、買収ファンドの荒稼ぎに提供せよというのが「日本再興戦略」である。そして日本の金融機関は「高利貸し」に変身しろ、金融機関は自らファンドも抱えてあこぎな企業買収に奔走する米国の巨大銀行と同じことをやれということでもある。

同時に企業自身もこのリスクマネーを使えということだ。激しい過当競争を演じながら銀行融資に頼って厳しい投資を行い、ものづくりを持続するのではなく、不採算部門はどんどん売却し、切り捨てることで「グローバル水準のＲＯＥ」を達成した上でリスクマネーを調達し、他企業の買収に走れということだ。

こうした政策を受けて、メザニン・ファンドの設立も始まった。たとえば二〇一三年一一月に東京海上日動は「東京海上メザニン」を設立した。これは「企業がM&A（合併・買収）をする際の資金を出す投資ファンド」で、「東京海上日動自身が一〇〇億円を拠出するのに加え、長期の資産運用をする年金基金を中心に機関投資家から資金を募る」ものである。つまり年金基金などの機関投資家から資金を調達し、その金をPEF等の買収ファンドや企業買収を行う企業に提供するためのファンドなのである。同じ時に、野村ホールディングスも英・資産運用大手インターミディエイト・キャピタル・グループと折半出資で「同様の投資を手掛ける新会社の設立」を発表した。

日本ではメザニンの投資家は必ずしも多くなく、それまでの日本の代表的なメザニン投資家は、日本政策投資銀行、メザニン、三井住友トラスト・キャピタル、東京海上日動火災保険、みずほキャピタルパートナーズ等がその主なものであった(90)。今、国がその組成の旗振りをする。日本を投機資本の荒稼ぎの場としてもっと体制を整えようというのだ。

それは、日本の大手銀行を、製造業をはじめとした企業への貸出から引きはがして、米国の銀行と同じようにファンドと一体化した投機や企業買収などの手数料収入、あるいは機関投資家の資産管理・運用に重心を移行せよということでもある。日本の金融も、国際的投機資本と一体となって目先の荒稼ぎに邁進する体制に転換しろということである。

B　米国における機関投資家（投資家主導型）資本主義への転換

本項では、今までのように「日本再興戦略」で掲げた細項目と同じものが、米国の「要望書」の何年版のどこで要求されたものか、という論証方法はとらない。この（3）の項だけでなく本節「米国流『機関投資家資本主義』へ」全体を貫くものを知るために、米国の「機関投資家資本主義」とはどんなものかその実態を明らかにする。それは機関投資家資本主義が米国でどのように形成され、どのような問題を有するのか、なぜ米国は本節で論じてきたような要求を突きつけるのかの根拠を知るためでもある。

米国資本主義の金融化、投資家主導の資本主義へ　一九八〇年代以降、米国の資本主義は大きな転換をした。それは、新しい金融化とか、機関投資家資本主義、ファンド資本主義、新金融資本主義（投資家主導資本主義）などと呼ばれるものへの転換である。

一九五〇年代、六〇年代の米国は、製造業において圧倒的な国際競争力を有しており、USスティールやゼネラル・モーターズ（GM）に象徴されるように、大量生産を効率的に行い、多数の雇用を創出した。労働者は労働組合組織を通して生産に協力し、その見返りに高賃金を獲得した。中間層は増大し、大量消費社会が形成され、製造業と米国経済の成長は一体となって進行した。しかし一九七〇年代に入ると、日本などが次第に米国の製造業を脅かし始めた。一九八〇年代になると米国企業は、対外直接投資を増大させる一方で、国内ではリストラクチュアリング（事業再構築）とダウンサイジング（人員整理）を活発化させた。その中で、一九八〇年代初頭までは米国大企業において支配的慣行であった終身雇用制も崩壊した。

大量生産を基礎にした米国資本主義が行き詰まった後に出てきたのが経済の金融化であり、機関投資家資本主義などと呼ばれる体制である。一九八〇年代にはレーガン政権が、金融緩和策と政府規制の自由化への転換を本格化させた。

すでに一九七〇年代末から一九八〇年代初めには、家計の貯蓄を投機市場に誘導したり、公的年金基金などをファンド等に投資する道が開かれつつあった。たとえば、従業員退職所得年金法（通称エリサ法）の解釈変更により、公的年金の運用をリスクの高いベンチャービジネス等に投資することが認められた（一九七九年）。確定給付年金（企業が、退職した従業員に給付を行う）から、確定拠出年金（被雇用者自身が所有し運用する年金、勤務先を変更しても年金額の通算可能）への転換を促す政策がとられ、一九八一年には「４０１（Ｋ）プラン」（所得税繰り延べ退職金積み立て計画）が公式認定された。これにより労働者自身が退職貯蓄を株式・債券市場に投資することが可能となり、投資信託（オープンエンド型投資信託：ミューチュアル・ファンド）などに投資する道が開かれた。

一九八〇年代から二〇〇〇年代の米国ではベビーブーマーの中高年齢化が進んだことも一助となって、年金基金の金融資産は拡大した。一九八一年と二〇〇一年を比較すると、機関投資家の金融資産総額は二兆一八九八億ドルから一九兆二五七七億ドルに膨張したが、中でも年金基金の金融資産は七六二〇億ドルから六兆三五一三億ドルに膨らみ、投資信託会社も二五三二億ドルから六兆五九六六億ドルになった。これらの巨額の資金が、株式やＰＥＦなどのファンドに流れ込んだ[91]。

一方で、機関投資家が株主として議決権を行使することが認められるようになった（一九八八年）。それは受託者責任の一環としてむしろ推奨されるようになり、年金基金などの機関投資家（およびその運用代理人ファンド等）は、社外取締役を送り込み、経営者に株主利益を重視した経営を迫るようになった。その圧力の下で企業経営者は、リストラ、合併買収、ダウンサイジングによって「収益力強化」を図る経営に転換せざるを得なくなった。

米国の銀行とファンド　銀行もファンドの成長と一体となって収益を拡大した。米国の銀行は、一九三三年のグラス・スティーガル法以来、商業銀行と投資銀行とに分けられていた。商業銀行は預金の受け入れや貸付などの預貸業務を中心に行い、投資銀行は日本の証券会社のように株式や債券発行によって企業の資金調達を支援したり、合併や買収などの財務戦略で助言を行った。

経済の金融化の進行の中で、投資銀行はファンドと一体となって利益を拡大し、プライベートエクイティ・ファンド（ＰＥＦ）に対しては、買収候補案件の紹介や売却へのコンサルティング、株式発行・負債調達時の引き受け、買収の際の資金融資アレンジ等々を行うことで莫大な手数料を獲得した。ヘッジファンドに対しては、プライムブローカレッジ業務と呼ばれる投資家の募集、取引執行・決済、資金・証券の貸借、証券の保護預かり、ポートフォリオ管理、キャッシュマネジメントといったバック・オフィス機能を果たすとともに、ヘッジファンドの扱う商品を横断的にカバーして、トレーディング（売買）業務そのものも自己の業務と一体化して支援した。こうした業務は銀行に莫大な収入をもたらすようになり、たとえば二〇〇四年を例にとると最大のＰＥＦであるＫＫＲが銀行に支払った手数料は四・九五億ドル、ブラックストーングループは四・一九億ドルだった。ヘッジファンドは二〇〇四年通年で七五億ドルの収入を投資銀行にもたらすだろう（業界全体の株式トレーディング関連収入の二五パーセント）といった推測もなされた。ヘッジファンド関係で直接・間接に得た収入だけで、投資銀行第一位のゴールドマン・サックスでは会社全体の利益の四分の一にあたり（二〇〇四年）、二位のモルガン・スタンレーではこれをやや下回るとエコノミスト誌も推測した[92]。

商業銀行――たとえばＪＰモルガン（二〇〇〇年以降はＪＰモルガン・チェース）やバンク・オブ・アメリカ等では、預貸業務に重心を置いていたため収益機会は減少していた。一九九〇年前後から企業の資金調達に変化が生じ、銀行からの借入から社債等にシフトしたからであった。こうした中で米国の大手商業銀行は、投資銀行業務に積極的に参入し、投資銀行の買収や証券子会社の設立などを行い、商業銀行と投資銀行の境界があいまいになっていった。これを追認し、加速させたのが一九九九年の「グラム・リーチ・ブライリー法」で、商業銀行と投資銀行の分離は事実上撤廃された。商業銀行も投資銀行と同様の業務にも進出し、ファンドは銀行に大きな手数料収入をもたらすようになった[93]。

銀行自身が自社でもヘッジファンドと同様の業務を行い、また銀行自身からスピン・オフして設立されたファンドもきわめて多かった。米国の経済はこうした投機資金の拡大と投機市場への流入や、銀行とファンドの融合、そして米政府の金融緩和策に支えられて活況を呈した。

このように米国の「機関投資家資本主義」は一九八〇年代から始まっていたが、一九九五年に元ゴールドマン・サックス社・共同会長のロバート・ルービンが財務長官に就いた頃から、世界に対しても「金融の自由化」を迫り、投資市場として開放することを強く求めるようになり、米国は「投機」によって世界に君臨する国になっていった。

政治もプライベート・エクイティ・ファンド（ＰＥＦ）やヘッジファンド、投資銀行の代表者たちが牛耳るようになり、たとえば財務長官を見ると、七〇代のロバート・ルービン（九五年就任）は投資銀行・ゴールドマン・サックスのトップであり、七一代ローレン・サマーズ（九九年就任）は退任後ヘッジファンドのD・E・ショウから五〇〇万ドルの報酬を受け取り、七三代ジョン・スノー（二〇〇三年就任）はPEFのサーベラス・キャピタル・マネジメントの会長であり、七四代ヘンリー・ポールソン（二〇〇六年就任）はゴールドマン・サックスの元CEOであり、七五代ティモシー・ガイトナー（二〇〇九年就任）はやはりPEFのウォーバーグ・ピンカスの社長であるという具合なのだ。(94)

米国規範の世界への押し付けとドルの還流

上記のような米国における「機関投資家資本主義」への変化を見ると、本節（1）～（3）で論じてきた年金基金の株式投資の拡大やファンドなどへの投資解禁、機関投資家の議決権行使、コーポレート・ガバナンスの制定、スチュワードシップ・コードの制定、投機資金市場の拡大、そして銀行のリスクマネーの供給機関への変身といった「日本再興戦略」で掲げた課題は、すべて一九八〇年前後から二〇年近くの間に米国で展開してきたものであったことがわかる。米国は、「要望書」で毎年、繰り返してこれらの政策を押し付けてきたのであった。米国は自国が政策転換してからほどなくして、一九九〇年代以来一貫して、自国と同じ体制への転換を「ご親切」にも日本に指導し続けてきたというわけである。

しかしそれは米国の「親切心」からではなく、金融化した資本主義、機関投資家資本主義にとって、世界から米国へ資金が流入して、ドル高と株価高が演出されることとが不可欠であったからである。そのために米国は世界に金融の自由化を押し付け、米国にマネーを流入させた。米国への資金還流の中で米国の資産価格も高騰し、米国の銀行や投資ファンドはそれによって得られた収益の一部を、今度は対

外投資にあてて急増させた。(95)

機関投資家資本主義の日本の未来

「日本再興戦略」を好意的に見れば、米国の「要求」に従って日本の年金基金や日本企業そのものを米国金融機関やファンドに開放し、その餌食にしたいわけでなく、日本経済の金融化を推し進め、機関投資家資本主義に移行することで、金融を成長分野の中心に据え、一九九〇年代、二〇〇〇年代（リーマンショック前まで）の米国のような「繁栄」を、日本にももたらそうという成長戦略なのだと見ることもできないわけではない。しかし米国と日本とは根本的な違いがある。米国のように基軸通貨国として、あるいは圧倒的軍事力と一体化した巧妙な経済・外交戦略によって、世界各国に自国の規範を押し付け、世界各国の投機資金を呼び込む力は日本にはない。金融化によっては、日本経済には繁栄の一時期さえも呼び込む可能性は少ないのだ。

その一方で、日本企業は機関投資家におびえ、投資家の利益を全面に据えた経営を行わねばならず、それは研究開発への大胆な投資や生産性向上のための大規模な設備投資を行う力も失わせることになり、グローバル競争での勝利からますます遠ざかることにつながる。あげくのはては外国、とくに米国資本による日本企業の買収が多発することになるだけだろう。

しかもこうした「金融化」、「機関投資家主導の資本主義」は、繰り返す巨大金融危機と、資本主義そのものの限界に大きく踏み込むことにもなる。以下の引用はリーマンショックを契機とする金融危機を分析した高田太久吉氏の著書の結論部分である。論述は米国資本主義の変質――経済の金融化とその破綻の本質を述べているが、まるで現在日本で進行しつつあることと、そしてその先に待つ日本の近未来を述べているかのようである。

「『経済の金融化』のもとでは、金融市場が経済成長率を何倍も上回るスピードで膨張し、金融産業の規模と利益が急速に増大する。それとともに、企業活動が資本市場（＝金融機関と機関投資家の要求）に振り回されて、『株主価値重視のコーポレートガバナンス（株価上昇と配当を唯一の業績評価基準と考える企業経営）』が強まった。企業は株主利益を最優先して『社会的責任』を顧みなくなり、株価維持のために積極的投資を控え、債務に依存した自社株買い上げや配当性向の引き上げ（内部留保の吐き出し）、賃金の抑制や人減らしに走った。さらに、金融当局は、証券価格を維持し、ウォール街を潤すために低金利政策を継続し、政府も、労働者をふくめあらゆる社会階層の貯蓄を年金制度や投資信託を通じて証券市場に動員する制度（確定拠出年金制度〔401K〕他）を計画的に整備してきた。このために、一方では、総需要を構成する企業投資と家計支出が停滞して国内市場が収縮し、他方では、金融機関と機関投資家の手元にますます大きな貨幣資本が累積するという形で、現実資本と貨幣資本のアンバランス（貨幣資本の過剰）が極度に拡大した」。

こうした中で債権の証券化が蔓延《まんえん》し、その一つであるサブプライムローンの破綻問題を契機に、それまでの構造が破壊され、米国の五大投資銀行は、破綻や買収、組織変更によって姿を消した。つまり、この「現代のグローバルな金融システムは、自己調整機能をまったく持たず、いったん運行が軌道から外れると、もはや自力では存立も機能回復もできないほど、その屋台骨と支柱が毀損《きそん》されているのである。こうした状況は『経済の金融化』のもとで、略奪的金融と資産（擬制資本）インフレに依存しながら不安定な『成長』を続けてきた現代資本主義が、もはや部分的な手直しや修正では克服できない大きな歴史的限界と矛盾に逢着したことを示しており、その意味で、現代の資本制生産の歴史的限界を表しているとみるほかはない」[96]。

日本経済が、経済の金融化、機関投資家資本主義への転換を行ったとしても、その先に起きるただ一つ確かなことは、「部分的な手直しや修正では克服できない大きな歴史的限界と矛盾」に遠からず直面するということだろう。

（4）対日投資を増加させよ

「日本再興戦略」で掲げられた「規制撤廃」、「民営化」、「機関投資家資本主義への移行」にかかわる諸政策は、述べてきたように、その大部分が米国の対日要求に端を発していたものであった。米国は長年にわたって、外国資本（米国資本）が日本に投資する際の「構造的障害」なるものを撤廃せよと要求し続けてきたのだ。「日本再興戦略」だけでなく、この二十数年間に日本政府が「構造改革」、「規制撤廃」の名で行ってきた大きな改変は、「郵政民営化」をその典型として、ほとんどが米国からの要求に端を発したものであったことは、すでに多々論じられてきた[97]。

米国は長らくこうした対日投資の「障害撤廃」＝「規制撤廃」とともに、「対日投資」の額の増加も要求してきた。数値目標を掲げて何年までに達成するというものであった。「日本再興戦略」で、直接これを目標に掲げたのは、III.の「(5)対内直接投資の活性化」という、外国資本が「対日投資を増加させる」という項目である。

本節では、この「(5)対内直接投資の活性化」という項目を、Aでは投資額の数値目標から、Bでは過去の「対日投資障害撤廃」＝「規制撤廃」がどのように推し進められたかの二面から明らかにする。Bでは米国の要求の歴史を見ることで、本章で論じてきた米国の要求が過去からどうつながっているか明らかにする。

A　対内直接投資の倍増

対内直接投資とは、外国の資本が日本に新規に会社を設立することや、外国の企業等によって日本企業が買収されることを指す。「日本再興戦略」では、「日本の『稼ぐ力』を取り戻す」ために、この対内直接投資残高を五年間で倍増させるという目標を掲げている。外国企業が新たに工場などをわざわざ日本に建てることはまれだから、もっぱら既設の日本企業を外国企業が買収することになる。第1章で述べた鴻海《ホンハイ》精密工業によるシャープ買収などは、その典型である。日本企業が外国企業にどんどん買収されることが、日本の稼ぐ力を取り戻すことだというこの戦略は、いったいどういう意味なのだろうか。

「日本再興戦略」で提起された政策――対日直接投資を倍増する　二〇一三年版の「日本再興戦略」では、「III.国際展開戦略」の「(5)対内直接投資の活性化」（第4－1表）の項で「対内直接投資残高を三五兆円へ倍増」と二〇二〇年までに二〇一二年比で二倍にすることを掲げた。そしてそのために「『国家戦略特区』を活用し、世界で一番企業が活動しやすいビジネス環境」にするとしている（二〇一三年版　九四頁）。「I.日本産業再興プラン」「(5)立地競争力強化」の「②国家戦略特区の実現」の項でも、特区を「規制改革の実験場」にして日本全体の規制撤廃の「突破口を開」き、「世界の企業が日本に投資したくなるようなビジネス環境を作る」（同四六頁）と主張した。

「日本再興戦略」二〇一四年版では、「1.日本の『稼ぐ力』を取り戻す」の項目のうちで、「国を変える」として「立地競争力の強化」をあげ、「国内外の企業から日本への投資を促していく」ために「世界トップクラスの事業環境を整備」すること、それは「岩盤規制に一つ一つ穴を空けていく」だけでなく「環太平洋パートナーシップ（TPP）」等の「経済連携交渉を加速し」、「モノ・サービス・投資の国境を越えた移動の障害を取り除」き、二〇二〇年までに「対内直接投資残高の倍増目標を確実に達成する」とした（二〇一四年版　六頁）。

いずれにせよ両年版が強調するのは、日本を「世界で一番企業が活動しやすいビジネス環境」の国にする（「立地競争力」を「強化」する）、そのために「国家戦略特区」をテコに「規制改革」、投資の障害撤廃をより推し進め、TPPのような広域自由経済に参加して日本全体を特区のようにして、「対内直接投資を倍増させる」ということである。

しかし、規制撤廃をして、外資が日本に投資しやすくなって対日投資が二倍に増えれば、日本が「稼ぐ力」を取り戻すのだろうか。裏を返せば、日本は外資導入が少ないから、成長が停滞しているのか。対日投資によって外国企業がどんどん日本企業を買収すれば日本経済は成長するのか。

本書序章では、中国を典型とした新興国が、経済特区による外資導入によって急速な経済発展をしてきたことを見た。しかし、同じ道が先進国日本に有効であるわけではない。日本の場合は、途上国・新興国のように投資資金や技術力の不足のために、経済が停滞してきたわけではないからだ。投資資金は有り余っている。技術も、長い間世界の先頭に立って開発してきた分野が多々ある。いまさら「外資」に投資してもらって、技術導入する必要もない。日本企業自身がどんどん海外移転して国内を空洞化させ、海外に最新鋭工場を建てても、国内設備は一昔前の旧式のままといった今のような経営さえしなければよいだけだ。技術も、第1章の電機産業で見たような技術流出させ放題とか、日本企業がこぞってアジア企業のために新技術の開発に協力する、ついには先端部門を売り飛ばすといったとんでもないことはやめて、日本企業が協力して日本国内で技術開発・製造すればいいだけだ。日本が途上国のように「特区」をつくって外資導入の天国にして、外国の資本と技術によって雇用増加や経済成長を達成するなどという構想は幻想である。

ではなぜ「対日投資を二倍にする」という目標を、あたかもそれが日本の『「稼ぐ力」』を取り戻す」ために不可欠の政策のように「日本再興戦略」は掲げるのか。これもまた、米国の対日要求だからである。

米国の要求——対内直接投資拡大の数値目標の押し付け　対内（対日）直接投資残高を増加させるという目標は、「日本再興戦略」で初めて掲げられたわけではない。日本が対内投資増加方針を大きく打ち出したのは一九九〇年六月の「直接投資政策の開放性に関する声明」からである。この声明は「日米構造協議」での米国の要求を受け入れたものであった。対日投資促進のための「対日投資会議」（内閣総理大臣が議長）も一九九四年に設置され、二〇〇七年まで存続した。

二〇〇一年には小泉首相とブッシュ大統領が、「成長のための日米経済パートナーシップ」を新たに設置することに合意し、それをもとに「日米投資イニシアティブ」が毎年開催され、対日投資の進捗度合いが毎年点検され、報告書が出されるようになった（前掲第4－3図＝三九〇頁）。米国からの対日要求は、商品市場の開放から投資市場としての開放に重心が変化していたが、「日米投資イニシアティブ」

の新たな設置はその象徴であった。

こうした米国に対して日本は、対日直接投資の数値目標を掲げることを余儀なくされた。たとえば小泉内閣は、二〇〇三年一月の施政方針演説で「五年後には日本への投資残高の倍増を目指す」と表明した。二〇〇六年三月（依然小泉内閣）にも新たに「対日投資残高をGDP比で倍増となる五パーセントとする」という目標を掲げ、「対日投資加速プログラム」を策定した。同年九月に成立した第一次安倍内閣はこれを引き継いだ。かくて対日直接投資残高は、二〇〇三年末の九・六兆円から二〇〇八年末には一八・五兆円になった(98)。

「日本再興戦略」では、「二〇二〇年における対内直接投資残高を三五兆円へ倍増（二〇一二年末時点一七・八兆円）することを目指す」としているが、「対日投資倍増」は、小泉政権以来、米国に何度も約束し、何度も達成してきた目標なのである。

対日投資で「稼ぐ力」を取り戻せるのか

外国に投資してもらって日本経済を成長させるという発想そのものが幻想であり、米国の要求をうのみにすることへの正当化に過ぎないが、加えて日本経済にとって一層危険なことは、米国の対日投資要求の力点が「投資」から「投機」へと移動してきたことである。本節で述べてきたように、米国資本は、「投機」資本として日本への浸潤を拡大しつつある。それが何を意味するか、その結果日本がどうなるか、今、真剣に対峙《たいじ》せねばならない問題である。米国の要求に従って、株価に右顧左眄《うこさべん》する経営を日本企業に強制したり、米国投機ファンドが日本企業を買収するがままに任せることは、日本企業のみならず日本国家を売りわたすと同様の結果をもたらすだろう。

対日直接投資の主体の変化も考慮しておかねばならない。今、アジアの企業が大きく力をつけているが、たとえば台湾や中国企業が、日本で投資を行って製造業を新規に立ち上げ、日本人従業員を大規模に雇用するといった形は考えられない。既存の技術力に優れた日本企業を買収し、技術者、機械、設備をそっくり中国等に移転して、現地の廉価な労働力・材料で製造し、ほどなく日本企業の活動を大きく脅かすといった可能性も格段に大きくなっている。中国、台湾企業が日本の電機関連企業や高い技術をもった自動車関連の下請企業を買収していることは、すでに他章で見たとおりである。シャープを買収した鴻海が、いつまで日本の工場を維持し続けるかはまったく不透明である。こうした対日投資が、「民需主導の経済成長」を生み出すと主張するのはデマに近い。

対日投資の倍増要求や次項で述べる「対日投資障害撤廃」要求と、その従順な受容こそが日本企業の国際競争力を根幹から破壊し続けてきたものであったことを、日本は肝に銘ずべきだ。

B　対日直接投資の「障害撤廃」

日本は米国の要求を具体的にどのように受け入れてきたのか。

第4－4表は、日本がどのように対日投資の「障害撤廃」＝「規制撤廃」してきたかを、二〇〇〇年前後から二〇〇六年頃までの短い間に法制化されたものだけに絞ってまとめたものである。同表のもとになっているのは、「日米投資イニシアティブ報告書」の中で、日本側の交渉担当者自身が、「日本は米国の言い分を受け入れて、対日投資の『障害』になる法律をこんなふうに改正し、規制撤廃してきましたよ」と言うために作成・提示した記述である。二〇〇二年版と二〇〇六年版の報告書で掲げられたものを筆者が統合した。これらはいわば「日本再興戦略」の項目の前史をなすものである。同表に拠りな

第4－4表　米国の対日投資障害撤廃要求に基づく日本の法改正

●(1)大規模小売店舗法の廃止

① 1990 年大店法が段階的に規制緩和され 2000 年に廃止。

●(2)金融の自由化

① 1998 年金融ビッグバンが開始。

●(3)電気通信事業改正（NTT、KDD 開放）

① 1998 年第一種電気通信事業者（NTT 及び KDD 除く）の外資規制撤廃（同年7月には KDD 法の廃止により同社への外資規制も撤廃）。

② 2001 年 NTT 法の改正により、同社への外資規制が5分の1未満から3分の1未満へ緩和。

●(4)労働の流動性

①確定拠出年金制度の導入（2001/10 施行）

②有料職業紹介事業のネガティブリスト化(1997)、取扱職業の拡大・許可申請の簡素化（1999/12)、手数料規制緩和（2002/2）

③労働者派遣法の派遣業務の対象範囲を原則自由化(1999/12)、中高年齢者の派遣期間を1年から3年へ延長(2002/1)、派遣期間が3年の専門業務の拡大

④一部業務の有期雇用契約の期間延長（1999/4)、契約期間の上限が3年の専門職の範囲拡大(2002/2)

●(5)土地の流動性

① SPC 法：不動産や指名金銭債権等の証券化を促進（1998/9)、手続の簡素化、信託スキームの創設（2000/11）

②サービサー法：不動産担保の付された債権の取扱等流動化、証券化を促進（2001/6）

③投資信託法：投資信託の主たる運用対象を有価証券から不動産等に拡大（2000/11)。

●(6)法務サービス

①司法制度改革推進計画（2010 年ころには司法試験の年間合格者を 3,000 人程度にする）が 2002 年3月に閣議決定（06）

②「外弁法」改正を含む「司法制度改革のための裁判所法等の一部を改正する法律」(2003 年)（06)

●(7)医療

①構造改革特区で自由診療を認める関連法成立（2004/5）（06）

●(8)商法・会社法関係

①純粋持株会社解禁（1997/12）：独占禁止法を改正し、純粋持株会社の禁止を解除。

②合併手続簡素化（1997/10）：合併報告総会の廃止、債権者保護手続の簡素化等

③株式移転制度（1999/10）：既存の会社が新たに持株会社を設立する制度。みずほ、UFJ 銀行の合併で利用

④株式交換制度（1999/10）：既存の会社間で 100％親子会社関係を作る制度。ソニー、ソフトバンク等が利用

⑤民事再生法（2000/4）：迅速な処理を可能とする倒産法

⑥会社分割制度（2001/4）：会社がその営業の全部又は一部を他の会社に承継させ、承継する会社が対価として株式を発行する制度創設

⑦ストックオプション制度の自由化（2002/4)。対象者、付与株数等の制限を撤廃

⑧連結納税制度：企業が法人税を連結ベースで納税することを可能にする法律成立。2002 年4月より適用

⑨会社法の改正（2005/6）で、吸収合併された消滅会社の株主に存続会社の株式に変えて金銭や親会社の株式を交付することができるようになった。この部分への施行は 2007 年5月（06）

⑩会社・委員会設置会社で内部統制システムの基本方針の決定義務付け（2006/5 施行会社法）(06)

⑪国境を越えた M&A 促進：改正産業活力再生特別措置法（2003/4）で親会社の株式を対価として合併を行うこと（三角合併）や、現金を対価とした合併（現金合併）を商法の特例として認めた。これにより外国親会社の株式や現金を対価とした合併等を行うことが認められた（06）

⑫コーポレートガバナンス：商法改正（2002/5）で、米国型コーポレートガバナンス制度の選択余地広げる。監査役を置く代りに指名委員会、監査委員会、報酬委員会（メンバーの半数以上が社外取締役）と執行役を置く米国型の制度の採用が可能に（06）

(出典)「日米投資イニシアティブ報告書」2002 年版 10 頁、同 2006 年版 18～20 頁より作成

(注) 項目末尾の（06）は、2006 年版に依拠。2001 年版の項目は原文のままだが、2006 年版は各項目が長文のため筆者が要約

がら、主要な項目だけを簡単に見ておこう。それは「日本再興戦略」だけでなく、日本の政治がこの約三〇年の間、いかに米国からの要求を受け入れることに費やされてきたか、振り返るためである。

「⑴大規模小売店舗法の廃止」　「日米構造協議」（一九八九、九〇年）で米国が、日本の「大規模小売店舗法」が米国の大規模小売店舗の日本参入の障害となっているため、これを〝二〇〇〇年度末までに廃止せよ〟と要求し、日本がそのとおりに一九九一年以降段階的に改変し、二〇〇〇年に廃止したものである。

その結果は、大規模小売店舗の無謀な進出・拡大によって地域の商店等を衰退させてしまった。その後、増加しすぎた大規模小売店舗が相次いで撤退したため、今度は地域そのものが衰退してしまうという結末となった。

「⑶電気通信事業改正」　米国がＭＯＳＳ協議（一九八四、一九八五年）で、日本の通信分野における日本電信電話公社、国際電信電話会社（ＫＤＤ）の独占を廃止して外資も参入させよと要求してきたものを、何段階かの緩和策をへて二〇〇一年の外資規制の大幅な緩和となったものである。当初は、米国の通信企業が日本に参入する要求がその背後にあったが、米国自身の通信市場開放の結果、米国の通信巨大企業自身が分割や競争、買収、再合併等々で、資本関係が入り乱れ、日本の通信事業への参入も流動的なものになってしまった。

「⑷労働の流動性」　この問題については、第二節の（２）で述べたように米国の要求に従って、労働者派遣法が何度も改正され、有料職業紹介事業の制限も緩和されていった。「確定拠出年金制度」も導入され、「労働力の流動化」の後押しをした。すでに述べたように、これも「対日投資」の障害撤廃要求の一環であり、「日本再興戦略」でも残された多くのものを実現したことは論じたとおりである。

「(5)土地の流動性」「日米構造協議」以来、米国は、日本の不動産の高価格を是正せよ、そのために「市街化地域」の農地に宅地並み課税を行えと要求し続けた。日本の高地価が、米国企業の対日投資の障害になるというのだ。その結果、日本政府は市街化地域の農地に重税を課すようになった。

「(6)法務サービス」これは、対日進出する米国企業の活動の便宜のために、日本も米国と同様の司法制度に移行せよと米国は「要望書」の中で幾度も要求してきたことに対応している。その一つは、司法修習生を増やせという要求で、最初は二倍（約一〇〇〇人：一九九四年の要求）、その後約一五〇〇人（一九九六年の要求）、次いで三〇〇〇人（二〇〇一年の要求）と次第に目標数を引き上げた（各年度版「要望書」による）。

日本は二〇〇二年三月に三〇〇〇人にすることを閣議決定し、二〇〇四年に法科大学院（米国流のロースクール）も設置し、新司法試験の合格者を急増させて、米国の要求を実現した。そして「司法改革」も断行した。しかし今、法律家は余り、多くの法科大学院は閉鎖の危機に陥っており、その約半数が学生の募集を停止している。日本政府は教育制度や司法制度まで米国の要求のままに、将来を展望することなく変更したのだ。

「(7)医療」医療分野における投資面の規制緩和については、米国が「医療法人」の株式会社解禁も要求しつづけていたことは第二節（4）で述べたが、二〇〇四年五月に構造改革特区内のみで株式会社の参入と自由診療を認める関連法が成立した。そして「日本再興戦略」で、「地域医療連携推進法人制度」、ヘルスケアリートの公認によって実質的な実現をしたといえよう。

「⑧商法・会社法関係」　第三節で述べた「金融の自由化」、「機関投資家資本主義へ改変」ともかかわる米国の要求である。たとえば「①純粋持株会社解禁」は、米国自身が敗戦後の日本で制定した法律「独占禁止法」の核である「持ち株会社の禁止」の廃止を自ら要求したものである。米国は「独占禁止法」そのものについては、「要望書」において厳しく遵守することを求め続けたが、それは米国企業が日本市場に参入する上で「系列」や「談合」が障害だったためで、事あるごとに「独禁法」の厳密な遵守を求め続けた。

しかし独禁法の中核をなす持ち株会社を禁止した条項は逆に敵視し、廃止を要求し続けた。たとえば一九九六年の「要望書」では、「外国政府および外国のビジネス社会の視点を十分に考慮の上、限られた種類の持ち株会社の設立を認め」よと要求した（四三頁）。持ち株会社をテコに企業再編や買収を容易にし、金融持ち株会社では大銀行の持ち株会社が投資ファンドも抱えることができるようにするためである。米国はこれを、日本の企業が「よりリスクの大きい、利益率が高いと思われる投資に積極的にな」る道を開くもので、「外国企業も」「より積極的に投資を行」えるものであるとの理由で要求した。とくに金融部門では「金融コングロマリットが誕生し、個人の貯蓄が単純な預金から多様な金融商品へと徐々に移行」するのを容易にするものとも主張したのだ。(99) この金融持株会社解禁は、一九九七年の持株会社を解禁する独占禁止法改正と一九九八年の金融持株会社解禁で実現し、三井住友系、三菱系その他のファイナンシャル・ホールディングス等が生まれた。

「⑧商法・会社法関係」　同項目の⑦〜⑫は、商法改正（二〇〇一年一一月に成立し、二〇〇二年四月以降、順次施行）とそれを補完して成立した法律にかかわるものである。米国は商法改正について、早くから「要望書」の各所で要求し続けてきたが、二〇〇〇年の「要望書」ではそれらをまとめて五分類・数十の項目を突き付けた。それは、改正の前提としては「米国は日本政府に対して、現行商法下での投資や金融取引に対する大きな障害を排除」することを要求し、「企業経営における説明責任と効率性」を高めることを果たせるようにすること、「企業統治や企業取引における世界的な傾向を完全に反映」すること、「改正によって影響を受ける内外の関係者が、改正のプロセスに幅広く参加」できるようにすることというものであった。つまりは、商法改正において、米国が要求してきたように実行せよ、改正のプロセスに米国も参加させよというのである。

そして「以下の項目を必ず取り上げること」として、クロスボーダーによる株式持ち分交換を認めることや、「取締役の条件としてある特定の国籍、あるいはその企業の社員であることに限定」する条項を定款に盛り込むことを禁止することや、企業がより多くの経営情報を公開すること等々の数十項目を要求した。外国企業が日本企業を買収しやすいようなシステムに変え、取締役には外国人も入れて、外国の機関投資家が日本企業を支配しやすくなる体制を整えよということであった（二〇〇〇年「要望書」三四〜三六頁）。

こうした要求は、やがて日本の法律に多くが盛り込まれ、買収、合併、企業運営等々の面で日本企業が米国型経営へと転換するレールが敷かれたのであった。たとえば「⑦ストックオプション制度の自由化」は、経営者・関係者が自社株をもつことで株価重視の経営を目指すようになるもので、すでに一九九七年に導入されていたが、対象者、付与株数等の制限を撤廃して自由化した（二〇〇二年四月）。「⑨吸収合併された消滅会社の株主に存続会社の株式に変えて金銭や親会社の株式を交付することができる」（二〇〇七年五月施行）等も実現し、それは企業の吸収や合併を容易にするためであった。

「⑪国境を越えたM&A促進」は、改正産業活力再生特別措置法（二〇〇三年四月）で親会社の株式を対価として合併を行うこと（三角合併）や、現金を対価とした合併（現金合併）を商法の特例として認めた。株式交換による日本企業同士のM&Aは一九九九年の商法改正時に米国の制度にならい導入されたが、三角合併の解禁によって、外国企業がその日本子会社を通じて日本企業を買収することがきわめて容易になった（二〇〇六年）。

何故ならば、米国企業の株価は日本企業の何倍（何十倍）も高いので、三角合併は米国企業の日本企業買収にきわめて有利だからである。たとえば二〇一一年五月時点では、世界の時価総額上位一〇〇社中に入る日本企業は、たったの四社しかなく、日本企業のトップは世界三四位のトヨタであり、七五位のNTTドコモ、九五位のホンダ、九六位のNTTと、下位に顔を出すだけである。一方の米国は、トップのエクソンモービルをはじめ三八社も入っている。リーマンショック後、数年しか経ていない時期でも、この力だ。中国企業も三〜五位の上位に顔をそろえ、一〇〇社中一〇社も入るなど成長が著しい[100]。つまり三角合併の解禁で、高額の時価総額を有する外国の親会社が、日本に設けた子会社を通じて、親会社の株式や現金を対価とした日本企業の合併等がきわめて容易になるということである（まずはTOB〔株式公開買い付け〕で、多数派獲得と組み合わせるにせよ）。

「⑫コーポレートガバナンス」では、二〇〇二年五月の商法改正で、監査役を置く代わりに指名委員会、監査委員会、報酬委員会（メンバーの半数以上が社外取締役）と執行役を置く米国型の制度の採用が可能になり、「米国型のコーポレートガバナンス制度を選択する余地が広がった」と、「日米投資イニシアティブ報告書」二〇〇六年版は評価した（一八頁）。これは「日本再興戦略」の下で、「コーポレートガバナンス・コード」が制定され、社外取締役も複数名置くことがほぼ義務化されて（二〇一四年六月「会社法の一部を改正する法律」）、米国の要求は完遂された。

商法や会社法関連のすべての項目は、経営者が株価を重視する経営の遂行や、日本企業を買収されやすいシステムに整備することに係るもの、国民の貯蓄をリスクマネーに誘導するもの等である。米国は日本企業にも米国流の商法・会社法・会計制度を採用することを要求し続け、実現してきたのであり、このうちで不十分にしか実現しなかった部分の総仕上げを、安倍政権が「日本再興戦略」で実現したのであった。

上記はすべて「規制撤廃」等の名分を掲げて強行され、日本の「特殊」で「古い」規制を排してグローバル基準に転換し、日本が新たに世界市場に勇躍するための改革であると喧伝《けんでん》された。しかし本質は、米国による日本の「国際競争力」の破壊であり、米国基準を日本に押し付け、米国企業が投資や、買収しやすいように日本企業を改変するためであった。

「対日投資障害撤廃」における小泉・安倍政権への米国の高い評価　米国は、こうした要求を日本側に飲ませる上で、とりわけ高く評価したのが、小泉内閣と第一次安倍内閣である。「日米投資イニシアティブ報告書」ではそうした事情を赤裸々に語っている。たとえば小泉内閣時の二〇〇二年の報告書では、「本年は、日米双方の投資にとって重要な一年」で、「日本は数多くの改革を実施し、投資を通じて外国企業が日本経済に実質的な役割を果たすかつてない機会を創出してきた。このような意義のある改革としては、企業が米国型のコーポレートガバナンス制度を選択する余地を設けるよう会社法を改正したこと」や「透明な会計手続、ストックオプションの自由化、労働の流動化、土地の流動化などにおける進展」があり、これらは「国内外の投資を容易に」するものだと、小泉改革をほめたたえた。つまり米国は、労働力の流動化からコーポレートガバナンス関連の会社法改正にいたるまですべては、「投資を通じて外国企業が日本経済に実質的な役割を果たすかつてない機会を創出」するためのものだったと、明言もしたのであった（二〇〇二年「日米投資イニシアティブ報告書」四頁　傍点筆者）。

第一次安倍政権に対しても米国は高い評価をし、二〇〇七年の「日米投資イニシアティブ報告書」では、「（第一次）安倍政権は、小泉前総理が過去五年間にわたり熱心に進めてきた構造改革を継続、そして加速させて」いると評価。安倍首相は「対日外国直接投資加速プログラム」も策定して「対日直接投資促進への自身の深い情熱を表明し」ており、「四月二七日の日米首脳会談」でも、「構造改革を断行する決意を表明」し、ブッシュ大統領も「支持を表明した」（四頁）とした。米国が第一次安倍政権に大きな期待をよせ、同政権の作成した外資導入のための「対日外国直接投資加速プログラム」も高く評価していたことがわかる。

以上のように米国の対日投資推進要求を受け入れ、日本を「開放」してきたのが、この二十数年間の歴史であり、とりわけ小泉内閣と第一次安倍内閣は、「対日投資」促進策での功績を、米国から高く評価・称賛されたのであった。

そして第二次安倍内閣は、過去の「要望書」や日米投資イニシアティブでの、残った宿題を完遂するために、論じてきたような膨大な「改革」を成し遂げ、多数の法律を成立させたのであった。米国にとってはまことに頼もしく得難い「宰相」ということになるのだろう。

第四節　企業競争力強化策

本章は「日本再興戦略」で提起された諸施策を、その主たる「理念」から大きく二分類して分析を進めてきた。一つは今まで述べてきた「規制撤廃・民営化」（「機関投資家資本主義」への転換も含む）で、もう一つが以下で論じる「企業競争力強化策」である。「企業競争力強化策」は「減税策」と「海外展開支援策」の二つが中心である。第4－1表でいえば、減税策としてはI.の「⑴産業の新陳代謝」の①～③の項目がそれに当たり、海外展開支援策としては、III.の「⑴経済連携の推進」、「⑵インフラ輸出」、「⑶中堅・中小企業に対する支援」、「⑷クールジャパンの推進」である。このうちの「⑴経済連携の推進」については、第6章で論じる。また「⑵インフラ輸出」については、第5章で論じる。

（1）減税策

設備投資を促すための減税策　企業の競争力強化策として、「日本再興戦略」で掲げているのが、まず企業への減税策である。生産設備の投資や事業再編を行う企業に減税することで、設備投資をリーマンショック前の水準に戻すことを目標に、「I.日本産業再興プラン」の「⑴産業の新陳代謝」においても、いくつかの具体的減税策を挙げている。

「①民間投資の活性化」は、民間設備投資を「二〇一二年度の約六三兆円から」今後三年間で「年間約七〇兆円」(二〇一三年版　二四頁)を目指す。そのために、「生産性向上を目指す設備等投資促進税」を創設し、「先端設備導入、生産ラインやオペレーションの刷新・改善のための設備投資を、即時償却又は五%税額控除という、異次元の優遇措置で支援」するのだという。これは二〇一四年三月に「所得税法等の一部を改正する法律」の一部として成立した。(101)

「②ベンチャー投資の促進」は、既存企業の資金を活用したベンチャー企業への投資促進策で、ベンチャーファンドに出資する企業には「出資額の八割を限度として」損金算入できる制度を創設する。

「③事業再編・事業組換の促進」は、「過当競争」分野の複数企業間で「事業の切り出し・統合」を行うと、「出融資額の七割を限度として損失準備金を積み立て、損金算入できる制度」を創出し、企業の枠を越えた事業再編を促す。

二〇一三年版では、この他にも「復興特別法人税」を一年前倒しで廃止して法人実効税率を三八・〇一パーセントから三五・六四パーセントに下げたり、「研究開発税制」の延長や拡充で試験研究費を五~三〇パーセント控除したり、大企業でも交際費の五〇パーセントまでを損金として認める等の減税策を掲げた。(102)

そして「日本再興戦略」二〇一四年版では、新たに第4-3表「④成長志向型の法人税改革」として「数年で法人実効税率を二〇%台まで引き下げる」ことが加えられた。これは、経済界が従来から最も求めていたものだが、二〇一三年版での明記は控えられた。参議院選挙直前であることや、消費税増税も迫っていたからである。日本経団連はそれを不服として、二〇一三年版の公表直後にも「法人実効税率を最終的にはアジア近隣諸国並みの約二五パーセントまで引き下げるよう」要求し、同時に「成長基盤の確立のため、消費税率の一〇パーセントまでの引き上げを着実かつ円滑に実施すべき」と要求した。[103]

二〇一五年三月に「地方税法等の一部を改正する法律」と「所得税法等の一部を改正する法律」が成立したことで、法人税率（基本税率）は二五・五パーセント→二三・九パーセントに、法人地方税率は七・二パーセント→四・八パーセント（二〇一六年度以降、二〇一五年度は六・〇パーセント）となり、合計三二・七パーセント→二八・七パーセントに大きく下がった。一方、外形標準課税（付加価値割、資本割）は、〇・六八パーセント→一・三六パーセント（二〇一六年度以降、二〇一五年度は一・〇二パーセント）と二倍になった。[104]

「外形標準課税」とは、従業員への給与総額や金融機関に支払う利子の額などをもとに課税する仕組みで、黒字企業が負担する利益への課税と異なり赤字企業も納める。二〇〇四年度に資本金一億円超の企業を対象として導入されたが、赤字の中堅企業などには大きな負担を強いるものである。経済財政諮問会議や自民党税制調査会等で、法人税減税の代替として出されたもので、黒字大企業への恩恵が厚い法人税を大きく減税し、外形標準課税で赤字企業や中小企業に課税を増やしてバランスをとる。

また、二〇一二年四月一日以降、三年間の予定で復興特別法人税が法人税額の一〇パーセントを上乗せされていたが、これも一年前倒しして二〇一四年度で廃止された（二〇一四年三月成立「所得税等の一部を改正する法律」）。

減税で設備投資が増えるのか

「日本復興戦略」では上記のように、国内設備投資を増加させ、企業競争力を高めるための最大かつ中心の政策が、企業への減税策なのである。しかしこれは正しい方策か。序章で見たように、この二〇年間の日本のＧＤＰが停滞した最大の要因が、国内の設備投資が減少し続けたことにあったことは確かである。企業の設備投資は、一九九一、一九九二年の約一〇〇兆円を頂点として低下し、二〇〇〇年代には二〇兆～三〇兆円も減少して、リーマンショック後は六〇兆円台にまで落ち込んでしまったことは既に見た。

しかし企業減税で設備投資が増加するのだろうか。日本ではすでに「租税特別措置」で法人税の負担が軽減されている。たとえば二〇一二年度にこの適用を受けた法人は約九五万五〇〇〇社で、四兆四〇〇〇億円もの税金が免除された[105]。しかも、現在、法人税を負担している企業は全法人の約三割であり、圧倒的多数の企業が支払っていないのだ。屋上屋を重ねる減税策を実施したとしても、それが「設備投資」に回る可能性は低い。

そもそも法人税率引き下げと、設備投資は連動するのか。法人基本税率（これに地方税率を加えたものが実効税率）は、一九八〇年代後半から一九九九年までに五回引き下げられ、四三・三パーセントから三〇パーセントにまで下がり、二〇一二年に二五・五パーセントにまで下がったが、その間に設備投資が趨勢《すうせい》として減り続けたことは序章で見たとおりである。「減税」と「企業の国内設備投資増加」との相関関係はほとんどない。これ以上法人税を減らしても、日本の財政危機を深化させるだけである。日本の経済界が何かと「お手本」にしたがる米国でさえ、法人基本税率は三五パーセントであり、日本の二五・五パーセントより一〇パーセント近く高い[106]（二〇一三年四月時点　実効税率は三九パーセント）。法人実効税率を一パーセント下げると約五〇〇〇億円近い税収減になる。消費税を一パーセント上げても多くても約二兆円の増収といわれ、今までの消費税率の引き上げ分はそっくり法人税減の埋め合わせになってきた。

また新設される諸減税策も、企業の競争力を強化し、国内投資を促す効果があるかどうか疑わしい。たとえば「③事業再編・事業組換の促進」のための税制措置は、グローバル競争に勝つために「過当競争」部門の事業を「切り出し・統合」を行った場合には減税される制度だが、しかし競争が厳しいからといって当該部門を切り捨てて別会社として独立させた結果がどうなるかは、第1章で論じた電機産業が教えてくれる。電機各社は、半導体部門が「過当競争」だとして、事業本体から切り出して各社で「統合」し、ルネサスエレクトロニクスを創設した。その結果どうなったか。独立させられ継子扱いにされたため、大胆な投資や開発はなおざりにされ、あげくはアジア企業に敗北し、今や日本の半導体製造全体が消滅の危機に瀕している。その上、採算悪化部門を切り出して「競争力」をつけたはずの電機各社本体も低迷している。「採算悪化」だ、「過当競争」だと泣き言をいって当該部門を切り捨てる企業を、いくら税の優遇で甘やかしても、企業の競争力は強化されない。

そもそも日本の企業は日本の実質GDPに匹敵するほどの内部留保を抱えている。全労連・労働総研の『二〇一六年国民春闘白書』によると二〇一四年度の全産業ベースの内部留保（資本剰余金、利益剰余金、引当金）は、五四三兆円にのぼるという（なお金融・保険を除く全産業の二〇一四年度の利益剰余金だけでは財務省の統計によると三五四兆円）。大企業には、文字通り「腐るほど」金が余っているのだ。これを国内の設備投資に回さない最大の理由は、海外に生産を移転してしまったからだ。低賃金を利用し、需要拡大を見込んで新興国やアジア諸国にのみ投資する一方で、国内への設備投資は停滞し続けた。

国内の企業設備はかつてないほど老朽化している。設備老朽化が主因の事故も、新日鉄住金名古屋製鉄所の事故をはじめ多発しつつある。設備投資の停滞は技術の遅れや競争力の低下にも連動する。日本経済の停滞は、設備投資の海外流出と産業空洞化にその最大の原因があるのに、これを推し進める政策を一方でとりつつ、いくら企業減税しても百害あって一利ない。

（2）海外展開戦略

企業競争力強化策の二つ目は、企業の海外進出を支援する政策で、「III.国際展開戦略」の⑴～⑷である。

このうちの「⑶中堅・中小企業に対する支援」は、中堅・中小企業の海外展開支援のために、現地で「海外ワンストップ窓口」を創設し、金融や海外展開の支援等を行うもの。

「⑷クールジャパンの推進」は、日本文化のコンテンツや日本食・日本産酒類などの売り込みを行うもので、メディアでも頻《しき》りに喧伝している。たとえばコンテンツでは、「二〇一八年までに放送コンテンツ関連海外市場売上高」を「現在の三倍に増加させる（現在六三億円）」という目標を掲げる。しかし、たとえ奇跡的に三倍になったとしてもその額は微々たるもの（二〇一三年版　九三頁）。しかも近年全く伸びてもおらず、成長戦略の目玉として掲げられる代物ではない。

「⑴経済連携の推進」は第6章で、「⑵インフラ輸出」は第5章であらためて論じるので本章では割愛するが、一言だけ述べておくと「⑴経済連携の推進」はＴＰＰを早期に締結・発効させるということであり、TPPは米国のアジア回帰への強い意図の下に打ち出されたものである。また、「(2)インフラ輸出」については、安倍内閣期のインフラ輸出策は、日本の集団的自衛権行使や米国のアジア回帰策と一体で進行しており、安全保障面での大問題を内包するものである。

いずれにせよ、安倍内閣の成長戦略は、国内の規制撤廃・構造改革にせよ、海外展開戦略にせよ、すべてにわたって米国の意向をストレートに体現したものなのだ。

本章を終えるにあたって

米国の要求と日本経済界——日本はなぜ米国の要求を受容してきたのか　本章は、安倍内閣の成長戦略を分析する中で浮かび上がってきた事実を述べてきたものであるが、筆者自身が理解に苦しんだ問題がある。それは日本が米国の要求をなぜかくも唯々諾々と長年受容し続けてきたのかということである。なぜ日本政府は、そして日本経済界はかくも従順に米国の要求を受け入れ続けてきたのだろうか。

いくつもの理由をあげることはできる。軍事的な同盟関係、米国の日本占領以来組み込まれた対米従属の諸システム、米国に従順な政治家・「識者」の長い年月をかけた恒常的育成、メディアの操作、経済制裁による脅し、円高誘導などの為替操作による脅し等々、様々なものがある。

しかし一九八〇年代は、まだ、全て米国のいいなりというわけでもなかった。たとえば一九八五、一九八六年のMOSS協議で米国は、それ以前から問題となっていた米国製スーパー・コンピューターや、木材、人工衛星などをターゲットに日本での市場拡大を迫り、日本は合意させられたが、たとえばスーパー・コンピューターでは日本側は全く調達せず、結局、一九八八年に米国で成立した包括通商競争力法（スーパー三〇一条の発動を含む）を背景にした米国の恫喝《どうかつ》で、ようやくしぶしぶ二大学で調達されたという具合である。(107)

九〇年代はじめでも、日米間の協議の場では「多くの日米交渉担当者は、通商交渉があまりにけんか腰になってしまったと感じていた」ほどであった。(108)

しかし一九九〇年代なかばに、米国との「親和性」をより重視する経営者が、経済界の中枢に位置するようになった。これは変化の一つのきっかけになったかも知れない。経団連（経済団体連合会：日本経済団体連合会の前身）会長が一九八〇年代の鉄鋼（新日鉄）の稲山嘉寛や斎藤英四郎などから、一九九四年の自動車の豊田章一郎に代わったことはその象徴である。「鉄は国家なり」と、日本の「ワンセット生産」がそのまま生産増・成長につながった鉄鋼業界と、対米輸出（および米国内生産）こそが命運を制する自動車業界とは、米国に対するスタンスに違いがあった。対米輸出を重視する経営者は、自らの分野とは無関係な分野や公共部門の分野では一定の譲歩をしつつ、自分たちに関わる「本丸」は守ろうとした。

無論、分野によっては、米国からの要求と日本の経済界の要求が一致するものもあった。たとえば雇用の分野である。それについては、「雇用改革」の項で述べたように、米国からの要求と日本経済界の要求は完全に一致した。

公的分野の民間「開放」も、国内電話（日本電信電話公社）や国際電話（国際電信電話株式会社〔KDD〕）のような分野が開放されても、どこかの大企業の腹が痛むわけではない上に、国内企業にも参入のチャンスが開かれるものもあった。しかし、電力は、東電を始め電力各社自体が経団連等の経営者団体でも大きな地位を占めていたので微妙であった。このため電力改革には長い時間がかかった。医療や農業、かつての郵便局網のように自民党の「票田」だった分野も、関係団体だけでなくそれを母体とした選出議員の「抵抗」も強かった。これらを政府が「岩盤規制」と呼んだゆえんである。

米国の対日要求の中心が、対日輸出から投資と金融の自由化へと変化していったことも重要であろう。金融・投資の自由化は、商品の自由化ほど直接的に不利益を被る関係者が国内に存在しない。むしろ国内の金融関係者にとっても「恩恵」を受ける側面もあり、日本国内の「協力者」もつくりやすい。たとえば年金基金の運用に内外企業が参加しても、日本のどこかの大企業の腹が痛むわけでもない。

しかし日本企業に直接の不利益が及ぶ要求には、経済界も反対した。企業買収やそれと一体となった社外取締役設置義務化や、コーポレートガバナンス問題に関しては唯々諾々と賛成したわけではなく、日本経団連はこれらに対してきわめて厳しい意見を公表している。たとえば社外取締役設置問題に対しては、米国からの強い要求に対して二〇〇六年六月に意見書を公表し、「社外取締役の設置義務付けや社外役員の独立性強化を求める意見は、とりわけ米国における取組を参考にしている」が、「米国において、独立取締役の存在と企業のパフォーマンスとの関係は立証されていない」と、その有効性を厳しく批判した。そして米国が独立取締役に固執したチェック体制を重視するのは「米国型資本主義の特徴の一つである、経営者の高額報酬や過度に短期的利益を追求するどん欲さがある」からだとまで言い、株主の権利、役割の異なる日本への導入を批判した(109)。

また、第三節の（4）で触れた株式交換による合併、とくに三角合併に対しては、二〇〇四年の意見書で、「企業の長期的利益にコミットしていない買収者が、自らの短期的利益の追求を図ることにより、企業価値が損なわれたり、株主や従業員、地域社会等に大きな不利益を及ぼすリスクが増す」として、「長期的利益の源泉となる人的資産の解体や事業部門の切り売りが行われる恐れがある。また、従来の雇用慣行の継続性が損なわれ、経済社会に重大な悪影響が及びかねない[110]」と批判した。二〇〇六年の意見書でも「企業価値を毀損したり、技術的流出等国益を損なう」買収、「とりわけ製造業においては、長年にわたり培われた技術力、研究開発能力の海外流出によって、わが国全体の国際競争力が失われ、ひいては国益を損なう事態になりかねない[111]」とまで言い、外国資本が日本企業買収に安易に乗り出せる体制への転換、機関投資家資本主義への転換を、まっとうに批判し、防衛策を講じるべきとした。この日本経団連の批判は第三節の（2）で述べた「コーポレートガバナンスの強化」をはじめとした機関投資家資本主義への道を大きく進める政策全体に対する的確な批判にもなっている。

しかし三角合併は二〇〇七年五月に会社法改正で認められてしまった。社外取締役の設置に関しては、二〇〇六年段階では設置の義務化はなされなかったが、安倍内閣の「日本再興戦略」に基づいて二〇一四年六月に成立した会社法の一部改正では、もし社外取締役を置かない場合は「社外取締役を置くことが相当ではない理由」を説明する責任があるとされた。法施行前の二〇一四年三月期の株主総会では、社外取締役を設置する企業が急増し、一部上場企業で約七割が導入した[112]。つまり、米国の要求の受容において、日本の政権が米国の要求を丸呑みして国内企業に打撃を与える政策を選択しようとした場合には日本の経済界は抵抗したが、日本の政権は（小泉政権や安倍政権等は特に）自国資本の利益さえ「グローバル化」の名目で潰して押し通した。

同時に日本の巨大企業自身の変質もあるのかもしれない。今、日本の巨大企業は、生産を国内から海外とくに新興国、アジアに比重を移してしまったが、その求める政策も米国企業と共通のものに傾斜し、米国企業と同じルールを求めるようになろうとしているのかもしれない。

また日本の巨大企業自身が、長年の米国からの要求の強制の中で変質してしまったのだろう。その顕著な一例が外国株主の増大で、今や日本経団連の役員企業でも三分の一以上が外資によって占められ、大株主を外国の「資産管理信託会社」やその日本での代理会社が占めるようになったことは、第三節の（2）で触れた。特に銀行・証券・保険等ではその傾向が強く、二〇一五年三月で三井住友銀行四八・七四パーセント、大和証券四五・三六パーセント、第一生命四三・三九パーセント、東京海上日動火災四三・三二パーセント、三菱東京ＵＦＪ銀行三九・九三パーセント（持株会社・親会社による一〇〇パーセント所有の場合は持株会社・親会社の比率）等々となっている。[113] そして「資産管理信託会社」が、多くの企業の大株主として顔を出し、その代理人が社外取締役として企業経営に口出しする。それは幾重にも複雑な媒体をへており、その本当の意志は資産管理信託会社そのものではなく、一部の機関投資家にあるのだろう。

かつて日本が高度成長をした時代には、金融機関とものづくり企業が一体となって、大胆な設備投資と技術開発への投資によって米国企業に追いつき、あるいは追い越したが、その構造は根本から破壊されてしまった。今、金融機関もまた、米国と同じような投機と一体化した分野への業務拡大が進行しつつある。日本企業はますます短期的な目に見える利益率に汲々とせざるを得ず、また、複雑な媒体を経たごく一部の投機家の意志に翻弄されるようになった。しかしそんな社会は、もはやものづくりやまっとうな経済発展とは無縁の社会であり、繰り返す金融危機と資本主義の自滅への道であろう。

米国による新たな「属国化」か　米国の側にも、一九九〇年代以降、米国国家の変質や各国に対する経済戦略の変化があったことは確かである。本章で述べてきたような米国が日本に対して強要してきた「規制撤廃」、「自由化」策は、実はTPPが加盟各国に対して強制するものと、基本的に同じものである。第6章で論じるように、TPPは加盟各国に国家資本や公営・公的分野、独占の解体を迫り、あらゆる分野への内外企業の自由な参入を要求する。それは、公的分野や金融分野も含めたあらゆる分野に外国資本が参入し、外国に進出する企業を徹底して保護するための条約なのである。それはまた、多国籍企業が外国の法律や政策に口出しできる体制を築くものであり、「規制撤廃」や「自由化」を二度と後戻りできないように鎖で縛る体制でもある。むろん農産物分野も含めた徹底した商品市場開放を参加各国に強要する。

TPPの内容を子細に検討すると、それが米国が二十数年かけて日本に対して「規制撤廃要望書」などで強要してきたもの、第二次安倍内閣が総決算して実現したものときわめてよく似ていることがわかる。TPPは一九九〇年代以降、米国が世界に押し広げた新自由主義の規律・「規制撤廃」、「自由化（あらゆる分野の国内外企業への開放）を、貿易・投資協定の形で他国に強制するものといえ、こうした最初の協定が一九九二年に署名され、一九九四年に発効したNAFTA（北米自由貿易協定）である。TPPはこのNAFTAの条項を踏襲したものなのだ。それはまた、「規制撤廃」、「自由化」の名で、各国の法の上位に立って各国経済を支配するグローバルな企業による統治圏の形成を目指すものである。それは、かつての植民地国や従属国とは質を異にした、他国の新たな「属国化」とも言うべき体制であり、多国籍企業による「従属経済圏」の形成というべきものである。但し、第6章で見るように、NAFTAを踏襲したTPPは必ずしも世界の国に容易に受容されるものではなかったが。

日本ではこうした米国の強制が、「規制撤廃要望書」などによって、条約等の形を取ることもなく、片務的な形で実現してきた。その背景には、敗戦後の米国による日本の占領統治や安保条約の縛りその他の前述した日本に組み込まれた対米従属の体制があり、それによって、他国に例のないほど完璧な形で米国の要求が受容され、実行され、そして安倍内閣の下で総決算されたのであった。それは戦後の日本に組み込まれてきた米国による支配、従属化の延長線上にあるものというにとどまらず、一九九〇年代以降の企業の「グローバル化」の新たな段階における他国の「属国化」――いわば「新・属国化」ともいうべき体制が成立しつつあるのではないかと感じさせるものである。日本側の、米国の要求に対する既述のような完璧な受容も、日本のグローバルな企業の利害が次第に米国グローバル企業と合致してきたことにもその一因があるのだろう。

「日本再興戦略」の目指す世界

「日本再興戦略」が目指しているものを振り返っておくと、それは「規制撤廃・民営化」と「企業競争力強化」策の二側面に重点を置いた政策であったが、そのほとんどは「規制撤廃・民営化」に属するものであった。それは橋本―小泉―第一次安倍と続く路線のいわば宿題一掃であった。労働者、電力事業者、医療関係者、農業といった比較的「抵抗力」の強い分野で各内閣がやり残してきた「規制撤廃」の完遂であった。

そして、その「規制撤廃・民営化」策の根源には、米国の要求があった。本章で論じてきたように、米国は驚くほどストレートに、そして長期にわたって粘り強く日本の政策を捻《ね》じ曲げ、日本を自国企業の商品・サービス・投資・投機の市場として「開放」しようとしてきた。その要求は「公平」、「独占排除」、「自由競争」の衣をまといながら、自国企業が強い分野で、日本の商品・資本市場を開放させ、自国企業の草刈り場に供する政策であった。

こうした米国の要求は、そもそも何を目的として出発したのか。それは、米国企業にとって「強敵」であった日本企業、ひいては日本経済の強さの源泉を、あらゆる分野で叩き潰そうという断固とした決意のもとに強行された政策であった。それは、グローバル化時代の企業と経済の成長のための普遍的な政策などではなく、米国とその企業の利益を貫徹するとともに、闘いの土俵として米国基準を日本に強制するものであった。国際企業間競争を、米国国家が米国企業の後ろ盾として闘い切り拓くものであった。規制撤廃全開路線をとってきた橋本―小泉―第一次安倍政権は、いわば日本に送り込まれた「トロイの木馬」である。「抵抗勢力を叩き潰す」と豪語した政権が叩き潰したのは、日本の国際競争力の強さであった。叩き潰したのはまた、戦前からの日本の国民のたたかいにより勝ち取られてきた労働者の諸権利や人権、そして福祉国家そのものでもあった。

第二次安倍内閣は、その総仕上げを行っている。「日本再興戦略」は、福祉、医療、雇用、インフラの整備・運用といった分野で、国家の基本的な権能や義務を放棄して企業に開放、肩代わりさせる政策の完成をしようとしている。同戦略は、日本の医療・介護分野、エネルギー等々の分野も、外国も含めた株式会社やファンドの投資・投機の跳梁する場に変えようとしている。それは「財政削減」のために「民営化」に頼るというよりも、日本を機関投資家資本主義に転換しようという意図の下に遂行される。米国の、あるいは日本の投機資本の跳梁に、日本経済と国民生活を投じようとするものであり、年金基金の投機への傾斜やインフレをターゲットとした無謀な金融政策と連動したものである。この日本のあらゆる分野の投機市場への投入こそ、安倍政権の最大の重点策でもある。それは日本企業全体を投機資本の虎口に投じようというものでもある。

しかし、こうした道が日本企業の発展する道なのだろうか。米国がこの三〇年間に、米国内のものづくりを衰退させ、企業買収や投機に奔走し、その結果引き起こした金融危機を思い起こす必要がある。危うい「投機」に賭ける国を待っているのは、金融危機と崩壊である。それが国民の絶対的な貧困化を生み出すことは無論のこと、資本主義としての存続そのものが問われることになる。基軸通貨国として金融面での絶大な特権を有している米国にして、こうなのだ。

こうした機関投資家資本主義、経済の金融化こそ、ものづくり企業を最終的に叩き潰す凶器でもあった。第1章で述べた電機産業の衰退も、二〇一〇年代に入ってからの異常な衰退——むしろ消滅の根本原因は、それ以前までのような生産の海外移転やアジア企業への技術等の流出による敗北といったものだけではなくなっている。東芝に典型的に見られるように金融の首根っこを押さえられ、支配されることによる企業全体の消滅、あるいは買収される危機ともいうべきものである。

米国の要求に屈服し米国流の土俵に上がる道ではなく、日本には日本の進む道があるはずだ。ものづくりを放棄せずに発展する道を選択する余地が、今ならまだ、なんとか残っているのではないか。それが日本の圧倒的多数の企業にとっても、存続し続けられる道ではないのか。

注

（1）「規制改革会議」は、一九九六年の橋本龍太郎内閣期に政府・行政改革推進本部に「規制緩和委員会」として設置され、組織・名称の小変更を繰り返して、二〇〇七年の第一次安倍内閣時に「規制改革会議」と改称された。「経済財政諮問会議」は、橋本行政改革の中央省庁再編に基づき「内閣総理大臣がそのリーダーシップを十分に発揮することを目的として」、二〇〇一年一月に設置された（内閣府ホームページその他による）。

（2）正式なタイトルは、二〇一五年版は『日本再興戦略　改訂二〇一五――未来への投資・生産性革命を』、二〇一六年版は『日本再興戦略二〇一六――第四次産業革命に向けて』。

（3）二〇一三年二月一五日の「第二回規制改革会議」で、日本経済再生本部本部長　内閣総理大臣・安倍晋三名での「第一回産業競争力会議の議論を踏まえた当面の政策対応について」（二〇一三年一月二五日）の文書が配付された。

（4）第二回規制改革会議（二〇一三年二月一五日）・大田弘子議長代理提出資料「規制改革会議の進め方について」。

（5）第二回規制改革会議提出資料「これまでに提起されている課題の代表例」。

（6）ローラ・D・タイソン著・竹中平蔵監訳『誰が誰を叩いているのか』（ダイヤモンド社　一九九三年五月）八〇頁。

（7）大門実紀史「アメリカの経済介入はどのように進められてきたか」（『前衛』二〇〇六年二月号八七頁）。大門氏は米国「外交問題評議会」（政府系シンクタンク）が二〇〇〇年一二月に発表した「新政権のための対日経済指針」を引用して論じている。この指針を容れてブッシュ政権は「成長のための日米経済パートナーシップ」の枠組みを立ち上げ、小泉政権の「骨太の方針」に盛り込ませた。

（8）以上は、厚生労働省・都道府県労働局「平成二七年　労働者派遣法改正法の概要——平成二七年九月三〇日施行」、「三たび廃案を　派遣法改悪」（しんぶん赤旗二〇一五年五月一一日）、「派遣社員活用しやすく　受け入れ期限　事実上撤廃」（日本経済新聞二〇一三年一二月一二日夕刊）、「人材派遣業、全て許可制に　悪質業者の排除狙う」（同前二〇一三年一一月七日）。

なお、「常用雇用の代替を促すことにならないよう十分に配慮」すべきという文言は「昭和五九年一一月一七日付中央職業安定審議会労働者派遣事業等小委員会報告書」内の文言である（中西基「労働者派遣法『改正』」〔『経済』二〇一四年四月号〕より引用）。

（9）「人材各社、M&Aへ投資枠　テンプ、八〇〇億円　法改正で再編加速」（日本経済新聞二〇一六年六月一六日）。

（10）規制改革会議「規制改革に関する答申」（二〇一三年六月五日）六一頁、厚生労働省「『多様な正社員』の普及・拡大のための有識者懇談会　報告書」（二〇一四年七月）。

（11）但しこの例の場合、八時間を超えた二時間分は、最初から固定した残業代として設定・付加しておくことも可能である。

（12）厚生労働省「労働基準法等の一部を改正する法律」（平成二七年四月三日提出）、同「労働基準法等の一部を改正する法律案の概要」（厚生労働省ウェブサイト）、「働き方の効率性向上、『成果で評価』促す　裁量労働制を拡大」（日本経済新聞二〇一三年九月二七日）、「裁量労働制を拡大、業務広げ手続き簡素化　厚労省検討」（同前二〇一三年九月二七日）。

（13）「過労死増やす残業代ゼロ制度　財界が狙う際限ない対象拡大」（しんぶん赤旗〔日曜版〕二〇一四年七月二〇日号）。

（14）「労働・年金改革　棚ざらし　脱時間給など法案『渋滞』、厚労省の分割案も」（日本経済新聞二〇一六年五月一四日）。
（15）厚生労働省「『日本再興戦略』の着実な実施ついて（雇用・人材関係）」（二〇一三年九月一八日）。
（16）「焦点／安倍内閣と人材ビジネス　リストラ支援に税金　業界と癒着深め大幅増額」（しんぶん赤旗二〇一三年九月一一日）。
（17）「日本産業再興プラン、戦略市場創造プラン、国際展開戦略（主な施策例）」（表4―1の基になった日本経済再生本部によるまとめ）（官邸ホームページ）。
（18）「雇用保険法の一部を改正する法律案の概要」（厚生労働省ウェブサイト）。また、「勤労青少年福祉法等の一部を改正する法律」も二〇一五年九月に成立した。ここでは職業能力の開発・向上および自立支援の促進や、ジョブカードの活用や職業訓練等の措置が挙げられている。
（19）「労働移動・学び直しの支援措置」（二〇一三年六月二七日　職業安定分科会雇用保険部会〈第八九回〉配付資料）、日本労働組合総連合会・第二四回中央執行委員会確認「雇用保険制度の見直しにあたっての連合の考え方」（二〇一三年九月一二日）、労働法制中央連絡会＆全労連「資料集　安倍『雇用改革』」（二〇一三年六月）。
（20）「GLOBAL　DATA　MAP　日本の女性、まだまだ働きにくい」（日本経済新聞二〇一四年五月二六日、世界経済フォーラムが一三六の国・地域を対象にまとめた「グローバル・ジェンダー・ギャップ・リポート二〇一三」に依拠）、厚生労働省「国民生活基礎調査の概況」（二〇一五年版）。
（21）厚生労働省・文部科学省「放課後子ども総合プランについて」（二〇一四年八月一一日・放課後子ども総合プランに関する自治体担当者会議・資料一）。
（22）「学童保育、教育関連企業の参入進む」（日本経済新聞二〇一四年一一月二六日）、「市進HD、学

習塾以外の教育サービス拡大」（同前二〇一五年五月一日）、「学童保育、ステップも参入　イオンなど異業種続々」（同前二〇一五年一一月一九日）。

(23)「日本産業再興プラン、戦略市場創造プラン、国際展開戦略（主な施策例）」（官邸ホームページ）。これは日本経済再生本部によりまとめられたもので、第4－1表のもとになった。

(24) それぞれの法律の目的については、「電気事業法の一部を改正する法律」（二〇一三年一一月一三日成立）は広域的な電力の融通を可能にするとともに電力システム改革の全体像を明らかにするもの、「電気事業法等の一部を改正する法律」（二〇一四年六月一一日成立）は電気小売業への参入の全面自由化を実施するために必要な措置を定めるもの、「電気事業法等の一部を改正する等の法律」（二〇一五年六月一七日成立）は二〇一六年四月をメドに小売市場を全面自由化、送配電部門を法的に分離すること、またガス小売、熱供給事業も自由化することを定めたもの、「電気事業者による再生可能エネルギー電気の調達に関する特別措置法（FIT法）等の一部を改正する法律」（二〇一六年五月二五日成立）は、再生可能エネルギー買い取り等に関し若干の修正を行うものである。

(25) 野口貴弘「電力システム改革をめぐる経緯と議論」（国立国会図書館『レファレンス』二〇一三年五月号）二九頁。

(26) 同上三〇頁。典拠は電力新報社編『電力構造改革：電気事業審議会基本政策部会報告／参考資料供給システム編』四〇頁。

(27) 石田雅也「動き出す電力システム改革」(1)〜(11)（「IT　media」二〇一三年一〇月二二日〜二〇一四年七月一日）、経済産業省「電気事業等の一部を改正する法律案の概容」（二〇一四年二月）。

(28)「再生エネ、日本で三〇〇〇億円投資　米ゴールドマン」（日本経済新聞二〇一三年五月二〇日）、

「米・ゴールドマン系、風力発電所を買収　住商子会社から」(同前二〇一四年四月一四日)。

(29)「GEが日本で太陽光発電　国内最大、岡山で18年稼働」(日本経済新聞二〇一四年三月二九日)。「米GE、岡山の塩田跡地に国内最大級メガソーラー」(同前二〇一四年九月二九日)。

(30) 前掲「電力システム改革をめぐる経緯と議論」四三〜五〇頁。

(31)「電力自由化へ競争号砲　新電力、200社に迫る」(日本経済新聞二〇一四年四月五日)、「新電力　異業種も参入、300社超に急増」(同前二〇一四年九月二七日)。「中国電力が鳴らした『電力大競争時代』の号砲」(同前二〇一四年一〇月八日)。「中国勢、日本で太陽光発電　再生エネ大手が1万キロワット規模」(同前二〇一四年七月八日)。

(32)「再生エネ、3段階で改革」(日本経済新聞二〇一四年一〇月一六日)、「大規模太陽光の参入凍結　増設も認めず　買い取り価格、大幅引き下げへ」(同前二〇一四年一〇月一一日)、「太陽光、発電しない672件の認定取り消しへ」(同前二〇一四年二月一五日)、「再生エネ普及に壁、太陽光偏重足かせ」(同前二〇一四年三月八日)、「電力5社、再生エネ買い取りを制限」(同前二〇一四年一〇月一三日)、「電気事業者による再生可能エネルギー電気の調達に関する特別措置法〔FIT法〕等の一部を改正する法律」(二〇一六年五月二五日に成立)(経済産業省ウェブサイト・「『電気事業者による再生可能エネルギー電気の調達に関する特別措置法〔FIT法〕等の一部を改正する法律』が公布されました」)。

(33)「福島廃炉、巨額費用の請求書　誰がどう負担、議論する時」(日本経済新聞二〇一六年七月一一日)、「廃炉負担、透明な議論を、東電改革前提に、経産省が基金検討」(同前二〇一六年七月三一日)、「廃炉費用、東電が国に支援要請、当初見込みを大幅超過」(同前二〇一六年七月二九日)、「福島廃炉へ公的基金、東電支援、長期で返済、経産省検討」(同前二〇一六年七月三一日)。

(34) 前掲「日本産業再興プラン、戦略市場創造プラン、国際展開戦略（主な施策例）」では、「健康予防、介護関連産業の市場規模」を四兆円から一〇兆円に、「医薬品、医療機器、再生医療の医療関連産業の市場規模」を一二兆円から一六兆円にするとうち出した。

(35)「健康・医療戦略推進法」（二〇一四年五月二三日成立）、「独立行政法人日本医療研究開発機構法」（二〇一四年五月二〇日成立）、両法の概要、および要綱（内閣官房ウェブサイト：両法は内閣官房・健康・医療戦略室が担当部局）。また日本医療研究開発機構、およびその採択プロジェクトについては同機構ウェブサイト参照。

「日本版ＮＩＨ法が成立　医療の研究開発に司令塔」（日本経済新聞二〇一四年五月二三日）、「日本版ＮＩＨ、各省予算を集約し配分　官民一体で新薬開発」（同前二〇一三年五月一日）、「先端医療に民間資金　製薬大手が出資検討、政府と７０００億円基金」（同前二〇一三年一二月五日）、「（解説）公正な資金配分　課題に」（同前二〇一三年一二月五日）、「（時事解析）先端医療の将来性(5)日本版ＮＩＨ構想　米は基礎研究重視」（同前二〇一三年七月五日）。

(36) 日本医師会特区対策委員会「特区の現状と課題および対応について」（二〇一四年三月一八日）。

(37)「第六回産業競争力会議医療・介護等分科会　議事要旨」（二〇一三年一二月二五日）二頁・赤石日本経済再生総合事務局次長発言（官邸ウェブサイト）、「病院再編へ『持ち株』型　高度医療や介護を分担　新法人制度、政府が成長戦略に盛る」（日本経済新聞二〇一四年三月二八日）、「医療法の一部を改正する法律案の概要」（厚生労働省ウェブサイト）。

(38)「産業競争力会議　医療・介護等分科会　中間整理」（二〇一三年一二月二六日）四頁。ここで「病院（自治体病院を含む）を対象とするヘルスケアリートの活用」に関する「ガイドラインの策定等」を「平成二六年度中に行う」とした。そして国土交通省土地・建設産業局から「病院不動産を対象とするリートに係るガイドライン」（二〇一五年六月二六日）（国土交通省ウェブサイト）がだされた。

(39)「海外のヘルスケアＲＥＩＴ概観」（三井住友トラスト基礎研究所『ＳＵＭＩＴＯＭＯ　ＭＩＴＳＵＩ　ＴＲＵＳＴ　ＲＥＳＥＡＲＣＨ　ＩＮＳＴＩＴＵＴＥ　Ｒｅｐｏｒｔ』二〇一三年四月一五日）、国土交通省「ヘルスケアリート設立啓発に向けた環境整備」。

(40)国土交通省土地・建設産業局不動産市場整備課「ご説明資料」（二〇一四年九月二六日）（第一回病院等を対象とするヘルスケアリートの活用に係るガイドライン検討会・資料三）（国土交通省ウェブサイト）。

(41)厚生労働省「患者申出療養の概要について」（同省ウェブサイト）、「『混合診療』、15年度から拡大　新成長戦略に明記へ」（日本経済新聞二〇一四年六月四日）。

(42)中医協（中央社会保険医療審議会：厚生労働省に設置）答申・「最先端医療迅速評価制度について」（二〇一四年一〇月二二日）（厚生労働省ウェブサイト）。「混合診療、審査を6週間に短縮　厚労省検討」（日本経済新聞二〇一四年六月六日）。

(43)「地域における医療及び介護の総合的な確保を推進するための関係法律の整備等に関する法律案の概要」（厚生労働省ウェブサイト）、「『医療・介護難民』増やす　安倍政権がねらう医療・介護改悪」（しんぶん赤旗二〇一四年四月二〇日）。

(44)「介護大手、『保険外』を開拓　将来の報酬下げに備え」（日本経済新聞二〇一三年一二月五日）。

(45)「薬事法及び薬剤師法の一部を改正する法律　概要」（厚生労働省ウェブサイト）、「日本再興戦略」二〇一四年版　九一頁、内閣官房　内閣府「これまでのアベノミクスの成果について」（二〇一四年四月一六日）一八頁。

(46)「共通番号で医療費抑制　政府方針、投薬など管理」(日本経済新聞二〇一四年六月一八日)、「健康保険証などマイナンバーカード　首相、20年導入検討」(同前二〇一四年六月三日)。但し、医療分野でマイナンバーの活用は日本医師会の反発で見送られたが、二〇一六年四月に安倍首相が「ビッグデータの活用を促すため、名前を明かさないことを条件に医療機関が持つ患者データを患者の同意なしに集められる仕組み」をつくることも、すでに表明している(「ビッグデータ、医療活用へ法整備新薬開発を効率化」日本経済新聞二〇一六年四月一二日)。

(47)「保険者については、支出目標の達成度合いに応じた後期高齢者支援金の加減算を行うことで、医療費適正化インセンティブを付与」する(「レセプトデータの活用による医療の効率化」(第六回経済財政諮問会議〔平成二六年四月二二日〕麻生議員提出資料)三、四頁、「医療費抑制へ地域目標都道府県ごとに」(日本経済新聞二〇一四年五月二六日)、「ビッグデータで医療費抑制　政府、電子カルテル分析」(同前二〇一五年二月二三日)。

(48)戸塚隆行「医療機器メーカーの成長戦略」(みずほコーポレート銀行　産業調査部『Ｍｉｚｕｈｏ　Ｉｎｄｕｓｔｒｙ　Ｆｏｃｕｓ』二〇一二年四月六日)図表一五(同調査部作成資料)参照。各メーカーの国籍は筆者しらべ。

(49)「世界の医薬品メーカーの医薬品売上高ランキング二〇一三年」(セジデム・ストラテジックデータ株式会社ユート・ブレーン事業部ウェブサイト　二〇一四年六月一三日)。

(50)厚生労働省「医薬品産業ビジョン二〇一三　資料編」・日本市場での外資系企業のシェア。

(51)「日本の公共部門における医療技術製品及びサービスの調達に関する往復書簡」一九九四年一一月　栗山尚一米国大使とロナルド・Ｈ・ブラウン米国商務長官の書簡(外務省ウェブサイト・「日米間の新たな経済パートナーシップのための枠組み」)。

（52）中央社会保険医療協議会　薬価専門部会（第八〇回）（二〇一二年六月六日）・提出資料（薬―一）「現行の薬価基準制度について」（二〇一二年四月）。
（53）全国保険医団体連合会「膨張する医療費の要因は高騰する薬剤費にあり」（二〇一五年一〇月一五日）二頁。
（54）「成長戦略、第2弾へ始動　競争力会議3分野に焦点」（日本経済新聞二〇一三年九月三日）『農地中間管理機構』法案の問題点」（上）（下）（しんぶん赤旗二〇一三年一〇月三一日、同二〇一三年一一月一日）。
（55）「農業協同組合法等の一部を改正する等の法律案の概要」、「農地中間管理事業の推進に関する法律（概要）」、「農業の構造改革を推進するための農業経営基盤強化促進法等の一部を改正する等の法律」（農林水産省ウェブサイト）、「農業の担い手に対する経営安定のための交付金の交付に関する法律の一部を改正する法律案（概要）」（同前）。
（56）日本経済団体連合会『新たな産業政策体系の構築を求める』（二〇一三年三月一九日）。もちろん日本経団連は、「日本再興戦略」を全体としては高く評価してはいるが。
（57）英語教育の在り方に関する有識者会議「今後の英語教育の改善・充実方策について　報告――グローバル化に対応した英語教育改革の五つの提言」（二〇一四年九月二六日）（文科省ウェブサイト）、「英語、小5から正式教科に　次期指導要領案」（日本経済新聞二〇一六年八月一日）。
（58）中央教育審議会大学分科会「大学のガバナンス改革の推進について（審議まとめ）」（二〇一四年二月一二日）、「学校教育法及び国立大学法人法の一部を改正する法律」（二〇一四年六月二〇日成立）（文部科学省ウェブサイト）。
（59）「報告書」（二〇一三年一一月）（内閣官房ウェブサイト内・「公的・準公的資金の運用・リスク管

理等の高度化に関する有識者会議」)、堀江貞之「公的資金の有識者会議の提言で年金運用はどう変わるか」(『アセットマネジメント』二〇一四年一月号 Financial Information Focus)。

(60) 前掲「報告書」付属資料一。

(61) 前掲「報告書」四～六頁。

(62) 「2012年、トップヘッジファンドマネージャーの年収は2200億円」(『日経ビジネスONLINE』二〇一三年九月一一日)。

(63) 年金積立金管理運用独立行政法人「平成二六年度 業務概況」三頁。

(64) 「公的年金、将来に不安も GPIF15年度運用損5・3兆円」(日本経済新聞二〇一六年七月三〇日)、「公的年金、運用損五兆円四～六月、円高・株安響く」(同前二〇一六年八月二七日)なお、四月から六月の場合は、評価損であって実際に売却して損失が確定したわけではない。

(65) 財団法人 年金シニアプラン総合研究機構「プライベート・エクイティ投資に関する調査研究」(二〇一二年三月)、「買収ファンドの正体 もうハゲタカとは呼ばせない」(『週刊ダイヤモンド』二〇〇七年三月三一日号 一八五頁)。

(66) なお、海外インフラだけでなく、第4-1表の「⑸立地競争力強化」の「①公共施設等運営権等の民間開放」の項でも、「空港、上下水道、道路をはじめとする公共施設」等のインフラ整備を、「公共による管理から、民間事業者による経営へと転換」することを掲げており、政府はその中核になる「官民連携インフラファンド」を二〇一三年一〇月に設置したが、こうしたインフラファンドへの投資も勧めている(内閣府民間資金等活用事業準備室、(株)民間資金等活用事業推進機構「株式会社民間資金等活用事業推進機構(官民連携インフラファンド)の設立状況について」二〇一三年一二月三日 参照)。

(67) こうしたファンドへの出資者の内実も、あまり明らかにされていないが、たとえば二〇一二年のヘッジファンドへの出資者の内訳は、ファンド・オブ・ファンズと呼ばれるヘッジファンドへの出資を専門に行う特殊なファンドが二五パーセント、金融機関を含む様々な企業二五パーセント、年金基金二二パーセント、富裕個人投資家二〇パーセント、大学等を含む財団八パーセントであった。これは世界全体の統計である（高田太久吉「現代資本主義とファンド問題」『経済』二〇一三年九月号一一〇〜一一一頁）。

(68) 日本でもヘッジファンドに対してだけは、年金基金の多くが既に投資しており、二〇一一年段階で約七三パーセントの年金基金が投資していた（前掲「プライベート・エクイティ投資に関する調査研究」。本調査報告は、大和総研による二〇一一年七月一一日から八月一二日までのアンケート調査に依拠している。オルタナティブ投資を行っている年金基金は七六・八パーセント、そのうち九四・四パーセントがヘッジファンドへの投資を選択しており、そこから計算した（同三五〜三八頁）。

なお、ヘッジファンドの投資対象は通貨、株式、債券、不動産、商品等々と多様である。割安の投資商品を買い、割高の投資商品を同時に売ることで市場変動リスクを極小化（ヘッジ）する。

(69) 年金積立金管理運用独立行政法人『平成二五年度　業務概況書』七二〜七四頁。

(70) 日本の「投資顧問業協会」の会員を見ると、同協会の会員は三種類からなっており、投資一任業務を行うもの、PEFなどのファンド、投資助言・代理業のみを行うものの三種類からなっている。投資一任業者とは、アセットマネジメント会社（投資用資産運用代行会社：日本では大手銀行や証券、保険会社等が設立している）や、信託銀行などである。米国を中心とした外資系も、日本の「投資顧問業協会」の会員に多数なっている。これにPEFを加えたものが投資顧問業者であり、これらが大多数の企業の余裕資金や年金基金などの運用を任されている。その他に投資助言・代理だけを行う独立系の小規模業者があり、その数はきわめて多いが、年金基金などの運用を任される投資顧問業者はない。「日本投資顧問業協会」の会員数は七五五社（二〇一三年三月末現在）で、二〇〇〇年代半ばに急増した。（「日本投資顧問業協会」ウェブサイト、会員規定　二〇一三年三月閲覧）。

（71）杉田浩治（日本証券研究所）「米国における証券と投資顧問の接近の実態（SEC委託調査・RANDレポートより抜粋）」（二〇〇八年三月二四日）。米国でこうした投資顧問業が増えたのは、一九九九年の金融サービス近代化法（グラム・リーチ・ブライリー法）が、それまで禁止されていた商業銀行業務、投資銀行業務、保険業務の兼営を事実上解禁し、金融の自由化がすすめられたためで、諸金融機関、とくに大銀行が投資顧問会社を組成したり買収や系列化を行ったことも一因であった。

（72）「日本国政府及びアメリカ合衆国政府による金融サービスに関する措置」一九九五年二月　ワシントン（外務省ウェブサイト）。なおこの合意文書では、日本の年金資産運用の自由化、投資信託の規制緩和、証券市場（社債市場）の規制緩和とそのための証取法改正、ユーロ円債の規制緩和などの国際資本取引の自由化に関する措置等が合意された。

（73）「債務残高の国際比較（対GDP比）」（財務省ウェブサイト）。

（74）「国債保有、日銀が3分の1超す　買い取り限界論も」（日本経済新聞二〇一六年六月一八日）、「日銀の保有国債300兆円突破　比率3割に、強まる依存」（同前二〇一五年八月二四日）、「日本銀行が国債の引き受けを行わないのはなぜですか」（日銀ウェブサイト）、「ただごとでは済まない三菱UFJ銀のPD資格返上」（「JBPRESS」二〇一六年六月二〇日）、「他のメガ銀、ひとまず資格維持　損得の判断難しく」（日本経済新聞二〇一六年六月九日）。

ちなみに日本の年金基金全体の日本国債への投資は二〇一二年で資産全体の三五パーセントであった（みずほ銀行「米国の競争力の源泉を探る」（『みずほ産業調査』Vol.45　二〇一四年№２）五三頁。

(75) 株式会社東京証券取引所「コーポレートガバナンス・コード」(二〇一五年六月一日)。ここで五つの基本原則としてあげているのは「株主の権利・平等性の確保」、「株主以外のステークホルダーとの適切な協働」、「適切な情報開示と透明性の確保」、「取締役会等の責務」、「株主との対話」である。

(76) 法務省「法務省だより　あかれんが」(Vol.47)、「企業統治指針、全項目実施は12%　東証調べ66%が9割以上」日本経済新聞二〇一六年一月二一日、「『独立社外取締役が2人以上』東証1部上場企業の78%」(同前二〇一六年六月一八日)。

(77)「一目均衡　企業価値最大化とガバナンス」(日本経済新聞二〇一四年七月二九日)、「コーポレートガバナンス・コードとは何か」(「日経ビジネスONLINE」二〇一五年三月三〇日)。

(78)「(時事解析) 株式市場、国際化の実情(4)価値観の差が浮き彫りに　敵対的買収に逆風」(日本経済新聞二〇一三年五月二三日)。但し米国ではコーポレートガバナンス・コードは制定されていない。

(79)「アベノミクス相場第二幕を仕掛けるやつら　海外投資家の正体」(『週刊東洋経済』二〇一四年六月二八日号) 五六頁。

(80) 日本版スチュワードシップ・コードに関する有識者検討会「『責任ある機関投資家』の諸原則《日本版スチュワードシップ・コード》」(二〇一四年二月二六日)・金融庁ウェブサイト。本原則の最初に、二〇一三年版の「日本再興戦略」で日本版スチュワードシップ・コードの策定が提起され、それに基づく閣議決定によって同検討会が設置されたことが述べられている。

「スチュワードシップコード、機関投資家127社が受け入れ」ロイター通信二〇一四年六月一〇日。なお、スチュワードシップ・コード制定を受けて米ファンドなどが日本株の買いに入り日本株は上昇した(「劣勢日本株、変わる潮目　米ファンドが企業統治に着目」日本経済新聞二〇一四年六月三日)。

（81）服部茂幸『新自由主義の帰結——なぜ世界経済は停滞するのか』（二〇一三年五月　岩波書店）三六～三七頁。

（82）前掲「現代資本主義とファンド問題」（『経済』二〇一三年九月号）一一二頁。

（83）佐々木憲昭『財界支配　日本経団連の実相』（新日本出版社　二〇一六年一月）六四～六七頁・表３－２による。持株会社・親会社による一〇〇パーセント所有の場合は持株会社・親会社の比率になっている。

（84）「買収ファンドの正体　もうハゲタカとは呼ばせない」（『週刊ダイヤモンド』二〇〇七年三月三一日号　一八三、一八四頁）。

（85）「有力ファンド、相次ぎ上陸——米『物言う株主』、日本に照準、米で余剰感、こわもては封印」（日本経済新聞二〇一四年六月二六日）、「『物言う株主』がセブンに突き付けた要求の本当の思惑」（「ＤＩＡＭＯＮＤ　ｏｎｌｉｎｅ」二〇一五年一一月九日）、「株主との『異様』な付き合い方」（「日経ビジネス　ＯＮＬＩＮＥ」二〇一五年六月一一日）。

（86）「投資ファンド　役割広がる黒子たち（上）」（日本経済新聞二〇一七年五月一〇日）、「米ＫＫＲ、アジアで一兆円ファンド　日本の事業再編に投資」（同前二〇一七年六月二日）、「東芝半導体売却、米ＫＫＲ・産業革新機構が軸に　ＷＤ合流も」（同前二〇一七年四月二一日）、その他。

（87）経済産業省「産業競争力強化法の概要」（二〇一四年一月）。

（88）「インベストメント・チェーン」（日本経済新聞二〇一四年七月二八日）。なお、「インベストメント・チェーン」という言葉は英国で生まれたが、同国では「スチュワードシップ・コード」を二〇一〇年に導入しており、「機関投資家がインベストメント・チェーンを円滑に機能させる重要なプレーヤーとして位置付けられている」のだという。日本も同じ道を進む。

(89)「大型買収を加速させる『メザニン・ファイナンス』の実態」(『週刊ダイヤモンド』二〇〇六年一一月二五日号　五二～五三頁)。
(90)「東京海上、買収支援のファンド設立　300億円規模」(日本経済新聞二〇一三年一二月三日)、「復活する日本のLBOファイナンス」(大和総研「金融資本市場」二〇一二年七月一八日　図表四)。
(91) 石崎明彦『アメリカ新金融資本主義の成立と危機』(岩波書店　二〇一四年一月)「第6章　新金融資本主義」、および表6-8(二七九頁)参照。
(92) 日本政策投資銀行・ニューヨーク駐在員事務所「米国の投資銀行の状況にみる金融・資本市場の流れ」(二〇〇五年三月　四一～四七頁)。
(93) 永田安彦　村上朋子「米国投資銀行の事業概要とその特徴」(日本エネルギー経済研究所ウェブサイト　二〇一一年九月)。
(94) ゴータム・ムクンダ「『ウォール街資本主義』の歪みを正す」(『DIAMONDハーバード・ビジネス・レビュー』二〇一四年一二月一日　九五頁)。
(95) こうした状況を、毛利良一氏は「国際マネーフローの『新・帝国循環』」として以下のように論じている。「アメリカは自国の金融革新による利益を拡大するため、自国の金融自由化だけでなく、世界中を金融の自由化・国際化に巻き込んで行く。銀行融資など間接金融中心の国には、証券市場の拡大を進め、アメリカ基準の採用を勧告する。途上国や移行経済諸国をエマージング市場ともてはやし、国際投機資本がひと暴れしては荒稼ぎをするカジノに変えていったのである。
　また九五年にウォール街出身のロバート・ルービンが財務長官に就任して『ドル高はアメリカの国益』を強調し、米国対外政策の軸足を、多国籍企業と通商から金融にシフトしたことも重要である。アメリカはドル高を背景に、日本のみならず、対米貿易黒字国の中国や台湾、マレーシア、インドなどアジア諸国を米国債券投資や株式市場に呼び込み、ニューヨーク株式市場のダウ平均株価を九四年三七九〇ドル（年平均）から九七年七四〇〇ドル、九九年四月には一万ドルの大台乗せに成功した。右肩上がりの資産価格高騰に沸き立つアメリカの企業は大型合併に走り、銀行や投資ファンドはその収益の一部を、アジア、中南米、ロシア、東欧などのエマージング市場に還流させ、国際マネーフローの『新・帝国循環』を形成した。巨額の経常収支赤字を抱えながら、それを上回る外資流入によって、アメリカ経済は一人勝ちをおさめたのである」（毛利良一『アメリカ金融覇権　終わりの始まり』新日本出版社　二〇一〇年　二九～三〇頁）。本部分は毛利氏がスーザン・ジョージ「『ルガノ秘密報告』についての覚書（解題）」（二〇〇〇年）での論述部分を、自らの著書中に引用したものである。

（96）高田太久吉『金融恐慌を読み解く』新日本出版社　二〇〇九年一〇月　二六九、二七一頁。

（97）この問題についてはいくつかのすぐれた業績がある。たとえば萩原伸次郎『ワシントン発の経済「改革」』（新日本出版社　二〇〇六年）、同『日本の構造「改革」とＴＰＰ』（新日本出版社　二〇一一年）、大門実紀史『「属国ニッポン」経済版』（新日本出版社　二〇〇三年）、同『新自由主義の犯罪』（新日本出版社　二〇〇七年）。

（98）「二〇〇九年　日米投資イニシアティブ報告書」（二〇〇九年七月）三～四頁（経済産業省ウェブサイト）、萩原愛一「対日直接投資促進をめぐる動向」（国立国会図書館『調査と動向』四三〇号）。

（99）在日米国大使館経済部「日本の持株会社の合法化による経済的インパクト」（一九九七年八月一日）（在日米国大使館ウェブサイト、但し現在は閲覧不能）。

（100）「世界の時価総額上位１００社、日本勢はトヨタなど4社のみ」（日本経済新聞二〇一一年六月一四日）。

（101）経済産業省「平成二六年度　経済産業関係　税制改正について」（二〇一三年一二月）一三頁

（同省ウェブサイト）。

(102) 同上一〇、一四、一五頁、経済産業省「産業競争力強化法の概要」（二〇一四年一月）。

(103) 日本経済団体連合会「日本再興戦略に基づく税制措置に関する提言」（二〇一三年七月一〇日）。

(104) 「地方税法等の一部を改正する法律」、「所得税法等の一部を改正する法律」、および同概要（総務省ウェブサイト）。

(105) 「租税特別措置の適用実態調査の結果に関する報告書」（第一八九回国会提出）・適用実態調査の結果の概要（財務省ウェブサイト）。

(106) 財務省「財務省説明資料〔法人課税の在り方〕」（二〇一三年一二月二日）三頁・図・主要国の法人税率（基本税率）の推移。

(107) 萩原伸次郎『日本の構造「改革」とＴＰＰ』（新日本出版社　二〇一一年三月）五八～六〇頁。

(108) クリントン時代のＵＳＴＲで日米自動車交渉の担当大使として日本側と交渉にあたったアイラ・シャピロ氏談（軽部謙介「米機密文書が予言するＴＰＰ交渉の結末」『文藝春秋』二〇一四年七月号二八二頁）。

(109) 日本経済団体連合会「我が国におけるコーポレート・ガバナンス制度のあり方について」（二〇〇六年六月二〇日）。

(110) 日本経済団体連合会「企業買収に対する合理的な防衛策の整備に関する意見」（二〇〇四年一一月一六日）。

(111) 日本経済団体連合会「Ｍ＆Ａ法制の一層の整備を求める」（二〇〇六年一二月一二日）。

(112) 「東証１部上場企業、社外取締役の導入７割強に　会社法改正にらむ」（日本経済新聞二〇一四年六月一七日）。

（113）前掲『財界支配　日本経団連の実相』（新日本出版社　二〇一六年一月）六四～六七頁・表３－２による。

第5章　インフラ輸出と「安全保障」の一体化

——安倍内閣期のインフラ輸出

本章では安倍政権下でのインフラ輸出戦略を明らかにする。第3章では民主党政権時代のインフラ輸出戦略を論じたが、安倍内閣の「日本再興戦略」でも、「インフラ輸出」は国際展開戦略の中核に位置付けられた。

「日本再興戦略」での、安倍政権時代のインフラ輸出戦略は、民主党政権時代のものと外形は同じでも、その「精神」は大きく異なっている。民主党政権期のインフラ輸出戦略の背景には、従来の商品輸出にかわってインフラ輸出を成長の柱に据えようとする企業の戦略や、海外移転先の産業基盤整備を求める経済界の要求があった。

しかし安倍内閣時代になると、インフラ輸出はそうした日本企業・経済界の要求より、アジアでの政治的・軍事的勢力拡大策と一体で進行するようになった。その背後には、安倍内閣期に日本の安全保障政策が大転換したことや、米国が日本に求める安全保障上の要求や役割の変化があった。とりわけアジアで、日本が果たす安全保障上の役割は大きく変わった。インフラ輸出は、こうした日米のアジアでの安全保障戦略と一体・不可分のものとなり、企業、経済界の要求すら超えたものとなった。

安倍内閣下のインフラ輸出はまた、アジアへの巨額の資金のばら撒《ま》きと一体で進行した。そのためにODAの大改変や対外投融資を担う政府系金融機関の改変も行われた。第3章で論じたインフラ輸出における金融面での隘路《あいろ》や課題は、安倍内閣が法改正等によってすべてを実現した。

安倍内閣で、インフラ輸出はその本質を大きく変えたが、それはアジアにおける日本の位置や役割の変質を象徴していた。インフラ輸出戦略は、「日本再興戦略」の中で極めて重要な「かなめ」の意義を有するが、同時に安倍内閣の本質をあらわにする「かなめ」でもある。

第一節　「日本再興戦略」におけるインフラ輸出

（1）「国際展開戦略」の大黒柱――インフラ輸出

既に第4章で「日本再興戦略」の中でのインフラ輸出戦略の位置を確認した。第4章第四節の（2）で、「国際展開戦略」として「⑴経済連携の推進」、「⑵インフラ輸出」、「⑶中堅・中小企業に対する支援」、「⑷クールジャパンの推進」、「⑸対内直接投資の活性化」の五項目が掲げられていたこと（第4章第4-1表参照）、しかし本当に重要な項目は「⑴経済連携の推進」と「⑵インフラ輸出」だけであると述べた。「⑴経済連携の推進」は第6章で述べるので、本章では「⑵インフラ輸出」を取り上げる。

「インフラ輸出」は、第3章で論じたように原子力発電、衛星、鉄道（新幹線、リニアを含む）、都市の基盤整備等々の「インフラ」を、海外で日本企業がまるごと請負うという戦略である。「日本再興戦略」ではインフラの年間受注額を、二〇一〇年の約一〇兆円から二〇二〇年には約三〇兆円に三倍化する目標を掲げた。[1]

インフラ輸出には、相手国に対する資金援助が不可欠だが、安倍内閣はたとえば二〇一五年五月に、「五年間で、総額約一一〇〇億ドル、一三兆円規模の」「インフラ資金を、アジアに提供」すると、援助の大盤振る舞いも国際会議で宣言した。そして実際に、アジアに対して桁外れの資金供与を開始した。一体、一三兆円もの資金を、何のために、そしてなぜ突然大盤振る舞いを始めたのか、どうやって調達するというのか。本章では、資金問題も含めたインフラ輸出の具体的実態を明らかにするとともに、安倍内閣の下でのインフラ輸出の重大な質的転換を明らかにする。

頻繁に行われたトップセールス　インフラ輸出の受注額を二〇二〇年までには約三〇兆円にするという目標は、「経協インフラ戦略会議」の試算に基づく。「経協インフラ戦略会議」とは、首相官邸に設置された関係大臣をメンバーとする会議で、「日本再興戦略」のインフラ輸出関連の記述は、同会議の分析や方針がそのまま反映されている。ただし三〇兆円の試算の根拠は、当該分野の世界市場の拡大予測にこれまでの日本企業のシェアを掛け合わせ、希望的な拡大予想も上乗せして算出したものであり、現実的な根拠は乏しい(2)。

とはいえ、安倍内閣がインフラ輸出にきわめて熱心なことは、まぎれもない事実である。「経協インフラ戦略会議」のデータによると、首相がインフラのトップセールスのために外国に行った回数は、二〇一三年はじめから二〇一五年五月までの約二年半足らずの間だけでも七四回もある。閣僚やその他の副大臣・政務次官まで入れると二九五回、経済団体や企業関係者などから成る「経済ミッション」の同行も五九回と大変な回数である。むろんこの外国訪問は、インフラの売り込みだけを目的としたものではないし、一国への訪問を一回と計算しているので「外遊」回数より格段に多くなってはいる。アジア、中東地域に対しては特に熱心で、ＡＳＥＡＮの一〇ヵ国に対しては、就任後一一ヵ月の間にすべての国を訪問し、中東へは総理として初めてＧＣＣ（湾岸協力会議）六ヵ国すべてを訪問した。[3]

（２）アジアへのインフラ資金の大盤振る舞い——外交戦略と連動する資金供与

安倍首相が「一三兆円規模の」インフラ資金をアジアに提供すると宣言したのは、二〇一五年五月の国際交流会議・「アジアの未来」においてであり、「質の高いインフラパートナーシップ」というスピーチを行って、東南アジアはもとより「南西アジアひいては中央アジアに至るまで」のアジア全体に一三兆円を提供すると表明したのであった。[4] まずは安倍首相がどこの国に、どんな援助を、何を目的として供与を約束しているのか具体的に見ていこう。その際、日本側の意図とともにアジア各国の外交・軍事的な立ち位置も併せて見る。

①メコン五ヵ国に七五〇〇億円

〝五年間で一三兆円〟の宣言の二ヵ月後の二〇一五年七月に、安倍首相はメコン地域諸国首脳と会談し、二〇一六年以降の三年間でメコン五ヵ国（タイ、ベトナム、カンボジア、ラオス、ミャンマー）に対して、約七五〇〇億円のＯＤＡ資金を供与すると表明した。同地域のインフラ整備にあてるための資金であり、共同文書にも正式に盛り込んだ。[5]

こうしたメコン諸国へのＯＤＡ資金の大盤振る舞いは、直接的にはインフラ援助のためのものだが、

第5－1図　ODAの構成

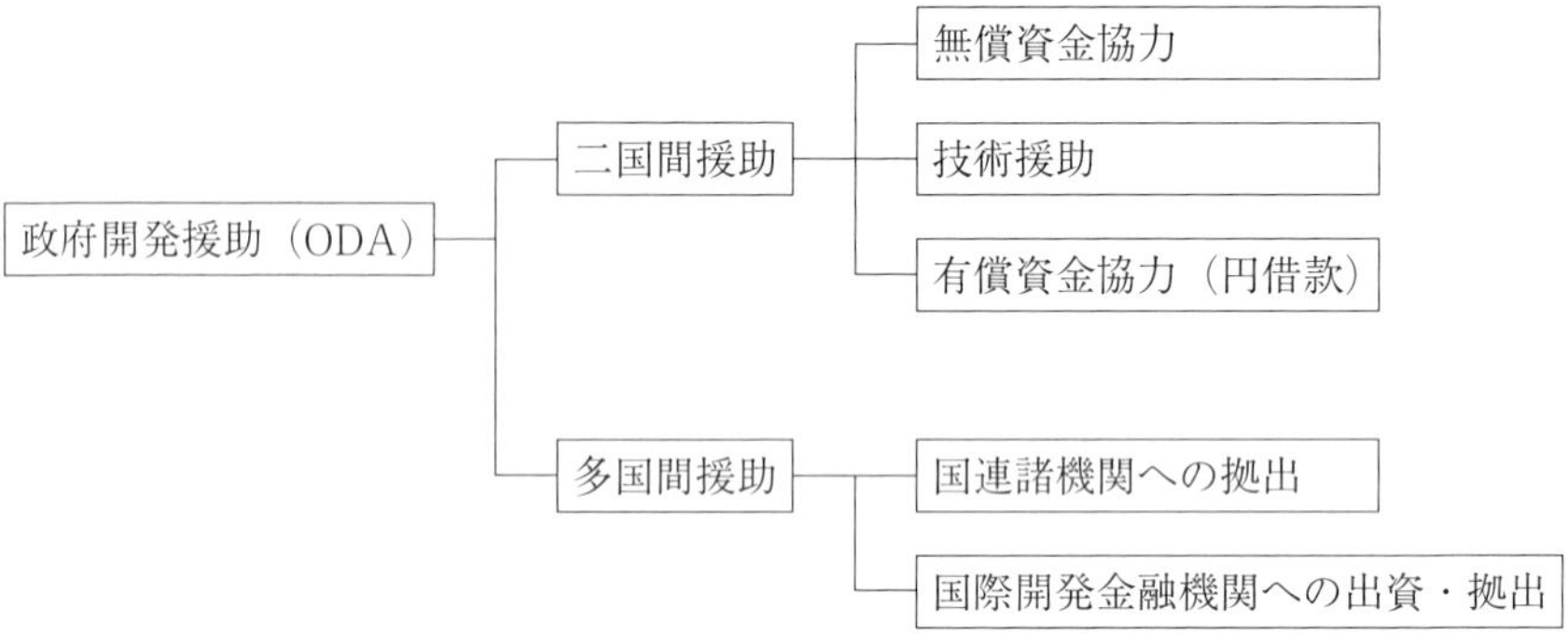

（出典）「ODAの定義」（財務省ウェブサイトより）

内実はアジアでの外交・「安全保障」戦略と不可分である。同首脳会談の共同声明には、名指しを避けながらも中国批判が挿入された。すなわち、「海洋安全保障」問題で「状況を更に複雑にし、信頼および信用を傷つけ、地域の平和、安全及び安定を損ないうる南シナ海における最近の動向に関し表明された懸念に留意した」との、極めてまわりくどい表現ながら、反中国で団結を図ろうという意味合いを帯びたものとなった。もともとメコン各国は比較的中国の影響力の強い国が多く、カンボジア、ラオスはその最たる国で、「あからさまな対中国批判には慎重」な国も多い。こうしたメコン諸国を、安倍政権は借款供与によって取り込もうと踏み出したのである。[6]

ちなみにＯＤＡ（Official Development Assistance：政府開発援助）とは、開発途上国に対して貧困脱出や経済開発等を援助するもので、第5－1図のように二国間援助と多国間援助がある。二国間援助は、無償（資金協力、技術協力）と有償資金協力（円借款）に分かれる。安倍内閣の下で大盤振る舞いされることになる円借款とはＯＤＡのうちの二国間の有償の貸付（有利子・返済義務あり）のことになる。[7]

②ミャンマー

約一〇〇〇億円の円借款　メコン地域諸国首脳との七月四日の前述の会談で安倍首相は、ミャンマーに対して約一〇〇〇億円の円借款を提供すると表明した。ヤンゴンの環状鉄道の改修や電力設備などに利用する。(8)

二〇一二年までは、日本からのミャンマーに対するODA資金供与はゼロであったが、二〇一三年に五三・三億ドル（約六四〇〇億円）が供与され、突然一位に浮上した。これは二〇一二年に日本が二五年ぶりにミャンマーに借款供与を再開することを決め、それまでのゼロから一転して巨額の供与となったからであった。二〇一三年の日本によるODA資金の供与額の二位はベトナム（一六・八億ドル）、三位はインド（一四・〇億ドル）（第5－1表参照）で、両国を大きく引き離す驚異的な額となった。(9)

そして二〇一五年七月四日のメコン地域諸国首脳との会談においても、安倍首相は二〇一六年以降にミャンマーに約一〇〇〇億円を供与すると約束した。

米国のミャンマーに対する姿勢の転換と一体　この日本の突然のミャンマーに対する借款供与急増の背後には、米国の対ミャンマー政策転換があった。ミャンマーは一九九七年以来、軍政下にあったが、二〇〇七年以降、軍政の改革が徐々に開始された。二〇一一年一二月になると、ヒラリー・クリントン米国国務長官が公式訪問し、テイン・セイン大統領と会談し、一九九〇年代から続けていた同国への経済制裁を、同国の「民主化」の度合いに応じて緩和することを表明した。クリントン国務長官は、この時、在野のアウン・サン・スーチー氏とも会談し、同国の民主化において、米国とスーチー氏が連携し

第５－１表　ODA 援助上位国・国別支出総額

（単位 100 万ドル）

年度	中国		インド		ベトナム		インドネシア		フィリピン		タイ		バングラデシュ		スリランカ		パキスタン	
	金額	順位	金額	順位	金額	順位	金額	順位	金額	順位	金額	順位	金額	順位	金額	順位	金額	順位
2000	**1164**	**1**	655	6	931	4	**1142**	**2**	742	5	**995**	**3**	404	7	252	9	280	8
2001	**1113**	**1**	**838**	**3**	467	6	**865**	**2**	653	5	807	4	308	7	273	8	211	10
2002	**1292**	**1**	**844**	**2**	391	6	632	5	680	4	**709**	**3**	310	7	215	9	302	8
2003	**1302**	**1**	692	4	514	6	**1150**	**2**	**939**	**3**	593	5	213	9	282	7	267	8
2004	**1580**	**1**	716	4	666	5	584	8	663	6	**854**	**3**						
2005	**1744**	**2**	587	8	674	7	**1343**	**3**	750	4	675	6						
2006	**1305**	**2**	576	7	658	6	**1018**	**3**	749	5			286	10	366	8		
2007	**1191**	**1**	642	7	765	4	**1058**	**2**	727	5					245	10		
2008	1200	4	**1255**	**3**	795	6	**1324**	**2**	474	7			887	5	330	9		
2009	1200	4	**1224**	**3**	**1414**	**2**	**1416**	**1**	685	5					351	7	170	10
2010	993	4	**1708**	**1**	**1117**	**3**	**1594**	**2**	687	7					366	8	247	10
2011	861	5	**1619**	**1**	**1351**	**2**	1014	4	408	9					410	8	573	7
2012	532	5	**1542**	**2**	**2036**	**1**	822	4	437	7			450	6	434	8	302	
2013			**1400**	**3**	**1680**	**2**	968	4			607	7	435	8				

（出典）「ODA（政府開発援助）」のうち「円借款案件検索」および「無償資金協力調達状況」（外務省ウェブサイト内）、『ODA マップ』でみる日本と途上国の変化」（日経新聞ウェブサイト）

（注１）空欄はゼロ、または 10 位内から脱落

（注２）１～３位までは太字

（注３）その他の３位以内の国は、以下のとおり。2004 年　２位　ガーナ（1020.7）、2006 年　１位　ナイジェリア（2102）、2011 年　３位　コンゴ民主共和国（1215.8）、2012 年　３位　アフガニスタン（873.6）、2013 年　１位　ミャンマー（5331.8）

ていくことを確認した。その約一年後の二〇一二年一一月には、オバマ大統領も訪問して経済制裁の完全解除を伝えた。米国大統領による初めてのミャンマー訪問であった[10]。

日本はこの米国の姿勢転換をうけ、クリントンのミャンマー訪問の約二〇日後の二〇一一年一二月に、日本の外相としては九年ぶりに、玄葉光一郎外務大臣が同国を訪問した。米国の政策転換を受けた電光石火の対応であった。そして日本は、同国へのODA再開を視野に入れた調査団派遣を打ち出し、二〇一二年以降、日本はミャンマー開発を担うことになり、二〇一三年には述べたような約六四〇〇億円のODAの巨額供与となったのである。

それはミャンマーの「中国頼みの経済構造から脱却」することを援助するとともに、

日本が「米国と連携してミャンマーとの関係を深める狙い」からであった[11]。ミャンマーは、中国とインドの両国に国境を接して挟まれ、インド洋に面している。中国にとってはぜひとも良好な関係を維持したい軍事的要衝の国なのであり、日本や米国のミャンマーへの積極的関与も、対中国戦略と連動したものであった。

二〇一二年末に日本とミャンマー両政府は、同国のティラワでの経済特区の設立で合意し、日系デベロッパー（住友商事、三菱商事、丸紅の三社連合）が開発を進め、二〇一三年六月の五〇〇億円の円借款供与をはじめ、日本は無償の資金供与、技術供与、円借款等々を動員して、ティラワとその周辺の開発も行って二〇一五年九月に経済特区開業にこぎつけた[12]。

二〇一五年一一月に、民政移管後初めて行われた同国の総選挙ではスーチー氏が率いる国民民主連盟が勝利し、安倍政権はより大規模なミャンマー支援に乗り出したのであった。

二〇一六年のスーチー氏来日時には八〇〇〇億円の援助を約束　二〇一六年一一月にアウン・サン・スーチー氏が来日したが、この時、安倍首相は、今後五年間でＯＤＡを含め官民あわせて八〇〇〇億円の支援をすると約束した。このスーチー氏来日二ヵ月前の二〇一六年九月にも安倍首相はスーチー氏と会い、スーチー氏率いる新政権を「全面的に支援する」として一二五〇億円の支援を決め、訪日も要請した。この一二五〇億円はヤンゴン―マンダレー間の鉄道改修費用等への円借款を含んだものである。二〇一六年は、この八〇〇〇億円と九月に約束した一二五〇億円あわせると、一兆円近い多額のミャンマーへの支援を約束したことになる。

こうした安倍政権の大盤振る舞いの背後には、当然「中国をけん制する意味合いがある」。しかしスーチー氏は、この訪日直前に中国を訪問しており、中国もスーチー氏に対してＡＩＩＢ（アジアインフラ投資銀行、後述）を通じた電力インフラへの融資や国際道路網整備等々を約束した。従来の投資額では、日本より中国が圧倒的であり、中国のミャンマーへの投資は一九八八年度から二〇一五年度までの累計で約一八〇億ドルに達している。その一方で日本は、二〇一五年度までの累計で六億ドルの投資額と三〇分の一なのだ。ミャンマーは「すべての国から利益を引き出す実利路線」をとっている。安倍政権はこうしたミャンマーに大盤振る舞いを続けて、日本側への取り込みを図ろうとした。[13]

③ベトナム

二〇一五年には一六六〇億円　安倍首相は、先の二〇一五年七月のメコン首脳との会談時に、ベトナムに対しても合計約六六〇億円の円借款を供与すると表明した。第4章で述べたように日本はベトナムへのインフラ輸出を活発に行うとともに、ＯＤＡでも二〇一一年はインドに次ぐ二位、二〇一二年は一位、二〇一三年はミャンマーに次ぐ二位と、多額の援助を行ってきた。

この六六〇億円だけでなく安倍首相は、東アジア首脳会議（二〇一五年一一月二一日から開催）出席の際にも、ベトナムに一〇〇〇億円の追加支援を約束した。短期間にインフラ輸出のための借款として、一六六〇億円の供与を約束した。[14]こうした経済援助と一体となって、日本はベトナムと安全保障問題での協力も進めようとしているが、それについては後述する。

④フィリピン

鉄道事業に約二四二〇億円　フィリピンに対しては、マニラの鉄道整備事業に約二四二〇億円というODAによる一回の貸付額としては過去最大規模の円借款を供与することを二〇一五年七月に決め、同年一一月に安倍首相とアキノ大統領が合意・署名した。これは、フィリピン政府の進める国有鉄道整備のうち、マニラとマロロスを結ぶ四〇キロの路線に対して、その総事業費三〇〇〇億円の八割（二四二〇億円）を日本が貸し付けるものである。

インフラ輸出にともなう資金提供はもともと危険性が大きいが、この二四二〇億円の供与を約束した事業も、「資金集めが難航」していたものであった。アキノ政権はインフラ整備を目玉政策に掲げ、鉄道や高速道路など五〇の計画を立ち上げていたが、「リスクが高く」、資金が集まらず、結局、着工にこぎつけることができたのは、わずか数件というありさまであった。「そんなフィリピンの窮状に日本が手を差し伸べ」、「二四〇〇億円の円借款に踏み切」ったものである。(15)

こうした危うい事業への多額の円借款供与は、アキノ政権を支える意味合いが大きかった。その背後には第二節で述べるように、フィリピンを政治・軍事面で日米の側に立たせよう、中国から切り離そうという意図があった。こうした政治的思惑と一体で、二〇一七年一月になると安倍政権は、一兆円という桁外れの支援をフィリピンに約束することになるが、それについては後述する。

⑤インド

「新幹線」輸出に一兆四六〇〇億円　第3章で述べたように、日本は民主党政権時代からインドへのインフラ輸出に集中的に取り組んでおり、超大型の円借款（第一弾だけでも四五〇〇億円）を約束して「デリー・ムンバイ高速貨物専用鉄道」の建設を受注した。同鉄道に関しては、二〇一一年には一二七九億円、二〇一三年にも一三六一億円、二〇一四年にも一四〇〇億円の借款契約を実際に成立させた。日本のＯＤＡ援助全体においても、第５－１表からも明らかなように、インドは近年一位か二位の供与相手国になっている。

このデリー・ムンバイ高速貨物専用鉄道工事の進捗状況は、はかばかしくないが、安倍首相は二〇一四年九月にもモディ・インド首相と会談し、インドのインフラ金融公社向けに約五〇〇億円などの円借款供与を行うことを約束し、借款の上積みを行った[16]。

二〇一五年一二月になると、インドの高速鉄道計画のムンバイ―アーメダバード間の路線で日本の「新幹線」の採用が決まった。インドでは、第５－２図のようにニューデリー（デリー）を中心に、インドの大陸の沿岸部の都市であるコルカター―チェンナイ―ムンバイ―アーメダバードをぐるりとつなぎ、最後はニューデリーに戻る大きな五角形を形成する形での高速鉄道の建設が構想されている。日本は、このうちの最短の路線であるムンバイ―アーメダバード間の路線を受注したのだ。

この受注に日本は、最大一兆四六〇〇億円の円借款の供与を約束した。同路線の総事業費は約九八〇〇億ルピー（一兆八〇〇〇億円）であるが、そのうちの八割を日本がインドに約一〇年かけて供与する。

この円借款は、償還期間は五〇年、据え置き期間は一五年、利子率年〇・一パーセントという、巨額、低利の、しかも気の遠くなる先にしか返済されない大盤振る舞いである(17)。

これは安倍首相の訪印に合わせて決定したもので、安倍首相は二〇一五年一二月に訪印して日印首脳会談を行い、高速鉄道に関して正式に合意を行った。この大盤振る舞いの契約は、後述する安保関連の協議ともセットになったものであった。

原子力協定締結　安倍首相はこの訪印で、日印原子力協定の締結についても道筋をつけた。一二月一二日に両首脳は「(原子力協定を締結することで)合意に達した」とする覚書を交わした(18)。

日本政府はすでに二〇一〇年六月に、インドと原子力協定の締結に向けた交渉を開始すると発表し、実際に交渉を始めていた。第3章で述べた「新成長戦略」の下で、インドでの原発受注の条件を整えるためであった。インドは多数の原子力発電所を計画しており、日本企業にとって原発の重要な輸出市場になることが期待されていたからである。しかしインドは、核拡散防止条約(NPT)にすら加盟していない国であり、原発輸出や原子力協定を締結することが認められるのかという問題があった。その後の福島の原発事故もあって、長らく交渉が滞っていたのである。

第5－2図　インドにおける高速鉄道計画

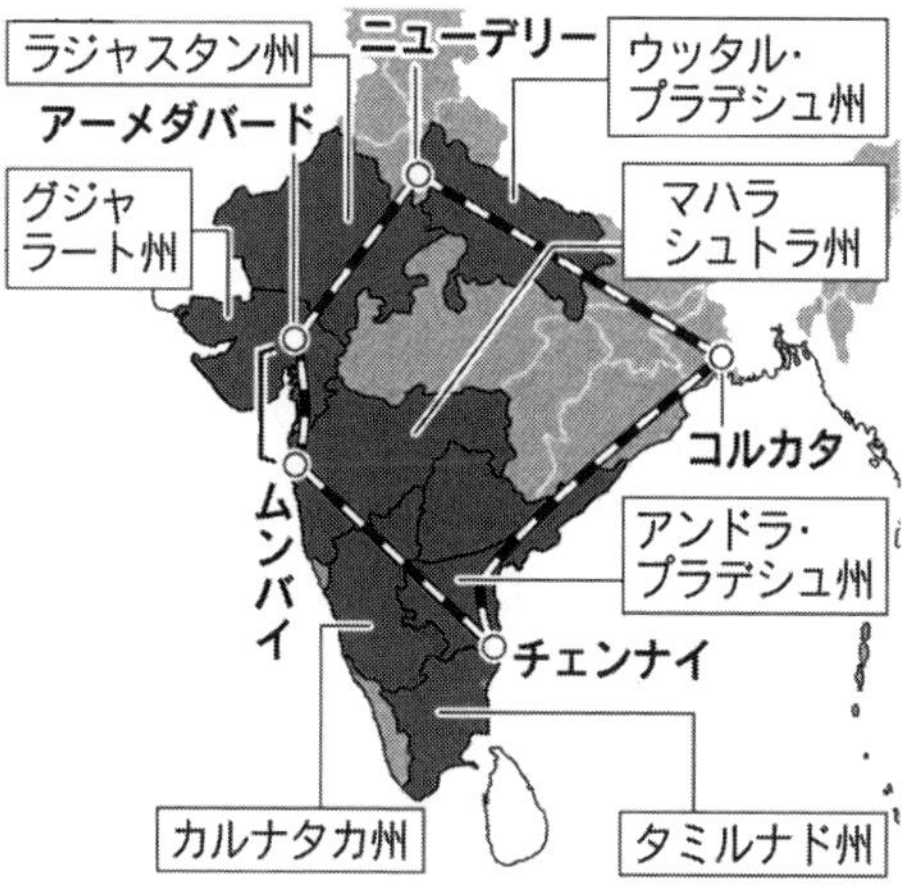

(出典) 日本経済新聞記事「中印、経済で急接近　習主席が公式訪問」(2014年9月18日付)
(注) 州名は、中国が中国専用工業団地の設置を提案したとされる州

インドは二〇三二年までに四〇基の原発建設を計画しており、そのうち三〇基の建設はすでに米仏露に割り当て済みで、残る一〇基を日本は中国や韓国と争っている。日本はインドへの原発輸出に力を注いできたが、原発輸出するためには不可欠の両国間の原子力協定が締結できず、懸案となっていたのだ。

二〇一六年一一月になって、訪日したモディ首相と安倍首相との間で原子力協定の締結が実現した。日本がすでに原子力協定を締結している国は、核不拡散条約に加盟しているか、締結後に加盟した国であった。インドは核不拡散条約に加盟せず、しかも核兵器を保有している国である。このため日印原子力協定では、今後もしインドが核実験を行った場合にどう対処するかが注目された。日本は、今後インドが核実験を行った場合には協力停止をすることを、協定本文内に明記するつもりであったが、インド側は曖昧《あいまい》なままで、結局、「見解及び了解に関する公文」というきわめて漠然とした内容の関連文書を付したにとどまった[19]。本協定は二〇一七年の第一九三通常国会で承認された。

インドをめぐる日中　インドの高速鉄道構想に参入しようとしているのは日本だけではなく、中国も同様であり、日中間の競争の様相を呈している。さきのムンバイ―アーメダバード間を日本が受注したことで、残る四路線の受注にも弾みがつくかのようにメディアは報じた。しかし中国も「日本の三分の一とされる低コストを武器に」参入を画策しており、後述するAIIBからの融資も検討している[20]。

インドと中国とは、経済・軍事・外交面で様々な問題を抱えてはいるが、二〇〇八年には「戦略的パートナーシップ」強化で合意し、友好関係を進めようとしている。二〇一四年九月に中国の習近平国家主席は、インドのモディ首相と会談し、中国がインドに対してインフラ分野などに今後五年間で二〇〇億ドル（約二兆一六〇〇億円）規模の投融資を行うと約束した。実際にはこれを上回る一〇〇〇億ドル

（一〇兆八〇〇〇億円）規模の投融資が行われるとの観測までインド紙は流している。

インドにとって中国は最大の貿易相手国だが、インド側の巨額の入超が続いている。その解決のためにも中国による投資で、中国企業専用の工業団地をインドの多くの州に造ろうという計画があり、前掲第5－2図で、州名を入れた七つの州（二〇一四年九月時点）がそれである。二〇一四年九月には、このうちのグジャラート州での開設に、中・印間で合意した。またこれらとは別に、中国の商業不動産大手・大連万達集団が、ハリヤナ州で工業団地建設に乗り出すことを二〇一六年一月に発表した。[21]

安倍首相も、習・モディ会談と同じ二〇一四年九月に、東京で日印首脳会談を行った。その日印共同声明では、今後日本の官民で三・五兆円という莫大な対印投融資を行う目標を明記した。中国と対印投資を競い合うのだ。

高速鉄道の他の路線でも、日本が〝中国に打ち勝って〟受注できるかどうかは、先の一兆四六〇〇億円をしのぐ巨額の新たな借款を、路線ごとに供与できるかどうかにかかっている。モディ政権は、巨額の財政赤字と貿易赤字に悩みつつ、「メーク・イン・インディア」（インドを世界の製造拠点にする）政策をとり、外資導入に全力を挙げる。外資企業誘致に不可欠なインフラ建設においても、自国財政負担をできるだけ軽くして、外国の資金を使って整備しようとしているからだ。[22]

また同じ日印首脳会談では、日印軍事一体化のための諸協定が合意された。その詳細は後述するが、たとえ「新幹線」の受注が成功しても、日本が支払う「代価」の大きさは、今後大きく日本国民にのしかかってくることになる。

第５－３図　東南アジアにおける主要高速鉄道計画

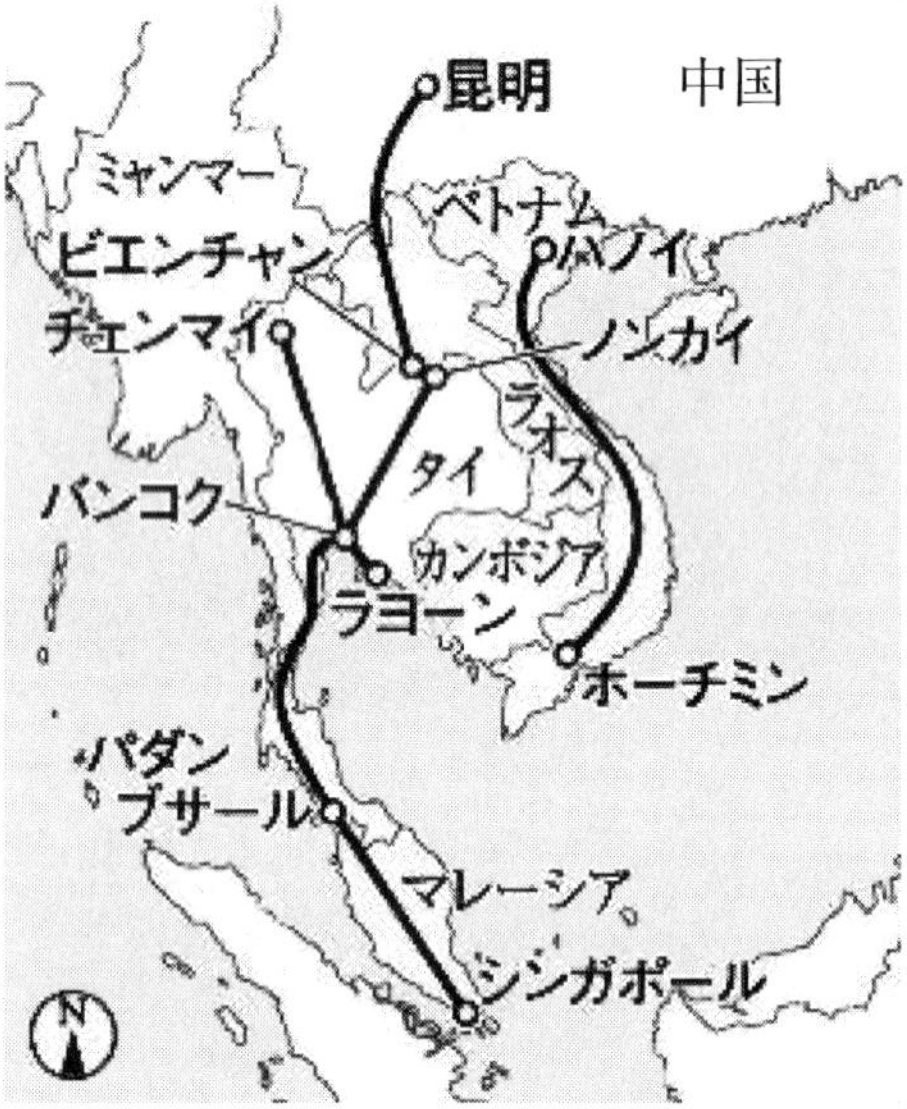

（出典）「アジア高速鉄道１万キロの大商戦」（日本経済新聞 2013 年 7 月 30 日）、「タイ高速鉄道計画、激しさ増す日中韓仏の受注競争」（日本経済新聞 2013 年 10 月 1 日）等を参照して作成

⑥タイ

タイでは、総距離二五〇〇キロメートル超の高速鉄道四路線を計画している。第５－３図は、東南アジアにおける主要な高速鉄道計画であるが、このうちバンコク－チェンマイ間（北部線七四五キロメートル）、バンコク－ノンカイ間（東北線六一五キロメートル）、バンコク－ラヨーン間（東部線二二一キロメートル）、バンコク－パダンブサール（南部線九八二キロメートル）の四路線が、タイで計画されているものである。

日本は早くからこの高速鉄道受注獲得に乗り出していたが、中国との受注競争となり、バンコク－ノンカイ間の東北線では中国に敗北した。日本は残る路線での売り込みに力を入れており、二〇一五年二月に安倍首相は、タイのプラユット暫定首相と会談しインフラ輸出と安全保障協力の両面で合意した。インフラ面では、タイでの鉄道整備協力に関する覚書に調印して、両国の閣僚級の共同運営委員会を設立した。タイ全土の鉄道整備への参入をねらってのことだが、当面はバンコク－チェンマイ間の高速鉄道（北部線）での受注を目ざす。[23]

但し、もし受注となれば、莫大な金融支援が必要となる。タイのブラジン運輸相は「日本の政府と産業界は日本の資金を使うことを期待しているはずだ」と述べて、日本の資金提供をあてにしている。四三〇〇億バーツ（約一兆五〇〇〇億円）とも試算されるバンコク─チェンマイ間の高速鉄道費用は「タイ政府の予算や日本からの金融援助で賄う」とも同運輸相は述べた。受注にこぎつけても、インドの場合と同様、巨額の借款等の資金提供を日本が行う必要がある。

加えて同区間は「経済性だけを考えると（導入は）困難」とタイ運輸相自身が語るように、決して採算がとれる路線ではない。そもそも高速鉄道を導入して利益のあがる地域はごく限られており、遠すぎず（遠すぎると飛行機が有利）、近すぎず（日本が協力した台湾新幹線は近すぎて赤字続き）、大量の乗客、とくに恒常的なビジネス客が見込めるところだけである。今のアジアでそんな区間は少ない。タイ側は、民間資金を活用するPPP方式で事業を進める意向を示しており、共同事業者として日本企業の参画も求めている。[24] もしPPP方式をとって鉄道運営のための特別目的会社等に日本企業が出資することになれば第三節で述べるような損失補塡《ほてん》のための借款まで、将来延々と鉄道運営に対して供与するはめになる可能性がある。

高速鉄道以外でも、首都バンコクで建設中の都市鉄道・レッドラインの一部費用のために三八二億円の円借款を日本が供与することで二〇一五年六月に合意した。鉄道以外も、タイがミャンマー南部で行う「ダウェー経済特区」の開発で、日本は連携する。[25]

ただし、タイの政治的立ち位置は微妙で、日本がいくら多額の資金援助を行い、インフラを受注したとしても、それが日本や米国への政治的接近・傾斜と連動するわけではない。政権交代も何度か起きており、二〇一三年にはインラック首相が反政府デモをきっかけに退陣に追い込まれた。インラック首相はインフラ整備を大々的に推し進める政策を掲げ、高速鉄道の建設でも来日して九州新幹線にも試乗するほど日本に対する親和性を強めていた。安倍首相は、二〇一三年一月の訪タイ時に、インフラ整備のために五億ドルの円借款供与の方針も伝えていた。

しかし、二〇一四年五月にタイで軍事クーデターが起きインラック首相は失脚した。インラック政権の派手なインフラ建設計画がバラマキと反発を買ったことも一因であった。八月には軍人出身のプラユットが政権を掌握した。プラユット首相は二〇一五年二月に来日しており、日本との関係も特に悪いというわけではないが、いずれにせよアジアのインフラ受注は、相手国政権の政治的立ち位置との綱引きと日本側の巨額の資金供与と一体化したものとして進行している(26)。

⑦バングラデシュに六〇〇〇億円

安倍首相は、二〇一四年九月に、日本の首相としては一四年ぶりにバングラデシュを訪れ、今後四〜五年で六〇〇〇億円の円借款を中心とする支援を伝えた。日本は、ベンガル湾沿岸部での産業地帯建設に乗り出すとともに、日本企業向けの経済特区の整備や、電力、鉄道などの整備に大々的に乗り出し協力する。

バングラデシュは、従来から比較的多額のＯＤＡの供与相手国であった。前掲第５‐１表のように、同国へはほぼ毎年一億〜四億ドル程度（二〇〇八年は格別に多く八・九億ドル）の有償・無償の資金を供与しており、一五年間で計四千数百億円になり、南西アジアではスリランカと肩を並べ、インドに次ぐ。

他の南西アジアのブータン、ネパールなどへのODAはまことに微々たるものだから、バングラデシュはそれらの国に比べてもともと多い。しかしながら今後四~五年で六〇〇〇億円の円借款は破格である。その背景には、ミャンマーの場合と同様に、対中国戦略の色合いが濃く、「中国の投資はまだ限定的とみて先んじて関係を深める」ためといわれる(27)。

中国は、インドの隣国・パキスタンへのインフラ輸出を加速し、「中国・パキスタン経済回廊」のプロジェクトでは四六〇億ドルを投資して道路や発電所を建設する。日本のバングラデシュへの巨額の借款も、単なる貧困解消のためではなく、対中戦略の「布石」となっており、インドとその周辺国の争奪の中で日本の援助に濃淡が付けられているのだ。

インフラ建設を計画するアジアの国々は、インフラ建設による経済成長を掲げ、自国民の人気取りや政権への不満をそらせようとする。しかし一方でタイでの例のようにそれがバラマキ、国費の乱費という国民の反感を買うもとにもなる。そうなると、政権はますますインフラ輸出を行う側(たとえば日本とか中国)を競わせて自国資金をできるだけ使わずにすむ有利な条件を引き出そうとし、インフラ輸出を行う側にとっての負担とリスクは一層拡大する。その上にインフラを輸出する側の政治的、あるいは後述する軍事的な思惑が加わり、「資金援助」競争も過熱することになる。

第二節　安全保障戦略と一体化するアジアへのインフラ輸出

安倍内閣の下でのインフラ輸出に伴う円借款の大盤振る舞いは、中国を意識したアジア各国に対する政治的な取り込み策だけでなく、軍事戦略とも一体化したものとなっている。それは日本の安全保障政策が安倍内閣で大きく様変わりしたことと一体である。

安倍内閣は二〇一五年九月には安全保障関連法を可決して集団的自衛権行使に道を開いたが、すでにその五ヵ月前に「日米防衛協力のための指針」（通称「ガイドライン」）を米国との間で改訂して、集団的自衛権行使を前提とした米国との軍事的任務分担に合意していた。安倍内閣はこれ以前にも、同内閣成立以来、安全保障関連政策のなし崩し的変更を様々な形で行っており、インフラ輸出や対外経済戦略でも政治的・軍事的色彩を強めてきた。こうした安全保障政策そのものの改変については、「（2）安倍政権下における安全保障政策の大転換」で述べるとして、まずは上述したインフラ輸出が、政治面だけでなく軍事面でも安倍内閣の対アジア戦略と連動していること、そしてまた米国による軍事面でのアジア各国の取り込みとも一体となり、補完するものになっていることを、その一端ではあるが具体的事例で明らかにしておこう。

（1）借款供与・インフラ輸出と一体化した軍事的協力体制の構築

①フィリピン

インフラ輸出と防衛協力・武器輸出が同時進行　安全保障戦略と一体化したインフラ輸出の典型的な事例の一つがフィリピンである。フィリピンに対して、安倍政権がインフラ輸出に特に力を注ぎ、多額の借款供与などを約束してきたことは述べたが、それは軍事面での協力の深化とも一体になっている。その一例が、前述した二〇一五年六月四日の安倍首相とアキノ・フィリピン大統領との会談の合意内容である。両首脳は「フィリピンの交通インフラをめぐる協力」で一致し、この時の約束が二〇一五年七月に政府が決めた二四〇〇億円のＯＤＡ供与の約束につながった。

同会談では、こうしたインフラ輸出とその資金援助だけでなく、それとセットで防衛関連の合意もなされた。一つは、「訪問軍協定」の締結に向けた議論の開始に合意したことである。この協定は、「自衛隊が将来、南シナ海で活動する場合を想定し、給油などのために自衛隊がフィリピン軍の基地を使うことを認める」ものである。(28)

フィリピンへの武器輸出　同会談でもう一つ合意したのは、日本とフィリピンが武器輸出のための協定締結に向けた交渉を開始することであった。この「武器輸出のための協定締結」とは何か。後述するように安倍内閣は二〇一四年四月に武器輸出禁止の原則を閣議決定で変更し、日本は武器輸出ができるようになった。しかし実際に武器を輸出するためには、輸出相手国との間で武器や装備に関する秘密保護や管理のための協定を前もって締結する必要がある。安倍首相とアキノ・フィリピン大統領との間では、この協定締結の「交渉を開始する」という合意がなされたのである。

二〇一五年一月になると、協定締結前にもかかわらずフィリピンから、「日本に提供してほしい武器などのリストが防衛省に送られ」てきており、そこには「『哨戒機から潜水艦まであらゆる物が入っていた』（防衛省幹部）」という。[29]

この背景には、日本とフィリピンが二〇一五年一月には、はやばやと「日本国防衛省とフィリピン共和国国防省との間の防衛協力及び交流に関する覚書」を交わし、「ハイレベル交流」、「能力構築に関する協力」、「訓練・演習」、「海洋安全保障」における協力等々で協力・交流することに合意していたことがある。武器輸出の体制が、先手先手に整えられていた。

そして二〇一六年二月に、フィリピンとの防衛装備品移転に関する協定が正式に署名・締結された。日本はフィリピンへの正式な武器輸出の手はじめとして、海上自衛隊の訓練機TC90のフィリピンへの貸与を決定し、二〇一六年一〇月に安倍首相とフィリピン・ドゥテルテ大統領との会談で交換公文に署名した。自衛隊装備の他国への正式な供与としては、第一号になる。

但し、協定締結前から実質的な武器輸出はすでに始まっており、たとえば二〇一三年七月には安倍内閣は巡視艇一〇隻のフィリピンへの供与を決定し、その支払のためにODA供与も約束した。二〇一五年六月になって安倍首相との会談に来日したアキノ氏は、日本の造船会社との間で、この巡視船一〇隻の建造契約を交わした。この巡視艇は、三五メートル級の外洋まで警備できるもので、フィリピンでは四隻しか稼働していないものである。巡視船・巡視艇（両者は大きさで区別）は防弾装置がほどこされており、輸出貿易管理令においてはれっきとした「軍用船舶」で、武器の範疇《はんちゅう》に入る。しかし二〇一三年時には、「海難救助船」で武器には非ずとの名目で輸出を決定したのだ(30)。

協定締結後に正式に輸出が決定した兵器であるTC90は、海上自衛隊が保有するうちの五機で、一機あたり年間七〇万円でフィリピンに貸与する。同機の行動範囲はフィリピン海軍が所有する航空機に比べて二倍以上に拡大する。フィリピンと中国が領有権を争う南シナ海南沙諸島の警戒・監視に利用でき、「海洋の監視に必要な哨戒機が不十分なフィリピンを支援し、南シナ海での中国の動きをけん制する」のだ。

年間七〇万円という極めて安い値段での貸与となったのは、政府としては無償で譲渡してもよかったのだが、財政法九条で国の財産を「適正な対価なく、譲渡、貸付してはならない」と決められているからだ。しかし二〇一七年になって政府は、この法律を変更して武器を無償譲渡できるようにしようとしている(31)。アジアに自衛隊の武器を無償でばらまいて、日本を中核にした軍事的結束をはかるという意図なのだろう。

自衛隊とフィリピン軍との共同訓練も

日本はとみにフィリピンとの軍事的接近を強めている。二〇一五年六月四日の安倍首相とアキノ大統領の日比首脳会談に先立つ五月にも、南シナ海で海上自衛隊とフィリピン海軍の共同訓練が実施された。六月になると、日本の海上自衛隊のP3C哨戒機が初めて南沙諸島周辺のパラワン島に入り、フィリピン軍と共同訓練した。パラワン島はフィリピン等が中国と領有権を争う南沙諸島に近く、その防衛拠点として最適である。自衛隊のP3C哨戒機が飛行できるのは八～一〇時間であり、もし日本の沖縄から南シナ海に向かうと四時間かかり、往復八時間。とても南沙

諸島周辺を監視し飛び回る余裕などない。パラワン島は、南沙諸島監視に最適の拠点なのだ。(32)

米国の対フィリピン政策との一体化

日本のフィリピンへの軍事的接近は、米国のフィリピンへの再接近とも連動している。フィリピンは一九四六年まで米国の植民地支配下におかれていた。独立後も米国との軍事同盟・米比相互防衛条約を一九五一年に締結し、米軍が駐留していた国であった。しかし一九九二年までに米軍はフィリピンから撤収した。米国と緊密な関係を築いていたマルコス政権が崩壊し、コラソン・アキノ大統領（一九八六年二月～一九九二年六月：一九八三年にマルコス政権に暗殺された政治家ベニグノ・アキノの妻）が誕生して新しい憲法を一九八七年に制定した。この憲法は核兵器持ち込みを禁止し、外国軍の駐留も実質的に禁じたものであった。こうしたことも背景に、米軍は一九九二年にフィリピンから撤退した。但しその後もフィリピンは、米国と地位協定を結んで米軍の一時滞在を受け入れ、共同軍事訓練も定期的に行ってきた。

しかし後述するように米国は、二〇〇六～二〇〇七年頃から「アジア回帰」戦略を開始し、オバマ政権はそれを強化した。そしてその足掛かりとして、ASEANの中で唯一米国と軍事同盟を締結しているフィリピンを利用しようとしはじめたのである。二〇一四年四月になって米国は、アキノ大統領（ベニグノ・アキノ三世：コラソン・アキノとベニグノ・アキノの子息。在任期間は二〇一〇年六月～二〇一六年六月）と、新軍事協定「米比防衛協力強化協定」に署名し、事実上の米軍駐留を認めさせた。

この協定は、米軍がフィリピン軍の基地を利用できるというものであり、一〇年の期限付きでもあるが、二二年ぶりの米軍のフィリピン回帰となった。この新軍事協定締結の翌日、オバマ大統領は米比両軍を前に「同盟を深化させることは、（米国の）アジア太平洋戦略の一環だ」と語り、「より緊密に軍事演習し、フィリピン軍の強化を支援する」と表明した。[33]

新軍事協定に対してフィリピンの元上院議員らが、「違憲」だとして訴訟を起こしたため、協定発効の手続きが止まっていたが、二〇一六年一月、フィリピン最高裁判所は米軍再駐留を合憲と判断した。[34]

また米国政府は、二〇一五年一一月に東南アジア諸国の海洋安全保障を強化するために二億五九〇〇万ドル（三二〇億円）を拠出すると発表。「南シナ海で中国と領有権を争う各国を資金支援」するため、フィリピン、ベトナムなどに支給する。米国はフィリピンに巡視船一隻も供与した。[35]

安倍政権のフィリピンへの接近は、こうした米国の動きと呼応したものである。米国はアジア回帰を進行させつつも、日本に様々な負担を肩代わりさせようとしているが、フィリピンでは米国への複雑な国民感情や歴史があるため、より一層、日本の「役割」が重要なのだ。

中国による南沙諸島での人工島（岩礁埋め立て）問題に対しても、米国は日本が深く関与していくことを期待している。尖閣問題とは異なり、南沙諸島は日本の領土とは無関係なのだが、東シナ海だけでなく南シナ海への日本の関心・関与を米国は強く期待しているのだ。安倍首相は、二〇一五年一一月にもフィリピンのマニラでオバマ米大統領と会談して「南シナ海への自衛隊派遣の可能性に言及し、米国への協力で一歩踏み込む姿勢を強調」したのであった。一歩踏み込むとは南シナ海で武力紛争が発展した場合に自衛隊が米軍その他の軍の後方支援等を行うことである。安倍首相は同時に、米国のイージス駆逐艦が中国の人工島の一二カイリ内をあえて航行する「航行の自由」作戦を支持するとも表明した。[36]

中谷防衛大臣とカーター米国防長官との二〇一五年一一月の会談でも、日本は米海軍による人工島付近での哨戒活動を支持すると表明するとともに、日米比の三ヵ国間連携を深めることを申し合わせた。

三国間連携については次項②インドで具体的に述べるが、「これまでの韓国、オーストラリア、インドのほか、新たにフィリピンを含めた日米比の協力を強めていくと申し合わせた」のであった(37)。

ドゥテルテ大統領の反米姿勢、日本は一兆円の支援約束　このような米軍のフィリピン回帰と、それを援護する日本のフィリピンへの一連の軍事協力や武器輸出政策の行く手に暗雲をもたらしたのが、二〇一六年六月にロドリゴ・ドゥテルテが大統領に就任したことであった。メディアは彼の過激な発言やオバマ大統領への侮蔑表現をクローズアップしたが、もっとも重要な問題は彼がフィリピンへの米軍の回帰に批判的なことである。

二〇一六年一〇月にドゥテルテ大統領は来日し、安倍首相と会談したが、その直後の日本での講演で「『今後二年で外国軍の支配を受けないよう、出て行ってほしいと考えている』と米国との軍事協定の見直しも示唆した」のであった。彼は来日前の中国への訪問時の講演でも、「『米国とは別れました』と述べ」たとも伝えられている(38)。

また二〇一七年一月に訪比した安倍首相との会談中には、ドゥテルテ大統領が「私は外国の軍人がいない国を目指したい」、「安倍氏には軍事同盟は必要ではないと言った」と語ったと報じられている。そして会談後にドゥテルテ大統領がダバオ市商工会議所で行ったスピーチで、「安倍にも言ったんだ、私はミサイルを必要としていない」、「もし第三次世界大戦が始まれば、それはこの世の終わりを意味する」のだからと言ったと、現地紙が報道した。ミサイルというのは武器全般を象徴した表現であろうが、同大統領が日本からの武器援助・輸出（およびそれと一体となった米・日・比の軍事関係の深化）は、もはや無用だとの暗喩《あんゆ》を安倍首相に伝えたということは、あり得ない話ではない(39)。

ドゥテルテ氏がどこまで米軍と決別する政策を実行するのか、できるのか、中国に対して政治・軍事的自立を貫けるのか等々は今のところ不明だが、ともあれこうしたフィリピンを日本は何とかつなぎとめようとしていることは確かである。

安倍首相は、二〇一七年一月のフィリピン訪問時に、包括的な経済協力のためにODAや民間投資合わせて約一兆円もの巨額を、今後五年間で支援すると表明した。その使途は、地下鉄などのインフラ整備やミンダナオ島の灌漑計画、麻薬対策などのためだという。これを、「米国への反発姿勢を示すドゥテルテ氏への接近を見せる中国を牽制《けんせい》する」と新聞は報じた。(40) しかし、こうした一兆円の「援助」によって、フィリピンが米国の軍隊を許容し続けたり、中国と対決する立場を選択するかといえば、事はそう簡単ではないだろう。ドゥテルテ大統領は、中国の援助も日本の援助も共に可能な限り引き出すだろうことは確かだが。

安倍内閣は、麻薬対策や地下鉄などの援助に一兆円も注ぎ込み、フィリピンへの巨額の資金援助を加速させることを約束したが、それはインフラ輸出の「ビジネス」の域すら、もはや逸脱する。フィリピンを日米圏に繋ぎ止めるために一兆円も援助して、いったい日本にどんな恩恵があるというのか。中国のように巨額の貿易黒字を稼ぐわけでもなく、米国のように基軸通貨国でもない日本が、米国の代理人となってアジアの政治的・軍事的力関係のために経済援助の大盤振る舞いをするのは、ただ将来の日本国民に巨大な重石を背負わせるだけのことになる。

②インド

軍事的連携のための法的整備　すでに、第一節（２）の⑤インドの項で述べたように、安倍首相は二〇一五年一二月に訪印し、日印首脳会談を行って、そこで高速鉄道請負の正式合意や、日印原子力協定の締結に道筋をつけた。

この二〇一五年一二月の訪印には、これらの課題だけでなくインドとの軍事的協力関係構築のために、法的基盤を整備するという大きな目的があった。その目的とは、いわば準同盟ともいうべき水準でインドと軍事協力を行うために、三つの協定を締結することである。三つの協定とは、防衛機密を共有するための「情報保護協定」、防衛装備品や技術の輸出のための「装備移転協定」、そして「物品役務相互提供協定」である。

これらのうち二つの協定は、ともに二〇一五年一二月一二日に合意・署名された。一つは日印両国で防衛機密をやりとりするための「情報保護協定」で、この協定は、締結国に厳しい情報管理を義務付けて部隊の運用計画や装備品の性能といった軍事機密の流出を防ぐためのものである。米国がすでに六十数ヵ国と締結している「軍事情報包括保護規定」（ＧＳＯＭＩＡ）も、この「情報保護協定」であり、米国はインドとこの「軍事情報包括保護規定」を二〇〇二年に締結している。米軍、インド軍と共同で軍事的な行動を行うためには、日本もインドと協定を締結し軍事機密を共有する必要があるのだ[41]。

締結されたもう一つの協定は、防衛装備品の移転協定（「防衛装備品及び技術の移転に関する日本国政府とインド共和国政府との間の協定」）、つまり武器輸出のための協定である。同協定はフィリピンの項でも触れたが、武器輸出と武器の共同開発の前提となるもので、輸出相手国に対して武器、装備の性能に関する秘密保護や厳重な管理を促す。

インドへの武器輸出については、海上自衛隊の水陸両用艇US2の輸出に関する協議が、すでに武器輸出解禁以前の二〇一三年の一二月から開始されていた。US2は「救難飛行艇」であって「武器」ではないとの解釈に基づいたものであった。しかし日本は、二〇一四年四月に武器輸出解禁の閣議決定を行ったので、そうした「曲解」をする必要もなくなり、US2も敵味方識別装置などの軍事装備を保ったまま輸出できるようになった。インドはUS2を海軍が一二機、沿岸警備隊が二機導入する方向で検討しているとされた。インド側は、US2の部品などの現地生産や技術移転も求めているといわれ、防衛省はUS2の製造元である新明和工業に対してインド進出のための資金援助なども検討していた。但し、二〇一六年末になっても、この輸出は実現していない。武器市場は政治的なハードルだけでなく、武器輸出先進国との競争も激しく、一筋縄で受注できたり儲けたりできる市場ではない。

同会談では、その他にも、「米印の海上訓練に海上自衛隊が恒常的に参加」することも決められた。[42]

「物品役務相互提供協定」（ACSA）や2プラス2は先送り

締結が予定されていた三つめの協定は、「物品役務相互提供協定」である。この協定は自衛隊と他国軍との間で燃料や弾薬等を含めた物品の融通を円滑に行ったり、医療行為を相互提供するための協定である。これは集団的自衛権を行使して自衛隊が他国軍と一緒に戦うためには不可欠の協定である。安倍首相の訪印直前には、「日印の防衛協力を深めるため、自衛隊とインド軍が食料や燃料を融通する物品役務相互協定（ACSA）の交渉入りも検討する」と報じられた。しかしこの問題は、結局、先送りされた。[43]

日本の自衛隊がこの協定をすでに締結しているのは、米軍とオーストラリア軍だけである（二〇一六年末現在）。その他は、カナダとは二〇一三年九月に大筋合意し、英国とも二〇一四年五月に交渉開始を確認した段階に過ぎない。見送りになったにせよ、こうした協定をインドと結ぼうとしていることは、安倍政権がインドとの軍事的連携にいかに力を入れているかの一端を示す。

日米「物品役務相互提供協定」改定との関連　インドとの「物品役務相互提供協定」締結が見送られたのは、日米の「物品役務相互提供協定」の改定問題も無関係ではないだろう。日米間の同協定は一九九六年に締結された。米国は早くから同協定を同盟国との間で締結しているが、日本との締結は異例に遅かった。集団的自衛権行使に対する日本国民の大きな反対があったからである。現在、締結されている日米間の「物品役務相互提供協定」は、日本有事や朝鮮半島有事を想定したものであり、集団的自衛権行使が可能となった現在、改定の必要が生じたのだ。地球上のどこでも、たとえ戦闘地域でも自衛隊が米軍と共同し、弾薬等も含めて米軍に供給する必要が出てきたのだ。

そのための日米間の「物品役務相互提供協定」改定案（新ＡＣＳＡ）が、二〇一六年一月の国会に提出されることが予定されていた。しかし政府は、集団的自衛権行使問題と密接に関係したこの協定の改訂案が審議入りすることで、再び国会内外で反対論が盛り上がるのは、夏の参議院選挙を控えて得策ではないと判断し、改定案の国会提出を見送ったのだ。但し同改定案は、二〇一六年九月に岸田外務大臣と、キャロライン・ケネディ駐日大使との間ですでに署名が交わされていた。。

集団的自衛権行使に伴う自衛隊とオーストラリア軍との「物品役務相互提供協定」改定案も、すでに二〇一七年一月に両国間で署名されている。

二〇一七年四月になって、日米の「物品役務相互提供協定」の改定が国会で承認され、集団的自衛権行使の下で、日本が直接攻撃されていなくても米軍への弾薬等の提供が可能となるとともに、米国に向けられた弾道ミサイルの破壊装置等にも適用されることになった。また、オーストラリアや英国との同協定改定も、あわせて承認された(44)。

インドとの同協定も、遠からず締結されることになるだろう。

その他にも、閣僚級による外務・防衛協議（2プラス2）の創設についても見送られた。日印間の2プラス2新設については、すでに二〇一四年九月のモディ首相来日の際にも協議され、ほぼ合意に達するとみられていたが、当時も結局見送られていたものである。2プラス2とは、もともと日米両国間で安全保障問題を協議するために設置された二国間の外務・防衛閣僚級会合である。二〇〇七年にはオーストラリアと日本の間で設置され、安倍内閣になってからは日露間、日仏間、日英間、日・インドネシア間でも設置あるいは開催されており、米国を軸とした軍事協議体制が急展開している(45)。

米・日・印の三国連携強化へ　こうした軍事面でのインドとの濃密な関係は、米国のアジアでの安全保障戦略と不可分である。米国は二〇一〇年代に入って米・日・印の軍事的連携強化を求めるようになっており、二〇一一年六月の日米の安全保障協議委員会（2プラス2）では、共通戦略目標が初めて全面刷新され、従来は「日米豪」のみだった三国間連携に韓国も新たに盛り込まれ、「豪州及び韓国の双方のそれぞれとの間で、三ヵ国間の安全保障および防衛能力を強化する」と明記された。同時にインドについても、「強く揺るぎないアジア太平洋のパートナーとしてインドを歓迎し、インドの更なる地域への関与及び地域的枠組みへの参加を促す」と記され、米・印・日三国間の新たな結びつきが強調され

た。こうした米国の戦略を受けて、安倍内閣も日・米・印のいわば準同盟関係の構築に注力してきたのだ。(46)

米印関係そのものも強化されつつある。インドはもともと非同盟中立を掲げ、米国とも同盟を結んでいるわけではないが、米国は中国を念頭におきつつ、インドへの接近を強めている。二〇一四年八月にはヘーゲル米国国防長官が政権交代して間もないモディ首相と会談し、「台頭する中国をけん制するためインドとの関係強化を目指し」、米国製兵器の輸出やインドの防衛産業の育成に向けての協力などを話し合った。また、二〇一五年六月にはカーター米国防長官がインドを訪れ、向こう一〇年間の防衛協力をうたった枠組み文書を交わし、次世代防衛装備品の共同開発や航空機エンジンでの協力などを約束し、インドによる国産空母建造を支援するための議論を加速させることも確認した。(47)

日本はこうした米国の戦略と一体化し、述べてきたような「情報保護協定」の締結、US2をはじめとする武器輸出の交渉と「装備移転協定」の締結、「物品役務相互提供協定」締結に向けた動き、2プラス2の新設の動き等々によって、米・日・印の防衛協力と集団的自衛権行使のための体制構築を急いでいるのだ。訪印直前の二〇一五年一一月にも安倍首相はモディ首相と会談し、「日米印の安保協力を一段上に引き上げたい」との意向を伝えている。(48)

但し、インド自身がこうした米・日の戦略に全面的に乗り、インフラ面でも一路、日本への傾斜を強めるかどうかは疑問である。確かにモディ首相は米印関係深化にも強い意欲を持ち、たとえば二〇一四年九月の初訪米に先立ち、「米国はインドの発展にとって不可欠なパートナーだ」との声明を出して、「戦略的パートナーシップにおける新たな章の始まり」だと訪米を位置付けてみせた。(49)しかし同時に前述したように中国とインドの関係も進展しているのだ。中国もインドとの友好関係を進め、それと一体となったインフラ支援に乗り出しているため、米中をはかりにかける「バランス外交」とも評されている。

米中二国間の綱引きの中で、日本は米側の前線に立って、今後とも安全保障がらみのさまざまな対印接近を、インフラ輸出とも抱き合わせで進行させることは確実である。中国との「競争に打ち勝つ」ために、これからも巨額の借款を投入しながら。

③マレーシアとも

安倍首相は二〇一五年五月にマレーシア・ナジブ首相と会談し、「マレーシアが入札を予定している高速鉄道計画で新幹線が導入されることに期待を表明」するとともに、防衛装備移転協定締結に向けた交渉を始めることで合意した。また、両首相は「両国を『戦略的パートナーシップ』に引き上げることを明記した共同文書を発表した(50)」。

二〇一四年四月にはオバマ大統領が、米国大統領としては四八年ぶりにマレーシアを訪問した。また二〇一五年一一月には、オバマ大統領はクアラルンプールで講演し、「マレーシアやベトナムと海洋安保で協力する」と述べた(51)。こうしたマレーシアと米国との関係を、日本が経済・防衛面でも補完するように動く。

④ベトナムと

ベトナムへは、以前からのインフラ輸出や多額のODA供与にもかかわらず、安全保障面での日越共同の動きはあまりなかったが、それもいよいよ動き出す気配である。二〇一五年一一月の日越防衛相の会談ではベトナム軍と自衛隊の初の海上共同訓練を行うことや、海上自衛隊の艦船を初めて南部のカムラン基地に寄港させること（同基地は中国ともめている南沙諸島まで四六〇キロメートルの近さで、燃料や食料補給等でも海自艦の活動に有利）、あるいは防衛装備品の協力等での協議開始で一致した。防衛装備品については、すでに巡視船に転用可能な中古船六隻の供与を決めているが、二〇一五年一一月のグェン・タン・ズン首相との会談で安倍首相は、新造巡視船の供与のための調査に入るとの意向を伝えた[52]。

二〇一七年一月になると安倍首相は、先のフィリピン訪問に続いてオーストラリア、インドネシア、そしてベトナムを訪問したが、ベトナムで安倍首相は、同国の海上警備能力の強化のために巡視船六隻の建造費（三八五億円）など、計一二〇〇億円の円借款供与を伝えた[53]。

米越関係が進展　米越関係は、二〇一五年になって大きな展開があった。二〇一五年七月に、ベトナムの最高指導者グエン・フー・チョン共産党書記長が、オバマ大統領と会談したのである。一九七五年のベトナム戦争終結後、ベトナム共産党最高指導者としては初めての訪米であった。会談ではチョン書記長が「重要なことは、我々が敵から友、パートナーへと変わったことだ」と述べ、共同声明では南シナ海岩礁の埋め立てに対して「平和や安全、安定を脅かす」、「脅しや武力による威嚇《いかく》や行使を拒否する」と名指しを避けながらも中国を牽制した。またこの時の米越共同宣言ではベトナム軍の装備の近代化に向けての米国の支援も盛り込まれた。

両者はTPP交渉問題だけでなく、「武器輸出などで連携を深め」た。米国は、ベトナムへの武器輸出を約四〇年間、禁止し続けてきたので、ベトナムの兵器は九五パーセントがロシア製であったが、二〇一四年一〇月にはこの禁輸措置を一部解除し、殺傷力のある武器のベトナムへの輸出も可能になっていた。

二〇一五年七月のチョン共産党書記長訪米に先立つ六月に、カーター米国防長官がベトナムを訪問し、ベトナム・タイン国防相と会談した。会談後に会見したカーター米国防長官は、「我々はより深い防衛協力に入る」と述べ、米政府がベトナムに対して巡視船購入の資金一八〇〇万ドル（約二二億円）を供与する方針を表明した(54)。

このようにベトナム戦争以来の米越関係は、中国への牽制を軸に二〇一五年には大きく展開した。日本からベトナムへの武器輸出や軍事的関係の整備も、こうした米・越関係の進展を前提としたものであった。

⑤タイとの微妙な関係

前述したように、タイはインフラ輸出や政治的立ち位置の面でも日本とは微妙な関係であったが、軍事面でも同様である。軍事面でタイは、古くはＳＥＡＴＯ（東南アジア条約機構：米国、フィリピン、タイ、オーストラリア、ニュージーランド、英国）による米国等との軍事同盟の一員であったが、ＳＥＡＴＯ自体が一九七七年に解体され、タイに五万人駐留した米兵も七六年には完全撤退した。但し一九八二年から米軍とタイ軍の主催で多国間共同の軍事訓練コブラ・ゴールドが毎年行われており、日本の自衛隊も二〇〇五年以降、毎年参加している。[55]

二〇一二年一一月にはオバマ大統領は再選後初めての外遊先としてタイを選び、インラック首相と会談して安全保障協力の拡大で合意し、タイのTPP交渉への参加の意向を確認した。ところが二〇一四年五月の軍事クーデターでインラックが退陣に追い込まれた。このクーデターを米国は強く非難し、四七〇万ドルの軍事援助を停止するなどした。

もともとタイ軍と中国軍とは一定の協力関係が続いてきた。一九九〇年代には六隻の軍艦を中国から購入した。二〇一五年七月には中国から潜水艦三隻を購入する案も浮上した。タイの立ち位置は米・日にとって微妙なのだ。[56]米国はTPPにもタイを引き入れようと躍起になってきたが、これも成功しなかった。

このように日本のインフラ輸出は、いつの間にか軍事的な戦略と表裏一体のものとなっている。その背後には、次項で述べる米国の対アジア戦略の転換と、それと一体化した日本の安全保障政策の転換が色濃く影響しているのだ。

(2) 安倍政権下における安全保障政策の大転換

①安全保障関連法の成立で集団的自衛権行使の道へ

前項では、アジアでインフラ輸出が政治的・軍事的色彩を色濃く帯び始めたことを見たが、本項で安倍内閣の安全保障政策の転換を整理しておこう。安全保障政策は安倍内閣そのものを理解する上で、あるいは安倍成長戦略を理解する上での核心となるだけでなく、インフラ輸出が安倍内閣下でなぜ大きく変質したのか、その理由も教えてくれるからである。

二〇一五年九月に、安倍内閣は安全保障関連法案を可決して集団的自衛権行使に道を開いたが、この動きは第二次安倍内閣で突然始まったものではない。すでに第一次安倍内閣（二〇〇六年九月〜二〇〇七年八月）から始まっていた。それは第6章で述べる米国の「アジア回帰」戦略の開始とほぼ同時であった。安倍首相は二〇〇七年に安保法制懇（「安全保障の法的基盤の再構築に関する懇談会」）を設置し、「集団的自衛権」を含む「安全保障の法的基盤」の研究を開始した。ところが二〇〇七年の参院選で自民党は大敗し、安倍氏は総理を辞め、その後の政権交代もあって安全保障政策転換のながれは中断した。

しかし二〇一二年一二月の衆議院選挙で自民党が勝利して安倍氏が首相に返り咲くと、安倍首相は「安保法制懇」を第一次安倍内閣時代とほぼ同じメンバーで復活させて「集団的自衛権」の「研究」を再開した。そして二〇一五年九月に、強引に安全保障関連法を成立させ、憲法改正を行わないままに集団的自衛権行使に道を開いた。(57)

②新「日米防衛協力のための指針」——集団的自衛権行使を前提に

安倍内閣は、安全保障関連法可決の五ヵ月前の二〇一五年四月に、「日米防衛協力のための指針」（通称「ガイドライン」、以下「ガイドライン」と略記）を米国との間で改定した。「ガイドライン」とは、日米安全保障条約を根拠として日・米の軍事的役割分担を決めたものである。

この改定では、日本自身がたとえ直接武力攻撃をうけていなくても、米国や第三国に対する武力攻撃が発生した場合、自衛隊は米軍とともに武力行使を伴う作戦を実施することになった。まさに日本の集団的自衛権行使を前提とするものであった。つまり安倍内閣は、国会で安保関連法が成立する五ヵ月前に、すでに米国との間で集団的自衛権行使を約束してしまっていたのだ。

すなわち、新しい「ガイドライン」では、「日本以外の国に対する武力攻撃への対処行動」として、「日本が武力攻撃を受けるに至っていないとき」でも、「自衛隊は、日本と密接な関係にある他国に対する武力攻撃が発生し、これにより日本の存立が脅かされ、国民の生命、自由及び幸福追求の権利が根底から覆される明白な危険」がある時は、「武力の行使を伴う適切な作戦を実施する」[58]（「日米防衛協力のための指針」二〇一五年四月二七日　防衛省訳PDF版　一二頁）（傍点筆者、以下同じ）ことで合意された。

「日本と密接な関係にある」国が他国から武力攻撃されると、たとえ日本自体が攻撃されていなくても自衛隊は武力を行使せねばならない。その攻撃が「（日本）国民の生命、自由及び幸福追求の権利」を侵す「危険」がある場合という限定は、具体的な意味が極めて曖昧であり、どうにでも解釈できる。たとえば日本がアジアのどこかの国に投資してつくり、日本企業が多数入って日本人も働く工業団地や経済特区のようなものが攻撃された場合でも、「国民（国民全体とはいっていない――筆者）の生命、自由及び幸福追求の権利」が犯される危険があるとして自衛隊は武力を行使することになってしまう。

また、日本と「密接な関係にある他国」とはどんな国なのかという限定も示されていない。米国は当然「密接な関係にある他国」であるが、米国だけでないことも当然である。つまり自衛隊が集団的自衛権によって武力で戦い守らねばならない国は、これからの米国の戦略と情勢の変化で、世界中に拡大することになる。

もともと日米安全保障条約（一九六〇年に改定）では、米国が日本を守る代わりに日本が米軍に基地を提供することだけが基本的な関係である。一九七八年には、この日米安全保障条約を根拠として「ガイドライン」が日米間で最初に取り決められたが、この時はソ連が日本に攻め込んできた場合を想定し、米国だけが日本防衛のために戦うのではなく自衛隊も何をするかを定めたものであった。「ガイドライン」は、一九九七年に初めて改定され、朝鮮半島で戦争が起きた場合を想定し、その際にはたとえ日本が直接攻撃されていなくても、自衛隊は米軍の活動を後方で手伝うという内容が盛り込まれた。

しかし今回の安倍内閣の下での改定で、自衛隊はとうとう世界中の「密接な関係にある」国のために武力行使しなければならないはめになってしまった。

「パートナー」国の経済的繁栄と、軍事的「能力構築」を支援せよ

それだけでなく新しい「ガイドライン」では、「地域の及びグローバルな平和と安全のための協力」という項目がもうけられ、「日米両国は、アジア太平洋地域及びこれを越えた地域の平和、安全、安定及び経済的な繁栄の基盤を提供するため、パートナーと協力しつつ、主導的役割を果す」（一三頁）として、アジア太平洋地域だけでなく世界中のどこでも、日本と米国が「パートナー」と協力して「平和、安全、安定及び経済的な繁栄の基盤」にまで力を尽くすとされた。具体的には「平和維持活動」、「海洋安全保障」、「パートナーの能力構築支援」、「後方支援」等々を行う（一四〜一五頁）。

たとえば「パートナーの能力構築支援」とは、「安全保障上の課題に対処するためのパートナーの能

力を強化することを目的として、日米両政府」が「能力構築支援活動において協力する」（一五頁）とされ、日本は米国のパートナー国のために、平時の経済的繁栄の基盤提供から軍事能力の強化にまで頑張らなければいけないはめになった。

では、このパートナーとはどこの国を指すか。これも「アジア太平洋地域及びこれを越えた地域」とされているので、パートナーはアジア太平洋地域だけではなく、世界中に存在することになる。つまり世界中の米国のパートナーは、すなわち日本のパートナーになり、そのパートナーの「経済的繁栄の基盤」や安全保障上の「能力構築支援」の活動まで、平時から援助してやることになる。日本は、パートナー国のためにインフラ整備で経済成長の基盤を整え、「物品役務相互提供協定」を締結していざというときに後方支援をし、あるいは共に戦えるよう準備し、武器輸出のための協定を結んで武器輸出して「安全保障」能力の向上をはかってやり、軍事の人材育成に協力し、共同で軍事訓練を行って軍事的「能力構築支援」を平時から行うのだ。この「能力構築支援」という視点から見ると、前項で見たように安倍首相がアジア各国に武器の売り込みあるいは安価な供与に奔走していた理由も明らかになる。日本という国の在り方そのものが根本から変化させられてしまったのだ。

米国は「アジア回帰」策の一翼を担えるようになった日本を高く評価　日本による「集団的自衛権行使」や、パートナー国に対する「能力構築支援」の任務が新「ガイドライン」に入ったことに関して、米国は極めて高く評価した。米国のケリー国務長官は、新「ガイドライン」に日米が合意した二〇一五年四月二七日の日米両政府の外務・防衛担当閣僚会合（2プラス2）直後の記者会見で、「今日は日本の能力を打ち立てる、自らの領土だけではなく、その他のパートナーに手を差し伸べることができるようになる、歴史的な転換点だ」と、「ガイドライン改定の成果をこう強調した」のであった[59]。

ではなぜ、「ガイドライン」は、このように改定されたのか。それはこの改定が、米国の「アジア回帰」策という世界戦略にとって不可欠だからである。それは、ガイドライン改定にあたった米側の担当者デビッド・シアー国防次官補が、「今回のガイドライン改定は米国の『アジア回帰』の一部です。そもそも『アジア回帰』は、中国や東南アジア諸国の台頭をはじめとする東アジアの大きな変化を踏まえ、この地域における米国の影響力を最大化することを狙った米政府全体の取組です」、「人道支援、災害救援から集団自衛まで、両国は今後、一九九七年のガイドラインではできなかったより多くの活動をともに行うことができるようになります」(傍点筆者)と語った発言がすべてを表している[60]。

シアー国防次官補は、二〇一五年五月に安全保障関連法案が閣議決定された際には「国会で法案を通し、我々の防衛協力を拡大した新たなガイドラインでできる全てのことを、実行できるよう期待している」と語り[61]、安全保障関連法が米国発のアジア回帰戦略とその実行のための新ガイドラインに端を発していることを明確にした。安倍政権は、米国のアジア回帰戦略を米国の片腕となって実行するために、国民の反対を押し切り、違憲の安全保障法制を強引に押しとおしたのだ。

日本は、「世界の警察官」の長たる米国の「若頭」とか「代貸し」にしてもらった(されてしまった)のだろう。軍事費を減らしながらもアジアに進出して中核に座り、中国への牽制も行おうとする「世界の警察官」・米国を補佐するために。米国のオバマ大統領自身が「米国は世界の警察官ではない」と、わざわざ言わざるを得ない時代に、財政難の日本がインフラ資金や武器のバラマキまでして。

むろん、「ガイドライン」は「条約」ではない。あくまでも両国の外務・防衛担当閣僚会合で合意した約束に過ぎない。だから国会で承認する必要さえないのだ。しかし米国との「国際約束」であり、「国会承認が必要な安保条約を事実上、超えるほどの意味を持つ」。その「履行は、日本の義務として突き付けられている」[62]のだ。憲法改正もせずに「集団的自衛権」を強引に国会で通してしまったことにも、「ガイドライン」の本質が象徴されている。米国との約束は、憲法より、民意より上に据えられているのだ。日本国内で米国の意志を代理・遂行する政治勢力によって。安全保障法制の改正もインフラ輸出の軍事との一体化も、すべてはここに端を発している。

③武器輸出の解禁

安全保障政策の転換と一体となっているのが、武器輸出の解禁である。安倍内閣は二〇一四年四月一日の閣議で、「防衛装備移転三原則」とその運用指針を決めた。従来日本政府は、武器の輸出を原則禁止してきたが、新たな「防衛装備移転三原則」では、輸出できない三つの場合[63]以外は、武器の輸出を原則的・包括的に認めた。

武器輸出を原則として禁止する状態は、一九七六年二月二七日の衆議院予算委員会における三木武夫総理の答弁「武器輸出に関する政府統一見解」に基づいたものであった。その「見解」とは、「『武器』の輸出については、平和国家としての我が国の立場から」「従来から慎重に対処しており」「その輸出を促進することはしない」というものである。日本の武器輸出禁止は、何かの法律に基づいているものではなく、この三木内閣の「政府統一見解」に基づくものであった。それは、平和を守ろうとする敗戦直後からの国民の運動や、自民党内でも平和を守ろうとした勢力によって四〇年前に構築され、その後も守られ続けてきた枠組みであった。

ただし三木内閣以前には、武器輸出を原則禁止するという合意はなかった。政府の方針は、一九六七年の佐藤内閣時の国会答弁で示された〝武器輸出は原則可能〟で、禁止されるのはただ「共産圏諸国向け」、「国連決議により武器等の輸出が禁止されている国」、「国際紛争の当事国、またはその恐れのある国」という三つの場合に限られるという、いわゆる「武器輸出三原則」が政府の基本政策であった(64)。

武器輸出を原則禁止するという枠組みは、法律で定められたものではなかった。だから安倍首相は、武器輸出を原則として禁止するそれまでの政策を、閣議決定だけで破壊できた。国会の審議・議決も経ずに、歴史の歯車を五〇年近く巻き戻して、佐藤内閣時の「武器輸出三原則」とほぼ共通したルールに戻してしまったのであった。

防衛装備品・技術移転協定　そして安倍内閣は、武器輸出に邁進《まいしん》するため防衛装備品輸出の前提になる「防衛装備品・技術移転協定」の各国との締結を、猛然と開始した。この協定は、共同開発や輸出した装備を相手国が第三国に移転しないとか、当初の目的以外に使う場合は輸出国の事前同意を得ることなどを義務づけるためのものである。英国とは、武器輸出解禁の閣議決定以前の二〇一三年七月に、日英武器・武器技術移転協定を発効させ、オーストラリアとも日豪防衛装備品・技術移転協定を二〇一四年一二月に発効させ、フランスとは日仏防衛装備品・技術移転協定を二〇一五年三月に署名し、そして前述したようにインドとの協定締結を二〇一五年一二月に行い（二〇一六年三月発効)、フィリピンとも二〇一六年二月に締結し四月に発効させた。マレーシアやインドネシアとも交渉を進めている（以上は二〇一六年七月現在)。

米国との関係だけは別格であり、こうした原則変更以前から、すなわち一九八三年の「対米武器技術供与についての内閣官房長官談話」以来、兵器の共同開発にも参加してきたのだ(65)。

武器輸出は今や米国のアジア戦略と一体化した安倍内閣の軍事・外交戦略の核ともなって積極的な売り込みが行われつつある。

武器の共同開発も　安倍内閣の下で日本は、武器の完成品の輸出だけでなく、共同開発・研究にも邁進する。前述した「ガイドライン」では、「日米両政府は」「装備品の共同研究、開発、生産、試験評価並びに共通装備品の構成品及び役務の相互提供」等々で協力するとともに「防衛装備・技術に関するパートナーとの協力の機会を探求する」としている(同一七頁)。

この「防衛装備・技術に関するパートナーとの協力」の最初のケースとして、政府が期待をかけ交渉していたのが、オーストラリアとの新型潜水艦の開発であった。オーストラリアは潜水艦を更新予定であり、新型の潜水艦を共に開発する共同開発国を選定しようとしていた。安倍政権は自衛隊の最新潜水艦「そうりゅう型」をベースにした潜水艦で、共同開発国として参加しようとした。オーストラリアとはすでに二〇一四年七月に「日豪防衛装備品・技術移転協定」にも署名しており、正式に日本が共同開発国に決まれば、安倍内閣が決めた武器輸出の解禁以降、初めての「兵器本体の技術供与」になるはずであった(66)。

ところが、二〇一六年四月にフランスのＤＣＮＳ(フランス政府傘下の潜水艦・造船製造企業)に決まり、日本は選定されなかった。

安倍内閣は日米関係がらみで武器輸出に注力し、のみならずそれをインフラ輸出の一環としても位置付け、衛星や水陸両用艇、今回の潜水艦等々をあたかも今後日本の経済成長を担う成長分野のごとく位置付ける。しかしこの戦略は、日本の平和を米国の戦略のために投げ捨てるという大問題だけにとどまらず、企業の成長戦略としても問題を孕《はら》む。防衛産業はもともと、ビジネスとして成り立たせるのはきわめて難しい分野だからである。武器輸出「先進国」との国をあげての競争もある。また、企業の側からいえば、たとえ単発的に外国から受注できても、今後コンスタントに受注できるか、設備投資や人員をどこまで拡大してよいかといった難問もある。

たとえば潜水艦にしても、日本の潜水艦は三菱重工と川崎重工の二社が、毎年交替で年一隻ずつ自衛隊のために建造してきた。それで精いっぱいの生産体制と人員になっている。オーストラリアの潜水艦受注は、四兆円の大ビジネスと喧伝《けんでん》されたが、日本のメーカー側には、もし「受注したらどうしよう」という大きな不安があったといわれる。(67) 現地生産するにしても、日本で生産するにしても、技術者の派遣や機密の漏洩《ろうえい》、どこまで設備や人員を拡張すべきか等々の大きな負担と選択がメーカーにのしかかるからだ。

武器生産で企業が安心して設備投資や人材を拡張できる体制とは、自国の軍隊がコンスタントに軍備を拡張し、軍備が飽和状態になったら自国の軍隊が戦争してどんどん消費してくれる体制だけである。ごくたまに、外国からの想定を超えた巨額の受注がある状況では、生産体制を「安心して」拡張することはできない。必然的に企業は、国に対して発注その他の様々な保証や防衛戦略の転換まで求めるようになる。軍需生産に依存する経済は、麻薬に依存する人間と同じである。潜水艦であれ、偵察機や戦闘機であれ、ロケットやミサイルであれ、そんなものの生産で経済と企業を長期に成長させられると考えるのは、決定的な錯誤である。

（3）米国の「アジア回帰」策と対中国戦略

①米国のアジア回帰政策

安倍政権の安全保障政策の大転換は米国の「アジア回帰」（リバランス）と不可分であった。そして米国の「アジア回帰」策は、対中国戦略とも不可分なのだ。これについては第6章で詳しく論じるが、ここでごく簡単に触れておこう。米国のアジア回帰が注目を浴びるのはオバマ政権期であるが、それより前の二〇〇六年頃から米国は、安全保障戦略の修正を開始した。その背後には中国にどう対応するかの課題があった。

米国の二〇〇六年の「四年毎の国防計画の見直し」（QDR：Quadrennial Defense Review Report）で、中国を「軍事的に米国と競争関係になり、対応策をとらなければ通常兵器における米国の優位を相殺しかねない」国、そうした「軍事技術を配備する潜在的能力が最も大きい」国と定義した（「四年毎の国防計画の見直し」防衛省参考仮訳　二七頁）。中国が、今後ますます軍事的に強大化し、いずれ米国と対峙《たいじ》する可能性に警鐘をならしたのであった。そしてその中国を核として結集しつつあるアジアの動きを、〝米国中心の同盟秩序を脅かすもの〟とも認識した。

二〇〇〇年代半ばは、アジアの結集が最も進んだ時期であった。その象徴的なものが東アジア共同体結成の動きである。日・中・韓とASEAN各国が一体となって政治的な協調や自由経済圏形成の動きが進み、中国はもちろん日本政府もその推進に極めて熱心になっていた。一方、二〇〇一年の9・11同時多発テロ以後、中東に専念していた米国は、完全な蚊帳《かや》の外にいたが、このQDRで「いかなる大国も」、「地域覇権をにぎ」ることを「思いとどまらせ」ると関与を宣言したのである[68]（同前　二八頁）。

二〇〇〇年代後半からの米国の安全保障戦略の長期かつ中心課題は、アジアへのリバランス、アジア回帰となり、それは対中国警戒網を築くことと一体であった。二〇一四年になると、「四年毎の国防計画見直し　二〇一四」では、「二〇二〇年までには、米海軍戦力の六〇％が太平洋地域に駐留することになり、この中には日本における重要な海軍戦力の強化が含まれる」[69]（『四年ごとの国防計画見直し』二〇一四年　防衛基盤整備協会出版局　第二分冊　一一五頁）と、アジアに米海軍力を集中させること、それは日本における海軍戦力強化が中核になっていることが強調された。

また同戦略では、同盟国・友好国の役割がとりわけ重要であることを強調し、「リバランスの中で、我々は同盟・友好諸国と密接に連携して規範を設定し、共通の脅威に対抗する」としており、その同盟・友好国として「アジア太平洋リバランス戦略に対する国防総省の取り組みの中心となるのは、オーストラリア、日本、韓国、フィリピン、タイとの安全保障上の同盟関係の強化、近代化」であり、「それぞれの同盟国と、地域で生じる挑戦に最も効果的に対処するため、統合能力を最新のもの」にする、同時に「シンガポール、マレーシア、ベトナムといった主要な友好諸国との間で防衛関係の深化を図っている」（同前・第一分冊　七五頁）と、米国のアジア回帰戦略を支援するため同盟関係を強化する国々が挙げられているのだ。

これまで述べてきた安倍内閣のインフラ輸出と一体となったアジア各国との日本の軍事的関係の深

化・構築は、この米国のアジア戦略地図と完全に一致し、それを支えるためであり、その一環なのである。そして日本の安保政策転換こそが、米国の世界戦略の円滑な遂行の大前提なのだ。

②アジアにおける中国の力の増大

中国は経済的にも軍事的にも急成長を続けている。中国の経済成長については本書序章ですでに縷々《るる》論じた。インフラ輸出においても、中国との競争に日本が敗北する局面も生じてきた。たとえばインドネシアでの高速鉄道でも、日本は中国に競り負けた。日本はインドネシアの高速鉄道建設計画に、二〇〇八年頃から日本の「新幹線」を提案し、事前調査も行ってきた。二〇一五年三月には、安倍首相が受注に向けて約一四〇〇億円の借款も提案した。しかし、二〇一四年末からこの案件に中国が参入を開始し、結局二〇一五年九月に中国案の採用が決まった[70]。

タイでも、高速鉄道全四路線のうち、バンコクとラオス国境のノンカイを結ぶ東北線での受注競争で、日本の新幹線が二〇一三年に中国に敗北したことはすでに触れた[71]。中国はこの路線をノンカイからラオスのビエンチャン、そして中国の雲南省昆明《クンミン》へとつなげるとともに、一方でタイから逆に南下させ、マレーシアを通ってシンガポールにまで達する、雲南—シンガポール路線にすることも構想している（前掲第5－3図参照）。実際にこの路線の雲南への北上部分—ラオスを貫通する部分を、二〇一五年一二月に着工した。総事業費六〇億ドル（七四〇〇億円）の七割の四二億ドルを中国が負担し、残りの一八億ドルは借款で対応するという、中国丸抱えの工事である[72]。

中国は、特に二〇〇〇年代以降はアジア諸国のインフラ整備の中心的な担い手となり、アジアを貫通する道路網の整備も極めて積極的に行ってきた。二〇一四年一〇月には中国の主導するＡＩＩＢ（アジアインフラ投資銀行）の創設が決まり、二〇一五年一二月にアジアや欧州など五七ヵ国をメンバーとして資本金一〇〇〇億ドルで発足し、インフラへの資金援助の面での体制もより整備した。ＡＩＩＢ創設は、日本主導のＡＤＢ（アジア開発銀行）秩序への中国の異議申し立ての側面もある。日本は、米国の意向に従ってＡＩＩＢへの参加を見送り、中国に挑む姿勢を強めている。

中国はまた、二〇一四年一一月には、シルクロード基金を創設した。中国が独自に四〇〇億ドル（約四兆八〇〇〇億円）の基金を創設し、対象地域のインフラ整備を支援する。このシルクロード基金は、「一帯一路」計画という現代版シルクロード構想と連動しており、アジア全土から欧州へとつながる交通網と沿線開発を、中国主導の金融や援助、工事請負ですすめる。アジア全体の経済開発と同時に、中国の建設業、鉄道関連事業、鉄鋼業等々の海外市場拡大もねらう。

インフラ関連の中国企業の成長も顕著である。たとえば建設業では、中国企業は二〇〇〇年代に急成長し、二〇一二年になると世界の一〇大建設業のうち五社が中国企業になった。一方、日本のゼネコンは、やっと一七位に大林組が顔を出すに過ぎない。(73) 中国はこの巨大な建設業の海外進出を加速させ、自国の労働者を引き連れて各国のインフラ建設を請負い、これを車両や鉄鋼等の資材輸出にもつなげる。

鉄道部門でも中国は、同国の二大鉄道車両メーカーである中国南車集団と中国北車集団が二〇一五年六月に合併し、中国中車が成立した。両者の合併で売上高約三兆七七〇〇億円（二〇一三年の両社計）というスーパー・メーカーが出現した。鉄道部門の売上高では、「欧米鉄道ビッグ３」といわれるボンバルディア（カナダ）、シーメンス（独）、アルストム（仏）三社を合計した額を上回っており、日本の川崎重工業や日立製作所の二十倍強という文字通りの桁違いの巨大さである。また地下鉄車両では世界シェアの約五〇パーセントを占める。(74)これらの例は一端に過ぎず、中国は諸分野での大型企業合併も進めており、スーパー・メーカーが続々誕生している。

今後、インフラ輸出では、とくにアジアでの案件では中国と競争する案件が増加するだろう。しかし序章で論じたように中国は世界一の輸出大国（二〇一四年では日本の三・四倍の輸出額）として外貨を積み上げている。湯水のごとき援助はいとわない。またインフラ輸出に付随して自国内で生産された鉄鋼、セメント、関連資材、完成品、労働者等のあらゆるものを「輸出」して内需拡大と連動させられる。国内生産とはほとんど連動しない日本のインフラ輸出とは、まったく異なっているのだ。

われわれは、急成長し大きな力を持つに至った中国経済と中国企業のリアルな実像を認識する必要がある。その中国とインフラ輸出で張り合い、日本の公的資金を浪費して無理な受注競争に邁進すべきかどうか、ビジネスとして冷静に洞察すべきであろう。

しかも、いまや日中のアジアのインフラ争奪戦は、ビジネスとしてのインフラ受注合戦よりもむしろ、政治的・軍事的な「勢力圏争奪戦」、「陣取り合戦」ともいうべき様相を呈しつつある。述べてきたような米国のアジア回帰戦略、対中国警戒網形成戦略、そんな中で日本は米国の戦略の尖兵となってアジアにインフラ整備名目の資金をばら撒き、南シナ海に面した国々も一体化した中国包囲を築こうとしている。集団的自衛権行使が可能になった新たな体制の下で。

こうしたことを日本経済の〝成長戦略〟とか〝日本再興戦略〟と称するのは、国民に対する最大の欺《ぎ》瞞《まん》である。われわれは、中国の経済的・政治的・軍事的実態をリアルに見極めつつ、日本の経済と平和を守り発展させるためにどんな道を選択すべきか、中国とどんな関係を築くべきか、透徹した分析の上に立って決定していかなければならない。

第三節　インフラ輸出にともなう資金問題――公的な対外金融機関の改革

前節ではインフラ輸出が、日本の軍事・外交問題や米国のアジア戦略と一体のものとして進行していることを見た。こうした平和にかかわる大問題だけでなく、安倍内閣期のインフラ輸出は、国民にとってもう一つの大問題を内蔵している。それは第一節、第二節で論じたように、安倍内閣がインフラ輸出のために、あるいはそれを口実に巨額の資金供与の約束を、アジア各国に対して行ってきたことである。二〇一七年一月の衆議院代表質問で、野田佳彦民進党幹事長は、「(安倍)首相就任以来の経済協力の表明額は官民合わせて五四兆円と聞く。どれほど日本の国益になったか」と質問した。「五四兆円」と言う数字の根拠は不明であるし、正否を判断する材料も持たないが、第一節で述べてきたケースだけでも安倍首相が桁外れの多額のODAや民間投資等を約束し続けてきたことは確かである。[75]

この財源を政府はどう捻出《ねんしゅつ》しようと考えているのか、それは将来、国民に対する重大な重荷として降りかかってくる心配はないのか。本節では、このインフラ輸出の資金問題を検討する。

インフラ輸出のための資金供給ルート　安倍首相が、一一〇〇億ドル(一三兆二〇〇〇億円)をアジアへのインフラ輸出のために提供すると二〇一五年五月に宣言したことは述べたが、たとえばこの一一〇〇億ドルは、どんなルートで提供しようと政府は構想しているのか。安倍首相の宣言と同時に政府は、一一〇〇億ドルの供与ルートについてADB（アジア開発銀行）、JICA（国際協力機構・日本の現在のODA供与機関）、JBIC（国際協力銀行）、JOIN（海外交通・都市開発事業支援機構）という四機関を通じて行うことを明らかにした。すなわち、①ADBの出融資で五〇〇億ドル超、②JICAの海外投融資や円借款、無償資金協力で三〇〇億ドル超、③JBICとJOINの出融資で約二〇〇億ドルを供給するというものである。(76)

では、この①〜③のルートはどんなもので、それぞれの機関は具体的にどうやって計一三兆円もの金額を捻出するというのか。本項では、それぞれのルートと、そのための各機関の改革について明らかにする。

具体的論述に入る前に、政府や経済界が日本のインフラ輸出にともなう資金提供システムにどんな不満を感じ、どんな隘路《あいろ》があると認識していたか、第3章で論じた点を簡単に振り返っておこう。本項で論じる国際金融機関の改革は、その問題点を解決するためのものでもあるからだ。

インフラ輸出資金にまつわる第一の課題は、ODA（政府開発援助）をインフラ輸出のために使い勝手のよいものに「改革」することであった。インフラ資金援助の手っ取り早い方法は、ODAの資金を利用することであるが、ODAの使途その他には国際的な縛りもあるし、供与対象は相手国の政府に限られてもいる。限られたODA予算を、インフラ輸出に使い勝手のよいものに変えて「有効」に利用することが必要になっていた。

インフラ輸出の資金問題のもう一つの課題は、いかにしてインフラ輸出に民間資金を動員できるかということであった。ODAによる資金援助だけでは圧倒的に不足している。しかし民間資金の動員といっても、インフラ輸出は桁違いに巨額・長期の資金調達が必要な上に、政治的・経済的リスクも大きい。公的な資金提供やバックアップがなければ民間は投資を躊躇する。民主党政権時代においても、「インフラ整備は長期的かつ大規模な投資が必要であり、大きなリスクを伴うため、民間資金のみでは困難」（「産業構造ビジョン二〇一〇」四一頁）と、官民連携が構想されていたことは第3章ですでに述べた。

日本の経済界も、しきりにODA改革と政府系の対外金融機関によるリスクマネー供給で、官民連携を円滑に実現するよう働きかけていた。たとえば日本経団連はODA改革とともに、JBICやJICA等の政府系対外金融機関の具体的改革を要求していた。日本のODAを補完する形で比較的手軽に使えるADBの改革も大きな課題であった。

アジアインフラ資金の提供は、ODAそのものの改革と、民間資金動員のための政府系金融機関の改革と、国際機関ADBの改革を一体で進めることが、政府・経済界には必要となっていたのである。こうした改革をすべて実行したのが、安倍政権であった。

（1）ADB（アジア開発銀行）の改革で、「五〇〇億ドル超」の出融資

ADBは、アジアの途上国の発展に貢献するための国際開発金融機関である。日本は同行への最大の出資国ではあるが、同行は日本の所有物、独占物ではない。政府は、先のアジアインフラへの一一〇〇

億ドルの提供ルートとして「①ADBの出融資で五〇〇億ドル超」と全体の半分近くを、ADBを通じて供給すると宣言した。安倍総理は、そのためにADBの「融資機能を五割増や」す改革を行い、「増資も検討」すると、二〇一五年五月のスピーチで言った。一体、ADBをどう「改革」することで、五〇〇億ドルを出融資させるというのか。

融資機能を五割増やす

安倍首相が言うところの同行の「融資機能を五割増や」す改革とは、同行の「アジア開発基金（ADF）部門」の融資業務と「通常資本財源（OCR）」を統合することである。この統合は二〇一五年五月のADB年次総会で承認された。これによって「通常資本財源」の自己資本は一八〇億ドルから五三〇億ドルへとほぼ三倍に増え、年間支援総額（含・協調融資）は二〇一四年の約二三〇億ドルから数年後には四〇〇億ドルになる予定で、融資と無償支援を合わせた「ADBの年間承認額は、現行水準から五割増しの年間二〇〇億ドル規模に達する見込み」だという。

なぜこんな統合をしたのか。「通常資本財源」は中所得国向けに準市場金利で融資を行うもので、多くの国に対するインフラ輸出等に利用できる枠であり、この枠の財源を拡大するために、統合したのだ。一方、統合された「アジア開発基金部門」は、低開発国・貧困国向けに超長期・超低利融資を行う部門であった。貧困国への「アジア開発基金部門」からの融資枠はなくなってしまい、今後は貧困国も「通常資本財源」から融資を受ける。融資条件は、「アジア開発基金部門」での従来の条件に準じた超長期・超低利になる。しかし、その融資枠が大きく縮小されるだろうことは想像に難くない。(77)

ADBの増資はあるか

安倍首相はまた、ADBの融資枠を拡大するために、増資も検討していると述べた。同行の増資はあるのか。ADBは一九六六年に発足したが、歴代の総裁を日本人が独占してきた。日本が最大の出資者（一五・七パーセントの出資）だからである。二位以下は米国一五・六パーセント、中国六・五パーセント、インド六・四パーセントと続く（二〇一四年末現在）。ＡＤＢの増資には、中国やインドなどの新興国の出資比率をどうするかという問題がつきまとう。すでに二〇一三年同行の年次総会では、その年の議長国インドが、アジアで急増するインフラ資金の需要に応えるには資本増強が必要と主張し、中国も「アジアでの勢力図の変化を反映させ」た改革をすべきと主張した。[78]

つまりＡＤＢの資本増強を行うことは、中国やインドの出資比率を高めることにもつながらざるを得ず、たとえばＧＤＰの比率に従った出資比率にすれば、中国は日本の二倍以上に、少なくとも日本と同等程度の比率にせざるを得ない。必然的に日本の独占的・特権的な地位や運営が脅かされることになる。この問題があるため増資問題の先行きは不透明であり、[79]まずは上記のように「アジア開発基金部門」と「通常資本財源」の統合によるインフラ輸出のための財源拡大策となったのである。

ＪＩＣＡと協力し民間の出融資を促す

安倍首相はまた、先の二〇一五年五月の国際交流会議でのスピーチで、「ＪＩＣＡがＡＤＢと協力して、民間のインフラプロジェクトへの出融資を行う、新たな仕組みを」設けると言った。これはどんなものか。

以下は政府が二〇一五年一一月に出した「『質の高いインフラパートナーシップ』のフォローアップ」という文書で明示した具体的方法である。なおこの文書は、安倍首相の〝一三兆円提供する〟と宣言したスピーチ「質の高いインフラパートナーシップ」の具体的実行策だという。[80]

一つはＪＩＣＡ（国際協力機構：日本の現在のＯＤＡの供与機関）が出資してＡＤＢに信託基金を新設し、この信託基金とＡＤＢの本体勘定が一体になって「質の高いインフラＰＰＰ」等の民間インフラ案件に投融資する仕組みである。なお「質の高いインフラ」とは日本が輸出するインフラという意味であり、字義どおりの意味ではない。今後五年間でＪＩＣＡ信託基金は最大一五億ドルを目標に投融資し、ＡＤＢはこれと同行本体及び民間の資金を合わせて合計六〇億ドルの資金供給を想定している。つまり、日本のＪＩＣＡが最大でも一五億ドルの基金を拠出する代わりに、国際機関ＡＤＢから六〇億ドルの資金を日本企業関連のＰＰＰ案件に供給するという、エビで鯛を釣るような話である。そして日本政府・ＪＩＣＡとＡＤＢが「ハイレベル政策対話」を定期的に開催し連絡を密にして、つまりは日本が投融資を必要とする案件を常時キャッチして対応するという。

二つ目は、「公共インフラ整備促進」というＡＤＢとＪＩＣＡとの「連携パッケージ」である。インフラ整備のため「ＪＩＣＡとＡＤＢが協働して長期支援計画を策定し、政府向け技術協力・融資を協調して行い、今後五年間で、ＪＩＣＡ・ＡＤＢ合わせて一〇〇億ドルを目標に融資」するというもの。つまりはＡＤＢの本体勘定からの融資と、ＪＩＣＡのＯＤＡ技術協力等も含めて協調し融資するもので、日本円で一兆円以上を目標にする。これもＪＩＣＡ・日本政府・ＡＤＢが定期的に政策対話を重ねて長期の計画を立てる(81)。

しかしこれらの「改革」は結局のところ、アジア開発の国際機関であるＡＤＢを、日本が完全に私物化することではないのか。日本政府は中国主導のＡＩＩＢ（アジアインフラ投資銀行）に対して「中国による私物化」、「対象案件の決定過程が不透明」などといった批判を繰り返す。しかし、安倍首相の言うアジアインフラへのＡＤＢによる「五〇〇億ドル超」の提供は、日本による国際機関ＡＤＢの私物化以外の何ものでもないのではないか。

（2）ＪＩＣＡ（国際協力機構）の「改革」

借款を、早く、使い勝手よく　現在、日本のＯＤＡ（政府開発援助）の供与を担っている機関は、外務省所轄・独立行政法人・ＪＩＣＡである。先のアジアインフラへの一一〇〇億ドル（一三兆二〇〇〇億円）供給も、「②ＪＩＣＡの海外投融資や円借款、無償資金協力で三〇〇億ドル超」のルートが予定されている。政府は上記「『質の高いインフラパートナーシップ』のフォローアップ」で、ＪＩＣＡが海外投融資や円借款を担うための制度改革・拡充として三つの改革目標とその具体化策を提案している。それは、（1）「迅速化」（円借款の手続き期間の大幅短縮、民間企業の投融資にかかわる審査開始の迅速化等々）、（2）「民間投資の奨励」（民間の海外投融資の対象拡大やＪＩＣＡと民間金融機関の連携強化等）、（3）「日本の支援の魅力向上」（外貨返済型円借款の中進国以上の国への導入、ドル建て借款の創設、インフラ輸出に対して金利その他を優遇するハイスペック借款の創設、事業・運営対応型円借款の創設、地方政府等へのサブ・ソブリン円借款にも対応）等を提起していた。

これらは日本のＯＤＡ改革そのものでもあり、インフラの受注獲得競争に打ち勝つために、ＯＤＡ支援をより素早く決定し、より利用しやすく、より有利な条件で供与するものに「改革」しよう、また日本の民間資本がインフラ輸出に乗り出しやすくしようというものである。

むろん、前項で述べたＡＤＢとＪＩＣＡの協調融資のための信託基金の創設等もＪＩＣＡ改革の柱に据えられた。

事業・運営権対応型円借款の創設

ＪＩＣＡ改革の一つの目的に、日本の民間企業がインフラ輸出やインフラ運営に乗り出す体制を整えよう、民間による投融資拡大を促そうというものがあり、上記三つの改革目標全体にそれは貫かれている。その典型的なものを一つあげるとすれば、（３）「日本の支援の魅力向上」具体化策のうち・「事業・運営権対応型円借款の創設」である。この具体内容として説明されているのは「ＥＢＦ円借款・ＶＧＦ円借款・ＰＰＰインフラ信用補完スタンド・バイ借款等による積極的支援」というものである。実はこれらの借款は、第３章で論じたように、経済界がインフラ輸出に乗り出すには国の金融面での支援が不可欠だとして、政府に対して要求していた借款であった。では、これらの借款は、具体的にどんなもので、インフラ輸出に民間企業がどう乗り出し易くなるのか。

ＥＢＦ（Equity Back Finance）円借款とは、第５－４－ａ図に示したもので、日本がまずインフラ輸出の相手国政府に円借款を供与すると、相手国政府は供与された資金を自国の国営企業等に出資する、そしてその国営企業が特別目的会社（たとえば経済特区の開発を行うとか、ある区間の鉄道を建設・運営するといった目的ごとに組成された会社）に出資する、この国営企業が出資した特別目的会社に対しては、日本企業が安心して出資できる（あるいは日本企業がもともと共同出資者である）から、インフラ事業に日本企業の出資を呼び込めるというしくみである。相手国側の出資金のもともとの出所は日本政府なのだ。

ＶＧＦ（Viability Gap Funding）円借款の構造は第５－４－ｂ図に示した。このＶＧＦ円借款の目的は、日本企業が出資する海外の特別目的会社への経営補助を行うことである。むろん、円借款を企業に直接供与することなどできないので、これもいったん相手国政府に採算補助（ＶＧＦ）借款として供与し、相手国政府から日本企業が出資する特別目的会社に採算補塡《ほてん》の形で資金を出す形をとる。この借款の対象になる特別目的会社は、インフラの建設だけでなく経営権も取得して運営まで一括して請負う会社である。前記ＥＢＦ円借款は相手国政府の特別目的会社への出資金を供与するものだが、このＶＧＦは採算補助金として供与する。

なぜこんな借款が必要なのか。日本企業の子会社である特別目的会社が、インフラ事業――たとえば

第５－４－ａ図　EBF（Equity Back Finance）

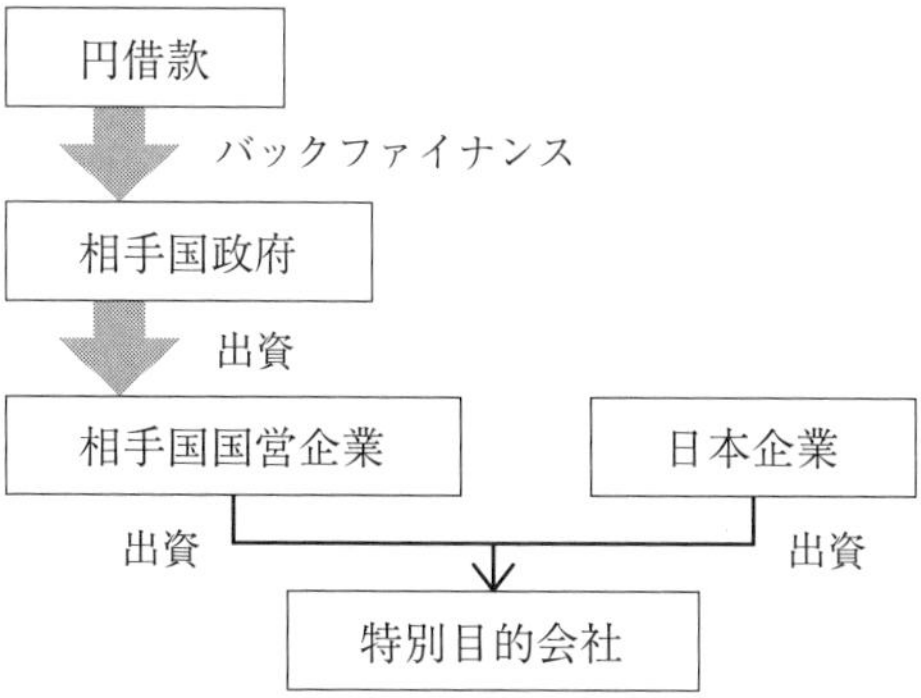

（出典）「『質の高いインフラパートナーシップ』のフォローアップ策」の参考資料（2015年11月）（財務省ウェブサイト）１頁

第５－４－ｂ図　VGF（Viability Gap Funding）

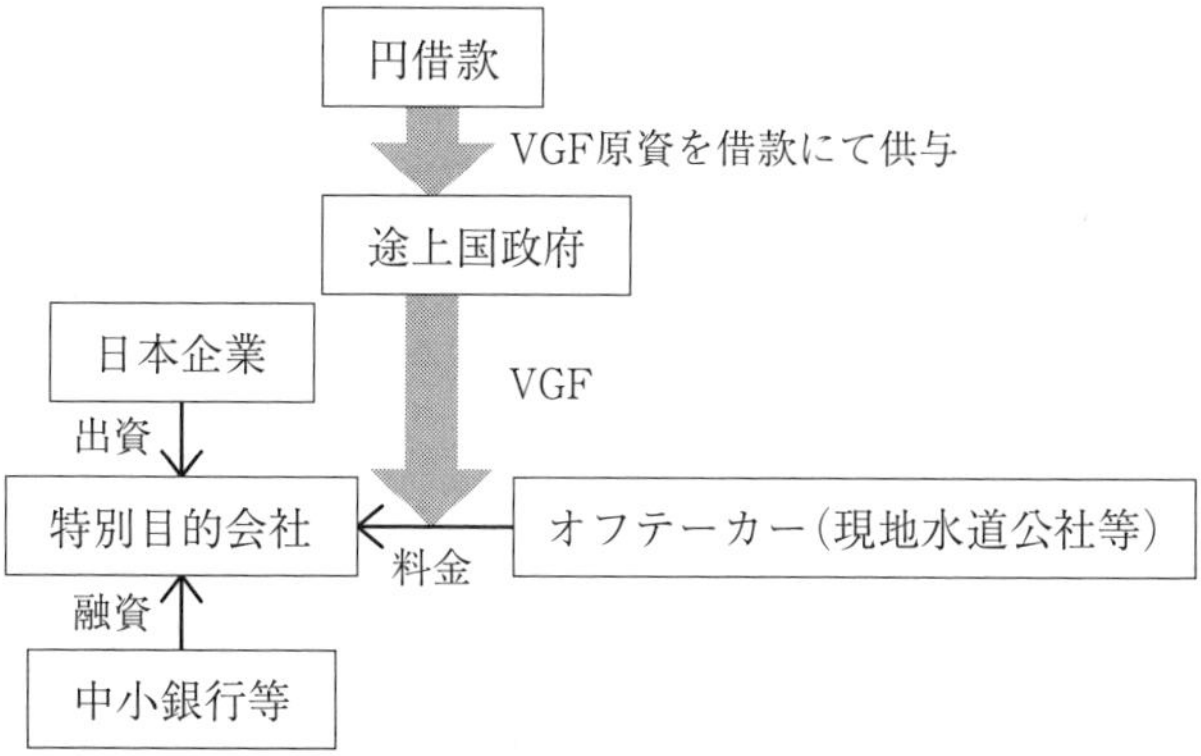

（出典）財務省国際局「最近の国際金融情勢について」（2014年12月24日）（関税・外国為替等審議会　外国為替等分科会　配布資料）31頁

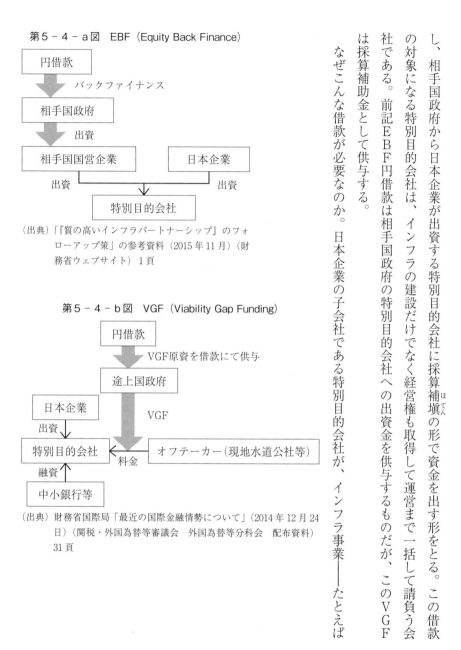

水道事業を建設から整備、運営まで請負う場合、できた水道水など（サービス）を、相手国のオフテーカー（水道公社など）に利用料を支払わせて利用させる。しかしその利用料は、インフラの建設費や整備費等も上乗せしているためきわめて高く設定されている。これは結局のところ相手国の国民が購入する水道料金をきわめて高価なものに押し上げてしまう。そうしなければ日本企業の子会社である特別目的会社が儲からないからだ。こうした問題の対策として、日本政府が相手国政府に借款を供与して、その金を相手国政府から特別目的会社等に支給することで、オフテーカーの利用料を安くするのだ。これがＶＧＦ円借款である。[82] 要するに、ＯＤＡは国家対国家の援助なので、いったん相手国政府を経由させるが、つまるところは日本企業（の子会社）に対する補助なのだ。

もともと水道事業をはじめとした電気、道路、あるいは鉄道等の生活インフラは、民間の資金で建設して利用料金ですべて回収しようとすると、とんでもない高額の料金設定にならざるを得ない。だからそれは「公」や、半官半民的な独占企業の仕事にならざるをえない。他国のそうした事業を、日本の企業が建設から運営まで請け負って、そこで生まれた電力や水道の利用料で、投資資金をできるだけ早く回収し、しかも利益を出すという循環はそもそも事業としては無理なのだ。ましてや相手国政府が国民の人気取りとして打ち出す事業では、採算がとれなくて「当たり前」なのだ。そんな事業に関わる日本企業の利益を保障するために、なぜ日本の税金や公債を原資とする資金を、将来何十年にもわたって他国の公共事業等に投入し続けなければいけないのだろう。

これらのＥＢＦ借款もＶＧＦ借款もすでに二〇一三年一〇月のＪＩＣＡ改革で決定され実行に移されつつある。

ＰＰＰインフラ信用補完スタンド・バイ借款は上記のような日本企業の特別目的会社に対して、サービスを購入する側のオフテーカーが支払い（サービス購入対価）を滞らせた場合、ＪＩＣＡが相手国政府に円借款を供与することで日本側の特別目的会社を救済するしくみである。二種類の手法があり、一つはオフテーカーが突発的な理由で資金繰りが悪化し、支払が滞った場合で、ＪＩＣＡが短期的な資金を相手国政府に貸し付け、相手国政府が支払い用資金としてオフテーカーに供与する手法。もう一つは、オフテーカーが契約通りに支払いを行わないが相手国政府の保証がある場合で、これは特別目的会社から相手国政府への補償請求があった場合に、ＪＩＣＡが相手国政府に貸し付けるという方法。大規模な自然災害等による緊急的円借款の制度は今までにもあったが、これは契約不履行や短期的な資金繰りに対応するものである。保証期間は三〇年、償還期間は四〇年。先の長い話である。[83] この制度もＪＩＣＡではすでに決定している。

（３）ＪＢＩＣ（国際協力銀行）

「リスクマネー」をＪＢＩＣに供給させる　ＪＢＩＣとは政府一〇〇パーセント出資の特殊会社で、日本企業の海外展開や資源確保を目的に投融資を行う国際金融に特化した機関である。アジア・インフラへの一一〇〇億ドルの提供ルートでは「③ＪＢＩＣとＪＯＩＮの出融資で約二〇〇億ドル」とされ、同じ安倍首相のスピーチの中では、ＪＢＩＣに「リスクマネーを供給」させるとも言った。[84] 二〇一五年版「日本再興戦略」でも、ＪＢＩＣに「リスクマネーを供給する新制度を創設し、リスクが高い」「プロジェクトへの積極的な投融資を実施する」（同九頁）と明記されており、ＪＢＩＣによる「リスクマネー」の供給が、アジアへのインフラ輸出の目玉政策になっている。

従来、ＪＢＩＣの借款は融資案件ごとに厳格に審査されてきた。それを変更し、新勘定を立ち上げて、勘定全体で黒字になれば融資できるようにするのだ。収支見通しが立たない案件に対しても融資し、たとえ赤字が出たとしても新勘定全体が黒字ならよしとする。「採算が合う案件にしか資金を出せない制約をやめ、複数案件を合算して黒字ならば個別案件の赤字に目をつぶる」[85]。この新勘定は二〇〇〇億円規模で、融資可能額は一兆四〇〇〇億円規模になるという。このためのＪＢＩＣに関する法律の改正は、二〇一六年五月に国会で可決された。「インフラ案件への投資基準を緩めた特別勘定を新設する」のだ。[86]

ＪＢＩＣの投融資の資金源は、財政投融資資金借入金、外国為替資金借入金、政府保証外債が主たるものである。[87]こんな公的な借入や債券に依拠したＪＢＩＣに大きなリスクを負わせて、民間投資のリスクを肩代わりする融資をさせる。

円借款の担い手からリスクマネーの担い手になったＪＢＩＣ

もともとＪＢＩＣは、一九九九年から二〇〇八年までの間はＯＤＡの供与機関として円借款の供与を担っていた。しかしわずか九年後の二〇〇八年に円借款業務はＪＩＣＡに移され、ＪＢＩＣは日本政策金融公庫に統合された（その間もＪＢＩＣの名称は対外的に使用された）。そして四年後の二〇一二年に分離独立して、株式会社国際協力銀行（ＪＢＩＣ）として発足した。経済界や企業は、インフラ輸出や海外展開において、使い勝手がよく、かつ都合よくリスクを負担してくれる資金の出し手を求めていたが、新生ＪＢＩＣは格好のリスクマネーの供給者として期待された。ＯＤＡによる資金提供には、国家対国家という縛りがあるため、この縛りのない、しかも公的で気前のよい資金の出し手が、経済界に必要であった。
こうした経済界の要望に応えるべく、新ＪＢＩＣの発足以来、改革がなされてきた。その一つが、二〇一三年二月と四月に創設された「海外展開支援出資ファシリティ」と「海外展開支援融資ファシリティ」である。これらは日本企業の海外Ｍ＆Ａやインフラ事業のために出資や長期資金供給を行う。[88]具体的な投資先では、投資ファンドにもっとも多く投資している。投じられた資金はファンドを通じて、あるいは直接企業が、海外企業の買収等に利用することが多い。
こうした「改革」の背景にも、インフラ輸出金融に関する経済界の要求があり、日本経団連はすでに二〇一〇年の提言で、ＪＢＩＣにインフラ輸出に関連する外国企業買収のための投資金融を拡充させよとか、発注側の原因による大型リスクに対応できるよう保証機能、融資機能を拡充せよといった細かな具体策を提起していたことは第三章で述べた。[89]
二〇一四年七月には「『日本再興戦略』改訂二〇一四」を受けて、劣後ローン、ＬＢＯファイナンスの導入も開始した。[90]
ＪＢＩＣはいつの間にか、危ういファンドを通じて日本企業の海外企業買収に「貢献」したり、政府の命じる採算無視の海外事業への投融資を「果敢」に行う、品のない、しかしリスクだけは背負わねばならない無謀な機関に成り下がろうとしている。

（4）JOIN（海外交通・都市開発事業支援機構）の創設

JOINは、二〇一四年一〇月に日本政府がインフラ輸出のために新設した官民ファンドである。このファンドは、交通や都市開発などのリスクの大きい「民間のみでは海外進出が難しい」分野のインフラ輸出に資金供給等を行うために設立された。金融・投資を行うだけでなく、日本企業や現地パートナーと共同で事業も行う。

官民協調で出資し、「インフラ案件投資に使える金額は、官民の合計で約一一〇〇億円になる」。ただし、官民ファンドと銘打ち、インフラ投資に民間資金を導入すると鳴物入りで設立されたにもかかわらず、設立時の民間の出資総額は、わずか五四億円で、今のところ全額近くが政府の出資で賄われている。政府の資金の出どころは主に財政投融資資金で、最終的に産業投資枠五八五億円、追加出資に備える政府保証枠五一〇億円になる予定である。(91)

（5）ODA

ODAの実情　本項で述べてきた政府系対外金融機関の改革は、いわばODA供与の側面からの改革であった。たとえばODAの供与機関であるJICAの改革は、ODAの円借款を、インフラ輸出や政治的関係を深化させようとする国への供与をいかに可能に、また使い勝手よくできるか、また民間の投資を誘導できるか、あるいは他の援助国との競争に打ち勝てるようにするかという面からなされた改革であった。JBICをはじめとしたその他の機関や、ADBの改革は、民間の資金や開発銀行の資金と一体化することで、かぎられたODAを核にしてより大きな資金動員を目指すものであった。

第5－5図　日本のODA支出額推移

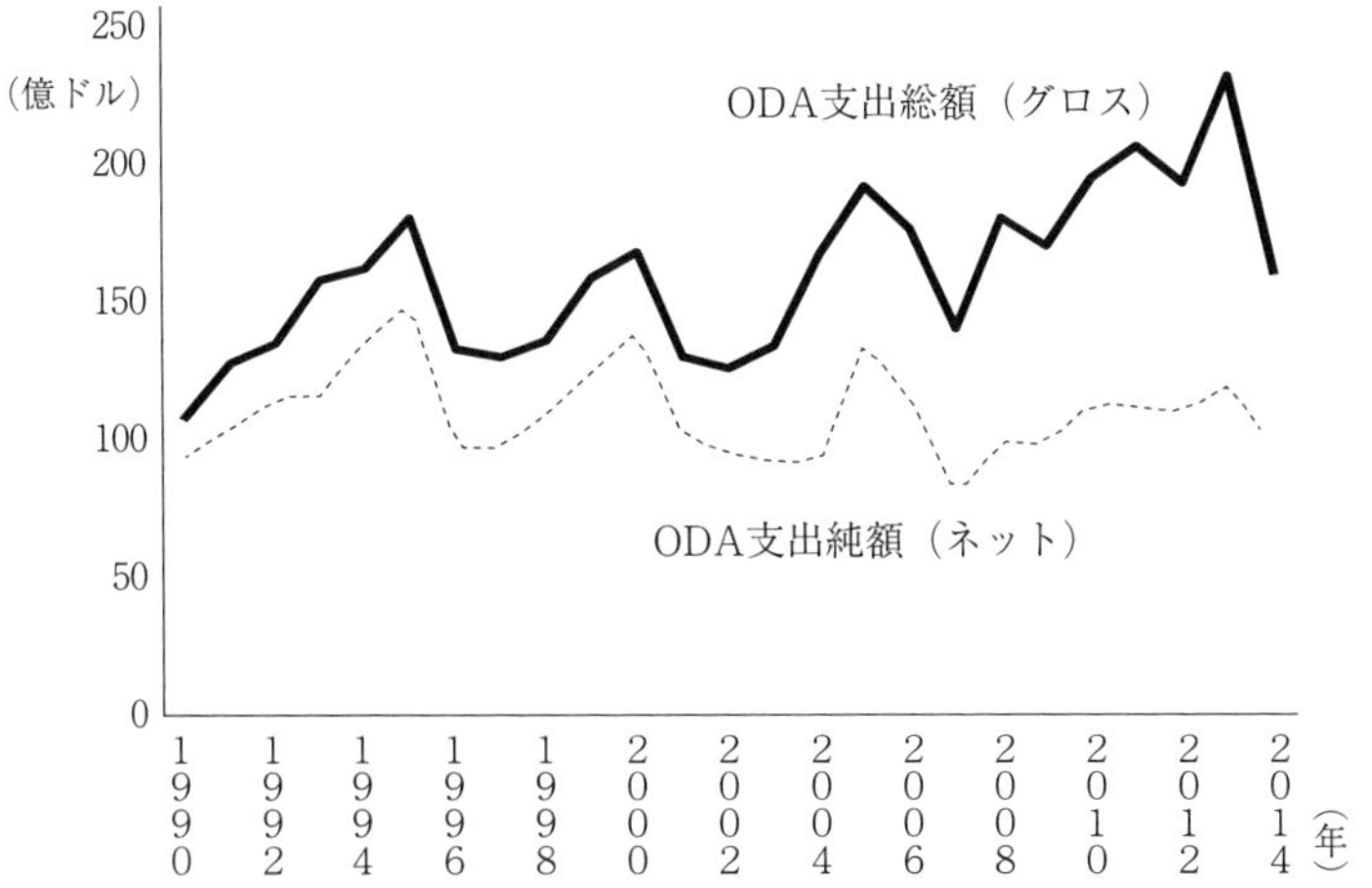

（出典）外務省ウェブサイト、財務省ウェブサイト、その他

では、ODAそのものは、どのように改革するのか。それを明らかにする前に、ODAの実態について、ごく簡単に触れておこう。日本のODA供与額は、第5－5図のように一九九〇年代半ば以降、年ごとの変動幅はあるものの、総じて停滞してきた。同図の「支出純額（ネット）」とは、「支出総額（グロス）」から借款の返済金を引いたものである。ODAの支出（供与）総額の大きな部分は、過去の借款の返済金をあてたものであり、その返済金の部分（同図では二つの折れ線グラフの差）が、年々増えていることがわかる。

ではODAの原資の内訳はどうなっているのか。たとえば二〇一四年の「支出総額（グロス）」は、一兆七七六〇億円（一五六・三億ドル）であるが、この原資の内訳は、第5－6図のように、一般会計からの支出金は五

第5－6図　ODA財源（2014年）

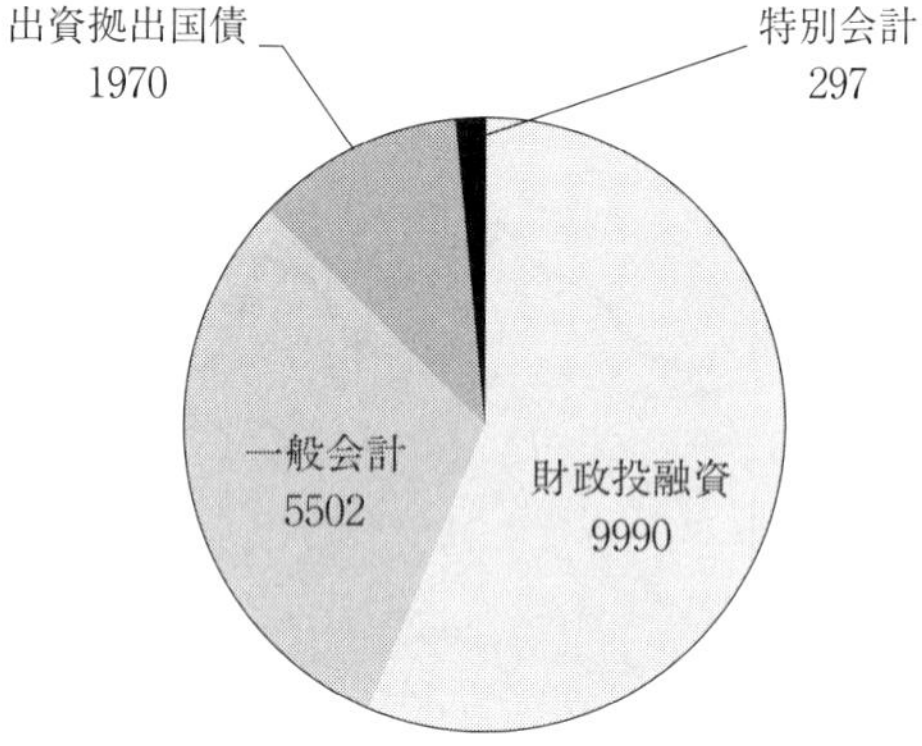

単位：億円

（出典）『開発協力白書』2015年版　192頁より作成

五〇二億円（三一パーセント）に過ぎない。一般会計のODA予算が最大になったのは一九九六年であるが、その年の一兆一六八七億円を頂点として毎年減り続け、二〇一四年には同年の半分以下になってしまったのだ。一般会計からのODA予算は、無償資金協力や技術協力にもっぱらあてられている。

ODAの財源として圧倒的なのが財政投融資等からの資金で、同図では、九九九〇億円（五六パーセント）になっている。借款の返済金もここに入っている。[92]この財源から円借款等が供与される。支出面で見ても、二〇一四年では「円借款等」が一兆三〇億円（支出全体の五六パーセント）になっており、日本のODAは円借款中心に供与されるようになったことがわかる。

この円借款の財源「財政投融資資金等」が、財政投融資からの資金と過去の借款の返済金であるということは、安倍内閣のように円借款をばらまくことは、財政投融資から支出を拡大することにならざるを得ないということだ。返済金が急増するわけではないのだから。

しかし財政投融資も、その財源が一九九九年に比べて二〇〇〇年代半ばには半減してしまった。利子さえ払えば自由に利用できた郵貯資金（約三四〇兆円）が、郵政民営化で財政投融資への預託義務がなくなってしまった。このために財政投融資の資金調達は、「財投債」中心に変わってしまったからだ。[93]

郵政民営化が日本の資本主義の「強み」に与えた大きなダメージの一つであった。

つまり円借款を無謀にばら撒けば、財政投融資の資金量を拡大せざるを得ず、それは財投債の増加にも連動していくだろうということだ。財投債は国債ではあるが、一般会計の国債とは全く別物で、別枠で発行される。だから、一般会計の赤字国債とは異なって国民の目にほとんど触れないし、問題にされる機会もない。しかし無謀なばら撒きを続ければ、こうした国の借金が国民の見えないところで急増していくことになる。

ＯＤＡ大綱の改定

ＯＤＡの基本を定めた「政府開発援助大綱」（ＯＤＡ大綱）も、二〇一五年二月に一二年ぶりに改定され、名称も「開発協力大綱」に変更された。新しい「開発協力大綱」の最大の特徴は、「国益の確保に貢献」することを前面に打ち出したことで、日本の対外戦略や安全保障上の意義を重視するとともに、今まで援助できなかった他国の軍隊や軍関係者が関わる事案への支援も「実質的意義に着目し、個別具体的に検討する」と、条件を付けながらも解禁した（同九頁）。これは論じてきたような、アジア諸国との軍事的関係の強化や武器輸出解禁とも軌を一にした動きである。

また、新しい「開発協力大綱」では支援対象国も低所得国だけでなく今までは対象外だった一人当たりの所得が高い国も対象とした。たとえば豊かな中東の産油国も対象になる。もともとＯＤＡは「開発途上地域の開発を主たる目的」とするものだったが、インフラ輸出、とりわけ安倍政権が行うような政治・軍事的色彩をも帯びたインフラ輸出においては、貧困国よりも「ＯＤＡ卒業国」こそ重要であり、そのためには「貧困国援助」というＯＤＡの大義は、後ろに蹴飛ばしてしまうのだ。

新しいＯＤＡ大綱を新聞は、「安倍政権が掲げる『積極的平和主義』や、一三年に閣議決定した『国家安全保障戦略』の内容を反映した」と評したが、(94)まさに「国家安全保障戦略」と一体化し、米国にかわってアジア諸国を取り込んで反中国包囲網を築くための資金蔵になろうとしている。

その他にも政府は、ＯＤＡに関して円借款の手続き期間の短縮（現在三年ほどかかる手続きを最大一年半から一年短縮）や、相手国政府の一〇〇パーセントの債務保証の条件を緩和すること（相手国政府の十分な関与がある場合は政府保証を免除）、ＪＩＣＡの協力でドル建て借款も実施すると表明した。民間との協力も明記し、「官民連携、自治体連携による開発協力を推進」することも強調した。これらはすでにＪＩＣＡの改革の項で述べたものである。

以上のように、日本のＯＤＡの本質もまた、安倍内閣で大きく転換したのだ。

アジアインフラへの一一〇〇億ドルの援助に象徴されるインフラ輸出資金拡大のための改革とは、ＡＤＢのような国際援助機関を、日本の借款供与と一体化させて一層「私物化」するものであった。またＪＩＣＡによる円借款は、相手国政府への供与の形をとりながらも、実質はインフラ事業を請負い運営する日本企業の損失補塡まで行える浪費のシステムを構築することも意味した。政府一〇〇パーセント出資のＪＢＩＣのような機関には、無謀な投融資を行わせ、あるいは日本企業やファンドによる企業買収の手助けをさせるなどの限りないリスクを負わせた。そしてこれらすべてが一体となって、ＯＤＡ援助の理念を捻じ曲げ、放棄するものとなった。

＊

インフラ輸出は、述べてきたように「安全保障戦略」、それも米国のアジア戦略と不可分に結びついたものになりつつある。インフラ輸出をそうした政治・軍事戦略の道具にし、米国のアジア戦略に肩入れすることが、日本の「成長戦略」や「日本の再興戦略」になり得るのかどうか。日本人は自らの未来をどうするのかという問題として、真剣に向き合う必要がある。

第4章では、「日本再興戦略」の本質が、米国の「規制撤廃要望書」に象徴される対日要求の総ざらえであり、日本の国内市場の「開放」と戦後日本経済の強さの構造の破壊であることを見た。本章では日本の対外経済政策・インフラ輸出もまた、米国のアジア回帰戦略と一体化しつつあることを見たが、それは日本の軍事面でのリスクを際限なく拡大するものでもあった。日本が「パートナー国」の安全保障に関与し、「パートナー国」で出資して築いたインフラが攻撃を受けた場合は、「日本人の生命財産が脅かされる」として、自衛隊は簡単に交戦することにもなるだろう。

本書序章から第2章では、日本経済停滞・衰退の現状とその原因を論じ、経済停滞の原因が、企業の海外移転による日本の国内生産の衰退・空洞化であることを見た。第3章では、政府の成長戦略・インフラ輸出戦略を論じたが、これは産業空洞化に歯止めをかけるどころか、ますます企業の海外生産を後押しするものであった。安倍内閣の成長戦略・「日本再興戦略」は、産業空洞化に歯止めをかけるどころか、日本経済衰退のもう一つの大原因である米国の対日圧力に基づくものであり、日本経済の強さの源泉を徹底的に破壊しようという米国の要求を総ざらえして実行するものであった。

そして「日本再興戦略」の対外経済戦略は、日本のＯＤＡその他の援助を無謀にばら撒き、財源面で日本国民に多大の負担を押し付けるだけでなく、その資金援助は米国のアジア戦略と一体となってアジア諸国の政治的・軍事的取り込みのために利用しようというものであり、結局のところ平和という日本の最良の、そして最も守らねばならぬ財産まで虎口《ここう》に投じるものなのだ。

注

（1）「日本再興戦略」（二〇一三年版）八九頁。経協インフラ戦略会議「インフラシステム輸出戦略」（二〇一三年版）二一頁。「日本再興戦略」のインフラ輸出は経協インフラ戦略会議の施策を取り込んだもの。

（2）「インフラシステム輸出戦略」（二〇一三年版）一九〜三四頁。各分野の目標数値には、算出根拠が掲げられている。たとえば、「新分野」での五兆円の目標も同様で、「新分野」の細項目、たとえば「農業」は農業機械の輸出まで計算に入れても現状一五〇億円の輸出額であり、現状（当時）の合計一・二五兆円である。細項目・「宇宙」での衛星打ち上げの急拡大などを想定しての目標設定だろうが、それにしても五兆円への四倍化は厳しい。

（3）「第一八回経協インフラ戦略会議（二〇一五年六月二日）・資料」（官邸ウェブサイト）。

（4）「第二一回国際交流会議『アジアの未来』晩餐会　安倍内閣総理大臣スピーチ」（二〇一五年五月二一日）（首相官邸ウェブサイト）、「『質の高いインフラパートナーシップ』を公表しました」（二〇一五年五月二一日）（経済産業省ウェブサイト）、外務省、財務省、経済産業省、国土交通省「質の高いインフラパートナーシップ――アジアの未来への投資」（二〇一五年五月二一日）（各省ウェブサイト）。

（5）「メコンにODA7500億円　日本、インフラ支援」（日本経済新聞二〇一五年七月四日）。

（6）「日・メコン協力のための新東京戦略二〇一五」（仮訳　二〇一五年七月四日）（外務省ウェブサイト）、「日メコン首脳会議、にじむ対中国の温度差」（日本経済新聞二〇一五年七月五日）、「メコン諸国と細やかな連携を」（同前二〇一五年七月七日）。

（7）「ＯＤＡって何」・「開発協力の形態」（外務省ウェブサイト内「ＯＤＡ（政府開発援助）」）。

（8）「インフラ支援、ミャンマーに１０００億円　首相表明」（日本経済新聞二〇一五年七月四日）、「エネルギー政策でミャンマー支援　政府、年内にも初会合」（同前二〇一五年一〇月一九日）。

（9）各国への援助額は、「ＯＤＡ（政府開発援助）」・「ＯＤＡ案件検索」（外務省ウェブサイト）、日本経済新聞ウェブサイト「『ＯＤＡマップ』で見る日本と途上国の変化」（二〇一五年八月三一日公開）、「二〇一四年版　政府開発援助（ＯＤＡ白書）」等によった。

（10）「ミャンマー情勢急展開　政権とスー・チー氏、２０１５年へ思惑交錯」（日本経済新聞二〇一一年一二月三日）、「米、ミャンマー禁輸制裁緩和を伝達」（同前二〇一二年九月二七日）、「スー・チー氏、米国務長官と会談　制裁緩和を支持」（同前二〇一二年九月一九日）、「米大統領、民主化支援を伝達へ　ミャンマー初訪問」（同前二〇一二年一一月一九日）。

（11）「外相、ミャンマー訪問へ　中国にらみ関係強化」（日本経済新聞二〇一一年一二月二三日）。

（12）日本貿易振興機構「ティラワＳＥＺ通信」（Vol.１）二〇一四年五月一四日、「第一一回経協インフラ戦略会議（二〇一四年六月三日）テーマ②：インフラシステム輸出戦略フォローアップ第二弾　資料二」（内閣府ウェブサイト）、「ミャンマー連邦共和国（Republic of the Union of Myanmar）基礎データ」（外務省ウェブサイト）、「ミャンマーで初の大規模工業団地が開業」（日本経済新聞二〇一五年九月二三日）。

（13）「首相、スー・チー氏を厚遇　中国に対抗」（日本経済新聞二〇一六年一一月三日）、「首相、スー・チー氏と会談　８０００億円支援表明」（同前二〇一六年一一月二日）、「スー・チー外交　成果着々」（同前二〇一六年一一月一九日）、「首相、スー・チー氏に早期来日を要請　新政権を『全面的に支援』」（同前二〇一六年九月七日）、「スー・チー外交、経済重視　1日から訪日」（同前二〇一六年一〇月三一日）。

（14）「首相『インフラ支援、質高く』東南ア首脳らに訴え」（日本経済新聞二〇一五年一一月二一日）、「インフラ投資　日中競う　ＡＳＥＡＮ会合」（同前二〇一五年一一月二二日）、「インフラ支援、ミャンマーに１０００億円　首相表明」（同前二〇一五年七月四日）。

（15）注（14）、および「マニラの鉄道に２４００億円　政府、ＯＤＡで最大規模」（日本経済新聞二〇一五年七月二八日）、「アジアインフラ大競争（下）リスク投資に挑む日本」（同前二〇一五年八月二七日）、「アジア開銀、民間資金でインフラ開発　まずフィリピン鉄道」（同前二〇一五年五月一二日）、「中国が未完工の鉄道建設事業、日本が円借款　フィリピンに」（同前二〇一五年一一月二〇日）。

（16）「マニラの鉄道に２４００億円　政府、ＯＤＡで最大規模」（日本経済新聞二〇一五年七月二八日）・記事中掲載表「これまでの円借款による大型案件」、「第八回経協インフラ戦略会議（二〇一四年一月二一日）」（内閣府ウェブサイト）、「対印投資、５年で2倍に　首脳会談で表明へ」（日本経済新聞二〇一四年九月一日）、「インドに投融資３・５兆円　日印首脳会談」（同前二〇一四年九月二日）。

（17）「高速鉄道に関する日本国政府とインド共和国政府との間の協力覚書」（外務省ウェブサイト「日印首脳会談」二〇一五年一二月一三日　付属ファイル）。

（18）「原子力の平和的利用における協力のための日本国政府とインド共和国政府との間の協定に関する覚書」（外務省ウェブサイト「日印首脳会談」二〇一五年一二月一三日　付属ファイル）、「日印原子力協定を締結へ　首相が年末にも訪印」（日本経済新聞二〇一五年一〇月五日）。

(19)「見解及び了解に関する公文」（外務省ウェブサイト「日印首脳会談」二〇一六年一一月一一日）、「日印原子力協定に署名　核実験時、関連文書に『協力停止』双方に解釈余地」（朝日新聞二〇一六年一一月一二日）、「日印政府、原子力協定に署名　『核兵器のない世界』に逆行　対北朝鮮でも筋通らず」（しんぶん赤旗二〇一六年一一月一二日）。

(20)「中印、経済で急接近　習主席が公式訪問」（日本経済新聞二〇一四年九月一八日）、「インド、新幹線を採用　首脳会談で合意へ」（同前二〇一五年一二月八日）。

(21)「インド高速鉄道整備、先行の日本を中国が猛追」（日本経済新聞二〇一四年九月二三日）、「中国、インドに200億ドル投資　首脳会談、日米を意識」（同前二〇一四年九月一九日）、「中国、インド首相厚遇で融和演出　米印接近に危機感」（同前二〇一五年五月一四日）、「大連万達集団、インドに工業団地建設　投資額一〇〇億ドル」（同前二〇一六年一月二二日）。

(22)「インドに投融資3・5兆円　首脳会談　高速鉄道後押し」（日本経済新聞二〇一四年九月二日）、「インド・モディ改革の行方　投資誘致へ環境整備」（同前二〇一五年七月二〇日　浦田秀次郎・大西敦二郎稿）。

(23)「中国外交したたか、タイに急接近　米と鉄道交換」（日本経済新聞二〇一三年一一月一九日）、「中国、東南アで鉄道着工　第一弾はラオス南北路線7400億円」（同前二〇一五年一二月三日）、「中国、『一帯一路』のインフラ構想を海外へ」（同前二〇一五年一月一〇日）。

(24)「タイの新幹線計画、リスクは政府が負担　運輸相、訪日前に表明　来年夏めどに開発計画」（日本経済新聞二〇一五年五月二七日）、「日・タイ、鉄道や経済特区で連携確認　首脳会談」（同前二〇一五年二月九日）、「タイ新幹線、23年軸に開業めざす」（同前二〇一五年七月三〇日）、「タイ、高速鉄道で新幹線方式を採用　来週合意へ」（同前二〇一五年五月二二日）。

(25)「タイ都市鉄道に円借款382億円　環境案件で低金利に」（日本経済新聞二〇一五年六月一二日）。
(26)「タイ高速鉄道計画、激しさ増す日中韓仏の受注競争」（日本経済新聞二〇一三年一〇月一日）、「インラック首相『タイ起点に東南ア投資を』日本に期待　本社と会見　インフラ7兆円」（同前二〇一三年五月三日）、「米『タイの暴力深刻化を強く非難』収拾へ対話求める」（同前二〇一四年一月二二日）、「日米が危惧する『王国』の対中接近」（同前二〇一五年八月七日）。
(27)「バングラデシュに産業基盤整備　政府、6000億円供与　日系企業向けに特区」（日本経済新聞二〇一四年八月二六日）、「円借款軸に6000億円合意　日バングラデシュ首脳会談」（同前二〇一四年九月七日）、「バングラで橋受注　大林組など900億円　インフラ輸出に弾み」（同前二〇一五年一一月二四日）。この多額の借款の背景に、二〇一五年の安保理事会の非常任理事国の選挙でバングラデシュと日本が共に立候補していたが、こうした日本のインフラ援助により、バングラデシュは立候補を取りやめたという事情もあった（「日本の常任理事国入り支持　バングラ首相『立候補辞退』」同前二〇一四年九月六日）。
(28)「比大統領、自衛隊の基地利用に期待感　中国を牽制か」（朝日新聞二〇一五年六月五日　一九時五五分）。
(29)「日比、武器輸出交渉へ　首脳会談で合意」（朝日新聞二〇一五年六月五日　〇〇時二九分）、「日比、武器輸出交渉へ　南シナ海、中国を懸念　首脳会談」（同前二〇一五年六月五日　〇五時〇〇分）。
(30)「日本国防衛省とフィリピン共和国国防省との間の防衛協力及び交流に関する覚書」（二〇一五年一月二九日）（防衛省・自衛隊ウェブサイト）、「防衛装備品及び技術の移転に関する日本国政府とフィリピン共和国政府との間の協定」（二〇一六年二月）（外務省ウェブサイト）「海上警備強化で巡視

艇10隻を供与　日比首脳会談」（日本経済新聞二〇一三年七月二七日）、「日比、武器輸出交渉へ　南シナ海、中国を懸念　首脳会談」（朝日新聞二〇一五年六月五日　〇五時〇〇分）。

（31）「〈防衛装備〉無償譲渡可能に　財政法改正へ　東南アジア念頭」（毎日新聞二〇一七年一月一九日）。このTC90を貸与した時、フィリピン側からは無償譲渡を求められていた。それに関し中谷元防衛大臣は「中古装備品を無償・低価格で譲渡する制度の検討が必要」と発言していた（同記事による）。

（32）「海自哨戒機、南シナ海に到着　フィリピン軍と共同訓練へ」（日本経済新聞二〇一五年六月二一日）、「〈現場から考える　安全保障法制〉日比共同訓練、中国を牽制」（朝日新聞二〇一五年六月二八日）。

（33）「米軍、22年ぶりフィリピン駐留　新軍事協定に署名」（日本経済新聞二〇一四年四月二八日）。「米比合意を地域安定の一歩に」（同前二〇一四年四月二九日）、「米大統領のアジア歴訪、安保で成果」（同前二〇一四年四月三〇日）、沖縄県知事公室　地域安全政策課　調査・研究班「米比防衛協力強化協定の概要と締結の背景」（二〇一四年五月）。

（34）「比最高裁、米軍再駐留『合憲』と判断」（日本経済新聞二〇一六年一月一二日）。

（35）「米、東南アへ海洋安保支援を拡大　南シナ海中国けん制」（日本経済新聞二〇一五年一一月一八日）。

（36）「南シナ海　対米協力を一歩前に」（日本経済新聞二〇一五年一一月二一日）。

（37）「日本、南シナ海問題で米を側面支援　フィリピンなどと連携」（日本経済新聞二〇一五年一一月四日）。

（38）「〈時時刻刻〉比大統領、親日サービス　『常に日本の側に』見えぬ真意、対米協力不透明」（朝日新聞二〇一六年一〇月二七日)、「ドゥテルテ大統領『2年で外国軍出て行ってほしい』」(朝日新聞二〇一六年一〇月二六日一八時五六分)。
(39)「安倍首相にミサイル断る? 比大統領『発言』報道で波紋」(朝日新聞二〇一七年一月一六日一三時五一分)。
(40)「フィリピン支援に5年で1兆円 首相表明へ、地下鉄整備など」(日本経済新聞二〇一七年一月一二日)、「日比首脳会談、海洋安保で協力強化 中国念頭」(同前二〇一六年一月一二日)。
(41)「秘密軍事情報の保護のための秘密保持の措置に関する日本国政府とインド共和国政府との間の協定」(外務省ウェブサイト「日印首脳会談」〔二〇一五年一二月一二日〕付属ファイル)、「日印ヴィジョン二〇二五 特別戦略グローバルパートナーシップ」(二〇一五年一二月一二日)(外務省ウェブサイト・安倍総理大臣のインド訪問)、「日印で情報保護協定 防衛秘密、交渉入りで首脳合意へ」(日本経済新聞二〇一五年一二月二日)、「装備品、情報保護など2協定に署名 日印両政府」(同前二〇一五年一二月一二日)、「インドと防衛秘密の情報保護協定」(同前二〇一五年一二月二日)、「情報保護協定とは」(同前二〇一五年一二月二日)、「秘密情報保護の覚書とは」(同前二〇一四年一二月一八日)、「日印、安保・経済で連携、首脳会談、中国けん制、思惑一致」(同前二〇一五年一二月一三日)、福好昌治「軍事情報包括保護協定(GSOMIA)の比較分析」(『レファレンス』二〇〇七年一一月号)。
(42)「防衛装備品及び技術の移転に関する日本国政府とインド共和国政府との間の協定」(外務省ウェブサイト「日印首脳会談」〔二〇一五年一二月一三日〕付属ファイル)、「日印、安保・経済で連携、首脳会談、中国けん制、思惑一致」(日本経済新聞二〇一五年一二月一三日)、「インド、日本からの飛行艇導入検討 海自も使用のUS2」(朝日新聞二〇一五年三月一日 〇九時一二分)、「日印、30

日に防衛相会談へ　救難艇輸出など協議」（日本経済新聞二〇一五年三月一八日）、「防衛省、救難飛行艇のインド輸出へ23日初会合」（同前二〇一三年一二月二〇日）、「インドで飛行艇生産、政府検討　売り込みへ費用抑制」（同前二〇一四年一月二七日）、「国産の救難飛行艇、インド輸出支援　防衛省」（同前二〇一五年一月二四日）。

（43）「日印原子力協定を締結へ　首相が年末にも訪印」（日本経済新聞二〇一五年一〇月五日）。

（44）「駆けつけ警護の適用先送り　安保法、日米物品協定改定も」（日本経済新聞二〇一五年一二月二〇日）。「日・米物品役務相互提供協定の署名」（二〇一六年九月二六日）（外務省ウェブサイト）、「日豪ACSA（日・豪物品役務相互提供協定）」（防衛省・自衛隊ウェブサイト）。「米英豪と物品協定承認へ　自衛隊、弾薬提供可能に」（日本経済新聞二〇一七年三月二三日）、「改定日米物品協定を承認　参院本会議」（同前二〇一七年四月一四日）。

（45）訪印前には「首脳会談では安保協力も焦点になる。閣僚級の外務・防衛協議（2プラス2）の新設を話し合う」（「日印原子力協定を締結へ　首相が年末にも訪印」日本経済新聞二〇一五年一〇月五日）とも報じられていた。二〇一五年四月には外務・防衛次官級協議も持たれ（「日印、6日に外務・防衛次官級協議　2プラス2にらみ」同前二〇一五年四月二日）、また「昨年9月には安倍首相とインドのモディ首相が会談し、外務・防衛閣僚級協議（2プラス2）の創設を念頭においた安保分野の対話を強化していくと打ち出した」（「日印、30日に防衛相会談へ　救難艇輸出など協議」同前二〇一五年三月一六日）とも報じられた。二〇一四年九月の日印首脳会談での2プラス2新設の見送りについては、「日印の『特別な関係』を実のあるものに」（同前二〇一四年九月三日）の記述による。

（46）「日米安全保障協議委員会共同発表　より深化し、拡大する日米同盟に向けて：五〇年間のパートナーシップの基盤の上に」（二〇一一年六月二一日　仮訳）（外務省ウェブサイト）三頁、「日米同盟『日本に役割分担』 2プラス2 武器開発や韓・インドとの連携、実行には課題多く」(日本経済新聞二〇一一年六月二三日)。

(47)「米国防長官、インド首相と会談 安保協力を強化」(日本経済新聞二〇一四年八月八日)、「米国防長官、インドに贈った『至高の品』」(同前二〇一五年六月一二日)。

(48)「日印首脳会談、米交え安保協力を強化 12月訪印を表明」(日本経済新聞二〇一五年一一月一二日)。

(49)「インド、米中バランス外交 モディ首相が初の訪米」(日本経済新聞二〇一四年九月二六日)。

(50)「防衛装備移転交渉へ 安倍首相、マレーシア首相と会談」(朝日新聞二〇一五年五月二六日 〇五時〇〇分)、「安倍首相、マレーシア首相と会談 新幹線導入に期待示す」(同前二〇一五年五月二六日 〇〇時五二分)、「日・マレーシア首脳、防衛技術移転へ交渉開始で一致」(日本経済新聞二〇一五年五月二五日)、「戦略的パートナーシップについての日本・マレーシア共同声明(仮訳)」(二〇一五年五月二五日・東京)(外務省ウェブサイト「日・マレーシア会談」内)。

(51)「米大統領のアジア歴訪、TPPは持越し 安保で成果」(日本経済新聞二〇一四年四月三〇日)。「対立を避け、中国と共に生きる マハティール元首相」(『日経ビジネス』二〇一四年六月九日号)、「米大統領『TPPを軸に海洋安保で協力』」(日本経済新聞二〇一五年一一月二二日)。

(52)「日越防衛相会談結果概要」(二〇一五年一一月六日)(防衛省・自衛隊ウェブサイト)、「日ベトナム、防衛装備品協力で協議 海自寄港・海上訓練も」(日本経済新聞二〇一五年一一月六日)、「南シナ要衝に海自寄港へ 日ベトナム防衛相会談、中国けん制」(同前二〇一五年一一月六日)、「海自、ベトナム基地で補給へ 南シナ海中国けん制」(同前二〇一五年一〇月三〇日)、「ベトナムへの新造巡視船供与へ調査開始 首相が首脳会談で意向」(同前二〇一五年一一月二一日)。

(53)「南シナ海で強調、日ベトナム確認　巡視船建造など1200億円借款　首脳会談」(朝日新聞二〇一七年一月一七日)、「官民挙げベトナム支援　首相、帰国の途へ」(日本経済新聞二〇一七年一月一七日)。
(54)「ベトナムと米、急接近　書記長・大統領会談　南シナ海の懸念共有」(朝日新聞二〇一五年七月九日　〇五時〇〇分)、「米越首脳、ベトナム戦争後初『歴史的会談』」(日本経済新聞二〇一五年七月八日)、「ベトナム書記長、オバマ氏と会談『敵から友人に』」(朝日新聞二〇一五年七月八日　二〇時三〇分)、「米・ベトナム、防衛力強化『共同声明』対中国で利害一致」(同前二〇一五年六月二日〇五時〇〇分)。
(55)「多国間共同訓練コブラ・ゴールド15」(防衛省統合幕僚監部　ウェブサイト)、「30回目の多国間軍事演習始まる　米・タイなど7カ国」(日本経済新聞二〇一二年二月七日)。
(56)「米タイ、安保協力拡大で合意」(日本経済新聞二〇一二年一一月一八日)、「日米が危惧する『王国』の対中接近」(同前二〇一五年八月七日)、「米の東南ア軍事協力、フィリピンにシフト　演習派遣人員2倍、減員のタイと逆転」(同前二〇一五年四月二二日)。
(57)「首相、推し進めた安保転換　安倍政権の安保政策」(朝日新聞二〇一五年九月二〇日)。
(58)「日米防衛協力のための指針」(二〇一五年四月二七日)(防衛省訳・PDF版、防衛省ウェブサイト)の「Ⅳ－D.日本以外の国に対する武力攻撃への対処行動」。
(59)「〈時時刻刻〉安保法制を既成事実化　国会論議、置き去り　日米防衛指針改定」(朝日新聞二〇一五年四月二八日　〇五時〇〇分)。
(60)「〈インタビュー〉防衛指針改定、米の視点　米国防次官補、デビッド・シアーさん」(朝日新聞二〇一五年四月二九日　〇五時〇〇分)。

（61）「日米、進む軍事一体化　安保法制閣議決定」（朝日新聞二〇一五年五月一五日　〇五時〇〇分）。
（62）注（59）に同じ。同記事で防衛大臣経験者の言葉として引用されている。
（63）三つの場合とは、①紛争当事国に対するもの、②国連安保理決議に基づく義務に違反する場合、③日本の締結した条約その他の国際約束に基づく義務に違反する場合、というものである。またその他にも、輸出を認めうる場合を限定し透明性を確保しつつ厳格審査を行うことや、輸出先による目的外使用や第三国移転について日本の事前同意を相手国に義務付けること等の原則が決められた（「防衛装備移転三原則」二〇一四年四月一日　国家安全保障会議決定・閣議決定）（内閣官房ウェブサイト・防衛装備移転三原則について）、「防衛装備移転三原則と運用指針要旨」（日本経済新聞二〇一四年四月一日）、「新武器輸出三原則、1日に閣議決定」（同前二〇一四年三月三一日）。
（64）外交防衛委員会調査室・沓脱和人「『武器輸出三原則等』の見直しと新たな『防衛装備移転三原則』」（参議院事務局企画調整室編集・発行『立法と調査』二〇一五年二月　№３６１）、清谷信一「武器輸出緩和と防衛産業（上）――ルールや定義の明確化が必要だ」（ＷＥＢＲＯＮＺＡ　二〇一二年一月一〇日）。清谷によると、「（三木内閣の「武器輸出に関する政府統一見解」は）（１）三原則対象地域については『武器』の輸出を認めない。（２）三原則対象地域以外の地域については、憲法及び外国為替及び外国貿易管理法の精神にのっとり、『武器』の輸出を慎むものとする。（３）武器製造関連設備の輸出については、『武器』に準じて取り扱うものとするとし」たものであり、結局、武器の輸出を原則的に認めないことになったのである。そして「現在のわが国の武器輸出政策として引用する場合、通常、『武器輸出三原則』と『武器輸出に関する政府統一見解』を総称して『武器輸出三原則等』と呼ぶ」とも指摘している。
（65）防衛装備庁装備政策部「防衛装備・技術協力について」（二〇一六年七月）（防衛装備庁ウェブサ

イト)、防衛省「防衛装備・技術移転の現状と課題について」二〇一四年一二月一八日(防衛省ウェブサイト)、「対米武器技術供与について内閣官房長官談話」(一九八三年一月一四日)(『外交青書　わが外交の近況』昭和五九年版・資料編)。

(66)「潜水艦技術を豪に供与へ　兵器本体、新原則で初　政権方針」(朝日新聞二〇一五年五月一九日〇五時〇〇分)。すでに二〇一四年一一月に、オーストラリアで安倍首相、オバマ大統領、アボット・オーストラリア首相が会談し、「中国の海洋進出を念頭に」、「安全保障・防衛面の協力を深化させる」方針を確認している。ここでアボット首相は日本の潜水艦技術に触れて「日米豪の協力が必要だ」と述べたという(「潜水艦技術を豪に供与へ　安倍政権方針　兵器本体で初」同前二〇一五年五月一八日　二三時四二分)、「中国念頭『準同盟』強化　豪に潜水艦技術供与へ」同前二〇一五年五月一九日〇五時〇〇分)。

(67)「日本の防衛産業　『国際化』への試行錯誤」(『日経ビジネス』二〇一六年九月二六日号)、「豪仏『潜水艦』機に急接近　防衛・経済の連携強化確認」(日本経済新聞二〇一六年五月三日)。

(68)米国国防省「四年毎の国防計画見直し」(二〇〇六年)(参考仮訳)(防衛省・自衛隊ウェブサイト)。

(69)『防衛知識参考資料集(シリーズⅦ:四年ごとの国防計画見直し　二〇一四年編)――米国防総省議会報告』(防衛基盤整備協会出版局　二〇一五年二月)(本訳文は二〇一四年三月一三日から九月四日の「朝雲」新聞の記事をまとめたもの)。

(70)日本案ではインドネシア政府の債務保証を必要とした円借款の供与による工事を提案していたが、中国案はインドネシア政府の財政負担や債務保証は一切求めないものであったといわれる(「インドネシア高速鉄道に見た中国の本気」日本経済新聞二〇一五年一一月七日、「インドネシア高速鉄道

中国に軍配　インフラ輸出　転換点に」同前二〇一五年一〇月二二日)。
(71) その背景には、タイから今後五年間、毎年コメ一〇〇万トン(タイのコメ輸出全体の二割)、天然ゴム二〇万トンを輸入し、タイはその代金を中国から購入する車両の支払の一部にあてる両国の合意があったともいわれる(「中国外交したたか、タイに急接近　米と鉄道交換」日本経済新聞二〇一三年一一月一九日)。
(72)「中国、東南アで鉄道着工　第1弾はラオス、南北路線7400億円」(日本経済新聞二〇一五年一二月三日)、「メコン南進急ぐ中国　日本は『防波堤』づくり本腰」(同前二〇一五年七月一〇日)。但しこの工事は、タイ側の部分は二〇一六年現在停止している。
(73)「建設市場　成長急ピッチ(アジアビジネス　マップ)」(日本経済新聞二〇一三年九月三〇日)。
(74)「中国鉄道車両2強、来年合併　南車と北車、売上高3・7兆円で世界最大」(日本経済新聞二〇一四年一二月三一日)、「中国、国有企業を巨大化　国家主導で統合加速」(同前二〇一五年九月一五日)。「中国鉄道車両2強合併へ　南車・北車集団、世界シェア首位」(同前二〇一四年一〇月二九日)その他。
(75)「衆院代表質問：詳報」(毎日新聞二〇一七年一月二四日)、「外交経済支援54兆円『ODAは外交の柱』総理」(エコノミックニュース二〇一七年一月二五日)。
(76)「第二一回国際交流会議『アジアの未来』晩餐会　安倍内閣総理大臣スピーチ」(二〇一五年五月二一日)(首相官邸ウェブサイト)、外務省、財務省、経済産業省、国土交通省「質の高いインフラパートナーシップ」(二〇一五年五月二一日)(各省ウェブサイト)参照。
(77) ADB　News　Release「アジア開発基金と通常資本財源を統合、域内の貧困層向け支援を強化」(アゼルバイジャン・バクー、二〇一五年五月二日)(ASIAN　DEVELOPME

NT　BANKウェブサイト）、財務省国際局「最近の国際金融情勢について」（関税・外国為替等審議会　外国為替分科会・二〇一四年一二月二四日・配布資料）。なお、ADF（アジア開発基金）は、完全消滅するわけではなく無償支援のみを対象とする国への援助の基金として継続する。

（78）「中国・インドから増資求める声　アジア開銀、年次総会が閉幕」（日本経済新聞二〇一三年五月五日）。

（79）ADB中尾武彦総裁も、二〇一五年五月に「（加盟国に）増資への支持を求めるだろう」と発言しているが（「アジア開銀総裁、増資の支持要請へ　新興国つなぎとめ」（日本経済新聞二〇一五年五月五日）、「アジア開銀、迫られる改革　民間資金の活用急ぐ」（同前二〇一五年五月三日）、中国主導のAIIBの出現にうろたえて、今さら、増資を言い出しても現実的ではないとの論評もある。なお、ADBは官民パートナーシップ（PPP）の助言業務も開始した。二〇一五年五月に新基金（約八八億円）を立ち上げて、日本の三メガバンクを含む世界のメガバンクとも提携し、官民パートナーシップ事業に対して民間銀行などと共同で「助言」する。但し「開発銀や民間が融資できるほど実現性のある事業は少ない」とADB幹部自身がいうアジアのインフラ事業で、どれほどの実効性があり、民間資金を呼び込めるのかは不明である（「アジア開銀、民間資金でインフラ開発　まずフィリピン鉄道」日本経済新聞二〇一五年五月一二日、「アジア開銀、3メガバンクとの提携発表　88億円の新基金も」同前二〇一五年五月四日、「ADB　News　Release「ADBが日本の3メガバンクを含む8銀行とPPPに関する共同助言契約を締結」（ASIAN　DEVELOPMENT　BANK　ウェブサイト）。

（80）注（74）以下の記述は、財務省・報道発表「『質の高いインフラパートナーシップのフォローアップ』を公表しました」、同別紙一「『質の高いインフラパートナーシップのフォローアップ』の概要」、同別紙二「『質の高いインフラパートナーシップのフォローアップ』の参考資料」（二〇一五年一一月二一日、本文書は各省同じだが、参考資料は各省で別の資料を作成している〔これは「ASEANビジネス投資サミット」で安倍首相が公表したものである〕）に依拠。
（81）注（80）、および財務省国際局「最近の国際金融情勢について」（関税・外国為替等審議会　外国為替分科会・二〇一四年一二月二四日・配布資料）、「経済協力の改革について（JICAの円借款・海外投融資）」（二〇一四年六月改訂版）（経済産業省ウェブサイト）。
（82）「PPP（Public Private Partnership）支援」（JICAウェブサイト）、経済産業省　News Release「PPP促進のための円借款による包括支援策をとりまとめました」、同別紙一「PPP（Public Private Partnership）インフラ整備促進に向けた円借款による包括的支援」、同別紙二「PPPインフラ　信用補完スタンド・バイ借款」（二〇一四年一二月九日）、前掲「最近の国際金融情勢について」。
（83）注（81）別紙二、六～七頁、注（82）、および「政府／海外インフラPPP、円借款で支払い保証／日本企業の参入リスク軽減」（日刊建設工業新聞二〇一四年一二月一〇日）。
（84）前掲「第二一回国際交流会議『アジアの未来』晩餐会　安倍内閣総理大臣スピーチ」（二〇一五年五月二一日）。
（85）「アジアインフラ大競争（下）リスク投資に挑む日本　試される目利き力」（日本経済新聞二〇一五年八月二七日）、「円借款使いやすく　新興国インフラ支援、首相表明へ」（同前二〇一五年一一月二一日）。安倍首相はこれらについて、すでに二〇一五年五月二一日の国際交流会議「アジアの未来」晩餐会のスピーチでも同様のことを表明していたが、二〇一五年一一月のマレーシアでの講演では正式に表明した。

(86)「首相、円借款改革を正式表明　条件緩和・手続き短縮」(日本経済新聞二〇一五年一一月二一日)、「国際協力銀、新興国需要の目利きカギに　投資対象広く」(同前二〇一六年二月九日)、「『融資の質』重視　普及カギ　改正JBIC法成立」(同前二〇一六年五月一一日)、「リスク投資枠に2000億円　改正国際協力銀行法成立」(同前二〇一六年五月一一日)。

(87) 二〇一四年実績――二〇一五年度予算の場合(『株式会社国際協力銀行　年次報告書』二〇一五年　二一頁)、「平成二八年度の財政投融資計画要求書(機関名：株式会社国際協力銀行)」二〇一五年八月三一日(財務省ウェブサイト・平成二八年度の財政投融資要求書)。自己資金では貸付回収金も大きな比重を占めている。

(88) たとえば「海外展開出資ファシリティ」では、二〇一三年二月から二〇一五年九月までの約一年半に、一三件・計一二二八億円の出資を行った。これは「日本企業の海外M&A案件やインフラ分野等への海外展開」を推進するもので、具体的な投資先では邦銀系ファンドなどと共同し、投資ファンドに多く投資している。二〇一三年三月にASEANの現地企業や日系合弁企業に投資するファンド・Mizuho　ASEAN　Investment　LPに二五〇〇万ドル出資、同月のインドのインフラ事業に投資するファンド(名称略)に二二〇〇万ドル出資、一〇月のエネルギー関連セクターに投資するファンドオブファンド(CVC Capital Partners Asia Pacific IV (J) L.P.)への投資五〇〇〇万ドル等々と続く。これらの資金はファンドを通じて、あるいは直接に海外企業の買収に利用される(「海外展開支援出資ファシリティの実績について」(JBICウェブサイト)、国際協力銀行産業ファイナンス部門　産業投資・貿易部作成資料「日本企業の海外事業支援に係る国際協力銀行の取組」二〇一四年四月二五日(農林水産省第一回グローバル・フード・バリューチェーン戦略検討会配布資料)。

(89) 日本経団連・提言「国際貢献の視点から、官民一体で海外インフラ整備の推進を求める」（二〇一〇年一〇月一九日）、同・緊急提言「海外インフラ展開のための金融機能の強化を求める」（二〇一〇年一二月六日）。また日本経団連は「日本再興戦略」に対する要望書でも、「新興国市場」では、「産業活動に関わるインフラが未整備であることが」「成長のボトルネックとなっている」ので、「各国政府による経済成長戦略の策定に協力するとともにこれを活用」すること、「個別の機器・設備の納入のみならず、設計・建設から維持・管理までを含めて総合的なシステムとしてのインフラ関連産業の海外展開を官民連携で進める」ことを要求している。日本経団連の具体的なシステム――たとえばＶＧＦ等の要求については第3章で述べたとおりである。

(90) 劣後ローン、ＬＢＯファイナンスについては、第4章参照。

(91) 海外交通・都市開発事業支援機構（ＪＯＩＮ）ウェブサイト内、「ＪＯＩＮについて」二〇一五年一一月閲覧。なお二〇一五年度は財政投融資計画で政府出資三二七億円、政府保証三四〇億円の枠が設定された。民間側の出資者（設立時）は、建設や物流等の各種業界団体が主に出資者になっている（ＪＯＩＮウェブサイト、および「インフラ輸出支援機構　ＪＲ東、日立など50社出資し20日発足」日本経済新聞二〇一四年一〇月二〇日、「インフラ輸出支援会社、投融資枠１１００億円　設置法提案へ」同前二〇一四年一月二三日）。

(92) 外務省『二〇一五年　開発協力白書　日本の国際協力』資料編　一九二頁。

(93) 財務省主計局「〈参考資料〉ＯＤＡ（政府開発援助）予算」二〇一三年一一月六日、財務省「平成二八年度財政投融資計画要求の概要」、「財投債とはなんですか」（財務省ウェブサイト）、岩谷賢伸「国際協力機構『質の高いインフラパートナーシップ』においても重要な役割を果す」（ＮＯＭＵＲＡ『Ｇｌｏｂａｌ　Ｍａｒｋｅｔｓ　Ｒｅｓｅａｒｃｈ』二〇一五年七月二二日）。財政投融資全体は、一九九九年以降減少し二〇〇〇年代中頃には二分の一以下に落ち込んでいる。

(94)「開発協力大綱――平和、繁栄、そして、一人ひとりのより良き未来のために」(外務省ウェブサイト)、「開発協力大綱について」(平成二七年二月一〇日　閣議決定)(外務省ウェブサイト)、「『国益確保へ貢献』政府がODA大綱を改定」(日本経済新聞二〇一五年二月一〇日)、「開発協力大綱(新ODA大綱)の要旨」(同前二〇一四年二月一一日)、「ODA大綱原案、軍事転用防止が課題　軍を排除せず」(同前二〇一四年一〇月二四日)。

第6章　空洞化、属国化の協定・ＴＰＰと米国のアジア回帰戦略

本章はＴＰＰ協定（環太平洋連携協定）を分析する。ＴＰＰ締結は、安倍内閣の対外経済戦略の核心であるが、安倍内閣のみならず二〇一〇年以降、ＴＰＰこそが日本の対外経済戦略の焦眉の課題であった。

本章では、ＴＰＰを二つの視角から分析する。一つは、米国のアジア戦略との関連からの分析である。それは、日本がなぜＴＰＰに参加したかという問題は、米国のアジア戦略や日米関係抜きには語れない問題だからである。ＴＰＰが浮上する直前までの日本は、政府・経済界が一丸となって「東アジア共同体」構想に邁進《まいしん》し、日本が中核になってＡＳＥＡＮ（東南アジア諸国連合）＋日・中・韓中心の経済・政治の協力を追求していた。ところが米国がＴＰＰを唱えるや、日本は東アジア諸国との協働を追求した一〇年間を一夜にして打ち捨てて米国に追随したのだ。経済連携の構想も、ＡＳＥＡＮ＋日・中・韓を中核にした協定から、米国中心のＴＰＰに一転した。

ＴＰＰを米国が打ち出したのは、単なる経済的実益のためだけでない。米国のアジア回帰の軍事的世界戦略や対中国戦略再編の一環として打ち出したものである。米国は今、二〇二〇年までに海軍力の六〇パーセントをアジアに集中するアジア回帰の軍事戦略を進行させているが、軍事面だけでなく政治・経済を含めた多面的なアジア関与を進める政策を、二〇〇〇年代末から取り始めた。こうした米国の戦略の背後には、二〇〇〇年代の中国経済のあまりに急激な成長や、アジアにおける米国抜きでの日本、中国、韓国、ＡＳＥＡＮ諸国の結合の深化があった。このアジア諸国全体の協働・結合の動きを破壊し、中国をアジア結合の中核から排除することが、ＴＰＰを打ち出した米国の目的の一つであった。

本章第一節では、上記のような視点から、なぜ米国がＴＰＰを打ち出したのか、二〇〇〇年代に進んだアジアの協働の動きはどんなもので、それが米国の対アジア戦略の転換をどう引き起こしたのか、米国は日本にどんな役割を求めているのか、日本の政府中枢はどう対応したか等を明らかにする。ＴＰＰは、その条文解明だけでなく、米国がアジア・太平洋地域に敷いた戦略全体の中で明らかにしなければ、その本質が見えないからである。

本章第二節では、ＴＰＰの経済的な目的と本質を、その条文に即して明らかにする。ＴＰＰは、どんな条約だったのか。その本当の意味と目的は何だったのか。

日本政府は国民にＴＰＰの内容についてほとんど知らせることなく交渉への参加を決め、協定のすべての条文は完全に秘密にされたまま交渉は妥結した。ところが米国民が、ＴＰＰ離脱を強く打ち出したトランプを大統領に選び、トランプが二〇一七年一月に協定からの離脱に署名したため、協定の発効自体が不可能になって、ＴＰＰは突然潰《つい》えてしまった。

ＴＰＰが潰《つぶ》れると日本政府は、トランプ大統領が自由貿易を破壊し、保護主義を推進しようとしている、だから日本は自由貿易を守る中核にならねばならないといった論を展開しはじめた。世界は自由貿易対危うい保護主義という対立構造で描かれるようになり、ＴＰＰはいつのまにか「自由貿易」の象徴におさまっている。そして政府は、日米ＦＴＡその他のＴＰＰもどきの協定締結への動きも活発化させようとしている。日本国民は協定の本質を知る機会を持たないままに、「自由貿易」を守り、日本の輸出を増加させるものとの前提で、こうした協定にまたもや巻き込まれていく可能性も出てきた。

しかし本当にＴＰＰは自由貿易を推進するものだったのか。日本の輸出を推進し、日本経済を成長させる協定だったのか。日本は今後、米国にかわって、「自由貿易」推進の先頭に立ってＴＰＰもどきの協定締結を各国と推進していくべきなのか。それを知るには、ＴＰＰが本当はどんな協定だったのか、まず明らかにする必要がある。ようやく公開されたＴＰＰの条文に立ち戻って検討する必要がある。その内実に目をふさいだままで、今後、国の進路と政策を大きく縛る同様の協定締結に邁進するのは、きわめて危険である。

ＴＰＰの本質を、第二節の結論を先取りしていえば、ＴＰＰは自由貿易の守護などでは毛頭ない。それは、企業が国境をこえてグローバルに活動するための「法整備」である。企業が他国で活動し生産するために、各国の法制度を超越した企業本位のルールを、締約各国に押し付ける必要から生まれたものである。

それは各国の「規制」を撤廃させて外国企業も含む企業の参入と活動を自由化し、各国の国営・公営企業も外国資本に開放させ、電気通信も含めた公共分野や、各国独自の資本が独占することの多かった金融や保険分野も外国企業に大きく開放し、そしてその「開放」、「規制撤廃」、「自由化」を、決して後戻りできないように、各国に強い縛りをかけるための協定である。すなわち、ＴＰＰは、グローバルに活動する企業が、外国に強引に参入し、生産し、市場を支配するためのルールを締約国におしつけるものなのだ。企業本位のルールを押し付け、それに違反した締約国の政策に対して外国企業が訴え、巨額の損害賠償をさせることも可能にする、徹頭徹尾、グローバルに活動する企業本位のルールなのだ。なぜ、そう言えるのかは、第二節でＴＰＰの条項を逐次検討し検証する。

企業のグローバルな活動と対外投資を保護・援護するＴＰＰはまた、グローバルに活動する企業の母国の空洞化を大きく進める側面を持つ。日本政府は、ＴＰＰ＝自由貿易推進＝輸出拡大＝日本の国内生産増加という図式を前提に、ＴＰＰを推進してきた。しかしＴＰＰによって、日本の輸出や国内生産を回復させたり、産業空洞化に歯止めをかけることなどできない。ＴＰＰは、米国とメキシコ、カナダとの間で結ばれた協定・ＮＡＦＴＡ（北米自由貿易協定）の協定文を踏襲しているが、ＮＡＦＴＡは米国企業が海外投資を拡大するために、自由で安全で有利な投資先を確保・整備し、外国の公共分野を含めたあらゆる分野に参入することを主目的として結ばれた協定である。このためにＮＡＦＴＡ締結後、米国企業の海外進出が加速し、米国労働者の職の喪失も加速した。米国の製造業空洞化は、ＮＡＦＴＡの締結と密接に関連しているのだ。ＴＰＰは、「貿易の自由化」より「投資の自由化・保護」にその主要目的がある協定であり、輸出拡大どころか産業空洞化を促進するものである。

こうした視点から、第二節ではまずＷＴＯ（世界貿易機関）のような貿易と投資に関する世界秩序から、なぜＮＡＦＴＡ型の協定締結が拡大することになったのか、それを強力に推進した米国の意図はどこにあったのかを明らかにする。ＴＰＰは、企業がグローバルに活動するための国境を越えた法整備であり、そのルールの「恩恵」は、企業の母国籍がどこであれ平等に受けるものではあるが、しかしもともと米国企業が強い分野での「自由化」に主眼を置いて設計されたルールであることも確かなのだ。

次いでＴＰＰの条項それぞれの意味を具体的に明らかにすることで、ＴＰＰの本質を解明する。各条項はどのような問題をはらみ、日本の経済と国民の未来は、そうした条項でどう縛られるはずだったか明らかにする。

第二節の最後では、なぜＴＰＰが米国民による大統領選挙という形で葬られたかという問題にも触れる。なぜＴＰＰは潰れたのか。その背後には、国内製造業を破壊し空洞化させ、国民生活を破壊してきたＴＰＰ／ＮＡＦＴＡ型投資協定への米国民の怒りと、経済の「グローバル化」なるものの本質に対する米国民の洞察がある。グローバル化の名の下に、企業が国境を越えて自由に活動し、母国の経済を捨てて顧みなくなったこの二十数年間に対する米国民の認識がＴＰＰを潰したのだ。

米国だけでなく、今、多国籍企業本位のグローバル化に対する世界の先進国民の怒りが拡大しつつある。世界の企業は、グローバル化と称して生産を母国から低賃金国へと移転し、より多くの利益を獲得したが、母国は空洞化し、母国民は職を失い、低賃金と格差が拡大した。生産の海外移転は資本主義を変質させ、資本主義国家の役割と機能も変質させてしまったからだ。その先進国民の怒りは、排外主義や他国への軍事力行使を容認する危うい動きに連動する可能性も内包しながら拡大している。

本書・序章から第５章までは、日本経済を停滞・衰退に導いてきた二つの大問題を論じてきた。その一つは、生産の海外移転―産業空洞化問題であり、もう一つは日本経済と日本企業の競争力を破壊する米国による対日圧力であった。それは「規制撤廃」、「自由化」の名目で、強引に日本経済の強さの根源や独自性を破壊し、公共部門に参入し、米国企業の活動を援護するルールを押し付けるものであった。この米国が日本に押し付けてきた諸要求は、まさに米国がＴＰＰによって各国に協定の形で押し付けようとしているものと完全に一致する。ＴＰＰは、日本の国内経済を停滞・衰退に導いてきた二つの要因が一体化したものである。つまりＴＰＰは、グローバルに活動する企業が、他国を企業王国の属国と化す「新・属国化」のための協約であり、同時に米国による日本の「新・属国化」の集大成でもある。そしてまた、企業の母国の「空洞化」を大きく拡大する協約なのである。

第一節　ＴＰＰと東アジア共同体
――「東アジア共同体」構想はなぜＴＰＰに転換したのか

本節では、まず、日本の政党すべてが反対していたはずのＴＰＰが、いつのまに政府の最重点の対外政策におさまり、経済界も参加の大合唱を行うことになったのか、その過程を見る。ついで日本がＴＰＰに参加することを決める直前までの二〇〇〇年代には、政府、経済界ともに一貫して東アジアでのＡＳＥＡＮ＋日・中・韓の協働を進めていたが、それは具体的にどんなもので、どんな経済連携を行おうとしていたのかを見る。そうしたアジアの協働が、突然粉々に砕かれた背景には、米国の対アジア戦略の転換や、対中国戦略の変化があったことも明らかにする。アジアの協働に割り込もうとした米国のアジア戦略の全体像はどんなものなのか、そこで日本の果たす役割はどう変化したのか。ＴＰＰの本質を見るためには、こうしたアジア情勢の分析と、米国のアジア戦略、日本の経済界、政界の意向などを俯《ふ》瞰《かん》しながら分析することが不可欠なのである。

(1) 米国の新TPPづくりの表明と日本政府の即座の追随

オバマが「新しいTPP」を宣言

TPPという名称が日本で最初に注目されたのは二〇〇九年一一月である。この時、来日中のオバマ大統領が、新たなTPPづくりを正式に宣言したからだ。「新たな」というのは、すでにTPPと呼ばれる経済連携協定が存在しており、それを母体としつつもルールをつくり直し、新たに参加国も募るからだ。同じTPPという略語ではあるが、もとのTPPは、シンガポール、ニュージーランド、チリ、ブルネイの四ヵ国の加盟で二〇〇六年に発効した環太平洋戦略的経済連携協定(Trans-Pacific Strategic Economic Partnership Agreement:P4協定とも略称される)であり、新しく「つくり直す」TPPは環太平洋連携協定(Trans-Pacific Partnership)で、略語は同じだが正式名称は異なっている。オバマ大統領は、アジア太平洋地域で、今後、同国がリーダーシップを維持・強化していくこと、その一環としてTPPを再編し加盟することを宣言したのであった。

米国が、初めてTPPへの参加意欲を見せたのは、ブッシュ政権時代のことである。二〇〇八年二月に、米国通商代表部がTPPへの参加のための予備的プロセスに入ること、九月に交渉に入る意図があることを議会に通告した。しかしブッシュ政権は二〇〇九年一月にオバマ政権に交代し、TPP問題も後景に退いたかに見えた。ところが同年一一月に、オバマが東京でTPP参加を明言し、翌月には米国議会に通告して、正式に動きだしたのである。[1] メンバーは、もとの四ヵ国と米国、オーストラリア、ペルー、ベトナムの八ヵ国で、二〇一〇年三月に第一回のTPP交渉が開催された。同年一〇月にはマレ

第６－１図　TPP その他の経済連携構想参加国

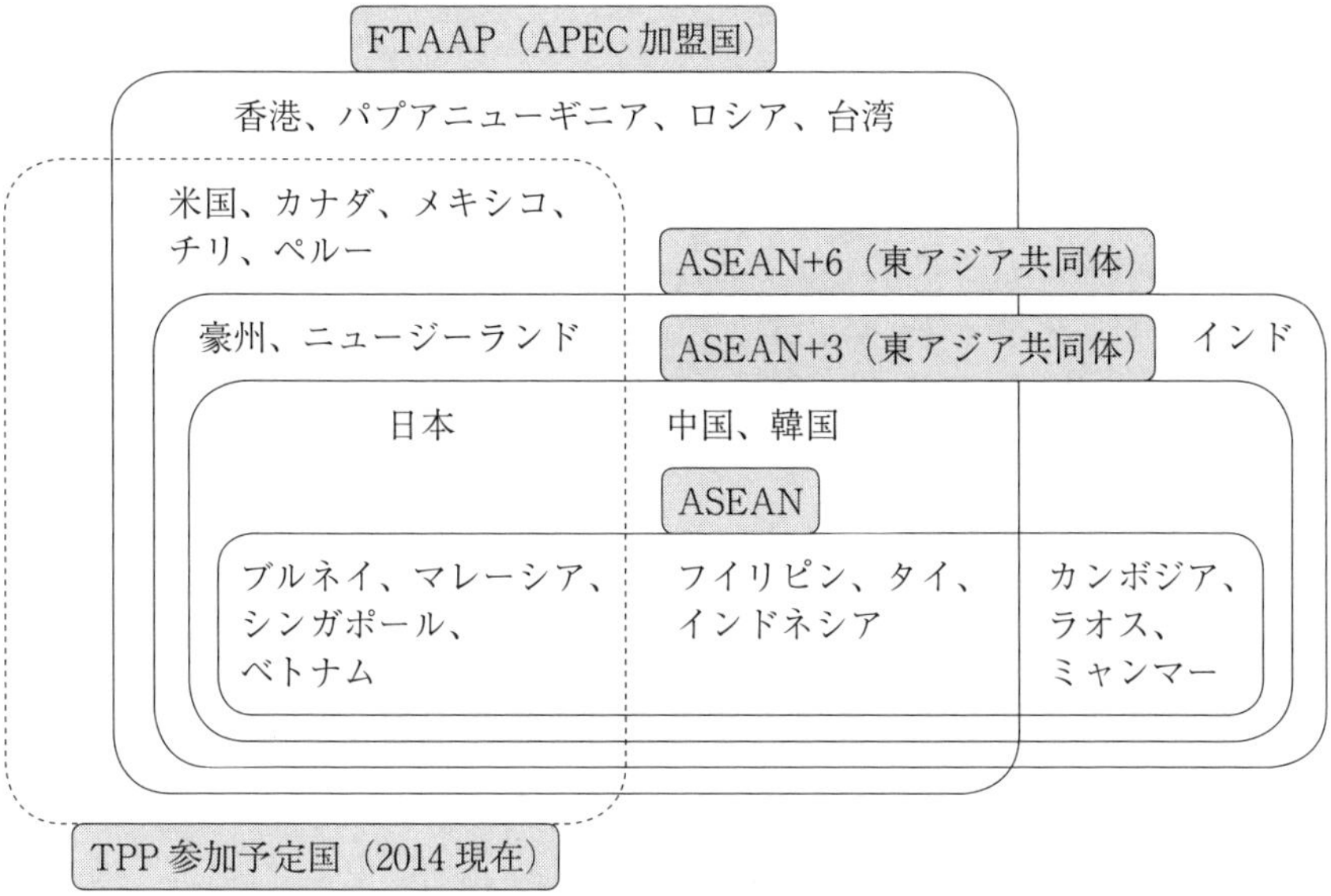

ーシアが、二〇一二年一〇月にメキシコとカナダが交渉に参加し、交渉参加国は一一ヵ国になった（第６－１図）。

日本政府の素早い呼応　日本でＴＰＰ問題が大々的に取り上げられるのは、民主党政権時代の二〇一〇年秋である。同年九月に大畠章宏経済産業大臣がＮＨＫの番組で、「環太平洋戦略的経済パートナーシップ（ＴＰＰ）に日本も参加へ一歩進めることが必要だ」との見解を示し、翌一〇月一日になると菅直人首相が所信表明演説で「環太平洋パートナーシップ協定交渉等への参加を検討し、アジア太平洋自由貿易圏の構築を目指します」と明言した。一一月九日の閣議で「包括的経済連携に関する基本方針」を決定し、ＴＰＰについて「関係国との協議を開始する」と明記した(2)。ＴＰＰ交渉参加については、民主党内での反対論も多く、党内の合意さえ得られていない中での

「協議開始」の突然の決定に、国民や国内各団体等から驚きや反対の声が噴出した。

菅内閣は、東日本大震災六ヵ月後の二〇一一年九月に同じ民主党の野田内閣に代わったが、野田内閣でもTPP協議への参加方針は貫かれた。野田総理は就任して間もない二〇一一年一一月一一日に、TPPの「交渉参加に向けて関係国と協議に入る」と表明した。その一週間後の一一月一八日にオバマ大統領と首脳会談を行い、「TPP交渉参加に向けて、関係国との協議に入る」こと、菅内閣の「包括的経済連携に関する基本方針」に基づき「高いレベルの経済連携を進め」たく、「オバマ大統領の協力を得たい」と伝えた。これは日本の正式な「交渉参加に向けた協議開始の意向表明」となった。野田首相はわずか一年半の在任中にオバマ大統領との日米首脳会談を、この会談を含めて四回も行った。(3)

しかし民主党は、二〇一二年一二月の衆議院選挙で敗北し自民党政権に交代した。自民党の安倍総理は就任後まもない二〇一三年二月二二日に、オバマ大統領と日米首脳会談を行い、TPPに関する共同声明を発表した。(4) 国内に向けては三月一五日に記者会見し、TPP交渉に参加すると正式に表明した。関係各国にも交渉参加の意向を伝達し、同年七月のTPP第一八回会合から参加したのである。

このように菅政権の突然の参加検討の表明に始まり、菅、野田、安倍の三代の政権はTPP交渉への参加を表明し続け、そして三年以上かけて現実に参加したわけである。しかしながらその間に両党ともに、TPPについての民意を問うことは一度もなかった。民主党、自民党は共に、TPP加盟を掲げて選挙を戦うことはなく、二〇一二年一二月の衆議院選挙での野党・自民党の公約は、「『聖域なき関税撤廃』を前提にする限り、TPP交渉参加に反対します」というもので、与党・民主党のすすめるTPP加盟に「反対」することに力点が置かれていた。民主党の公約も「アジアと共に成長する日本」という項をもうけて「アジア太平洋自由貿易圏の実現を目指し、その道筋となっている環太平洋パートナーシップ、日中韓FTA、東アジア地域包括的経済連携を同時並行的にすすめ、政府が判断する」という多国間の協定の羅列《られつ》と、どの協定を選ぶかは政府が決めるという極めてあいまいで無責任な提示だけであった。[5] 両党ともに選挙でTPPへの参加政策を明示することは結局一度もなかったのだ。

自民党はその後も、たとえ協議に参加してもいつでも脱退できるかのような幻想を振りまきつつ、既成事実を積み重ねていった。しかも自民党は、コメなど農産品重要五品目の「聖域」が守られなければ撤退すると明言していたにもかかわらず、TPP交渉に初めて参加したわずか三ヵ月後の二〇一三年一〇月に、西川公也自民党TPP対策委員長が「(コメなど農産品五品目の中で)関税撤廃できるか検討する」と述べ、選挙公約はここに雲散霧消した。「農産品五品目を関税撤廃の例外とする『聖域』」と位置付けてきた方針を、実質的に反故《ほご》にしたのであった。[6]

日本は本当はいつTPP参加を決めたのか　上記のように、日本が実際にTPP交渉に参加するまでには、オバマの新TPPづくりの宣言から三年以上たっていたわけだが、実はオバマの新TPP宣言とほぼ同時に、日本はTPP受け入れの方向性を実質的な形で示していた。オバマ大統領のTPPへの参加表明は、二〇〇九年一一月一四日だったが、この三日前の一一月一一日にシンガポールで、米通商代表部(USTR)カーク代表は、APECに参加していた直嶋正行経済産業大臣に会い、「日本の(TPPへの)参加の可能性」を問うとともに「日本の合流を促し」ていたのだ。これに対して直嶋大臣は、「すぐには参加できないと答えたもよう」と報じられた。[7] 大臣の返答は当然であり、国策の大問題を一大臣が即答できるはずもなかった。

しかも後で詳しく論じるように、歴代の日本政府と日本の経済界は、二〇〇〇年代に入って以降、「東アジア共同体」、「東アジア（経済）共同体」等の構想を前面に掲げて追求し続けてきたのである。これらは、ASEANに加盟する東南アジア一〇ヵ国と、日・中・韓の一三ヵ国を核として経済連携協定を結び、アジア全域をすっぽりと覆う「自由経済圏」をつくろうという構想である（六三五頁の第6－1図参照）。「自由経済圏」とは多国間でFTA（自由貿易協定）やEPA（経済連携協定）を締結し、関税を低下・撤廃するとともに、物品、サービス、資本、人等々の国境を越えた移動をスムーズに行う広域経済圏である。これが二〇〇〇年代に入ってからの日本の最も重要な対外経済課題になっていた。

ここに米国は入っていない。米国に関しては、東アジア共同体とは別枠で日米の自由貿易協定（FTA）締結を追求するというのが日本政府の方針であった。それは日本経済界や米国経済界も同様であり、二〇〇七年一月には日米の財界人が共同で声明を出し、日米の二国間協定締結を求めた。自民党だけでなく野党時代の民主党も米国との二国間FTA締結をマニフェストに掲げていた(8)。

しかも二〇〇九年九月に首相の座についた民主党総裁鳩山由紀夫は、「東アジア共同体」構想のとりわけ熱心な信奉者であった。鳩山氏は、総理就任直前の著作の中で、米国を「覇権国家」と断じ、日本は米国発の「市場原理主義に翻弄《ほんろう》され続けた」と言い、「東アジア共同体」こそが同氏の政治理念である友愛精神が導く「国家目標」であるとまで言った(9)。

鳩山由紀夫は、米軍基地の辺野古移転問題に見られるように曲がりなりにも米国の言いなりではない対外政策をとろうと試みた唯一の総理大臣であった。さまざまな面から見ても、米国からのTPPへの誘いに日本が即応する条件はまったくなかったのである。

ところがこの約一ヵ月後の二〇〇九年一二月一七日の新聞記事に、「経済産業省は政府が策定する経済成長戦略に、環太平洋地域の自由貿易協定（FTA）への参加を目指す方針を盛り込む」検討をしていること、「経産省が参加を目指しているのは『環太平洋戦略的経済パートナーシップ（TPP）』」で、「日本政府はこれまで『参加は難しい』との立場を示してきた」が、経産省は「TPPを足場に」、「APEC全域を対象としたアジア太平洋自由貿易圏（FTAAP：後述。予定される参加国は第1図参照――筆者）構築も視野に入れ」た「経済外交の立て直しを目指」すという報道がなされた[10]。

民主党政権はこの時、政府の成長戦略として第3章で論じた『新成長戦略』策定の最終段階にあった。その策定を担っていたのが経済産業省とその下に組織された諸分科会であり、諸分科会には日本経団連中枢の巨大企業のトップがずらりと顔を並べ、日本財界の重鎮たちの「そろい踏み」の観があった。鳩山政権の成長戦略として出される『新成長戦略』は、経産省と日本経済界が共同でまとめあげたものといえた。ここに、〝TPPに参加して、それをFTAAP（米国が主導するAPEC参加国全体が入った自由経済圏）に発展させていく〟という文言を盛り込もうというのだ。それまで政府が掲げ続けてきた「東アジア共同体」構想から、突然一変した「米国が入った」構想であった。

ただし、その二週間足らず後の一二月三〇日に出された『新成長戦略（基本方針）』では、「TPPに参加する」という文言そのものは入らず、「二〇二〇年を目標にアジア太平洋自由貿易圏（FTAAP）を構築する」道筋をつける、「そのきっかけとして、二〇一〇年」の「APECの枠組みを活用」する[11]とのみ記された。

この時、ＦＴＡＡＰという自由貿易協定構想が、初めて日本政府の成長戦略で正面に掲げられたのである。いくらなんでも国策の大転換である「ＴＰＰに参加する」という重大方針を『新成長戦略（基本方針）』に、しかもその発表直前になって書き込んで明言することまではできなかったのだろう。このため「アジア太平洋自由経済圏（ＦＴＡＡＰ）の構築」という表現を滑り込ませることで、実質的に〝米国が入ったアジア太平洋自由経済圏〟構築を宣言したのだ。

ＦＴＡＡＰは、ＴＰＰを主張する以前の米国が、東アジアの「共同体」構築に割り込むため画策した構想であり、米国の後押しで二〇〇六年のＡＰＥＣ首脳会議でも提起されたものである。しかし当時はアジアの国も日本の政府・経済界も「東アジア共同体」構想を推進しており、ＦＴＡＡＰ構想に同調することはなかった。ところが二〇〇九年末になって、日本の政治と経済界の中枢は、ＦＴＡＡＰ構想に突然転換し、それを『新成長戦略（基本方針）』に盛り込むことで、ＴＰＰ参加方針を暗に提示したのであった。

この時、「東アジア共同体」の熱心な提唱者で時の総理・鳩山由紀夫は、完全に蚊帳《かや》の外に放り出された。翌二〇一〇年六月一八日に閣議決定された確定版・『新成長戦略』でも、同様の文言が盛り込まれた。

この決定の背後には、経済界のゴー・サインもあった。オバマ大統領のＴＰＰ参加宣言の約二週間後の二〇〇九年一二月二日に、一つの新聞記事が掲載された。アジア歴訪中の日本経団連会長、副会長ら一二名の経営者に、「東アジア共同体構想について」の聞き取りアンケートを行ったという記事である。日本経団連の幹部の回答は、「アジア共同体の枠組み」には「米国の参加が不可欠」であると、「ほぼ全員が米国を含めた構想を支持」したと記事は伝える。[12] これは、米国からのTPPへの参加の申し入れにどう対処するかを念頭においての設問と回答であった。日本経団連はそれまでの一〇年近くのあいだ、数限りなくASEAN+3（日中韓）またはASEAN+6（3+豪、ニュージーランド、印）での貿易・投資自由化協定締結を、「東アジア共同体」構想の基礎として政府に要求・提言してきた。その要求に動かされるように政府も協定締結に取り組んできた。日本経団連は、ここに一度たりとも米国を入れたことはなかった。ところがこの、アンケートに応えるという形をとって日本経団連の中枢幹部は、一〇年間の主張を一夜にして捨て去り、「東アジア共同体」と決別して、共同体には「米国の参加が不可欠」と主張することで、米国のTPP構想に従うことを内外に示唆したのであった。

日本の権力中枢は、一夜にして米国のTPP構想に寝返ることを決めたのだ。時の首相である鳩山由紀夫を、首相の座から放逐するような結果まで引き起こして、米国の構想になだれ込んだのであった。

（2）日本政府の「東アジア共同体」構想への接近と関与

前項では、TPP問題浮上以前の日本政府と経済界は、「東アジア共同体」という形でのアジアの経済統合・自由経済圏づくりを構想していたと述べた。「東アジア共同体」構想は学者の夢想などではなく、ASEAN一〇ヵ国と日本、中国、韓国の一三ヵ国の各国政府が一体となって一〇年以上の間、共同して追求し、進展しつつあった構想なのだ。それがなぜ、突然TPPに転換してしまったのか。その背景には、米国のアジアをめぐる利害と政策の転換があるのだが、それを論じる前に、まずは東アジア共同体構想とはどんなもので、なぜ浮上したか、いつから米国はこれを敵視し対抗策を講じ始めたか明らかにしていこう。

①「東アジア共同体」構想とは

アジア通貨危機が発端に

「東アジア共同体」構想が浮上した背景には、アジア通貨危機があった。アジア通貨危機とは、一九九七年七月のタイのバーツ暴落を皮切りにインドネシア、韓国の通貨が相次いで大暴落し、日本と中国以外のアジア各国通貨に広がったものである。これは米国のヘッジファンドによる通貨空売りが引きがねとなったものだった。

危機を乗り切るためにASEAN諸国と日本、韓国、中国との経済協力が進み、同年一二月には第一回のASEAN＋3（日、中、韓）首脳会議が開催された。この会議がASEAN一〇ヵ国と日・中・韓の枠組みの出発点になった。

10＋3の協力関係の進展

一九九八年の第二回のASEAN＋3首脳会議では、日本の小渕恵三首相は危機克服のための総額三〇〇億ドルの資金援助の枠組み（「新宮澤構想」）を早期に具体化することや、三年間で六〇〇〇億円を上限とする円借款の特別枠の創設等を提案した。同会議ではまた、韓国・金大中大統領が「東アジアビジョン・グループ」（EAVG：East Asia Vision Group）の設立を提案し、合意された。これは各国有識者で東アジアの中長期ビジョンを構想するものである(13)。

こうしてアジアの協力関係を継続して深化させようという動きが一層強まり、一九九九年の第三回ASEAN＋3首脳会議では、「東アジアにおける協力に関する共同声明」が出され、ASEAN一〇ヵ国と日・中・韓が協力して貿易、投資、技術移転を加速させるとともに、金融・通貨問題、そして安全保障や文化・情報等の各分野までの包括的な協力を行うことを宣言したのであった[14]。

二〇〇〇年代に入ると、ASEAN+3各国の閣僚による会議(蔵相会議、経済閣僚会議、外相会議、農相会議など)が開催され、諸分野での協議が進んだ。二〇〇〇年三月の蔵相・中央銀行総裁代理会議では、新たな基金の創設も視野に入れた資金協力の枠組みが合意され、五月には通貨スワップ協定に向けた合意がなされた[15](チェンマイ・イニシァティブ)。

「東アジア共同体」構想　「東アジア共同体」という言葉が使われた最初は、二〇〇一年の第五回ASEAN+3首脳会議に提出された報告書「東アジア共同体に向けて」であった。この報告書は、アジアの今後の結合を、FTA(自由貿易協定)などによる経済統合を行うとともに、「東アジアサミット」などの政治や安全保障も展望したものとして提起された。これは金大中・韓国大統領の提案で成立した有識者から成る「東アジアビジョン・グループ」が作成したものであった。

翌年になると、各国外務省の次官・局長レベルが共同して「東アジア共同体」が達成すべき目標を報告書に作成し、二〇〇二年一〇月のASEAN+3首脳会議に提出した(東アジア・スタディ・グループ〔EASG〕最終報告書)。この報告書作成にあたっては、日本の外務省はむろん主導的に参加した。この報告書では、一七項目の短期目標と九項目の中・長期目標を設定していた[16]。それは直接投資のための投資環境整備、資源とインフラ開発の金融資源の開発、インフラ・情報技術・人的資源開発等での支援と協力、技術移転・共同技術開発、東アジア自由貿易地域と東アジア投資地域の創設、東アジア首脳会議の創設等々の域内の金融を含む諸分野での協力、そして全域を覆う協定によって貿易と投資の自由な経済圏の創設を含むものであった。

同報告書で提案されたものの中には、その後実際に実現したものも多く、たとえば東アジア首脳会議（ＥＡＳ：East Asia summit＝東アジアサミット）もそうであった。二〇〇五年一二月に第一回が開催され、二〇〇八年を除き毎年開催されている。同会議の参加国はＡＳＥＡＮ＋３に加えて、インド、オーストラリア、ニュージーランド（二〇一一年からは米国、ロシアも参加）も加わり、現在も開催が続いている。[17]

以上のように、「東アジア共同体」構想とは、各国政府、外務省、民間有識者らの共同によって、構想され現実化しつつあったものなのである。ただし、「共同体」とはいうものの、内実はＡＳＥＡＮ＋３（または＋６）を覆う広域の貿易・投資協定の締結によって自由貿易・投資圏を形成することがその核であり、その上に通貨や金融面でも協力を深め、文化交流や、非伝統的安全保障（たとえばテロ対策）での協力強化や海洋環境協力などもふくめた緩やかな協力を構築していこうというものであった。ＥＵのような、たとえば通貨統一などのような強い統合を考えていたわけではなかった。

「東アジア共同体」構想は、このような緩やかな結合とはいえ、戦後の長きにわたり米国による戦争、介入、戦略に翻弄され、また社会主義国と資本主義国という分断で反目を強いられてきたアジアが、はじめて協力・団結して一致した協調体制を築こうとした画期的な動きでもあった。

②小泉政権時代の「東アジア共同体」への積極的関与

こうした動きに呼応し、「東アジア共同体」を日本の首相として積極的に掲げたのは、小泉純一郎首相であった。小泉首相は二〇〇二年にASEAN諸国を歴訪し、一月一四日にシンガポールで演説を行って「東アジア」の「コミュニティ」（共同体）づくりの構想を提案した。また、二〇〇三年一二月に東京で開催された「日本・ASEAN特別首脳会議」での共同声明「東京宣言」では、「東アジアコミュニティのための東アジア協力の深化」という項目を設けて、東アジア共同体の構築を求める目標を掲げた。この宣言の正本は英文であり、外務省の仮訳では「East Asian Community」を「東アジアコミュニティ」と訳し、「東アジア共同体」という訳語を避けてはいるが、これは、東アジア共同体の推進を国際的に表明したものであった[18]。

小泉首相は二〇〇四年秋の国連総会演説でも「ASEAN＋3の基礎の上に立って、私は『東アジア共同体』構想を提唱しています」と演説し、二〇〇五年一月の国会での施政方針演説でも「開かれた『東アジア共同体』の構築に積極的な役割を果していきます」と演説して、「東アジア共同体」構想の推進を世界と国内に向けて明言した。二〇〇五年版『通商白書』でも「経済的繁栄を共有する東アジアの社会的融和――東アジア共同体構想」という項目まで設けられており、日本全体で推進する目標となっていた[19]。

「東アジア共同体」を政府側の目線で支持・推進する組織も結成され、二〇〇四年五月には中曽根康弘元総理を会長とし、企業・学識者・政治家等で構成された「東アジア共同体評議会」も結成された。

注意しておく必要があるのは、日本政府は「東アジア共同体」を積極的に推進はするが、「東アジア共同体」にアジアとの軍事的な「共同体」の意味を持たせる意図は全くなかったということである。対テロ策や人道支援での協力には言及しても、それ以上の政治的、あるいは軍事的「共同体」への志向はなく、たとえば上記の小泉首相の二〇〇二年一月のシンガポールでの演説の際にも、東アジアのコミュニティは「排他的なものとなっては」だめであり、「米国の役割は、必要不可欠」で、「日本は、米国との同盟関係を一層強化していく」と述べ、軍事的にはあくまでも日米同盟を基軸に据えていた。[20]

ASEANとの貿易・投資の自由化協定締結策と連動

日本は同じ時期に、「東アジア共同体」のような広域の結合だけではなく、個別の自由貿易協定（FTA）／経済連携協定（EPA）の締結を積極的に推進し、特にアジアの国との協定締結に邁進した。一九九九年一一月のシンガポールとの交渉開始を皮切りに、二〇〇一年三月には韓国、二〇〇二年九月にはタイ、一〇月にはフィリピン、二〇〇三年三月にはASEAN全体、五月にはマレーシア等々との事前協議等が始まり、順次締結されていった。二〇〇三年一〇月には、経済産業省内に、「経済連携（FTA）交渉推進本部」が設置された。[21]なお、FTAとEPAは日本以外では厳密に区別されないことが多い。それはFTAといえども時代が下るにつれて投資自由化についての条項も含めることがほとんどで、貿易の自由化協定と投資の自由化協定を区別する意味が薄れているからである。本書では政府による呼称を踏襲する場合以外は、「協定」、あるいは「貿易・投資自由化協定」などと表現することも多い。

日本政府にとっては、こうした個別の協定締結策と「東アジア共同体」構想への接近は、密接に連動していた。二〇〇二年に小泉首相が、シンガポールで「東アジア」の「コミュニティ（共同体）」を実現しようと演説したのは、日本最初の経済連携協定（日・シンガポール間）の署名を行うために同国を訪問した際であったし、二〇〇三年一二月の「日本・アセアン特別首脳会議」で小泉首相が、「アセアンと日本は、東アジア共同体構築のために協力する」と宣言したのも、二〇〇三年三月に「日・ASE

AN包括的経済連携協定」の事前協議を開始したことを背景としていた。

「東アジア共同体」構想の中核になったのはASEAN諸国であり、ASEAN域内で関税を撤廃し、投資を自由化する経済統合の動きが活発となり、それが「東アジア共同体」構想の推進力ともなっていた。すなわちASEAN各国は、一九九三年一月にAFTA（ASEAN自由貿易地域）を発足させて、域内での関税引下げ・撤廃や非関税障壁の段階的廃止等々により自由貿易圏を形成して、域内外との貿易・投資自由化策を開始し、二〇〇三年には二〇一五年末の完成を目指してAEC（ASEAN経済共同体）の形成を開始した。こうしたASEANと経済連携協定を結ぶことを追求していた小泉政権にとって「東アジア共同体」は避けて通ることはできないテーマだった。

③日本経済の比重の移行――米国からアジアへ

日本政府が「東アジア共同体」等のアジアの自由経済圏構想へ接近した背景には、日本経済の変化があった。日本は第二次大戦後一貫して占領国・米国と不可分の関係にあったが、それは同盟関係のみならず経済面でも米国市場を抜きにして戦後の日本経済の復興・成長は不可能だったからである。

しかし「東アジア共同体」に日本が接近した時期は、日本の海外生産と輸出においても大きな変化があった。すでに序章で述べたように、一九九〇年代から二〇〇〇年代には、輸出においても海外生産においても、米国中心からアジア中心に転換した時期であった。輸出全体に占める米国の比重は一九九〇年代の三〇パーセント内外から、二〇〇八年以降は一〇パーセント台にまで落ちた。逆にアジアへの輸出は、一九九一年以降は対米輸出を上回り、二〇〇〇年代は輸出全体の四〇パーセント以上を、二〇〇八年以降は五〇パーセントを超すまでになった。
海外生産でも二〇〇五年にアジアの海外現地法人の売上高が米国を上回り、経常利益では二〇〇一年にアジアが北米を上回った。二〇〇八年のアジア全体の売上高は米国の一・四倍に、経常利益に至っては五倍を超した。二〇〇〇年代の日本にとって、アジアや中国の意味は米国よりも格段に大きくなったのである。[22]
それはまた、序章で述べたように、一九九〇年代後半から二〇〇〇年代には電機や自動車のアジア全域にわたる工程間分業がひろがっていたこととも大きく関連した。小泉首相は、二〇〇三年一二月の「日アセアン投資・ビジネス・アライアンス・サミット」でのスピーチで、なぜ日本がアジアとの協働に熱心になり、アジア全体を包括する経済協定を結ぼうとするかをリアルに語った。すなわち「日本とアセアン諸国との経済的な相互依存関係は、既に進んでいます。例えば、日本の自動車メーカーは、アセアン各地に工場を作り、エンジンはタイから、カーエアコンはマレーシアから、ドアロックはインドネシアからと、たくさんの部品をアセアン各国から調達し、それに日本から調達した電子部品などを組み合わせ、最終的にインドネシアやタイで組み立てています。こうして生産された自動車は、アセアン域内に止まらず世界の市場に出荷されているのです」。「日本とアセアン全体との包括的経済連携協定が完成すれば」「人口六億五〇〇〇万人、GDP五兆ドルの一つの大きな経済圏となり」「市場としても生産拠点としても魅力的なものになるでしょう[23]」と語った。
「東アジア共同体」構想の背景には、序章から第2章で論じたように、一九九〇年代後半から二〇〇〇年代に入ってアジアでの生産ネットワークがますます広がり、成長していたことがあった。このアジアで関税撤廃、規格・投資ルール等々を統一して一体化した生産拠点・広域経済圏、そして大きな販売圏にする必要があったのだ。

④「アジア経済・環境共同体」構想と中国との協調

二〇〇八年になると日本政府は、「東アジア共同体」ではなく、「アジア経済・環境共同体」という表現を使い始めた。これは二〇〇八年五月の経済財政諮問会議で基本骨格が出され、二〇〇八年六月の福田康夫内閣の「経済財政改革の基本方針　二〇〇八」では、「アジア経済・環境共同体」構想がグローバル戦略の中心に位置づけられた。

『通商白書』二〇〇八年版でも、「東アジア共同体」ではなく「アジア経済・環境共同体」の言葉を使うようになった。同白書の「第４章　持続的発展を主導するグローバル戦略の構築」でも、「(アジアとともに成長する戦略の基盤になるのが)『アジア経済・環境共同体』の実現を目指す構想であり『経済財政改革の基本方針　二〇〇八』において、グローバル戦略の一環として位置づけられた」と明記された。この構想はアジアを「生産拠点から消費市場へ」と位置づけなおすこと、しかも一般的な耐久消費財の市場としてだけではなく、「環境ビジネス」の市場として捉えなおそうということであった。

こうした位置付けの変化の背景には、日本企業が自動車以外の分野で劣勢に立ちつつあったことがある。日本が技術的にまだ優位にある環境関連製品・装置をアジア各国の企業・政府に販売して活路を見いだそうという戦略で、「アジアの環境ビジネス市場規模を現状の六四兆円から二〇三〇年には三〇〇兆円に拡大することを目指し」、その市場を獲得しようという構想であった。(24) この構想は、その後の民主党内閣にも引き継がれ、第4章で述べたアジアへのインフラビジネスを日本の成長戦略の柱に据える構想につながっていった。

「環境ビジネス」での中国との協調

「アジア経済・環境共同体」構想において、日本が最も期待していたビジネスの相手国は中国であった。中国市場は「環境ビジネス」の中心市場に位置づけられた。安倍内閣（第一次）、福田内閣期には、東アジア共同体に関係した諸分野での協調と相まって日中間の意思疎通は拡大した。二〇〇七年四月には、温家宝総理が日本を訪問して安倍総理と対談し、「日中ハイレベル経済対話」の枠組みをスタートさせた。

同年一二月一日の第一回日中ハイレベル経済対話には、福田首相が北京で温家宝総理と会談した。この時、両国のマクロ経済や貿易・投資上の問題だけでなく、「省エネルギーと環境保護での協力強化」でも話し合い、合意した。温室効果ガスの排出権の公平・互利の取引を進めることや日中共同の環境に配慮した模範工場の設立や模範プロジェクトの建設で合意し、環境保護センターを共同建設し、環境協力連合委員会をスタートさせ、重要な共同プロジェクトの実施を開始した。[25] こうした中国側の環境問題での協調姿勢が、日本政府の「アジア経済・環境共同体」構想の後押しとなった。第二回の「日中ハイレベル経済対話」も、二〇〇九年六月に東京で開催された。

しかしこの「アジア経済・環境共同体」構想は短期間で潰え去った。本節の冒頭では、二〇〇九年一一月に米国が突然TPPへの参加を宣言したこと、その翌月には米国の唱えるTPPとFTAAPに日本政府と経済界が「乗っかる」決断をしたことを述べた。こうした中で、「東アジア共同体」や「アジア経済・環境共同体」構想もまた、政府の手で葬り去られることになった。

先にも触れた二〇一〇年六月一日に内閣官房が出した「『東アジア共同体』構想に関する今後の取組について」という方針では、「基本的な考え方」の冒頭に「米国を含む関係国との『開かれた』『透明性の高い』地域協力を推進する（日米同盟は、地域の平和と安定のための礎となっており、今後とも米国の関与は不可欠）」と表明した。「米国の関与は不可欠」との立場をカッコ書きで脈絡なく突然宣言し、「東アジア共同体」構想をどう進展させていくかは完全に欠落させた文書であった。アジアの「地域協力」には「今後とも米国の関与は不可欠」で、「日米同盟」こそ最優先だと米国をアジアの頂点に押し込んだのだ。東アジアでの自由経済圏づくりは、「長期的なビジョンの下に」「日中・日韓等バイ（バイラテラル＝二国間の――筆者）、日中韓、ASEAN＋1、ASEAN＋3、EAS、APEP、ARF等」「を活用しつつ、できること、できるパートナーから始めて徐々に拡げていく」と、数ある構想の一案にすり替えてしまった。[26]

この内閣府の文書が出された三日後の六月四日に、鳩山由紀夫内閣は総辞職した。

鳩山に代わって六月八日に成立した菅内閣は、既述のように一〇月一日にTPP交渉に参加すると公式に明言したが、内閣官房はすでに同年六月の鳩山首相在任中に「日米同盟」を最優先し、自由経済圏構想も「米国を含む関係国との『開かれた』」構想を追求すると、暗にTPPを念頭において「東アジア共同体」構想へ決別を宣言していたのだった。

こののち日本は、一路TPP加盟と米国との共同を追求し、アジアとの協調、とくに中国との協調を打ち捨てる路線に突入していく。二〇一二年に入ると、石原東京都知事による尖閣諸島の東京都による買い上げの動きが活発化して日中関係を悪化させ、同年九月の民主党野田内閣による同諸島国有化で決定的に対立することになった。本来、対立する必要がなく、互恵的関係を築いていく可能性が大いにあった日中関係はここに大きく旋回し、他のアジアの国に対する日本の関係も大きな転換を遂げることになった。

(3) 日本経済界の「東アジア共同体」への接近と決別

日本政府の対外経済政策は、日本経済の実態の反映のみならず日本の経済界の意向の反映でもあった。日本経済界は、投資・貿易自由化協定についてどのような意見を政府に要求してきたのか、本項では二〇〇〇年代以降のその変遷を明らかにする。

日本政府の「東アジア共同体」推進策の背後には、長年の日本経済界の強い要求があった。米国主導のTPP参加へと対外政策を転換した時も経済界の了解があった。但しTPPへの参加については、政府レベルでのTPP交渉参加が、突然、脈絡なく決断されたのと同じく、日本経済界のTPPへの参加支持も突然だったことはすでに述べた。TPPへの突然の転換の理由については、経済界の要求の変遷からは明らかにならない。つまりその転換が、経済界の「総意」とはとてもいえなかったのである。以下では、その点を見ておこう。

経済界の意思を代表するものとして、最大かつ中枢の経営者団体であり、抜きんでて多数の政策提言を行っている日本経済団体連合会(日本経団連と略記)の提言を追う。日本経団連は、膨大な政策提言・要望を出し続けてきたが、特に貿易・投資や経済連携に関する提言は、二〇〇〇年代以降だけでも一〇〇回を超す。[27]

①アジアでの貿易、投資の自由化と「東アジア共同体」構築の要求

ASEAN、韓国、中国とのFTA／EPA締結要求　戦後の日本の経済界の対外経済政策の基本は、米国とともにGATT（関税・貿易に関する一般協定）、WTO（世界貿易機関）体制を支え、その下で輸出を拡大していくことであった。このために特定の国や地域とだけ締結するFTA／EPAを、政府に要求することはなかった。しかし一九九九年五月の政策提言で日本経団連は初めて「自由貿易協定」（FTA）締結策を政府に求めた。「自由貿易協定への取組みを」検討し、「二国間協定」を締結せよと要求した。とくに対アジア各国とのFTAを求め、二〇〇〇年七月の提言では、「ASEAN諸国や韓国」と、二〇〇一年二月の提言では中国も含めた、二国間FTAを要求した。[28]

二〇〇二年五月の経団連総会決議[29]では、ASEANおよび日・中・韓との「経済連携協定（EPA）」の締結を要求した。「経済連携協定」は、貿易だけでなく、ヒト、モノ、カネのあらゆる面での自由化を含み、海外投資を拡大する多国籍企業にとって不可欠のものである。これが最初のEPAの要求であった。

「東アジア自由経済圏」、「東アジア共同体」の要求　二〇〇三年一月の奥田碩（トヨタ自動車会長）・日本経団連会長のもとで出された新ビジョン「活力と魅力溢れる日本をめざして」では、「東アジア自由経済圏の実現に向け、日本、中国、韓国、ASEANの一三ヵ国の間で」「遅くとも二〇二〇年の完成をめざ」すと、「東アジア自由経済圏」形成を具体的な構成国や目標年度をあげて宣言した。個別の

FTA／EPAではなく、アジア全体を「面」として完全に覆う「自由経済圏」の要求の開始であった。日本経団連は、「東アジア自由経済圏の形成により、ビジネス上の障害の撤廃やインフラの整備が進めば、域内の取引コストは劇的に低下」し、「域内企業の生産性や競争力が著しく強化される」と主張した。つまり日本国内での生産ではなく、東アジア全体を生産基地とすることで、コスト競争に勝ち、「グローバル競争に挑む」ためだというのだ。それは「人口二一億人、GDP七兆ドルという巨大で急速に成長する単一市場」として、「供給サイド、需要サイド両面」からアジアを日本経済の「成長の源泉として活用」するという思惑であった[30]。

二〇〇七年一月の御手洗・経団連新会長のもとでの新ビジョン「希望の国、日本」では、「『第三の開国』『内なるグローバリゼーション』を主体的に断行し」、「アジアのダイナミズムを取り込む」ために、「東アジア全域におよぶEPAの成立をめざ」し、「開かれた『東アジア共同体』を形成」すると主張した。「東アジア共同体」という表現を使って、「二〇一一年までに」ASEAN＋3（日・中・韓）を参加国とした共同体形成の必要を訴えた。それは「貿易の自由化や円滑化のみならず、投資ルールの整備、人の移動、知的財産権の保護、環境・エネルギー分野の協力などを含めた包括的」な内容を想定したもので、これによって「域内でシームレスな経済環境が整備され」「徹底的な最適地生産が進」む（傍点筆者）と主張した[31]。日本の経済界にとって「東アジア共同体」は、何よりもアジア内の国際分業と最適地生産のために不可欠なものだったのである。

一方で、二〇〇六年末頃からは、日米FTA／EPAの締結も主張するようになった。後述するように、この頃から米国がアジアへの回帰戦略を志向し始めており、「東アジア共同体」構想への割り込みを画策して、FTAAP構想を提起し始めていた。そうした米国への配慮であった。二〇〇六年一一月の提言では、「ともすれば日米関係の相対的な重要性の認識が薄れつつある」が、東アジア共同体と「並行して」日米EPAも実現することで「東アジア（経済）共同体と米国との橋渡し」をすべきと主張した。また、「遠い未来の目標」という形で触れるだけではあったが、FTAAP構想にも言及し始めたが、これも明白な対米配慮であった。[32]

TPPとFTAAPへ転換

TPP参加に日本経団連幹部が転換したのは、本節の最初に述べたように二〇〇九年末であったが、日本経団連としての正式な表明は、二〇一〇年六月の提言「アジア太平洋地域の持続的成長を目指して――二〇一〇年APEC議長国　日本の責任」（二〇一〇年六月）においてであった。これは民主党・菅内閣のTPP交渉への参加意欲表明と歩をそろえた提言であり、同提言では東アジア共同体構想などを突然、「研究・議論中」のものと切り捨てた上で、「アジア太平洋自由貿易圏（FTAAP）の提唱者である米国」が「環太平洋経済連携協定（TPP）をFTAAP実現のための重要な布石と位置付け」て「新たに交渉に参加」した以上、日本もTPPに参加してそれをFTAAP形成の第一歩にせよと主張した。「二〇一五年までにTPPを完成」させ、それを「二〇二〇年」のFTAAPの実現につなげよと期限も提示した。

しかし同提言では、アジアの広域自由経済圏形成をなぜ「東アジア共同体」ではなくTPPから出発するか、なぜFTAAPが最終目標になるのかの理由は提示されなかった。TPPの当初の参加国はわずか八ヵ国（当時）、それも太平洋をまたいでおり、面としての「広域自由経済圏」の価値は全くない。

中国、タイ、インドネシアといった日本の投資や輸出市場として重要なアジアの国々も参加しないＴＰＰをなぜ選択するのか明らかにされておらず、ただ「米国」がＴＰＰを選択したことのみを論拠に、ひたすら米国の構想に追従することを、日本経団連は主張したのである。

その後の日本経団連は、ＴＰＰ交渉への早期参加とそれをＦＴＡＡＰにつなげよという提言ばかりを矢継ぎばやに行った。[33] むろん時期が下るにつれて、ＴＰＰの条項を前提にした上で、それを有するＴＰＰこそが日本企業には必要だという後付け的理由も詳細に述べられるようになった。

②日本の大企業は本当にＴＰＰへの参加を求めていたのか

日本経団連はＴＰＰへの参加をいわば即決したが、では日本経団連の中枢幹部ではなく、日本経団連に結集した圧倒的多数の大企業は、本当にＴＰＰへの参加を求めていたのか。まことに初歩的な問題ではあるが検討しておく必要がある。

二〇〇八年秋に日本経団連は、海外進出を行っている会員企業へのアンケートを実施し、その結果を反映した提言「東アジアの経済統合のあり方に関する考え方」（二〇〇九年一月）を出した。この提言のもとになったアンケート[34]には、会員企業のリアルな本音が反映され、きわめて興味深いものがある。

アンケートはまず、東アジアの広域経済連携（自由経済圏）の構成国について問い、ＡＳＥＡＮ＋６、ＦＴＡＡＰ、拡大Ｐ４協定（ＴＰＰ）、その他の選択肢をあげた。拡大Ｐ４協定とは新しくつくるＴＰＰのことである。既述のように米国は、ブッシュ政権下の二〇〇八年二月にＴＰＰを拡大して参加する検討を始めたことを表明した。この米国の動きを前提に、「拡大Ｐ４協定」が選択肢に入れられたのだ。

この設問への回答は、六七パーセントが「ＡＳＥＡＮ＋６による東アジア経済統合を目指すべき」と答えており、ＡＰＥＣ加盟国全体でつくる「ＦＴＡＡＰを優先すべき」とする回答は一一パーセント、「アジア・太平洋における貿易・投資の自由化を主導すべく、拡大Ｐ４に参加すべき」という回答は、わずか五パーセントであった。その理由として会員企業があげている代表的な理由は「生産拠点をＡＳＥＡＮ、中国に移転しているため、まず同地域との統合を目指すべき」、「ＡＳＥＡＮ＋６の経済統合が現実的であり、成果が期待できる」というものであった（同六～八ページ）。

同時にＴＰＰやＦＴＡＡＰのような米国主導の経済圏形成への警戒も強く、「米国の国家戦略色が強い米国主導による広域連携以前に、アジアの地域統合に優先して取り組むべき」とか「米国主導の政策に加担（?）することは、日本のアジアでの独自性や各国の信頼を失うことになるのではないか」、「米国に左右されない経済圏を構築する必要がある」といった意見が多く出された。またＦＴＡＡＰに関しては、あまりに多くの国を包摂し、現実性も薄いため、すぐにというよりは中・長期的であれば目指してもよいという回答が多く、「ＦＴＡＡＰは米国が中心となった取組みであり、あまりにも対象国・地域が多いことから、それぞれの利害調整に長い時間がかかることを懸念」するといった意見が出されている。

ともあれ二〇〇八年秋の時点では、日本企業は米国主導のＴＰＰやＦＴＡＡＰなどに巻き込まれ、米国に主導されることに強い警戒感を抱いていたのだ。「アジア・太平洋における貿易・投資の自由化を主導すべく、拡大Ｐ４に参加すべき」という回答が五パーセントという少なさであったことは、現実をリアルに捉えていた日本の大企業の利益のあり所を示すものであろう。

次にどの程度「深化」した経済統合を求めるかについては、「ａ）ＥＰＡ・ＦＴＡを超えた共通市場の創造（消費拠点としての東アジア）・統合（ヒト、モノ、カネ、サービスの域内自由化）を進め、あたかも一つの国であるような環境を創造すべき」との回答が二六パーセント、「ｂ）包括的なＥＰＡ（投資ルール、知的財産権、人の移動、協力等を包摂）を通じた法制度的な枠組みを整備するよりは、物品・サービス貿易に限定したＦＴＡの拡大を目指すべき」との回答が二三パーセント、「ｃ）物品・サービス貿易の自由化よりは、関税手続きの簡素化、貿易・投資活動のベースとなる諸ルール（基準・規格づくり、知的財産の保護等）の共通化を優先すべき」との回答が三一パーセントであった。

すなわち日本経団連傘下の諸企業は、ａ）のような「ヒト、モノ、カネ、サービスの域内自由化」を推し進め「あたかも一つの国であるような」、いわばＴＰＰ型の協定を望む企業は四分の一に過ぎず、ｃ）の諸手続き・諸基準の簡素化・共通化などの緩やかで初歩的ではあるが進出先で悩まされている切実な問題解決を望む企業が最大の比率であり、ｂ）の限定的なＦＴＡを望む企業と合わせると、緩やかな協定を望む企業が半数を超えていたのだ。

その理由としては「東アジアは、文化、言語、宗教、人口規模、国家間の貧富の差など、ＥＵ諸国と比べると、違いがはなはだ大きい」、「ＥＵとは異なり、域内格差が非常に大きいため、共通市場創造は現時点で困難。物品・サービス貿易の自由化を目標とし、関税手続きの簡素化、貿易・投資の諸ルールの共通化も推進すべき」、「まずは諸ルールの共通化を優先すべき」等々と、「統合」の深度についてもきわめてリアルな認識をもっていたのである。

つまり、オバマによるＴＰＰづくり宣言の約一年前までは、ＴＰＰに参加して、一気にＮＡＦＴＡ型の徹底した協定を結ぶとか、それを足場にFTAAPに発展させ、「アジア・太平洋における貿易・投資の自由化を主導」するというようなことは、日本経団連傘下の企業レベルでは、ほとんど考えていなかったのである。

本節最初で述べた二〇〇九年末の日本経団連の幹事の突然の豹変《ひょうへん》は、米国の強力な意向を抜きには考えられぬものといってもよいだろう。その強力な「意向」が示されるや、日本の政治のトップである政府中枢と、経済界の中枢である日本経団連のトップは、突然、米国に追随し、日本の進路を急旋回させたのであった。まるで日本の権力中枢を動かす闇の巨大な「力」が作用したかのように。

（4）中国と「東アジア共同体」――中国とASEAN諸国

①中国と「東アジア共同体」構想

アジアの経済的統合がTPPのような米国主導の形か、あるいはASEAN+3のような形かという問題は、米国のアジア戦略のみならず、中国の動向や対アジア戦略とも大きく関連している。中国の対アジア戦略とは、対日関係もあるが、むしろそれ以上に対ASEAN関係は重大である。以下では、東アジア共同体を巡る中国の動向を、中国―ASEANの歴史的関係も踏まえつつ明らかにしておこう。後述する米国の対アジア戦略は、対中国戦略でもあり、それはまた中国―ASEAN関係をどう変質させるかという戦略でもあるからだ。

「東アジア共同体」への中国の感情　中国は、東アジア共同体についてどんなスタンスをとっていたのか。中国はＡＳＥＡＮ＋３（日、中、韓）首脳会議に、当初から積極的に参加した。ＡＳＥＡＮとの共同に関しては、一九九一年から中国とＡＳＥＡＮによるＡＳＥＡＮ＋１（中国）の会議を継続的に開催しており、日本より長い協力の歴史があった。中国とＡＳＥＡＮは、二〇〇一年一一月にはＡＳＥＡＮ・中国首脳会議で一〇年以内のＦＴＡ創設で合意し、二〇〇二年一一月には「ＡＳＥＡＮ・中国包括的枠組み協定」に署名し、物品と投資の自由化に歩み出した。それは日本とＡＳＥＡＮのＥＰＡよりずっと早いスタートだった[35]。

但し中国は、「東アジア共同体」という言葉そのものは使用を避け、ＡＳＥＡＮ＋３とか、10＋3（ＡＳＥＡＮ一〇ヵ国＋日中韓）という言葉を使用した。なぜなら「東アジア共同体」を盛んに口にしていたのは日本の小泉首相だったからである。彼は中国側の反発をものともせず靖国神社への参拝を毎年強行し続けた（八月一五日は避けたが）。小泉首相が「東アジア共同体」を頻繁に口にするとき、中国メディアは二つの側面からそれを警戒した。一つは、日本が「東アジア共同体」内で大アジア主義的な盟主になることを目指しているのではないかという危惧《きぐ》であった。たとえば「中国とＡＳＥＡＮの協力」が急進展し、また「中・韓の経済と貿易の関係が深化」するのに焦った日本は、「東アジア共同体」を打ち出すことによって、東アジアでの「主導権を奪回」しようとしているといった論調が、当時の中国メディアの大勢を占めた[36]。

中国側の反発のもう一つの点は、日本は「東アジア共同体」に、米国が主導しているＡＰＥＣ（アジア太平洋経済協力　一九八九年設立）のメンバーを強引に引き入れ、米国の利害の代弁者として行動しようとしているのではないかという点であった。実際に日本は、東アジア首脳会議のメンバーとして10＋

3（ASEAN＋日中韓）に加えてオーストラリア、ニュージーランド（両国ともAPECのメンバー）、インドも加えることを強く主張し、ASEAN＋3を守りたい中国と対立したといわれる。第一回東アジア首脳会議の時も、日本は米国にオブザーバー参加を打診したと報道されている。(37)

このように中国は、「東アジア共同体」という言葉そのものや、小泉政権時代の日本に対する疑念を抱いていたとはいえ、アジア内での政治経済の結合深化や貿易や投資の自由化協定締結にはきわめて積極的であった。前述したASEANとの経済提携交渉を日本より早くから開始したこともその一例である。また、中国対外貿易経済合作部等による研究報告書（二〇〇一年）では、早くも10＋3の自由貿易区を創立することを提起していた。しかも環境に配慮し河川の汚染を防止し、生態系を守るなどに配慮した経済発展こそ今後必要であり、この分野で協力し合うことが、10＋3の新しい協力形態となるだろうとも主張していた。日本が二〇〇八年になって唱えた「アジア経済・環境共同体」と同様の主張を行っていたのである。(38)この構想は中国政府の公式の主張として出されることはなかったが、二〇〇四年になると、中国はASEAN＋3を包摂する「東アジア自由貿易圏」（EAFTA）を提案し、その本格的な検討が、ASEAN＋3で開始された。

②中国とASEAN諸国の長く複雑な関係

中国の「東アジア共同体」への姿勢を見るには、ASEANと中国の関係を歴史的に抑えておく必要があるだろう。ASEANと中国の関係は、長い間の対立や葛藤《かっとう》を経て、一九九〇年代以降に徐々に進展し、ASEAN＋3の「東アジア共同体」の枠組みの受容につながったからである。

もともとＡＳＥＡＮ（タイ、フィリピン、マレーシア、インドネシア、シンガポールの五ヵ国の加盟で出発）が発足した一九六七年当時は、中国・ＡＳＥＡＮ間には、強い警戒・反目があった。米国はＡＳＥＡＮ各国に経済的・軍事的援助を行っていたが、これはＡＳＥＡＮ各国で「共産主義勢力」が拡大することを阻止するためであったし、タイやフィリピンの基地は米軍のベトナム攻撃の足場にもなっており、ＡＳＥＡＮ諸国は反共産主義・反中国で結束していたからである。

しかし一九七五年にベトナム戦争が終わると、ＡＳＥＡＮ各国は米国への従属・翼賛だけでなく中立的な外交路線を追求することが可能になった。米国によるアジアへの武力介入策を容認せざるを得なかったことに対する反省もあってＡＳＥＡＮ五ヵ国は、一九七六年に「東南アジア友好条約（ＴＡＣ）」に調印した。これは紛争の平和的手段による解決や武力行使・武力による威嚇《いかく》の放棄等を宣言するものであった。

同時にＡＳＥＡＮと中国は次第に接近した。一九七八年末にベトナム軍が、親中国派が支配するカンボジアに侵攻し、翌一月に「開放」したことを契機に、中国とベトナム間に中越戦争が勃発したが、ベトナムへの複雑な反感を抱くＡＳＥＡＮと中国は逆に接近した。一九七九年には米国と中国が国交正常化したこともＡＳＥＡＮ側の中国接近の安心材料となった。一九九〇年代になると中国は、インドネシア（一九九〇年）、シンガポール（一九九〇年）、ブルネイ（一九九一年）、ベトナム（一九九一年）と次々に国交正常化した。そして一九九一年の第二八回ＡＳＥＡＮ外相会議には、中国の銭其琛外相がゲストとして招待された。その会期中に、中国とＡＳＥＡＮ間で初のＡＳＥＡＮ＋１の最初の会議が実現した。(39)

但し、米軍が一九九一年にフィリピンから撤退を開始し「プレゼンス」を低下させる一方で、中国が一九九二年二月には南沙・西沙諸島を始めとした南シナ海一体を自国領と宣言するなどが起き、「力関係」の変化の中で、東南アジアでは「中国脅威論」も高まっていった。こうした中でＡＳＥＡＮが核となって、一九九四年にＡＲＦ（東南アジア諸国連合地域フォーラム）が結成され、第一回会合が持たれた。九四年のＡＲＦ発足時のメンバーは、ＡＳＥＡＮ（但しカンボジア、ミャンマーはそれぞれ九五、九六年に参加）＋３（日・中・韓）に、米国、ロシア、ＥＵ等々も含んだ二二の国と地域で出発した。[40] ここに中国の参加も促した。そこには対話の枠組みによって、米・中両大国の軍事的脅威から国を守ろうというＡＳＥＡＮ諸国の願いがあった。

長い紆余《うよ》曲折《きよくせつ》を経て、ＡＳＥＡＮと中国は一九九〇年代以降、関係を深め、それが両地域の経済発展と紐帯を強化した。同時に、ＡＲＦのような軍事的対立を防止するための対話の枠組みづくりという理念も醸成され、それが「東アジア共同体」構築の原動力や源流にもなったのであった。それはアジア太平洋地域の国家間の争い・衝突を予防し、軍事的対立に拡大することを防止する対話の枠組みをつくろうという試みであった。外交・軍事関係は一筋縄にはいかないが、長い視点に立って平和的な協力関係を構築する方途を追求し続ける以外の王道はないということだろう。

中国・ＡＳＥＡＮ諸国間の経済関係の深化　中国がＡＳＥＡＮや日・韓との経済的・政治的協調を求めた背景には、序章で論じたようなこの時期に急拡大したアジア域内での生産ネットワークの広がりと、その中における中国の位置があった。序章では、アジア域内の相互貿易は二〇〇〇年代に激増し、二〇〇五年にはアジアの貿易額の五五・八パーセントを占めるまでに急上昇したこと、域内貿易の六〇パーセントは中間財で、その中間財を産業部門別に見ると、電気部門（ＩＴ関連製品を含む）が断然トップだったことも述べた。この中間財貿易急増の中心になったのが中国とＡＳＥＡＮ４（マレーシア、タイ、フィリピン、インドネシア）間貿易であった。

ＡＳＥＡＮ４の対中国輸出品の主なものは集積回路であり、それはマレーシア、フィリピン、シンガポールなどの国で製造されたコンピュータの記憶装置で、これを中国に輸出し、中国でノートブック型パソコンとして組み立てられた。ＡＳＥＡＮ４から中国への全輸出におけるＩＴ関連製品の比率は、一九九五年の五・一パーセントから、二〇〇五年には六一・一パーセントにまで急拡大した。二〇〇六年時点で世界中のパソコンの八七・三パーセントが中国で製造されていたことは序章で論じたが、それはこうしたＡＳＥＡＮ４と中国間の分業体制の上に成立していたのであった。[41]

中国がＡＳＥＡＮとの経済連携協定締結と自由経済圏形成に注力した背景にはこうした経済実態があった。

中国は二〇〇〇年代には、ＡＳＥＡＮだけでなくあらゆる国に対する貿易・投資自由化協定（ＦＴＡ／ＥＰＡ）の締結にも積極的で、二〇〇三年から二〇〇七年にかけてだけ見ても、香港、マカオ、湾岸諸国、南アフリカ、チリ、パキスタン、ニュージーランド、オーストラリア、シンガポール、アイスランド、ペルー、コスタリカ、ノルウェー、コロンビア等々と、交渉開始、あるいは予備交渉を開始した。ＷＴＯの非加盟国は、個別のＦＴＡ／ＥＰＡの交渉は認められていない。中国がＷＴＯへの正式加盟を認められたのは、ようやく二〇〇一年一二月であったことを考えれば、ＷＴＯ加盟後の中国は、いわば怒濤の勢いで自由貿易・経済圏づくりに邁進し、世界一の輸出大国へと駆け上がっていったのであった。[42]

③中国の自立的秩序形成への意欲

ドル基軸通貨体制への異議　中国は世界一のドル保有国になって米国債の主要な買い手にもなったが、日本のように米国を無限定に支える意思はなかった。とりわけ二〇〇八年九月のリーマンショックを契機に、中国は米国中心の国際金融秩序に対して公然と批判を行うようになった。二〇〇九年三月二三日に中国人民銀行の周小川行長（総裁）が、同行ウェブサイトに掲載した論文はその公式の宣言であった。周氏は「今回の金融危機が勃発しグローバルな範囲で蔓延《まんえん》したことは、現在の国際通貨システムに内在する欠陥とシステムリスク」の反映で、危機は制度的欠陥の必然的結果であるとドル基軸通貨体制を公然と批判した。

米国の世界支配の根幹であるドル基軸通貨体制そのものに対する批判であり、規律を放棄してドルを自国の都合で膨張させ、世界の経済危機のみならず資本主義体制そのものの危機を拡大しつつある米国に対する強い批判でもあった。そして新たな国際通貨体制として、ＩＭＦの特別引き出し権（ＳＤＲ）の活用範囲を広げて準備通貨とする案を提案した。ＳＤＲは現在、ドル、ユーロ、円、ポンドで構成される通貨バスケットだが、ＳＤＲの価値を決める通貨バスケットに、すべての主要経済国通貨を組み入れるべきことも提起した。[43]四月二日から開催された第二回Ｇ20金融サミットでも、中国は同様のことを訴えた。

中国は、ドル基軸通貨体制に対する異議を主張しただけにとどまらず、人民元の国際化にも踏み出した。二〇〇九年四月八日の中国の国務院常務会議で「上海、広州、深圳《シンセン》、珠海と東莞《トウカン》の五都市で人民元建ての貿易決済を試行すること」を決定し、人民元建て貿易決済の範囲が拡大され、二〇一一年には中国全土で認められるようになった。二〇一四年二月には、上海で正式に人民元の国際取引が始まった。その一年後の二〇一五年一月には人民元の流通は日本に次ぐ第五位になり、二〇一五年一一月には、SDRに人民元が組み入れられることが決定した。その構成比はドル（四一・七三パーセント）、ユーロ（三〇・九三パーセント）に次ぐ一〇・九二パーセントとなって、円の八・三三パーセントを上回るもので、人民元は国際通貨として存在感を急速に拡大した。(44)

AIIB設立やアジアのインフラへの援助　中国は、米国支配の金融秩序から自立した金融機関の創設にも乗り出した。二〇一三年一〇月に習近平は、APEC首脳会議でAIIB（アジアインフラ投資銀行）を設立することを提唱した。途上国・新興国のためにインフラ整備を支援する国際投資機関である。米国の支配秩序から自立した金融機関であり、アジアを中心としたインフラの整備と一体化したものであった。資本金は当初五〇〇億ドル、最終的には一〇〇〇億ドルの予定で、二〇一五年一二月に発足した。米国が強い圧力をかけたにもかかわらず、ヨーロッパ各国はAIIBに参加したが、日本は米国の意向に従って参加を見送った。(45)

二〇一四年七月には新開発銀行（New Development Bank）が、中国、ブラジル、ロシア、インド、南アフリカを創始国として設立された。途上国支援を目的とし、インフラ整備プロジェクトへの資金提供や途上国への金融支援を行う。出資国それぞれの自国通貨建て決済や投融資の拡大、債券発行も行う。もともとBRICs銀行の名を予定していたが、後から参加する国への配慮から新開発銀行とした。これも米国のドル支配と金融秩序からの脱却の一環であった。

中国はまた、二〇一四年一一月には、シルクロード基金を創設した。中国が独自に四〇〇億ドルの基金を創設し、対象地域のインフラ整備を支援するという。ラオス、ミャンマー、カンボジア、パキスタン、モンゴル、タジキスタン等々の地域に、鉄道、パイプライン、通信網などのインフラ整備を援助する。「AIIBによる融資に加え、同基金を通じて中国がより直接的に関与する形で資金援助する。豊かな資金力をテコに、米国の意向に左右されにくい広域経済圏を築く」のだ。パキスタンの水力発電所建設（投資額一六億五〇〇〇万ドル）に投資することを決めたことを手始めに、中国は建設から運営まで一貫して請け負う。(46)

このシルクロード基金は、「一帯一路」計画という現代版シルクロード構想と一体になっている。「一帯一路」計画とは、中国から東南アジア、あるいは中央アジアを経由して欧州にいたるもので、陸上三ルート、海上二ルートを築くという壮大な計画である。(47)こうした計画が、そのままの形で実現されるかどうかは別として、今後アジアや途上国・新興国のインフラは、中国の金融援助とあいまって、中国主導で建設が進む可能性は大きい。二〇〇九年から始まった金融面での米国秩序からの自立は、インフラ輸出にともなう金融や人民元の国際化をともないつつ、現実的な歩みを開始している。

中国のGDPは、二〇〇八年にはまだ日本より少なかったが、二〇〇九年にわずかに日本を上回った。そして二〇一四年には日本の二・二五倍になった。わずか五年の間に、である。思えば日本がアジアに接近し、東アジア共同体構築を進めようとしていた時期は、日本と中国の経済力が均衡しつつあり、お互いに歩み寄り、協力してアジアとともに歩んでいける短くも貴重な時期だったのかも知れない。しかしそんなチャンスを日本は、米国の意向を受け入れるに汲々《きゅうきゅう》とし続けて結実させられず、TPP参加によって完全に崩壊させてしまった。

日本の政界と経済界は、米国へ追随していれば何とかなった時代は、もう終わってしまったことをリアルに認識すべきだ。日本企業の生き残りと日本の経済成長のためには、米国に追随することなく、中国の経済的力量と世界戦略をリアルに認識した上で互恵関係を追求し、自立的かつ平和的なアジア戦略を追求していくべき時期に来ている。そのためには政策に携わる人々の能力も鍛え上げる必要がある。対米追随と「空気を読む」人々だけをあらゆる場で重用しているだけでは日本の未来は危うい。

(5) 米国はなぜTPPを提案したか——米国のアジア回帰戦略

①影響力を拡大する中国への米国の反攻

米国抜きのアジアの統合にFTAAPによる割り込みを画策　米国抜きのアジアの結合や日・中の接近が米国にとって面白いはずはない。それが「東アジア共同体」と呼ばれるにせよ、「アジア経済・環境共同体」と呼ばれるにせよ、ASEAN+3であれ、ASEAN+6であれ。すでに、一九九〇年にマレーシアのマハティール首相が「東アジア経済グループ」(EAEG：East Asian Economic Group)構想——東アジアの共同体構想の原点といわれる——を提唱した時も、ジェームズ・ベーカー米国務長官がマハティール首相に対して「あなたの考えは」「太平洋に線を引くものだ。それは、日本とアメリカの分断につながる」と強く反発したという[48]。

とはいえ米国は、アジア通貨危機に際してもアジア救援に動くことはなかったし、米国の勢力下にあるＩＭＦ（国際通貨基金）も通貨危機下の各国に緊縮財政と金融自由化を求めて危機を一層深刻化させ、過酷な市場原理を突きつけることに終始した。

しかも米国は、二〇〇一年九月一一日の同時多発テロを契機に二〇〇一年一〇月にアフガニスタンに侵攻し、二〇〇三年三月にイラク戦争を開始し、その力を中東に集中した。二〇〇〇年代前半の米国にとって、アジア政策は後景に退いていたのだ。

そんな米国も、「東アジア共同体」が次第に現実化する中で安閑としてもいられなくなり、打ち出したのが、ＦＴＡＡＰ（Free Trade Area of the Asia-Pacific）構想による対抗である。米国が主導するＡＰＥＣ（一九八九年発足）のメンバー全体で自由貿易・投資協定を結ぶという自由経済圏構想（前掲第６－１図参照）で、これによりアジアへの割り込みを画策したのだ。

米国が最初にＦＴＡＡＰ案を投入したのは二〇〇四年のＡＰＥＣ首脳会議に対してであった。ＡＰＥＣ参加国の経営者の組織である「ＡＰＥＣビジネス諮問会議」が首脳会議に提案する形をとったのだ。しかし米国が主導するＡＰＥＣにもかかわらず、首脳会議は本気で討議することなく終わった。そこで米国は、二〇〇六年のＡＰＥＣ首脳会議の直前に「（ＦＴＡＡＰ構想は）真剣な検討に値する」とブッシュ大統領がわざわざ演説して圧力をかけ、同構想を論点化させようとした。しかしそんな努力にもかかわらず、この時のＡＰＥＣ首脳会議の宣言では、ＦＴＡＡＰ構想「研究」を「長期的展望として」開始すると盛り込まれただけであった。[49] ＡＰＥＣそのものが影の薄い存在となっていた時期であり、ＦＴＡＡＰの実現性もきわめて薄いものと見なされ、日本でさえそれを正面から掲げることはなかった。

アジアでの結合の中核に中国が座ることへの米国の警戒

米国は、ＦＴＡＡＰによるアジアの結合へ

の割込み画策と同時に、二〇〇五～二〇〇六年頃には、アジアの安全保障戦略全般に無策だったことを反省して修正を開始した。米国は「東アジア共同体」などの動きを、アジアでますます強大化しつつある中国と、その中国を核として結集しつつあるアジアの組織として捉え、それはまたアジアでの米国中心の同盟秩序までも脅かす可能性を孕んだものと認識し始めたのだ。

二〇〇六年二月の米国国防省による「四年毎の国防計画見直し」[50]（ＱＤＲ）（防衛省・参考仮訳）では、中国を米国の最大の軍事的脅威になる潜在能力のある国と位置付けたことは、すでに第５章で触れた。「主要な大国」と「台頭してきている大国」の中で、「中国は、軍事的に米国と競争関係になり、対応策をとらなければ通常兵器における米国の優位を相殺しかねない」「潜在的能力が最も大きい」国だと規定したのである（同仮訳二七ページ）。その上で、「いかなる大国もリージョナルまたはグローバルな安全保障の条件を設定できないように努め」ると共に、その大国が「地域覇権をにぎ」ることを「思いとどまらせ、侵略・威圧を抑止する」（同仮訳二八ページ）と宣言した。米国以外の「大国」、特に中国がアジアの「地域覇権」を握り、地域的あるいはグローバルな安全保障体制を構築することなど絶対に許さないと決意したのだ。

米国にとって中国への警戒は、東アジア首脳会議や東アジア共同体などへの警戒と一体となっていた。二〇〇七年一月の米議会調査局の報告では、「イラクで進行中の行動と中東での事態のために、アジアですすむ重要な事態への注意を欠落させて」いたこと、「東アジア首脳会議は、第二次世界大戦後で初めての米国が関与しなかった重要な組織化だった」と指摘した。米国は、こうしたアジア地域での結合が中国の影響力の拡大と一体になることを恐れた。「地域における米国の役割を中国のそれに比較する地域諸国の変化は、（米国との）同盟関係にとって大きな挑戦」だと、アジアで中国が米国にとって代わる可能性がうまれていることへの危機感を示した。

二〇〇八年の米議会調査局の報告でも、アジアでは、「米国中心の『ハブ&スポーク』同盟システムに代わる安全保障環境が議論されるようになっている」と、米国をハブ（車軸、拠点）としてアジアで放射状につながる従来の同盟システムに対して、東アジア首脳会議やASEAN＋3などがとって代わる可能性が生まれていることへの強い苛立ちと警戒感を示した(51)。

中国への関与とヘッジの二面作戦　米国にとってアジア問題は、中国問題であった。米国は、中国がその驚異的な経済的・軍事的成長によって遠からず米国の最大のライバルになることを予想していたが、それにとどまらずアジア各国への経済的・政治的影響力を強めてあらゆる面で米国の地位にとってかわり、アジアの中心に座ることを恐れた。米国は二〇〇〇年代半ば以降、中国に対して一方で関与を深めて取り込みつつも、一方では対中国警戒網を再構築するという「関与」と「ヘッジ」の二面の戦略を取り始めた。「ヘッジ」とは、平和的関与が失敗した場合に備えて軍事的対抗の準備をすることで、「抑止」と訳されることが多い。ヘッジに関しては、前記のようにQDRで、将来「米国の優位を相殺しかねない」中国に対して、「協力を追求する一方」、「仮に抑止が失敗した場合にも」「戦略的・作戦的な目標を達成させせない」と宣言していた。

「関与」（Engagement）策については、中国を「責任ある利害共有者」（Responsible Stakeholder）として位置付けることで、二〇〇六年三月のNSS（国家安全保障戦略）でも、中国を戦略的競争相手ではなく「責任ある利害共有者」と規定した。米国は二〇〇六年一二月には米中戦略対話を北京で開催し、

占める日中の保有額及び割合の推移

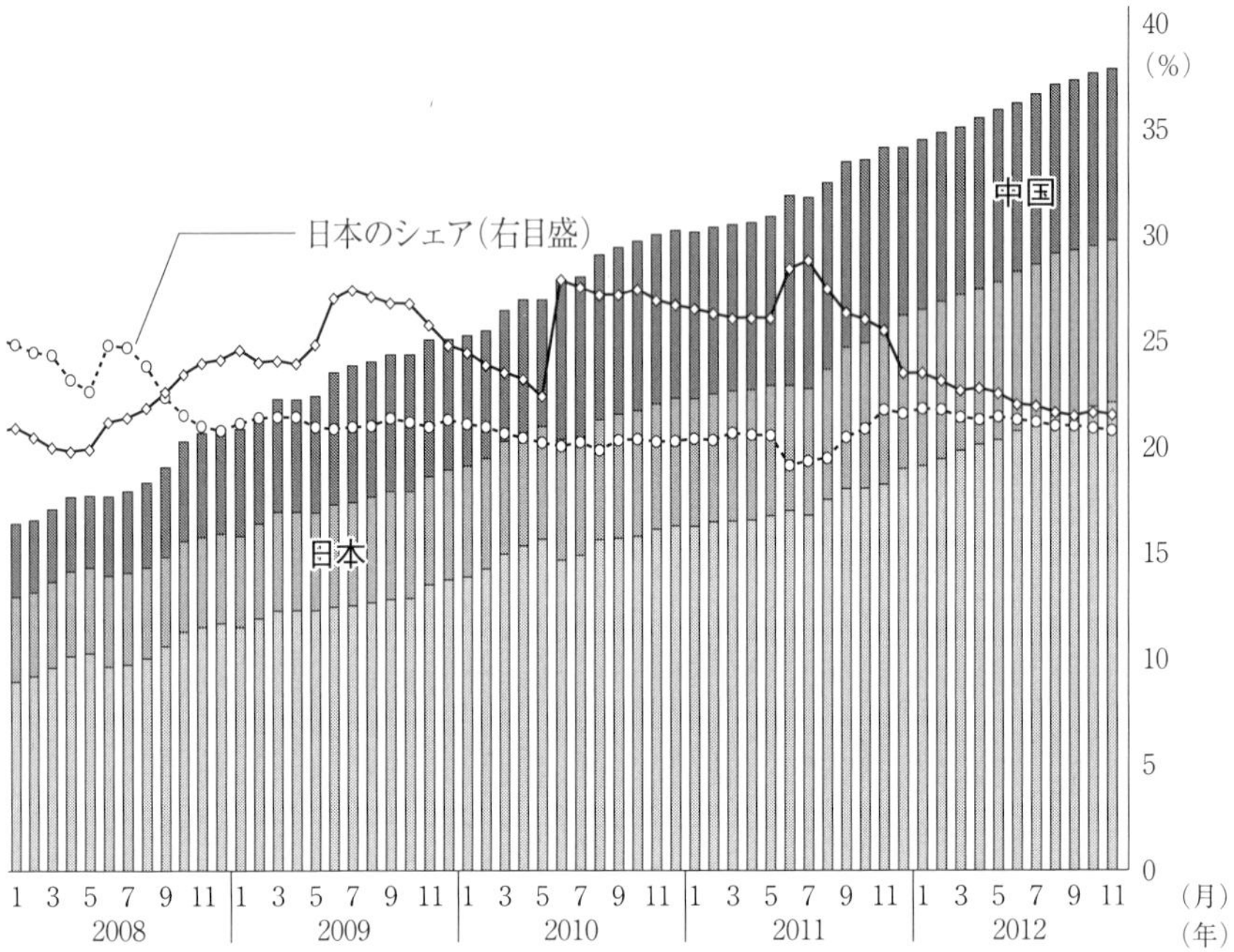

翌二〇〇七年五月にも二回目をワシントンで開催した[52]。

米国が、中国に対してヘッジ戦略だけでなく、「責任ある利害共有者」として遇せざるを得なかったのは、米国企業がすでに二〇〇五年時点で四万九〇〇〇社も中国に進出し五一〇億ドルも投資していたことに加えて、中国が米国債の引受け手として次第に大きな役割を果たすようになっていたこととも無関係ではない。米国債は二〇〇〇年代に増加した。従来、米国債の外国の主な引受け手は日本であったが、二〇〇四年以降は停滞・減少し、代わって急速に拡大したのが中国であった。二〇〇四年の九月にはまだ、日本の三分の一以下の二〇九四億ドルだった中国の引受け額は、二〇〇八年九月には日本を抜いて六一八二億ドルになった。

第６－２図　米国債の海外引受分に

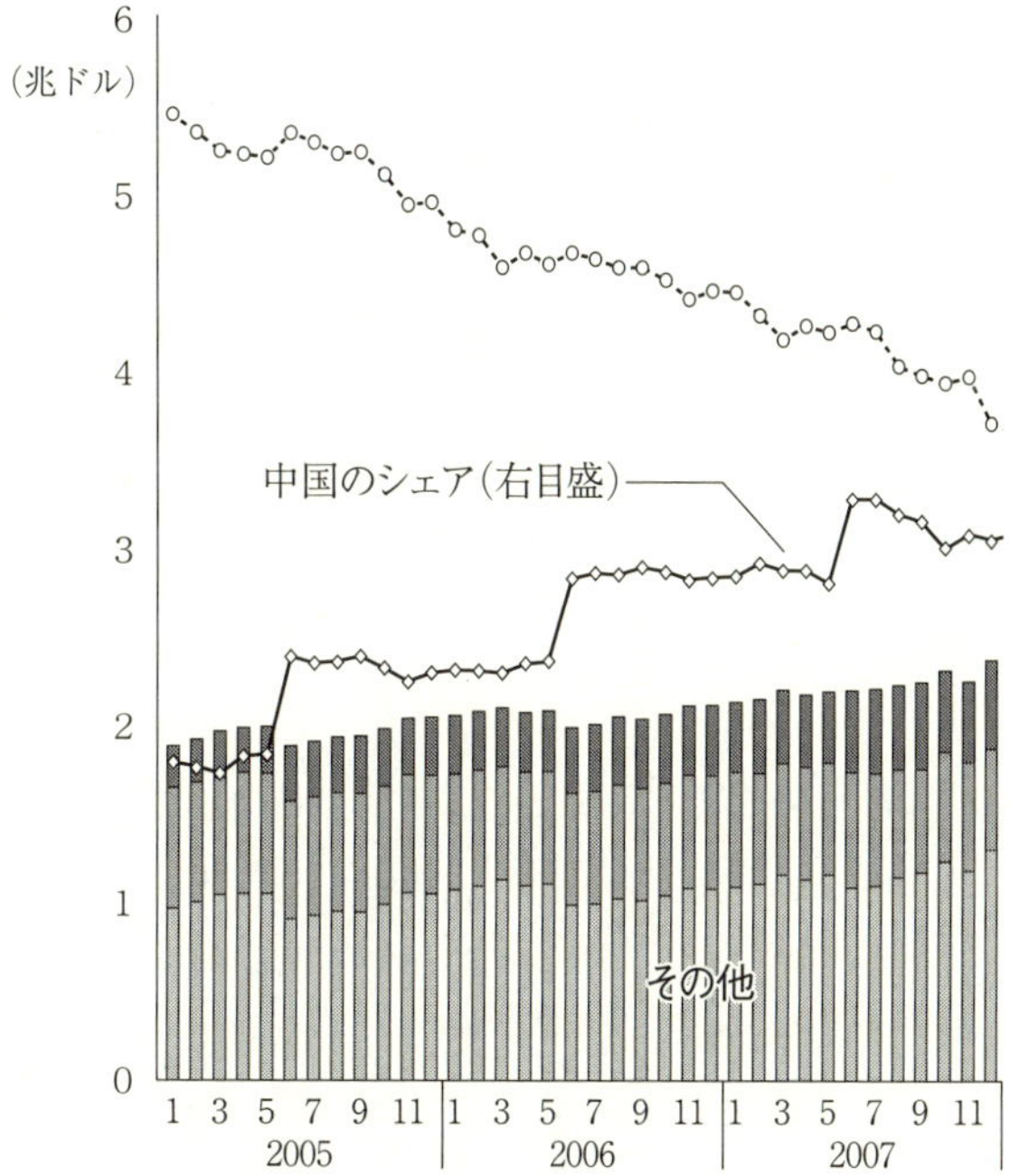

（出典）米国財務省

二〇〇八年以降は、米国政府はリーマン破綻《はたん》後の救済融資に乗り出さざるを得ず、たとえば二〇〇八年一〇月には七〇〇〇億ドルを用意して、金融機関から不良債権を買い取ることを決定し、同年末には自動車のビッグ３に対する救済融資も始まった。こうした中で米連邦政府の債務残高も急増した。中国の米国債保有額は二〇〇九年九月には九三六五億ドル、二〇一〇年九月には一兆一五一九億ドルに膨らんで、同時点での日本の米国債保有額八六〇八億ドルをはるかに超した(53)。急膨張する米国財政の大きな支え手が中国になったのだ（第６－２図）。

アジア回帰の世界戦略と「同盟国」への期待　上記のような中国への「関与」と「ヘッジ」戦略は、当然米国の世界的な安全保障戦略も規定した。二〇〇六年のＱＤＲですでに、「万が一（台頭する中国に対する）抑止が失敗した場合に侵略を打倒するために」、「米国は駐留態勢の更なる多様化に努め」る必要があること、「世界規模の軍事態勢見直し」に基づいて「地球規模の基地態勢見直し」の必要があることも強調した（同仮訳二八ページ）。

但しそれは、米国一国によって達成できるものではなく、第5章ですでに触れたように、「共通の敵を打倒するために、他国と共同で、または他国を通じて行動する」ことが重要で、「米国自身が行動するのではなく、米国の友好国が自らより多くのことをできるようにするため」の、「パートナーシップ能力」を構築することが不可欠だとしている。同盟国・友好国に「やらせる」ためには、その「パートナーシップ能力」を向上させねばならず、それを米国が助けるという発想であった。

つまり、中国の機嫌を損ねずに中国をヘッジするという難しい二面作戦を遂行する必要があった米国は、自らは米・中のG2時代到来などと中国を持ち上げる一方、米国自身ではなく、たとえば同盟国日本に、対中国「ヘッジ」を少しずつ肩代わりさせていく方法をとったのだ。米国は、日本が肩代わりできるように「パートナーシップ能力」を向上させてやろうというのだ。

二〇一〇年二月に公表された新しいQDRでも、同盟国、パートナー国との緊密な関係とその役割分担が一層協調された。序論では「複雑な安全保障環境と米国の国益を守」るために、「重要な地域の同盟国及び協力国との防衛関係を再活性化」することの「重要性を強調する」と述べ、同盟国、協力国との防衛関係の再編をとりわけ重視した。米国の予算が制約される中では、「集団的な抑止と防衛能力を強化するため」には、日本や韓国との緊密な関係と役割がより一層重要となっていたのだ（原文五九ページ）。二〇一〇年五月の「国家安全保障戦略（NSS）」では、日本、韓国、オーストラリア、フィリピン、タイとの同盟は「アジアにおける安全保障の礎石」であることも強調し、同盟国や協力国とのより密接な協働を確認したのであった。

こうした米国の戦略を、日本において〝がっちりと〟受け止めたのが、安倍内閣であった。第5章で述べたように、第一次安倍内閣では二〇〇六年一二月に防衛庁を防衛省に昇格させる法律を成立させ、二〇〇七年五月に日本国憲法の改正手続に関する法律（国民投票法）を成立させ、二〇〇七年五月にイラク復興支援特別措置法（自衛隊をイラクに派遣するイラク特措法期限切れを二年延長）を改正するなど、「戦後レジームからの脱却」を開始した。但し第一次安倍内閣は短命に終わったため、米国の「パートナーシップ能力」の構築も中断せざるを得ず、米国は二〇一二年一二月の第二次安倍内閣誕生まで待たねばならなかった。

第二次安倍内閣以降の展開については、第5章で詳しく論じたので繰り返さないが、第二次安倍内閣が安保法制を根本から改変して集団的自衛権行使を可能にしたこと、他のアジアの国への軍事面での能力構築にも乗り出したこと、インフラ輸出においても惜しげない援助を開始したこと、それはいわば中国とのアジア各国の争奪戦・勢力圏拡大競争の観すら呈し始めたこと、すなわち米国のアジア回帰戦略を極めて忠実かつ積極的に支えるものであったこと等を確認するにとどめる。

このように日本が米国のヘッジを肩代わりすることは、中国にとってもそう悪い話ではない。中国もまた米国と正面から激突する事態は絶対さけようとしてきたからである。習近平は非公式の米中首脳会談（二〇一三年六月）で、「広い太平洋は米中両国を受け入れる十分な空間がある」、「新しい大国関係を築いていきたい」と語った(54)。中国は、軍事技術レベルでも経済レベルでもまだ大きな差のある米国による直接的な「ヘッジ」や「囲い込み」を避け、米中両大国の並立を望んでいる。日本が米国の代理の「悪役」として、アジアへの軍事的関与を進め、「反中国」・「戦前回帰」政策をとるのであれば、それはそれで自国民統合に利用しないでもないというところなのだろう。

②オバマ政権による多様な形でのアジア回帰

アジア太平洋地域への軍事的回帰（リバランス）

オバマ政権は、上記のような戦略を引き継ぎ、アジア回帰を推し進めた。リーマンショックの後始末の中で米国の財政は益々逼迫《ひっぱく》し、二〇一一年八月に制定された予算管理法では、二〇一二年度から二〇二一年度にかけて、あわせて二・一兆ドルの財政赤字削減が義務付けられた。こうした中での軍拡は不可能であり、軍事編成の面では他の地域の戦力をアジアへ集中的に振り向けるという形をとるとともに、軍事以外の多国間組織や経済協定によるアジア諸国の再結集という形をとらざるをえなかった。米国は中国包囲とか中国敵視といった表現を使うことを絶対に避けたが、アジア・太平洋回帰戦略の軍備再配備は中国を包囲するように海軍戦力をアジアに集中配備することが要となった。

オバマ政権のアジアへの軍備再配置を、比較的早い時期に、包括的・具体的に示したのは、カーター国防副長官が二〇一二年八月に行った演説である。同副長官の演説では、海軍、空軍、陸軍、海兵隊すべてを、アジア太平洋地域で増強すること、とくに海軍は二〇二〇年までに米国海軍の兵力の六〇パーセントを太平洋に投入することを明確にした。これが実現すれば、空母一隻、駆逐艦四隻、ズムウォルト級駆逐艦三隻、沿岸域戦闘艦（ＬＣＳ）一〇隻、潜水艦二隻が、同地域で純増となるとカーター国防副長官は述べた。

またアフガニスタンからの撤退にともない、洋上戦闘艦や空母、ＥＰ－３電子偵察機やＰ－３海上哨戒機を含む海軍の情報・監視・偵察能力、ファイヤースカウト無人攻撃機二機なども、アジア太平洋地域に振り向け、さらにアフリカ、南米、欧州に展開していた揚陸艦や駆逐艦をアジア太平洋地域に配備し、スペインのロタを駆逐艦母港化することにより、さらに六隻の駆逐艦をアジア太平洋地域にローテーション展開できるようになるというのだ。

空軍の戦力については、アフガニスタンからアジア太平洋地域にMQ－9リーパー無人攻撃機、U－2偵察機、グローバル・ホーク無人偵察機を振り向け、アフリカ中央軍司令部指揮下にある空軍の情報収集能力も太平洋軍司令部へと移管され、アフガニスタンからの撤退後はB－1爆撃機を西太平洋へと配備し、さらにアメリカ本土に配備されている宇宙、サイバー、爆撃機部隊をアジア太平洋地域に割り当てるのだ。

陸軍と海兵隊については、イラクとアフガニスタンから部隊を撤退させ、その一部をアジア太平洋に配備する。韓国に駐留する米陸軍は、国防予算の削減対象から除外することも決定したのであった。[55]

このような計画について、二〇一四年のQDRでも、「二〇二〇年までには、米海軍戦力の六〇パーセントが太平洋地域に駐留することになり、この中には日本における重要な海軍戦力の強化が含まれる」[56]（日本語訳・第二分冊　一一五頁）と、アジアに米海軍力を集中させること、それは日本における海軍戦力強化を中核にすることが明記された。

二〇一四年のQDRでは、同盟国・友好国の役割がとりわけ重要であり、「アジア太平洋リバランス戦略に対する国防総省の取り組みの中心となるのは、オーストラリア、日本、韓国、フィリピン、タイとの安全保障上の同盟関係の強化」であり、「それぞれの同盟国と、地域で生じる挑戦に最も効果的に対処するため、統合能力を最新のもの」にするとしていたことは、第5章でも触れた（同・第一分冊七五頁)。

すでに二〇一一年一一月にはオバマ大統領は、オーストラリア議会で演説し、「われわれはすでに、アジア・太平洋全域のアメリカの防衛体制を近代化し」ており、「日本と朝鮮半島での強力なプレゼンスを維持しつつ」、「東南アジアでのプレゼンスを強化する」と宣言し、二一世紀のアジア太平洋に「アメリカはすべてを注ぎ込む」と言い切っていた(57)。米軍はこの時点で、アジア太平洋地域では、日本に四万一七八人(うち海兵隊一万七五八五人)、韓国に二万四六五五人と、日本と韓国に集中配備されているが、オーストラリアは、アジア太平洋地域では日本や韓国とならぶ米国の重要な同盟国であり、北部ダーウィン等にも米国の海兵隊の拠点を置き、二五〇〇人まで増員するのだ。これは中国の弾道ミサイルの飛距離が向上しているため、中国に近い日本の沖縄や韓国だけでなく、距離が離れたオーストラリア北部にも海兵隊を配備するためである。また南シナ海への出動も念頭に置く(58)。

二〇一六年七月には、米国の地上配備型ミサイル迎撃システム・サードを韓国に配備することで米韓政府が合意した。この配備計画は中国と韓国の関係に亀裂をもたらした。サードは一〇〇〇〜二〇〇〇キロを探知でき、韓国に配備されれば、中国は内陸のミサイルの動向まで米国に察知されることになるからだ。韓国と中国はきわめて良好な関係を続けてきた。中国は韓国の最大の貿易相手国であり、中国貿易と中国への韓国企業の進出は韓国の経済成長に長年寄与してきたからである。サード配備によって、その良好な中・韓関係に亀裂が走った。米国にとってサード配備は、軍事上の意義もさることながら、中・韓にくさびを打ち込み、韓国を再び米国の最も緊密な同盟者に回帰させることにも大きな意義がある。そうしたくさびの一本を、米国はまずは打ち込んだというところであろう。

米国は、陸海空軍をアジアに集中して配置し、いわばアジアを包囲しつつある。同時にかつてアジアで「親密」だった国を、再び強い紐帯《ちゅうたい》で一国ずつ再結集させようとしている。東南アジアの国々に対しては日本の力も利用しながら。

アジアの「多国間組織」や経済協定への関与策

米国のアジア回帰は、軍事面だけでなく、アジアの「多国間組織」や経済協定も通じて多面的に進行した。多国間組織への関与については、二〇一〇年五月に公表された「国家安全保障戦略（NSS）」でも、今後はASEAN、APEC、東アジア首脳会議、そしてTPPなどの地域の多国間機構の中で、米国はより重要な役割を果たすと宣言した(59)。

東アジア首脳会議への参加はその大きな一つである。東アジア首脳会議は、前述したように東アジア共同体構想やアジア地域の協働の中でASEAN＋6の組織として生まれたものであるが、オバマ大統領は、二〇一一年一一月に東アジア首脳会議に初めて参加し、その帰りにオーストラリアに立ち寄り、以下のような演説した。「われわれは地域の多国間組織に再び関与する。私は東アジア首脳会議に参加する最初の大統領となることを誇りに思っている」。それは、アジアで米国抜きの「多国間組織」はもはやあり得ない、米国は「再び関与する」との宣言でもあった。

クリントン国務長官も、二〇一一年一一月の『フォーリン・ポリシー』に掲載された論文において、アジア太平洋地域における米国軍の兵力態勢の抗堪《こうたん》性強化や、既存の同盟国との同盟関係の発展などと共に、多国間の地域的枠組みへの米国の参加、そしてアジア太平洋地域での自由貿易協定の締結等によるアジア太平洋への「旋回」（pivot）を論じた。「自由貿易協定の締結」については、〝自由で透明かつ公正な経済的競争をアジア太平洋地域で促進すべく、米国の経済外交を活性化させ、自由貿易協定を積極的に締結する〟と述べた。
つまり、オバマ政権は、アジアに軍事的な再編・集中を行い、「同盟国及び協力国との防衛関係を再活性化」も行うだけでなく、アジア太平洋地域の多国間組織へ米国が積極的に関与し、自由貿易協定等の締結も主導することで、アジア・太平洋地域への回帰・旋回を多面的に推し進めようとしたのである。このうちの「自由貿易協定の締結」がＴＰＰであり、経済面からのアジア回帰の柱となった。米カーク通商代表は「アジア太平洋地域で米国が関係しない通商協定が広がっており、過去一〇年間、同地域の市場で米国のシェア後退を招いている」との書簡を米国議会に送ってＴＰＰへの参加によるアジア回帰を呼びかけた[60]。それはＡＳＥＡＮと日中韓を核とした東アジアの協働——東アジア共同体に象徴される米国抜きでの東アジア結合を最終的に破壊し、中国とアジア諸国の分断を目指すとともに、米国がアジアの諸組織に介入し中核に座り、ＴＰＰという自由貿易協定も武器としてアジア諸国の取り込みと米国中心の団結を図ろうとする戦略であった。

ＴＰＰは米国製造業の国内回帰策とも一体　ＴＰＰがうち出されたもう一つの要因は、米国の国内経済との関係である。金融危機の後始末に追われる中でオバマ大統領は、製造業の重視と生産の国内回帰、それと一体となった輸出倍増計画を打ち出した。二〇一〇年一月のオバマ大統領の一般教書演説では、「二〇一四年までに輸出を倍増する」という戦略を掲げた。「なぜならば、輸出を増強すれば、我が国において雇用を創出できるためである」と演説した。そしてオバマは、「私は大統領に就任する以前から、貿易協定を強化するべきとの考えを明確にしていた。そして、私が署名する貿易協定は、米国人労働者を守り、米国人の雇用創出につながるものに限るだろう[61]」と演説し、輸出拡大と貿易協定の締結策を関連させた。

オバマ政権は、経済面での危機克服の課題も抱えていたため、製造業重視と生産の国内回帰と輸出倍増計画、そのためのTPPのような自由貿易協定締結を、一体で打ち出したのであった。それが本当に可能な循環であるか否かは別として、輸出増で米国民の雇用を創出すると訴えることは米国大統領にとっては最重要となっていたのだ。二〇一二年に、翌年の大統領選挙に向けて掲げた政策でも、「製造業雇用一〇〇万人創出」や「TPPの交渉妥結による米国製品の市場拡大」を掲げた[62]。TPPは、国内経済面でもアジア戦略面でも、オバマ政権の政策全体の要としての意味を持っていたのだ。

但しTPPのような自由貿易協定が、米国の輸出増をもたらし米国の国内経済を成長させるという論理が、論理として正しいかどうかはむろんのこと、米国民がどこまで信じたかも不明である。米国民はすでに、NAFTA締結で、米国の製造業と雇用が低賃金国・メキシコに流出した苦い経験を持っていたからだ。このためこの四年後のオバマに代わる新大統領を選ぶ選挙では、クリントンもサンダースも共和党のトランプもすべてがTPPに反対する政策を掲げざるをえなかったのだから。これについては第二節の最後で論じる。

ともあれ、TPPを米国が打ち出した背景には、以上のような米国の対アジア戦略、対中国戦略の大きな転換、そして米国内の経済課題があった。米国政府にとっては、TPPが米国品の輸出増につながると国民に説得するためにも、先進国・日本のTPP参加が必須だった。NAFTA締結で、米国の製造業と雇用が低賃金国・メキシコに流出した経験を持つ米国民に対しては、先進国日本を巻き込むことで、大きな輸出市場が開かれていると説得力をもたせることができる。つまりオバマ政権にとって、日本のＴＰＰ参加は絶対に必要だったのだ。

そして日本政府と経済団体幹部は、本節の最初で述べたように、間髪を入れずにそれに応えてＴＰＰへの参加を決め、米国のアジア回帰戦略を経済協定からも支える選択をしたのであった。

第二節　ＴＰＰの本質――企業のグローバル化の後ろ楯、法的守護

本節では、ＴＰＰの条項に基づいてその経済的な本質を明らかにする。

本章のはじめで、ＴＰＰについて、企業がグローバルに活動するための基盤整備であり、企業が国家を超えて、締約各国に企業本位のルールを押し付けようというものだと書いた。また、ＴＰＰは「自由貿易」を拡大し、先進国の工業生産と輸出を拡大することに主眼が置かれたものではなく、投資の自由化を推進することに重点がある協定であり、投資相手国で企業が活動するための企業の後ろ楯、法的守護だとも指摘した。

それはまた、各国の「規制」を撤廃させて、各国の国営・公営企業、公共分野、そして金融・保険分野も外国資本に開放させ、その「開放」、「規制撤廃」、「自由化」を決して後戻りできないように、各国に強い縛りをかけるための協定だとも書いた。

本節では、ＴＰＰの各条項の意味を逐次明らかにしながら、なぜ、そういえるのか、ＴＰＰが締約国

に対しては何を求め、締約国が負わねばならない義務はどんなもので、それはグローバルに活動する企業に何を保証するものか、具体的に明らかにする。

以下、「(1) WTO協定からNAFTA型投資協定へ――なぜTPPが出てきたのか」では、WTOによる世界の自由貿易体制に、米国がどんな不満を抱き、TPPのような個別の協定を推進・拡大することになったのかを明らかにする。

「(2) TPPの実像」では、TPP全体を条項ごとに検討することで、それが貿易自由化協定としての側面以上に、投資協定として大きな意味を持つことを明らかにする。TPPの条項はそれぞれどんな意味があるのか、多国籍企業にとってはどんな意味があるのか、それは企業が進出先の国家の政策をどう縛り、国民生活には何をもたらすのか、こうした視点からTPPの諸項目の意味と本質を見る。

潰れたことで、日本人の関心が薄れてしまい、その正確な分析も停滞している感のあるTPPだが、TPPの本質を把握することは、遠からず始まることが予想される日米FTAその他の今後の貿易・投資協定の意味を理解するためにも必須である。

「(3) 日本にとってTPPは有用か」では、TPPのような協定、すなわち企業が進出先の国家の政策まで支配するきわめて強い拘束力を持つ協定が、本当に必要かどうかを、日本経済や国民にとってだけでなく日本企業にとって必要か、それが日本企業の成長につながる道かについて考える。

「(4) TPPは国民に何をもたらすか」では、米国が、なぜTPPから離脱することになったのかについても言及し、TPPのような協定が目指すもの、そして「グローバル化」なるものが国家や国民にはなにをもたらすかについて考えたい。

（1）WTO協定からNAFTA型投資協定へ――なぜTPPが出てきたのか

①WTOの貿易秩序と米国の不満

TPPの条項を明らかにする前段階として、WTOのような世界全体を包摂する貿易と投資の規律から、なぜTPPのような個別の投資協定が脚光を浴びるようになってきたのか、それはWTOとどのような点が、どう違い、どう補おうとしたものか、それを必要とした主体は何だったのかをまず明らかにする必要がある。

また個別の投資協定の数は一九八九年には全世界で三八五であったが、一〇年後の一九九九年には一八五七、二〇〇九年には二七五三へと急増した（以上は累計数）。この背景には何があるのか。WTOの規律は誰にとってどこが不十分で、誰がそれ以上の規律を求めたのか。

WTOの貿易秩序　現在、世界中のほとんどの国が共有している貿易と投資の基本原則は、WTO協定である。WTO協定は正式には「世界貿易機関を設立するマラケシュ協定」と呼ばれ、一九九五年一月に発効した。WTOの加盟国・地域数は一六四で（二〇一六年一二月現在）、ほとんどの国と地域が加盟している。同協定は、WTO（世界貿易機関）の設立などについて定めているが、第6－1表のようにⅠ～Ⅳまでの付属書と一体となっている。同協定のすべての分野にわたる基本原則は、①「最恵国待遇」（すべての加盟国の産品に対する同等の待遇）、②「内国民待遇」（内国税や法令において国内品と輸入品の待遇を差別しない）、③「数量制限の一般的廃止」（輸入数量を制限してはならない）、④「合法的な国内

第6－1表　世界貿易機関を設立するマラケシュ協定（WTO 協定）

協定および付属書名およびその細目名	
世界貿易機関を設立するマラケシュ協定（WTO 設立協定）	
付属書Ⅰ	A　物品の貿易に関する多角的協定
	①千九百九十四年の関税及び貿易に関する一般協定（1994 年の GATT）
	②農業に関する協定
	③衛生植物検疫措置の適用に関する協定(SPS)
	④繊維及び繊維製品(衣類を含む)に関する協定
	⑤貿易の技術的障害に関する協定（TBT）
	⑥貿易に関連する投資措置に関する協定（TRIMs）
	⑦アンチ・ダンピング協定（1994 年の GATT 第６条の実施に関する協定）
	⑧関税評価に関する協定
	⑨船積み前検査に関する協定（PSI）
	⑩原産地規則に関する協定
	⑪輸入許可手続に関する協定
	⑫補助金及び相殺措置に関する協定（SCM）
	⑬セーフガードに関する協定
	B　サービスの貿易に関する一般協定（GATS）
	C　知的所有権の貿易関連の側面に関する協定（TRIPS）
付属書Ⅱ	紛争解決に係る規則及び手続に関する了解
付属書Ⅲ	貿易政策検討制度（TPRM）
付属書Ⅳ	複数国間貿易協定
	①民間航空機貿易に関する協定
	②政府調達に関する協定
	③国際酪農品協定（1997 年末に終了）
	④国際牛肉協定（1997 年末に終了）

（出典）外務省作成「WTO 協定の概要」、（//www.mof.go.jp/customs_tariff/trade/international/wto/c03.pdf）、経済産業省通商政策局編『2002 年版　不公正貿易報告書』（資料編、１．WTO 協定の概要）等によった

産業保護手段としての関税に係る原則」（関税は認めるが、関税交渉を通じて漸進的に引き下げを目指す）という四原則である。また、農産物の分野では、ゆるやかな漸進的措置をとるとともに留保条件も認められている。(63)

米国を中心としたWTO秩序への不満と改変のうごき

WTO協定は、物品貿易の自由化に関するものが中心であり、留保条件も認められているため、先進国、特に米国には、不満の大きいものであった。一九八〇年代後半以降の米国は、物品の貿易よりもサービス貿易（金融・運輸・通信・流通・建設等々のサービスの国際取引）や直接投資に関心が移りつつあり、そうした分野がWTOの協定では不十分だと不満を持っていたからである。

むろんサービス貿易や投資に係る規定もWTO協定に含まれてはいる。サービス貿易については、付属書I－B「サービスの貿易に関する一般協定」（GATSと略称）で規定されているものであり、「最恵国待遇」と「透明性」の二項目が、すべての分野のサービス貿易が守るべき基本原則になっている。投資についても、WTO協定では付属書I－Aの⑥「貿易に関する投資措置に関する協定」（TRIMs協定と略称）で規定されている。TRIMs協定は「投資保護協定」といわれるもので、すでに行われた投資財産の保護等をもっぱら行うものである。具体的な内容は第6－2表に掲げたような措置を投資受入れ国が採用することを禁止すること、すなわち、①ローカルコンテント要求（外国からの進出企業に対して、国内産品の購入・使用を要求すること）の禁止、②輸出入均衡要求（進出企業に対して、輸入品の購入・使用を、自社の輸出額や輸出量に応じた額に限定する措置）の禁止、③為替規制（進出企業に対して、自社の輸出額や輸出量に応じた額に外貨の調達を制限することなど）の禁止、④輸出制限（進出企

第６－２表　TRIMs協定で明示的に禁止された貿易に関連する投資措置の例

①ローカルコンテント要求	進出企業に対して、国内産品の購入・使用を要求する措置。特定の産品、産品の数量若しくは価格又は当該企業の現地生産の数量若しくは価格の比率のいずれを定めているかを問わない。(GATT 第３条４項違反)
②輸出入均衡要求	進出企業に対して、輸入品の購入・使用を、自社の輸出額や輸出量に応じた額に限定する措置。(GATT 第３条第４項違反) 進出企業に対して、国内生産に使用される産品の輸入を、一般的に又は自社の輸出額や輸出量に応じた額に制限する措置。(GATT 第11条第１項違反)
③為替規制	進出企業に対して、自社の輸出額や輸出量に応じた額に外貨の調達を制限することなどにより、生産に使用される産品（部品等）の輸入を制限する措置。(GATT 第11条第１項違反)
④輸出制限	進出企業に対して、現地生産した製品等の輸出又は輸出のための販売を制限する措置。特定の産品、産品の数量若しくは価格又は当該企業の現地生産の数量若しくは価格の比率のいずれを定めているかを問わない。(GATT 第11条第１項違反)

（出典）経済産業省通商政策局編『2013年版　不公正貿易報告書』374頁・図表８－１

業に対して、現地生産した製品等の輸出又は輸出のための販売を制限する措置）の禁止、といったもので、外国からの進出企業に対して、進出先の国家が生産や輸出入に数量的その他の規制を掛けてはならず、その生産・輸出入の自由を保障するものである。むろん最恵国待遇や内国民待遇も適用される。

しかし、米国のような多国籍企業の母国は、こうしたすでに行われた投資の保護にとどまらず、〝投資相手国における「投資障害」そのものを撤廃させ、あらゆる分野への投資を自由化させる〟ことや〝投資先での活動の一層の自由化とその活動の保障〟等まで求めるようになっていた。

米国を中心とした多国籍企業の母国は、対外直接投資の環境をより有利に整えるためにＴＲＩＭｓを超えるルールづくりを求めて、世界的な協議を開始した。ＯＥＣＤ（経済協力開発機構）では一九九五年に多国間投資協定・ＭＡＩ（国境を越えた自由な投資を阻む障害を削減するための交渉）が開始されたが、これは妥結に至らず一九九八年に挫折してしまった。ＷＴＯでも一九九六年以後、投資にかかわる問題が検討課題となり、二〇〇二年には投資ワーキンググループも開催された。これも開発途上国からの強い反対で、規則制定にはいたらなかった。

このため投資について世界全体として有効性を持つ規定は、現在もＴＲＩＭｓだけであり、世界で二九〇二ある投資協定（二〇一三年時点）の大半がＴＲＩＭｓに基づいている。[64]

多国籍企業本位のルールづくりへの反発――反グローバリズムの高まり

ＴＲＩＭｓを超える投資のルールづくりが難航した背景には、投資、サービス貿易、知財権、農業等々の分野で、先進国と途上国・新興国の間で利害が対立し、拡大していたことがある。先進国間でも利害の齟齬《そご》が生じており、国ごとの発展段階や特質を無視した一律のルールを定めることが限界に来つつあったのだ。ＷＴＯの交渉の本流であるドーハ・ラウンド（ドーハ開発アジェンダ）自体が、二〇〇一年の開始以降、難航に難航を重ねた結果、二〇一一年末にはいったん中断され、二〇一四年七月には暗礁に乗り上げた。[65]

同時に世界の人々の中に、反グローバリズムの認識や運動が広がっていったことも一因であった。「グローバル化」の名の下に進行する事態は、新興国・途上国や各国の国民（先進国を含む）には、何の利益ももたらさないと世界の人々が考え始めたのだ。各国の発展段階や国民生活を無視してあらゆる関税をゼロにすることを強要する「貿易の自由化」なるものや、他国の低賃金労働を利用するための直接投資を徹底して保護する「投資の自由化」などは、途上国には貧困と格差の固定化を、先進国民には賃金と権利の低下をもたらすものであり、多国籍企業に都合の良いルールを世界に押し付けるだけのものだ、これ以上の「自由化」は人間を不幸にすると多くの人々が考えるようになったのであった。

世界における反グローバリゼーションのデモも、一九九九年一月のシアトルの七万人の反WTOデモに始まり、世界の様々なところで、数十万、数百万単位で繰り広げられた。人々の間に〝グローバリゼーションとは、結局のところ米国主導による多国籍企業の利益を代弁・推進するものだ〟という認識と、〝WTOは米国主導、多国籍企業主導のグローバル化推進の牙城である〟というWTOに対する反感とが一体となって広がった。

②NAFTA型投資協定

米国は個別の投資協定を拡大　一九九〇年代以降には、世界における多国籍企業の投資はますます拡大したが、投資に関する新たなルールづくりをWTOで行うことは次第に困難になった。このために米国は、FTA（自由貿易協定）等の中に「投資保護・自由化」の条項を含める政策をとるようになった。FTAは、単なる関税低下・撤廃だけでなく投資関連の条項のためにこそ重要になっていったのだ。

米国の多国籍企業が求める貿易のルールを具体化した典型的な協定が、NAFTA（北米自由貿易協定：一九九四年一月発効）である。NAFTAは、その後の米国の投資協定のひな形になった。それまでのTRIMs型の協定を「投資保護協定」と呼ぶとすれば、NAFTAは「投資保護・自由化協定」と呼ぶべきもので、いわば投資協定の新たな時代を画するものであった。それは、投資相手国に対する投資前からの「自由化」強制や、投資相手国の政策変更への異議申し立て等に象徴されるもので、TPPもまた、後述するようにNAFTAを踏襲するものである。

NAFTA型投資協定の主要な条項　では、NAFTA型の協定は、投資に関するどんな条項を含むのか。NAFTA型の「投資保護・自由化協定」に含まれることが多い主要な投資関連の条項を『不公正貿易報告書』での記述に拠りながら簡単に見ておこう。(66)

「①投資財産及び投資家の定義」：投資財産とは、「投資家により、直接又は間接に所有され、又は支配されているすべての種類の資産」と定義されることが多い。「間接」に「所有」されるというのは、親会社―子会社―孫会社の関係のように、資本関係が連続している場合の親会社と孫会社の関係等を意味し、第三国を経由するか同一国内で資本関係を有するかを問わない。また、投資家とは締約国の「自然人」や「企業」を指す。

「②内国民待遇（NT）、最恵国待遇（MFN）」：WTO型の投資保護協定の場合は、すでに投資が行われた後の段階の活動（経営、管理、運営、維持、使用、享受、売却その他の処分）にのみ内国民待遇・最恵国待遇を付与するものであるが、NAFTA型の場合、投資以前からの活動、すなわち〝投資財産の設立、取得、拡張〟に関しても、締約国は内国民待遇及び最恵国待遇を与えなければならないとする。

「③公正衡平待遇（Fair and Equitable Treatment）」：投資を受入れた締約国が、投資された財産に対して「公正かつ衡平な待遇」と「十分な保護及び保障」を与える義務であるが、NAFTA型の場合には「投資家の正当な期待」の保護にまで行う義務を締約国は負わせる場合が多い。この条項と他の条項が一体となって投資受入れ国の政策に大きな縛りをかけることができる。

「④国が投資家になした約束の遵守義務（アンブレラ条項）」：投資受入れ国が、個別の投資に関する契約（たとえばインフラプロジェクト等）により締約国企業、あるいはその合弁企業に負った義務を履行するよう義務づけるもので、投資契約による義務を包括的にカバーするという意味で、アンブレラ（傘）

条項と呼ばれる。投資家と投資受入れ国の間に紛争が発生した場合は、契約に関する紛争解決手続きだけでなく、協定上の紛争解決手続き（投資家対国家の仲裁など）も利用可能となり、投資家に有利に作用する。

「⑤特定措置の履行要求（パフォーマンス要求、ＰＲ）の禁止」：投資受入れ国が投資家に、投資や事業活動を許可する条件として様々な要求をしてはならないというもので、ＷＴＯのＴＲＩＭｓ協定でもローカルコンテンツ要求（原材料や物品・サービスの現地調達の要求）や輸出入均衡要求は禁止されている。これらに加えて国内販売制限要求、技術移転要求、役員国籍要求なども禁止されることが多い。

「⑥自由化義務の形式」：条約の義務を負う分野を明示するのに、ネガティブリスト方式（例外として列挙した分野以外はすべて諸義務を認める方式）と、ポジティブリスト方式（「約束表」に記載した分野と内容のみ自由化義務を負う方式）がある。ネガティブリスト方式では、ラチェット（一方向にしか回転しない歯車）義務を規定する「現状維持義務・ラチェットあり」と一体になると、締結国は一度措置を協定に整合的に緩和すると再度の強化ができなくなり、限りなく現状維持か、より緩和する政策しか採れなくなる。つまり投資受入れ国は政策の自由な変更が不可能になる。その分投資家は国内制度が変更されることによるリスクを無くして安定的に収益を確保し続けることができる。

「⑦収用及び補償」：投資家の投資財産を締約国が収用（国有化も含む）する場合の条件を規定。投資受入れ国側によって投資財産を突然国有化されたといった直接の収用だけでなく、間接的な措置を含み、締約国による恣意《しい》的な許認可の剥奪《はくだつ》や生産数量の上限設定やその他さまざまな政策措置への禁止を含むもので、これは投資受入れ国の政策を大きく縛ることになる。

「⑧争乱からの保護」：武力紛争や革命等により投資財産に損害が生じた場合に発生する投資家への待遇や請求権に関し定める。

「⑨代位：投資財産に損害が生じた場合に発生する投資家の請求権に関し、締約国又はその指定する機関による代位等について定める。

「⑩資金の移転」：投資家の投資財産に関連するすべての支払等が、遅滞なく自由に移転されることを確保するよう締約国に義務づける規定で、投資家の本国から投資受入れ国への送金や、投資受入れ国で上げた収益を本国に送金するなどの自由が確保される。しかし金融危機時等には、投機ファンドなどの取引や送金を自由に行わせることで、締約国が大きなダメージを受ける場合がある。

「⑪国家間紛争処理」：協定の解釈又は適用について締約国間で争いが生じた場合には、まず締約国間で協議を行うが、解決に至らなかった場合は仲裁裁判所に付託することが可能。

「⑫投資家対国家の紛争処理」（ＩＳＤＳ）：投資家と投資受入国との間で紛争が起こった場合、投資家はＩＣＳＩＤ（投資紛争解決国際センター）やＵＮＣＩＴＲＡＬ（国際連合国際商取引法委員会）の仲裁に付託できるというものである。これは投資受入れ国に多大な負担と損失を負わせる凶器となる制度で、国家の諸政策に対して進出企業が国際仲裁に付し、莫大な損害賠償請求を行うことを可能にする。しかもその裁判人は企業が選定した弁護士からも選ばれ、判決が不服な場合も上訴の制度はなく、過去の判例に従う必要もないという不公正な組織・制度で、通常の裁判とはまったく異なったものなのだ。

以上のような条項のうち、とりわけ③公正衡平待遇、⑥自由化義務の形式、⑦収用及び補償、⑩資金の移転、⑫投資家対国家の紛争処理（ＩＳＤＳ）などは、企業が進出先の国家を訴えたり、紛争を引き起こすなどの根拠となってきた。これらの条項は、外国企業が進出先の国家とその政策に大きな制約を課し、「自由化」政策を後戻りできないように縛りをかけ、それに反する場合には、外国企業が進出相手国を訴えて法外な賠償金まで請求できることを保証するものだからである。

ＮＡＦＴＡ型投資自由化・保護協定とは、結局、多国籍企業が進出先の国家とその政策を縛るための協定なのだ。ＴＰＰもまた、このＮＡＦＴＡ型の「投資保護・自由化協定」なのである。それは米国が、一九九〇年代以降、多国籍企業の活動の「自由」を保障するために、各国に押し付けてきた要求でもあった。「自由化」とは、多国籍企業の活動の自由と放恣を世界に拡大するための理念なのだ。

それはまた、日本に対しては米国が一九九〇年代以降、「規制撤廃要望書」等の形で第4章で述べたように強制し続けてきたものでもあった。米国は、日本に対しては双務的な協定ではなく、一方的にルールを押し付ける「協議」の形をとった。先進資本主義国・日本との双務的な協定で自国が縛られることがないように。ＴＰＰは、ＮＡＦＴＡ的規律を協定の形で日本にも押し付け、強制力を持たせ、後戻りできないタガをはめる。但し、多国間の協定である以上、米国自身もまた縛られ、米国自身も譲歩を迫られるという両刃の側面も持たざるを得ないのだ。

（2）ＴＰＰの実像

ＴＰＰの交渉はどんな分野で行われ、それぞれの分野でどんなことが協議されてきたのか。ＴＰＰ交渉協議には、二一の作業部会が設けられ、各国代表が協議を重ねた。第6－3表はその部会ごとのテー

作業部会とその協議内容、および対応するTPP協定の章

(3)貿易円滑化 貿易規則の透明性の向上や貿易手続きの簡素化等について定める。	(4) SPS（衛生植物検疫） 食品の安全を確保したり、動物や植物が病気にかからないようにするための措置の実施に関するルールについて定める。	(5) TBT（貿易の技術的障害） 安全や環境保全等の目的から製品の特質やその生産工程等について「規格」が定められることがあるところ、これが貿易の不必要な障害とならないように、ルールを定める。
第5章　関税当局および貿易の円滑化	第7章　衛生植物検疫	第8章　貿易の技術的障害（TBT）
(8)知的財産 知的財産の十分で効果的な保護、模倣品や海賊版に対する取締り等について定める。	(9)競争政策 貿易・投資の自由化で得られる利益が、カルテル等により害されるのを防ぐため、競争法・政策の強化・改善、政府間の協力等について定める。	サービス (10)越境サービス 国境を越えるサービスの提供（サービス貿易）に対する無差別待遇や数量規制等の貿易制限的な措置に関するルールを定めるとともに、市場アクセスを改善する。
第18章　知的財産	第16章　競争政策（第17章 国有企業及び指定独占企業）	第10章　国境を越えるサービスの貿易
サービス (13)電気通信サービス 電気通信の分野について、通信インフラを有する主要なサービス提供者の義務等に関するルールを定める。	(14)電子商取引 電子商取引のための環境・ルールを整備する上で必要となる原則等について定める。	(15)投資 内外投資家の無差別原則（内国民待遇、最恵国待遇）、投資に関する紛争解決手続等について定める。
第13章　電気通信	第14章　電子商取引	第9章　投資
(18)制度的事項 協定の運用等について当事国間で協議等を行う「合同委員会」の設置やその権限等について定める。	(19)紛争解決 協定の解釈の不一致等による締約国間の紛争を解決する際の手続きについて定める。	(20)協力 協定の合意事項を履行するための国内体制が不十分な国に、技術支援や人材育成を行うこと等について定める。
第27章　運用及び制度に関する規定	第28章　紛争解決	第21章　協力及び能力開発

の現状」（説明資料）（2013年2月）
発出された『TPP貿易閣僚による首脳への報告書」等）

第6－3表　TPP交渉の

(1)物品市場アクセス 農業、繊維・衣料品、工業の三分野に分かれて協議。物品貿易に関して、関税の撤廃や削減の方法等を定めるとともに、内国民待遇など物品の貿易を行う上での基本的なルールを定める。	(2)原産地規則 関税の減免の対象となる「締約国の原産品（＝締約国で生産された産品）」として認められる基準や証明制度等について定める。
第2章　内国民待遇及び物品の市場アクセス、第4章　繊維及び繊維製品	第3章　原産地規則
(6)貿易救済（セーフガード等） ある産品の輸入が急増し、国内産業に被害が生じたり、そのおそれがある場合、国内産業保護のために当該産品に対して、一時的にとることのできる緊急措置（セーフガード措置）について定める。	(7)政府調達 中央政府や地方政府等による物品・サービスの調達に関して、内国民待遇の原則や入札の手続等のルールについて定める。
第6章　貿易上の救済	第15章　政府調達
サービス	
(11)一時的入国 貿易・投資等のビジネスに従事する自然人の入国及び一時的な滞在の要件や手続等に関するルールを定める。	(12)金融サービス 金融分野の国境を越えるサービスの提供について、金融サービス分野に特有の定義やルールを定める。
第12章　ビジネス関係者の一時的な入国	第11章　金融サービス
(16)環境 貿易や投資の促進のために環境基準を緩和しないこと等を定める。	(17)労働 貿易や投資の促進のために労働基準を緩和すべきでないこと等について定める。
第20章　環境	第19章　労働
(21)分野横断的事項 複数の分野にまたがる規制や規則が、通商上の障害にならないよう、規定を設ける。	
第25章　規則の整合性　その他	

（出典）内閣官房「TPP協定交渉
（原注：本資料は2012年9月に

マと概要を内閣官房がまとめたものである(67)（なお「物品市場アクセス」は、同表では一つにまとめられているが、「工業」、「繊維・衣料品」、「農業」の三分野に分かれていた）。

それぞれの作業部会で取り扱った問題が、妥結したTPPのどの章になったかは同表の下欄に記した。但しTPP協定は、一つのテーマに係る記述が様々な章や付属文書に分けて叙述されているため、主として関連する章を掲げた。

TPP協定の条文は、全三〇章、本文と付属書だけで英文で五〇〇〇頁を越え、日本語訳（省略された部分が非常に多く、しかも日本語訳は正文ではない）も約二九〇〇頁におよぶ。長大・難解・煩瑣（はんさ）で、しかも六年間、完全に秘密のままに交渉が続けられ、各国の主張や議論の具体的詳細も非公開であるため、ＴＰＰ協定の全容の把握、理解は困難を極める。

本項では、各作業部会で討議されているテーマを大きく①～⑪に分類し、分類ごとに各作業部会で何が問題となっていたかを、主な論点・問題点として見る。そして、その争点がＴＰＰの条文でどう決まったかを、協定ではどうなったかとして解説する。

なお、作業部会での検討内容に関しては、「ＴＰＰ協定交渉の分野別状況」という日本の関連各省庁が共同で作成した文書に主として依拠した。日本がＴＰＰ交渉に参加する以前に出された同文書は貴重である。二〇一一年版の同文書からの引用は（「分野別状況」××頁）と略記した。[68] また二〇一二年に出された改訂版は（「分野別状況・改訂版」××頁）と略記した。

ＴＰＰの内容についての記述は、ＴＰＰの本文と付属書の日本語（仮訳）からの引用は（「本文」××頁）と表記した。またＴＰＰ政府対策本部が「環太平洋パートナーシップ協定（ＴＰＰ協定）の全章概要」という文書も作成しており、ここからの引用は（「全章概要」××頁）と略記した。同本部が「ＴＰＰ協定の章ごとの内容」として各章ごとの条文の要約、付属資料等々について解説した文書からの引用は（「章ごとの内容」・「市場アクセスの概要（例）」××頁）といった形で略記した。これらは内閣官房・ＴＰＰ政府対策本部のウェブサイトで閲覧できる。

第6－4表　TPP交渉参加国と日本の平均関税率（2009年時点）

（単位％）

		シンガポール	ブルネイ	NZ	チリ	米国	豪州	ペルー	ベトナム	マレーシア	日本
単純平均MFN関税率		0.0	2.5	2.1	6.0	3.5	3.5	5.5	10.9	8.4	4.9
	農産品	0.2	0.1	1.4	6.0	4.7	1.3	6.2	18.9	13.5	21.0
	鉱工業品（非農産品）	0.0	2.9	2.2	6.0	3.3	3.8	5.4	9.7	7.6	2.5
商品別	電気機器	0.0	14.3	2.6	6.0	1.7	3.2	3.1	10.9	4.3	0.2
	（うちテレビ）	0.0	5.0	0.0	6.0	0～5	0～5	9.0	0～37	0～30	0.0
	輸送機器	0.0	4.0	3.1	5.4	3.0	5.1	1.5	18.9	11.6	0.0
	（うち乗用車）	0.0	0.0	0～10	6.0	2.5	5.0	9.0	10～83	0～35	0.0
	化学品	0.0	0.5	0.8	6.0	2.8	1.8	3.1	4.2	2.9	2.2
	繊維製品	0.0	0.9	1.9	6.0	8.0	6.8	13.1	10.0	10.3	5.5
	非電気機器	0.0	7.1	3.0	6.0	1.2	3.1	0.8	4.0	3.6	0.0

（出典）日本貿易振興機構（ジェトロ）海外調査部「環太平洋戦略経済連携協定経済連携協定（TPP）の概要（2010年11月2日）4頁。原資料は“World Tariff Profiles 2010”（WTO、UNCTAD、ITC）、“World Tariff”（FedEx Trade Network）より作成

①関税の削減・撤廃

〈主な論点・問題点〉

ＴＰＰでは、一〇〇パーセントに近い物品が関税撤廃の対象になる。第６－３表の「⑴物品市場アクセス・作業部会」では、関税撤廃の範囲や削減方法、物品貿易の基本ルールなどが議論された。日本が今までに締結した協定においては、日本がまだ関税を撤廃していないものを即時撤廃すると約束した比率は七五・三～八〇・〇パーセント、一〇年以内の撤廃を約束したもので八四・四～八八・四パーセントであり、これはＴＰＰに参加した他国がすでに締結している協定に比べると比較的低い撤廃率である[69]。他の協定、たとえばＰ４協定では即時撤廃が六八～一〇〇パーセント、一〇年以内の撤廃では九九～一〇〇パーセント、米国がシンガポール、ペルー、オーストラリア、チリとそれぞれに締結したＦＴＡでは、即時が七九～九八パーセント、一〇年以内が九六～一〇〇パーセントとなっている（「分野別状況」四～五頁）。

こうした協定に合わせて、ＴＰＰも一〇年以内の撤廃ではほぼ一〇〇パーセント、即時も九十数パーセントの撤廃率が求められた。

但し、もともと日本は、それほど高い関税をかけているわけではなく、第６－４表のように二〇〇九年時点でのＭＦＮ関税率（ＷＴＯ加盟国全体に対して適用される税率）は、全物品への単純平均で四・九パーセント、農産品以外では二・五パーセントであり米国よりも低い。世界的にも最も低い国の一つである。ただ農産物に対しては二一・〇パーセントと比較的高い（但しこれらの税率はその後も漸次低下）。ＴＰＰは、この残された関税を基本的に全廃して他の加盟国からの輸入を無条件に受け入れろというのが原則であった。

強調されたＴＰＰのメリット――輸出増

日本国内でＴＰＰが論じられる際には、関税撤廃問題に議論が集中した。ＴＰＰに反対する人々は、農業への打撃を主張し、ＴＰＰを推進する政府や経済界は、ＴＰＰが日本からの輸出を増加させる側面を強調した。経済産業省はＴＰＰ参加で輸出が年間で約八兆円拡大し、ＧＤＰを約一〇兆円押し上げると試算した。[70] 経済界は、もし参加しなければ日本は輸出競争に敗北し、「世界の孤児になる」とか「世界の成長と繁栄から取り残される」とまで主張した。[71]

民主党政権時代の前原誠司外務大臣は「日本の国内総生産（ＧＤＰ）における割合が一・五パーセントの第一次産業を守るために、九八・五パーセント（の工業生産とその輸出――筆者）が犠牲になっている」[72]と、農業を守るために工業製品の輸出を犠牲にするのかと、反対派を強く批判した。

一方、ＴＰＰ反対派は、農業は、地価、地形、為替相場、人件費、気候条件等々の外部の与件の影響を大きく受け、また米国は農業へ莫大な補助金を与え保護している、これらを無視した農産物への一律の関税撤廃は、日本の農業、地域経済に大打撃を与えることになると主張した。

〈協定ではどうなったか〉

上記のように最大の論点であった関税率はどう決着したのか。

農畜産品　日本が輸入している二五九四品目の農林水産物のうち、二一三五品目で関税が撤廃されることに決まり、その割合は約八二パーセントとなる。過去のＥＰＡ＝経済連携協定では一度も関税が撤廃されなかった九〇一品目のうち、四四六品目はＴＰＰで初めて関税を撤廃する。

生の果物は、全ての品目で関税を撤廃する。りんごやオレンジなどはＴＰＰ発効から段階的に関税が引き下げられ、オレンジは六～八年目に、りんごは一一年目には関税がゼロになる。ブドウは即時撤廃される。野菜もすべての品目で関税が撤廃される。キャベツ、ほうれんそう、トマト、ブロッコリー、アスパラガスなどは協定発効に伴い即時撤廃され、たまねぎなどは六年目に撤廃される。

水産物は、ＴＰＰ参加国から日本に輸入される五二七品目のうち一〇品目を除いて関税が撤廃される。ひらめ、カレイ、ニシン、エビ、スケソウダラすり身、マグロ缶詰は即時、めばちまぐろは一一年目、あじ、さばが一六年目に撤廃される。

その他の食品、ワイン、アイスクリーム、マーガリン、緑茶、はちみつ等々も、段階的に関税が引き下げられるか撤廃される。

自民党は、「聖域を守る」と重要五品目（米、麦、牛肉・豚肉、乳製品、砂糖の原料）の関税を守ることを宣言していたが、重要五品目分野五八六品目のうち一七四品目が関税撤廃されることになった。米は、最も「守られた」ものであるが、それでも米国とオーストラリアから計七・八四万トンまでの国別輸入枠を新たに設けさせられ、既存のミニマムアクセス枠内に中粒種・加工用の枠六・一万トンも新設させられた。

牛肉も現在の輸入牛肉の税率は三八・五パーセントだが、発効時に二七・五パーセントに引き下げられ、さらに段階的に引き下げられ一六年目以降は九パーセントにまで引き下げられる。

豚肉は、価格が安い豚肉は一キロあたり四八二円の関税が掛けられているが、協定発効時に一二五円に引き下げられ、五年目には七〇円、一〇年目以降には五〇円に削減する。

乳製品については、バターと脱脂粉乳については生乳換算で年間六万トンの新たな輸入枠を設け、段階的に増やす(73)。

ＴＰＰの発効による農林水産物の生産減は、二〇一六年一月の農林水産省による試算でさえ、年間一三〇〇億～二一〇〇億円としている。とくに畜産農家などにとってはダメージが大きく、経営が破綻したり、廃業するケースも多々出現すると予測されている。

しかもＴＰＰの下では、いずれ関税は全廃されることになっている。ＴＰＰの「第２・４条関税の撤廃」には、格別に定められていない品目の関税は、すべて撤廃することが明記されており、「1.いずれの締約国も、この協定に別段の定めがある場合を除くほか、原産品について、現行の関税を引き上げ、又は新たな関税を採用してはならない」、「2.各締約国は、この協定に別段の定めがある場合を除くほか、原産品について、付属書二－Ｄ（関税に係る約束）の自国の表に従って、漸進的に関税を撤廃する」とされているからだ(74)。

工業製品　日本への輸入関税はもともとゼロに近いが、協定で完全にゼロになる。他の協定加盟国の関税はどうなり、日本からの輸出を大幅に増やすことができるのか。ＴＰＰ参加一一ヵ国全体で今まで関税が残っていた物品の八六・九パーセントの品目が協定の発効後すぐに関税がなくなり、その後も段階的に関税は引き下げられて、最終的に九九・九パーセントの品目で関税が撤廃される。

各国の工業品の関税撤廃のうち日本の輸出に影響があると考えられる代表例をまとめたのが第６－５表である。カナダへの輸出では、乗用車の本体にかかっている六・一パーセントの関税が五年目に撤廃され、ニュージーランドへの輸出ではエアコンやバスへの五パーセントの関税が協定発効後すぐに撤廃され、同表の他にも乗用車の本体にかかっている一〇パーセントの関税が即時撤廃される。ベトナムへは三〇〇〇cc以上の乗用車の場合で七七パーセントが一〇年目に撤廃され、それ以外の主要乗用車でも最大で八三パーセント掛けられていた関税が一三年目に撤廃される。

しかし日本国内から自動車を輸出している主な国である米国では、二・五パーセントの乗用車への関税は二五年目にやっと撤廃され、トラックにかけている二五パーセント

第６－５表　工業品に対する主な関税撤廃の例

国名	品目	現税率	撤廃時期
米国	乗用車	2.5%	25年目
	トラック	25%	30年目
	自動車部品（８割）	2.5%	即時
カナダ	乗用車	6.1%	5年目
	タオル	17%	即時
NZ	エアコン	5%	即時
	バス	5%	即時
ベトナム	乗用車（3000cc超）	77%	10年目
	ベアリング	3%	即時

（出典）「TPPの概要と論点　各論（上）」（国立国会図書館調査及び立法考査局『調査と情報——ISSUE BRIEF』（第902号）９頁・表３－１（TPP第二章付属書２－Ｄより執筆者作成）。

の関税が撤廃されるのは三〇年目である。なぜ先進工業国・米国への工業品の関税が何十年も保護されることが認められるのか。ＴＰＰの不条理さを示している。

自動車部品の輸出については、米国は協定発効直後に輸出金額ベースで八割を超える品目で即時撤廃するが、エンジンやパワーステアリングなどのもっとも日本から輸出する可能性が高い中枢部品は五～七年の期間を設ける。(75)

結局、日本はＴＰＰによる各国の関税撤廃でどれほどの輸出増になるのか。完成車の輸出では関税率の大きかったベトナムなどは、もともと完成車を直接日本から輸出することはないに等しい。カナダやニュージーランドへの自動車の日本からの直接輸出は、ごく少額である。オーストラリアへの自動車輸出だけは、日本の完成車輸出全体の約七パーセント（二〇一五年）を占めるため、大きなメリットがあるかに見える。しかし二〇一五年一月にすでに日豪経済連携協定が発効しており、これによって完成車輸出額の七五パーセントが関税即時撤廃され、残りも三年目には撤廃されるので、あえてＴＰＰを締結する必要はない。(76)乗用車の中心的な輸出先の米国での二・五パーセントの関税が撤廃されるのは二五年先であり、トラックの関税撤廃は三〇年先である。

日本の最大かつ中心の輸出品である完成車輸出についてのＴＰＰのメリットは、ほぼないといってよい。部品輸出の関税撤廃によるメリットは多少あるにせよ、部品輸出は日本国内の完成車メーカーあるいは部品メーカーから海外進出先の日本の工場に移送されるものがほとんどであり、日本メーカーの利益は関税分が増えるとしても、輸出数量が急増するわけではない。

先の第６－４表にもどってＴＰＰに参加予定国の工業品のもともとの関税率を見ても、各国ともにすでに低い。ベトナムの電気機器などはかなり高いが、だからといって日本国内で製造したテレビを直接ベトナムに輸出することなどありえない。

以上のように、TPPによる関税低下・撤廃は、農水畜産部門の関税撤廃によって日本国内の農畜産業者には死活の大打撃を与える一方、他国の工業部門の関税撤廃によって日本の工業品輸出が大きく伸びるかといえば、それはほぼ不可能である。TPP賛成論者は、〝GDPの一・五パーセントの第一次産業を守るために、九八・五パーセントの工業生産とその輸出を犠牲にしようとしている〟と反対論者を非難したが、これは結局、数字のまやかし、虚偽だったことになる。

②貿易のルール

〈主な論点・問題点〉

第6－3表の「⑵原産地規則・作業部会」では、関税減免の対象となる協定締約国で生産された産品だと認定する基準や証明の制度を、「⑶貿易円滑化・作業部会」では貿易規則の透明性や貿易手続きの簡素化を、「⑷SPS（衛生植物検疫）・作業部会」では食品の安全や動植物の感染予防措置等を、それぞれ協議し定めた。これらの問題は、いずれも貿易に係る手続きや基準、輸出入に係る製品規格や検疫・予防にかかわるものであり、各国の対立は比較的少ない。[77]

「⑸TBT（貿易の技術的障害）・作業部会」では、製品の特質や生産工程等の規格が、貿易の「障害とならないように」ルールを定める。ここでは日本国内で大問題となっている遺伝子組み換え作物についても対象になり、「遺伝子組換え作物の表示などの分野で我が国にとって問題が生じる可能性」（「分野別状況」二〇頁）が指摘されていた。

また協議の中で「規格を策定する過程で、相手国の利害関係者の参加を認め」るべきという提案も出された（「分野別状況」一九頁）。つまり自国の製品規格の策定に、外国企業等の「利害関係者」を入れろというのだ。これは第４章で述べた米国による対日要求と同じである。米国は、毎年の対日「要望書」等によって日本の諸制度や法の改変を日本に強要してきた。日本国内の委員会にも米国企業の代表が入る場合もあり、日本の制度を改変し規制基準に圧力をかけてきた。それと同じパターンである。それをあらゆる分野で義務付けよという要求であった。

「⑹貿易救済（セーフガード等）・作業部会」では、ある産品の輸入が急増して、国内産業に被害や被害の恐れがある場合に発動できる救済措置の基準を決める。貿易救済はＷＴＯでも認められている制度で、日本が今までに締結したＥＰＡではかなり柔軟な発動が可能なように取り決められていた。しかし米国などのＦＴＡでは発動を極めて厳しく制限しており、「同様の内容がＴＰＰ協定に盛り込まれることとなる場合には」、「関税の引き下げによる輸入増加が国内産業に被害を及ぼすのを防ぐためのセーフガード措置を発動できる条件が厳しくなる可能性」（「分野別状況」一三頁）が指摘された。

〈協定ではどうなったか〉

遺伝子組み換え作物については、「第２章　内国民待遇及び物品の市場アクセス・二七条・三」で「この条のいかなる規定も、締約国に対し、自国の領域において現代のバイオテクノロジーによる生産品を規制するための自国の法令及び政策を採用し、又は修正することを求めるものではない」として、遺伝子組み換え作物に関してはＴＰＰによって特別な対応を強制される心配はないことが明記された（「本文」六二頁）。政府はこれをもって〝食品の表示要件に関する日本の制度変更は必要とならない〟と説明している。

但し「衛生植物検疫措置」では、「科学的な原則に基づいていること」（「第7章　衛生植物検疫　7・9条　科学および危険性の分析」）とされ、「科学的」な根拠を実証せねばならない。日本の食品安全に関する基準や遺伝子組み換え作物の表示義務などが科学的でないとして変更を求められる可能性は出てくる。

より大きな問題は、「衛生植物検疫措置について利害関係者及び他の締約国に対して意見を述べる機会を与えることの価値を認める」（「本文」一九五三頁）と、利害関係者や他の締約国が意見を述べる機会を与えることが明記されており（第7・13条・透明性・1）、たとえば日本の検疫の問題に米国の化学薬品メーカー等の口出しを正当化する根拠が与えられることになる。

また、第6章「貿易上の救済」では、ある物品の輸入急増による国内産業への重大な損害を防止するためにＷＴＯと同様に、一時的な緊急措置（経過的セーフガード措置）を認めている。しかしこのセーフガード措置は、同一産品に対する二回以上の発動を禁じており、これはＷＴＯにはない規定である。セーフガードの濫用《らんよう》を防止するためというが、これではセーフガード措置による国内産業の緊急的な保護を実質的に不可能にするものである（「全章概要」二三頁）。

③政府調達

〈主な論点・問題点〉

第6－3表の「(7)政府調達・作業部会」では、中央や地方政府等が、物品、建設、その他サービス等の調達において、外国企業の参入をどこまで許し、外国企業をどこまで平等に扱うかに関してのルール等を定める。公共事業に象徴される中央・地方の政府調達が、各国のＧＤＰに占める割合は一〇～一五パーセント程度といわれ、景気対策としての意義も大きい[78]。これを外国企業に、一層開放せよというのだ。

現在世界で、政府調達をどこまで外国企業に開放すべきかの根拠となっているのは、一九九四年にＷＴＯのマラケシュ会合で署名された「政府調達に関する協定」である。但しこの協定はＷＴＯ加盟国のすべてが加盟しているわけではなく任意加盟である。二〇一二年現在でも日本を含む四二の国・地域が加盟しているにとどまる。同協定は、分野別（物品、サービス、建設サービス、建設コンサルティングサービス）に、基準額以上の調達は外国企業への開放を義務付けている。同協定の額を基準としつつも、ＦＴＡ／ＥＰＡなどに基づき各国が自主的に開放する金額を決める場合もある。

日本が外国企業に開放措置をとっている基準額は、ＷＴＯの「政府調達に関する協定」と同じである。例えば建設サービスでは、中央政府の調達の場合、ＷＴＯの基準額と同じ四五〇万ＳＤＲ以上である[79]。ＳＤＲとは、第一節の（５）でもふれたが、ＩＭＦの準備資産の特別引出権を指し、いわば世界共通の通貨の単位の役割を果たすもので、相場は変動する。四五〇万ＳＤＲは、日本円・約六億円に相当する（二〇一五年現在）。

但し地方政府機関の建設サービスでは、日本の基準額はWTO基準の一五〇〇万SDR（二〇・二億円）ではあるが、P4協定（もとのTPP）や米国、カナダの場合、五〇〇万SDRであり、日本もそれにならって引き下げを要求されることが懸念されていた。地方の建設サービスで三分の一の五〇〇万SDRに引き下げられれば、地方経済を支える建設事業が、二〇・二億円以上の工事から約六億円程度の小さな事業まで外国企業に開放せねばならなくなる。入札文書を英訳して公開せねばならない地方自治体の手間も大きくなるからだ。

〈協定ではどうなったか〉

これは、第一五章「政府調達」の章になった。同章では、基準額以上の物品およびサービスを、特定の機関が調達する場合、公開入札制を原則とすること、入札における内国民待遇及び無差別原則、調達の過程の公正性及び衡平性、適用範囲の拡大に関する交渉等について規定している。この適用を受ける（つまり外国企業に開放することが義務づけられる）対象機関のそれぞれの基準額は第6－6表のとおりである。日本を含めた多くの国は、規準額を格別に下げたわけではなく、チリとペルー、豪のみで同表中の太字で示した規準額へ引き下げられた。

日本に関しては、全ての分野で従来通りの基準が守られた。地方政府の「建設」分野で、P4協定や米国の基準の五〇〇〇万SDR程度にまで引き下げが懸念されていたが、従来どおりとなった。

だからといってTPPの利点として強調されてきたように、こうした外国政府調達市場の開放が、海外のインフラ市場を日本企業に開放することにつながって、企業成長を助けることになるなどとはとて

第６－６表　政府調達章の適用を受ける対象機関の各国の基準額

単位（万 SDR）		中央政府の機関		地方政府の機関		その他機関	
		物品及びその他のサービス	建設	物品及びその他のサービス	建設	物品及びその他のサービス	建設
日本	TPP	10**	450	20**	1,500	13**	450/1,500
	GPA	10**	450	20**	1,500	13**	450/1,500
チリ	TPP	**9.5**	500	20	**500**	**22**	**500**
	EPA	10	500	20	1,000	30	1,000
ペルー	TPP	**9.5**	500	**20**	**500**	**16**	**500**
	EPA	13**	500	20**	1,500	16**	1,500
豪州	TPP	13	500	35.5	500	**40**	500
	EPA	13	500	35.5	500	45	500
米国	TPP	13	500	—	—	16***	500
	GPA	13	500	35.5	500	16***	500
カナダ	TPP	13	500	35.5	500	35.5	500
	GPA	13	500	35.5	500	35.5	500
NZ	TPP	13	500	—	—	40	500
	GPA	13	500	20	500	40	500
シンガポール	TPP	13	500	N.A.	N.A.	40	500
	EPA	13	—	N.A.	N.A.	10	—
	GPA	13	500	N.A.	N.A.	40	500
ブルネイ	TPP	13*	500	N.A.	N.A.	13*	500
ベトナム	TPP	13*	850*	N.A.	—	200*	1,500*
マレーシア	TPP	13*	1400**	—	—	15*	1,400*
メキシコ****	TPP	5.3	689.1	—	—	25.8	826.1
	EPA						

（出典）TPP 政府対策本部「TPP 協定の章ごとの内容」(15) 政府調達章付属書

（注１）各国の TPP の下の段は、それぞれの国が日本と既に締結している複数国間または２国間の国際約束において過去に約束した基準

（注２）＊経過期間が終了した最終的な基準額　＊＊一部のサービスについて高い基準額を設定
＊＊＊25 万米ドルの換算額　＊＊＊＊メキシコの基準額は、2014 年２月時点の推計額

（注３）TPP において基準額が引き下げられた部分は、太字で示した

もいえない。チリやペルーの数億円程度の小さなインフラ事業や調達が開放されても、日本企業が勇躍進出するわけでもないのだ。日本の海外のインフラ輸出にとっては、日本の「国策」と一体化した一兆円を上回る巨大インフラプロジェクトの争奪こそが課題である。地方の中小土木業者もチリの数億円程度の土木工事に進出したいわけではなく、自社が立地する地方の公共事業を守ってほしいだけである。

④競争政策

〈主な論点・問題点〉

第６－３表の「(9)競争政策・作業部会」では、独占企業や国営・公営企業は、その国に参入しようとする

外国企業の「正当な競争」を阻害し、貿易や投資で得られる利益を損なうから、各国の法や政策の「改善」でそれらを排除せよと議論された。つまり、国営・公営・公益事業はその国の政府から特権的に優遇されているし、独占企業も外国企業の参入にとっては不利に作用する、だからそれらを解体せよというのだ。

これは第4章で論じた米国の対日要求で突き付けてきた郵政民営化や電力の独占解体、独禁法の厳格な実行等々の押しつけと同じ性質のものである。米国は当該分野への自国企業の参入のために、郵政事業は国の保護による特権を有しているとか、電力の独占が競争を阻害している等々の理由をつけて解体を要求してきた。米国は、戦後築かれてきた日本経済の強みを、企業グループによる株式持合いも含めて、独占だと攻撃し続けた。米国は、自国の多国籍企業が他国市場に参入するため、その国の強みを破壊する武器として、相手国の「独占」や国営企業を排除した。それをＴＰＰでは各参加国に押し付けようというのである。

米国は、グローバル企業が世界市場を支配する時代に、草創期の資本主義の形態である「自由競争」なるものを、他国の競争力を破壊・攻撃する武器として利用する。米国の論理では、世界市場で数十パーセント、あるいは一〇〇パーセント近いシェアを（インテルのように）一社で支配することは許されても、国内での小さな業者のカルテル（たとえば日本の「こんにゃく業者」のカルテルまで）や、系列、あるいは国有企業といった「独占」は許されないというのだ。「自由競争」、「独占禁止」、「国有企業は自由競争を阻害する」といった理念を、他国市場に参入する武器として、グローバル企業が世界市場を支配する時代に利用する。

協議の中でも米国は、国有企業や公営企業に対する規制を強く求めた。「（二〇一一年）一〇月末に米国が提案した国有企業に関する条文案」では、「有利な待遇を与えられた国有企業により、競争及び貿易が歪曲されることを防止」して、「民間企業との間で、平等な条件（機会）」を与えるべきと主張した（「分野別状況・改訂版」一三頁）。そして米国は、各国の国有企業が「三〜五年で優遇措置を無くす」べきという提案をしたのである。(80)

ＴＰＰ参加国には、国有・公営企業を抱える国が多い。たとえばベトナムは七五〇〇の国営企業が経済活動の主要部分を担い、ＧＤＰの四割を占めており、こうした米国の要求を受け入れることは困難である。本分科会では「国有企業に特化した議論が行われ」たが、紛糾し（「分野別状況・改訂版」一三頁）、結局米国は国有企業を一括して定義し規制を要求する方針から、「新興国等が例外（規制の対象外）にしたい企業のリストを提出」し、「それを精査する」方針に転換した。ベトナムは七五〇〇の国営企業ほとんどすべてを例外リストに載せたという。(81)

日本の場合は、国有・公営企業には独立行政法人も含まれ、指定独占企業にはＪＴなども含まれるため、これらへの規制も義務付けられることになる（「分野別状況」三九頁）。

国有企業や公営企業のみならず、独立行政法人、共済事業、漁業権にいたるまで「競争及び貿易が歪曲されることを防止」するとして、ごくわずかな保護・保障も禁止されることになる可能性が出てくる。米韓ＦＴＡでは、韓国の協同組合による保険事業に対しても民間保険と同一のルールが適用されることとなり、農業協同組合や水産協同組合まで厳しい規制・監督下に置かれ点検されている。(82) こうした教訓からも、農協の共済をはじめ多様・多種の共済事業にも、様々な制限が課されることになると指摘する論者は多い。

国営企業や公益事業、共済事業は、当該国の長年の経済発展の在り方や国民生活を守るために歴史的に形成されたものが多い。一律の解体や規制は、当該国の経済と国民生活に深くて長期に作用するダメージを与えることになる。

〈協定ではどうなったか〉

「(9)競争政策・作業部会」で議論された問題は、TPP協定では、第一六章「競争政策」と第一七章「国有企業及び指定独占企業」の二つの章に反映された。

第一六章では、各締約国が「反競争的な事業行為を禁止する競争に関する国の法令」、つまり独占禁止法のようなものを「制定し、又は維持し、並びに反競争的な事業行為に関連して適当な手段をとる」ことを規定した（第16・1条1）。

また、「自国の領域における全ての商業活動について自国の国の競争法令を適用するよう努める」ことも明記された（第16・1条2）（「本文」二三九五頁）。但しなぜ「商業活動」に限定しているのか疑問が湧く。

第一七章「国有企業及び指定独占企業」の「第17・1条　定義」では、「『商業活動』とは、企業が営利を指向して行う活動であって、当該活動の結果として、物品の生産又はサービスの提供が行われ、当該物品又はサービスが、当該企業が決定する量及び価格で関連市場において消費者に販売されることになるものをいう」（「本文」二四〇九頁）と規定しており、「商業活動」に「物品の生産」も入っている。

英文ではall commercial activitiesとなっており、製造業も含んだ「営利活動」を意味しているのかとも思えるが、同協定は独特で難解である。政府TPP対策本部の解説では、この第一七章は「国有企業及び指定独占企業が、物品又はサービスの売買を行う際、商業的考慮に従い行動すること、他の締約国企業に対して無差別の待遇を与えることを確保すること、国有企業への非商業的な援助（贈与・商業的に存在するよりも有利な条件での貸付等）によって他の締約国の利益に悪影響を及ぼしてはならないこと」を規定するものだと解説している。つまり例えば物品を製造している国有企業であっても、その売買（商業活動）に当たっては外国企業に不利にならぬように「商業的考慮」を行い、国有企業であっても国からの特別の援助を与えず、外国企業と同等の競争条件にしろということなのだろう。

いずれにせよ、国有企業や独占企業は基本的に認めない、国有企業への優遇措置も認めない、各国は独占禁止の法令を制定し、国有企業も含めて遵守せよという原則に立つ。しかし、各国（米国も含めて）がこうした原則を短期間に一律に実行に移すことはあまりにも困難であり、様々な留保や例外を設けざるを得ず、そのため両章は何が何だかわからない難解なものになっているのだ。独占企業については、協定発効後に「指定される私有の独占企業及び締約国が指定する又は指定した政府の独占企業をいう」とあらためて締約国自身が指定することになっている[83]（「本文」二四一一頁）。

国有企業については、具体的にどの企業が対象になるかは大問題であるが、既存の企業等に関して除外を求めることもでき、各国は除外対象を列記した。TPP協定の最後に、「付属書Ⅳ　国有企業等に関する留保（各国共通部分：注釈）」が付されており、TPPの第17・9条の義務を免除される（TPPの適用除外となる）国有企業又は指定独占企業名を、締約国ごとに列挙している。しかし、「我が国は、表を作成していない」と記されている。つまり日本は、除外となる対象を一切申請しなかったのだ。（「本文」二八九六〜二八九七頁）。他の締約国の除外対象名も日本語訳では省略されているため、英語版で他国の除外対象企業を見ると、日本とシンガポール以外の各国が、それぞれ数頁から十数頁に及ぶ除外リストを提出したことがわかる。ベトナムやマレーシアのように全国有企業をリストアップしている国もあれば、米国は住宅金融やインフラ金融等の金融分野をリストに挙げた。各国ともにここで除外しなければ、「国有企業」と認定され、補助金などを交付することもできなくなり、いずれ民営化せざるを得なくなるといわれる。

ＴＰＰを批判する人々、たとえば元農水大臣の山田正彦氏は、米国でも除外表を作成して「連邦住宅金融抵当金庫」などを除外して金融危機などのいざという時に大胆な補助措置を採れるようにしており、この米国の例に照らしても日本の「政策金融公庫」は適用除外にすべきだと論じている(84)。

日本の場合、どの機関が該当し、なぜ除外を求めないのか、除外を求めなかった日本に、どんなことが起きるのかは不明である。こうした日本とは逆にマレーシア、ベトナムおよびブルネイなどは広範な分野の適用除外を行ったため、「（米国内で）問題視されている」ほどであった(85)。

この章をめぐる各国のせめぎ合いの中で明らかなったことの一つに、日本以外の国は自国経済を守るために米国の論理と熾烈《しれつ》にたたかい、そのために原案条文が換骨奪胎されてしまったということである。ＴＰＰの成案は、当初のＴＰＰ原案や米国の意図とかなり変質した部分が多く、この国有企業問題もその典型である。日本のように米国の要求に従順に従い、自国の強みを打ち捨てて顧みない国はまれなのだ。

いずれにせよこれらの章によって、ＴＰＰでは国有企業が初めて条約の対象になって規制が掛けられることになり、後述するＩＳＤＳの対象として、外国企業によって国有企業にかかわる様々な問題も訴えられることになってしまった。

⑤投資

〈主な論点・問題点〉

ーＳＤＳに関する問題　第６－３表の「⒂投資・作業部会」では、外国投資家に対する無差別原則や、投資に関する紛争解決手続き等が検討された。ここでの最大の論点はＩＳＤ条項（あるいはＩＳＤＳ：Investor-State Dispute Settlement＝投資家と国家との間の紛争の解決）と呼ばれるものであろう。これは「投資家と投資受入れ国との間で紛争が起こった場合に、投資家が当該案件を国際仲裁に付託できる」（「分野別状況」六一頁）制度である。

このＩＳＤＳこそ、ＮＡＦＴＡ型投資協定を象徴する条項である。この条項によって投資家（外国企業）は、投資受入れ国の政策を訴えることができる。そしてその訴えが認められると、投資受入れ国は投資家に何百億円もの賠償金を支払わねばならなくなる。このために国家は、もしこの政策を採用すれば、自国に投資している外国企業に訴えられるかもしれないと考えるだけで、新たな政策や法令に関して自己規制するようになる。つまりＩＳＤＳによって、国家の政策を他国の企業が支配するシステムが埋め込まれてしまうことになる。それは資本主義の新たな段階といっても過言ではないだろう。

投資家（外国企業）が投資先の国を相手取って訴える機関は二つある。一つは投資紛争解決国際センター（ＩＣＳＩＤ）で、これは世界銀行の一部である。もう一つは国際連合国際商取引法委員会（ＵＮＣＩＴＲＡＬ）のルールに基づいて設置される仲裁廷で、常設の裁判所のようなものがあるわけではなく、その記録もどこにも保持されないという不思議な組織である。両機関ともに、たとえ仲裁裁定に不服でも控訴の制度がない。

また、これらの国際仲裁機関の仲裁人は三人体制で、一人は投資家側が選任した人物、もう一人は投資受入れ国政府が選任した人物、三人目は両者合意の下に選任されて議長となる。三人は与えられた「名簿」から選任されるが、そこに挙げられているのは企業関係の弁護士や退任判事、著名な教授などで、専門・常任の裁判官ではない。[86]また司法倫理基準もなく、上告手段もないため、公正性、厳密性が厳格に担保されるかどうか疑う人は多い。にもかかわらず、ここで出た裁定はきわめて厳格な拘束力を持っている。

ＴＰＰに賛成する人々には、〝ＩＳＤＳは、すでに一九六〇年代の協定にも出現したものであり、ＴＰＰ反対論者が今さらこの項を目の敵にするのはおかしい〟という人もいる。しかしＩＳＤＳは、協定の他の条項とのかかわりで発揮する力の大きさが異なってくる。どんな条項に違反することで他国の企業から自国政府が提訴されるのかによって、国家や国民に課される制約の大きさは異なるのだ。だからＩＳＤＳは、一九六〇年代にすでに投資協定に盛り込まれながら長らく利用されることがなかった。しかし、ＮＡＦＴＡの投資章を根拠にして一九九八年の米国のエチル社がカナダ政府を提訴して以降、利用が急増したのである。[87]一九九九年までに国際投資紛争調停センター（ＩＣＳＩＤ）に持ち込まれた「訴訟件数はたったの六九件」にすぎなかったが、二〇一五年までの累計で六九六件になった（公開されているもののみ）。このうち日本企業が提訴したのはたった一件である。

また、ＮＡＦＴＡにおける仲裁付託案件は、二〇一六年一〇月までで六九件あるが、米国企業によって起こされた訴えが圧倒的であり、五〇件が米国企業の訴えたものである。世界全体ＩＳＤＳによる訴えでも四分の一近くが米国企業によるものであった。(88) ＮＡＦＴＡ型投資協定のもとでは、この条項によって企業が投資先の国家を訴える例が多発している。ＩＳＤＳは、ＮＡＦＴＡ型投資協定の各条項と一体で、その恐ろしさを発揮するものなのだ。

投資にかかわる論点は、むろんＩＳＤＳだけではない。⒂「投資」の作業部会で議論されたのは、その他の規定「内国民待遇」、「最恵国待遇」、「公正衡平待遇」、「約束遵守義務」、「収用と補償」等々が議論された。しかしこれらの項目が大きな力を発揮したり、国家に重大な縛りをかけたりするのも、やはりＩＳＤＳによってなのだ。

〈協定ではどうなったか〉

投資について規定しているのは第９章「投資」である。同章は、第Ａ節（タイトルなし）と第Ｂ節「投資家と国との間の紛争解決」の二つに分かれている。第Ｂ節の第９・18条〜第９・30条はＩＳＤＳに関する規定であり、第Ａ節の第９・１条〜第９・17条はそれ以外である。投資章の条項は、ＩＳＤＳによって担保される構造になっているのだ。

第Ａ節では、財産の設立段階及び設立後における締約国企業に対する以下のような待遇が決められた。すなわち、第９・４条「内国民待遇」、第９・５条「最恵国待遇」、第９・６条「待遇に対する最低基準」（公正衡平待遇並びに十分な保護及び保障）、第９・８条「収用及び補償」（正当な補償を伴わない収用の禁止）、第９・９条「移転」（対象投資財産に関連するすべての移転が自由かつ遅滞なく行われること）、第９・10条「特定措置の履行要求」（企業に対して現地調達、技術移転等を要求することを原則禁止）、第９・11条「経営幹部及び取締役会」（特定の国籍を有する人間の任命を要求してはならない）、第９・13条「代位」等を規定している（ＴＰＰ本文、及び（　）内は「概要」）。そして第９・12条「適合しない措置」として、どの条項が同章内のどの条項に対して適用されないか提示している。本節の（１）ＷＴＯ協定からＮＡＦＴＡ型投資協定へ――なぜＴＰＰが出てきたのか　では、ＮＡＦＴＡ型の投資保護・自由化協定に含まれることが多い主要規定を示したが、ＴＰＰはそのすべてを含んでおり、この第九章「投資」章は、多くの主要なＮＡＦＴＡ型規定を包摂する。

こうしたＡ節のＮＡＦＴＡ型の投資条項に抵触する政策が取られた場合、その国に投資している投資家（多国籍企業）は、その国をＩＳＤＳに基づいて訴えることができ、損害賠償させることができるということなのだ。では、各条項はどんなもので、どんな問題が起きることが予想されるのか。まずは全体を縛るＩＳＤＳから見ていこう。

ＩＳＤＳに関する規定　投資紛争については、協議及び交渉でまず解決を目指すこと（第９・18条）、その紛争が六ヵ月以内に解決されなかった場合には仲裁廷に付託できること（第９・19条）を定めている。そして申立は、違反が発生したことを知ってから三年六ヵ月以内に行うこと（第９・21条）、仲裁人の選定は紛争当事者がそれぞれ一名ずつ選出し、両者の合意でもう一名を選出して三名で構成すること（第９・22条）、すべての事案の判断内容を原則として公開すること（第９・24条）等々が定められている。

なお協定では、タバコに関してはＩＳＤＳの対象から外された。第二九章・５条「たばこの規制のための措置」では、「締約国は、自国によるたばこの規制のための措置に対する不服の申し立てに係る請求について第九章（投資）第Ｂ節（投資家と国との間の紛争解決）に定める利益を否認することを選択することができる。当該締約国がその選択を行った場合には、当該請求は、同節の規定による仲裁廷に付託することができない」（「本文」二八〇五頁）と定められた。この項により、たばこ規制に関しては、投資家からの訴えを、投資受入れ国が回避できることが例外として認められた。

なぜ、たばこの規制だけが訴えられずに済むようになったのか。それはＴＰＰ反対論者の根拠としてＩＳＤＳが挙げられることがきわめて多く、ＩＳＤＳがいかに無法な制度かを論じる例として、タバコをめぐる紛争がよく引き合いに出されてきたからである。たとえばオーストラリア政府が、タバコの害の注意喚起のためにプレーンパッケージを義務付けたことに対して、タバコ会社・フィリップ・モリス社が数十億ドルの損害賠償訴訟を起こしたことなどが、その例としてよく挙げられてきた。このようなＩＳＤＳへの批判と、世界的なたばこの害に対する認識や規制の高まりを背景に、たばこに関してだけはＩＳＤＳが適用されないことになったのだ。

しかし、たばこだけが除外されても、ＩＳＤＳの本質は変わらない。それが国家の政策に与える力の大きさも変わらない。ＴＰＰでは、投資やサービス全体にＩＳＤＳの条項が適用されるため、投資家が投資先の国家をあらゆる分野で訴えることが可能なのだ。

そもそも国家の政策は、自国民の利益と意思を第一に尊重すべきなのに、外国の投資家が他国の政策に異議をとなえることを国際条約で公認すること自体が大問題である。外国投資家にとっての「自由化」を不可侵の基準にして他国の政策に縛りをかけ、他国の政策を捻《ね》じ曲げ、あるいは自己規制をやむなくさせるのは、国家の本質を歪《ゆが》めるにとどまらず、国家を国民の完全な対立物に転化させることになる。

待遇に対する最低基準（公正衡平待遇）　これは公正衡平待遇と一般的にいわれるもので、第9・6条「待遇に関する最低条件1」で「各締約国は、対象投資財産に対し、適用される国際慣習法上の原則に基づく待遇（公正かつ衡平な待遇並びに十分な保護及び保障を含む）を与える」と規定している（「本文」二〇四四頁）。

従来からNAFTA型協定における「公正衡平待遇」への批判は大きかった。その理由は、ISDSで企業が投資先の国家を訴える場合に「公正衡平待遇」が主要な根拠にされることが多かったからである。NAFTA型の協定では、公正衡平待遇の具体的な内容として、投資財産の保護に際する慎重な注意、適正手続、裁判拒否の禁止だけでなく、恣《し》意《い》的措置の禁止、投資家の正当な期待の保護といったものまで含まれてきた。これらが投資家側に極めて便利な理由として利用されるためである。

たとえば米国石油会社・オクシデンタル社がエクアドル政府を相手に起こした訴訟は、その典型的な一例である。エクアドルで操業していた米国の石油大手・オクシデンタル社は、一九九九年にエクアドル政府と「石油採掘権をエクアドル政府の許可なしに他者に譲渡しない」という契約を交わしたが、同社は翌年、この契約を破って、採掘権の四割をカナダの企業に譲渡しようとした。これに対抗したエクアドル側は二〇〇六年にオクシデンタル社との操業契約を終結した。これを不服として同社は、エクアドル政府の措置はＩＳＤＳの公正衡平待遇違反だと訴えたのである。そもそも非は契約を破ったオクシデンタル社にあるが、二〇一二年に出された判決では、合理的な期待要件とは「投資が行われてきた法的及びビジネス環境を変更しない」ことを意味すると、採決が下された。そしてエクアドル政府に一七億七〇〇〇ドル（約一七七〇億円、これはエクアドルの社会保障費一五年分に相当する）の支払いを命じる決定が出された。つまり投資先の政府は、多国籍企業の合理的期待（法的及びビジネス環境を変更しないだろうという）を裏切って、政策の変更をすれば、「公正衡平な待遇違反」になると認定されたということである。現行政策を前提にして外国企業が投資したのだから、その政策を変更してはならないということになってしまうのだ。(89)

つまり、〝これだけの利益が上がるはずで投資したのに、投資先の政府の新たな規制でそれがうまくいかなくなった、だからこれは、投資財産に対して公正かつ衡平な待遇や十分な保護及び保障を与える義務に違反し、法律を制定した政府は被害を補償せよ〟ということになるというのだ。

このように従来から大きな疑義が出されていた条項であったが、合意されたＴＰＰでは歯止めの条項として第９・６条「待遇に関する最低基準・４」で、「締約国が投資家の期待に反する行動をとる又はとらないという事実のみでは、結果として対象投資財産に対する損失又は損害があった場合でも、この条の規定に対する違反を構成しない」（「本文」二〇四五頁）との一文が入った。つまり〝外国企業の合理的期待（法的及びビジネス環境を変更しないだろうという）を裏切って、政策の変更をした〟というような「期待に反する行動」をとった、あるいは投資家の期待に反してとらなかった、というだけでは公正衡平待遇違反とはいえないということである。これまでの世論の（もっぱら米国での）批判が反映されたと思われる。

ただしこの留保条項が本当に歯止めとなって、投資受入れ国の政策が投資家によって縛られない保障になり得るのか否かは、今後の訴訟や仲裁裁定の動向とその結果を待つしかない。

収用及び補償　この項目は、すでにWTOのTRIMsにも入っているが、そこでは「直接的な収用」に関して補償することだけが定められている。つまり、すでに行われた投資財産に対して、投資受入れ国はそれを国有化したような場合にのみ補償するということである。

これに対してNAFTA型協定では、「間接的収用」を含むところに大転換があり、この「間接的収用」も、ISDSでの訴訟においてしばしば根拠にされてきたものである。「間接的収用」とは、投資受入れ国の「恣意的な許認可の剝奪《はくだつ》」や「生産数量の上限設定」といった政策措置のために、投資家が「投資財産の利用や収益機会が阻害され、結果的に収用と同じ結果をもたらすと考えられる措置」をも含む。「投資財産の利用や収益機会の阻害」というあいまいな概念のために、どこまでの政策措置を補償（または賠償）の必要な「収用」とみなされるかが大問題になる規定なのである。それは、「単に政府が一般に適用する規制政策を改善したというだけの理由で、政府から外国企業への支払いを命」じる根拠にもされてきた条項であった。[90]

間接収用を根拠に国家に賠償が命じられた一例を挙げると、カナダ政府と米国Ethyl Corp社間の紛争がある。カナダ政府は、MMTというガソリン添加物（燃費効率を高めるが、カリフォルニア州では人体に有害として使用禁止）の取引を禁止する法律を一九九七年に制定したが、これに対して米国Ethyl Corp社（同社の子会社がMMTを米国からカナダに輸入・販売）が、NFTAのISDSを根拠に、カナダ政府の措置は「間接的な収容」に当たるとして、カナダ政府を相手取り二億五〇〇〇万ドルの損害賠償を求めて訴えた。国連国際商取引法委員会はEthyl Corp社の訴えを認め、カナダ政府のMMT禁止はNAFTAにおける「間接的な収用」に当たると裁定したのであった(91)。つまりは、すでに容認しているものを、後になって取引禁止にするのは「間接収用」になるということであり、こんなことがまかり通れば、情勢の変化や科学の進歩につれて、政策を改変することなどできなくなってしまう。こうした仲裁の事例は非常に多い。

　合意されたTPPでは、収用及び補償については、第9・8条・1の「いずれの締約国も、対象投資財産について、直接的に、又は収用若しくは国有化と同等の措置を通じて間接的に、収用又は国有化（以下この章において『収用』という。《（ママ）》）を実施してはならない」と、やはり「間接的収用」禁止の条項が含まれている（「本文」二〇四七頁）。ただ、この規定の例外として「ただし、次の全ての要件を満たす場合は、この限りではない」と、a公共の目的のためのものであること、b差別的なものでないこと、c迅速かつ実効的な補償の支払いを伴うものであること、d正当な法の手続きに従って行われるものであること等の場合は除外するとの除外規定が設けられた。とはいえ「公共の福祉に係る正当な目的」「を保護するために立案され、及び適用される締約国による差別的でない規制措置は、極めて限られた場合を除くほか、間接的な収用を構成しない」（付属書九－B　収用3項－(b)「本文」二〇九七頁）との項があり、逆にいえば「極めて限られた場合」には、「間接的な収用」が認められるということである。「極めて限られた場合」がどんな場合か曖昧《あいまい》でもある。

　その他にも「付属書九－B収用」（「本文」二〇九六頁）では、「締約国による一又は一連の行為は、投資財産における有体又は無体の財産権又は財産権の持分を害さない限り、収用を構成しない」とも規定しており、ここでも歯止めがかけられているかに見える。ただし「投資財産における有体又は無体の財産権」を害するという場合、一体どこまでが入るのか、投資受入れ国が「有体又は無体の財産権」を害したと訴える企業の主張が認められるのはどんな場合かは、やはり不明確である。「間接的収用」に関するこれまでの仲裁例では〝個別の事実関係に大きく依存し、明確かつ簡易なルールは存在しない〟というのが判例の実情であった。結局は同じように具体的な訴訟と判決を待たねば明確にならないのだろう。

移転　これは、「各締約国は、対象投資財産に関連する全ての移転が、自国の領域に向け又は自国の領域から、自由に、かつ、遅滞なく行われることを認める。この移転には次のものの移転を含める」と、あらゆる財産の「遅滞」なき移転を認めるものである。例外として「移転を妨げ、又は遅らせることができる」ものとして、犯罪や破産関連の財産以外では「証券、先物、オプション又は派生商品の発行、交換又は取引」を挙げている（「本文」二〇五〇～二〇五二頁）。こうしたもの以外は、移転の自由を確保せねばならない。

同様のことは、WTOのサービスの貿易に関する一般協定（GATS）の「第一一条　支払及び資金移動送金」に、加盟国は「自国の特定の約束に関連する経常取引のための国際的な資金移動および支払に対して制限を課してはならない」と規定されている。しかし続く「第一二条　国際収支の擁護のための制限」では、「国際収支及び対外資金に関して重大な困難が生じている場合又は生ずるおそれのある場合」の支払や資金移動の制限を認めており、金融危機等の状況下での例外が認められている。

TPPの条文に、こうした明確な規定を入れないことを主張したのは米国であったといわれている。「(TPP協議に参加している)数ヵ国が金融安定化のための政策実施を守れる条項を提案したにもかかわらず、米国は過去のひな形(NAFTA型の――筆者)を踏襲している」と、「TPPリーク文書報告」(本章注(89)参照)は述べていた。明確な規定がない場合には、金融危機の時期に投機ファンドの跳梁《ちようりよう》から国家の信用秩序を守ることが不可能になるのではと従来から危惧《きぐ》されていたのだ。TPPの第9・9条には、明確な除外の規定はないからだ。

但しこの問題は、第一一章「金融サービス」と切り離せない。同章・11条「例外 1」に、「この章及びこの協定」「の他の規定にかかわらず、締約国は、信用秩序の維持のための措置」「を採用し、又は維持することを妨げられない」との規定が入った(「本文」二一八一頁)。またこの項の注で、ISDS条項によってこうした措置への不服を申し立てられた場合は「不服を申し立てられた措置が締約国によって信用秩序の維持のために採用され、又は維持されたものであると決定される場合には、仲裁定は、当該措置がこの協定に基づく当該締約国の義務に反するものではないことを認定するものとし、当該措置について損害賠償を命ずる裁定を下してはならない」(「本文」二一八二頁)と規定しているのだ。

つまり、従来、批判が大きかった金融恐慌時などの信用秩序維持のための措置に関しては、TPPでは明確な配慮がなされたといってよいだろう。米国もまた、この条約には縛られるわけだから、個別ファンドや他国の金融機関などの投機の恣《ほしいまま》に任せていては、危機の際に国家が打つべき緊急の対処策の手を縛られて、大きな禍根を残す。米国は危機の時期に日本のメガバンクなどがとる行動も警戒しているといわれる。二〇〇八年の金融危機を経験した後の米国では、危機における政策当局の手を縛らぬための規制を強化する方向にある。

⑥越境サービス貿易

〈主な論点・問題点〉

第６－３表で⑽～⒀までの部会はサービス貿易に入るが、そのうちの「⑽越境サービス貿易・作業部会」では、これら国境を越えるサービス貿易に対する原則規定を定め、「無差別待遇や数量規制等の貿易制限的な措置に関するルール」を定めるとともに、「市場アクセス」改善に関して定める（「分野別状況」四三頁）。現在、サービス貿易の世界的なルールの基礎にあるのは、ＷＴＯのＧＡＴＳ（サービス貿易一般協定、第６－１表参照）である。ここでは、内国民待遇（外国と自国の企業に同等の待遇を与える）、最恵国待遇（すべての加盟国の企業には無差別の待遇を与える）、数量規制や形態制限の禁止（外国のサービス提供者に対し、数量制限や法人などの形態制限を求めない）、関連措置の透明性等が定められている。

ＴＰＰではこれに加えて、ＧＡＴＳにはない規定「現地拠点の要求禁止」（外国のサービス提供者に対し自国内における拠点の設置を求めてはならない）等が入る。

特に問題になったのが、「歯止め規定」（ラチェット条項：協定発効後に規制を自由化した場合、将来その自由化水準を後戻りさせてはならない）である。ラチェットとは「一方向にしか回転しない歯車」の意味で、ラチェット条項は、もともと投資の分野で適用されてきたものであるが、ＴＰＰではサービス貿易の分野にも適用するため注目されたのである（「分野別状況」四三、四六頁）。

〈協定ではどうなったか〉

ラチェット条項も　「⑽越境サービス貿易・作業部会」で対象となった問題は、第一〇章「国境を越えるサービスの貿易」において、すべてのサービス分野での内国民待遇（第10・3条）、最恵国待遇（第10・4条）、市場アクセス（数量制限の禁止等）（第10・5条）、現地における拠点を求めてはならない（第10・6条）等の規定として入った。

ラチェット条項も入った。ラチェット条項とは、一旦、「自由化」されたものは、逆戻りさせてはならない、つまり規制を強めてはならないという原則であるが、但し「ラチェット」という文言や、そのものずばりの条文があるわけではない。TPPではすべての投資やサービス分野へのラチェットの適用が、もともと大前提になっているからだ。ただ、第一〇章7条で適合しない措置として、（ラチェット条項から）除外するもののリストを付属書で記載する旨の記述があり、その「措置の改正」が「改正の直前における当該措置」等の「規定との適合性の水準を低下させないものに限る」とのカッコ書きがあるだけである（「本文」一一三九頁）。そして付属書Ⅰ、および付属書Ⅱでは、第九章（投資）、第一〇章（国境を越えるサービスの貿易）に関しての除外分野リストが、付属書Ⅲでは第一一章（金融サービス）に関しての除外分野リストが挙げられている。この除外分野について、付属書Ⅱを例にとれば「（協定の）義務に適合しない現行の措置を維持し」たり、「新たな若しくは一層制限的な措置を採用できる特定の分野、小分野」が、各締約国ごとに除外（留保）例として挙げられている（「本文」一八六九～一八七一頁）。つまりこの付属書に挙げられたもの以外は、すべて「一層制限的な措置」を採用する（より規制を厳しくする）ことは許されないことになる。

これは、第4章で述べたような多くのこと、たとえば電力自由化等にかかわる政策なども、もはや「一層制限的な措置」をとることができなくなるということなのだ。TPPの下では、「規制緩和」・「規制撤廃」政策は、絶対に後戻りさせられない、もし後戻りさせれば、国家が外国企業に訴えられ、損害賠償させられる体制なのだ。

⑦金融サービス

〈主な論点・問題点〉

第6－4表の「⑿金融サービス・作業部会」では、金融分野での国境を越えたサービスに関する定義やルールを定める。各国では金融分野においては自国企業が優位である。たとえば日本では三井住友や三菱東京UFJといった系列の金融機関が圧倒的である。このため米国は、金融分野での「自由化」・開放を強く要求してきた。しかし「ASEAN諸国等は慎重な立場」をとっており、ASEAN諸国がすでに締結しているFTAにおいても、WTOの「GATSを超えたルールを設けている例は限られている」のだ（「分野別状況」五〇～五一頁）。ASEAN各国では、金融分野、たとえば保険などで外資一〇〇パーセント事業を認めない国も多い。

日本はすでに金融サービス分野で、様々な開放政策をとってきたので、自由化や開放には何の抵抗もないように見えるが、しかし日本にとってもこの分野における大きな問題が二つあった。一つは、金融危機等の緊急の際に、信用秩序の維持のため資金の自由な移転等を制約できるかという問題である。これについては⑤投資の項で、第一一章での規定も含めてすでに論じた。

もう一つの問題点は、かんぽ保険の問題である。「分野別状況」ではそれについて、「二国間（米国との——筆者）の協議において提起されている関心事項（郵政、共済）について、追加的な約束を求められる」ことが予想されるため、「慎重な検討が必要」と指摘していた（「分野別状況」五一頁）。これは、TPP交渉とは別枠で、日米二国間で協議が持たれ、日本だけが米国から特別の要求（郵政や共済で）を突き付けられることが予想されていたことを指す。なぜTPPと並行してそんな日米二国間の協議が行われたのか、そこで日本はどんな「追加的な約束」をさせられたのか、ここに金融分野での問題の一つの核心がある。

〈協定ではどうなったか〉

第一一章「金融サービス」の章では、越境での金融サービス分野での、内国民待遇、最恵国待遇、市場アクセス制限の禁止、行政における透明性の確保といったWTO協定と同様の規律とともに、経営幹部等の国籍・居住要件の禁止、支払・清算システムへのアクセス許可、保険サービス提供の迅速化等が定められた。

二国間協議での問題——かんぽ保険問題　「分野別状況」で予測していた米国からの「二国間の協議」での「追加的な」要求とは何だったのか。それを述べる前に米国との「二国間の協議」とは何か、説明をしておこう。日本は、二〇一三年三月にTPP交渉に参加することを表明したが、参加には他の参加国の了承が必要であり、日米間でも事前協議が行われた。米国はその事前協議で日本の参加を了承したが、それにとどまらず日本のTPP参加後もTPPでの協議とは別の場で、日米二国間だけで特別に

「米国の要望が強い分野で二つの協議を続けることを」を強要した。[92]これが「二国間の協議」、すなわち「日米並行協議」である。米国が「日米並行協議」を開催することを日本に強要したのは、TPP参加国全体で決める以上の厳しい要求を、日本に対してだけTPP枠外で決めて日本に飲ませておこうという意図からであった。ここでは「米国の要望が強い分野」、すなわち自動車と保険が主として取り上げられた。

そしてこの日米並行協議の保険分野での論議で、アフラックのがん保険を日本郵便傘下の郵便局で販売代行させられることが決められた。すなわち同協議の結果「保険等の非関税措置に関する日本国政府とアメリカ合衆国政府との間の書簡」[93]が二〇一六年二月に交わされたが、その合意内容は、日本郵便がその販売網を通じて民間保険業者の商品を取り扱うことを妨げないこと（つまり郵便局網で、同業他社であるアフラックのがん保険を販売させる）とか、政府はかんぽ生命による保険サービスが、他の同業他社（当然外国企業を含む）より有利になるような競争条件を生じさせないこと（つまりかんぽに対するいかなる優遇も許さない）などを約束させられた。この合意の結果、郵便局でアフラックのがん保険を販売することが決まっただけでなく、逆にかんぽ生命からがん保険や単品の医療保険へ参入することは事実上凍結されてしまったのである。

またTPP協定の条文でも、「第一一章　付属書11－B　特定の約束　第C節　郵便保険事業体による保険の提供」において、「自国の郵便保険事業体に対して一般公衆への直接の保険サービスの引受け及び提供を認める場合」の「追加的な規律を定める」として、「保険サービスの提供」で、「自国の市場において同種の保険サービスを提供する民間サービス提供者と比較して郵便保険事業体に有利となるような競争上の条件を作り出す措置を採用し、又は維持してはならない」として、「保険サービスを販売するための流通経路を郵便保険事業体が利用」してはならないという、理不尽な制限がなされたのだ（「本文」二二〇七〜二二〇八頁）。

かんぽ生命は日本の郵便局網を利用して保険を販売してはならないが、しかし米国の保険会社・アフラックの保険ならいい、代理店としての役割を果たせということになった。自国内での自国事業体の活動に、何を根拠にこんな制限が加えられねばならないのか、なぜ日本はこんなことを唯々諾々と受け入れているのか。

保険分野での長きにわたる米国の圧力

かんぽ問題に関してはこの二国間の協議だけでなく、長きにわたって米国からの要求が突き付けられてきたが、過去の保険分野での日米のいびつな関係も付言しておこう。

日本では、米国からの「規制撤廃要望書」等による長年の圧力で、金融分野の開放がなされてきたことは、すでに第4章でも触れた。なかでも保険分野について米国は、米国企業への日本市場の「開放」、「自由化」にとどまらず、逆に日本企業に対する「規制」と排除まで強制してきた。たとえばがん保険などの第三分野の保険に対しては、日本の保険会社の当該分野への参入は、二〇〇一年にいたるまで事実上禁止されていた。アフラック（一九七四年に日本で営業開始）などの米国の保険会社の活動を「保護」するため、日米交渉で米国が日本政府に圧力をかけ続けたのである。

かくして日本国民の四世帯に一世帯がアフラックの保険に入り、アフラックは世界中の営業利益七〜八割を日本で稼ぎ、日本は同社にとっての金城湯池になった。日本のアフラックの副社長・社長・会長などを歴任し続けてきたのは、チャールズ・レイクであるが、彼は一九九四年から一九九六年にかけて米国通商代表部・対日部長として日米二国間の協議や規制撤廃「要望書」による日本への要求をリードしてきた人物である。その後アフラックに入り、がん保険等での対日圧力の先頭に立った[94]。彼はまた、「日米経済協議会」の会長も務めており、折々に「日米財界の総意」なるものを発信し続けてきたのである。

こうした保険をめぐる米国の対日圧力と勝利の歴史、そしてチャールズ・レイクのような人物の果たしてきた役割[95]は、米国の「規制撤廃」・「自由化」策の他国への押し付け全体を象徴するものでもある。米国は自国企業のために外国市場の「開放」を要求し、自国企業の利益のため、政治的圧力・交渉・人脈等々の諸手段を弄し、他国市場に強引に割り込んだ。その仕上げがＴＰＰである。「公正衡平」とは真逆のことを米国自身は、他国に強要してきたのだ。

⑧電気通信サービス

〈主な論点・問題点〉

第６－３表の「⒀電気通信作業部会」では、「通信インフラを有する主要なサービス提供者の義務等に関するルールを定める」。ＷＴＯのサービス貿易一般協定（ＧＡＴＳ）では「各国の自主的な約束に委ねられている事項」についても、共通のルールを設ける。具体的には「主要な電気通信事業者による反競争的行為の禁止、相互接続の義務化」などで、ＷＴＯのＧＡＴＳでは認められていた電気通信事業の独占をＴＰＰでは禁止し、ＧＡＴＳでは義務ではなかった相互接続をＴＰＰでは義務化する。

また「通信インフラへの公平なアクセス」、「既存電気通信設備への第三者による設備設置」、「周波数割り当て」、「透明性、競争等」なども、「共通のルールを設けるべく議論され」た。米国のＦＴＡ、たとえば米豪ＦＴＡでは、「接続料の適正化や相互接続の義務化」、「携帯電話の番号を変更せずに利用できる制度」も入れられており、外国や後発業者の参入に有利な約束がなされている（「分野別状況」五三頁）。

日本での通信サービスの自由化は、日本電信電話公社が一九八五年以降に民営化しＮＴＴが発足したことに始まり、外国の電気通信事業者も自由に参入できるようになった。ＮＴＴが有する通信回線を他の業者に賃貸させることも義務付けられた。通信分野の自由化は、中曽根政権時代の第二次臨時行政調査会の答申に基づき、米国でのＡＴ＆Ｔの解体ともほぼ時を同じくして比較的早期に、日本の「構造改革」の一環として行われたものであった。

ＴＰＰでは、国営事業や独占事業に担われることが多い通信分野を、途上国も含めて「民間開放」、「自由化」し、多国籍企業の参入を容易にする。先の「競争政策」とともに公共分野における外国資本への開放を推進するのだ。

〈協定ではどうなったか〉

協定の第一三章「電気通信」では、「他の締約国の企業が」、差別的でない平等合理的条件で参入し、アクセスできるようにすること（第13・4条）、当該国事業者が他国の事業者に相互接続を提供すること、番号ポータビリティを提供すること（第13・5条）、国際移動端末ローミング（インターネット接続や携帯電話で契約している事業者のサービス提供範囲外でも提携している他の事業者の設備を利用してサービスを受けられること）の適正な料金設定を行うこと（第13・6条）、公衆電気通信サービスの再販売（電気通信事業者から借りた回線を利用し、付加価値を加えた形でのサービスを販売すること）を禁止してはならない（第13・9条）など、外国事業者を含めた事業者への開放・参入と平等な措置を、主として規定している。

電気通信分野は、日本の場合、早くから米国による自由化の圧力がかけ続けられてきた分野であるため、新たに何か格別のダメージを受けるような条項はないように思われる。

なおベトナムでは、電気通信業の分野で、外国資本の出資上限をこれまでの六五パーセントから七五パーセントに引き上げた。

⑨知的財産

〈主な論点・問題点〉

第6－3表の「(8)知的財産」の作業部会では、模造品や海賊版に対する取り締まり等について協議するが、WTO・TRIPS協定（知的所有権の貿易関連の側面に関する協定）の内容をどの程度上回る水準・範囲とするかが大きな論点となった。とくに新薬開発などで稼ごうとする先進国と途上国が対立していた。TPP交渉参加国で新薬メーカーを抱えるのは米国と日本だけであるため、新薬発売前の臨床試験データを保護する期間などを巡ってその他の国と対立し、五～八年で決着する見通しと伝えられていた。また著作権については、日本は現在五〇年であるが、米国は自国と同じ七〇年を主張していた。(96)

〈協定ではどうなったか〉

著作権等　「第一八章　知的財産」では、商標、地理的表示、特許、意匠、著作権、開示されていない情報等が対象となる。日本にとって影響があると思われる条項は、著作権保護期間が従来の死後五〇年から、ＴＰＰでは七〇年に延長されたことである（第18・63条）。ただしこれが知財の輸出に力を入れる日本に有利に働くかといえば、必ずしもそうはいえないとされている。コンテンツの輸出入においては、日本は輸入の方が大きく赤字なのだ。欧米には、ミッキーマウスや熊のプーさんはじめ長く稼ぐキャラクターが多く、期間が七〇年に延長されると赤字が拡大することが懸念されるという[97]。また非親告罪化、つまり知的財産権を侵害された著作権者自身が訴えを起こさなくとも処罰できることになった（第18条・77条6）（「全章概要」七一頁）。

医薬品等での保護期間　知財権で最大の問題は、医薬品における知的財産保護の問題だろう。医薬品のうち「生物製剤」（biopharmaceutical：バイオ医薬品）は、今後、大きな成長が期待される分野だけにデータ保護期間をめぐっては意見が対立した。米国は、世界有数の製薬会社を抱え、業界のロビー活動を背景にした議会からのプレッシャーも大きく、一二年の保護期間を主張し続けた。しかし、オーストラリアは、薬の購入費用の一部を国が補助する制度があるために財政負担を抑えるべく五年の保護期間を主張して対立した。

協議の結果は、米・オーストラリアの折衷案の形でまとまり、結局、最初の販売承認の日から少なくとも八年以上の保護期間が設定されることになった（第18・51条）。また、新薬については五年以上のデータ保護期間が設定された。「試験データの保護」として「販売承認の日から少なくとも五年間」を保護すること、「生物製剤」は「販売承認の日から少なくとも八年間」保護されるのだ。[98]データ保護の期間を八年以上とする方法と、データ保護は五年としたうえで、その後三年間は医薬品が販売できないような規制を導入することで実質的に八年間保護する方法のいずれかを選択できるようになったのだ。なおデータ保護期間とは特許期間と異なっており、治験や承認審査（時には十数年かかる）を経たのちの販売承認時を起点としており、開発と同時に特許をとる特許期間に比べて実質的な保護期間を長く確保できる効果がある。

しかし米国の業界はこうした決着に大きな不満を抱き、米国研究製薬工業会は「失望した」、「一二年の保護期間は米議会で長期間議論して決定したもの」、「約束違反」、「これでは議会の支持は得られない」と反発して非難を表明した。[99]

⑩各国間の規制の整合性

〈主な論点・問題点〉

「(21)分野横断的事項」では、「規制制度間の整合性」という「規制そのものの統一ではなく、新たな規制導入前に当事国当局間の対話や協力を確保することを目指す」（「分野別状況」七九頁）問題について議論された。

〈協定ではどうなったか〉

これは、第二五章「規則の整合性」の章になった。TPPを論じる際に、この章がとりあげられることはほとんどないが、重大な問題を孕むと考えられ、以下、少々詳しく述べておこう。

この章では「自国が有する各種の規制措置の間での整合性確保」とともに、「規制の影響評価、締約国間の協力等について規定」する(「章ごとの内容」・(25)規制の整合性・ルールの概要)。具体的にいうと、各締約国がTPP発効後一年以内に「自国の対象規制措置の範囲」を決定するとともに、「対象規制措置の案に関する機関相互間の効果的な調整及び見直しを円滑にする手続き又は仕組みを自国が有する」よう努め、このために「国内又は中央政府の調整機関を設立し、及び維持することを検討する」ことなどを規定している(「全章概要」八五頁)。

同時に、各国間の規制の整合性に関する小委員会設置が規定されている。「締約国は」「締約国の政府の代表者から成る規制の整合性に関する小委員会(以下この章において「規制整合性小委員会」という)を設置する」こと(第25・6条1)(「本文」二七〇九頁)、「規制整合性小委員会は、締約国の利害関係者が規制の整合性の推進に関連する事項についての意見を提供する継続的な機会を与えるために適当な仕組みを設ける」(第25・8条「利害関係者の関与」)(「本文」二七一一頁)と規定している。第25・2条でも、「締約国は、次の事項の重要性を確認する」として「規制措置の策定において利害関係者の意見を考慮すること」(第25・2条)(「本文」二七〇三〜二七〇四頁)をまず強調している。

つまりこの章は、国内的に規制調整機関を設けるとともに、各国政府の代表者から成る「規制整合性小委員会」をつくり、各国の「規制措置」に関して、各国間の「規制の整合性」を点検するとともに、「規制の整合性」を推進するために「締約国の利害関係者」が「意見を提供する」ための「適当な仕組みを設ける」ことを義務づけているのだ。

これは日本が「規制撤廃」に関して長年米国から「意見を提供」されてきたしくみと同種のものではないのか。第4章で述べたように日本は、米国からの「規制撤廃」に関する要望を受け入れるための協議機関を設けて、二〇年以上もの間、米国からの広範かつ徹底的な「規制撤廃要求」を突き付けられ、法律を変えてまで実行させられ、日本経済を変質させられてきた。結局、それと同じような組織、「締約国の利害関係者」（外国の巨大企業であろう）の意見まで恒常的に受け入れる組織をつくれということなのだ。「規制」に関して各国が独自に勝手な政策をつくらせない、今ある規制も「整合性」の名目で見直させるということになるのではないのか。本章はＴＰＰの本質を端的に示すものといえ、深く議論がなされるべき章であろう。

⑪その他の分野

以下の分野については、第６－３表の作業部会ごとに、成立した章の内容も含めて、主な論点や条文の内容を一括してごく簡単に触れる。

「⑾商用関係者の移動」の作業部会では、ビジネスに従事する自然人の入国及び一時的な滞在の要件や手付きに関するルールが決められた。「短期商用」「投資家」「企業内転勤」「サービス提供者」等のカテゴリー別に検討された。単純労働者は、対象にはならない（「分野別状況」四七頁）。

「⒃環境」の作業部会では、「貿易・投資促進のために環境基準を緩和しないこと」や、逆に「環境規制を貿易障害として利用しないこと」などに関して討議された（「分野別状況」六六頁）。「環境規制を貿易障害として利用しないこと」とは、投資受入れ国が環境基準をより厳しく制定すれば「貿易障害として利用」したとして訴えられる可能性があるということである。実際に第二〇章「環境」の20条～23条では、「紛争解決章の規定に基づく紛争解決手続きを利用することができる」ことを規定しており、環境基準を厳しくしたという理由で、投資家が投資先の国をＩＳＤＳで訴えることを認めた（「全章概要」七八頁）。

「⒄労働」の作業部会では、「貿易・投資の促進を目的とした労働基準の緩和の禁止や国際的に認められた労働者の権利の保護等が主たる目的」の条項に関する議論が行われた（「分野別状況」七〇頁）。独立した章として立てられるかどうか不明だったが、第一九章「労働」となった。同章では、「（ＩＬＯ宣言に）述べられている権利を自国の法律等において採用し、及び維持すること」等について定めているだけで（「全章概要」七三頁）、格段の労働者の保護条項等を規定したわけではない。

「⒅制度的事項」の作業部会は、協定の運用等について当事国間で協議を行う「合同委員会」の設置やその権限等について定める部会で、第二七章「運用及び制度に関する規定」となった。

「⒆紛争解決」の作業部会は、協定の解釈の不一致や適用の不一致等に起因する締約国間の紛争を協議や仲裁裁判で解決する際の手続き等を定める。第二八章「紛争解決」となった。ＩＳＤＳは、投資家対国家だが、これは国家間の紛争解決の手続きである。

「⒇協力」の作業部会は、協定の合意事項を履行するための国内体制が不十分な国に、技術支援や人材育成を行うこと等について定める。この項を「独立の章として盛り込」むかどうかはっきりしていなかったが、第二一章「協力及び能力開発」となった（「分野別状況」七七頁）。

（3）日本にとってTPPは有用か

多国籍企業にとっての「自由化」　論じてきたように、TPPは、物品貿易での関税率低下だけでなく、むしろ投資やサービス貿易その他の規定に、より大きな比重が置かれた協定であった。外国に投資する多国籍企業が、投資先国での活動環境を整備し、競争条件を有利にするために、相手国の独占政策に介入して「独占」なるものを破壊することで相手国企業の強さを削ぎ、相手国の国営・公益企業等の企業形態にも改変を迫って強さの根源を削ぎ、相手国の公共分野に参入し、進出先の政府の政策を牽制《けんせい》し、時には自社に不利に作用する政策に対して訴訟を起こして賠償させる権利までも獲得する協定であった。すべては、「規制撤廃」、「自由化」を最優先させ、後戻りを許さないという大原則に貫かれていた。

それは、外国企業が、投資先の市場に強引に参入し、自由、安全、有利に活動するため、投資相手国の資本主義のあり方を改変し、その未来の政策まで縛るものであった。つまりは歴史的に形成された各国独自の経済のあり方を、グローバルに活動する企業に都合の良い原理で統一し、国家を超える領域を形成しようというものであった。「規制撤廃」、「自由化」とは、多国籍企業の活動の自由と放恣を世界に拡大するための理念なのである。

TPP・NAFTA型協定――規制撤廃・自由化の世界への押し付けの一環　TPPは、交渉の中でいくつかの点での修正を加えられはしたが、基本的な条文はNAFTAを典型とした投資協定を踏襲するものであった。それは米国が一九九〇年代以降、ＷＴＯを超える「自由化」をめざし、世界に押し付けてきた協定の一環であった。メキシコとカナダに対しては一九九四年にＮＡＦＴＡを締結し、南北アメリカ大陸の国々全体に対しても、米州自由貿易地域（ＦＴＡＡ）の形成のために一九九四年以降交渉を開始し、ＷＴＯドーハ開発ラウンドも二〇〇一年に開始した。しかし米州自由貿易地域（ＦＴＡＡ）は二〇〇三年頃には暗礁に乗り上げ、ドーハラウンドも難航の末、挫折したことは既に述べたとおりである。

米国は日本に対しては同じ時期に「協議」の形で同様の「規制撤廃」、「自由化」をせまり続けた。この三〇年近くの間、米国は、日本の経済・経営から雇用・社会システムにいたるまで注文をつけて変更を迫り、一九九四年以降は毎年、「規制撤廃要望書」（年次改革要望書）等の名で数十頁に及ぶ要求を突き付けてきた。その要求は、「電気通信」、「情報技術（ＩＴ）」、「医療機器・医薬品」、「金融サービス」、「エネルギー」、「流通」、「競争政策および独禁法」、「透明性およびその他の政府慣行」、郵政その他の「民営化」、「法務サービスおよび司法制度改革」、「商法改正」、日本の年金基金の運用等への外資ファンドの参入や、日本の雇用システムの改変にいたるまでの要求が網羅され、日本はそれを順次、忠実に実行してきたことは、第４章ですでに述べたとおりである。

つまり、ＷＴＯの主要協定に入らない、あるいは不十分と米国が考える分野すべてが、「協議」の対象とされ、関税撤廃はむろんのこと、金融部門や流通等のサービス部門の自由化と外資の参入、法制度・会計制度・企業統治等々の改変などあらゆる面で米国と共通のシステム・法制に変更して米国資本の参入を容易にすると共に、内外無差別の名目で公共部門も含めて米国資本に開放することを、米国は強要しつづけたのであった。その中で郵政・通信・電力などの「公営」部門、公共部門の独占の解体と民間（外資を含む）への開放も強制されてきた。

これらは本節でも折に触れ述べてきたように、ＴＰＰで加盟国に強制しようとした分野や要求と重なるものである。この一九九〇年代からの課題を、日本を含めたアジア・太平洋諸国に「協定」の形で強固な縛りをかけるため、米国はＴＰＰという網を打ったのだ。

ＮＡＦＴＡ型投資自由化・保護協定とは、結局、多国籍企業が進出先の国家とその政策を縛るための協定なのだ。ＴＰＰもまた、このＮＡＦＴＡ型を踏襲した「投資保護・自由化協定」なのである。それは米国が、一九九〇年代以降、企業の国外での活動の「自由」を保障するために、各国に押し付けてきた要求である。それは米国企業だけに与えられる特権ではなく、各国のあらゆる企業に同一の原理を適用するものではあるが、もともと米国企業が参入を望んだり、自由化によって最も恩恵を受ける分野が、主たる対象になっていた。

ＴＰＰ型協定が日本の国内経済に与える影響　日本は、長年米国の要求を受容して諸システムを改変してきたから、ＴＰＰ、あるいは今後予想されるＴＰＰ型の協定に加盟しても今さら問題は生じないのだろうか。否、ＴＰＰ型協定に加盟することは、協定の形で否応なしの様々な縛りを受入れることである。最大の縛りの一つは、やはりＩＳＤＳと一体になった「投資」に関する規定だろう。「間接収用」や「公正衡平待遇」は厄介であり、外国投資家の投資財産の保護に際する慎重な注意、適正手続、裁判拒否の禁止、恣意的措置の禁止、投資家の正当な期待の保護などの問題は、投資受入れ国としての日本に多様な制約や自己規制をもたらすことになるだろう。外国投資家の顔色をうかがいながら、政策を決めることになってしまい、日本の未来の政策を縛ることにつながる。

日本政府がＩＳＤＳによって訴えられることを警戒しなければならないのは、協定加盟国の企業に対してだけではない。第一章「冒頭規定・一般的定義」での「投資家の定義」では、非加盟国の企業であっても、もしそれが加盟国に親会社を置く企業の子会社であれば同じ権利を持つ。たとえばＴＰＰ非加盟の中国の企業が、もしＴＰＰ型協定の加盟国内に、ある分野の親会社を設立し、その子会社が日本に投資する形をとれば、日本政府を訴えることができるのだ。またもし、「香港」がその協定に加盟すれば、中国企業は香港に海外事業を統括する親会社を設立し、その子会社の形にすれば、協定に加盟したと同じ権利を得ることになる。中国本土自身はＴＰＰ型協定に加盟することで受ける規制は逃れつつも、協定のメリットを活用できるのだ。こうしたことはすべての分野で起きる可能性がある。

ＴＰＰは日本企業の海外活動に必要かつ有用か

ＴＰＰは、日本の国内経済全体にとっては大きな打撃を与えるとしても、日本企業にとっては不可欠で、海外での活動を守り海外展開の守護になるという、よく主張されるメリットに関してはどうだろうか。確かに「東アジア共同体」やＴＰＰを経済界が強く求めた背景には、アジア規模での「最適（地）生産・調達」を目指した日本企業の海外生産の進展があった。しかしＴＰＰに加盟しているアジアの国は、ベトナム、シンガポール、ブルネイ、マレーシアであり、日本の貿易と海外生産における重要な位置を占める中国、タイ、インドネシアなどの国は入っていない。日本企業の海外生産は、アジア以外ではメキシコでの自動車企業の盛んな生産が目立ったが、これはＮＡＦＴＡという既存の協定を前提としたもので、ＴＰＰを新規に締結する意義は薄い。カナダも同様である。つまり日本企業の海外生産や販売にとってＴＰＰ加盟国は重要性を持たない。

より本質的な問題は、こうしたNAFTA型、TPP型の協定をアジア各国と締結し、米国企業と同じような振る舞いをすることが、日本企業の活動や成長に有効かという問題である。TPPのように相手国の政策にまで介入し、相手国の政策変更により得るはずの利益が失われたとして相手国政府を訴える権利まで獲得することが、日本企業に必要なのか。むろん投資相手国が、理不尽に日本企業の投資財産を接収・収用するような場合には、国際機関に訴え、賠償させることは必要だろう。しかし、そうした投資資産の「直接的な収用」にかかわるISDSは、今まで日本が締結した従来の投資協定、経済連携協定（EPA）にもすでに入っている。日本が二〇一一年八月までに発効済みの一五本の投資協定すべてと、日・フィリピンEPA以外のすべての発効済みEPAにISDSは含まれているのだ。しかも日本企業が、今までISDSを盾に相手国政府を国際的仲裁廷に訴えた例は一件しかない。二〇〇六年に、野村證券のオランダ子会社であるサルカ社が訴えたものだけである。これはサルカ社が投資していたチェコの銀行を、チェコ政府が公的管理したのち、別の銀行に譲渡してしまったという事態が起きたため、訴えたものである。(100) 米国のように百数十件も、しかも相手国の政策変更にまで不服申し立て・介入して、他国を訴えている国と同じような強引なやり方を、日本も行うべきなのか。

また、各国の国営企業にせよ外資規制にせよ、それらはその国の資本主義の発展の歴史や国民の意向やたたかいと不可分に結びついたものである。それに一律に網をかけ、ごく短期に転換を強制することが、その国の国民感情に何を引き起こすことになるか、よくよく洞察する必要がある。日本のように、米国の圧力で郵政民営化され、様々な法律が米国の圧力で改変されても、政府、メディアが挙げてその本質を隠蔽《いんぺい》し、逆にその代理執行をする政治家を持ち上げて一大ブームをつくり出すような国ばかりではないのだ。
昨今、その国の経済矛盾や政府の政策に対する国民の怒りをそらすため、外国や外国企業をあえてターゲットにし、そこに自国政府に対する怒りを転稼させようとする国が、アジアでは特に多くなっている。日本は、その格好の対象になる可能性がある。第二次大戦中の日本の侵略による被害は、アジア各国に無数の爪痕《つめあと》を残しているからだ。中国や韓国だけではない。日本人が、日本に対して友好的と信じているベトナムでさえ、日本軍による占領と、食糧の悉皆《しっかい》収奪と、収奪した食糧の日本への移送で、ベトナムに食料が欠乏し、日本によるごく短期間の占領中に二〇〇万人のベトナム人が餓死したとされている(101)。

様々な傷をアジア各国に残した日本が、その国の公営分野に強引に参入したり、その国をＩＳＤＳで訴えて巨額の賠償を請求するようなことが起きれば、当該国のみならずアジア全体で日本への反感は限りなく高まるだろう。日本品の不買運動や日本企業に対する暴動が起きても不思議ではない。そんな方法で日本企業のアジアでの生産を拡大し、日本製品の販売を拡大することができると、日本の経営者は本気で考えているのだろうか。

日本の海外現地法人の売上高の推移を見ると、主要な先進国の中で日本だけがリーマンショック前の水準を回復していない。その大きな原因の一つに、それまでアジアでの売上げを破竹の勢いで牽引してきた中国で、二〇一〇年頃から突然伸び悩み・停滞したことがある。その背景には、日中間で起きている政治的な摩擦がある。アジアの日系現地法人の売上は、二〇〇〇年代は現地国内への販売が圧倒的になった。アジアでの日本企業の売上や活動は、アジア各国民の政治的感情に大きく左右されるのだ。皮算用だけで米国のアジアでの「ルールづくり」のお先棒を担ぐことは、きわめて危険である。その「ルール」により醸成された矛盾の矛先は、米国ではなく日本に向かうだろう。アジア国民の怒りと嫌悪は、日本にだけ向けられるだろう。ましてや本章第一節や第5章でも論じたように、「安全保障」政策でも、アジア回帰を進める米国のお先棒を担いで、日本はその先陣を務めようとしているのだ。

日本の経営者は、思考停止したままに米国の要求に従うことをやめるべきだ。自らの長期的な利益のありどころを見極め、主体的な決断をしなければ、世界の矛盾が激化する中で米国の「捨て石」として利用されるだけになる。米国のアジア戦略、世界戦略に間髪を入れず従うやり方は、これからの日本と日本企業の滅びの道につながる。

(4) TPPは国民に何をもたらすか

①NAFTAに見る自由経済圏と国民

TPPは、米国が唱え、主導し、NAFTA型の協定をアジアに持ち込み、アジア太平洋での統合を米国が主導しようと割り込んできたものであった。ところがトランプが大統領になると、米国は自らの手でTPPを葬り去った。共和党のトランプだけでなく、有力な大統領候補はすべて、民主党のヒラリー・クリントンも、バーニー・サンダースもTPPに反対したのである。オバマの後を継ごうとする次期大統領候補たちは、こぞってTPPに反対した。米国民に選ばれるにはTPPに反対することが不可欠だったのだ。

それは米国民がＮＡＦＴＡから多くのことをすでに学んでいたからであった。米国民は、ＮＡＦＴＡから何を学んだのか。ＮＡＦＴＡがもたらした「厄災」とはどんなものか。以下ではＮＡＦＴＡが米国民に何をもたらしたか見るが、それはＴＰＰのようなＮＡＦＴＡ型投資自由化協定が、多国籍企業の母国民には何をもたらすかを教えてくれるだろう。

製造業の海外移転が一〇年後、二〇年後の母国にもたらす「厄災」　一九九四年に発効したＮＡＦＴＡ（米国、カナダ、メキシコ間の自由貿易協定、実質は経済連携協定）は、米国とメキシコ間の協定に実質的な意味があった。米国とカナダの間では、すでに一九八九年に自由貿易協定を締結していたからである。メキシコの国民一人あたりのＧＤＰは、米国、カナダの一〇分の一程度しかなかった（一九九一年時点）。先進国と、賃金水準の極端に異なる途上国との自由貿易協定は、ＮＡＦＴＡが世界で最初だった。

但しメキシコには、マキラドーラと呼ばれる経済特区が一九六五年以降設けられていた。米国・メキシコ国境地帯に位置し、外国企業を誘致し、税制上その他のさまざまな恩典が与えられる地域であった。マキラドーラへの外国企業の投資は急増し、一九七五年から一九九〇年までに投資企業は四五四社から一九三八社にまで増加した。米国多国籍企業は、マキラドーラを利用した在外調達を幅広く展開した。たとえば自動車産業では、米国内では自動車の中枢部品を製造し、それをマキラドーラに輸出して車全体を組み立てる、あるいは低技術の部品をマキラドーラで製造し、それを米国内工場に輸入して製造するといった「分業体制」がとられた。

ちなみに、マキラドーラへの外国企業の投資拡大でマキラドーラの労働者が豊かになったかといえば、その逆である。一九八一年時点で米国の製造業の平均賃金の約七分の一だったマキラドーラの最低賃金は、次第に下がり、一九八八年には一九分の一になってしまった。つまり、投資される側の低賃金国の労働者にとっても、外国の投資が生活の向上に直結するとはいえないのだ。[102]

ＮＡＦＴＡ締結後、米国の大企業はメキシコへの投資を加速し、米国の自動車メーカーは、完成車までメキシコで生産し、米国に逆輸入、あるいは世界市場に輸出するようになった。米国企業のみならず世界の自動車メーカーも投資を増加させ、輸出用の生産を拡大した。[103] 米国の自動車産業が、いかに海外生産を増やし、米国内への逆輸入を増やしたかについては、第2章で論じた。

一方、米国の国民生活に対しては、ＮＡＦＴＡは大きな打撃を与えた。そもそもＮＡＦＴＡの締結にあたっては、米国内で国論を二分する激しい論争が繰り広げられた。労働組合、農業団体、中小企業団体、環境保護団体、市民団体など国民各層・各界が、ＮＡＦＴＡに幅広く反対したのである。一九九二年の大統領予備選挙では、民主党候補でも共和党候補でもない独立派のＨ・Ｒ・ペロー候補が一九パーセントの得票を獲得し世界を驚かせた。ペローが「善戦」したのは、彼だけがＮＡＦＴＡの締結に強く反対したからであった。ＮＡＦＴＡに対する米国民の反感がいかに強かったかは、この一事からも明らかだろう。[104]

ＮＡＦＴＡにもっとも反対したのは、米国の労働組合であった。たとえば最大の組織であるＡＦＬ―ＣＩＯ（アメリカ労働総同盟・産業別会議）は、賃金がアメリカの一〇分の一に過ぎないメキシコとの自由貿易協定は、「たしかに、アメリカの企業や金融業界、さらにはメキシコの一部のエリートにとっては利益をもたらすだろう。しかし、生産現場の職を失うアメリカの労働者や生存するだけの賃金を得ているにすぎないメキシコの労働者にとっては、いかなる利点も認めることは難しい」と、根本的な反対を突き付けたのである。ＡＦＬ－ＣＩＯは、ＮＡＦＴＡによって起きることはすでにマキラドーラで実証済みだとした。「メキシコとの間で自由貿易協定が締結されると、低コストを求めてアメリカ企業のメキシコ進出がいっそう進み、アメリカ労働者にとっては『職の輸出』や賃金と生活水準の下方圧力となる」と主張したのであった[105]。

ではＮＡＦＴＡの締結後、労働者の状況はどう変化したか。一九九〇年代の米国では、「景気拡大にもかかわらず製造業の雇用は二〇パーセントも減少し、比較的低賃金のサービス生産部門の雇用が拡大した」だけであった。「また民間非農業労働者全体でみても、週当たりの平均賃金は一九八二年価格で一九七二年の三三二ドルをピークに下がり続け、一九九三年に二五八・一ドルの最低値になった。その後の景気拡大につれて一九九八年には二七〇ドル台まで回復したが、二〇〇五年でも二八〇ドルを超えないままに推移した[106]」。事態はアメリカの労働組合が危惧したとおりに進展したのである。

その後、工場の移転に反対する労働者の抵抗も続いたが、それも次第につぶれていった。たとえば一九九八年六～七月にかけて「全米自動車労組（ＵＡＷ）は、ＧＭのミシガン州の二つの部品工場で五四日間のストライキを打った」。このストライキの争点は「その部品工場の生産をメキシコに移転するＧＭの動きに対する労働者側の反発であった」。「三国間のモノと資本の移動が次第に自由になるのにつれて、アメリカのビッグスリーのメキシコでの工場展開が進んで来る。なにしろ、賃金の差が圧倒的なのだから」、「直接投資が自由でかつ労務管理に自信があれば、コストが勝負である自動車産業が生産拠点をアメリカ国内から外へと展開を図ろうとする」のは必然であった[107]。

一九九〇年代の米国企業は「グローバル」に「コスト低減を目指」し、リストラクチュアリングと工場の海外移転で成長し、米国経済は「ニュー・エコノミー」時代の到来と言われた。しかしその陰で、労働者の失業、賃金低下、産業空洞化は進行し続けた。

こうした米国の労働者窮乏化のうえに立った「繁栄」が何をもたらすかの一端は、二〇〇八年以降の経済危機で明らかになった。母国民の窮乏化と産業空洞化、そして実体経済から乖離《かいり》した投機的金融活動に賭けた「繁栄」の危うさは、多国籍企業の母国経済に日ごと重みを増してのしかかり、結局大破局を生み出した。米国はオバマ政権になって、製造業の国内回帰を掲げ始めた。しかし空洞化してしまってからではもう遅いのだ。

②ＴＰＰは潰れたが

トランプ政権下では

トランプ大統領は、ＴＰＰを潰し、オバマ政権以来の製造業回帰政策を進めることを念頭において、「国境税」の新設を大統領選挙中に主張した。「国境税」とは海外進出企業の生産品を逆輸入する際に税金を課すものである。但し、こうした特定の課税は、ＷＴＯで認められるかという問題がある。また、自国企業でなければ課税しないのか、たとえばメキシコで生産し、米国に輸出する日本の自動車には課税しないのかといった問題もあり、実際はどんな形になるのか、結局は実現不可能なのかは今のところ不明である。海外に生産拠点を移してしまった企業を規制するのは至難のわざであり、資本主義体制という枠内での可能な方策はきわめて限られてくるだろう。

ＴＰＰはつぶれたが

ＴＰＰは潰れたが、ＴＰＰを提起した米国の二つの意図のうち、第一節で論じたようなアジアにおける米国抜きの協働を潰すという第一の目的は、達成されたといえよう。とりわけ日本を米国の側に回帰させることには絶大な成功をおさめた。アジア全体での結合を潰し、反目を持ち込むことにもかなりの成功をおさめつつある。

第二の目的である米国主導でのアジア・太平洋自由経済圏の形成に関しては、米国自らが潰してしまった。ＴＰＰは、もともとわずか八ヵ国（アジアではシンガポール、ブルネイ、ベトナム三ヵ国）で出発した上に、その後もアジアの国をＴＰＰに引き寄せ参加国を拡大することはほとんどできず（日本以外ではマレーシアのみ）、この面では当初の期待は大きく外れた。その原因は何といっても中国の力がアジアですでに大きくなり、アジア各国との経済的紐帯が極めて大きくなっていたことがある。米国のアジア回帰は、もはや簡単なことではないのだ。

今後米国は、日米ＦＴＡという形で、ＴＰＰと同様の条項を押し付けてくるだろう。ＴＰＰでは、他の参加国の反対で修正された条項も、元のＮＡＦＴＡ型の苛烈なものに戻す可能性もある。

ＴＰＰは潰れたが、日米ＦＴＡはむろん、ＲＣＥＰ（東アジア地域包括的経済連携：ＡＳＥＡＮ＋６）、あるいは米国抜きの新ＴＰＰなどの締結の動きを、日本政府は活発化させるだろう。本章で筆者は、ＴＰＰが米国のアジア戦略に端を発したもので、日本の多国籍企業にとっては実りのある選択ではないことを強調した。しかし、だからといってＡＳＥＡＮ＋３やＡＳＥＡＮ＋６の自由経済圏が好ましいもの、大いに推進すべきものと考えているわけではない。アジアに軸足を置いた協定は、日本の企業にとってはＴＰＰよりはるかに実益の大きな協定になるだろうが、しかし日本の経済と国民にとっては別である。低賃金国を広範に包摂したすべての「自由経済圏」は、それが企業にとって「居心地のいい」、「使い勝手のいい」、海外投資、海外生産に都合のいい協定であればあるほど、母国の産業の空洞化と、労働者の職の喪失・権利の喪失・貧困化につながる。母国経済に与える打撃も大きくなる。TPPのような投資の自由化を無制限に進める協定は、関税撤廃で追い込まれる農業者だけの問題ではなく、日本の全国民・労働者にとっての死活の問題なのだ。国民は今度こそ、ほとんど内容も知らぬ間に協定が締結されてしまったという取り返しのつかない過ちを犯してはならない。

終わりに

本書の序章から第3章では、日本における生産の空洞化を、企業の「グローバル化」と一体で明らかにした。日本経済停滞・衰退の最大要因は、企業による生産の国外移転であること、それが現在もなお進行し、日本の近未来に大きな危機をもたらすことが予測されることも見た。

産業空洞化は、経済の「グローバル化」なるものの本質を明らかにしてくれる。この三〇年近くの間、世界を席巻した経済の「グローバル化」なるものの核にあるのは、結局、企業の国外への投資、とりわけ生産の国外移転であった。資本主義は、もともと貿易や投資を通じてグローバルな活動を拡大していく性質を持つが、一九九〇年代以降の先進国による対外投資の激増は、度を越したものであった。先進国企業は様々な形の対外投資を激増させ、投資促進度（対外証券投資累積額＋対外直接投資累積額／名目GDP）は、一九八〇年代以降一九九三年頃まではヨーロッパで三〇パーセント前後、米国で一〇パーセント台だったものが、わずか一〇年足らず後の二〇〇一年にはヨーロッパで一二〇パーセントを越し、米国で四〇パーセント台になった（内閣府「年次経済財政報告書」二〇〇四年　第3－1－7図）。この三〇年近くの間に起きた「グローバル化」の進展とは、まさに対外投資の激増そのものなのである。

企業本位のグローバル化、とくに生産の国外移転は、企業の母国の産業空洞化を加速し、国民の貧困化を進行させた。国家単位の経済成長も、生産の国外移転によって大きく損なわれるようになった。国民の利益と企業の利益はこの三〇年間で大きく乖離した。国家の役割も変質し、国家はもっぱらグローバルに活動する企業に顔を向けた政策に注力するようになった。日本経済でこの三〇年近くの間に深刻化した経済上の諸問題の根源も、このグローバル化という名の生産の国外移転、それに伴う国家単位の経済力の低下や国家の政策の変質にその根源がある。

しかし今、世界の国民は、企業本位のグローバル化が大きく進展したこの三〇年間からの転換を模索し始めている。グローバル化とは、企業の母国にはとめどない産業空洞化をもたらすもの、国民の職の喪失、貧困化をもたらすだけのものだと、世界の多くの人が考え始めた。TPPが潰れた直接的な原因は、「グローバル化」の名の下に強行された生産の国外移転に対する米国民の反発であった。EUに対するイギリス国民やフランス国民の反発もまた同様である。国家の上に立ち、各国民の意思を反映することが困難なEUという組織への反発だけでなく、EU域内で先進国から低賃金国に生産が流出した「グローバル化」、産業空洞化への怒りがある。

日本でも、進行する産業空洞化に対するリアルな認識を大多数の国民が共有し、生産の無制限な国外移転に何らかの歯止めをかける道を模索するべき時期に来ている。低賃金国への生産の移転は、企業の自由であり企業間競争の勝利には不可欠という論理を金科玉条にしている時期は、もう終わった。自動車の主要企業のように、国内では全生産のわずか十数パーセントしか生産していないというのは、限度を越している。まして、その比率をもっと高め、いずれは日本国内での生産をやめて、外国で生産したものの逆輸入でまかなおうなどというのは、母国経済と母国民を足蹴にして崖から突き落とすのに等しい。母国経済の破綻は、いずれ「グローバル」に活動する企業の足も大きくすくうことにもなるだろう。

産業空洞化と生産の海外移転に歯止めをかけることは、今、日本国民の喫緊の課題になっている。逆輸入関税の導入や、海外産比率の上限設定等も、空洞化対策の一案としてあげられるだろう。但しそれらの対策は、資本主義の体制と企業に大きな制約をかけることになるため、どのような対策をとるにせよ、全世界の国家とメディアは挙げて叩き潰そうとその「悪」を言い立て、騒ぎ立てるだろう。巨大な力でブロックされることは間違いない。一国の国民では乗り越えられぬほどの大きな力に直面することにもなるだろう。このため、産業空洞化に苦しめられる諸国民の連携・連帯も必要であり、協働して空洞化対策を模索し、自国政府に要求し、巨大な力に対抗していく必要がある。

企業のグローバル化はまた、もう一つの問題を有していた。企業は他国に進出するにあたって、進出相手の国家が外国企業の活動を保護・保証する国家であることを求める。投資相手国が、まるで自国のような、あるいはそれ以上に活動しやすい国に変身すること、すなわちグローバル企業のいわば属国、大経済圏に変身することを求めるのだ。企業は、投資相手国の政策を変更させることを望み、母国政府がそのための後ろ楯となることを求める。第6章で扱ったＴＰＰを典型とする経済協定の締結は、その最たるものである。ＴＰＰのような協定は、いわば企業王国の「憲法」である。自国政府が、投資相手国に「企業憲法」を押し付けることを要求するのだ。

企業王国のインフラ整備も求める。本書第3章、第5章で扱ったように。投資先で、自国と同様に、あるいはそれ以上に居心地良く生産し活動するための諸整備も求めるのだ。こうした企業の守護神たる多国籍企業の母国が掲げる「旗印」が、「規制撤廃」、「自由化」の理念である。グローバル企業の母国、とりわけ米国はこの三〇年間、外国の経済体制と政策を破壊し、「開放」を要求し続けるため、「規制撤廃」、「自由化」の旗を世界の先頭に立って掲げてきた。

ただし米国は、世界のグローバル企業全体の代弁者の衣をまといつつも、常に自国企業の守護神であった。特に日本に対しては、この三〇年近くの間、強い圧力をかけ続け、米国企業への「開放」を要求するとともに日本の経済の強さをあらゆる面から大きく毀損していった。それは第4章、第5章で論じたように安倍内閣によって集大成され受容された。

今後進展するだろう日米FTAなどには、ISDSが含まれることが予想されるが、それは第4章で述べた従来の米国の対日要求の諸システムとは比べ物にならぬほどの強制力で日本の政治を縛ることになるだろう。ISDSで外国企業に訴えられることを恐れて、政策全体が自己規制を強いられ、縛られる。自国の政策全体が、国民の利益や意見ではなく、米国企業の利益と意向を「忖度《そんたく》」して決められる。規制撤廃を強制され、後戻りできなくされる。また、第6章で述べたTPPの第二五章のように規制撤廃の委員会が設けられ、有無を言わさぬ米国からの規制撤廃が強制され、実行させられる。一九九〇年代以降の「要望書」の比ではない、国内法の上に立つ協定という強制力のあるものとなる。こうした米国企業本位のシステムが、日本の国民と政策を完全に支配することになる。日本の政府は、日本企業のための政府ですらなく、完全に米国企業のための政府となるだろう。

第4章から第6章で論じてきたように、日本は、日本企業の「グローバル化」で、国内生産が空洞化する大きなダメージを受けてきただけでなく、米国企業の「グローバル化」要求による日本経済の強引な改変のために、日本経済の強さ、日本企業の競争力まで毀損されてしまった。「グローバル化」による、二側面からのダメージを日本経済は負うことになったのだ。ＩＳＤＳはその体制に「法的」な縛りをかけ、未来永劫、後戻りできなくする。

日本国民は、日本経済を破壊してきたこのもう一つの問題にも立ち向かわねばならない。日本経済と日本企業の強さを毀損《きそん》する米国企業による対日攻撃によって組み込まれてしまったこれまでの政策を、大きく見直す必要がある。日本だけではない。世界各国もまた、この三〇年近くの間に進行した企業の放恣《ほうし》な活動の援護を最優先する政策を見直し、国家の真の役割を取り戻す必要がある。企業の目先の利益だけを最優先する政策は、資本主義体制そのものを揺るがす矛盾をますます拡大していくことになるだろう。

企業利益を最優先する体制によって、資本主義の矛盾を加速させたあげく、国民の怒りの矛先を排外主義に転化し、国家間の戦争や大国による局地的な武力行使へと捻じ曲げられていく時代がくることだけは、何としても避けねばならない。日本が米国の代理として集団的自衛権を行使して、日本とアジアを局地戦争やテロの泥沼に巻き込む先頭に立つような事態だけは、どんなことがあっても避けねばならない。紛争や戦争によるおびただしい命の濫費による資本主義体制の歪んだ再編ではなく、平和を守り、資本主義とその国家の改良に、各国民が協働して取り組むことが何としても必要な時代に、今、直面している。

注

（1）経済産業省『通商白書』二〇一〇年版　三七六頁、および外務省「TPP協定交渉開始までの過程」二〇一一年一一月七日（「TPP交渉参加各国等に関する資料・米国」内・外務省ウェブサイト）。

（2）「環太平洋FTA『参加へ一歩を』大畠経産相」（日本経済新聞二〇一〇年九月一九日）。「第一七六回国会における菅内閣総理大臣所信表明演説」（二〇一〇年一〇月一日）一一頁（官邸ウェブサイト）、「第二回新成長戦略実現会議　菅総理指示」（国家戦略室ウェブサイト）。

（3）「TPP交渉、参加表明　首相『関係国と協議』」（日本経済新聞二〇一一年一一月一二日）、「野田総理大臣　日米首脳会談（概要）」（二〇一一年一一月一八日）（外務省ウェブサイト）。

（4）「TPP交渉参加『全関税撤廃、約束求めず』日米声明」（日本経済新聞二〇一三年二月二三日）、「安倍総理大臣　日米首脳会談（概要）」および「日米の共同声明」（二〇一三年二月二三日）（外務省ウェブサイト）。

（5）二〇一二年衆議院選挙の各党のマニフェストによった。

（6）「農産5品目で関税撤廃検討　自民党TPP対策委員長」（日本経済新聞二〇一三年一〇月六日）。

（7）「環太平洋FTA、米、日本に合流打診、アジアの貿易圏づくり、中国に対抗」（日本経済新聞二〇〇九年一一月二七日）。

（8）日本経団連・ビジネスラウンド・テーブル「日米経済連携協定に関する経団連・BR共同声明」（二〇〇七年一月一九日）。ビジネスラウンド・テーブルは米国の中心的な財界団体。二〇〇九年八月の参議院選挙前に民主党のマニフェストで日米FTA推進策をかかげ、これが問題になったことがあったが、当時の民主党代表代行・小沢一郎氏は「農家には個別所得補償制度の導入を提案しており、食糧自給体制と自由貿易は何も矛盾しない」、「農協が一方的にわいわい言っているケース」もあり、「ためにする議論」と一蹴した（「日米FTAマニフェスト修正に異議」（産経新聞二〇〇九年八月九日）。

（9）鳩山由紀夫氏が首相になる直前に執筆した「私の政治哲学」（『Voice』二〇〇九年九月号）。二〇〇九年一一月一五日のシンガポールでの講演でも、鳩山氏は「日本の新政府は、アジア外交の重視を宣言します。そしてその柱になるのが『東アジア共同体構想』です」と宣言した（「鳩山総理によるアジア政策講演　アジアへの新しいコミットメント――東アジア共同体構想の実現に向けて（仮訳）」（二〇〇九年一一月一五日）（首相官邸ウェブサイト）。

（10）「環太平洋FTAへの参加、成長戦略に方針明記、経産省調整」（日本経済新聞二〇〇九年一二月一七日）。但し直嶋経済産業大臣は、同日の閣議後の記者会見で「直ちにそれに参加するという決定は致しておりません」と否定した。

（11）『新成長戦略（基本方針）』（二〇〇九年一二月）一二頁（首相官邸ウェブサイト）。

（12）「東アジア共同体『米の参加必要』、『まず経済連携』大勢――経団連経営者アンケート」（日本経済新聞二〇〇九年一二月二日）。同記事は、東アジア共同体構想について、アジア歴訪中の日本経団連会長、副会長ら一二名の幹部に聞き取りアンケートを行ったものである。

（13）東アジア共同体構想の経緯については、外務省「ASEAN＋3（日中韓）の協力について」（二〇〇二年一二月九日）（外務省ウェブサイト・各国地域情勢・アジア）、伊藤憲一・田中昭彦監修『東アジア共同体と日本の進路』（日本放送出版協会　二〇〇五年一一月）、進藤榮一『東アジア共同体をどう作るか』（筑摩書房　二〇〇七年一月）、西口清勝・夏剛編著『東アジア共同体の構築』（ミネルヴァ書房　二〇〇六年八月）、小原雅博『東アジア共同体』（日本経済新聞社　二〇〇五年九月）、島村智子「東アジア首脳会議（ＥＡＳ）の創設と今後の課題」（国立国会図書館『レファレンス』二〇〇六年五月号）その他を参考にした。

(14)「東アジアにおける協力に関する共同声明（仮訳）」（一九九九年一一月）（外務省ウェブサイト）。

(15) チェンマイ・イニシァティブは、域内のある国が対外支払いに支障をきたすような流動性の困難に直面した際に、他国が通貨交換の形式により外貨資金の短期的な融通を行うもの。

(16) Final Report of the East Asia Study Group, November 4, 2002（http://www.aseansec.org）。以下はＥＡＳＧ最終報告書（二〇〇二年一一月のＡＳＥＡＮ＋３首脳会議に提出された）での「東アジア共同体」に向けての目標。一七の短期的処置と九の中長期的処置から成る。

(17)「東アジア首脳会議（ＥＡＳ）」（二〇〇八年九月八日）（外務省ウェブサイト）。

(18)「小泉総理大臣のＡＳＥＡＮ諸国訪問における政策演説『東アジアの中における日本とＡＳＥＡＮ』――率直なパートナーシップを求めて」（シンガポール　二〇〇二年一月一四日）（首相官邸ウェブサイト）。「アジアの繁栄はここにあり――日・ＡＳＥＡＮ包括的経済連携構想の実現に向けて――アジア大洋州局地域政策課　松川るい課長補佐に聞く」（二〇〇二年八月二九日）（外務省ウェブサイト）。「新千年期における飛躍的で永続的な日本とＡＳＥＡＮのパートナーシップのための東京宣言」（仮訳）（二〇〇三年一二月一二日署名）（外務省ウェブサイト）。

(19)「第五九回国連総会における小泉総理大臣一般討論演説　新しい時代に向けた新しい国連（「国連新時代」）」（仮訳）（二〇〇四年九月二一日）（首相官邸ウェブサイト）、「第一六二回国会における小泉内閣総理大臣施政方針演説」（二〇〇五年一月二一日）（首相官邸ウェブサイト　小泉総理の演説・記者会見等）。経済産業省『通商白書』（二〇〇五年版）・第三章・第四節・4.経済的繁栄を共有する東アジアの社会的融和――東アジア共同体構想。

（20）前掲「小泉総理大臣のＡＳＥＡＮ諸国訪問における政策演説『東アジアの中における日本とＡＳＥＡＮ』――率直なパートナーシップを求めて」。
（21）日本のＦＴＡ／ＥＰＡについては、外務省ウェブサイト内の「経済連携協定（ＥＰＡ／自由貿易協定〔ＦＴＡ〕）」、『通商白書』二〇一四年版　二六七～二六八頁、等によった。また、経済産業省内の交渉推進本部については、「経済連携（ＦＴＡ）交渉推進本部の設置について」（二〇〇三年一〇月）（経済産業省ウェブサイト・「対外経済政策総合サイト」）によった。
（22）注（18）、（21）に同じ。
（23）小泉総理大臣演説「日アセアン投資・ビジネス・アライアンス・サミット総理スピーチ」（二〇〇三年一二月一〇日）（外務省ウェブサイト）。
（24）経済産業省・環境省「『アジア経済・環境共同体』構想」（経済財政諮問会議・第一三回会議　二〇〇八年五月一三日配布資料）、福田内閣「経済財政改革の基本方針　二〇〇八」（二〇〇八年六月）（首相官邸ウェブサイト）。経済産業省『通商白書』（二〇〇八年版）四三四頁。
（25）中華人民共和国商務部亜州司　中日経済高層対話　会議新聞「商務部副部長陳徳銘在首次中日高層対話中的発言摘要」（二〇〇七年一二月一日）（なお、中国の簡体字は、表記上の都合の関係で日本文字に置き換えられるものは置き換えている。以下の関連する注も同様）。中華人民共和国商務部亜州司　中日経済高層対話　商務部新聞办公室「加強中日合作、実現互利共赢」陳健部長補佐談　二〇〇七年一一月三〇日、中華人民共和国商務部亜州司　中日経済高層対話　会議新聞「環境総局局長周生賢在中日経済高層対話中的発言摘要」二〇〇七年一二月一日（いずれも中国商務部亜州司・ウェブサイト //yzs.mofcom.gov.cn 内、二〇〇八年閲覧）。
（26）内閣官房「『東アジア共同体』構想に関する今後の取組について」（二〇一〇年六月一日）（首相

官邸ウェブサイト）。

（27）以下の日本経済団体連合会（日本経団連と略記）の政策提言・要望は同会のウェブサイトによった。二〇〇二年五月の日本経団連成立以前は経済団体連合会（経団連）の要求も合算。

（28）経団連「次期WTO交渉への期待と今後のわが国通商政策の課題」（一九九九年五月）。その後も積極的な二国間FTAの要求を矢継ぎ早に出した。経団連「自由貿易協定の積極的な推進を望む――通商政策の新たな展開に向けて」（二〇〇〇年七月）、経団連「二一世紀の日中関係を考える――日中の相互信頼の確立と経済交流拡大のための提言」（二〇〇一年二月）。

（29）日本経団連「魅力と活力あふれる豊かな日本を目指して」（二〇〇二年五月）。

（30）日本経団連「活力と魅力溢れる日本をめざして」（二〇〇三年一月）。この後にも、個別アジア各国と同時にASEAN全体との個別EPA締結を求める要求・提言と、アジア全体を覆う自由経済圏形成の双方を政府に求めた。

（31）日本経団連『希望の国、日本』（二〇〇七年一月）。本ビジョンは冊子の形をとっている。引用は四九頁、五一頁。日本経団連ウェブサイトでは概要のみ掲載。

（32）日本経団連「日米経済連携協定に向けての共同研究開始を求める」（二〇〇六年一一月）。ここで日本経団連は初めて「包括的な日米経済連携の枠組みを形に残す時に来ている」と日米経済連携協定を主張した。また、たとえば日本経団連「対外経済戦略の構築と推進を求める――アジアとともに歩む貿易・投資立国を目指して」（二〇〇七年一〇月）では東アジア共同体と並行して「日米EPA」も実現し、「米国との橋渡し」をせよとバランスを取り始めた。但し、二〇一〇年より前の提言ではFTAAPに言及したとしてもASEAN＋6構想を主軸に据えた上で補足的に付言するにとどまり、それを前面に掲げることはなかった。

(33) たとえば、「TPP(環太平洋経済連携協定)交渉への早期参加を求める」(二〇一〇年一一月)、「わが国の通商戦略に関する提言」(二〇一一年四月)、「アジア太平洋地域における経済統合の推進を求める――二〇一〇年のアジア太平洋自由経済圏(FTAAP)実現に向けて」(二〇一一年一二月)、「TPPを梃子とする経済連携の促進に向けて――一刻も早いTPP交渉参加の英断を求める」(二〇一二年六月)等々、TPPへの早期参加を求める提言が、その後延々と続くことになる。

(34) 日本経団連「東アジア経済統合のあり方などに関するアンケート 回答結果」。アンケート送付先は、「経済連携推進委員会・同企画部会委員」、「アジア・太平洋地域委員会・同企画部会委員」等の三六四ヵ所で、企業・団体数としては二七七社・団体であった。アンケート実施時期は二〇〇八年秋。

(35) 木村福成・石川幸一『南進する中国とASEANへの影響』(ジェトロ 二〇〇七年四月)二頁・表一、小島麗逸・堀井伸浩編『巨大化する中国経済と世界』(アジア経済研究所 二〇〇七年五月)第三章第二節、等参照。日本とASEANの包括的経済連携協定については、二〇〇三年三月事前協議開始、二〇〇五年四月交渉開始、二〇〇八年一二月より順次発効、投資サービス交渉については、二〇一五年三月現在も継続中(外務省ウェブサイト)。

(36) 中国現代国際研究所・劉軍紅「日本推出〝東亜共同体〟意図何在」(「東アジア共同体」を打ち出す日本の意図は何か)(『国際論壇』二〇〇六年一月二三日)。同様の論評は多数出された。また同日付・人民日報記事「評日本的〝東亜共同体〟戦略」(日本の『東アジア共同体戦略』を論評する)では、日本の「東アジア共同体評議会」が二〇〇五年八月に出した政策提案報告を手厳しく批判した。

(37) みずほ総合研究所・みずほ政策インサイト「突如浮上したアジア太平洋FTA(FTAAP)構想――進展する東アジア経済統合への米国の関与」(二〇〇六年一二月八日)、島村智子「東アジア首脳会議（ＥＡＳ）の創設と今後の課題」（国立国会図書館『レファレンス』二〇〇六年五月号）。

(38) 中国対外貿易経済合作部・国際貿易経済合作研究院編『二〇〇一年形勢与熱点』（二〇〇一年の情勢と論点）（中国対外経済貿易出版社　二〇〇一年三月）（北京・中国国家図書館所蔵）の「第四篇区域経済合作　建立〝10＋3〟自由貿易区前景分析」参照。

(39) 以上の過程は、松本はる香「中国のＡＳＥＡＮ外交と多国間主義の実像――アジア太平洋地域の協調的安全保障から『東アジア共同体』構想へ向けて」（愛知大学現代中国学会『中国21』Vol.24　二〇〇六年二月）、その他によった。

(40) ＡＲＦについては、外務省安全保障政策課「ＡＳＥＡＮ地域フォーラム（ASEAN Regional Forum：ARF）概要」（二〇一三年七月）、同補足資料、「ＡＳＥＡＮ地域フォーラムとは?」（しんぶん赤旗二〇〇一年三月一四日）等による。

(41) 宮島良明・大泉啓一郎「ＡＳＥＡＮ４と中国の競合関係――『アジア化するアジア経済』の深化過程を探る」（『東京大学社会科学研究所　Discussion Paper Series』Ｊ－１５６、二〇〇七年七月）、小島麗逸・堀井伸浩編『巨大化する中国経済と世界』（アジア経済研究所　二〇〇七年五月）一四八〜一五〇頁。

(42) ＪＥＴＲＯウェブサイト「ＷＴＯ・他協定加盟状況―中国―アジア―国・地域別情報。

(43)「中国が構想するドルに代わる新機軸通貨」（『週刊エコノミスト』二〇〇九年六月二三日）七二〜七七頁。本記事は周小川論文の翻訳を行っている。中国共産党機関紙・人民日報は、すでに二〇〇八年一〇月末に「世界は、国際機関を通じた民主的なやり方で、米国（ドル）が主導してきた従来の通貨システムを変更する必要がある。アジアと欧州の間の貿易は、ドルではなく、ユーロ、ポンド、円、人民元で決済する必要がある」と主張する上海同済大学教授・石建の論文を掲載した（田中宇

『メディアが出さないほんとうの話』ＰＨＰ研究所　二〇〇九年一月　一三三頁）。

（44）「『一石三鳥』人民元建て貿易決済を五都市で試行」（チャイナネット　二〇〇九年四月九日）、宿輪純一「人民元の基軸通貨化を進める中国の狙いを教えてください」（ＤＩＡＭＯＮＤ　ｏｎｌｉｎｅ二〇一五年三月四日）。なお中国は当時、日本を抜いて世界一のドル保有国になっていたが、人民元での貿易決済は行っていなかった。人民元は長らくドルにペッグ（為替連動）していた。その後、通貨バスケットにペッグしたが、その通貨バスケットの中身は公表されていないので、実質的にはほぼドルにペッグしているといわれていた。「中国、Ｇ20控え批判封じ　人民元の国際取引、始動　上海貿易区」（日本経済新聞二〇一四年二月二二日）、「世界をのみ込む新中華覇権の衝撃」（『週刊ダイヤモンド』二〇一五年四月一一日号　三三～三五頁）。「人民元、『国際通貨』に仲間入り　ＩＭＦが正式決定」（日本経済新聞二〇一五年一二月一日）。

（45）「『不愉快きわまりない』アジア投資銀の衝撃（ルポ迫真）」（日本経済新聞二〇一五年四月一八日）。

（46）「中国、４・５兆円超の基金創設へ『シルクロード経済圏』」（日本経済新聞二〇一四年一一月八日）、「中国『シルクロード基金』、パキスタンに投資」（同前二〇一五年四月二一日）。

（47）「一帯一路」構想とは、アジア全土から欧州へとつながる交通網と沿線開発を中国が主導した金融や工事請負ですすめるもので、アジア全体の経済開発と同時に、中国の建設業、鉄道関連事業、鉄鋼業等々の海外市場拡大もねらう。陸上ルートは、①中国―タイ―南アジア、②中国―中央アジア―ロシア―欧州、③中国―中央アジア―西アジア―地中海の三ルートであり、海上ルートは、①中国―南シナ海―南太平洋、②中国―南シナ海―インド洋―欧州を構想している。中国政府は、ＡＩＩＢを通じて、この経路沿いのインフラ開発を実施し、シルクロード基金でも支援する。（細谷元「人民元がアジアの主要決済通貨になる日も近い⁉」DIAMOND online二〇一五年五月八日)。

(48)「EAEG構想について」(経済企画庁『年次世界経済報告書　資料編』一九九一年)、「ジェームズ・ベーカーとの勝負」(『日馬プレス』二六九号)。「ジェームズ・ベーカーとの勝負」によると、一九九一年七月、アメリカのジェームズ・ベーカー国務長官はマハティール首相に対して「アメリカには太平洋は西と東、つまり、欧米とアジアを隔てるものだとの認識が依然として根強い。あなたの考えは、この分離主義を刺激し太平洋に線を引くものだ。それは、日本とアメリカの分断につながる」と、批判したという。なお、EAEGは、その後「東アジア経済会議」(EAEC)と改められた。

(49)注(37)に同じ。「東アジア共同体」への米国の関与に対する日本の「協力」については、たとえば、二〇〇五年一二月に開催された東アジアサミットにおいて、米国にオブザーバー参加を打診したが、これは米国自身によって拒否されてしまった(「オブザーバー参加　日本が検討提案」〔日本経済新聞二〇〇五年五月七日〕)、「東アジアサミット」の参加メンバーに関して、APECのメンバーであるニュージーランド、オーストラリアや、インドを加えるよう日本が強く主張し、中国と対立した。たとえば前掲「東アジア首脳会議(EAS)の創設と今後の課題」などが論じている。

(50)米国国防省“Quadrennial Defense Review Report”(四年ごとの国防計画の見直し)(二〇〇六年二月)。本項では、防衛省による「参考仮訳」を利用した。なおQDRとは、米国国防省が戦略目標や、潜在的な軍事的脅威について分析した報告書であり、米国の国防方針を示す最も重要な公文書で、四年ごとに改訂される。

(51)以上は、米国議会調査局の報告書(CRSレポート)「アジア太平洋地域における米国の戦略および防衛関係」(二〇〇七年一月)、同報告書・「アジア安全保障構想の傾向:米、日、豪、印の二国間及び多国間関係」(二〇〇八年一月)(前掲「東アジアの地域共同の発展とオバマ新戦略」四三、四

五、四七の各頁での引用)。CRSレポートとは、連邦議員の立法活動の資料として専門スタッフが編集しているもの。政府の公式見解というものではないが、しかし議員らが関連法案作成の資料等に利用するものであり、政治中枢の認識の共通基盤になるものである。

米国政府の公的な見解ではないが、二〇〇七年二月に出されたアーミテージ元国務副長官とナイ元国防次官補を共同議長とするCSIS(戦略国際問題研究所)によるレポート「日米同盟――二〇二〇年に向けアジアを正しく方向付ける」(通称「第二次アーミテージ報告」)でも、アジアで中国の役割が大きくなることへの警戒とそれに反比例して米国の存在感の後退、そしてアジアの共同体で中国が中心になることへの警戒が一体になって表明されていた。「二〇二〇年までの世界において」、アジアで米国の優位性は維持されるにしても「米国の相対的な影響力が弱まる可能性を軽視」できない(同原文二〇頁)との認識を示した(Richard L. Armitage & Joseph S. Nye "THE U.S.-JAPAN ALLIANCE Getting Asia Right through 2020"(日米同盟――二〇二〇年に向けアジアを正しく方向付ける)CSIS(戦略国際問題研究所)レポート。

(52)前掲「東アジアの地域共同の発展とオバマ新戦略」四五頁、坂口明「アメリカの対アジア・対日政策　新『アーミテージ報告』を読む」(『経済』二〇〇七年七月号)一一八頁。

(53)MAJOR FOREIGN HOLDERS OF TREASURY SECURITIES(米国財務省ウェブサイト://www.treasury.gov/ticdata/Publish/mfhis01.txt)、内閣府『世界経済の潮流』(二〇〇八年　Ⅱ)第一章　第一節　世界金融危機の発生と政策対応、および「第1-1-28図　中央銀行のバランスシート(1)　FRB」。

(54)「習氏が描く『中華』復調、米中首脳会談、大国意識あらわ」(日本経済新聞二〇一三年六月一六日)、「『米中談合』の誘い、受け流したオバマ大統領」(日本経済新聞二〇一三年六月一八日)。

（55）森聡「第五章　オバマ政権のアジア太平洋シフト」（日本国際問題研究所『米国内政と外交における新展開』二〇一三年三月）七五頁。カーター国防次官補が、二〇一二年八月一日にニューヨークのアジア協会で行った演説による。
（56）防衛基盤整備協会出版局「防衛知識参考資料集（シリーズⅣ：四年ごとの国防計画見直し　二〇一四年編～米国防総省議会報告～）」（防衛基盤整備協会・翻訳・出版）第二分冊　一一五頁。
（57）前掲「東アジアの地域共同の発展とオバマ新戦略」三五頁、"NATIONAL SECURITY STRATEGY May 2010"（米国大使館ウェブサイト）、六六、六七頁。
（58）「米海兵隊、豪州に２５００人駐留へ　中国けん制」（日本経済新聞二〇一一年一一月一六日）米軍配備数は同記事時点。
（59）前掲「東アジアの地域共同の発展とオバマの新戦略」三五頁。
（60）前掲「第五章　オバマ政権のアジア太平洋シフト」六七頁、「急浮上　ＴＰＰって何だ　財界・米国が推進するわけは」（しんぶん赤旗二〇一一年一一月四日）。
（61）The White House, "Remarks by the President in State of Union Address" January 25, 2011「オバマ米大統領の二〇一一年一般教書演説原稿」（三橋貴明「信じられない米国の『輸出倍増計画』」（日経ビジネスＯＮＬＩＮＥ二〇一一年二月一四日、同論文は、ウォールストリートジャーナル）。
（62）オバマ政権の自由貿易推進策と製造業の国内回帰策との関連については、西川珠子「米国産業構造の変化」（『みずほ総研論集』二〇一三年Ⅱ号）、『通商白書』（二〇一四年版）・「第一章第２節2.米国製造業を巡る動向」等によった。
（63）石田信隆「ＷＴＯ農業交渉の経緯と課題」（『農林金融』二〇〇九年三月号）参照。
（64）経済産業省通商政策局編『不公正貿易報告書』（二〇一三年版）六七六頁。

(65) 同『不公正貿易報告書』(二〇一四年版)・資料編・ドーハ開発アジェンダの動向。

(66) 前掲『不公正貿易報告書』(二〇一三年版)六七六～六八一頁での記述に依拠した。本部分の記述は、各年版の『不公正貿易報告書』でほぼ同じものが記載されている。

(67) 同表は、内閣官房「TPP協定交渉の現状(説明資料)」(二〇一三年二月)所収の表・「TPP交渉で扱われる分野」の転載である。同じ表が政府関係の資料に内容の若干の変化を伴いつつ頻出するが、本表は同資料集によった。同表には(出典:昨年九月に出された「TPP貿易閣僚による首脳への報告書」等)との注記がなされている(内閣官房ウェブサイト・TPP政府対策本部)。

(68)『TPP協定交渉の分野別状況』は、内閣官房、内閣府、公正取引委員会、金融庁、総務省、法務省、外務省、財務省、その他各省が共同で作成した文書である(内閣官房ウェブサイト・TPP政府対策本部「日本の交渉参加前の資料」内)。この文書は、二〇一一年一〇月に出され、二〇一二年三月に更新版が出された。

(69) この比率はタリフラインという関税分類上の細目を基礎に計算したものである。タリフライン(細目)は、一つの品目に対して複数が割り当てられることも多く、たとえばコメ関連は三四の、麦関連は七五のタリフラインが割り当てられている。日本の関税撤廃の例外となっている品目の九割が農林水産品である(「分野別状況」四～五頁)。

(70)「経産省『10兆円』 内閣府『3兆円』 TPP経済効果で隔たり」(日本経済新聞二〇一〇年一〇月二二日)、「環太平洋経済協定 試算乱立」(同前二〇一〇年一〇月二七日)。それぞれの省の試算の根拠等については、内閣官房「EPAに関する各種試算」(二〇一〇年一〇月二七日)、「農林水産省試算(補足資料)」(二〇一〇年一〇月二七日)、「経済産業省試算(補足資料)」(二〇一〇年一〇月二七日)(以上三文書は、内閣官房「包括的経済連携に関する検討状況」〔二〇一〇年一〇月二七日〕に所収）参照。経済産業省は工業製品などの輸出が年間で約八兆円拡大してＧＤＰを約一〇兆円押し上げると試算したが、逆に農林水産省はすべての国との関税を撤廃した場合、国内の一次産業の生産額が四・一兆円減少し、ＴＰＰに参加する九ヵ国に限って関税を撤廃しても約四兆円減るとした（ここでは個別所得補償制度の財政措置は試算に含めていない）。また内閣府の試算では、ＴＰＰに参加すれば実質国内総生産（ＧＤＰ）が〇・四八～〇・六五パーセント（二・四兆～三・二兆円）増え、参加しないと〇・一三パーセントから〇・一四パーセント（〇・六兆～〇・七兆円）減る見通しと言い、ＧＤＰを最大で三兆円押し上げるとした。各省庁の試算はバラバラで、いかに勝手な前提での計算かを、さらす結果となった。また、国内へのＴＰＰへの参加正式表明と同時に、二〇一三年三月一五日にも、ＴＰＰに参加して全関税が撤廃された場合、概ね一〇年後の日本の実質国内生産ＧＤＰは三・二兆円（〇・六六パーセント）押し上げるという政府統一試算を出した。

（71）「『参加しないと世界の孤児に』ＴＰＰで経団連会長」（日本経済新聞二〇一〇年一〇月二六日）、「ＴＰＰ参加へ緊急集会　経済三団体」（産経新聞二〇一〇年一一月二日）。

（72）「国開かねば競争力低下」（日本経済新聞二〇一〇年一一月四日）「環太平洋の多国間経済協定難航は覚悟、政府動く」（同前二〇一〇年一〇月二〇日）。

（73）以上の農産・海産・畜産品の関税率については、農林水産省「ＴＰＰ交渉　農林水産分野の大筋合意の概要」（二〇一五年一〇月）、「ＴＰＰの概要と論点　各論（上）」（国立国会図書館調査及び立法考査局『調査と情報――ＩＳＳＵＥ　ＢＲＩＥＦ』（第九〇二号　二〇一六年三月一八日）、ＮＨＫ　ＮＥＷＳ　ＷＥＢスペシャルコンテンツ「今さら聞けないＴＰＰ　基本がわかる一九のカード」・4・農業の関税撤廃（二〇一七年二月二三日）、同・11・農産物重要五項目の合意内容（二〇一六年四月八日）、山田正彦『アメリカも批准できないＴＰＰの内容は、こうだった』（株式会社サイゾー二〇一六年九月）五九〜六〇頁、六三頁、六五頁、五六〜五七頁。ＴＰＰテキスト分析チーム「ＴＰＰ協定の全体像と問題点」（二〇一六年九月）・「1.ＴＰＰ農産物市場アクセス」等を参照した。

(74) 農林水産省「農林水産物の生産額への影響について」（二〇一六年一月）一頁、前掲『アメリカも批准できないＴＰＰの内容は、こうだった』八〇〜八一頁。

(75) 以上の工業製品の関税については、経済産業省「環太平洋パートナーシップ協定（ＴＰＰ協定）における工業製品関税（経済産業省関連分）に関する大筋合意結果」（二〇一五年一〇月）、前掲「ＴＰＰの概要と論点　各論（上）」、ＮＨＫ　ＮＥＷＳ　ＷＥＢスペシャルコンテンツ「今さら聞けないＴＰＰ　基本がわかる19のカード」・5・工業製品99％の品目で関税撤廃（二〇一五年一〇月二〇日）（二〇一七年二月二三日更新版）等を参照した。

(76)「オーストラリア・関税制度」（ＪＥＴＲＯウェブサイト内）。

(77) 但し、(4) ＳＰＳ（衛生植物検疫）・作業部会では、輸出国と輸入国の措置・基準が異なっている場合は、輸出国の措置・基準が輸入国と「同レベルの保護水準」を達成していると証明されたら、輸入国はそれを認めねばならないという「措置の同等」（「分野別状況」一六頁）も議論され、これに従うことになれば「個別案件毎に科学的根拠に基づいて慎重に検討することが難しくなる」（「分野別状況」一七頁）と懸念された。

(78) むろん国や時期によって異なるが、ＷＴＯによればＧＤＰの一五〜二〇パーセントとされる（石川幸一「ＴＰＰにおける政府調達交渉とその論点」〔『国際貿易と投資』Ｓｐｒｉｎｇ　２０１４、No.95〕による）。

(79)『不公正貿易報告書』（二〇一二年版）四一六頁、および外務省『政府調達協定及び我が国の自主的措置の定める「基準額」及び「邦貨換算額」』（二〇一四年四月一六日）を参考にした。ＳＤＲの邦貨換算額は、二〇一四年四月一六日～二〇一六年三月三一日までの入札のために設定されたレートでの計算によるもので、これは直近二年間のＩＭＦ統計による円／ＳＤＲレートの平均値で計算したもの。

(80) 服部信司『ＴＰＰ交渉と日米協議』（農林統計協会　二〇一四年一一月）四九頁。なお服部氏は、米国議会調査局（ＣＲＳ）レポート「ＴＰＰ交渉と議会にとっての課題」（二〇一三年八月二一日）に主として依拠している。

(81) 同前書四九～五〇頁。

(82) ソンホキホ著・金哲洙他訳『恐怖の契約　米韓ＦＴＡ』（農山漁村文化協会　二〇一二年八月）二一二頁。

(83) 同章では、国有企業の定義として、「締約国が50％を超える株式を直接に所有する企業」、あるいは「持分を通じて五〇パーセントを超える議決権の行使を支配している企業」、あるいは取締役会等の構成員の過半数を任命する権限を有する企業で、「主として商業活動に従事する」企業を指すと定義し、やはり商業活動を強調している。また、「独占企業」とは「締約国の領域内の関連市場において物品又はサービスの唯一の提供者又は購入者として指定される事業体」だという。そして指定独占企業とは「この協定の効力発生の日の後に指定される私有の独占企業及び締約国が指定する又は指定した政府の独占企業をいう」と定義されている（『本文』二四一一～二四一五頁）。つまり、協定発効後に国が指定した企業が独占企業となるという奇妙な定義になっているのだ。

(84) 前掲『アメリカも批准できないＴＰＰの内容は、こうだった』二二三～二二五頁。

(85) 滝井光夫「容易ではない米国のＴＰＰ批准　米国の産業界、労働界は何を問題としているか」（『季刊　国際貿易と投資』二〇一六年　№.104）三八頁。

(86)国際仲裁裁定については、中本悟「第一〇章　グローバル企業の投資保護と公共利益との対立――ISD(投資家対国家の紛争解決)をめぐって」(田中祐二・内山昭編著『TPPと日米関係』(晃洋書房　二〇一二年九月)一八一頁による。

(87)伊藤白「ISDS条項をめぐる議論」(国立国会図書館『調査と情報』二〇一三年一一月五日No.807)三頁。

(88)外務省「国家と投資家の間の紛争解決(ISDS)手続きの概要」(二〇一六年一〇月)五頁、一三頁、二頁、吾郷伊都子「世界　ISDS条項は『保障』ツール」(ジェトロセンサー二〇一四年九月号)。この条項で仲裁を申し立てて訴えた投資家の国籍としては、二〇一三年末までの累計仲裁件数では、米国が五六八件中一二七件であった。

(89)「企業と国家の紛争処理　ISD条項の危うさ　米企業に有利なしくみ」(しんぶん赤旗日曜版二〇一三年六月一六日号)、日本農業新聞(二〇一三年四月二五日、二六日号)、「国公共済会だより」(二〇一三年七月号)、「TPP投資条項に関するリーク文書をパブリックシチズンが分析!(その二)」(作成日時二〇一二年六月二二日)。

なお、パブリック・シチズンとは、米国で消費者運動を主導したラルフ・ネーダーが、一九七一年に設立。現在も議会や産業界などを調査・監視している有力NPO組織。本項で使用したのは、二〇一二年六月一二日に、漏洩した文書をパブリック・シチズンのメンバーであるロリー・ワーラックらが分析し、「TPP投資条項に関する漏洩資料の分析」として発表したものを、「STOP　TPP!市民アクション」と「TPPに反対する人々」の翻訳グループが共同で日本語訳したもの(antiTPP.at.webry.info/201206/article_9.html)。

このほかにもパブリック・シチズンは、①二〇一三年一一月(八月三〇日のブルネイラウンドでの知的財産権分野の草案）、および一二月、②二〇一四年一月（二〇一三年一一月に行われた首席交渉官会合での「環境」分野の交渉資料）、③二〇一四年一〇月一六日公表知的財産権テキスト草案新版リークテキスト（二〇一四年五月一六日のハノイ首席交渉官会合時点）、④二〇一五年三月（二〇一五年一月二〇日時点で同一月二六日〜二月一日のニューヨーク首席交渉官会合用に準備したもの、等をリーク。漏洩資料を公表するとともに、その分析も発表している。

（90）前掲「ＴＰＰ投資条項に関するリーク文書をパブリックシチズンが分析！〔その二〕」参照。また松本加代「規制と間接収用――投資協定仲裁判断例が示す主要な着眼点」（RIETI Discussion Paper Series 08-J-027）では、間接収用に関して詳細な分析がなされている。

（91）前掲「グローバル企業の投資保護と公共利益との対立――ＩＳＤ（投資家対国家の紛争解決）をめぐって」一八四〜一八五頁。

（92）「ＴＰＰ交渉、保険・自動車など並行協議　日米合意発表」（日本経済新聞二〇一三年四月一二日）。

（93）ＴＰＰ政府対策本部ウェブサイト内「ＴＰＰ交渉参加国との間で作成する文書（訳文）」に所収されている。

（94）マンスフィールド日米委員会　ウェブサイト内・「チャールズ・レイク」（www//mansfieldfdn.org/Japanese-version/lake-japanese/）、山崎拓対談（チャールズ・レイク・Ⅱ）日米関係の新シナリオ（//www.taku.neTPP/saki/005.html）その他。チャールズ・レイク氏は、二〇〇〇年代には日本の経済同友会幹事や、東京証券取引所グループの社外取締役も歴任し、米国の対日方針を、「外圧」ではなく日本経済界自身の内部要求に転換する要の役割を果たした。

（95）チャールズ・レイクは、日米経済協議会の会長も務め、米国財界の意向を日米財界の意向として発信しつづけており、日米の事前協議が行われることになった時も、「日米事前協議が合意に達したことを歓迎」すると日米経済協議会は表明していた（「米日経済協議会、日本の環太平洋パートナーシップ〔ＴＰＰ〕協定交渉参加に向けた日米事前協議が合意に達したことを歓迎」（即日リリース二〇一三年四月一二日）ＵＳＪＢＣ〔日米経済協議会〕ウェブサイト）。

(96) 東公敏「第五章　ＴＰＰと医療・医薬品」（田代洋一編著『ＴＰＰと農林業・国民生活』筑摩書房　二〇一六年四月　一二三〜一二四頁）。

(97) 前掲「ＴＰＰ協定の全体像と問題点」（二〇一六年九月二八日）一一八頁。

(98) 注(96)に同じ。

(99) 滝井光夫「容易ではない米国のＴＰＰ批准　米国の産業界、労働界は何を問題としているか」（『季刊　国際貿易と投資』Summer 二〇一六 No.104）三六頁。

(100) 「ＩＳＤＳ手続を含む我が国の投資協定・ＥＰＡ」（外務省・経済産業省「国家と投資家の間の紛争解決〔ＩＳＤＳ〕手続きの概要」〔二〇一二年三月〕四頁）。

(101) 『ベトナム独立宣言』（一九四五年九月二日発表）。一九四四年末から一九四五年はじめの短期間にクアンチ省からベトナム北部に至るまでに二〇〇万人が餓死したと記述されている。

(102) 中本悟『現代アメリカの通商政策』（有斐閣　一九九九年一〇月）一四八〜一四九頁、および一四九頁・表６－３によった。

(103) メキシコ自動車産業とＮＡＦＴＡの関連については、所康弘『北米地域統合と途上国経済』（西田書店　二〇〇九年四月）第二章参照。

(104) 前掲『現代アメリカの通商政策』（有斐閣　一九九九年一〇月）一三八頁。

(105) 同前書一六〇頁。

(106) 中本悟編『アメリカン・グローバリズム』(日本経済評論社　二〇〇七年四月)二五頁。

(107) 大橋宗夫「グローバリゼーションの意味」(「損保ジャパン総研〔旧安田総研〕クォータリー」一九九八年一〇月二〇日二六号)。

あとがき

日本と世界は今、大きな時代の転換期にさしかかっているのではないか、日本はどこに立ち、どこに向かおうとしているのか、それを明らかにしたいというのが本書執筆の目的である。

本書は、企業活動や日本経済の実態だけでなく、経済政策や外交・軍事戦略まで扱った。分析対象が拡大していることへのご批判も覚悟している。しかし大きく揺れ動こうとしている時代を捉えるには、学問の分野を越えた総合的な分析が必要ではないかとあえて無謀な挑戦をした。

私は長い間、日本がファシズムへの道を歩んでいった時代を研究してきた。「なぜ戦争が起きるのか」を知りたかったからである。資本主義の時代に起きる戦争の真因を知りたかった。戦争やファシズムを、軍部や権力者の暴走や国家間の政争、あるいは国民の排外主義から起きる事象としてのみ捉えてはその本質は見えない。資本主義社会の根幹をなす企業の活動と国家単位の経済との相互関係、対内・対外経済政策と外交・軍事を総合し、資本主義経済を動かす根本動因を統合して捉えることが必要だと考えてきた。同時にそれを、具体的、詳細な事実の裏付けで実証する必要もある。

現代の分析もまた、時代の地殻変動を捉えるには同じ方法が必要だと考える。

そしてそれを行うのは、ほかならぬ我々の世代の責務ではないか、戦後の歴史と共に生きてきた我々の世代にしかできないことではないかとも考えている。

私は一九四五年に生まれた。日本人が戦争の傷跡にもがきながらも、戦争は二度と嫌だという強い思いを持ち、行動した時代に育った。朝鮮戦争やベトナム戦争など、アジアでの戦争が絶えない時代ではあったが、自らの人生をかけて正義や民主主義、平和を守ろうとする多くの日本人がいた時代でもあった。

ところがいつの間にか、日本の社会には薄い紗《しゃ》の張《とばり》が、一枚、また一枚と降ろされ、社会の真の姿が次第に見えなくされていった。帳の中では許容された範囲の言説だけが声高に響き、嘘ではないが選択された情報が時の要請に応じて大音量で流されるようになっていった。

私たちの世代は、まだ物が見え、見えるように光が当てられた時代があったことを知っている。戦後史とともに生きてきた私たちには、若い世代には見えない紗の後ろに隠されたものを見ぬく力が、まだ残っている。この目に見えたことを実証しておく義務があるのではないか、グローバル化の果ての激動が戦争やテロの時代に帰結することを何としても防ぐために、本書はそんな思いから執筆した。

なお、本書の編集を担当して下さった新日本出版社の角田真己さんは、心折れそうな執筆の年月を励まし続けて下さり、こんな大部になったことにも一言の苦言もなく出版の手立てを整えて下さった。心よりのお礼を申し上げたい。

二〇一七年八月

著者

坂本雅子（さかもと・まさこ）

名古屋経済大学名誉教授。

一橋大学大学院・社会学研究科博士課程修了　社会学博士（学術博士）。

一橋大学助手、札幌学院大学助教授、名古屋経済大学教授を歴任。

著書『財閥と帝国主義』（ミネルヴァ書房、2003年）、『財閥与帝国主義』（徐曼訳 社会科学文献出版社、2011年3月）、その他、程士国他編著『経済走勢分析』（中国経済出版社、2008年）等共著多数。

空洞《くうどう》化《か》と属国《ぞつこく》化《か》——日本経済《にほんけいざい》グローバル化《か》の顚末《てんまつ》

2017年9月15日　初　版
2018年5月15日　第4刷

著　者　坂　本　雅　子
発行者　田　所　　稔

郵便番号　151-0051　東京都渋谷区千駄ヶ谷4-25-6
発行所　株式会社　新日本出版社
電話　03（3423）8402（営業）
　　　03（3423）9323（編集）
メール　info@shinnihon-net.co.jp
HP　www.shinnihon-net.co.jp
振替番号　00130-0-13681

印刷　亨有堂印刷所　製本　小泉製本

ISBN978-4-406-06161-2　C0033　Printed in Japan